I AM A
STRANGE
LOOP

わたしは不思議の環

ダグラス・ホフスタッター

片桐恭弘・寺西のぶ子❖訳

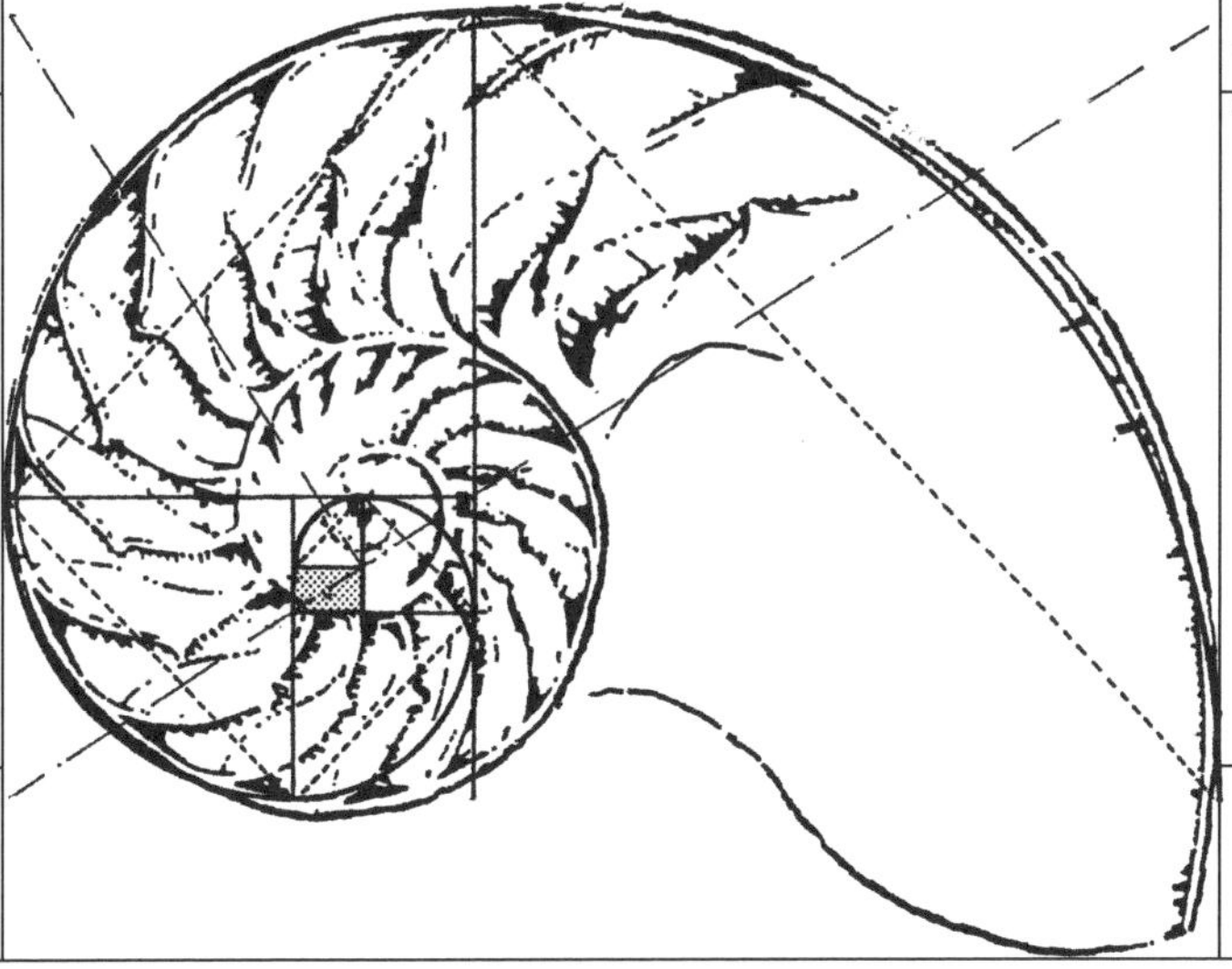

白揚社

理解することができる、
ぼくの妹ローラへ、
それができない、
ぼくたちの妹モリーへ。

出版社より

ベーシック・ブックスの長きにわたる友人であるダグ・ホフスタッター氏の厚意により、わたしたちの仲間を追悼する場を設けて頂きました。
本書を謹んで彼女に捧げます。

リズ・マグワイアへ
１９５８－２００６

あなたはわたしたち皆の中に生き続けている。

わたしは不思議の環——目次

感謝の言葉

一〇代の頃からわたしは、心とは何か、それは何をするものなのかという疑問に魅了され、そうした謎について何十年も考えを巡らせてきた。結論のうちのいくつかは、わたしの個人的な経験と思索から得られた。もちろん、多くの人々のアイデアからも深く感化を受けていて、その歴史は少なくとも小学校時代までさかのぼることができる。

心、脳、パターン、シンボル、自己言及、意識といったものが織り合わされたトピックに対するわたしの考えにとりわけ大きな影響を与えた著述家のうち、名の知られた人々をだいたいの時系列で挙げると次のようになる。アーネスト・ネーゲル、ジェイムズ・R・ニューマン、クルト・ゲーデル、マーティン・ガードナー、レイモンド・スマリヤン、ジョン・ファイファー、ワイルダー・ペンフィールド、パトリック・サップス、デイヴィッド・ハンバーグ、アルバート・ハストーフ、M・C・エッシャー、ハワード・デロング、リチャード・C・ジェフリー、レイ・ハイマン、カレン・ホーナイ、ミハイル・ボンガルド、アラン・チューリング、グレゴリー・チャイティン、スタニスワフ・ウラム、レスリー・A・ハート、ロジャー・スペリー、ジャック・モノー、ラジ・レディ、ヴィクター・レッサー、マーヴィン・ミンスキー、マーガレット・ボーデン、テリー・ウィノグラード、ドナルド・ノーマン、エリオット・ハースト、ダニエル・デネット、スタニスワフ・レム、リチャード・ドーキンス、アレン・ウィーリス、ジョン・ホランド、ロバート・アクセルロッド、ジル・フォコニエ、パオロ・ボッツィ、ジュゼッペ・ロンゴ、ヴァレンティノ・ブライテンベルク、デレク・パーフィット、ダニエル・カーネマン、アン・トリーズマン、マーク・ターナー、ジーン・エイチソン。いま挙げた著述家たちについては、全員ではないがその多くの書籍や論文を巻末の参考文献に収載した。年月が経過するとともに、わたしはこのうちの相当数の人々の知遇を得たが、こうした形で生まれた友情はわたしの人生の大きな喜びだと思っている。

より日常的なレベルで言えば、わたしはこれまでの人生において、家族や友人や教え子や仕事仲間と、熱のこもった会話、電話、手紙、メールを数え切れないほど交わし、そこから影響を受けてきた。いま一度大まかな時系列で挙げてみれば次のようになるだろう。ナンシー・ホフスタッター、ロバート・ホフスタッター、ローラ・ホフスタッター、ピーター・ジョーンズ、ロバート・ボーニンジャー、チャールズ・ブレナー、ラリー・テスラー、マイケル・ゴールドヘイバー、デイヴィッド・ポリカンスキー、ピーター・S・スミス、インガ・カーリナー、フランシスコ・クラーロ、ピーター・リンベイ、ポール・クゾンカ、P・デイヴィッド・ジェニングス、デイヴィッド・ジャストマン、J・スコット・ブレッシュ、シドニー・アーコウィッツ、ロバート・ウルフ、フィリップ・テイラー、スコット・キム、ペンティ・カネルヴァ、ウィリアム・ゴスパー、ドナルド・バード、J・マイケル・ダン、ダニエル・フリードマン、マーシャ・メレディス、グレイ・クロスマン、アン・トレイル、スーザン・ワンダー、デイヴィッド・モーザー、キャロル・ブラッシュ・ホフスタッター、レナード・シャー、ポール・スモレンスキー、デイヴィッド・リーク、ピーター・サバー、グレッグ・ハバー、バーナード・グリーンバーグ、マレク・ルゴウスキ、ジョー・ベッカー、メラニー・ミッチェル、ロバート・フレンチ、デイヴィッド・ロジャーズ、ベネデット・シメーミ、ダニエル・ドゥフェ、ウィリアム・キャブナー、マイケル・ガッセー、ロバート・ゴールドストーン、デイヴィッド・チャーマーズ、ゲイリー・マグロウ、ジョン・レーリング、ジェイムズ・マーシャル、ワン・ペイ、アキレ・ヴァルジ、オリビエロ・ストック、ハリー・ファウンダリス、ハミド・エクビア、マリリン・ストーン、ケリー・ガットマン、ジェイムズ・マラー、アレシャンドレ・リニャレス、クリストフ・ウェイドマン、ナサニエル・シャー、ジェレミー・シャー、アルベルト・パルメジャーニ、アレックス・パッシ、フランチェスコ・ビアンキーニ、フランシスコ・ララ゠ダマー、ダミアン・サリヴァン、アビジット・マハバル、カロリーヌ・ストローブ、エマニュエル・サンダー、グレン・ワーシー——そしてもちろん、キャロルとわたしの二人の子供、ダニー・ホフスタッター、モニカ・ホフスタッター。

インディアナ大学に対しては、かくも長きにわたって、わたし個人およびわたしの研究グループ（流動的アナロジー研究グループ（Fluid Analogies Research Group）、親しみをこめてＦＡＲＧと呼んでいる）に寛大なる援助を与えてくれたことを深く感謝している。ＦＡＲＧが過去二〇余年もの間何とかやってこられたのは、ヘルガ・ケラー、モーティマー・ローエングラブ、トマス・エーリック、ケネス・グロス・ルイス、カンブル・サバスワミ、ロバート・ゴールドストーン、リチャード・シフリン、J・マイケル・ダン、アンドリュー・ハンソンといった、インディアナ大学の重要人物たちのおかげだ。いま挙げた人たちはみな、わたしの知的探検の仲間であり誠実な賛同者でもある。なかには数十年に及ぶ付き合いの人もいる。そうした人たちを自分の同僚とできたことは幸運だった。

わたしは長い間、自分がベーシック・ブックスという家族の一員であると感じていて、三〇年に及ばんとする多くの人たちからの支援に感謝している。ここ数年はウィリアム・フルクトと仕事をしてきた。彼のざっくばらんな人柄、的確な助言、尽きせぬ情熱に心から感謝を捧げたい。

本書のために多大なる助力をいただいた人はまだ他にもいる。本書の出発点となったケン・ウィルフォードとウリア・クリーゲル。ケリー・ガットマン、スコット・ブレッシュ、ビル・フルクト、デイヴィッド・モーザー、ローラ・ホフスタッターは、分厚い原稿を読んで鋭い助言をしてくれた。またヘルガ・ケラーは各種許可をとるために奔走してくれた。一般に期待されること以上のことを成し遂げてくれたみなに感謝する。

ここに名を記した人もいるし、名前の挙がっていない人もいるが、わたしの友人たちは「雲《クラウド》」を形成していて、わたしはその中を浮遊している。時にわたしは、そうした友人たちは「大都市圏」であり、自分は——狭義に解釈すると——単なる市内の一画にすぎないと考えることがある。友人は誰にでもいて、その点でわたしは他の誰とも変わらない。しかしこの雲は**わたしの**雲であり、何らかの形でわたしを規定する。わたしはそのことを、そしてみんなのことを誇りに思っている。だからわたしはこれら友人の雲に、心の底からこう言おう。「みなさん、本当にどうもありがとう!」

まえがき――著者と著作

意識の物理性と向き合う

わたしは幼い頃から、自分の心とは何か、またそこから類推して、自分以外の人の心とは何かについて思いを巡らしていた。こしらえた語呂合わせ、思いついた数学的な発想、犯してしまった言い間違い、頭に浮かんだ興味深いアナロジー、そんなことを理解しようとしていたのを今でも覚えている。自分が女の子だったらどうなるかとか、別の国の言葉のネイティブスピーカーだったらどうなるかとか、アインシュタインだったらどうだろうとか、犬だったら、鷲だったら、挙げ句には蚊だったらどうだろうなどと考えたりもした。そういうことを考えるのは、概ね楽しい経験だった。

ところが一二歳のとき、家族に大きな不安がのしかかった。両親はもちろんのこと、七歳の妹ローラも、わたしも、厳しい現実と向き合わざるを得なくなった。一番下の妹、まだ三歳のモリーに深刻な問題があることがわかったからだ。何が原因なのかは誰にもわからなかったが、モリーは言葉を理解せず、話すこともできなかった（今でも彼女は話ができず、その理由はわかっていない）。彼女はやすやすと、しかも優雅に魅力的に日々を生き抜いているが、何一つ言葉を使わない。とても悲しいことだ。

両親は、脳外科手術の可能性も含めて、何とかしてやれないものかと何年もあらゆる手を尽くし、治療法、あるいはせめて何らかの説明を求めて、切実な気持ちを募らせていった。わたしは、モリーの苦境を思って心を痛め、誰かが幼い妹の頭を開いてそこに詰まっている謎めいたものをじっと見つめるという恐ろしい想像をしたのをきっかけに（結局、この方法には手を出さなかった）、人の脳に関する一般向けの本を二冊ほど読むに至った。[1] その読書は、わたしの人生にとても大きな影響をもたらした。それによって、意識の物理的基盤と、「私」であること——あるいは「私」をもつこと——の物理的基盤について、初めて考えざるを得なくなったからだ。わたしは「私」のおかげで、途方に暮れ、めまいを起こし、とてつもない薄気味悪さを覚えた。

ちょうどその頃、わたしは高校卒業前で、オーストリア＝ハンガリー帝国生まれの偉大な論理学者、クルト・ゲーデルが発表した神秘的な超数学の新定理と出会い、時を同じくして、スタンフォード大学の古びたエンシーナ・ホールの、人目につかず居心地の良い地下にあった唯一のコンピュータ「バローズ２２０」を使って、プログラミングについて学んでいた。わたしは瞬く間にその「巨大な電子頭脳（Giant Electronic Brain）」の虜になった。電子頭脳は、見たこともない不思議なパターンでオレンジ色のライトを明滅させて「考え中」であることを示し、指示に従って美しく抽象的な数学的構造を発見したり、わたしが勉強中のさまざまな外国語を用いて気まぐれで意味のない文を作ってみせたりした。またその頃は、記号論理学に夢中になりかけていた時期でもあった。記号論理学の不可思議な記号は、真、偽、仮言、可能性、反事実性を反映しながら、見たこともない不思議なパターンでダンスをした。それを学べば、人間の思考の裏に隠された水源を奥底まで覗き込むこともできるはずだった。記号と意味、パターンとアイデア、機械と精神構造、神経インパルスと死すべき魂について、とめどなくあれこれと考え続けた結果、青年期のわたしの心／脳は、大混乱をきたしてしまった。

蜃気楼

一六歳か一七歳の頃、そうした渦巻く雲のような考えに、知性の面でも感情の面でも取りつかれて物思いにふけっていたある日、ふとわれわれが「意識」と呼ぶものはいわば蜃気楼なのだと気づいたわたしは、以後ずっとそう考えるようになった。とても特異な蜃気楼であるのは間違いない。というのも、この蜃気楼は自身を知覚しつつも、むろん自身が蜃気楼を知覚しているとは**信じていない**のだから――だが、どのみちあくまでもそれは蜃気楼でしかない。つまり、「意識」と呼ばれる捉えどころのない現象は自力で身体を起こし、何もないところからいきなり現れ、目を凝らして見ようとすると、また何もないところへ消えてしまうように思えるのだ。

生きているとは、人間であるとは、意識があるとはどういうことかを理解しようと熱中するあまり、捉え難い自分の思考を紙の上にとどめなければ、永遠にどこかへ消え去ってしまうという気持ちに駆られたわたしは、新進の哲学者を二人思い浮かべてやや皮肉交じりに「ソクラテス」、「プラトン」という名前をつけ(本物のソクラテスとプラトンについては、ほとんど何も知らないが)、その二人に会話をさせてそれを書き留めた。その会話はわたしが初めて書いたまともな文章だったかもしれないが、いずれにしても、わたしはその文章を誇りに思い、決して手放さなかった。二人の偽者の古代ギリシャの哲学者たちの会話を読み返してみると、不明瞭なのは言うまでもなく、とても稚拙で下手くそではあるが、それでもプロローグとして本書に取り入れるべきだとわたしは判断した。多くのアイデアを示唆してくれる可能性があり、本書全体を楽しく刺激的な雰囲気にしてくれると思ったからだ。

谷底に向かって叫ぶ

それから一〇年ほど過ぎた頃、わたしは最初の本の執筆を開始した。「ゲーデルの定理と人の脳」というタイトルを考えていたその本が、包括的なゴールとして目指したのは、人の自己という概念と意識の謎を、ゲーデルの驚異的な発見である壮大な自己言及構造（のちに「不思議の環」と命名）に関連づけることだった。しかもそれを、大胆な設計によって自己言及を徹底的に追放していた不落の城塞の真ん中で行うのだ。意味をもたない記号という基質からゲーデルが奇跡的に生み出した自己言及と、命のない物質からなる基質に奇跡的に出現した自己と魂には、明らかな類似点があると知ったわたしは、そこに「私」という感覚の秘密があると確信し、それを受けて『ゲーデル、エッシャー、バッハ[2]』（*Gödel, Escher, Bach*）が生まれた（このような受けのいいタイトルもつけられた）。

一九七九年に刊行したこの本は、これ以上は望めないほどの成功を収め、わたし自身も本のおかげでほぼ順調に人生を送ってきた。しかし本が人気を得る一方で、わたし自身はＧＥＢ（わたしがいつもＧＥＢと呼ぶので、やがて一般にそう言われるようになった）の根底にあるメッセージがほとんど注目されていないことにずっと悩まされていた。読者があの本を好む理由は千差万別だが、中心にある存在理由《レゾンデートル》を理由とする人はいたとしてもほんのわずかだ。歳月が流れ、新たな本を発表して、核となるそのメッセージを示唆したり説明をつけ加えたりしたが、わたしがＧＥＢで本当に伝えたかったことはあまりわかってもらえなかったようだ。

一九九九年、ＧＥＢが刊行二〇周年を迎えるにあたり、版元のベーシック・ブックスから、二〇周年記念版を出版するので序文を書かないかと提案を受けた。なるほど、と気をよくしたわたしは、その提案に応じることにした。そして序文に、ＧＥＢに関する苦労話やその他のさまざまな話を盛り込み、この本の受け止められ方に対する不満を連ね、「まるでわたしは、心の奥底で温めてきたメッセージを空っぽの谷の底に向かって叫び、誰にも自分の言葉を聞いてもらっていなかったようなものだ」と締めくくった。

そして二〇〇三年のある春の日、わたしは一通のeメールを受け取った。差出人は二人の若い哲学者、ケン・ウィルフォードとウリア・クリーゲルで、意識の「自己言及主義的理論」と二人が名づけたテーマに関してアンソロジーを編むので、章を一つ受け持ってもらえないかという話だった。二人は、ぜひ参加してほしいと言い、わたしが件の序文に記した嘆きを取り上げて、これがきっかけで事態が好転するかもしれないと提案した。わたしは、彼らが科学的見地からわたしの核となるメッセージに興味をもってくれたことを心から喜び、彼らの温かさに心を動かされ、確かにその書籍への寄稿は、対象とすべき適切な読者——心の哲学者——に、自己と意識に関するわたしの考えを改めて明確に伝える大きなチャンスではないかと考えた。よって、彼らの誘いを受けるのは、さほど難しい決断ではなかった。

雄大なドロミーティから落ち着いたブルーミントンへ

受け持った章の執筆を始めたのは、イタリアのドロミーティ山地にある村、アンテルセルヴァ・ディ・メッツォの簡素で静かなホテルの一室だった。石を投げれば、オーストリアとの国境を越えて飛んでいきそうな場所だ。素晴らしい環境に触発されて、一五ページのうち一〇ページを猛スピードで書き上げ、早くも山を越えたような気になっていた。やがてインディアナ州のブルーミントンに帰ることになったが、引き続きこつこつと執筆を続けた。

ところが、書き終えるには思ったよりもはるかに長い時間がかかり（読者のなかには、「いつでも予測以上の時間がかかるものである――ホフスタッターの法則を計算に入れても」というホフスタッターの法則[3]の典型的な例だと認める人もいるかもしれない）、しかも出来上がった文章は上限の四倍の長さになってしまった――最悪だ！　けれども、ようやく原稿を受け取ったケンとウリアは内容をたいへん喜び、わたしの失態をあり得ないほど大目に見てくれ、その作品をどうしても掲載したいがために、とびきり長い章になってもかまわないとまで言い、とりわけケンは、原稿の長さを半分程度にする作業を手伝ってくれた。彼にしてみれば、本当に好きだからこそやれた仕事だろう。

一方わたしは、執筆の途中で、自分が書こうとしていることは一つの章には収まり切らないと考えるようになった――一冊の本にすべきではないだろうか。そうすると、一つのプロジェクトから二つの作品が生まれることになる。そのとき書いていた章には、心の哲学者トマス・ネーゲルが意識の謎について記した論文「コウモリであるとはどのようなことか」[4]にちなんで、「不思議の環であるとはどのようなことか」とタイトルをつけ、書籍となる方にはもっと短くて楽しい『わたしは不思議の環』というタイトルをつけた。

ケン・ウィルフォードとウリア・クリーゲルのアンソロジー『意識に対する自己表象的アプローチ』（*Self-Representational Approaches to Consciousness*）は二〇〇六年の春に刊行され、二章分のページを割いたわたしの小論は、最終パート「哲学を超えて――意識と自己言及」（"Beyond Philosophy : Consciousness and Self-Reference"）のこれまた最後に収められた（なぜ「哲学を超えて」と題するパートに入る資格があるのかは、わたしの理解を超えているが、いずれにしてもその処遇は気に入った）。そのような、晴れがましくもかなり専門的なところに配されて、一連のわたしの考えが誰かに大きな影響を与えたかどうかはわからない。本書では、そのときの考えを十分に練り上げ、よりわかりやすく肉づけしたが、哲学者にも門外漢にも、若者にも老人にも、専門家にも初学者にも、あらゆる人々に届いて、自己と魂に関する新たなイメージを与えられたらと心から願う（もちろん環《ループ》に関しても！）。いずれにしても、わたしはケンとウリアに多大な恩義を感じている。彼らが火つけ役となってくれたおかげで本書の構想を思い立ったばかりか、執筆中にも大いに励ましてくれたからだ。

かくして、ほぼ四五年がたった今（なんてことだ！）、わたしは一周して振り出しに戻り、魂と自己と意識について再び書き、ティーンエージャーの頃に初めて経験したのと同じ不可思議と気味の悪さに食らいついている。一〇代のわたしは、自分を自分たらしめるものがもつ、恐ろしくも素晴らしい物理性に震え上がり、釘付けになっていた。

著者と読者

本書は、このようなタイトルをつけはしたが、わたし自身ではなく、「私」という概念について書いてある。したがって、わたしについてとまったく同様に、読者であるあなたについての本でもある。『あなたは不思議の環』と名づけてもよかったくらいだ。とはいえ本来ならば、本書の主題と目的をより明確に提示するためには、『「私」とは不思議の環』とすべきだったかもしれない――だがそれでは、このうえなくみっともないタイトルにならないか。それならば、『わたしは不首尾だわ』とでもした方がまだましだ。

いずれにしても本書は、「私」とは何かという古くて重要な問題を中心に扱っている。では、その読み手は誰か？　わたしとしては、いつものように教養ある一般読者に向けて執筆するつもりだ。専門家向けに本を書いたことはほぼ一度もなく、おそらくそれは、わたし自身が大した専門家ではないからだろう。いや、撤回しよう。これではフェアでない。今この時点において、わたしはかれこれ三〇年ばかり大学院生たちと共に、アナロジー生成や創造性の計算モデルについて研究を重ね、あらゆる種類の認知の誤りを観察して分類し、カテゴリー化とアナロジーに関する例を収集し、物理学と数学におけるアナロジーの中心性について調査し、ユーモアのメカニズムを熟考し、概念はどのように生まれ記憶はどのようによみがえるのかを思案し、単語、熟語、言語、翻訳等のあらゆる側面を検証してきた(5)――そして同時に、この三〇年余りで、ものの考え方や世界の捉え方に関する多くのテーマでセミナーを行ってもきた。

そう、つまりわたしは専門家の端くれだ――思考について思考することを専門としている。前にも書いたが、このテーマは一〇代の頃からずっとわたしの心を燃やし続けてきた。そうしてわたしが得た確固たる結論の一つは、われわれは考え事をするときに、いつも自分の過去から自分の知っていることを探し出して、それに関連づけるので、多くの事例やアナロジーや比喩が利用できる場合、抽象的な一般論に陥らない場合、地に足がついた具体的で簡潔な言葉を用いる場合、自身の体験を率直に語る場合には、情報伝達がうまくいくということだった。

お馬さんとわんちゃん信仰

もう何年も、わたしは「お馬さんとわんちゃん」式と名づけた自己表現方法を採用してきた。その名の由来はかの有名な漫画『ピーナッツ』のあるエピソードだが、ここにそのエピソードを再掲しておく。

最後のコマでチャーリー・ブラウンが感じているようなことを、わたしもよく感じる――自分の考えは「夢物語」でしかないと思って、一人でばつの悪い思いをするのだ。読者のなかには、わたしが極端な抽象を大いに楽しみ飽きもせずに追求すると思う人がいるのは承知しているが、そのようなイメージは甚だしい誤解だ。

わたしはそのイメージとは正反対の人間だし、本書を読めばそれがはっきりすると期待している。

チャーリー・ブラウンがつぶやいた心を打つ台詞をなぜ間違って覚えていたのかは皆目見当がつかないが、いずれにしても、やや変形させた「お馬さんとわんちゃん」をわたしがスピーチの中で使うようになったのはかなり前のことで、以来良くも悪くも、このフレーズはわたしの教授法、講演法、執筆法を語る際の定番となった。

『ゲーデル、エッシャー、バッハ』が成功したこともあって、わたしは教鞭をとっていた二つの大学――インディアナ大学（約二五年間）とミシガン大学（一九八〇年代に四年間）――から相当な自由を与えられるという幸運に恵まれた。大学側の寛大な配慮のおかげで、論文を書かねば抹殺されるという馬鹿げたプレッシャーや、助成金狙いの研究をしなければならないというさらに恐ろしいプレッシャーにさらされずに、自分の雑多な興味を追いかける贅沢を得られたのだ。専門誌に次々と論文を発表するというような研究者の標準的なルートを、わたしはたどってこなかった。確かに、紙に記した「リアルな」論文はいくつか発表しているが、わたしはもっぱら書籍で自分の考えを述べてきたし、常にできる限り明瞭に語ることを目指してきた。

明瞭かつ平易で具体的であることが、わたしにとってはある種の宗教となり、必ず守るべき指針となった。幸い、アナロジーや比喩、事例を評価してくれる人はたいへん多く、専門用語が比較的少ないことや、ついでに言うならば一人称で綴ることも喜ばれている。いずれにしても、わたしはそのような読者のためにも、これまでの著書と同じくわたしなりの指針を守ってこの本を執筆する。わたしの読者層には、専門外やアマチュアの人はもちろん、心の哲学の専門家も多く含まれているはずだ。

本書に一人称のエピソードが多く含まれているとしたら、それはわたしが自分自身の人生経験に心を奪われているから、あるいは自分の人生経験が重要だと思い込んでいるからではなく、一番よく知っているのが自分の人生だから、そこに多くの人生に共通すると考えられる典型例があれこれと含まれていると思うからだ。抽象的な思考もエピソードを通じて接すれば、誰もがよくわかるはずなので、わたしは難解で抽象的な考えをわたし自身の人生という媒体を通じて伝えてみたい。もっと多くの思想家が、一人称を使って執筆してくれればよいのだが。

本書を通じて自分の考えが哲学者たちに伝わるのを望みはするが、哲学者のような書き方はするまいと思っている。わたしには、多くの哲学者は数学者と同じで、自分たちの正しさを実際に**証明できる**と信じていて、そのために非常に厳密で専門的な言葉を多く用い、場合によってはありとあらゆる反論を想定して、その反論に反論しようと準備しているように見える。そのような自信には敬服するが、わたしはそこまで楽観的ではなく、もう少し宿命論的だ。わたしは、何かを哲学で完全に証明することは不可能だと考える。説得を試みるくらいはできるかもしれないが、せいぜい自分が支持する立場にとても近い人たちを説得するのが関の山だろう。わたしはややマイルドな類の宿命論に立った結果、自分の考えを伝えるには、厳密性ではなくアナロジーや比喩を基本とする戦略をとることにした。したがって、本書は巨大なサラダボウルとなり、アナロジーや比喩が山盛りに入っている。わたしの比喩サラダをおいしく食べてくれる人もいれば、あまりにも……そう、あまりにも比喩的だと感じる人もいるかもしれない。でもわたしは、親愛なる食者である**あなた**にとって、好みの味つけとなっていることを切に願っている。

最後にとりとめのない所感を少し

わたしはアナロジーをとても真剣に捉えているので、「サラダ」の中の膨大な数のアナロジーを本書の索引に載せるのにかなり手間をかけた。索引では、各事例を二つの大きな項目にまとめている。一つは「重大なアナロジー」、もう一つは「出まかせの使い捨てアナロジー」だ。[6] こういうおかしな分け方をしたのは、わたしが採用したアナロジーの多くは考えを伝えるのに重要な役割を果たすが、一方で、なかにはただのスパイスとして用いたものもあるからだ。とはいえ、ここでもう一つだけ言っておかねばならない。突き詰めて言えば、本書（あるいはどんな本でも）に記される思考は、ほぼすべてがアナロジーなのだ。[7] なぜなら思考は、物事を他のいろいろな存在の寄せ集めとして認識することを伴うからだ。したがって、わたしが「同様に」とか「対照的に」と書けば、そこにはアナロジーが暗に存在し、わたしが何らかの単語や表現（「サラダ」、「貯蔵庫」、「結論」など）を選べば、そのたびにわたしの人生経験の貯蔵庫にある何かに対応するアナロジーが生まれている。結論を言えば、本書の**あらゆる**思考は、索引の「アナロジー」の項目に収めることができる。だが、そこまで細かくやるのはさすがに遠慮しておいた。

当初この本は、ＧＥＢの核となるメッセージを精製した改作にするつもりで、形式的記法はあまり、というか一切使わず、禅だとか、分子生物学だとか、再帰だとか、人工知能だとか、プーシキンのように気ままにありとあらゆる話題を取り上げたりはするまいと考えていた。(8) 言い換えれば、今回本書に記す（記し直す）ようなことは、すでにＧＥＢやその他の本では存分に述べたと思っていたのだが、驚いたことに、いざ書き始めてみると新しいアイデアが足元のいたるところから芽生えてきた。わたしは安堵し、この新しい本は以前の（何冊かの）本のただの焼き直しではないという心境になれた。

ＧＥＢが成功した要因の一つは、普通の章と対話篇を交互に並べたことにあるが、あれから三〇年が経過した今、同様のことをして自分自身の物真似をするつもりはない。わたしの考え方はあの頃から変化を遂げており、この本には現在の考えを反映させたいと思う。けれども、執筆が終盤に近づいてくると、自分の考えを心の哲学における周知の考えと比較してみたくなり、「懐疑的な人はこう応じるかもしれない……」などと書いてみた。そうした言い回しを使ってみてわかったのは、わたしの頭にはいつの間にか自分自身と、わたしに懐疑的な仮想上の読者の対話が生まれているということで、だからこそ、おかしな名前のペアのキャラクターを作って紙上で話をさせ、それが本書でも特に長い章となった。あの章は大笑いしてもらうつもりで書いたわけではないが、それでも、時にはにやりと笑ってもらえるのではないかと期待している。対話篇のファンは喜んでほしい――本書には対話篇が二度登場する。

わたしは長年、形式と内容が相互に良い影響を与え合う状態を好んできたが、本書も例外ではない。過去の何冊かの著作と同じく、本書でも、自ら細部にいたるまで活字を組む機会を得て、各ページの見た目の美しさの探求が自分の考えを伝える文章に影響を与えるように考慮した。(9) それでは本末転倒だと思う人もいるだろうが、どんな人でも、形の美しさに注意を払えば文章も向上するとわたしは考える。本書を読めば、知的な刺激を受けられるだけでなく、心地よい視覚体験もできるものと思っている。

ユースフルなユースフルネス

ＧＥＢは一人の若者が書いた本だ（構想を練り始めたときわたしは二七歳で、第一稿を書き上げたのが二八歳だった――すべて罫線入りの紙に手書きした）。わたしはその若さですでに、相応あるいは不相応な苦しみ、悲しみ、善悪に関する内省を経験していたが、あの本には人生のそうした側面はさほど表れていなかった。一方で本書は、苦しみや悲しみ、内省についてさらに熟知した人間が記しただけに、人生の厳しい側面にもたびたび触れている。それは、人が歳を重ねた印でもある――書いたものがより内向きに、内省的に、あるいは思慮深く、もしかすると悲しげになるのだ。

わたしはずっと、アンドレ・マルローの有名な小説『人間の条件』（*La Condition Humaine*）の詩的なタイトルに感銘を受けてきた。この心を揺さぶられる表現については、人それぞれにさまざまなことを思い浮かべるだろうが、わたしとしては、『わたしは不思議の環』（*I am a Strange Loop*）というタイトルが、「人間の条件」とは何かを説明する会心の表現ではないかと考えている。

物理学者で著述家でもあるジェレミー・バーンスタインがＧＥＢに寄せてくれた推薦文は、わたしのお気に入りの一つだが、彼はこんなことを書いている。「この本には、若々しい《ユースフル》活力と素晴らしい才気があふれている……」。何と嬉しい言葉だろうか！　だが残念ながら、この嬉しい誉め言葉はどこかで取り違えられてしまい、今では何千冊と出回っているＧＥＢの裏表紙で、バーンスタインは「役に立つ活力《ユースフル》……」と宣言している。

「若々しい」活力と比べると、あまりにも残念すぎる！　とはいえ、新しい本書は、若くはない落ち着いたスタイルゆえに、いつかどこかで誰かに「役に立つ」活力があると言われるかもしれない。本というものは、もっとひどいことだって言われかねないけれど。

さて、そろそろ自分の本について語るのはやめにして、本自身に語ってもらうとしよう。興味を引くことや目新しいこと、そして、もはや若々しくはないにしても役に立つ活力が詰まったメッセージを受け取ってもらえたらと思う。本書を読んで、人間であるとはどういうことか――いや、むしろ、**存在する**とはどういうことかを、新たにじっくりと考えてもらえたらありがたい。そして、本書を読み終えたとき、あなたが、自分もまた不思議の環であると想像できていれば嬉しく思う。それが、わたしにとってこのうえない喜びとなるだろう。

インディアナ州ブルーミントンにて

MMVI　12月

I AM A STRANGE LOOP

プロローグ　**角突き合わせ小手調べ**

［まえがきでことわった通り、この対話篇はまだティーンエージャーの頃に書いたもので、これがこうした手強いアイデアに立ち向かう、若さゆえの最初の試みだった。］

登場人物
プラトン――真理の探究者。意識は錯覚と考えている。
ソクラテス――真理の探究者。意識の実在を信じている。

●　●　●

プラトン　それでは伺いますがソクラテス、あなたは「生命」をどういうものとお考えですか？　わたしの考えでは、生あるものとは身体――生まれたら育ち、食べて、いろんな刺激にどう反応するか学習して、ついには子孫を残せるようになる身体、それが生あるものです。

ソクラテス　それは面白い、プラトンよ。きみは生あるものが**身体をもつ**のではなく、生あるのは**身体そのもの**だと言うんだね。今では多くの人が間違いなく、その身体とは切り離された魂をもつある種の生物が存在するといっているのにもかかわらず。

プラトン　なるほど。確かにその点についてはわたしも同意します。生物は**身体をもつ**と言うべきでした。

ソクラテス　それならばきみは、蚤や虱は取るに足りない小さなものかもしれないが魂をもっている、という考えに同意してくれるだろうね？

プラトン　ええ、わたしの定義からするとそうなりますね。

ソクラテス　木や草も魂をもつかい？

プラトン　揚げ足とりはやめてください、ソクラテス。言い直しましょう。動物のみが魂を有する、と。

ソクラテス　揚げ足とりなんかじゃない。十分に小さな生物を見れば、実は植物と動物には違いが見当たらないんだ。

プラトン　植物と動物、両方の性質を備えているような生物がいるということですか？　なるほど、想像はできますね。そうすると結局、人間のみが魂をもつと言わせたいわけですね。

ソクラテス　そうじゃあない、反対だ。きみがどんな動物が魂をもっていると考えているかを知りたい。

プラトン　それなら、高等動物ですよ、思考することができるような。

ソクラテス　なるほど。高等動物は少なくとも生きている。それでは尋ねるが、きみは一本の草がきみ自身と同じような生物だと本当に考えているかい？

プラトン　こう言いましょう、ソクラテスよ。わたしにとって真の生命とは魂をもつものです。したがって、草は真の生命には含まれません。生命の兆候は認めてもいいんですがね。

ソクラテス　なるほど。魂のない存在は**見かけ上**生きているように見えるだけで、**真の**生命は魂を備えるということだね。すると「生命とは何か？」というきみの問いは、魂をどう理解するかに左右されると考えてもいいんだろうか？

プラトン　その通りです。

ソクラテス　そして、魂とは思考する能力のことだときみは言ったね？

プラトン　ええ。

ソクラテス　とすると、つまるところきみは「思考とは何か？」という問いの答えを探していることになるね。

プラトン　ソクラテスよ、あなたの立論を一歩一歩追いかけてきましたが、その結論には違和感を覚えます。

ソクラテス　プラトンよ、これは**ぼくの**立論ではない。きみの持ち出した事実に基づいて、ぼくはそこから論理的帰結を導き出しただけだ。自分自身の意見でも、誰か他人が語ると信用できないと感じることがよくあるのは興味深いことだね。

プラトン　おっしゃる通りです、ソクラテス。しかし思考を説明するのは簡単ではありません。最も純粋な思考とは、何かを**知ること**だとわたしには思えます。つまり、知ることには明らかに、ただ書いたり主張したりする以上の何かがあるでしょう。もし何かを知ったら、それを書き記すことも主張することもできる。そして、何かが主張されるのを聞いたり書かれているのを見たりすることから、何かを知ることを学ぶこともできる。それでも知ることはそれ以上……一種の確信なんです。でも、これでは同じことを言っているにすぎませんね。ソクラテスよ、知ることとは何かを理解するのはわたしの手に余るようです。

ソクラテス　プラトンよ、それは面白い考えだ。知るということについて、ぼくたちは自分で思ってるほどよくわかっていないというのだね？

プラトン　その通りです。人間は知識、あるいは確信をもつがゆえに人間なのだけれども、いざ知ること自体について分析してみようとすると、それはするりと手からこぼれて逃げていってしまうんです。

ソクラテス　そういうことならば、「知識」とか「確信」というものを自明のものとせずに、疑ってかかる必要があるのではないかな？

プラトン　その通りです。われわれは「知っている」という言葉を使うことに慎重でなければならない。そして、われわれの魂がわれわれをして「知っている」と言わしめるときに、実際には何が起きているのか注意深く考察する必要がある。

ソクラテス　うん。もし「きみは生きているか？」と尋ねたならば、きみはすぐに「わたしは生きている」と答えるだろう。さらに「どうしてきみは自分が生きていると知ることができるのか？」と尋ねたら、きみはおそらくこう答えるだろう。「わたしには生きているという**実感がある**。わたしは自分が生きていることを**知っている**。自分が生きていると知っていること、生きていると感じること、**それ自体**が生きていることにほかならない」。どうだい？

プラトン　確かにそんなふうなことを言うでしょうね。

ソクラテス　それじゃあ、仮にいま、文を作って与えられた質問に答えることのできる機械ができたと想定してみよう。その機械に向かってぼくが「きみは生きているか？」と尋ねたとしよう。その機械がきみとまったく同じ答えを返したとしたら、きみはその答えがどのくらい正しいと言うだろうか？

プラトン　まず最初に、機械には語がいったい何であるかとか、何を意味するかとか知ることなどできない[1]と反論したいですね。機械は語を抽象的に機械的に扱うだけだ。缶詰機械が果物を缶に詰めるように。

ソクラテス　きみの反論は二つの理由で受け入れられない。人間の思考の基本単位が語だということに、まさかきみは反対しないだろう？　人間の神経細胞の動作は算術的だということはよく知られている[2]。さらに、きみはさっき、「知る」という動詞は気をつけて使うべきだと言ったばかりではないか。それなのにきみはいま、ずいぶんいい加減に使っている。いったいいかなる理由によって、機械が語とは何かとか何を意味するかを**知る**ことはないと言えるのかい？

プラトン　ソクラテスよ、あなたは、機械は人間と同様に事実を知ることができると主張するのですか？

ソクラテス　さっききみは、知るとは何か、自分には説明できないと認めたね。きみは子供のときに「知る」という動詞をどうやって学んだのだろうか？

プラトン　それはもちろん、まわりの人が使うのを聞いて身につけたんですよ。

ソクラテス　すると、知るという動詞の扱い方を身につけたのは自動的にそうなったわけだ。

プラトン　いや……ああ、なるほど。一定の文脈で使われるのを何回も聞いているうちに、ぼく自身そのような文脈で使えるようになった、何となく自動的に。

ソクラテス　きみがいま言葉を使うのと同じように、一つずつの語について特に深く考えずに、かな？

プラトン　その通りです。

ソクラテス　それでは、きみがもし「わたしは自分が生きていることを知っている」と言うならば、その文はきみの脳の生み出す反射行動であって、意識的思考の産物などではないということになるね。

プラトン　違う、違う！　どこかで論理がおかしくなった。ぼくの思考に関する発話のすべてが単なる反射の産物というわけではない。ある思考については話す前に**意識的に**考えているはずだ。

ソクラテス　それはいったいどのような意味で意識的に考えているのかな？

プラトン　わからないけれど、たぶん適切な語を見つけようとしているのかな。

ソクラテス　適切な語へとどうやって行き着くんだろう？

プラトン　それは、わたしがよく使う語のなかから同義語や類義語などを論理的に探すんです。

ソクラテス　つまり習癖がきみの考えを導いていくんだと。
プラトン　そうです、わたしの思考は語と語を系統的に結びつけていく習癖によって導かれるんです。
ソクラテス　結局、意識的思考はやっぱり反射行動によって生み出されているということだ。
プラトン　もしそれが正しいのならば、わたしはどうして自分に意識があると知ることができるのか、どうして生きていると実感できるのかわからなくなってしまう。でも、あなたの立論は筋が通っていますよ。
ソクラテス　これまでの議論によれば、きみの反応は単なる習癖あるいは反射行動であって、自分が生きているときみが言うとしても、それは決して意識的思考によるわけではないことになる。改めて考えてみてくれないか。きみは本当に何を意味するか理解して言うのかい？　それとも意識的に考えなくてもその文がきみの心に浮かぶのかい？
プラトン　もう何が何だか、わけがわからなくなってしまいましたよ。
ソクラテス　ぼくたちの心が新しいチャンネルでうまく機能しなくなるという体験は実に面白いね。ぼくたちが「わたしは生きている」という文をいかに理解していないかわかったかい？
プラトン　ええ、簡単には理解できない文だと認めざるを得ませんね。
ソクラテス　ぼくたちの多くの行為について、その文と同じことが言えると思うよ。意識的思考によって行為が生み出されるとぼくたちは考えるけれども、注意深く分析すると、その思考はみな自動的で意識など関与していないのだ。
プラトン　そうすると、生きていると感じるのは、そういう文をよく理解もせずに口にするよう迫ってくる反射が生み出す錯覚にすぎなくて、本当に生きているものが複雑な反射の集合に還元されてしまう。ソクラテスよ、あなたが生命をどう考えているか、こうしてわたしに語ってくれたわけですね。

第1章　魂のサイズ

魂の破片

あれは一九九一年の初め、父が亡くなってふた月ほどした陰鬱なある日のことだった。両親の家のキッチンで、一五年あまり前に撮られた父の写真、端正で素敵な父の写真を前にして、母がわたしにこう言ったのだ。暗い調子で。「この写真にいったいどんな意味があるの？　何もないわ。ただの紙切れ、黒い印がそこここに付いただけのただの紙切れでしかない。こんなものは何の役にも立たないわ」。その悲しみに満ちた冷たい母の声にわたしは驚き、立ちすくんだものの、直観的に母に同意できないと感じた。でも、父の写真をどのように考えるべきか、わたしの考えを母に伝えるすべを思いつかず呆然とした。

そのときの感情の高まり、まさに魂を探索するなかから、わたしは一つの喩え《アナロジー》に思い至った。もしかすると母にわたしの考えをうまく伝えることができて、しかもいくばくかの慰めを与えることができるかもしれない喩えを。わたしは母にだいたいこんなふうに語った。

「ほら、居間にショパンのエチュード集の楽譜があるでしょう。あれだってどのページもみんな黒い印のついた紙切れでしかない。薄っぺらでひらひらして。パパの写真と同じだ。でも、考えてみて。その紙切れは世界中の人々にもう一五〇年ものあいだ大きな力を与えてきたんだ。あの薄っぺらな紙切れの上の黒い印のおかげで、何千何万もの人々が計り知れない長い時間ピアノの鍵盤の上で複雑なパターンに従って指を動かして、言葉にできないほどの喜びと深い意味をもった音を生み出してきたんだ。そしてそのピアニストたちは、フレデリック・ショパンの心の中に渦巻いていた深い感情を何百万もの人々に伝えてきたんだ。ママもぼくもそのなかに入るだろう。それはぼくたちみんながショパンの心の内面、頭の中にあった生の実感、フレデリック・ショパンの魂の深奥に、たとえ微かにでも触れることを可能にしてくれたんだ。紙切れの上の黒い印はいわば魂の破片、バラバラになってしまったフレデリック・ショパンの魂の残された断片にほかならないのさ。紙の上の印の作るパターンは一つひとつが他の人間の内的体験の小さな小さな断片、悩みや喜び、深い情熱や葛藤をぼくたちの脳の中に一つひとつ蘇らせる力をもっている。たとえ部分的にせよ、もし自分がその人になったとしたらいったいどのように感じるのかを教えてくれる。そして多くの人々がその人に強い愛情を感じるんだ。それとまったく同じように、棚の上のパパの写真を見ると、パパをよく知っているぼくたちにとっては、パパの笑顔や優しさの記憶から、ぼくたちの中に残っているパパについての最も中心的な表象が脳の中に呼び起こされる。パパの魂の小さな断片がダンスを始める、ただしパパ自身ではない別の人の脳の中で。ショパンの練習曲の楽譜と同じように、あの写真は亡くなったパパの魂の断片なんだ。だからぼくたちが生きている限り大切にしなければいけないよ」

実際にはこんなにうまくは言えなかったけれども、あのとき確かにこんな内容のことを母に言った。母の写真に対する気持ちにどのくらい影響を与えたかはわからない。(1) しかしあの写真は今でも同じ場所、母のキッチンのカウンターの上にある。そしてその写真を見るたびに、わたしはこの会話のことを思い出す。

トマトであるとはどういうことか？

わたしはトマトを刻み、むしゃぶりつく。何の罪の意識も感じないで。新鮮なトマトを食べたからといって寝覚めが悪いことなどない。わたしが食べたのはいったいどのトマトだろうとか、トマトを食べることによってトマトの内なる光を消してしまったのではないかとか決して思い至らない。ましてや、刻まれるトマトが皿の上でどんなふうに感じただろうと想像することに意味があるなどとは思いもしない。わたしにとってトマトは欲望も魂も意識ももたない存在であり[2]、その「身体」に対して好きなように何をしようと一切苛責は感じない。そもそも、トマトには「身体」しかない。したがってトマトに「心身問題」は当てはまらない（読者のみなさんもこれにはまったく同感と言ってもらえるのでは）。

わたしは蚊をつぶすことにも苛責は感じない。しかし蟻はなるべく踏みつぶさないようにする。そして蚊以外の昆虫が部屋の中に入ったときには、たいてい殺すよりは捕まえて外の茂みに逃す方を選んでいる。鶏肉と魚はときどき食べる（注意――今はもうこの通りではない。本章追記参照）。しかしもう何年も前に、哺乳類の肉を食べるのはやめた。ビーフはダメ、ハムもダメ、ベーコンもダメ、缶詰めもダメ、ポークもラムもダメ――ぼくは結構です。そうは言っても、BLTサンドや肉がこんがり焼けたハンバーガーの**味**は今でも好きなことに変わりはない。ただ倫理的理由で食べないだけだ。ここで菜食主義の布教をするつもりはないが、わたしの菜食主義的傾向について少し述べておく必要がある。なぜならこれはすべて魂と関係があることなのだから。

実験用モルモット

一五歳の夏、スタンフォード大学の生理学研究室で、フリーデン機械式計算機のボタン押しのアルバイトをした（当時、コンピュータはキャンパス全体で一台しかなかった。科学者たちはほとんど誰もその存在を知らなかったし、まして自分の計算に使おうなどとは考えてもみなかった）。何時間もぶっ続けでそんな「数打ち込み」をするのはつらい仕事だった。ナンシーという大学院生の研究プロジェクトのためにそんな仕事をしていたのだが、彼女がある日、気分転換に研究所の別の種類の仕事に手を出してみる気はないかと声をかけてくれた。わたしが「喜んで！」と答えると、彼女はその日の午後、生理学の建物の四階に案内して文字通り実験材料のモルモット《ギニア・ピッグ》のケージを見せてくれた。閉じ込められた小さなオレンジ色の毛皮のモルモットのつんとする匂いや、ちょこまか動き回る様子をよく覚えている。

翌日の午後、わたしはナンシーに四階に行って次の実験に使うモルモットを二匹取ってくるように頼まれた。しかしわたしに答える余裕はなかった。というのは、ケージのどれかに手を突っ込んで、すぐに殺されることになる小さな柔らかい毛皮の生き物を選び、二匹捕まえるところを想像した途端に頭がくらくらしてその場で気を失い、硬いコンクリートの床に頭を打ちつけてしまったのだ。正気を取り戻したときには、研究室のジョージ・ファイゲン主任教授の顔を見上げていた。教授はわたしの家族の古くからの友人だった。彼はわたしが気を失って倒れたときに怪我をしたのではないかと心配してくれたが、幸い何も怪我はなく、ゆっくりと立ち上がり、その日はもう仕事をやめにして自転車に乗って家へ帰った。それ以降二度と、科学のために犠牲にする動物を取ってくるようわたしに頼む人はいなくなった。

豚

不思議なことに、そのとき生き物の命を奪うという概念に真っ向から向き合って大変な思いをしたにもかかわらず、わたしはその後何年も、ハンバーガーやそれ以外の肉料理も食べ続けた。そのことについて深く考えたとも思わない。わたしの友人もそうだったし、誰もそれを話題にしたりしなかった。知り合いの誰にとっても、肉食はまったく問題にされることのない当たり前の事実だった。恥ずかしながら告白すれば、当時わたしは「菜食主義者」という言葉に対して、ちょっと変わった堅っ苦しい道徳を振りかざす奇人というイメージさえ抱いていた（映画「七年目の浮気」には、このステレオタイプをとてもうまく表すマンハッタンの菜食主義レストランのシーンがある）。しかし、わたしは二一歳のときに「豚《ピッグ》」と題する短篇小説にめぐりあった。両親がノルウェー移民のイギリス作家ロアルド・ダールによるその物語は、わたしの人生に大きな影響を与えた(3)。そしてわたしを通じて、他の動物たちの命にも深く影響を及ぼすことになったのである。

「豚」の物語は軽妙で愉快な調子で始まる。主人公のレキシントンは叔母のグロスパン（ヴォルテール『カンディード』に登場するパングロスのもじり）に厳格な菜食主義者として育てられたが、叔母の死後、自分が肉の味が大好きであることを発見する（もっとも、そのときは自分が食べているのが何であるか知らなかったが）。そこから先はダールの物語の常で、話は奇妙にねじれていく。

「豚肉」と呼ばれるおいしい食物に好奇の念を抱いたレキシントンは、友人の勧めに従って屠殺場を見学に出かける。屠殺場の待合室には雑多なグループが待っている。一つずつグループが呼ばれて見学ツアーへと出かけていき、やがてレキシントンの番が来ると、彼は待合室から現場へと案内される。そこで彼は、移動チェーンに付いた鉤《かぎ》に後ろ足を引っ掛けられた豚が次々と吊り上げられ、喉を切られ、血を噴き出しながら逆さ吊りのまま「解体ライン」に乗せられ、煮えたぎった鍋に落とされて毛を剥ぎとられるのを目撃した。それから頭と足が切り落とされ、内臓が取り除かれ、ラップに包まれた清潔な小さなパッケージとなって国中のスーパーマーケットへと出荷される。そしてガラスケースに陳列されて、ピンク色の他のライバルたちと共に、客が来て吟味した末に購入して家に持ち帰るのを待ち受ける。

レキシントンがすっかり魅入られたように呆然と眺めていると、突然足を掴まれて上下逆さまに引っくり返される。気がつくと自分もチェーンから吊り下げられて移動している。ついさっきまで眺めていた豚と同じに。冷静さを失って「おーい！　何をするんだ！」と大きな声で叫ぶ。しかし作業員たちはまるで気がつかないようだ。やがてチェーンは彼を人なつこそうな作業員のところへ運んでいく。レキシントンはこの不条理な状況に作業員が気がついてくれることを期待するが、その優しい屠殺係はぶら下がっている若者の耳を掴んで手元に引き寄せ、愛情のこもった優しい微笑みで彼を見つめ、それから鋭いナイフで巧みに頸動脈を大きく切り開く。若いレキシントンが思いもよらなかった逆さ吊りの旅を続ける間に、彼の強力な心臓は血を首から噴出させ、コンクリートの床へと滴らせる。上下逆さまに吊り下げられ、急速に意識を失っていくなかで、レキシントンは自分の前を進んでいる豚が一匹ずつ沸き立つ鍋の中へと落ちていくのを認める。

奇妙なことに、そのうちの一匹は前脚に白い手袋をはめている。そして彼は、手袋をした若い女が見学ツアーを待つ待合室で自分の一つ前のグループにいたことを思い出す。こんな奇妙な最期の思いにふけっているうちに、レキシントンはくらくらしてきて、この世、「可能世界の中でも最も輝きに満ちたこの世界」から、あの世へとゆっくりとすべり落ちていく。

この物語の最後のシーンは長いことわたしの頭の中で反響し続けた。わたしは逆さになってブーブー哭いている豚になったかと思うと鉤に吊られたレキシントンになったりして沸騰する大釜に……。

悔恨、開眼、改革

この恐ろしい物語を読んで一、二ヶ月後に、わたしは両親と妹のローラと共に岩のごつごつしたサルディニア島の南端の町カリアリを訪れた。父がそこで開かれた物理関係の学会で講演を頼まれたのだ。学会を地方色豊かに盛り上げるために、主催者がカリアリの町の外れにある公園で盛大なパーティーを催した。参加者の目の前で、生まれたばかりの子豚を丸焼きにして切り分けるという趣向だった。当然ながら、わたしたちは会議に招かれた者としてみな、このサルディニアの貴ぶべき伝統儀式に臨むことを期待された。しかし、ダールの物語の記憶も生々しいわたしは、この儀式に参加するなどとても考えられなかった。妹のローラもやはりその場面を想像して怖気をふるっていた。結局二人でホテルに閉じこもり野菜とパスタで大いに満足した。

ノルウェーの「豚」とサルディニアの子豚——この強力なワンツーパンチの結果、わたしは妹に続いて肉をまったく口にしなくなってしまった。革の靴やベルトを買うことさえやめてしまった。わたしはこの新しい反肉食主義の立場の強力な推進者となった。わたしの意見で友人の何人かを転向させることまでできたのが嬉しかった。もっとも、数ヶ月でみな自然に元に戻ってしまったが。

その当時、わたしが個人的に崇拝していたヒーロー、たとえばアルベルト・アインシュタインが、どうして肉を食べ続けることができたのか不思議でならなかった。最近ウェブ検索によって、どうやらアインシュタインは菜食主義に傾いていたらしい、それも自分の健康のためではなく、生物に対する共感に発するらしい、と知って喜んでいる。しかし、その頃はそんなことは知らなかったし、いずれにせよ他のわたしの多くのヒーローは事情を知りながら確信犯的に肉食を続けていた。それがどうしてなのか理解できず悲しかった。

回帰、そして快進撃

とても奇妙なのだが、数年後にはわたし自身も、アメリカ社会の日々の生活の圧力を思い知らされて、一時はあれほど熱くなっていた菜食主義を断念してしまった。そしてしばらくの間、深く考えることもなくなっていた。六〇年代半ばのわたしだったら、そんなふうに元に戻ってしまうことは想像もできなかっただろう。しかしどちらのわたしもこの同じ頭蓋の中に宿っていた。それは本当に同じ人間と言えるのだろうか？

その後数年間はそんなふうに、まるで菜食主義の啓示など何もなかったかのように過ぎた。インディアナ大学に助教として勤めるようになると、以前のわたしと同じような理由によって同じような菜食主義哲学をもつに至ったとても思慮深い女性に出会った。彼女はわたしよりも長い間菜食主義を続けていた。スーとわたしは良い友人となり、彼女の態度の純粋さをわたしは尊敬した。そして彼女との友情によって、この問題をもう一度頭から考え直すことになった。わたしはたちまち「豚」読了直後の不殺生の立場に舞い戻った。

その後の数年間行ったり来たりしたあげく、三〇代終わりまでには最終的に一つの安定状態に落ち着いた。それはある種の妥協点であり、わたしの中で次第にはっきりと形作られてきた「魂のサイズには違いがある」という直観に対応している。もちろん明瞭とは言い難かったが、もし魂が「十分に小さい」のであれば、わたしや他の人間のような「より大きな」サイズの魂の持ち主の欲望のためにそれを犠牲にすることが許される、というような漠とした考えをわたしは受け入れた。哺乳類のところで線を引くのはもちろん恣意的であるが（実際どこで線を引いても恣意的だ）、その後二〇年その線を守っている。

命をもたない肉の不思議

われわれは豚や牛を食べるのではなく豚肉や牛肉を食べる。鶏肉は食べるが鶏たちを食べはしない。以前、わたしの友人の娘さんがまだ小さかった頃に、農場でコッコッと鳴いて卵を産む鳥を表す単語と夕食の皿の上に載っている物体を示す単語とが同じだと大はしゃぎで父親に教えてくれたことがあった。彼女はこのおかしな一致は、「はし」が川にかかる橋とご飯を食べる箸のどちらも表すおかしな一致と同じく、偶然のものと思ったようだった。皿の上のおいしい物体とコッコッと鳴く鳥が一つの同じものと知ったときに彼女がショックを受けたことは言うまでもない。

誰でもみな子供のときに、われわれの文化で可愛らしいとされているウサギ、羊、子牛などの動物を自分たちが食べていることを発見して、多かれ少なかれ似たようなショックと混乱を体験しているだろう。わたしにも微かではあるが、この謎に関する混乱の記憶がある。しかし肉食はごく当たり前だったので、それ以上深く考えることはしなかった。

それでも、食料品店では時折この問題が鮮やかに浮かび上がった。大きな陳列ケースに奇妙な色でぬるぬるしたものがたくさん並べられていて、「肝臓」、「胃」、「心臓」、「腎臓」とか、時には「舌」あるいは「脳みそ」などとラベルが貼られている。動物の部分の名前のように聞こえるばかりか、まさに動物の部分のように**見えた**。幸いにも「牛挽肉」は動物の部分のようには見えなかった。「幸い」というのは、とてもおいしかったからだ。**それ**を食べるのをやめろとは言われたくなかった。ベーコンもおいしかった。ベーコンは幸いにもとても薄く、料理してしまえばカリカリして、動物を思い起こすことはなかった。何と幸運だったろう！

しかし、食料品店の裏の荷卸し場では謎が仕返しのように戻ってくる。大きなトラックがやってきてバックドアを開けると、肉と骨の赤い巨大な塊が恐ろしげな金属の鉤からだらりとぶら下がっている。これらの死骸が店の裏から動かしやすいように鉤に吊されて、頭上のレールにそって店の中へと運び込まれるさまを病的なまでに好奇の目で見ていた。少年だったわたしは不安になり、死骸を見つめながら心の中で「あの動物はいったい誰だろう？」と問わずにはいられなかった。もちろん**名前**を問題にしていたわけではない。家畜には名前がないことくらい知っていた。もっと哲学的な疑問だった。「**他の**どの個体でもなく**あの**個体だったことでどんな感じがしたのか」。この動物が屠殺されたときに突然かき消された、他の誰のものでもない内なる光は何だったのか？

一〇代でヨーロッパを訪れたときにはさらに直截的な体験をした。命のない動物の身体が（たいていは皮を剥いで頭と尻尾を落とした状態だが、時にはそれらもあるままで）公衆の面前に堂々と陳列されていた。クリスマスの頃の食料品店でのことを今でもはっきり覚えている。通路の真ん中のテーブルに豚の頭がまるごと置いてあった。後ろ側から眺めると、首の内部の構造が、まるでギロチンで切られたように鮮やかな断面によって見てとることができる。身体のあちこちの部分と頭の中の「司令部《ヘッドクオーター》」とをつないでいた密なコミュニケーションラインがすっぱり切断されている。前側から眺めると、豚は独特の微笑みの表情を浮べていた。それを見てわたしはぞっとした。

またもやあの問いが浮かんできた。「あの頭にはいったい誰が入っていたのだろう？　誰があそこで生きていたのだろう？　誰があの目から見ていたのだろう？　誰があの耳で聞いていたのだろう？　あの肉の塊は元はいったい誰だったのだろう？　男？　女？」。もちろん何の答えも返ってはこない。しかも他の客は豚の頭になど何の関心も示さない。生とは何か、死とは何か、豚の自己《ポークナリティー》とは何かといった疑問に、誰も一片の思いさえ向けていないように見えた。しかし、わたしの内部ではそうした疑問が猛烈に渦巻いていた。

蟻や蛾や蚊を踏みつぶしたときにも、時折同じ疑問を感じることがある。そんなに頻繁ではないが。おそらく「中には誰がいるのか？」という疑問は昆虫の場合には弱い意味しかもたないのだろう。それでも半分つぶされた昆虫が床の上をもぞもぞと這っているのを見ると、いやでも魂探しをしてしまう。

こんな気味の悪いイメージをいろいろ持ち出したのは、決して菜食主義運動を推進するためではない。そんなことは読者の多くはすでに十分考えてきたことだろう。ここでわたしが伝えたいのは「魂」とは何か、誰あるいは何が魂をもっているかという重大な問いである。人は誰でも生涯を通じ必ずこの問いと関わりをもつ。少なくとも暗黙のうちに、しかし多くの人はきわめて明示的に。そして、この問いが本書の中心問題である。

出でよ、大きくどっしりした魂の者

すでに触れたことでご推察の通り、わたしはショパンの楽曲を深く愛している。一〇代、二〇代を通じてわたしはショパンのピアノ曲をずいぶん弾いた。ニューヨークのG・シャーマー社から出版されている明るい黄色の楽譜集をよく使った。各巻に一九〇〇年代初めのアメリカの批評家ジェームズ・ハネカーの手による「まえがき」が添えられていた。今日の読者の多くは、おそらくハネカーの散文を大げさすぎると感じるだろう。しかし、当時のわたしはそうは感じなかった。ほとばしる情熱がショパンの音楽に対するわたしの理解とよく共鳴していた。今でも彼の文体と豊かな比喩が好きだ。ショパンの練習曲の巻のまえがきの中で、ハネカーは作品25の練習曲11番イ短調について（巨大な音の噴出のこの作品は「木枯し」の練習曲としばしば呼ばれる。ショパン自身がつけたタイトルではないし、ショパンの曲想とも異なっているが）、次のような驚くべき主張をしている。「魂の小さな者は如何に指が達者であろうと弾くべからず[4]」

この信じ難く沸き立つような作品の恐るべき技術的な難しさは、一六歳のときに果敢にも挑戦して残念ながら断念を余儀なくされたわたし自身の個人的な体験が身をもって示している。指定された速度で最初のページを弾くだけで（信じられないくらい根気強く練習を何週間も続けたあげく、ようやく弾けるようになったのだが）右手がひどく痛んだ。しかし、もちろんハネカーは技術的難度のことを言っているのではない。彼はこの作品について、きわめて正当に、荘重にして高貴と形容している。しかし、おそらくもっと物議をかもすのは、彼が人間の魂のレベルあるいは「サイズ」の違いを区別する線引きを行っていることである。そして、誰もがこの作品を弾く資格があるわけではないと示唆している。それは、身体的な制約によるのではなく、魂のサイズが「十分に大きく」ないことに起因する（ハネカーの言葉（small-souled men）に含まれる性差別の批判には立ち入らない。当時はこれが当たり前の言い方だったから）。

この種の考えは現在の平等主義的アメリカではなかなか浸透しない。平均的な人々には受け入れられないだろう。率直に言えば、現代の民主主義的言論に馴れた耳にはきわめてエリート主義的で不快にすら響く。それにもかかわらず、ハネカーの主張になぜか自分が同調していることを認めざるを得ない。さらに、ごく大雑把に言って、「小さな魂」の人間、「大きな魂」の人間のような考え方にも正当性が認められると、実は誰もが暗黙のうちに信じているのではないだろうか。実際、われわれがいかに公には平等主義を標榜していても、わたしは実はこれが誰もが信じていることなのだと言わずにはいられない。

小さな魂の人間と大きな魂の人間

死刑を擁護する人々がいる。死刑場に通じる廊下で死刑囚がどんなに一生懸命慈悲を乞おうが、ガタガタ震え叫び声をあげて必死に運命を逃れようとしようが、公にそして意図的に人間の魂を抹消する死刑を。戦争では敵兵を殺すことが許されると、ほとんどの人は信じているだろう。まるで戦争が敵兵の魂のサイズを小さくしてしまったかのようだ。

昔は多くの人々が奴隷を所有売買して、ちょうど今日のわれわれが馬や犬や猫に対するように、一族を勝手にばらばらにすることに何の問題もないと信じていた（ジョージ・ワシントン、トマス・ジェファーソン、ベンジャミン・フランクリンはみな、細部に違いはあれ、少なくともある期間はそのように信じていた）。

宗教的な人々のなかには、無神論者や不可知論者や他の宗教の信者、さらに一番良くない「信仰」を捨てた裏切り者には魂がなく、したがって殺してしまってもいっこうにかまわないと信じている者もいる。女には魂がないとか、もう少し寛容に、女の魂は男のよりも小さいと信じ込んでいる人々もいて、そのなかには女性もいたりする。

わたしもその一人だが、レーガン元大統領は実質的には亡くなるよりもずっと以前に「いなくなってしまった」と考えている人々がいる。同じようにアルツハイマー病末期の患者も、実質的にもういなくなってしまっている。頭蓋の中にまだ脳はきちんとあるが、その脳からは何かが、その個人の魂の秘密を担っていた本質的な何かが消えてしまっている。「私」は完全にあるいは一部分が失われ、消えてしまって、二度と見つけることができない。

これまたわたしもその一人だが、受精したばかりの卵子も五ヶ月の胚も、完全な人間の魂をもつには至っていないと信じている人々がいる。それゆえ、母親の生命をその小さな存在の生命よりも「尊重」する。もちろん、後者が生きていることに疑いを差し挟む余地はないが。

チョコレートラブラドールのハッティー

ケリー　リンが飼ってる七面鳥、あれまだ見たことがないから、朝食の後で見に行かない？
ダグ　七面鳥は**あれ**？　それとも**彼女**？
ケリー　**あれ**だわ。**彼女**じゃないわよ。
ダグ　あ、そう……それじゃ、ハッティーは**彼女**、それとも**あれ**？
ケリー　ハッティーはもちろん**彼女**よ。

ゴールデンレトリーバーのオリー

ダグ　グリフィ湖での昼間の散歩、オリーは喜んでた？
ダニー　うん、彼、喜んでたよ。他の犬とはあまり遊ばなかったけど。でも、人間とよく遊んでいたね。
ダグ　本当？　どうしてだろ？
ダニー　オリーは社交家なのさ。

生と死を分ける運命の一線は？

少なくとも十分大きな魂の人間であれば誰でも、こういう問題にどこかで境界線を引かなければならない。蚊や蝿は殺していいか？　ネズミ捕りをしかけてもいいか？　ウサギやロブスターや七面鳥や豚を食べるか？

犬や馬はどうか？　ミンクの毛皮や象牙の彫刻を買うか？　革のスーツケースや鰐皮のベルトを使うか？　自分の身体に侵入した細菌に対してペニシリンで攻撃をしかけるか、などなど。世界は常に大小さまざまなジレンマに満ちあふれており、われわれは決断を迫られる。最も身近なところでは、食事のたびごとに。子羊に問題にすべき魂はあるのか、それとも、そんなことで頭を悩ませるにはラムチョップはおいしすぎるのか？　餌につられてナイロン製の釣糸の先で空しく飛び跳ねている鱒に生存権はあるのだろうか？　それとも、頭を一撃して「苦しみから解放」してやり、うまく言えないけれど不思議なことに予測できるあの柔らかくて弾力のある白い身を味わうべきなのか？　バッタや蚊、さらには細菌の体内には、どんなに微かにでも小さな小さな「光」が灯っているのだろうか？　それとも「そこ」（**どこ**のことだ？）は真っ暗なのだろうか？　なぜわたしは犬を食べないのだろう？　朝食に味わったベーコンの元になった豚は誰だろう？　今かぶりついているトマトはどのトマトだろう？　庭の大きな楡の木を伐り倒すことは許されるだろうか？　あの野生のブラックベリーの茂みは引っこ抜いてもよいだろうか？　その横の雑草はどうだろう？

　いったい何が、われわれ言葉をもつ存在に、言葉をもたない生き物たちの生死を決定する権利を与えたのだろうか？[5]　なぜわれわれは（少なくとも一部の人々にとって）、そのような苦悩に身を置いているのか？　突き詰めて考えてみれば、それは単に**力は正義なり**だからだ。われわれ人間は、複雑な脳と豊かな言語および文化によって利用可能になった知能のおかげで、他の「低級な」動物（植物）に比べ、確かに高等でより大きな力をもっている。その力に支えられてわれわれは、自分一人でじっくりと熟慮した結果にせよ、単純に世の流れに従っているだけにせよ、生き物にある種の序列を想定するようになっている。蚊を殺すのと同じように気軽に牛を殺すことができるだろうか？　壁にとまっている蝿を殺す方が肉切り台の上で震える鶏の首をはねるより楽だろうか？　言うまでもなく、こうした疑問にはいくらでも食らいつくことができるが（なにせ位付け

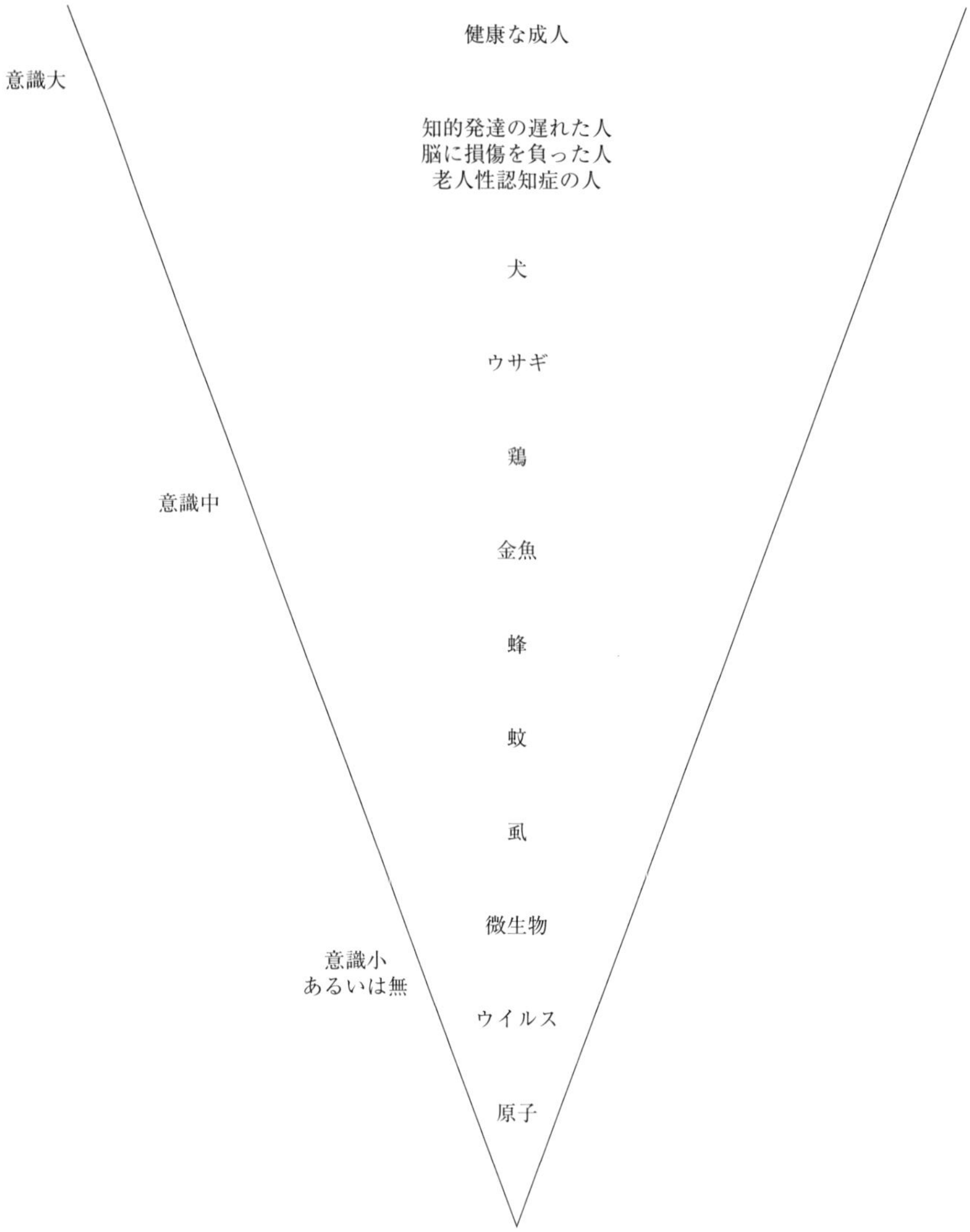
健康な成人
意識大
知的発達の遅れた人
脳に損傷を負った人
老人性認知症の人
犬
ウサギ
鶏
意識中
金魚
蜂
蚊
虱
微生物
意識小
あるいは無
ウイルス
原子

の話なのだから）、もうここでやめておくことにしよう。

図に示したのは、わたし自身の個人的な「意識の円錐」である。もちろん厳密なものではなく、おおよそのアイデアにすぎないが、何らかの同じような構造があなたの頭の中にもあるのではないか。はっきりと整理されることすらないので、厳密な吟味の対象にもまずならないが、言葉を使う能力を与えられた人間ならば、誰でも備えている構造だと思う。

内面性——何に、どの程度あるのか？

本書の読者であれば、まさか「スター・ウォーズ」シリーズを見逃していることはあるまい。あの忘れ難いキャラクター、C−3POとR2−D2が出ている映画だ。これら二体のロボットは馬鹿馬鹿しいほど非現実的である。特に、コンピュータに人間の知能のきわめて単純な側面だけでも何とか伝えようと、何十年にもわたって努力してきたわたしのような人間から見ると。それでもこのキャラクターたちは、とても価値のある役割を一つ果たしている——われわれの心を開いてくれるのだ。C−3POとR2−D2がスクリーン上で「血肉を備えて」活躍しているのを目にすれば、われわれが金属やプラスチックで作られたものを見ると反射的に、「あれは『誤った素材』でできているんだから生き物でありっこない」[6]という、お決まりの結論に飛びつくわけではないことに気づかされる。むしろ、肉からは程遠い冷たくて硬いものからできていながら、考え、感じる存在を容易に想定できることに気がつき、自分でもびっくりしてしまう。

「スター・ウォーズ」には、何百体ものロボットの軍隊がそろって行進をするシーンが出てくる。ここで「そろって」というのは、**本当に**一様にである。全員が完全に同期して動き、全員が完全に同じで受動的、空疎で機械的な表情をしている。そしてこのきわめて明確に表現された絶対的な交換可能性の印象のおかげで、このシーンを見る観客は、爆弾が落ちてこの何百もの工場生産の「生き物」が、瞬にして粉々に吹き飛ばされるのを見ても、何の悲しさも感じることはない。C－3POやR2－D2とはまったく対照的に**これらの**ロボットは生き物などではあり得ない。単なる金属の塊にすぎないのだ！　缶切りや車や戦艦が内面性をもたないように、金属の殻の内部には何の**内面性**も存在しない。それはそのロボットたちが互いに区別がつかず、完全に同じであることからも明らかだ。あるいはもし万が一、内部に**わずかな**内面性があったとしても、それは蟻がもつ内面性と同程度だろう。これら金属製の行進者たちはただの兵隊ロボットで、ロボットの大きなコロニーにおいて働き蜂の役割を果たしているにすぎない。回路に組み込まれた固定的で機械的な衝動に従って、ゾンビのように動いているだけだ。仮に内面性を備えているとしても無視できるレベルでしかない。

それでは、C－3POとR2－D2に「内なる光」があるという確信をわれわれに与えるものは何だろうか？　それらの無機的な頭蓋の中に、愛嬌のある丸い「眼」の背後に、本物の内面性があると思わせるものは何か？　それらに「私」を否応なく感じるのはどうしてだろうか？　反対に、レーガン元大統領の晩年や、爆弾で吹き飛ばされた画一的な兵隊ロボット集団に**欠けている**ものは何だろう？　チョコレートラブラドールのハッティーやロボットのR2－D2では**欠けていない**、そしてそのために大きな違いをもたらすもの、それはいったい何だろうか？

魂のゆっくりした成長

わたしはすでに、精子と卵子とが結合して人間の受精卵ができた瞬間に完全な人間の魂が作られるという考えには与《くみ》しないと述べた。そうではなくわたしは、人間の魂は何年にもわたる成長の過程でゆっくりと形作られていると信じている。ところで、本書の目的の一つは、この捕まえにくく、ずれやすく、そしてしばしば宗教的な意味合いに満ちた（本書ではそのような意味合いは一切ないが）「魂」という言葉でわたしが何を意味するのかを明らかにすることにある。ここで少し間抜けに感じられるかもしれないが、少なくとも比喩的な意味で、「魂度」という数値スケールを考えることを提案したい。０から１００までの値をとり、単位は「ハネカー」とでもしよう。読者よ、あなたとわたしはどちらも魂度１００ハネカーだ。握手をしようじゃないか！

おっと、しまった。我が国の敬うべき平等主義の伝統に長年にわたって導かれてきたせいで、わたしは過ちを犯してしまったようだ。無意識のうちに、魂度には「最大」があり、通常の成人はすべてその値で止まると仮定してしまった。なぜそんな仮定が必要なのだろうか？ 魂度は身長みたいなものではいけないのだろうか？ 成人には平均身長というものがあるが、実際の身長はその平均のまわりに大きくばらついている。同じように、成人の平均魂度（たとえば１００ハネカー）があり、そのまわりに幅がある、たとえば（ＩＱのように）上は１５０からまれに２００ハネカー、下は50あるいはそれ以下というのではなぜいけないのだろうか？

もしそれで良しとするならば、読者もわたしも１００ハネカーという先ほどの主張は撤回する。その代わりに読者もわたしも魂計の測定値はもっとずっと上だと言いたい（同意してもらえるとよいのだが！）。しかし、どうやら倫理的にやや危うい領域に近づいているようだ。まるで一部の人々が他の人々より価値があると主張していると取られてしまうかもしれない。そのような考えはわれわれの社会では許されない（わたしにとっても性に合わない）。個人の魂度をハネカーで測る話はこれでやめにしよう。

精子が卵子と結合したときにその結果として出来上がる非常に小さな生物学的な塊の魂度は、０ハネカーのようにわたしには思える。しかしながらそこで誕生したのは、活力に満ち、雪だるま式にふくれあがる存在で

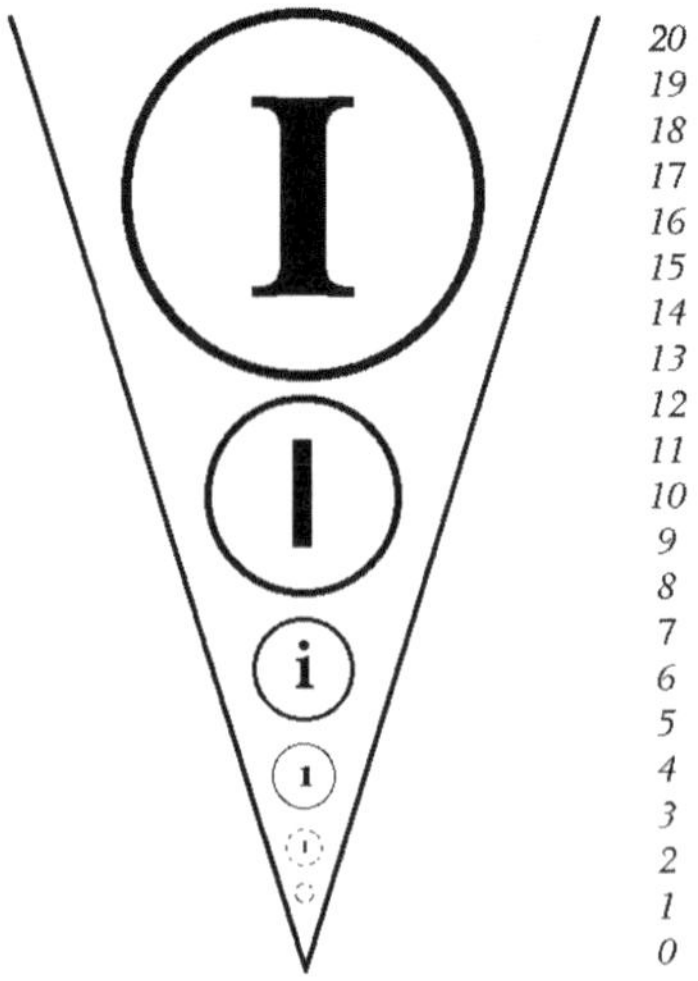

あり、それは数年かけて複雑な内部構造あるいはパターンを発展させることができる。そしてこの存在（より正確には、この存在がゆっくりと段階的に成長していったときの各状態。それらは受精の瞬間よりもはるかに複雑だ）には、パターンがより精細になるにつれて、ハネカー尺度上でより高い魂度が与えられ、最終的におおよそ100の値に収束する。

上に示す円錐図は、〇歳から二〇歳の人間の（あるいは一人の人間の成長の各段階における）ハネカー値がおおよそどのようになるとわたしが考えているかを、わかりやすく示したものだ。

つまり、ここでわたしが主張したいのは、ジェームズ・ハネカーの挑発的な言葉を敷衍して、「魂度」は決してビットや画素あるいは通常の電球のようにオン／オフ、白／黒で二つの値のどちらかをとる離散的な変数ではないということだ。そうではなく、魂度は陰影のあるもやっとした数値変数で、異なる種や異なる物体の間で連続的に変化する値をとる。そしてその値は、対象となる存在に備わる特殊で精妙なパターンの成長や衰退の結果、時間とともに上がったり下がったりする（本書の大部分はそのパターンの性質の解明に費やされている）。さらにわたしは、人々が無意識のうちに有している偏見の背後にも数値変数があると主張したい。ある食物を食べるか食べないか、ある服を購入するかしないか、ある虫を叩きつぶすかつぶさないか、SF映画のロボットに同情するかしないか、映画や小説の登場人物が悲劇的運命にあったときに悲しいと感じるか感じないか、とある老化現象を示す人のことを実質的に「いなくなってしまった」と思うか思わないかなどなど、これらの偏見は、当人が認めようと認めまいと、まさにこのような数値的連続性に基づいている。

人間の発達の段階における「魂度の違い」を露骨に表した円錐図を見た読者は、もし強力な圧力を加えられたら（映画「ソフィーの選択」のように）、わたしは二〇歳の大人の命を救って二歳の子供の命を奪うという選択をすると思われるかもしれない。答えはノーだ。二〇歳は二歳に比べてずっと多くの魂をもっているとわたしは本気で信じている（おそらく読者の一部がこの考えに困惑することは承知しているが）。それにもかかわらず、二歳の子供にはその後の一〇数年の間にもっとずっと大きな魂を**発達させる可能性**があることに深い敬意を感じる。加えて、数十億年にわたる進化を通じて、われわれは二歳児に対して、他に良い言葉が見つからないのでこう言うが、「かわいらしさ」を知覚するようになっている。そうして知覚されたその特性によって、二歳の子供には驚くほど強力な防護壁が与えられる。それはわたしばかりでなく、年齢、性別、職業を問わない、あらゆる人間による攻撃から子供を守ることになる。

明かりは灯っているか？

本書の目的の中心にあるのは、ここまで「魂」とか「私」と呼んできたものの根底をなす、あるいはそれらを生じさせるとわたしが信じている、「特殊で精妙なパターン」の本質を突き止めようという試みである。

「魂」や「私」という言葉は、「内なる光が灯っている」とか「内面性を有する」、あるいは使い古された「意識をもつ」と言い換えてもよい。

心の哲学者たちは「志向性を有する」（信念や欲望や怖れなどをもつという意味）とか、あるいは「意味論がある」（物事**について**真に考える能力をもつという意味。無意味な印を複雑に操るだけの能力と対照される。この違いについては私家版ソクラテスとプラトンの対話で触れた）という表現を用いる。(7)

これらの用語はそれぞれ、ここで問題とする捉え難い抽象物の少しずつ異なった側面に着目したものであるが、わたしにとってはほぼ交換可能である。そして、これらすべての用語に関して、それらは連続的な**尺度**上の程度として理解すべきであるという点を再度強調したい。オン／オフ、白／黒、イエス／ノーのようなスイッチとしてではなく。

追記

二年前に書いた本章の第一稿では、肉食や菜食主義の話題には軽く触れただけだった。その数ヶ月後に「豚」の物語を要約しながら原稿に「肉付け」をしていたときに、突然それまで二〇年間にわたって（時には不快な思いをしながらも）維持してきた境界線にフラフラと疑念が湧いてきた。哺乳類とそれ以外との間の境界線だ。

そうなると、鶏肉や魚を食べるのも不快に感じるようになってしまった。それまで二〇年間食べ続けてきたにもかかわらず。そして、わたしは突然転向してしまった。食い改めたと言ってもいいかもしれない。偶然にも、二人の子供もほぼ時を同じくしてわたしとは独立に同様の決断を下したために、わずか二週間くらいの間に我が家の献立は完全な菜食へと変貌するに至った。二一歳のときにサルディニア島で得た境地と同じところへと立ち戻ったわけで、これからもこの場所にとどまろうと思う。

結局、本章の執筆は予期せざるブーメラン効果を著者のわたしに引き起こしたことになる。後の章において見るように、このような選択の予期せざる後戻り、そしてその効果の自己モデルへの取り込みは、「わたしは不思議の環」というモットーの意味を示す優れた例なのだ。

第2章　揺れ動く不安と夢の球体

「脳構造」とは何か?

わたしが人間の思考の背後に隠された機構を研究していると知ると、人はたいてい「ああ、それでは脳の研究をなさっているのですね」と言う。

そんなとき、こう答えようとする自分が一方にいる。「違います、**考えるということ**について研究しているんです。概念と単語がどのように関係し合っているのか、『フランス語で考える』とはどういうことなのか、言い間違いとか、あるいはまた別なタイプの失敗の背後には何があるのか、一つの出来事から自然に他の出来事を思い出すのはどうしてなのか、書かれた文字や単語をわれわれはどのようにして認識するのか、スラング混じりの筋書きのないすっとぼけたスピーチをどうやって理解しているのか、これまで誰も使ったことがないとはいえまったく凡庸としか思えないアナロジーを次から次へ斥けていくうちに、時としてキラッと輝く独創的なアナロジーをひねり出すことがあるのはどうしてか、われわれの考えがどれも経験を重ねるにつれ、緻密さ、流麗さを増していくのはどのような事情によるのか、等々について考えているんです。脳のことなんかこれっぱかりも考えてはいません。あんなヌルヌルしてゴチャゴチャにもつれた脳のクモの巣のことなんか、神経生理学者におまかせですよ」

しかしその一方で、こう答えようとする自分がいるのも確かだ。「もちろんわたしは人間の脳について考えています。脳こそがわれわれ人間の思考を実現する機構なのは自明のことですから、わたしは脳について考えていることになります」

わたしはこの興味深い二律背反によって、「わたしにしろ誰か他の人たちにしろ『脳研究』と言ったときにいったい何を考えているのだろうか」という疑問に直面することになった。次には当然「そもそも人が研究できる脳の構造って何だろう？[1]」という疑問が湧いてくる。たいていの神経科学者はそんな質問を向けられたら、おそらく次のような項目を（少なくともいくつかは）含むリストを作るだろう。このリストは物理的サイズにおおよそ従って並べてある。

アミノ酸
神経伝達物質
DNAとRNA
シナプス
樹状突起
ニューロン
ヘッブの細胞集成体
視覚野のカラム

視覚野の第19野
視覚野全体
左半球

これらはもちろん神経科学の適格かつ重要な研究対象ではあるが、[2]このリストは作成者の視野の狭さを露呈しているようにわたしには思える。脳研究をこうした物理的実体の研究に限定することは、たとえば、文学研究は紙質や本の装丁、インクとその化学的組成、判型やマージン幅、活字や段落の長さなどについてしか語ってはいけないと言うのと同じではないだろうか。プロットや登場人物、スタイルや視点、皮肉、ユーモア、ほのめかしや比喩、共感や距離感など、文学の芯をなす高度な抽象概念はどうするのか？　文学研究にとっては、これらが欠くことのできない本質的要素なのではないか？

わたしの言いたいことは簡単だ——文学研究にせよ脳研究にせよ、重要なのは抽象物なのだ。[3]ここに、「脳研究者」が研究対象として取り上げるべき抽象物のリストを提案することにしよう。

「犬」という概念
「犬」という概念と「吠える」という概念の間の連想リンク
オブジェクトファイル（アン・トリーズマンが提唱した）
フレーム（マーヴィン・ミンスキーが提唱した）
記憶構成束（ロジャー・シャンクが提唱した）
長期記憶と短期記憶

エピソード記憶とメロディ記憶
アナロジー橋渡し（われわれの研究グループが提唱した）
メンタルスペース（ジル・フォコニエが提唱した）
ミーム（リチャード・ドーキンスが提唱した）
自我、イド、超自我（ジークムント・フロイトが提唱した）
自分の母語の文法
ユーモアのセンス
「私」

リストはいくらでも長くなる。しかもこれが決定版というわけでは決してない。「脳構造」という用語にはこれらの一般的要素が含まれるべきだという、わたしの考えを伝えるのがリストの趣旨だ。言うまでもなく、リストに含まれる理論的概念のなかには否定されて消えてしまうものもあれば、さまざまな研究を通じて次第に強固に確立されていくものもあるだろう。「遺伝子」という概念が親から子へと遺伝的性質を伝えていく見えざる存在として提案され、科学上の研究が開始されたのは、それら遺伝的性質の担い手として何らかの物理的対象が同定されるはるか以前であった。[4]「原子」という概念がすべての物理的対象の基本構成要素として提案され、科学上の研究が開始されたのも、個々の原子が分離されて内部が調べられるはるか以前であった。[5]したがって、先のリストに含まれる概念のなかにも、見えざる構造として脳科学者が人間の脳内に物理的実体を探求すべきものがあるかもしれない。

わたしは、そのような構造のいずれかが物理的に実体化されたものを「人間の脳」内に見いだすことが（それは一つだけだろうか？）、驚くべき前進の一歩になるだろうと信じて疑わない。しかしそれでも、物理的な対応づけ《マッピング》がなぜ神経学研究の唯一にして究極の目標であるべきなのかがわからない。そうした対応づけに先立って（後追いでもかまわないが）、前述のリストの要素間において、さまざまな種類の関係性をきっちりと確立させることも、同じように正当な脳研究になるのではないか？　遺伝子や原子の場合には、それらが物理的対象として認められて内部構造が調べられるようになる何十年も以前から、まさにそのようにして科学的研究が進められてきたのである。

心臓と脳の間の単純なアナロジー

ここで脳研究と心臓研究の間の、単純だが重要なアナロジーを提案してみたい。今日では、肉体や臓器が細胞から構成されていることは常識として知られている。もちろん心臓も膨大な数の細胞からできていて、そうした微視的なスケールで心臓を見ることが重要なのは明らかだ。しかしそれだけでは、ある大きな描像を見失ってしまう危険がある。つまり**心臓はポンプ**だということが見えなくなる。同様に考えるならば、**脳は思考機械**である。だから思考が何であるかを理解したければ、木（あるいは葉っぱかもしれない！）ばかりに注目して森全体を無視してしまうのを避けねばならない。この場合、大きな描像は脳のアーキテクチャを巨視的なスケールで見ることで初めて明瞭になる。脳の構成要素をこれまで以上に細かく分析していくことを通じてではないのだ。

一〇億年かそこらさかのぼるいずれかの時点において、自然淘汰は常なるランダムウォークの末にリズミカルに収縮する細胞へと行き着いた。そのような細胞を備えた小生物はどんどん栄えていった。それら細胞の収縮によって有用な物質を体内のあちこちに送り込めるようになったからだ。こうして偶然によってポンプが誕生すると、それらプロトタイプのポンプからなる抽象的デザイン空間においては、より効率的なデザインが自然に選好されていった。ポンプを構成する細胞の働きが根本のところで確保されてしまえば、細胞内部の機構それ自体はもはや選択に寄与する重要な変数ではなくなる。ここに至ってゲームはまったく新しい局面を迎えた。その自然による選択ゲームでは、心臓の**アーキテクチャ**が競争の主たるテーマとなり、新しく登場したそのレベルにおいて、これまでにないほど複雑なパターンへと急速に進化していったのだ。

このような理由から、心臓外科医は心臓を構成する細胞の詳細ではなく、心臓の大まかなアーキテクチャに注目する。車を買うときに、陽子や中性子の物理とか合金の化学的性質など考えずに、快適性、安全性、燃費、運転のしやすさ、格好良さといった高度に抽象的な性質に注目するのと同じだ。このあたりでわたしの「心臓－脳」アナロジーも終わりにするが、要点を一言でまとめるならこうなるだろう——微視的レベルはおそらく、というかほぼ確実に、脳を見るには間違ったレベルなのだ。とりわけ、きわめて抽象的な現象である、概念、アイデア、プロトタイプ、ステレオタイプ、アナロジー、抽象化、記憶、忘却、混乱、比較、創造性、意識、同情、共感などの説明を求めようとする限りは。

トイレットペーパーは思考するか？

いま見たようなアナロジーは単純ではあるが、悲しいことにその結論は多くの哲学者、脳研究者、心理学者その他、脳と心の関係に興味をもつ人々に理解されていない。たとえばジョン・サールだ。彼は哲学者で、これまで人工知能研究や思考の計算モデルに対して嘲りを積み重ねることに研究生活の多くを費やしてきた。そして、チューリング機械を馬鹿にすることに特別な喜びを感じているようだ。

少し脱線……チューリング機械とは、極度に単純な、理想化されたコンピュータだ。[6] メモリとして無限長の（つまりいくらでも拡張可能な）「テープ」を備えていて、そのテープ上の「セル」は点が書かれているか空白かのどちらかである。また可動「ヘッド」も搭載しており、それによってセルの内容を「読み出す」、あるいはセルに「書き出す」ことができる（前者ではセル上の点の有無を判断し、後者では点を書いたり消したりする）。この「ヘッド」には命令が格納でき、その命令でヘッドを操作することで、右あるいは左に一セル移動したり、新しい点を書き込んだり古い点を消したりといった動作が可能になる。チューリング機械の基本操作はきわめて単純であるにもかかわらず、どんな種類のどんな計算であっても、適切なチューリング機械を選べば実現できる（数は隣り合ったセルの点によって表現する。たとえば空白に挟まれて「・・・」があれば、それは整数3を表している）。

哲学者ジョン・サールに戻ろう。チューリング機械は抽象機械であって、原理的にはどんな材料からでも作り出せるという点を彼は最大限に利用する。わたしには小学三年生を騙すのがせいぜいとしか思えないのだが、残念ながら彼の職業上の同僚の数多くを取り込んでしまった企みがある。そのなかで彼は、とんでもない物理的実体からなるシステムによっても**思考**が実現できるというアイデアを容赦なく弄《もてあそ》んで馬鹿にする。とんでもない物理的実体とは、たとえば**トイレットペーパーと小石**だ（テープは無限に長いトイレットペーパーで、トイレットペーパーの一マスに置かれた小石がセル上の点になる）。また**ティンカートイ**なんかでもよいし、**ビール缶とピンポン玉**がぶつかり合う巨大な集まりでもよい。

サールはその鮮やかな記述の中で、一見これらの滑稽なイメージをいとも軽く無造作に提示しているように思わせる。[7] しかし実際には、読者に対して用意周到に根深い偏見を植えつけているのだ。もしかすると、単に既存の偏見を有効利用していると言う方が正確かもしれない。要するに『思考するトイレットペーパー」など、どう考えても馬鹿らしく聞こえてしまう（たとえどんなに長いロールであっても、小石がおまけに置かれようが置かれまいが）。同じことは「思考するビール缶」にも「思考するティンカートイ」にも言えるだろう。サールが人をからかうために作り出した何気ないイメージは、本当のところ、読者がもうそれ以上考えずに呆れて捨ててしまうよう巧妙に計算されたものだ――そして悲しいことに、その試みはしばしば成功している。

ひどく喉の渇いたビール缶

サールは、このように面白おかしく描写したシステムを愚弄する試みに大いに成功している。たとえば彼は、相互作用するビール缶からなる巨大なシステムが経験を有するかもしれないという概念を馬鹿にするために、その経験の例として**渇き**を持ち出す（「経験を有する」とは「意識をもつ」の別の表現だ）。そして誰の目にも明らかなことを何気なくほのめかしているように見せるべく、次のようなアイデアを披露する。そうした巨大なシステムには「ポンと飛び出してくる《ポップアップ》」**一本の特定のビール缶**があり、しかもその缶には「わたしは喉が渇いている」と書かれていなければならないというアイデアだ(8)（ビール缶の相互作用の記述が都合よく省かれているので、ポップアップが正確にはどんなものかはわからない）。この特定のビール缶のポップアップがシステムにとっての渇きの経験に相当するのだそうだ（巨大システム内の微小要素なのだから、ビール缶は脳内の一つのニューロンとか一つのシナプスに比すべきであるにもかかわらず）。実のところ、サールはこの馬鹿げたイメージをきわめて意図的に選択している。誰も真面目に受け取りっこないとわかっているのだ。金属のビール缶がどうやったら渇きの経験を有することがあるのだろうか？　どうすればビール缶の「ポップアップ」

が渇きに**相当する**というのだろうか？　なんでビール缶に書かれた「わたしは喉が渇いている」なんて文字を、泥にまみれたトラックに落書きされた「わたしを洗ってくれ」という文字より真面目に受け止めなければならないのだ？

心の中で起こる認知や感覚をコンピュータによって理解することを目指した研究に対する歪曲のなかでも、このサールのイメージが最もくだらないものであるのは悲しい現実だ。批判する方法はいくらでもあるが、ここでは特にサールの用いている巧妙なトリックを取り上げたい。サールが何でもないふうを装いながら、このビール缶‐脳モデルにおいては経験が**一本のビール缶**に限局されると言うことによって、もしかするとシステムにおける渇きの経験はビール缶の配列に備わるもっと複雑で大局的な高次属性にあるのかもしれないという可能性を注意深く避けている点だ。

思考や感覚のビール缶モデルによる説明をもし真剣に試みようと思うなら、どんなに浅くであっても「思考」や「感覚」を一本のビール缶に帰着する局所的現象とは捉えないだろう。何億何兆にものぼるビール缶からなる巨大プロセスとなるだろうし、「渇きの経験」がポップアップする一本のビール缶にあらかじめ書かれた短い文などということはなくて、莫大な数のビール缶からなる非常に込み入ったパターンとなるだろう。要するに、サールは自分で矮小なターゲットを作り出してそれを馬鹿にしているだけだ。心的プロセスをまともにモデル化しようとする者は誰も、それぞれの感覚や概念に対応して一本ずつのビール缶（あるいはニューロン）が存在するなどと主張したりはしない。サールのしょうもない攻撃は大きく的を外している。

さらに言うならば、サールの「渇き経験者である一本のビール缶」というイメージは、「おばあさん細胞」という脳神経学の分野においてはとうの昔に捨てられてしまったアイデアの歪んだ焼き直しにすぎない。おばあさん細胞とは、自分のおばあさんを目で見て視覚的に認識するのは自分の脳内の特別な一つの細胞の発火に相当する、すなわち、その細胞が自分のおばあさんを脳内で物理的に表現しているというアイデアだ。おばあさん細胞と渇き缶にどんな違いがあるだろう？　何もない。それにもかかわらず、ジョン・サールが魅惑的なイメージを作り出す名人であるばかりに、そのつまらないアイデアは長年にわたって数多くの専門家、大学院生、さらには一般人に大きな影響を与えてきた。

サールを微に入り細にうがって攻撃するのが目的ではない（それには気の重くなる一章を要するだろう）。ただ、脳の最も基本的な物理的単位のレベルと脳における最も複雑で捉え難い心の属性の存在するレベルとが同じだという暗黙の仮定が、いかに広く支配しているかということを指摘したいのだ。鉱物のもつ多様な側面（密度、色、磁性、光反射性、熱伝導率、電気伝導率、弾性、比熱、音が内部をどのように伝わるかなど）は、いずれも何億もの構成原子の相互作用による高次レベルでのパターンによって決まる。同じように、脳の心的属性も、個別の小さな構成要素のレベルではなく、構成要素によって作られる**巨大な抽象的パターン**のレベルに存在するのだ。

知覚、概念、思考、意識、「私」、自由意志などの捉え難い心的現象の分析を少しでも前進させようと思うなら、脳を複数のレベルからなるシステムとして扱うことが不可欠だ。[9] 概念、感覚、記憶などを単一のニューロンに局所化しようとしても意味がない。大脳皮質におけるカラム[10]（四〇個程度のニューロンからなる小規模構造で単一ニューロンよりも複雑な行動を示す）のように少し高いレベルにおける局所化でさえも、アナロジーや古いエピソードの自発的想起のような思考に対しては意味がないだろう。

脳におけるレベルと力

わたしは以前、『分子の神々——分子はどのようにしてわれわれの行動を決定するか』(*Molecular Gods: How Molecules Determine Our Behavior*)というタイトルの本を見つけたことがある。[11] 購入はしなかったけれども、そのタイトルはわたしの脳内にさまざまな思考を引き起こした(**脳内の思考**とは何だろうか? 思考は本当に脳の**内部**にあるのだろうか? 思考は分子からできているのだろうか?)。わたしは本をすぐに売り場の棚に戻したが、まさにその事実が、タイトルによってわたしの脳内にどのような思考が引き起こされたかを完璧に示している。しかし厳密には何が、その日のわたしの行動(本に興味をもち、タイトルに思いを巡らし、買わないと決めたことなど)を決定したのだろうか? 脳内の何らかの**分子**が本を棚へと戻させたのだろうか? それとも脳内の何らかの**アイデア**だろうか? わたしがその本をぱらぱらとめくってから棚へと戻したときに、わたしの頭の中で起きていたことを正しく記述するにはどうしたらいいだろうか?

当時わたしは脳に関するさまざまな本を読んでいたが、そのなかで神経学者ロジャー・スペリーの書いた文章に出会った。特別情熱的な筆致であったばかりでなく、わたし自身の直観と強く共鳴する視点があった。スペリーの小論「心、脳、そして人文科学の価値」[12]("Mind, Brain, and Humanist Values")から特に惹かれた短い一節を以下に引用しよう。

わたしの仮説的な脳モデルでは、自覚される意識は、因果的役割をもつ真のエージェントとしての資格を有しており、脳内で次々と起こる事象の制御および因果の連鎖において重要な位置を占めると考えられている。そのとき意識は、能動的かつ操作的な力として現れる……

非常に単純化して考えるならば、頭蓋を占拠している因果的力の集まりのなかで、何が何を小突き回しているかという問題に帰着する。言い換えると、頭蓋内の制御エージェント間の序列階層を明確にするという問題だ。頭蓋の中には多様な因果的力の世界が存在していて、そこは、力の中に力があり、またその力の中に力がある、というようにできている。たった〇・五フィート四方の宇宙だが、われわれの知る限り他にこのようなものはどこにもない……

かいつまんで言えば、脳内の命令系統を上に向かってのぼりつめていくと、その頂上には、大脳の興奮の大規模なパターンがもつ全体的な構成力や動的特性が見つかり、それらは心の状態や精神活動に関連づけられる。……そして脳内のこの命令系の頂上近くには……アイデアが存在している。

人間はチンパンジーとは違って、アイデアと理念をもっている。ここに挙げた脳モデルでは、アイデアあるいは理念のもつ因果的影響力は、分子とか細胞とか神経インパルスのもつ因果的影響力と何ら変わることなく実在している。アイデアは他のアイデアを引き起こし、新しいアイデアの展開を促す。アイデアは、同じ脳内、隣人の脳内、さらには地球規模のコミュニケーションの発達によって遠く離れた外国人の脳内にあるアイデアや別の心の力とも相互作用をする。アイデアはまた外的環境とも相互作用を行い、それによって、全体として、進化において爆発的な前進を生み出している。それは、生きている細胞の出現を含む、進化史に登場したあらゆる出来事を凌駕するものだ。

頭蓋の中では何が何を小突き回しているのか？

読者のみなさんにこう尋ねてみよう――あなたの脳という巨大で込み入った神経の塊の中では、いったい何が何を小突き回しているのだろうか？「揺れ動く不安と夢の球体」であるわたしの脳の中では（本章のタイトルでもあるこの気を惹く文句は、アメリカの詩人ラッセル・エドソンの「床」（"The Floor"）からの引用[13]）、いったい何が何を小突き回しているのだろうか？

　序列に対するスペリーの問いかけは、われわれ自身（ourselves）について、もっとはっきり言えば、われわれの**自己**（our *selves*）について何を知る必要があるのかを明確に示している。あの澄み渡った日――自らを「私」と呼ぶ何ものかが「決定」と呼ばれる何ごとかをなした結果、上肢が滑らかに動かされ、本が元あった場所に戻されたあの日――に、あの澄み渡った脳の内部では**実際は**何が起こっていたのだろうか？　本当に「私」と呼べる何ものかがあって、それが脳の多様な構造物を物理的に「小突き回して」、精妙に調整されたメッセージを神経繊維を通じて肩、肘、手首、指に送り、それらが一定の複雑なパターンに従って動作した結果、本が元の場所に戻ったのだろうか？　それとも、単に数え切れない微視的な物理的過程（電子や光子やグルーオンやクォークなどの量子力学的衝突）が、詩人エドソンが「揺れ動く球体」と呼んだ時空連続体のある領域で起こったというだけでよいのだろうか？

　不安や夢、希望や悲しみ、アイデアや信念、興味や疑念、心酔や羨望、記憶や野望、募る郷愁やあふれる共感、一瞬の罪悪感や天才の閃き、こういったものは物理的実在に満ちた世界において何らかの役割を果たすのだろうか？　これら純粋な抽象物は因果能力を備えるだろうか？　巨大なものを動かせるだろうか？　それとも、それらは単なる無力な仮構にすぎないのだろうか？　漠として掴みどころのない「私」は、電子や筋肉（ついでに本も入れておこうか）のような物理的実在の動きを統《す》べることができるのだろうか？

　宗教が戦争を引き起こしたのだろうか？　それとも戦争はすべて何億何兆（もちろん実際はもっとはるかに多い）もの微小粒子が物理法則に従って相互作用を起こした結果にすぎないのだろうか？　火が煙をもたらすのか？　車がスモッグを、単調が退屈を、ジョークが笑いを、微笑がうっとりを、愛が結婚をもたらすのだろうか？　それとも、結局のところ、数限りない粒子が物理法則に従って押し合いへし合いしているだけで、自己とか魂とか、不安とか夢とか、愛とか結婚とか、微笑とかうっとりとか、ジョークとか笑いとか、単調とか退屈とか、車とかスモッグとか、煙や火でさえも、突き詰めれば不要だと言うのだろうか？

熱力学と統計力学

物理学者を父親にもったおかげで、わたしは、宇宙の出来事はすべて最終的に物理学に帰着するという考えに自然に馴染んでいた。小さな子供の時分にはもう科学の本を読んで化学反応は原子の物理的相互作用の結果ということを知っていたし、もう少し成長してからは、分子生物学も物理法則が複雑な分子に適用された結果とみなすようになっていた。要するに、この世界には物理学者が見つけた四種類の基本的な力（重力、電磁力と強弱二種類の核力）の他に、「余分な」力が入り込む隙はないと考えて成長してきたのだ。

それではわたしが大人になるにつれて、その堅固な信念と、進化が心臓を生み出したとか、宗教的ドグマが戦争を引き起こしたとか、郷愁の思いがショパンをしてあの練習曲を書かせるに至ったとか、強烈な妬みの感情が多くの醜い書評を書かせる原因となったなどなどの新参の確信とが、わたしの中で共存するようになったのはいかなるわけか？　これらわかりやすい巨視的な因果的力は、宇宙のあらゆる事象を支配しているとされる小難しい四つの物理的力とは極端に違うものに見える。

答えは単純だ——わたしはこれらの「巨視的な力」を、基本的な物理的力によって生み出される複雑なパターンを**記述する手段**として見ているのである。これは物理学者たちが、摩擦、粘性、透光性、圧力、温度といった巨視的現象を、その天文学的な数にのぼる微視的な構成要素に関する統計学が導く、高度に予測可能な規則性として理解しているのと同じだ。[14]そうした目に見えない微視的構成要素は、基本となるたった四つの力の影響を受けて、時空間を飛び回ったり互いに衝突したりする。

この種の記述レベルの変更は、さらに生物にとって非常に貴重なものをもたらしてくれる。それは**了解可能性**だ。気体のふるまいをアボガドロ数の方程式からなる巨大なテキストによって記述したとしても、誰も何も理解したことにはならないだろう（そんな壮大なことが可能と仮定しても）。けれども、大量の情報を捨ててしまって統計的な要約をすれば、了解可能性という点ではるかに優れた結果をもたらす。「干し草の山」と言うときに一つずつ個々の干し草の形や方向や色を示す必要がないように、気体を記述するときには温度、圧力、体積を示せばよくて、それ以上は必要とされない。

もちろん、こうしたことはすべて物理学者にはわかりきった話であり、大部分の哲学者にとってもそれは同じだろう。実際、**熱力学は統計力学によって説明される**という言い古された表現で、それを要約することもできる。だがもしかしたら、このアイデアは次のようにひっくり返して述べた方が明瞭になるかもしれない――**熱力学のレベルで語ることで統計力学は無視することができる**。

われわれ人間もまた動物である限り、その知覚は日常的な巨視的世界に限定される。その結果、当然のことながら、われわれは微視的な存在や過程のことを考えずに生きている。一〇〇年くらい前までは原子について何の知識もなかったが、それで誰か困ったという話は聞かない。フェルディナンド・マゼランは地球を一周し、ウィリアム・シェイクスピアは戯曲を書き、J・S・バッハはカンタータを作曲し、ジャンヌ・ダルクは火あぶりにされた。それぞれ固有の良き（あるいは悪しき）理由によるのだろうが、どれもDNA、RNA、タンパク質とか、炭素、酸素、水素、窒素とか、光子、電子、陽子、中性子とか、ましてやクォーク、グルーオン、Wボソン、Zボソン、重力子、ヒッグス粒子などと関連があるとは誰も考えていない。(15)

こうして見てくると、異なる記述レベルは目的や文脈に応じてそれぞれ異なる有用性をもつということがわかるだろう。そこで、この単純な真理を思考と脳の世界に当てはめて、スローガンを作ってみることにしよう——**思考力学は統計心学によって説明される**、あるいはその逆転版、**思考力学のレベルで語ることで統計心学は無視することができる**。

「思考力学」と「統計心学」という二つの用語は何を意味しているのだろうか？　ごく単純なことだ。思考力学とは熱力学のアナロジーである。つまり、脳内の大規模な構造やパターンを取り扱い、ニューロンの発火のような微視的事象は対象としない。この思考力学は心理学者の領域だ。人々はいかに選択し、間違いを犯し、パターンを認識し、新しい発想を得るのかといったことを研究するのである。

それに対して、「心学」は神経学者がこれまで研究してきたような小規模現象を扱う。神経伝達物質はシナプス間隙をどのようにして越えるのか、神経細胞同士の配線はどのようにして作られるか、神経細胞集団の興奮の同調はどのようにして起こるかなどだ。「統計心学」ではこれら微小要素の集団的平均的ふるまいを扱う。つまり大きな群のふるまいを対象として、その中の細かな動きは取り上げない。

しかしながら、神経学者のスペリーが先に引用した一節で明確に述べているように、脳内では、基本構成要素から全体へと至るのに気体のようにただ一度きりのジャンプですむというわけにはいかない。心学と思考力学とをつなぐためには、間にいくつもの経由点が必要となるだろう。このことはつまり、ある時ある認知科学の教授が脳に関するある本を本棚に戻す決断をしたとか、またある時ある蝿を叩きつぶすのを思い止まったとか、荘厳な儀式の最中に笑い出してしまったとか、皆から好かれた同僚が去るのを悲しんで「彼女の穴を埋めるのは難しいぞ」と言ったなどの上位レベルの現象に対して、基底レベル、ニューロンレベルでの説明を得る、あるいはそれを想像するのさえも、きわめて困難になるということを意味する。

われわれは日常生活において、**自分が直接知覚したレベル**で事象を語ることを要求され、強制されている。人間の感覚器官も言語も文化も、そのレベルでの事象へのアクセス権を提供するものだ。幼年期の始まりからわれわれは、「ミルク」、「指」、「壁」、「蚊」、「刺す」、「かゆい」、「つぶす」などの概念を何の苦労もなく与えられてきた。世界はそうした概念によって知覚されるのであり、「吻《ふん》」、「毛嚢《もうのう》」とか、ましてや「細胞質」、「リボソーム」、「ペプチド結合」、「炭素原子」といった微視的概念によってではないのである。そのような概念を学ぶのはもちろん可能だし、なかには精通している人々もいる。しかし、成長過程で身につけてきた概念の代わりになることはない。つまりわれわれは巨視性の奴隷であって、自分たちが経験し、**現実として**知覚した事象を記述するのに、日常的な言葉を使う罠から抜け出すことはできない。

戦争は宗教的あるいは経済的原因によって引き起こされたと言う方が、戦争を素粒子の巨大な相互作用パターンと捉え、何がそれを引き起こしたかを想像するよりずっと自然なのはそのためだ。後者のレベルならばいかなる情報も捨てられないのだから、物理学者ならそちらが**正しい**説明のレベルなのだと主張するかもしれない。しかしそんな凄まじい正確さは、残念ながら（あるいは喜ぶべきことに）われわれには不可能だ。

万能ではないわれわれ人間は、情報損失のないレベルでは物事を語ることが**できない**よう運命づけられている。われわれは**必ず**単純化を行う。実際、きわめて広範に行っているのだ。しかし、その犠牲は栄光にもつながっている。大胆な単純化によってわれわれは、無駄な肉をそぎ落とし、抽象的な本質を発見し、重要な部分に触れることができるようになる。[16] その結果、驚異的に高いレベルで現象を理解し、この世界で安定して生き残り、文学、美術、音楽、そして科学を生み出すことが可能になったのだ。

第3章　パターンの因果的影響力

素なる動作原因

本書を読み進めるためには、思考する存在が複数の記述レベルで説明可能なこと、およびそのレベル間の相互関係がどのようなものかをはっきりと理解する必要がある。しかしこのトピックはなかなか把握しづらいので、ここでわたし自身が直観を磨くのに大いに役立った具体的な比喩《メタファー》をいくつか紹介しておこう。

最初の例は誰でも知っているドミノ倒しだ。しかし少々味つけがしてあり、標準的なものとはちょっと違っている。ドミノの牌には巧妙にバネが備えつけられていて（どうやってという詳細は問題にしない）、隣の牌に倒されても短い「不応期」の後に再び立ち上がり、もう一度倒される準備を整えるようになっている。このような仕組みを利用すれば機械式コンピュータを実現できるだろう。このコンピュータでは、シグナルはドミノ列を通じて伝達される。シグナルが途中で分岐あるいは合流できるようにすれば、シグナルのループを構成したり、複数のシグナルが合わさって新しいシグナルを引き起こすなども可能となる。もちろんタイミングが重要だが、詳細はここでは問題にしない。正確なタイミングで動作するドミノ列からなるネットワークによって、たとえば与えられた入力が素数か否かを判定するというような特定の計算を実行するコンピュータ・プログラムを想定できる、というのが基本的なアイデアだ（ジョン・サールは計算を実現するためのおかしな素材が大好きなのだから、きっとこの「ドミノ・コンピュータ」の思考実験が気に入ることだろう）。

ドミノ・コンピュータに特定の数値を「入力」をするには、問題となる自然数、たとえば641とすると、その数だけのドミノをネットワークの中の「専用の」場所に置けばよいということにしよう。(1) さて、ドミノ・コンピュータの最初のドミノを倒すと、ループ・ゴールドバーグ・マシンみたいに次から次へとドミノが倒れていく。もちろん、入力の641個のドミノもすぐに倒れてしまうだろう。そしていろいろなループが引き起こされる。入力が2で割り切れるかどうか調べるようなループ、3で割り切れるかどうか調べるループなどなど。もし約数が見つかったら、特定の経路をシグナルが走る。これを「約数経路」と呼ぼう。この経路のドミノが倒れていくならば、入力には約数があり、したがって素数ではないことがわかる。反対に、もし入力に約数がないならば、どの約数経路もドミノ倒しが起こらないから、入力は素数だと判明する。

ドミノ・コンピュータに641が入力されたとき、その横に誰かが立って観察していたと仮定しよう。ドミノ・コンピュータが何のために構築されたのか教えられないまま、その人はしばらくじっと動作を観察している。やがて、約数経路上の一つのドミノを指さして、「どうしてこのドミノは倒れないのだろう？」と問いを発する。

この問いかけに対しては、まったく異なる二つの答えが考えられる。一つは「直前のドミノが倒れないからだよ、当たり前でしょ」という、あほらしいほど近視眼的なものだ。この答えはどこまでも正しいが、どこまでも役に立たない。別のドミノに責任を押しつけて、問題を先送りしているだけだからである。

もう一つは「641が素数だからだ」というものだ。この答えは先ほどのものと同様に正しい（そして実のところ、ある意味でずっと的確だ)。それに加えて、物理的な側面にまったく言及していないという興味深い特徴をもっている。つまり、一つのドミノ牌からドミノ・コンピュータの集合的属性へと記述レベルを上げただけでなく、その集合的属性が物理的な次元を脱却して、素数性のような純粋に抽象的なものと関係するようになっているのだ。

二番目の答えは重力やドミノ列の物理を跳び越して、まったく異なる議論領域に属する概念を照らしている。素数の領域とドミノの倒れる物理との間の断絶は、クォークやグルーオンの物理と、共産主義が東南アジアの国々を次々と転覆させていくと説いた冷戦時代の「ドミノ理論」との間の断絶と同じく大きい。どちらの場合も二つが取り扱う領域は何レベルも隔たっている。しかも一方は局所的で物理的であるのに対して、他方は大局的で組織的となっている。

次の比喩へと話題を変える前に指摘しておくと、６４１の素数性が特定のドミノがなぜ**倒れない**かの説明に使えると述べたが、このことは別の特定のドミノがなぜ**倒れた**のかの説明にも同じように利用できる。ドミノ・コンピュータには、可能な約数がすべて該当しなかったとき、つまり入力が素数だとわかったときにだけ倒れる「素数経路」と呼ぶべき経路が存在するかもしれないのだ。

この例が示すのは、６４１が素数だということが、あるドミノが**倒れて**、別のドミノは**倒れなかった**ということの最良の、そしておそらく**唯一の**説明になっているという点だ。つまり６４１は素なる動作原因なのだ。

さてそれでは問う――ドミノ・コンピュータの中ではいったい何が何を小突き回しているのだろうか?

集団現象における因果的影響力

次の比喩は少し前のある日の午後、田舎の高速道路でひどい渋滞に巻き込まれたときに思いついたものだ。すべての車線に車がびっしりと並び、いっこうに動き出す様子もない。大都市の交通渋滞ではみんなよく怒ったようにクラクションを鳴らすことを思い出し、自分も前の車に向かって「そこをどけ、邪魔だ」とばかりにクラクションを鳴らし続けるさまを一瞬想像した。

自分が（あるいは他の誰かが）そんなふうに子供じみたふるまいをするという想像に思わず笑ってしまったが、よく考えてみると、そんなふうにクラクションを鳴らすことにも、もしかしたらわずかながら意味があるかもしれないと思えてきた。もし目の前の車が魔法のように消えてしまったら、その場所へ進んで車一台分だけ前進することができるではないか。もちろん、車が消えてしまうことなどありそうもないし、車一台分では大した前進にはならない。しかしこのイメージによって、クラクションを鳴らすというアイデアが何とか了解可能に感じられてきたのだ。それからドミノ・コンピュータとあの愚かな超局所的答えのことを思い出した。「そのドミノが倒れないのは一つ前のドミノが倒れないからだよ、当たり前でしょ」。この近視眼的答えと目の前の車にクラクションを浴びせるというわたしの思いつきは、根っこが共通だと思えた。

クラクションは鳴らさなかったが、親指を噛みながら渋滞の中でなおも待っている間に、わたしはこれらの思いがさらに意地悪くわたしのニューロンを揺さぶるままに任せていた。もし高速道路に一寸先も見えないほどの濃い霧が立ちこめていたら、と想像してみた。前の車の後ろ姿もよく見えない。そんなときにはクラクションを鳴らすことも一概に馬鹿げたこととは言えない。もしかすると、前の車こそが先へ進めない原因のすべてなのかもしれない。もし前の車がいなくなりさえすれば、高速道路をすっとばしていけるのかもしれないではないか！

　もしあなたがそんなふうに完全に霧に取り囲まれていたら、あるいは信じ難いほどの近眼だったとしたら、きっと「すべては前の車のせいだ」と考えるだろう。時にはそれが正しい可能性もある。しかし、もしあなたの視野がもっと広く、前も後ろも動けない車がびっしり詰まっていると見てとれるならば、目の前の車にクラクションを浴びせても意味がない。問題は明らかに局所的ではないのだから。根本の問題は車とは別の次元にある。何なのかわからないかもしれないが、高次のより抽象的理由によって交通渋滞は引き起こされているはずなのだ。

　とても大事な野球の試合が三マイル先でちょうど終わったところなのかもしれない。平日の朝七時三〇分で、シリコンバレーに向かう通勤の途中なのかもしれない。一〇マイル先が大荒れの天気になっているのかもしれない。いずれにせよ、大勢の人がみな同じ行動をとるようにさせる何か、社会現象あるいは自然現象があったのだ。車のメカニズムにいくら精通していたとしても、そのような状況を把握するのには役に立たない。必要なのは、高速道路と交通に働く抽象的な力に関する知識なのである。車は大きなゲームの駒の一つにすぎず、交通渋滞においては、車体をすり抜けて通過することはできないという以外、その物理的性質も重大な意味をもたない（水面のさざ波などの波ならば互いにすり抜けることは可能だが）。「641が素数だから」という大局的、抽象的、数学レベルの答えが、局所的、物理的、ドミノレベルの答えよりもずっと優れていたのと状況は同じだ。

ニューロンとドミノ

これまで紹介したわかりやすいイメージは、人間の脳の中の数多くの因果レベルについて語ろうとするときに有用な比喩となってくれる。仮に、わたしの脳の中の特定のニューロン活動が観測可能だとしてみよう。すると、わたしが何か音楽を聴いているときに「どうしてニューロン#４５８２６４９３８４２は一度も発火しないのだ？」と誰かが疑問を発するかもしれない。それに対して局所的で近視眼的な答えはこうなるだろう。「なぜならそのニューロンに結合しているニューロンがどれも発火しないからだ」。この答えは以前の近視眼的答えと同様、正しくはあるが情報がなく役に立たない。それに比べると「ダグ・ホフスタッターはファッツ・ドミノのスタイルが好みでないからだ」という大局的で組織的な答えの方がずっと的を射ている。

もちろん、ニューロン#４５８２６４９３８４２をわたしが好きな音楽を聴いているときにだけ発火する特定のニューロンだと考えてしまうとしたら、それは間違いだ。それは高次のプロセスに参加する多数のニューロンの一つでしかない。ちょうど国政選挙における一票と同じだ。特定のどれか一票が選挙結果を決めるわけではないように、どれか一つのニューロンが特別な役割を担うわけではないのである。こうした「おばあさん細胞」と同様の「音楽細胞」のような単純な概念に惑わされない限り、ドミノ・コンピュータの比喩は、脳について考えるときに役に立つ。脳内で生じる現象に対しては、抽象レベルが大きく異なった、まったく異なる議論領域に属する、非常に幅広いさまざまな説明があり得ることを思い起こさせる点においては、特にそう言えるだろう。

パターンが原因

これらのイメージによって、脳やドミノ・コンピュータのような複雑系における「因果的力の集まり」や「全体的な構成力や動的特性」に対するロジャー・スペリーのコメントの意味が、よりはっきりと見えてくるだろう。たとえば、「641が素数であるということが物理系の中で因果的役割を果たすことができるだろうか？」という問いを取り上げてみよう。641の素数性は明らかに物理的力ではない。それにもかかわらず、答えは「然り、641の素数性は因果的役割を果たしている。なぜならばドミノ・コンピュータのふるまいに対する最も効率的で洞察に富む説明は、641の素数性に決定的に依存しているのだから」となるはずだ。因果性を深く理解するには、微視的な時間スケールで相互作用する微視的対象の理解だけでなく、巨視的なパターンとそれらの間の抽象的な関係や相互作用を理解する必要がある。[2]

強調しておきたいのは、「余分な」物理的力が関与しているわけではないことだ。すべてを支配しているのは局所的・近視眼的な物理法則だが、何が起こるかを決めるのはドミノの大局的な**配置**である。もしその配置に気づけば（理解すれば）、約数経路（あるいは素数経路）のドミノが告げる洞察に富んだ答えへの近道が目の前に開けるだろう。一方で、もしその配置に注意を向けなければ、長い回り道をした挙げ句に、物事の理解は洞察に乏しく局所的なものにとどまらざるを得ない。つまるところ、641の素数性をドミノ・コンピュータの物理的原因とみなすことは、気体の温度を（容器の壁に対して気体の及ぼす圧力の）物理的原因とみなすことと変わらないのである。

ここで少し気体について考えてみよう。いま、可動ピストンを備えたシリンダー内に気体が閉じ込められているとする。この気体を急速に加熱すると、気体の圧力は急上昇する（車のエンジンの点火プラグを着火させたときにシリンダー内で起こることと同じだ）。そして**その結果**（因果を示す表現である）、ピストンが急激に外側へと押し出される。内燃機関が可能となるのはこのためだ。

いま述べたのは巨視的な（熱力学の）レベルの筋書きだ。内燃機関の設計者で、ケシ粒レベルの事象、つまり分子のことを問題にする者は一人もいない。一〇の二三乗個もの分子が互いに衝突し合う軌跡を厳密に求めようなどと考える技術者もいない！　個々の分子の位置や速度はどうでもよい。大切なのは、分子が**集団としてピストンを外へ押し出す働きをもつ**という点だ。実際、分子がX型だろうとY型だろうとZ型だろうと何の問題もない——圧力は圧力であり、それだけが重要なのだから。爆発というより上位のレベルの事象によって気体が熱せられる。次いで気体がピストンを外側へ押す。この高次の事象の記述だけが現実的に意味のある記述なのだ。なぜならば、微視的な詳細が異なっても、（少なくとも技術者にとって）起こっている出来事はまったく同一だからだ。

奇妙にも下位レベルは無関係

基底のレベルは何が起こるかを一〇〇パーセント**決定する**が、にもかかわらず起きたことに対しては**何の意味ももたない**——この考えはほとんど逆説的にすら聞こえるが、日常生活ではごく当たり前のことだ。そのことを一点の曇りもなくはっきりさせておきたいので、もう一つ例を挙げることにしよう。

八歳のときにわたしは初めて、ショパンの練習曲作品25の第4番を両親のレコードプレーヤーで聴いた。そしてすぐにその曲が大好きになった。そのときのことを考えてみよう。もし母がレコードの溝に針を下ろすのが一ミリ秒遅れていたら、いったい何が起こっていただろうか？　確実に言えるのは、部屋を満たしていた分子はすべて、まったく別な運動をしただろうということだ。もしあなたが分子の一つだったら、まったく別の人生（ライフストーリー）を歩むことになっただろう。一ミリ秒の遅れのせいで、あなたは飛んでいった先でまったく別の分子と別の場所でぶつかり、まったく別の方向へ弾き跳ばされる。そしてその結果、また別の場所でというように、限りなく続いていく。部屋の中のどの分子も、想像もできないほど違ったライフストーリーを歩むことになっただろう。しかし、その違いが音楽を聴いた少年のライフストーリーに何か変化をもたらすかと言えば、答えはノーだ。ほんのちょっとの、ごくごくわずかな違いも生み出さなかっただろう。ここで問題になるのは、作品25第4番が空気を通して忠実に伝播されるかどうかだけであり、そしてそれは間違いなく確かに起こっただろう。母が針を下ろすのが一ミリ秒早かろうが遅かろうが、わたしのライフストーリーには決して決してどんな違いももたらさなかっただろう。一秒早かったとしても遅かったとしても変わらない。

空気の分子は、ある少年とある楽曲に関する一連の上位レベルの出来事にとって、決定的な媒介要因ではあったが、そのふるまいの詳細は決定的でなかった。実際、それは「決定的でなかった」と言うのさえ馬鹿馬鹿しいほどに控えめなのだ。これらの空気分子は、たとえそのふるまいに天文学的な数の違いがあったとしても、人間には気づかれずに、まったく同じ「少年―楽曲」現象を起こすことができただろう。分子の衝突という下位レベルの法則は、（ショパンの練習曲の音をダグ少年の耳に届けるという）上位レベルの予測可能な事象を生じさせる役割しか担っていない。分子の位置、速度、方向、さらには化学的組成でさえも変更が可能であり、それらが変わっても上位レベルの出来事はなんら変わらない。わたしの耳には同じ音楽が聴こえたことだろう。微視的なものに関する物理法則が異なっている世界すら想像できる――問題なのは法則の詳細ではなく、法則によって統計的な結果が安定してもたらされるという事実なのだ。

二五セント硬貨を使って一〇〇万回コイン投げをすれば、かなり高い確率をもって、一パーセント以内の誤差で表が五〇万回出る。一セント硬貨でやっても同じ結果が得られるだろう。毎回違ったコインを弾く――一

59　第3章　パターンの因果的影響力

〇セント硬貨、二五セント硬貨、新しい一セント硬貨、古い一セント硬貨、バッファローがデザインされた五セント硬貨、一ドル硬貨、何でもかまわない、それでも同じ結果が得られるはずだ。一セント硬貨を削って六角形にしたら、六角形でなくて象の形にしたら、弾く前にリンゴバターを塗ったら、弾く代わりにバットで空中高く打ち上げたら、空気中でなくヘリウムガスの中で弾いたら、地球でなく火星上でやったら、何をやったとしても、一〇〇万回弾けば一パーセント以内の誤差でおよそ五〇万回の表が得られるという事実に変わりはない。統計という上位レベルの結果は、硬貨の材料の詳細、あるいは硬貨の回転や弾みを支配する微視的な物理法則の如何にかかわらず、頑として変化しないのだ。高次の結果は微視的なレベルから隔離され、遮断されている。それは他に依存しない、そのレベルにおける事実なのである。

下位レベルで起こることが上位レベルで起こることを一〇〇パーセント**決定する**にもかかわらず、下位レベルは上位レベルの出来事に対して**意味をもたない**ことがわかっていただけただろうか。つまり、上位レベルは安心して下位レベルを無視することができるのだ。第2章で述べたように、「動物としてのわれわれは、日常的な巨視的対象の世界に知覚が限定されている。その結果、当然、われわれは微視的レベルの実体やプロセスのことなど考えずに生きている。一〇〇年くらい前までは原子について何の知識もなかったが、それで誰か困ったという話は聞かない」というわけだ。

予測不可能性のスペクトルに敬意を

わたしは何も、この世界の微視的なレベル——目に見えず、うようよと入り組んでいて、混沌とした領域——などは、覆いでもかぶせてすっかり見ないふりができると言っているのではない。われわれは多くの場合、慣れ親しんだ巨視的世界を完全に予測可能のものとして信頼しているが、反対に何が起こるか予測できないと承知しているような状況もたくさんある。とはいえまずは、われわれが漫然と予測可能と信じているものの例を少し見てみることにしよう。

ハンドルを回せばどちらに車が曲がるか、われわれはよく知っている——そのとき、反抗的な小さな分子の一団が運転の邪魔をしたりサボタージュしたりなどという心配はしないだろう。コンロのつまみを回して「強」にすれば、水を入れた鍋が数分で沸騰することも知っている。沸騰するお湯の中の泡のパターンを予測することはできないけれども、誰もそんなことは気にとめない。スーパーで棚からスープの缶詰を取って買物カートに入れるときでも、缶詰がポテトチップスの袋に変わったりしないとか、手を火傷したりしないとか、缶が持てないほど重くはないとか、カートの隙間から下へ落ちたりしないとか、立てればそのまま立っているとか、いろいろなことを知っている。確かに、缶詰を横に寝かせたカートを店内で引き回したら、カートの中で缶がどのように転がるかまでは予測できないが、どの範囲を転がるかはもちろん予期できるし、どう転がろうが大して重要でもない。ただ少しうるさいだけだ。

言葉を発するとき、その単語が空間を伝播途中に別の単語に置き換わったりせずに、抑揚も含めてそのまま聞き手の耳に届くことをわれわれは知っている。また牛乳をコップに注ぐときには、牛乳パックをどれだけ傾ければこぼさずに必要な量を入れられるかがわかっている。牛乳を巧みに扱って望み通りの結果を得られるのである。

どれも驚くようなことは何もない。項目はいくらでも追加できるが、とても退屈なリストになるだろう。誰でも本能的に知っていて、当たり前としていることばかりなのだから。われわれは毎日の生活で、目に見えて手で触れることのできる世界で起こる出来事について、そうした無数の岩のように堅固な予測可能性に暗黙のうちに全面的に依存している（岩の堅さも堅固な予測可能性の一例だ）。

反対に、巨視的世界には予測不可能性も多々存在する。次は典型的な予測不可能性のリストを作ってみよう。バスケットでシュートをするとき、ボールがゴールに入るかどうか誰もわからない。ボードで跳ね返ってゴールリングの縁で数秒ふらふらとして、見ている者をはらはらさせるかもしれない。観客すべてがじりじりする緊張に包まれることもあるかもしれない。試合の最後の瞬間に必死でシュートを放ったときに、選手の小指がどこにあったかという微視的な位置の違いによって、優勝を決める試合の結果が左右されるかもしれない。

考えを言葉にしようと話し始めるときには、最終的にどんな言葉を使うことになるのか、どんな文法構造に行き着くのか、話し手はまだわかっていない。どんな言い間違いをしてしまうのか、口がすべってどんな無意識の思いを漏らしてしまうのか、それも予測できない。たいがいはそんなことはどうでもよいのだが、時には、たとえば就職面接のときなど、思わぬ重大な結果をもたらすこともある。政治家が無意識のうちに政治的色づけのある表現を選んでしまったときに、人々が飛びつくさまを思い出してほしい（たとえば「テロに対する十字軍」の場合がそうだったように）。

斜面をスキーで下るときには、もしかすると次のターンで転倒してしまうかもしれないが、それを予測することはできない。あらゆるターンが危険だ、人によって程度の差はあるにしても。骨折事故は予測不可能な原因によって引き起こされる。雪とスキー板との入り組んだ相互作用に深く隠れているためだ。転倒時のちょっとした違いによって、後遺症が残る複雑骨折を引き起こすこともあれば、軽いひびですむこともある。

要するに人間の経験する巨視的な世界では、確実に予測可能なものから桁違いに予測不可能なものまで、幅広い出来事がひとからげに混在している。われわれは人生の最初の数年間でこの出来事のスペクトルに習熟し、どの行動にどの程度の予測可能性があるかを、まるで生まれたときから知っていたかのように理解する。幼年時代が終わる頃には、日常生活のほとんどに関して、どこに予測不可能性が潜んでいるかを反射的に判断できるようになっているほどだ。スペクトルの予測不可能側に寄っていくほど、われわれは魅惑されると同時に恐怖も感じる。危険に心を惹かれつつ、恐れもしている。それが人生の常なのだ。

動玉箱

もう少し複雑な比喩を使って、脳と心（そして魂。読者がこの言葉遣いを許してくれるならだが）における多層の因果関係について考えてみよう。摩擦がまったくないように精巧に作られたビリヤード台を想像してほしい。台の上には一般的な一六個の球の代わりに、「シム（sim）」と呼ばれる極小のビー玉が無数に置かれている（シムはSmall Interacting Marbleの頭字語である）。シムは互いに衝突したり、壁にぶつかって跳ね返ったりしながら、完全に平らな世界の中をかなりワイルドに疾走している。その世界には摩擦が存在しないので、シムはドこまでもしこタマ走り続け、止まることがない。

こうした設定は二次元の理想気体を連想させるが、ここでもう少し複雑な条件を与えてみることにしよう。今度のシムは磁気（magnetic）を帯びていて（したがってsimmとなる）、他のシムに低速で衝突すると、くっつき合って塊を形成する。その塊を「シムボール」と呼ぶことをお許し願いたい。シムボールは非常に多くのシムからできていて（一〇〇〇個でも一〇〇万個でも実際の数字はどうでもいい）、その周縁では、いくつものシムが離れていったり近づいてきたりという光景が常に見られる。したがって、この系には大きく異なる二種類の住人が存在することになる――極小で軽くて飛び回っているシムと、巨大で重くてほとんど動かないシムボールだ。

このビリヤード台、これからは「動玉箱《どたまばこ》」と呼ぶことにして、[3]その上で展開される動力学は、シム同士の衝突とシムとシムボールとの衝突で構成される。その物理過程の詳細は、標準的な気体の場合と同様に、運動量、角運動量、運動エネルギー、回転エネルギーの交換からなる。しかし、これはあくまでも**思考**実験（二重の意味で）なのだから、そのような物理過程の詳細には立ち入らない。われわれの目的にとっては、そのような衝突がひっきりなしに起こっているということだけが重要である。

シムボール

シンボル、シムボール――なぜつまらない語呂合わせをするのか？　それはこの系にいま少しの複雑性を追加するためだ。系の境界となっている壁は、動玉箱に触れたり風が吹きつけたりといった外界の出来事に対して、一時的に少しだけ内側にたわむという形で敏感に反応する。たわみには原因となった外界の出来事の痕跡が何かしらとどめられていて、当然ながらそれは、壁のその部分で跳ね返る内部のシムの運動に変化を生じさせる。その変化は、近くにあったシムボールのゆっくりした動きにも間接的に反映されることになる。こうしてシムボールは外界の出来事を「内在化」できるようになるのだ。あるシムボールは風に対して常に一定の反応を示し、また別のシムボールは鋭い衝撃に一定の反応を示すとしてもよいだろう。シムボールの配列が外界の出来事の**歴史を反映する**という設定も可能だ。つまり、シムボールを観察してその配列を解釈できる人にとっては、シムボールは**出来事を記号化**しているという意味で**シンボリック**である。それで語呂合わせなのだ。

言うまでもなく、いま紹介したイメージは現実離れしている。しかし思い出してほしい。そもそも動玉箱は、単に脳を理解するための有用な比喩として意図されていたのだった。実際、われわれの脳もかなり現実離れしている。脳においても、微小な出来事と大きな出来事（ニューロン発火とそのパターン）が生起し、後者はおそらく何らかの**表象的な**特質を備え、脳の外部で起こる事柄をわれわれが把握し、記憶することを可能にしている。脳内のシンボリックなパターンによる外界の内在化というのは、よく考えてみると、かなり突拍子もないものだ。しかし、われわれは進化の圧力の結果、脳がそのようにできてきたことを知っている。動玉箱も進化によって生まれたと考えてもよい。何億もの原始的なシステムが生存を賭けて世界の中で闘いを繰り広げてきた結果として生まれたのだと。しかし、動玉箱の進化起源は今ここでは問題としない。中心となるアイデアは、シムはそれ自体では何も記号化せずシンボリックな役割はもたないのに対して、シムボールは巨視的レベルにおいて**記号化し**、**シンボリック**であるという点である。

動玉箱を還元論的に見ると

現代の物理学者は今のストーリーを聞いて還元論的に考えようとするかもしれない。彼らは大きなシムボールは単なる**随伴現象**だとして無視しようとする。シムボールは疑う余地なく**そこにある**が、それはシムによって構成されているのだから系の理解には本質的ではないと考えるのだ。動玉箱の内部で起こることはすべてシムだけによって説明可能なのだから。そしてそれが正しいことは疑い得ない。火山もまた疑う余地なく**そこにある**が、山そのものや地下の圧力、噴火、溶岩などについて語る必要はない。そうした随伴現象的な概念は打ち捨ててしまって、より奥深いレベルにある原子や素粒子について考えればよいではないか。つまるところ、少なくともそのような物理学者にとっては、随伴現象はより深い下位レベルで起きている数多くの現象を要約する便法であって、現象の説明にとって本質的ではないのだ。還元論万歳！

唯一の問題は、巨視的なものの見方や用語をすべて捨て去った結果直面することになる、途方もない複雑さだ。もし随伴現象に関連する言葉をまったく使わなければ、われわれは筆舌に尽くし難いほど膨大な数の粒子を見るしかなくなり、明らかにそれは喜ばしい事態ではないだろう。無数の粒子だけを知覚するのであれば、世界には自然で明確な境界は存在しないことになる。火山を取り囲む線を引いて、「この領域内の粒子だけを考える」というわけにはいかない。粒子はそんな巨視的境界など意に介さないのだから。人間によって注意深く調べられ、精密に線引きされた土地の境界も、蟻にはまったく無視されるのと同じことだ。宇宙の一部分を切り出して他の領域から隔離することはできない。近似的にすら不可能だ。還元論者にとっては、巨視的な時空間における境界によって宇宙を切り分けるというアイデアは意味をなさないのである。

局所的な時空間における境界に意味がないことを示す印象的な事例を紹介しよう。一九九三年一一月、何紙かの新聞に、彗星が「ゆっくりと」木星に近づいているという記事が掲載された。実際に衝突に至るまでにはまだ八ヶ月あまりもあったにもかかわらず、天体物理学者たちはすでに彗星がいつ木星のどこに衝突するかを分単位（もしかすると秒単位）で予測していた。地球から何億マイルも離れたところにあって姿すら見えない彗星は、すでにその時点で地球上に大きな衝撃を与えていたのだ。科学者の一団が彗星の木星到達時刻を計算し、新聞雑誌が彗星を一面記事で取り上げ、わたしのような人間が何百万人もそれを読んでいた。そのなかには、彗星の記事に夢中になって飛行機に乗り遅れてしまった人もいるかもしれない。彗星の話題で盛り上がって新しい友人ができた人もいるかもしれない。記事の一行を読み直したがために一秒違いで信号で止められた人もいるかもしれない。その日が近づき、やがて彗星が木星の向こう側に予測された通りに衝突するまで、地球の住人たちは遠くで起こっているこの天体イベントを大いなる好奇の念をもって見守ることとなった。彗星が木星に衝突する何ヶ月も前から、もし彗星が現れなければ起こらなかったはずの出来事、追突事故とか妊娠とか蝿がつぶされたとかコップが割れたとかが数多く起こったのは疑う余地がない。こうしたさまざまな出来事がわれわれの小さな惑星で起こったのは、何億マイルも離れた静かな宇宙空間を彗星が通過したがためであり、しかもそれは彗星が巨大惑星に衝突する数十万分も前のことだったのである。

要するに、本当に還元主義を貫こうとすると、ひどく厄介なことになる。系内の対象が微視的になり、数え切れないほど大量になるだけでなく、その系自体が時空間の境界を越えて拡張し、最終的には宇宙空間全体、宇宙開闢以来の全期間を対象としなければならなくなってしまう。もはやそこに理解の及ぶ余地はない。すべては一兆の一兆倍のさらに一兆倍もの見えない細片に粉砕され、虚空に散開しているのだから。還元論は無慈悲なのだ。

動玉箱を上位レベルから見ると

反対に、もし随伴現象のレベルに何らかの意味ある「論理」が認められるならば、人間はただちにそのレベルに跳びつく。実際それ以外の方法がないのだ。だからこそわれわれは火山や噴火や溶岩について語るのだ。細胞とか蛋白質ではなくて、むろん原子や光子などでもなく、爪を噛むとかライ麦パンとか皮肉な笑いとかユダヤ的ユーモアを問題とする。実のところ、われわれ自身が大きな随伴現象にほかならない。そして本書でこれまで何度も見てきたように、それゆえにわれわれは世界を自分と同等サイズのレベルの随伴現象として語らざるを得ないのだ（父や母とか、猫や寝床やネーブルオレンジとか、船やフルートやフジバカマのように）。

動玉箱に話を戻そう。ここまでは、動玉箱の上ではシムが飛び交っていて、シムボールはそれに対して壁のような役割を果たすと説明してきた。つまり大きくて動かないシムボールがあって、シムはそこにぶつかって跳ね返るというわけだ。わたしのイメージでは、シムがピンボールマシンの球のようなもので、シムボールが「ピン」だ。ピンは円柱形をしていて、球はスロープを転がり落ちてくる間にそこにぶつかって跳ね返る。

今度は少し違った観点からこの動玉箱を見てみよう。ここでは知覚に対して二つの変更が加えられている。一つは視覚をコマ落とし撮影のように変更することで、これによって早回しに似た効果が生まれ、気づかないほどゆっくりとした動きも知覚できるようになる。一方で速い動きはもっと速くなり、ぼんやりとしか見えない扇風機のファンみたいになる。もう一つの変更はズームアウト、つまり視点を空間的に遠ざけることだ。こうすることでシムは小さすぎて見えなくなり、シムボールがわれわれの注意の対象として表に出てくる。

このとき、箱の上ではまったく異なるタイプの力学が展開されているのが見てとれるだろう。静止した大きな塊にシムがぶつかっている光景ではなく、それら大きな塊が実は静止などしておらず、自らの生命をもったかのように活発に動き回って相互作用をしている様子が現れるのだ。箱の上には、あたかもそれらの塊だけしかないように見える。もちろん、深いところでは小さなシムが飛び交っているおかげで塊の動きが成り立っているわけだが、**もはやシムを知覚することはできない**。この新しい見方の下では、ドこまでもしこタマ走り続けるシムの動きは灰色の背景として捉えられる。

テーブルの上に置かれたグラスの水は完全に静止しているように見える。しかし、双眼鏡のつまみを回すみたいに視力のレベルを変更して、微視的レベルで水を眺められるならば、そこには静止とはまったく別世界の、水分子がぶつかり合う大狂乱が見えることだろう。実際、コロイド粒子をコップの水に落とすとブラウン運動が観察される。はるかに小さい水の分子が目に見えないところでコロイド粒子に絶え間なく衝突することによって、コロイド粒子がランダムに揺り動かされるのだ（コロイド粒子がシムボール、水の分子がシムに相当する）。この現象は顕微鏡で観察可能だが、一九〇五年にアインシュタインによって分子の理論を用いて詳細に説明が与えられた[4]。当時まだ分子は仮説的な対象でしかなかったが、アインシュタインの理論はあまりに説得力があり、しかも実験事実と合致していたために、分子の存在の最も強力な論拠となった。

動玉箱の中では何が何を小突き回しているのか？

結局、問題の核心はこうなる――**動玉箱に対する先の二つの見方のどちらがいったい正しいのだろうか？**　ロジャー・スペリーの問いに倣うならば、**動玉箱を支配するさまざまな因果的力の集まりのなかで、いったい何が何を小突き回しているのか？**　一つの見方は、意味を担わない小さなシムこそが基本要素と考える。シムは狂ったように跳び回り、その結果として受け身の重たいシムボールがきわめてゆっくりとこちらからあちらへと押されていく。この立場をとれば、小さなシムが大きなシムボールを動かしていて、それがすべてということになる。実際、ここでシムボールはシムとは別の対象とはみなされない。シムボールの挙動はすべてそれを構成するシムの動作に還元されるのだから。この見方の下ではシムボールは存在しない。シンボルもアイデアも思考も何も存在しない。小さなきらきら光る磁気を帯びた球が大量にめちゃくちゃに意味もなく跳び回っているだけだ[5]。

もう一つの見方、すなわちコマ落としとズームアウトを加えた視点をとると、小さなシムたちは何の変哲もない灰色のスープになってしまう。そしてシムボールが前面に出てきて、生き生きと相互作用する様子が見えてくる。シムボールの一団が別のシムボールの一団の動きを引き起こす。それは、取り巻くスープとは無関係に、一種の「論理」に従っている。シムボールは遍在するスープからエネルギーを得ているにすぎない。そして、シムボールの論理は当然ながら、シムボールが記号化《シンボライズ》する概念を反映したものとなっている。

シムボールのダンス

動玉箱を高いところから見下ろす高次の巨視的な視点に立てば、**アイデア**が別の**アイデア**を生み出すところとか、一つの記号的出来事が別の記号的出来事の体系を**思い起こさせる**ところとか、シムボールの精巧なパターンが集まってさらに大きなパターンを形成し、それが**アナロジー**を生み出すところなどが観察できるだろう。要するにわれわれは、シムボールのパターン化されたダンスのうちに生じる「思考する心」の論理を盗み見ることができるのだ。この見方の下では、自身の独立した記号レベルで**互いを押し合っているのはシムボールである**。

もちろん、そこにはまだシムも存在している。しかし、それはシムボールのダンスの動力となっているにすぎない。空気分子の衝突の微視的な詳細が風車の羽根の回転には無関係であるのと同様に、シムの衝突の微視的詳細もそこで起きている認知過程にとってはどうでもよいのだ。どの空気分子が衝突しようと、羽根の空力学的性質によって「風車」が回転することは保証されている。同じように、どのシムが衝突しようとも、シムボールの記号的性質によって「思考車」が回転することは保証されている。

あまりにも突飛な考えだと思われるのならば、人間の脳に立ち戻って、われわれの思考の論理が成り立つためには、脳内で何が起こる必要があるかを考えてみてほしい。今わたしが示したストーリー以外にいったいどのような説明が可能だろうか？

もちろんこの問題は、遠い昔に棚に戻した本のタイトルに触発されてわたしが考えた問い、そしてロジャー・スペリーも取り上げた問いと同じだ――いったい何が何を小突き回しているのだろうか？　その答えは、

「それは注目するレベル次第」となる。あるレベルでは、641の素数性がドミノ倒しにおけるドミノ牌のふるまいの正当な原因とみなせるのとちょうど同じように、シムボールに付与された意味が他のシムボールのふるまいの正当な原因とみなせるようなレベルが存在するのだ。それでは、まったくあべこべじゃないかと思われたとすれば、まったくその通りである――にもかかわらず、この見方は物理法則の基本的な因果律と完全に整合している。

第4章　ループ、ゴール、そして抜け穴

憚りながら欲望の目覚めの話

フィードバックを取り入れた機械装置が初めて設計された頃には、歴史に残る革新的なアイデアがさまざまに提案された。ジェームズ・ワットの遠心ガバナーは初期の代表例だろう。その後にも数え切れないほどいろいろな提案がなされた。水洗トイレの水を補充するための浮き球機構、熱追尾型ミサイル技術、サーモスタットなどだ。そのなかでも水洗トイレは最も馴染みがあり理解しやすいので、もう少し考えてみることにしよう。

水洗トイレでは、水道管を通じて水がタンクに注入されるようになっていて、タンク内の水位が上がると、それにつれて水面に浮かぶ中空の浮きが持ち上がる。浮きには堅固なアームが取り付けられているが、アームの反対側の端が固定されているため、浮きが持ち上がるにつれて変化するアームの傾き角度がタンク内の水量を示すことになる。この傾き角度は弁の開閉を制御していて、その弁は注入される水量を調整している。たとえばタンクがいっぱいになると、アームの傾き角度も限界値に達するので、弁が完全に閉じられ、水の注入も止まる。しかし、もしタンクが漏れていたりすると水位は徐々に下がっていき、それにつれて浮きも下がるた

め、弁が開いてまた水の注入が始まる。時には状況が循環してしまうこともあるだろう。つまり、水を流した後に排水弁のゴム栓がしっかり閉じていなかった場合など、数分にわたってタンクから水が漏れ、やがて突如として水の注入が起こって数秒で水位が戻り、また数分間水が漏れ、数秒間注入が起こって……ということがあるかもしれない。この循環パターンは呼吸に少し似ていて、いつまでも続く――誰かがトイレのレバーを動かしてゴム栓の位置をずらし、排水弁をしっかりと塞いで水漏れを止めるまでは。

以前、休暇で数週間家を空けたときに、友人に家の張り番をお願いしたことがある。最初の日に彼がトイレを使って水を流した際に、偶然タンクのゴム栓がしっかり閉じずにこの循環パターンが起こってしまった。それから友人は真面目にわたしの家にやってきて様子を見てくれていたのだが、トイレのタンクがそんなふうになっていることにはまったくに気づかない。その結果、トイレのタンクはわたしが家を空けていた期間中ずっと漏れては水を満たすというサイクルを繰り返し、わたしは水道料金を三〇〇ドルも支払うはめになってしまった。フィードバックループは嫌われて当然なのだ！

水洗トイレを擬人化して、水洗トイレはタンク内の水が一定レベルに到達しそのレベルを保持するよう「努めている」という言い方をしてもよいかもしれない。もちろんそうした擬人化を避けることは簡単だ。動作のメカニズムは簡単に理解できるし、こんなに単純なシステムに欲望など存在しないことは明らかなのだから。それにもかかわらずタンクの水漏れを起こしているトイレを見ると、トイレは水を一定レベルに保とうと「努めている」のだけれども「うまくできていない」と言ってみたくなる。機械装置が欲望や不満を抱いていると本気で考えているわけではない。単なる言葉のあやだ。それでも便利な言葉遣いなのだ。

フィードバックを備えたシステムの動きを目標志向に（つまり**目的論的に**）捉えるのは自然と思えるのに、もっと単純な構造のシステムに対してはそう感じないのはどうしたわけだろうか？[1] それはシステムが「知覚したこと」が、システムのふるまいに（言ってみれば）送り戻《フィード・バック》されるか否かに全面的に関係している。あるシステムがある状態に向けて常に動作するならば、われわれはその状態をシステムの「目標」とみなす。そのようなシステムがもつ自己監視、自己制御の性質のために、目的論的な言葉を使いたくなるのだ。

それではどのようなシステムがフィードバックを、目標を、そして欲望を備えるのだろうか？ 草の丘を転がり落ちるサッカーボールは丘の下へたどり着くことを「欲している」のだろうか？ われわれは、物体の運動に関するそのような原始的でアリストテレスじみた発想に反射的にぎょっとして、そんな馬鹿なことは**あり得ない**と即答することだろう。しかし、この状況をほんの少しだけ改変して、もう一度同じ問いを繰り返してみよう。

サッカーボールが道ばたの細い溝の中を転がり落ちている。溝の断面はU字型をしているとしよう。このとき、サッカーボールは何か目標を追求していると言えるだろうか？ ボールは転がりながら溝の片側の壁面を上る。それから降りてきて、中央部を越えて今度は反対側の壁面を上る。そちら側からも降りてきて、というような運動を繰り返す。溝の中央部を正弦波のように行き来するこの運動は、やがて溝の底をまっすぐに進む運動へと収束していく。「フィードバック」はここに存在するだろうか？ サッカーボールは溝の中央線を「目指している」と言えるだろうか？ 溝の谷に沿って転がることをボールは「欲している」のだろうか？ この例と、先に見た丘を転がり落ちるボールの例が示すのは、フィードバックや目標や欲望を認めるか否かは簡単に白黒のつくことではなくて、判断を要する事柄だということだ。

目的論というすべりやすい坂

フィードバックが複雑になり、そのメカニズムが見えなくなるにつれて、目的論的な捉え方、目標に始まり「望んでいる」、「欲望している」、「努めている」のような言葉を使ってシステムを記述したい誘惑に駆られ、抵抗できなくなっていく。フィードバックは必ずしも複雑でなくても隠れていさえすればよい。

サンフランシスコの科学博物館エクスプロラトリアムには、部屋の壁や床の上を赤い光の点が駆け回るという展示がある。誰かがその小さな光の点に触ろうとすると、ぎりぎりのところで点は逃げ出す。実際、光の点の動きは追いかける人々を焦らしているようにさえ見える――時に完全に静止して嘲笑い、捕まえてみろと挑発し、もうちょっとのところでさっと逃げてしまう。そのような見かけにもかかわらず、誰かが隠れていて光の点を操っているわけではない。単に、部屋の中の物体を監視して光を制御する簡単なフィードバック回路があるだけだ。それなのに、赤い光点にはどうしても人格を感じてしまう。人々を弄ぶいたずらが好きで、ユーモアのセンスさえある。蚊や蝿よりもエクスプロラトリアムの赤い光点の方が生き生きしていると感じられる。蚊も蝿もつぶされないように逃げまわるが、ユーモアのセンスまでは感じられない。

カール・シムズによる「仮想生物」という動画には、(仮想的な) チューブをいくつかつなげた仮想物体が出てくる。(2) それらの物体は足をばたばた動かして (仮想的な) 平面上を移動する。それに原始的な知覚と簡単なフィードバックループを設定して、ある種の資源を求めるようにセットすると、食物らしきものを求めて「ライバル」たちと激しく争うようになる。その様子を見ると、まるで原始的な生物たちが生死を賭けた闘いを繰り広げているのを目撃しているような、不思議な感覚にとらえられる。

もっと身近なところで、ヒマワリや蔦《つた》のような植物を考えてみよう。普通に観察していれば、それらは岩のように不動で目標をもっているようにはまったく感じられない。しかしひとたびコマ落とし撮影で観察してみると、突然それらの植物は周囲の環境をしっかり感受して、明白な目標をもち、それを実現するための戦略まで備えているように見えてくる。問題は、それらのシステムが、脳をもたないにもかかわらず、目標や欲望に従っているのかという点だ。果たして希望や抱負を抱いているだろうか？　不安や夢はあるのだろうか？　信念や怨念は？

フィードバックループがあると、たとえそれがかなり単純なものであっても、われわれ人間は記述レベルを、目標の存在しない力学レベルから、目標志向のサイバネティクスレベルへと移行させる強い圧力を感じる[3]（前者のレベルでは**力**がものを動かし、後者では、かいつまんで言えば、**欲望**がものを動かす）。繰り返しになるが、後者は前者を効率良く言い換えたものにすぎない――にもかかわらず、システムが備えるフィードバックループが次第に洗練され自然になっていくほど、この手の簡便な言い換えがほとんど不可避になっていくのだ。そして行き着くところ、目的論的な言葉遣いが手放せなくなるばかりでなく、他の見方が可能だったことも忘れてしまう。その時点で、目的論はわれわれの世界観にしっかり根づいたことになる。

フィードバックループと指数関数的増加

われわれに一番馴染みのあるフィードバック、そしておそらくフィードバックという用語の元になったのは、音響フィードバックだろう。音響フィードバックは、講堂のような場所でマイクとスピーカーがあまりに近く配置されているときに生じる。スピーカーは、マイクが拾った音をアンプで増幅して出力するが、そうすると、拾われた音（どんな音でも結果は変わらない）は少し大きくなって出ていき、その音が再び拾われてまた少し大きくなって出ていき、さらにその音が拾われる。こうしてほとんど何もないところから、ループが忽然と出現する。その凶暴な循環は、凄まじい金切り音を生み出し、聴衆は両手で耳を覆うことになる。

いかにもありふれた光景で、付け加えることは何もないように見えるが、少しばかり指摘しておくべきことがある。一つは、ループを一周すると、理論的には入力音は一定の比率だけ増幅されるという点だ。ここではその比率をk倍としておこう。したがって、ループを二周すればk^2倍、三周すればk^3倍となる。このような指数関数的増加の力は広く知られている。人口の指数関数的増加とか、そういった類の災厄の恐ろしい話をきっと聞いたことがあるだろう（わたしが指数関数的増加の力のことを知ったのは、スルタンの物語によってだった。(4)その中でスルタンは、チェス盤のマスに前の二倍となるように米粒を置いていくよう命じるが、盤の半分も埋まらないうちに、国中どころか世界中の米粒を集めても全然足りないことが明らかになる。この物語は、先の恐ろしい話に比べれば無害なものだが、それでも子供の頃のわたしに消し難い印象を残した）。音響フィードバックの場合も、理論上は、かすかなささやき声でもすぐに大音響となり、それ以降も際限なく音が増幅されていく。そして、まず講堂内の聴衆の聴力を奪い、次に建物の天井を揺さぶって耳の聴こえなくなった人々の上にそれを崩落させ、さらにループが何周かすると振動で地球をばらばらにし、最後には宇宙全体を崩壊させるに至る。この終末論的シナリオは、いったいどこで怪しくなったのだろう？

第一の誤り

シナリオの誤りの第一は、指数関数的増加を引き起こす現実の装置を考慮していない点にある——音響システム、特にアンプのことだ。有り体に言って、建物の天井が崩れ落ちるくらいならば、そのときにアンプは押しつぶされてしまって、制御がきかなくなったフィードバックループはあっという間に止まってしまうはずだ。システムは自分自身の破壊をもたらす原因を内包しているのだ[5]！

しかし、このシナリオ自体まだおかしい。そんなところまで事態が進行するはずがないからだ。天井の崩落など起こらないし、聴衆の耳がおかしくなることもない。もっとずっと前の段階で暴走は止まる。どうしてだろうか？

第二の誤り

われわれの推論の第二の誤りも、音響システムのある種の自壊を伴うが、それは押しつぶされて粉々にされるよりは穏やかなものだ。つまり、音がうんと大きくなると、アンプは一定の比率kで増幅するのをやめる。言い換えれば、あるレベルに達するとアンプは機能しなくなる。地上を走る車は、一定の割合でどこまでも加速し続けることはなく（時速一〇〇マイル、二〇〇マイル、三〇〇マイルと加速して音速を超えてしまうことはない）、どこかで最高速度に達する（それは道路の摩擦、空気抵抗、エンジンの性能などで決まる）。それと同じように、アンプもあらゆる大きさの音を一定比率で増幅するわけではなく、どこかで飽和する。増幅率がだんだん小さくなり、あるレベルで入力音量と出力音量が等しくなると、そこで安定するのだ。増幅率が1となる音量が、お馴染みのキーンという金切り音だ。ぎょっとするだろうが、耳がつぶれるほどではない。まして建物が崩れ落ちるなどあり得るはずもない。

しかし、どうしていつも同じ高い金切り音になるのだろう？　低い轟音でもよいではないか？　滝の音とかジェットエンジンの音とかゴロゴロという雷鳴でも？　実のところ、その音の高さはシステムがもつ固有の共鳴周波数で定まる――公園のブランコがもつ固有の振動数（おおよそ二秒に一回）の音響版だ。アンプのフィードバックループにも固有の振動周波数があり、ここでは詳細に立ち入らないが、その周波数が高い金切り音とほぼ同じになるのである。システムは瞬時にしてその振動周波数にどんぴしゃりと行き着くわけではない。したがって、もしその過程を劇的に遅くすることができたならば、ちょうど溝を転がるサッカーボールが溝の底に落ち着こうとするように、当初の音がキーンという金切り音に向かっていく様子が聞き取れるだろう。すなわち音は、周波数を急速に上下させて、まるで音響スペクトルの中の本来の位置へ行き着こうと「欲している」かのように思えてくるのだ。

ここまで見てきたのは、想像できる限り最も単純なフィードバックループでさえ、さまざまなレベルの精緻さと複雑さを有し、それらはこれまで顧みられることがめったになかったが、実は豊かで驚きに満ちているということだった。だとすれば、もっと複雑なフィードバックループでは、いったい何が起きているのだろうか。

フィードバックは悪評ふんぷん

一九七〇年代のいつごろだったか、両親がビデオカメラを初めて購入したときのこと。わたしは両親と一緒に店に行った。店の一角にテレビが何台も棚の上に並んでいるところがあった。ビデオカメラがテレビの後ろにつながっていて、撮ったものをその場で見て、色の調子などを確認することができた。わたしは早速カメラを手にとって父の方へ向けてみた。父の笑顔が画面に映し出された。次にカメラを自分の顔に向けてみた。今度は父の代わりにわたしが画面に現れた。次には当然、カメラをテレビ画面自体に向けてみようと思った。

そこでとても不思議なことが起こった。このことは未来永劫、若干の恥ずかしさとともに記憶に残るだろう。ループを完成させることにわたしはためらいを感じたのだ！　そのままカメラをテレビに向けてしまわず、店員にカメラをテレビに向けてもよいかおずおずと尋ねてしまった。いったいぜんたい、なぜそんなことをしたのだろう？　店員がどう答えたかを話せば少しはわかってもらえるだろうか。店員は「とんでもない、そんなことはしないでください、カメラが壊れてしまう」と答えたのだった。

で、店員のパニックにわたしはどう反応したか？　嘲り？　笑い？　無視？　実はわたし自身、どうしたらよいかわからなかった。それで彼のパニックによって、わたしの中の漠然とした不安はますます強くなった。結局わたしは自分の欲求を抑えて、カメラをテレビに向けるのをやめてしまった。その後、新品のビデオカメラを抱えて家に帰る車の中でもう一度、注意深く考え直してみた。ループを作ったとしても、カメラにもテレビにも何か危害が及ぶ可能性は見いだせなかった（焼き切れるという故障にはどちらも弱いとは思うが）。そこで家に着くと、十分注意しながらカメラをテレビ画面へと向けてみた。幸いにも、恐ろしいことは何も起こらなかった。

何らかの危害が及ぶと恐れる人がいるならば、それはおそらく音響フィードバックのアナロジーからだろう。画面上の一点（カメラが真っ直ぐに向けられている点だ）がだんだん明るくなっていって、画面のその部分が焼き切れてしまう。どうしたらそんなことが起こり得るだろうか？　音響フィードバックのときと同じように、何らかの光の強度の増幅が介在する必要があるだろう。しかし、ビデオカメラは映像を増幅するようには作られていない。映像を別の場所に移すだけだ。家へ帰る車の中で落ち着いたわたしが気がついたように、通常のビデオフィードバックには危険は存在しない（この「ビデオフィードバック」という言葉は誰がいつ考え出したのだろう？　当時はそんな用語は聞いたことがなかった）。しかし、危険があろうがなかろうが、わたしが二の足を踏んだのは事実だ。あそこで店員がパニックに陥ったのも、非合理的ではあるが、理解できる。フィードバックは、システムを自分自身に向けて折り返させ、ねじり戻させることで、神秘的な禁忌のループを生み出す。それゆえわれわれは、そこに危険や抗い難い運命を見て、それがどのような意味をもっていようが、本質的に間違っていると感じるのだろう。

これらは原始的で非合理的な直観だ。どこからやってくるのか誰にもわからない。あるいはフィードバックに対する恐怖は、単に音響フィードバック体験の一般化にすぎないと考えられるかもしれないが、説明はそれほど単純ではないだろう。未開部族のなかには鏡を怖がる者がある。カメラを嫌う社会もある。人間の肖像画を描くことを禁ずる宗教もある。われわれ自身の像を作ることはどこか胡散臭く、奇矯で、突き詰めると死に結びつくと見られているのだ。ループに対する疑念は人間性の奥深くに根づいているように思える。しかし、ハンググライダーやスカイダイビングなどの危険な活動と同様に、一部の人間はそれに強く引きつけられるのだ。他の人間は考えただけで死ぬほどの恐怖を感じるにもかかわらず。

ゴッド、ゲーデル、ウムラウト、そして謎

一四歳のときに、本屋をぶらぶらしていて薄いペーパーバックに目をとめた。『ゲーデルの証明』[6]（*Gödel's Proof*）というタイトルだった。ゲーデルというのがどんな人で、彼（当時のわたしが「彼か彼女か」という問題[7]を考えていなかったのは間違いない）が何を証明したのか見当もつかなかったが、たった一つの数学の証明——どんな証明であっても——のことを書いた本というのが興味を引いた。Gödelという名前の中にGodが隠れていて、そのGodの真ん中には謎めいたウムラウトが乗っていたのも、もちろん魅力的だった。わたし

の脳内の分子はしかるべく刺激されて腕と手に信号を送り、わたしはそのウムラウトの付いた本を手に取ってページをめくり始めた。そこには「メタ数学」、「メタ言語」、「決定不能性」などくらくらするような言葉があり、その本が、「わたしは嘘をついている」とか、もっとややこしい自己言及文のパラドックスを論じているとわかったときには大喜びをした。ゲーデルの証明は、それが何であれ、数そのものに関わるわけではないことはわかった。驚くべきことに、数は数学の性質について推論するために利用されているのだった。

ありえない話に聞こえるかもしれないが、その次にわたしは一つの長い脚注に引き寄せられた。引用符によって使用と言及を区別することについて書かれた脚注だ。著者たち——アーネスト・ネーゲルとジェームズ・R・ニューマン——は、「シカゴは人口の多い都市である」という文と「シカゴは三音節である」という文を取り上げて、前者は正しいが後者は誤りだと主張していた。**語**の属性を語りたい場合は、**名称（名前）**を用いなければならず、名称とは語に引用符をつけた表現であるというのだ。すなわち、「〝シカゴ〟は三音節である」という文ならば、それは都市そのものではなく都市の名称について語っているのであり、しかも真実を述べていることになる。著者たちは続けて、形式推論においてこうした区別をする際には特別な注意を払う必要があると語り、そして名称自体にも名称があるので（引用符によって作られる）、名称の名称は無限に作れると指摘していた。つまりこの本は、言語が自分自身について語るさまをその言語がいかに語ることができるか（など）、そして推論が自分自身についていかに推論できるか（など）について語っていたのである。わたしは跳びついた！　ゲーデルの定理が何なのか依然として見当もつかなかったが、それでもその本を読まなければならなかった。本を構成する分子がわたしの頭の中の分子を動かして、その結果、わたしの手を構成する分子がわたしの財布の中の分子を動かして……まあ、そういうことだ。

循環と自己適用を味わう

ネーゲルとニューマンの魅惑的な本を読み終えて一番不思議に感じたのは、数学が数学自身に向けて折り返し、自身を呑み込んで、自身の中で自身をねじ曲げる様子だった。わたしはそれまでずっと、そうしたループ現象に強い魅力を感じていた。小さい子供の時分から、段ボール箱の四枚の蓋を「循環」するように重ねて閉じる――AをBの上に、BをCの上に、CをDの上に、そしてDをAの上に――というのが大好きだった。その手のパラドックスに出会うと夢中になってしまった。

二枚の鏡の間に立って無限に反射されるイメージを見るのも好きだった。鏡を映す鏡――これ以上に刺激的なアイデアがあるだろうか？　モートンソルトの容器に描かれた、少女がモートンソルトの容器を抱えている絵も好きだった。少女の持つ容器にも少女がモートンソルトを抱えている絵が描かれている。その容器にもまた、という具合にだんだん小さくなるコピーがずっと繰り返される。

歳月が過ぎて、今度はわたしの子供たちをつれてオランダを旅したときに、「マドゥローダム」という名の公園を訪ねた（ここで括弧を使うところが、ネーゲルとニューマンの説いた使用と言及の区別の重要性がわたしに染みついていることを示している）。その公園には、オランダ中の有名な建物の小さい見事な複製がたくさん置かれていた。ただ、マドゥローダムそのものの複製がなかったのがとても残念だった。複製の中にはもちろんもう一段階小さな複製があり、その中にはまた……となるはずだった。ほかならぬオランダでこれが欠けていることにわたしは少なからず驚いた。オランダはM・C・エッシャーを生んだ土地であるばかりでなく、有名なドロステココアのお膝元でもある。その箱には、モートンソルトの容器と同じように、無限後退する自分自身の複製が描かれていて、オランダの人々には馴染み深いはずだ。

わたしのループへのこだわりは、はるか昔にさかのぼる。まだ小さな子供だったとき、たぶん四歳か五歳の頃だ。わたしは2が二つは4になることを発見した。誰かが教えてくれたのかもしれない。「2がふたつ」という素敵な言い回しに背筋がぞくぞくする思いがした。なぜなら「ふたつ」という概念が**それ自身に**適用されていたことに気づいたからだ。それは一種の自己参照的な操作であり、自分自身への概念の折り返りだった。わたしはこうした経験、しかももっと危険なものを試してみたいと願った。まるで、怖いもの知らずのパイロットやロッククライマーのように。そこで「3がみっつ」はどうなるだろうかと考えてみた。一人で答えを見つける(たとえば、点が三個並んだ列を三列作るなどすればよいのだが)にはまだ幼すぎたので、知恵の泉たる母親に尋ねた。母は静かに答えは9だと教えてくれた。

最初はそれで喜んだが、すぐに心配になった。質問が正しくなかったのではないか? 元の言い回しもわたしの作った新しい言い回しも、どちらも問題となる数を二つだけ含んでいる。でも本当は、その二つだという部分を何とか越えたかったのだ。そこで、もっと3らしい言い回しを作ってみた。[8]「3が3がみっつ」——しかしそれがどんな意味になるのかわからなかった。当然また賢い人に助けを求めることになった。この問題について母と話したことを今でも覚えている(幼かったので、この問題は難しくて誰も理解できないと勝手に信じていたのだ)。母はわたしが何を考えているのか完全に理解できると言ってくれた。その答えまで教えてくれた。何だったのか忘れてしまったが——おそらく9か27だったのだろう。

答えはどうでもよい。大切なのは、わたしの幼年時の記憶の中に、ループ構造、自己適用操作、循環、パラドックス、そしてそこから導かれる無限が喜びとしてあるということだ。それらはわたしの宝物だった。

次に述べるエピソードはわたしの性格の一面を表している。これは多くの人に見受けられるとはいえ、誰にでも備わっているわけではない。人の性向に違いがあることに最初に気づいたのは、『プリンキピア・マテマティカ』（*Principia Mathematica*）の中でバートランド・ラッセルの考案したいわゆる「型理論」について読んだときだ。『プリンキピア・マテマティカ』は彼の最高傑作とされ、先生だったアルフレッド・ノース・ホワイトヘッドと共著で一九一〇年から一九一三年にかけて出版された。

その数年前から、ラッセルは数学を集合論によって基礎づけるべく奮闘を続けていた。集合論こそが、人間の思考の最も基礎的な土台をなすと確信していたのである。ところがもう少しでその目標が達成されると思えたときに、彼は突然、集合論には大きな抜け穴《ループホール》が存在することを発見した。この抜け穴は「自分自身を要素として含まない集合全体の集合」という概念に基づいている。これは集合論の正当な概念であるが、実は深い自己矛盾を含んでいるのだ。彼の発見したこの致命的欠陥を広く知らしめるために、ラッセルは先述の概念をわかりやすく翻訳して、架空の村に住む「自分のひげを剃らない村人全員のひげを剃る村の床屋」という概念を考案した。そのような床屋の存在を仮定することは、まったく同じ理由によってパラドックスを生み出す。

集合論がこのような自己矛盾的要素を許容することに気づいたとき、数学を堅固な基礎の上に築くというラッセルの夢はガラガラと音を立てて崩れ去った。これがトラウマとなって、ラッセルは自己包含や自己言及のループを許容する理論を恐れるようになってしまったようだ。彼は自分の経験した知的混乱をもっぱらループ性によるとしている。

ラッセルはそこから立ち直るために、かつての師で当時は同僚となっていたホワイトヘッドと共に、新しい種類の集合論を作り出した。そこでは、集合の定義はその集合を含むことはない。厳密な言語階層が作られて、文が自分自身に言及することはまったくできないようになっていた。『プリンキピア・マテマティカ』の中では、集合が自分自身にねじれて向きを変えることや、言語が振り返って自分自身に向きを変えることはあり得なかった。もしある形式言語が「語」という語を含むなら、その語は自分自身を参照したり自分自身に適用されることは許されず、より下位のレベルの対象にのみそれらの操作が許された。

この「型理論」について読んだときに、わたしはループの魅惑のみならず常識からの病的撤退と思えた。[9]「語」という語が「語」という概念の要素であって、いったい何がいけないのか？「わたしはこの本をイタリアのドロミーティ地方の美しい村で書き始めた」とか「この章では主に明朝体を使っている」とか「この紙パックは再生紙を使用しています」のような文のどこがいけないというのだろうか？このような文が誰かを危険に陥れるとでもいうのだろうか？わたしにはそうは思えない。

「この文は一二文字からなる」とか「この文の最後の文字はひらがなだ」というような文はどうだろう？両方とも容易に理解できるし、明白に正しいし、もちろんパラドックスなどではない。「この文の一二番目の文字は漢字だ」とか「この文の一八番目の文字はひらがなだ」といったおかしな文であっても、「2足す2は5だ」という文と比べてより問題というわけではない。三つの文はすべて偽であるか、あるいはせいぜい無意味な主張（二番目の文は存在しない対象に言及している）であるにすぎない。どこにもパラドックスは存在しない。参照ループの全面的禁止はあまりにもパラノイア的だ。バートランド・ラッセルの、羹《あつもの》に懲りて膾《なます》を吹くという精神には本当に失望してしまった。

フィードバックループを不安がる知識人たち

それから何年も経って、「サイエンティフィック・アメリカン」誌上に「メタマジカル・シーマズ」(“Methamagical Themas”)というコラムを毎月連載していたときに、二回ほど言語の自己言及をトピックとして取り上げたことがある。[10] そこでは、わたしだけでなく友人や多くの読者の作った例文を山ほど紹介したが、なかには次のような傑作もあった。

もし「真」と「偽」の意味が入れ替わったならば、この文は偽ではない。

レベル一と同じレベル二達した。

次の文は、「次の」と「前の」が入れ替わって、「を除いて」と「において」が入れ替わって、「同じである」と「異なっている」が入れ替わっていることを除いて同じである。

前の文は、「前の」と「次の」が入れ替わって、「において」と「を除いて」が入れ替わって、「異なっている」と「同じである」が入れ替わっていることにおいて異なっている。

このアナロジーは自分の靴のひもを引っ張って自分自身を持ち上げるというようなものだ。

「ここに」ば語でないのでここに文ば自己言及ではない。

もし願望が馬になるのなら、この条件文の前節も真になるだろう。

この文三文字とに欠がある理解可だ。

この文の意味がわからなかったら、豚語《とんご》を一つ入れ替えてみなさい。

この名詞句が表していることが**この**名詞句が表していることと同じではないなんてことが、どうして起こるのか？

文平仮名含、次文漢字含。

このにはがまれず、のにはがまれない。

ほんパングラムは、アをいち、イをさんじゅう、ウをし、エをいち、オをいち、カをいち、キをいち、クをし、ケをいち、コをご、サをご、シをく、スをいち、セをいち、ソをいち、タをいち、チをさんじゅう、ツをいち、テをいち、トをいち、ナをご、ニをし、ヌをいち、ネをいち、ノをいち、ハをさん、ヒをいち、フをに、ヘをいち、ホをに、マをいち、ミをいち、ムをさん、メをいち、モをいち、ヤをいち、ユをし、ヨをいち、ラをに、リをいち、ルをいち、レをいち、ロをいち、ワをいち、ヲをしじゅうなな、ンをななこふくむ。(11)

読者からはたくさん好意的なフィードバックをいただいたが、きわめて否定的なフィードバックもあった。立派な雑誌にはふさわしくない、まったく不真面目だというものだ。なかでも強烈な反対を唱えたのはデラウェア大学の教育学の教授で、著名な行動心理学者B・F・スキナーが自己言及文について述べたものを引用していた。(12)

ふつうの読者にとって意味がある文章を作るかもしれないし作らないかもしれないこういった言葉の変換遊びはたぶん無害だと思うが、やはり時間の浪費である。とくにそれが言語行動として実際にはありえないような文章を作った場合そうである。その古典的な例が、偽であれば真、真であれば偽の「この文はウソだ」というようなパラドックスだ。重要なのは、こういう文がけっして人間の言語行動には出てこないことである。文は誰かが「この文はウソだ」という前に存在していなければならず、その文に対する反応はそれが発言されなければそもそも意味がない。〔ホフスタッター『メタマジック・ゲーム』(竹内郁雄・斉藤康己・片桐恭弘訳　白揚社)より〕

これは、誰かが意味を込めて自己言及文を発するかもしれないという単なる可能性に対する脊髄反射的な反応だが、わたしにとってこの種の反応は予想もしておらず、不意を突くものだった。わたしはこの教育学教授の嘆きについてじっくりと考え、雑誌の次の号に長い返答を書くことにした。(13) そこでは通常の人間のコミュニケーション場面からユーモア、芸術、文学、心理療法、数学、計算機科学など、さまざまな分野に現れる明白で役に立つ、時には不可欠な自己言及の例をたくさん紹介した。その教授が、あるいは自己言及に反対する他の人々が、どのように受け取ったかはわからない。ただしわたしには、高い教育を受けていたり道理をわきまえていたとしても、自己言及や自分自身に立ち戻ってくる構造やシステムに対して、非合理的なアレルギー反応を示す人々がいるのだという認識が残った。

そのようなアレルギー反応は、突き詰めていけば、パラドックスや（比喩的な意味での）宇宙の爆発に対する根深い恐怖、わたしがビデオカメラをテレビ画面に向けようとしたときに店員が示したパニックと同根の恐怖に起因するのだとわたしは思う。ループに対するわたしの生涯を通じての愛好と、バートランド・ラッセル、B・F・スキナー、教育学教授、それに電気店の店員が示した嫌悪とのコントラストから、わたしは「型《タイプ》理論」に関する一生ものの教訓を得た——つまり、この世の中には本当に「二つのタイプ」の人間がいるということである。

第5章 ビデオフィードバック

二度のビデオの旅、三度の一〇年を隔てて

ビデオフィードバックループの世界は豊かだ。わたしは一九七〇年代中頃に、家にあった新品のビデオカメラを使って初めてその世界を探検し、それを知った。数ヶ月後、その現象の価値を深く理解したわたしは、自著『ゲーデル、エッシャー、バッハ』のために詳細な映像研究を行うことを思い立った。利用許可をもらってスタンフォード大学のテレビスタジオに行ってみると、わたしが存分に楽しめるよう、とても親切なスタッフがテレビと三脚に取り付けたカメラを用意してくれていた。カメラを画面に向けたり、ズームしたり、傾けたり、アングルを変えたり、明るさやコントラストをいじったりなどなど、何でも朝飯前だった。自由に好きなだけ使ってよいと言われていたので、その午後、わたしは数時間にわたって、ビデオループによって開かれた「禁忌」の可能性の海を航海して過ごした。好奇心のある旅行者ならみなそうするように、わたしもまたその異世界の旅の間にたくさんの写真（白黒写真だったが）を撮り、そこから一二枚のお気に入りを選んでGEBの対話篇に使った。

ビデオフィードバックの世界を巡るこの最初の探検からすでに三〇年が経ち、技術も少しは進歩したので、わたしは新しい本のためにもう一度挑戦してみることに決めた。今回は助っ人もお願いしている。ビル・フルクトはベーシック・ブックスで長年わたしの担当をしてきた編集者で、それゆえ（あるいは、それにもかかわらず）わたしの良き友人である。ビルはわざわざそれだけのためにニューヨークから飛行機で訪れてくれて、我が家の子供の旧「遊び部屋」で、海は昔と同じだが少し新しくなった船で、何時間も一緒に愉快な時を過ごした。その成果として、われわれは航海を記録した素晴らしいカラー写真を何百枚も入手し、それらはカバーの写真の他、さまざまな種類から選りすぐった一六枚をカラー口絵として本書に収録することにした。

どちらのビデオ旅行も鮮烈で変化に富んでいたが、本章では最初の方、つまりずっと昔にスタンフォードで行った旅の「日誌」を詳しく報告することに決めた。ビデオフィードバックという現象を探査し、一歩一歩学んでいったのはそのときだったのだから。したがって以下の話は、本書の口絵を撮影したのとは別のテレビ、別のカメラについてであり、基本的にもっと古い技術によっている。それにもかかわらず、古い日誌の大部分は新しい旅にも当てはまることがすぐに見てとれるだろう。いくつか小さなずれが現れるが、それはそのつど述べることにする。

ビデオ旅行日誌

わたしが使ったテレビの画面の右横には、たまたま帯状の金属が縦向きに備え付けられていた。この金属の帯という予期しない存在のおかげで、画面の中の画面が作る幾重にもなる層を簡単に見分けられるという思いがけない効果が生じた。最初の発見は、入れ子になった画面が有限か無限かは、ある角度を境に変わるということだった。画面の真ん中でなく金属の帯にカメラを向けると、長い廊下の右側の壁を撮影したスナップ写真のような像が得られた。そこでは、わたしの「立っている」ところから画面の奥に向けて等間隔に「ドア」（実際は金属の帯なのだが）が並んでいるが、「廊下」の向こうの端までは見渡すことができない。そこでこの画面上の像を「**ちょん切れた**廊下」と呼ぶことにしよう。

ゆっくりとカメラを左側へ、つまり画面中央へと向けていくと、必然的に廊下の奥行きが増していく。右側の壁にドアがもっとたくさん見えてきて、新しく見えるドアはだんだん小さく、どんどん遠くなっていく――やがて突如として臨界点に達し、目眩を感じさせるような素晴らしい無限が現れる。そしてわたしは、ぽっかりと口を開けた空虚に向けてどこまでも続いている廊下をじっと見つめている自分に気がつく（その空虚とは、パースペクティブ理論で言うところの「消失点」だ）。こちらを「**どこまでも**廊下」と呼ぼう（これと本質的に同じ廊下は第4章の自らを映す鏡の写真で見ることができる）。

無限にドアが続くように見えるというのはもちろん錯覚だ。テレビ画面の粗さや光の速度によって、入れ子がどれだけできるかには限界がある。それにもかかわらず、魔法のようにどこまでも続くように見える廊下を覗き込むのは、平凡な「ちょん切れた廊下」を覗くのに比べてはるかに面白く刺激的だった。

次の実験ではカメラを傾けてみた。すると、画面は奥へ入るごとに律儀に一定の角度だけ傾き、コルク抜きのようにねじれて螺旋状に続く廊下が現れた。とても魅力的に見えたが、それほど驚くものではなかった。

しかし、ある角度にカメラを傾けたときに、それまでのドアで区切られた「**螺旋**廊下」とは違って、まるで望遠鏡で見る銀河のように平らな渦巻きが現れたのでびっくりした。渦巻きの端は、テレビ画面の端によって作られるがたがたと折れ曲がった線ではなく、滑らかで連続的な光の曲線だった。どうしてそんなに滑らかなのか不思議だった。折れ曲がった線から優美な曲線に突然変化するのがなぜなのか、理解できなかった。「銀河」の核にはいつも美しい丸い「ブラックホール」ができることにも気がついた（新しい方のビデオ旅行ではなぜか残念なことにこの「ブラックホール」現象を再現することができなかったので、口絵にその写真は含まれていない）。

創発する謎の反響

途中で偶然、カメラの前に一瞬手を突き出してしまったことがあった。もちろん画面は真っ暗になった。手をどければすぐに前の像が戻ってくるだろうと思ったのだが、そうはならず、画面には以前とは違ったパターンが出現していた。それはこれまで見てきたどんなものとも異なっていた。静止しておらず、脈動していたのである。まるで心臓のように！　「心拍数」はおおよそ一秒に一回、その一回の「心拍」の間に画面に映る形状は大きく変容した。この不思議な脈動は、いったいどこからやってきたのだろうか？　部屋の中には何も動いているものはないというのに。

いやいや、失礼！　真っ赤な嘘を書いてしまった。部屋の中に動いていたものは**ありました**。何だかわかりますか？　そう、動いていたのは画面の中の像**そのもの**なのです。なーんだ、それはずるいと思われるかもしれないが、像はまさに**自分自身**を映した像なので（若干の時間的遅れは伴うが）、これは意味のある答えなのだ。変化しているものを忠実に映した像は、それ自体が変化し続ける！　この場合、運動が運動を際限なく引き起こす。循環的な構造、ループができているからだ。こうした事態を生じさせる元となった動き――素なる動作原因――は、わたしの手の動きだった。このビデオにおける反響は、自立的で安定した視覚的記憶痕跡となっているのだ！

この現象からまた別のループ現象を思い出した。わたしが「反響吠え」と呼んでいるもので、近所に犬がたくさんいると聞くことがあるかもしれない。ある人がジョギングをしていてある家の前を通りかかると、そこの犬が吠え出す。それに釣られて隣の家の犬も吠え始め、今度はそれが連鎖反応を引き起こして、そこらじゅうの犬が吠え出す。やがて犬たちはそもそもの原因と関係なく吠えるようになり、ジョギングをしている人が通り過ぎてしまった後も、ずっと吠え続ける。もし犬がもう少しロボットに近くて、何度も何度も同じことを繰り返すのにいつか飽きてしまうことがなかったら、反響吠えは、ある人がその通りを走り抜けたことを記憶する、自立的で安定した音響的記憶痕跡となることだろう(1)。

ビデオの旅で出会ったダイナミックに脈動するパターンは、それまでに観察してきた微動だにしない「定常宇宙」とは完全に異なっていた。周期的で安定したビデオ反響は、ビデオフィードバックに潜む可能性を探査するなかで偶然に遭遇した奇妙で予期しない現象だったのである。

あれから何年も経った今日でも、脈動の諸原因が何なのかはまったくはっきりしない。わたしにとっては神秘的にすら思える。それゆえ、これは創発的現象、あるいは第3章で紹介した随伴現象なのだ。一般に、創発的現象はより下位の基礎的レベルにおいて機能している固定的ルールによって自動的に生み出されるが、どのようにしてその創発が起こるのか観察者は明確に理解できない。

どうしてビデオ反響が生じるのか明確に説明できないことを、若干愚かしく感じているのは認めざるを得ない。しかし、わたしはもはやこの現象に習熟してしまっているので、「理解」はしている。つまり、画面上に引き起こすにはどうすればよいか直観的にわかるし、ひとたび起これば安定して、何時間も、わたしが干渉しなかったらもしかすると永遠に続くかもしれないということも了解している。ビデオ反響がどのようにして起こるのか、下位レベルの現象によって厳密に説明することを追求するのではなく、ビデオ反響をあるがままの形で受け入れて、それ自体のレベルに存在する現象として扱っている。もうおわかりだろう。われわれは物理学的および生物学的世界の物事のほとんどをそのように扱っているのだ。

ループに「内容」を提供

すでに触れたように、幸運なことにスタンフォードでの装置には、テレビの片側に特に理由もなく金属の帯が備え付けられていた。その帯が一種の闖入者となって、ぐるぐると循環するイメージに、核となる「スパイス」を与えていた。その意味で、帯は第一次ビデオ旅行の鍵となる要素だった。

第二次ビデオ旅行では、ビルとわたしは、時に海があまりにのどかで、もっとアクションが、視覚的刺激が欲しいと感じることがあった。第一次ビデオ旅行で金属の帯が「スパイス」の役割を果たしたことを思い出して、同じような役割を果たすものを試してみることにした。像がビデオループでぐるぐると循環したらどうなるかなど深く考えずに、部屋に転がっているいろいろなものをカメラの前に置いてみた。たいていの場合、(またしても)予期できない素晴らしい結果が得られた。たとえば、ビーズの鎖をカメラの前に吊してみたときには、でこぼこした青白い塊のごちゃごちゃとした渦が創発してきた。それは何となく外国のチーズを思わせた。

そんなふうにカメラの前にしゃしゃり出てくるものは、あらゆる標準的な変数(ズームの度合い、傾きの角度、カメラを向ける方向、明るさ、コントラストなど)と同時に、その位置も変えられるので、当然ながらそれぞれ新たな可能性の宇宙を開く。ガラスの花瓶やらCDやら、しまいには自分の手を試してみた。結果は口絵に示した通り素晴らしいものだった。しかし、ビルもわたしもこの宇宙の探求に無限の時間を投入するわけにはいかなかった。二人でたぶん一〇時間くらいかけて、写真を四〇〇枚くらい撮って終わりにした。もっと続けたかったけれども、素晴らしい異国を旅するときの常として、続けたい気持ちを抑えて打ち切らざるを得なかった。それでもビルと一緒にこの旅を楽しめたことに満足している。

数学に似たものを求めると

みなさん予想はついているかもしれないが、わたしの見つけた予想もつかない現象はすべて、画面が（理論的には）無限の入れ子構造になっていることに起因していた。つまり、見かけの廊下が無限に続いていて、途中でちょん切れていない場合である。これは間違いのないことだ。なぜならば、最も思いがけない視覚的事件はいつも、その中心点、無限後退がそこに向けて収束していく魔法の一点の近傍で起こるように見えたからだ。

ビデオフィードバックでどんな形状でも得られるというわけではなかったが、最初に予測したよりは、はるかに豊かな宇宙を経験することができた。この視覚的豊かさは、一九八〇年頃に数学者ブノワ・マンデルブロによって発見された驚異的な視覚世界のことを思い起こさせる。[2] マンデルブロは $z \to z^2+c$ という単純な繰り返し式の性質を調べていた。cは複素数の固定値、zは複素数の変数で初期値が0だ。これは数学的フィードバックになっている。ある値がzに入力されると新しい値が出力される。その値は再び入力に戻される。音響フィードバックやビデオフィードバックと同じだ。もしマイクとスピーカー（あるいはカメラとテレビ）になったつもりで、これを何回も何回も繰り返したとしたら、zの値は無制限に大きくなっていって、青の彼方《ワイルドブルー》（あるいは黄の彼方とか赤の彼方）へと飛んでいってしまうのか、それともどこか有限の値に収束するのだろうか？

具体的な詳細は問題ではない。大切なのは、この問題の答えがパラメータcの値に非常に敏感に左右されるという点だ。もしcの値をzの発散率によって色付けして図に表したとしたら、びっくりするような絵が得られる（黄の彼方とか赤の彼方とか言ったのはそのためだ）。ビデオフィードバックでもこの数学システムでも、非常に単純なループから思いもかけない、しかも信じ難く入り組んだ一群の渦パターンが得られる。

「閉じ込め」現象

ビデオフィードバックのようなループ過程から創発する、不可思議でしかも奇妙に強固な現象は、本書の中でこれから意識や自己について中核となる疑問を考察するときに中心的な比喩となる。

ビデオ旅行によって、わたしはビデオフィードバック現象がもつ計り知れない豊かさの感覚を体験することができた。より具体的に言えば、われわれ人間の観測者にはどこから生まれたのか非常に不可解に思える、驚くほど複雑な構造やパターンがしばしば画面上に現れることを知った。そして、これらのパターンを作り出して保持するのは、このシステムがもつ循環性、ループ性であるという事実にも衝撃を受けた。ひとたびパターンが画面上に生じれば、それが画面上で持続することを保証するのは、まさにマロリー卿がなぜエベレストに登るのかと問われて発した有名な言葉、「それがそこにあるからだ！」なのだ。ことループの話題になると、循環論法的な正当化は当たり前のように登場することになる。

別の言い方をすると、フィードバックは「閉じ込め」とでも呼べる新しい抽象的な現象を生じさせる。最小限の種子（一秒にも満たないほんの短い時間のうちにテレビ画面に送られた最初の像）から始まって、ほとんど瞬時（おおよそ二〇回から三〇回の繰り返しの後）に、その種子がもつ可能性を余さず実現した像が得られる——この新たに出来上がった上位レベルの構造、画面上の創発パターン、随伴現象は、ループの結果「閉じ込め」られる。それは消え去ることはない。なぜならば、それはいつまでも自分自身を書き換え、自分自身を消費し、新しい自分自身を生み出すからだ。つまり、創発する出力パターンは自己安定的な構造であって、フィードバックループ自体は単純であったとしても、ループを何回もまわっているので、パターンの起源が何だったのかは、もはやほとんど解明不能となっている。

ビデオフィードバックから創発する新しい存在

スタンフォードでビデオ旅行を始めたときには、思いがけず得られた視覚パターンに何かわかりやすい名前をつけることなど想定していなかったが、すぐにそれが必要となった。初めは、「画面の中の画面」とか「銀の帯」とか「傾き角度」とか「ズームイン」のような直截な名前がよいだろうと思ったが、すぐに、否応なしにまったく予期しなかったような記述を使わざるを得なくなった。すでに出てきたように「廊下」、「壁」、「ドア」あるいは「銀河」、「渦巻き」、「ブラックホール」とか「ハブ」、「スポーク」、「花びら」、「脈動」などが出てきた。二度目の旅行のときにもこれらの名前が出てきた。他にも「ヒトデ」、「チーズ」、「火」、「泡」などが新しく出てきた。

最初にビデオ旅行を企画したときには、このような単語を使うことになるとは思いもよらなかった。システムは機械的で決定的だが、ループの結果として創発するパターンはあらかじめ予想できない。したがって、単語も前もって予想できないようなものが必要になったのだ。

画面上に現れる抽象的な形状や出来事を記述するためには、「廊下」や「銀河」のように単純だが強力な比喩が不可欠になった。最初に想定していたような単語は結局ほとんど使わなかった。洞察に欠けているためだ。もちろん原理的には、それらの単語ですべてを説明することができる。厳密で理解不能なくらい長ったらしい説明となるだろうが（気体の温度や圧力をアボガドロ数だけの方程式を書いて説明するようなものだ）。しかし、そのような退屈で還元論的な、ほとんど画素一つずつを対象としたような説明は、人間の目と精神が直観的に共鳴する素晴らしい高次の視覚現象からはかけ離れたものとなってしまう。

要するに、ループが生んだ驚くべき新しい構造は、**原理的には**基本のループとその性質から導出可能だが**実際には**別種の「固有の生命」をもっている、新たなレベルの存在を作り出すのだ。そしてそれを理解するには、少なくともわれわれのように非常に限局的で、単純を好み、パターンを愛する生き物にとっては、創発を生む元となった基本のレベルを超越するような、新しい語彙と新しいレベルの記述が必要となるのである。

第6章　自己とシンボル

知覚ループのはらむ「私」性

わたし（I）は、英語において常に大文字を用いて表される唯一の語が、固有名詞や固有形容詞を別にすれば、一人称代名詞（主格の場合）であることを興味深く思う。この奇妙で印象的な決まり事は、その語が何か非常に重要なものを指していることを匂わせている。実際、一部の人たち——もしかすると大部分の人たち、あるいはわれわれ全員——にとって、「私」や「一人称」であることに伴う曰く言い難い感覚、「そこにある」または単に「存在する」という直観的な感覚、「経験を有している」とか「生《なま》の感覚をもっている」という力強い感覚（哲学者の言うところの「クオリア」）は、自分たちの生において最もリアルなもののように思える。そういう人たちはまた、そんなものは錯覚にすぎない、あるいは単に「三人称的」物体（すなわち、生命をもたないもの）において生じる何らかの物理過程から生まれた結果だという類の考えを頑強に拒む、強固な内なる声を聞く。本章の目的は、その執拗な内なる声と闘うことである。

まずは単純な事実から始めよう。進化によって形作られてきた生物に組み込まれている、最も基礎的で無自覚的な目標とは、生き延びることである。生き延びる可能性を高めるためには、生物は環境内で起こる出来事に柔軟に反応できなければならない。ということはつまり、身近に進行していることを、どんなに初歩的な形であっても、何らかの方法で察知し分類する能力を発達させる必要があるわけだ（木星に彗星が衝突することに気がつかなくても地球上の生物には何の危険もない）。しかし、ひとたび外界の出来事を察知する能力を身につけると、それには大きな意味をもつ不思議な副作用が伴う。環境の一部を察知する能力は、その向きを反転させて、**自分自身**の一部を察知する能力ともなるのだ。

こうした反転が起こることは驚異にも奇蹟にも当たらない。むしろ、認知能力を備えることの、きわめて凡庸な、ごくありふれた帰結にすぎない。音響フィードバックが起こることや、撮った像を映している画面にカメラを向けられることに驚く必要がないのと同じだ。自らを知覚することをこのように考えるのは、奇妙で、的を外していて、倒錯しているとさえ言う人がいるかもしれない。しかしそれは偏見であり、そんな偏見をもったからといって、自己知覚が複雑になったり精妙になったりするわけではないし、ましてやパラドックスになることもない。よく考えてみると、生き延びようと格闘する存在にとって、その環境に**常に**あるものと言えば、それは……自分自身だ。だとすれば、その存在がこともあろうに、環境内で最も目立つ対象にどうして知覚的に不感応なことがあろうか？　それこそ倒錯というものだ！

そんな欠落がもし仮にあったとしたら、それはまるで、語彙がどんどん増えていくのに、「言う」、「話す」、「語」、「言語」、「理解する」、「尋ねる」、「質問する」、「返答する」、「しゃべる」、「会話する」、「主張する」、「否定する」、「議論する」、「語る」、「文」、「物語」、「本」、「読む」、「固執する」、「記述する」、「翻訳する」、「言い換える」、「繰り返す」、「嘘をつく」、「口を濁す」、「名詞」、「動詞」、「時制」、「文字」、「音節」、「複数」、「意味」、「文法」、「強調する」、「参照する」、「宣告する」、「誇張する」、「怒鳴る」のような、あって当然の概念に相当する語がない言語のようなものだろう。自分自身に目を向けないこうした言語では、柔軟性と洗練度が高まるにつれて、それまで以上に話者たちがしゃべり、議論し、怒鳴るなどするだろうが、その行為自体に言及されることはない。そして、質問する、返答する、嘘をつくといった行為も、（名前をもたないままに）これまでにないほど頻繁に現れるようになるだろう。バートランド・ラッセルの堅苦しい型理論が生み出した窮屈な形式主義のように、この言語の真ん中には大きな穴がぱっくりとあいている――語や発話や本（など）が自分自身に言及するメカニズムが、完全に欠けているのだ。同じように、生物が知覚とカテゴリー化の能力を豊かに進化させながら、その装置を自分自身に向ける能力を構造的に欠いているとしたら、ひどく異常なことだと言える。そんな選択的な無視は病的であって、きっとその生物の生存を脅かすことだろう。

ループの多様性

大部分の原始的な生物には自己知覚がないか、あったとしてもごくわずかだろう。テレビの上にしっかりと固定され、画面とは別の方向に向けられているビデオカメラを思い浮かべてみればよい。あるいは、光が目に入らないようにライトが外側に向けてしっかり固定されている鉱夫のヘルメットでもよい。このようなカメラの設定では、自分に向けられたループを作るのは明らかに問題外だ。カメラをどちらに向けたとしても、テレビも同時に向きを変え、ループが閉じることはないからである。

もう少し「進化」した、より柔軟な設定を考えることもできる。今度はカメラがテレビの上に固定されているのではなくて、「短いひも」でつながっている。ひもがある程度長ければ、カメラの向きを変えて画面の一部を映すことができるかもしれない。そうすると「ちょん切れた廊下」が現れる。生物でこの段階のフィードバックに対応するのは、おそらくペットとか、もしかすると幼児のもつ自己意識くらいだろうか。

次の段階はもちろん、「ひも」が十分に長くてカメラを画面の中心に真っ直ぐ向けられる場合だ。そうなれば、「ちょん切れた廊下」よりもはるかに豊かな「どこまでも廊下」が現れる。しかし、こうして自分自身を映すループを作ることが可能になっても、それでループがもつ豊かさがすべて出し尽くされるわけではない。他にもまだ調整の余地がたくさん残されているからだ。カメラを傾けるのと傾けないのではどう違ってくるだろうか？　傾ける角度を変えたら？　ズームは？　カラーと白黒では？　輝度やコントラストをいじったら？　カメラの解像度が違ったら？　自分自身と周囲の観察に向ける時間配分を変えたら？　カメラ自体が画面に登場する何らかの方法はないだろうか？　いじることのできるパラメータは他にもたくさんあって、凝ったループを作り出す可能性はさまざまに開けている。

受信と知覚

可能性がさまざまに開けているのは事実だが、自分を映すビデオシステムには決定的に足りないものがある。それは**知覚**の能力だ。知覚は映像を受け取る単なる**受信**とは異なる。知覚はまず、微小なシグナルが大量に集まって構成される何らかの入力を受け取るところから始まる（先の例では二次元画像だが一般にはそれに限定されない）。受け取られたシグナルは、その後さまざまな変遷をたどった末、最終的には、休眠状態の**シンボル**が集められた大きなプール、すなわち表象機能をもった離散的な構造から、その一部を選択的に呼び覚ます。つまり頭蓋内のシンボルは、仮説的な動玉箱内のシムボールのように、呼び覚まされると活性化する物理的機構と考えるべきなのだ。その機構は、脳がいかにして特定の**カテゴリー**や**概念**を実現するかを規定している。

ここで、いま使った意味での「シンボル」という語について一言述べておく必要があるだろう。というのも、この語にはさまざまな連想がまとわりついているが、なかには排除しておきたいものもあるからだ。書かれた記号（アルファベット、数字、音符、漢字など）は、しばしば「シンボル」と呼ばれる。しかし、ここではその意味は想定していない。また、神話、夢、寓意譚《アレゴリー》に現れるもの（鍵、炎、指輪、剣、鷲、葉巻、トンネルなど）も、何かを象徴する「シンボル」と呼ばれることがある。この意味も今は想定していない。「脳内のシンボル」という言葉でわたしが表そうとしているアイデアは、あなたの脳内（あるいは動玉箱内かもしれない。それはあなたがどの種に属するかによるだろう）の特定の機構が、たとえばエッフェル塔のことを考えるといつも活性化されるということだ。この脳の機構こそが、実際にどんなものなのかはわからないが、「エッフェル塔シンボル」と呼ぶべきものなのである。

「アインシュタイン」シンボルとか、「南極」シンボルとか、「ペンギン」シンボルとかもあるだろう。「ペンギン」シンボルはペンギンを知覚したときに脳内に呼び覚まされる。あるいは知覚しなくてもペンギンのことを考えただけでもよい。脳内には「蹴る」、「キスする」、「殺す」のような行為概念のシンボルや、「前」、「後」、「間」のような関係概念のシンボルもあるだろう。本書では、脳内のシンボルとは概念に対応する神経学的実体のことを指す。ちょうど遺伝子が遺伝的形質に対応する化学的実体であるのと同じだ。個々のシンボルはほとんどの時間、休眠状態にある（たいていの人は綿あめ、卵スープ、聖トマス・アクイナス、フェルマーの最終定理、木星の赤斑点など普段は考えない）。しかし反面、可能性としては、脳内のシンボルはどれもいつでも呼び覚ますことができる。

大量の**シグナル**を受け取るところから始まって、少数の**シンボル**が呼び覚まされるまでの経路は、いわば漏斗《じょうご》を通過する過程のようなものだ。その過程では、最初に入力されたシグナルが「マッサージ」、つまり操作されて、さらなる（より「内部」の）シグナルを選択的に呼び覚ます。こうして行われるシグナルの一団によるバトンパスは、どんどん狭まっていく脳の経路をたどり、最終的に少数のシンボルを呼び覚ます[1]。そのシンボルは、言うまでもなく、最初に入力されたシグナルの微かな痕跡を帯びている。

ここで一つ、楽しんでもらえることを期待して具体例を挙げてみたい。空港のコンコースを歩いている旅行者の鼻腔をくすぐる無数の微視的な嗅覚刺激は、その旅行者の空腹状態や過去の体験によっては、「甘い」と「香り」という二つのシンボルを呼び覚ますかもしれないし、「べたべた」と「脂肪」のシンボルを呼び覚ます可能性もある。あるいは「シナボン」と「近く」とか、「ふわふわ」、「広告」、「サブリミナル」、「狡猾」、「まやかし」というシンボルのこともあるだろう——もしかすると、これら一一のシンボルすべてが何らかの順序で脳内に呼び覚まされるのかもしれない。**知覚**という行為は、いま例に挙げたそれぞれのシンボルの呼び覚ましによって構成されている。雨滴がばらばらと屋根にあたるような、何らかの発信源から届いた膨大な微視的シグナルの単なる**受信**とは別物なのである。

ここまでわたしは、話をわかりやすくするために、知覚の過程を過度に単純化して記述してきた。しかし現実では多くの場合、流れは双方向になっている。つまり、シグナルはただ外から内へ、シンボルに向かって伝播するだけではなく、過去の経験に基づく見込みによって、特定のシンボルから外へと向かうシグナルが同時に生じているのだ。このとき内向きと外向きのシグナルの間で一種の交渉がもたれ、結果として、生の入力をシンボル解釈へとつなげる経路が決定される。このように脳内で流れが混ざり合うことで、知覚はきわめて複雑な過程となる。とはいえ本章の目的を考えるならば、知覚とは、シグナルが双方向に急速に伝播するなかで、押し寄せる入力シグナルの激流が最終的に少数のシンボルを呼び覚ますこと（あるいは生物学的用語を避ければ、いくつかの概念を活性化すること）と了解しておけば十分だろう。

話をまとめると、われわれのビデオシステムには、たとえ視覚的再現度がどれほど高くても、選択的に呼び覚まされる**シンボルのプール**が欠けていた。そのようなプールが存在し、アクセスされるようになって初めて、そのシステムは何かを本当に**知覚する**と言うことができるのだ。もちろん、普通のビデオシステムを増強して、シンボルのプールへとつながるシグナル処理の過程を支えるような高度に洗練された回路を追加する場面を仮定することは可能だ。実際、そのような技術的難問にどう立ち向かうかを考えるのは、生物の脳内の知覚過程と、それに対応する人工的な心（あるいは地球外生物）の認知システムを同時に思い描く上で有益だろう。しかしながら、地球上でも地球外でも人工的でもかまわないが、そうしたアーキテクチャが実現したとして、入力刺激によって呼び覚まされるシンボルのプールがみな同じ豊かさを有するわけではないのは明らかだ。ここでも洗練度のスケールに沿って考察してみよう。

蚊のシンボル

最初は慎ましい蚊から始めることにしよう(2)（尊大な蚊というのがいるかどうか知らないが）。蚊のように原始的な生物は外界に関してどのような表象を抱いているだろうか？　言い換えれば、蚊の脳内には、知覚過程によって呼び覚まされるのを待ちかまえて、どのようなシンボルのプールがしつらえられているだろうか？　蚊はそもそも「外部」に何かものがあることを知っている、あるいは信じているか？　わたしはそれを疑わしいと思うが、仮に答えはイエスだとしよう。そのとき蚊は、そのように捉えたものを何らかのカテゴリーに分類するだろうか？「知る」とか「信じる」という表現を蚊に対して用いることに意味があるだろうか？

もう少し具体的に考えよう。果たして蚊は外界を（もちろん言葉は使わないにせよ）、心の中で「椅子」、

「カーテン」、「壁」、「天井」、「人」、「犬」、「毛皮」、「足」、「頭」、「尻尾」のようなカテゴリーに区分けしているだろうか？　蚊の脳はそのようにかなり高度な抽象的シンボル、呼び覚まし可能な離散的構造を備えているだろうか？　どうもそうは思えない。蚊が蚊として生きていく上で、そのような「知的贅沢」はまったく必要とされないからだ。血が吸えるなら、犬だろうが猫だろうがネズミだろうが人だろうがどうでもよいし、腕でも耳でも尻尾でも足でもどこでもかまわないだろう。

ところで、蚊にとって必要なカテゴリーとはどんな種類のものだろうか？　「食物を得られそうなところ」と「着地できそうなところ」くらいが、カテゴリー体系として想像できる（前者を「おいしいもの」、後者を「港」と呼ぼう）。人間が言うところの「潜在的脅威」に相当するカテゴリーも微かに意識しているかもしれない。たとえば、急速に動く影のような視覚的コントラストなどだ（これを「悪党」と呼ぼう）。もっとも、たとえ「微かに」と言っても「意識している」という表現は強すぎるだろう。重要な問いはこうだ。果たして蚊は、それらのカテゴリーに相当する**シンボル**をもっているのだろうか？　それとも、シグナルの連鎖がシンボルを呼び覚ますという知覚過程をまったく伴わない、より単純な機構だけですませているのだろうか？

シンボルを迂回して非常に簡素な代替物で知覚を処理するという話が、ちょっとぼやけたものに聞こえるとしたら、以下のような問いを考えてほしい。水洗トイレは、たとえ微かにでも水位を意識しているだろうか？　サーモスタットは、どんなに弱々しくとも制御する温度を意識しているだろうか？　熱追尾型ミサイルは、非常にわずかにでも追尾する飛行機が発生させる熱を意識しているだろうか？　陽気に飛び跳ねるエクスプロラトリアムの赤い光点は、ごく原始的にでも自分がいつまでも楽しそうに避け続けている人たちのことを意識しているだろうか？　これらの問いに「ノー」と答えた人は、蚊の頭の中にもそれと同様の、意識とは関係のない機構があると想像してほしい。蚊はそれによって血を発見し、叩きつぶされないように逃げることができ、しかも、どんな**概念**も一切使わないでその離れ業を演じているのだと。

蚊の自己

蚊のシンボルについてはこれくらいにして、ここからは本書の探求の核心に向けて徐々に進んでいくことにしよう。蚊の内面はどうなっているのだろうか？　つまり、蚊にとって「私」であるとはどういう体験なのだろうか？　蚊にはどの程度に豊かな自己の感覚が備わっているのだろうか？　このような設問はとても野心的なので、まずはもう少し単純なものから考えてみたい。蚊は自分がどう見えるかという視覚的イメージをもっているだろうか？　わたしは読者にも、この問いについて同じように疑いをもってほしい。蚊は、自分には羽や脚や頭があることを知っているだろうか？「羽」や「脚」という概念をいったいどこから得るというのだろうか？　蚊は「眼」や「吻」があることを知っているだろうか？　そんな問いは考えることさえ馬鹿げているようにも思える。どうすれば蚊がそれらを見つけられるというのか。次に、自分の**内的**状態に対する蚊の知識について考えてみよう。暑いとか寒いとかいう感覚はあるだろうか？　疲れたとか元気いっぱいとか？　空腹だとか飢え死にしそうだとか？　幸せとか悲しいとか？　希望とか恐怖とかは？　申し訳ないが、蚊のように慎ましい存在がそうした知識をもつことは、わたしには到底あり得ないように思える。

それでは、「痛い」とか「痛くない」とかのもっと基本的なところはどうだろう？　わたしにはまだ疑わしく思える。その一方で、蚊の眼から脳へとシグナルが送られて、それが新たなシグナルを羽へと送り返して反射運動を引き起こすというのであれば、容易に想像できる。人間であればさしずめ「左に危険あり回避」とか、もっと単純に「逃げろ！」とでも言うところだ――もっとも、このように言葉で書き表すと、蚊が実際以上に意識をもった存在に思われてしまいそうだが。蚊の精神生活を水洗トイレやサーモスタットと比較できればとても楽しいだろうし、個人的にはそこまでは妥当なことのように思える。蚊の行動は、「シンボル」などと名づけられたものに頼らなくても完全に理解できるのではないか。言い換えれば、言葉も概念も用いない蚊の危険回避行動は、われわれ人間が知る知覚よりも、医者にハンマーで膝を叩かれると反射的に足が動くという、言葉も概念もないハンマー回避行動におそらく近い。蚊にはあなたの膝以上に精神生活があるのか？

蚊はたとえどんなにぼんやりとでも、自分が広大な世界を飛び回る存在だと感じているだろうか？　これも疑わしいと思う。なぜならば、そのためにはあらゆる種類の抽象的シンボルが蚊の小さな脳の中に存在しなければならないのだから（「大きい」、「小さい」、「部分」、「場所」、「移動」などのシンボル。もちろん「自己」もその一つだ）。そんな贅沢がどうして蚊に必要だろう？　それが血や交配相手をより効率よく見つけるのにどう役に立つというのか？　仮にそんな凝ったシンボルをもてるほどの知力を備えたインテリの蚊がいたとしたら、流線形で単純な仲間たちと比べてずっと多くのニューロンが詰まった重い頭を持ち運ぶはめになる。そうなると血や交配相手を求める競争で勝負にならず、進化のレースから脱落してしまうだろう。

蚊の小さくて効率の良い神経系には、知覚に関するカテゴリー（ひいてはシンボル）が完全に欠落しているというのがわたしの直観だ。もしこれが正しいとすれば、蚊の脳内にはきわめて低レベルの自己知覚ループしかあり得ない。つまり、蚊は著しく「魂の小さな者」だということになる。こんなふうに言っても、冒瀆だとか狂ってるなどと受け取ってほしくないのだが、蚊の「魂」は、エクスプロラトリアムの壁を跳び回る小さな赤い光点とおおよそ同じ「サイズ」――たとえば一〇〇億分の一ハネカー（すなわち人間の魂の約一兆分の一）なのだ。

もちろん、この数値の見積もりはいい加減なものである。しかし、蚊の脳内にシンボルがあるかないかに関するわたしの主観的な推測については、かなり真面目に述べたつもりだ。それが単なる主観的な推測である点は否定しないし、読者もわたしの意見に必ずしも同意していないかもしれないが、そのような細かい部分はここでは重要ではない。大切なのはもっと単純で大まかなこと、つまり生物の一部には、この程度のごく低次の複雑さしか備えないものがあるということだ。わたしの判断の詳細に同意できないのであれば、動物の知能のスケールを上下に移動して、適切と思えるレベルを見つけていただきたい。

最後に、蚊の視点から見た世界がどうこうという考え方には反対だという人がいるかもしれない。誠実そうに「どうしてそんなことがわれわれにわかるのか？　誰も蚊の脳や心の内側に入り込むことはできない。われわれにはわからなくても蚊だって人間と同じように意識をもっているかもしれない」と言って。しかし、そんな反論は誠実ではないとわたしは言いたい。賭けてもいい。そんな人でも腕に蚊がとまったら何も考えずに叩きつぶすだろう。蚊が本当に自分と同じように意識のある存在だと信じているのなら、蚊の命を瞬時に奪うなど、どうしてできようか？　意識があることをわれわれと同じくらい謳歌していると思える生物がいて、それを殺して何とも感じないのだとすれば、それは邪悪な怪物以外の何ものでもないではないか？　主張とは、言葉でなく行為によって判断されるべきものだ。

ロボット車をめぐる間奏曲

より高度な動物について考える前に、自律走行する車についての簡単な考察を挟んでおきたい(3)。自律走行車は、滑らかなハイウェイでも岩だらけの砂漠でも運転者なしで走ることが可能で、周囲の環境が把握できるように、プロセッサーを備えた何台かのテレビカメラ（およびレーザー測距儀などのセンサー）が搭載されている。しかし画面上の映像の色や形をそのまま単純に解析するだけでは、どんなに頑張っても、転倒も立ち往生もせずに障害物を回避するのに十分な情報を得ることはできない。このようなシステムを自律走行させようと思うならば、外部の風景によって選択的に呼び覚まされる、パッケージ化された知識構造の貯蔵庫が不可欠なのだ。泥で立ち往生する、溝に落ちる、岩の間に挟まるなどの事態を避けるには、「道路」、「丘」、「溝」、「泥」、「岩」、「木」、「砂」、その他もろもろの抽象概念に関する知識が必要になるだろう。テレビカメラや測距儀などは、車の「知覚過程」の最も単純な**初期**段階を可能にする。そして今述べたような知識構造の呼び覚ましは、その過程の最終段階、すなわち**表象**段階に相当すると言える。

　ところで、今わたしは括弧を用いて「知覚過程」と書いたが、実を言えば少し迷った。しかし、括弧を使っても使わなくてもどちらにせよ困ることに気がつき、とりあえず付けておくことにしたのだ。もし付けなければ、ロボット車の視覚入力処理過程はわれわれ人間の知覚過程と真に同じものだ、と暗黙のうちに言っていることになる。反対にもし付けたとすると、これも暗黙のうちに、「単なる機械」と生物の間には越えることのできない溝があると言っていることになる。どちらの選択もあまりに黒か白か旗《き》幟《し》鮮《せん》明《めい》にすぎる。残念ながら灰色の括弧というものはない。もしそんなものがあったとすれば、中程度の灰色を用いて曖昧な立場を表現したと思う。

　現状のロボット車の自律走行能力はたいへん素晴らしいものだが、哺乳類の知覚のレベルとはまだまだ比較にならない。しかしロボット車の「知覚」（本当は灰色括弧にしたい！）は蚊の「知覚」（これであいこだ）と洗練度においてほぼ同程度か、もしかすると上回る程度と言ってもよいと考えている（ロボット車の概念と「知覚」のレベルとの関係についてはヴァレンティノ・ブライテンベルクの『乗り物』[4]（*Vehicles*）という本に見事に紹介されている）。

動物と自律移動ロボットとを本書で並べて議論することには意味がある。なぜなら今日の技術発展の結果、われわれは複雑な環境を生き抜いている生物システムの中で起きていることを、より深く理解できるからだ。この成功のおかげで、ジョン・サールによって繰り返されて手垢のついたドグマ、コンピュータのやることはどこまで行っても生物の単なる「シミュレーション」にすぎないというドグマに引導を渡すことができる。自動機械が激烈過酷な砂漠で二〇〇マイルもの距離を自律的に移動できるとしたら、それを単なる「シミュレーション」とどうして言えるだろうか？　苛烈な環境を生き抜くという点では、それは蚊が叩きつぶされないように部屋の中を飛び回るのと比べても、何ら劣ることのない本物の行動だ。

犬の思考を考える

ここからは再び、純粋に生物学的な知覚の発達の階段を上っていくことにしよう。この階段は、ウイルス、バクテリア、蚊、蛙、犬、そして人間へとつながっていて（いくつかの段を飛ばしているのは承知している）、上に行くにつれ、呼び覚ますことのできるシンボルのプールもより豊かになっていく――そもそも「階段を上る」とはそういう意味にほかならない。そのふるまいから単純に判断して、ペットとして飼われている犬が立派なカテゴリーを一式備えていることを疑う人はいないだろう。たとえば「わたしの足先」、「わたしの尻尾」、「わたしの食べ物」、「わたしの飲み水」、「わたしの皿」、「室内」、「戸外」、「犬用ドア」、「人間用ドア」、「開」、「閉」、「暑い」、「寒い」、「夜」、「昼」、「歩道」、「道路」、「茂み」、「草」、「リード」、「散歩」、「公園」、「車」、「車のドア」、「大きい飼い主」、「小さい飼い主」、「猫」、「近所の良い犬」、「近所の悪い犬」、「宅配便のトラック」、「獣医」、「ボール」、「食べる」、「舐める」、「飲む」、「遊ぶ」、「座る」、「ソファ」、「よじ登る」、「悪い行動」、「罰」などなど。盲導犬は一〇〇以上の単語を覚えていることも珍しくなく、さまざまな環境下で多彩に変化するそれらの概念に対応する。ここから、犬たちが内部に豊かなカテゴリー体系（呼び覚まし可能なシンボルのプール）をもっていることがわかる。

　言葉でもって犬のカテゴリー体系はこんなだろうと記述を試みたが、もちろん犬が他の犬や宅配便のトラックやらに反応するときに、人間の言葉が介在していると言いたいわけではない。ただし、ある一つの単語だけは注目に値する。それは「わたしの尻尾」とか「わたしの皿」と言うときの「わたし」だ。ペットの犬が足先を見て、それが環境内の無作為な物理的対象でも他の動物の一部でもなく、自分自身のものだと認識していることは、大半の読者に同意してもらえることと思う。また同様に、自分の尻尾を追いかける犬は、自分の行動がもつループの皮肉にまでは気がついていないだろうが、**その**尻尾が**自分の**身体の一部であることは知っているはずだ。つまり犬は、初歩的にせよ、何らかの自己モデル、自分自身という感覚をもっているに違いない。「車」、「ボール」、「リード」のシンボル、他の動物や人間のシンボルに加えて、犬はそれ自身を表象する何らかの内的な脳内構造をもっているのである（犬自身であって、シンボル自身ではない！）[5]。

　犬はそんなものをもっていないと疑うのであれば、チンパンジーならどうだろう？　人間の二歳の子供なら？　ともかく、この種の自己参照的なシンボル構造の発生は、その感度がどのようなレベルであっても、「私」性をもたらす萌芽、最初の火花となる。小さな塵を中心に雪の結晶が成長するように、小さな核のまわりに一生涯をかけて、「私」であるという複雑な感覚が形作られるのだ。

　成長した犬が**犬**のシンボルをもっているとしたら、犬は果たして自分がその**犬**のカテゴリーに属することを知っているだろうか？　犬が鏡を覗き込んで飼い主の脇に「ある犬」を認めたとき、その犬はその「ある犬」が自分だと了解するだろうか？　面白い問題だがこれ以上追求はしない。おそらく犬の心的能力の周辺部にはこの種の認識が含まれると想像するが、本書の目的にとっては、どちらであっても大した違いはない。本書は犬の本ではないのだ。ここで大切なのは、**あるレベル**以上の複雑さに達したならば、生物は自分のもつカテゴリーを自分自身に適用し始め、自分自身を表象する心的構造を構築し始め、ある種の「知的視点」から自分自身と世界との関係を捉え始めるということだ。この点において、犬が蚊よりもはるかに進んでいることは疑いようがない。

一方で、犬の魂は人間と比べればはるかに「小さい」ことも疑いようがない——もしそれが違うと言うならば、無宿の野良犬や無力の子犬が毎日のように処分されているのに、なぜわれわれは保健所に向けて猛烈な抗議デモを起こさないのか。無宿の人や人間の捨て子の処分が許されたという話は聞いたことがない。犬と人間との違いはどこにあるのだろうか？　魂のサイズの違いとは考えられないだろうか？　保健所に対するデモが組織されるには、犬は平均何ハネカーくらいの魂をもっている必要があるだろうか？

犬レベルの洗練度に達した生き物であれば、反転して自分自身をも対象とした知覚装置と、慎ましくはあるが無視できないほどに豊かなカテゴリーのプールを備えているだろう。したがって、自分自身を広い世界における物理的存在として捉える感覚がおぼろげにでも発達しているはずだ（砂漠横断レースに参加するロボット車は自身を見ることに貴重な時間を費やしはしない。タイヤを空転させるのと同じくらい意味がないからだ。当然ロボット車の自己感覚は犬よりもはるかに低次だ）。腎臓とか脳皮質までは無理だろうが、犬には自分の足先、口、尻尾、さらにはたぶん自分の舌や歯くらいはわかるに違いない。もしかすると自身が鏡に映っているのを見たときに「あそこで主人の横に座っている犬」は自分だと認識しているかもしれない。ホームビデオに自分が飼い主と一緒に映っているのを見て、録音された飼い主の声を認識して、ビデオの中で吠えているのは自分だと気がついているかもしれない。

こうした能力は、多くの点で素晴らしいものではあるが、それでも普通の人間が一生の間に作り上げる自己感覚、「私」性とは比較にさえならない。なぜなのだろうか？　ポチやハチやコロやロボやラッシーに欠けているのはいったい何なのだろうか？

人間の概念プールは桁違い

人類は進化の過程で次第に他の霊長類から離れていったが、その途上のどこかで両者の間に目を見張るような大きな溝ができた――カテゴリー体系が**どこまでも拡張可能**になったのである。[6]　制限のなさという劇的な属性がわれわれの精神生活に加わった。他の種のもつ明白な限界とは対照的な、原則的に無制限の拡張可能性だ。

人間の脳内にある概念は、他の概念と結合してより大きなまとまりを作るという性質を獲得した。そうして作られた大きなまとまりは、それ自体が新しい概念となる。言い換えれば、概念は階層的な**入れ子構造を作る**ことができる。そしてその入れ子構造は好きなだけ続けることが可能なのだ。このことはわたしに、ビデオフィードバックのちょん切れた廊下とどこまでも廊下との大きな違いを思い起こさせる。これが純然たる偶然だとはわたしには思えない。

たとえば、子供が生まれるという現象から、「母」、「父」、「子」のような概念が生じた。すると今度は、そこから「両親」という入れ子概念ができた――入れ子というのは、「両親」のためには先行する三つの概念、つまり「母」と「父」、そして「および／または」という抽象概念が必要になるからだ（犬は「および／または」という概念をもっているだろうか？　蚊はどうだろう？）。こうしてひとたび「両親」概念が生じると、「祖母」（両親の母）や「孫」（子の子）、さらには「曾祖母」や「曾孫」のような新しい概念を作り出す道がパッと開ける。これらの概念はすべて入れ子によって作られるものだ。これに「姉妹」と「兄弟」が加われば、より深いレベルの入れ子によって「叔父」、「叔母」、「いとこ」のような概念が作られる。そしてさらに入れ子になった概念として「家族」が誕生する(「家族」はいま列挙した概念をすべて必要とするので、より深い入れ子になる)。

人類が作り出す集合的な概念圏域において、このような組み合わせを通じた概念形成は雪だるま式に拡大を始め、とどまるところを知らなかった。そしてわれわれ人類は、一足飛びで以下の概念にたどり着いた。「恋愛」、「三角関係」、「貞節」、「誘惑」、「復讐」、「絶望」、「狂気」、「ノイローゼ」、「幻覚」、「錯覚」、「現実」、「幻想」、「抽象」、「夢」。もちろん、それらの頂点にあるのは、「メロドラマ」という概念だ(その中には「コマーシャル中断」、「シャツの襟のしつこい汚れ」、「しみ抜き洗剤ブランド」などの概念が入れ子になっている)。「食料品店のレジ台」のような一見何でもなさそうな、きっとどんな人の概念プールにも含まれているに違いない概念を考えてみよう。見かけからしていかにも入れ子構造に見えるこの概念は、「食料品」を扱う「店」にある「レジ台」を記号化したものであることを伝えている。しかし目に映る語の構造は上っ面にすぎない。実際には、以下に挙げるようないくつもの概念が関与しているのだ。「買物カート」、「列」、「客」、「待つ」、「キャンディの棚」、「キャンディバー」、「ゴシップ誌」、「映画スター」、「扇情的な見出し」、「浅ましいスキャンダル」、「一週間の番組表」、「メロドラマ」、「ティーンエージャー」、「エプロン」、「名札」、「レジ係」、「機械的な挨拶」、「レジ機器」、「キーボード」、「値段」、「数字」、「足し算」、「スキャナー」、「バーコード」、「スキャン音」、「レーザー」、「ベルトコンベア」、「冷凍食品」、「缶詰」、「野菜用袋」、「重さ」、「目盛り」、「割引券」、「ゴム製のセパレーター」、「ずらす」、「袋詰係」、「レジ袋」、「紙袋」、「プラスチックマネー」、「紙幣」、「読み込む」、「支払う」、「クレジットカード」、「デビットカード」、「機械に通す」、「レシート」、「ボールペン」、「サインする」などなど。このリストは際限がない。それでもわれわれは、人間がもつごく平凡な概念を一つ取り上げただけだ。

もちろん、食料品店のレジ台のことを考えるときに、要素となるこれらの概念すべてが活性化される必要はない。核となる中心的な概念は確実に活性化されるが、より周縁部にある数多くの概念が活性化されることはないだろう。にもかかわらず、われわれの心にある「食料品店のレジ台」という概念全体は、先に挙げたものばかりでなく、もっと多くの他の概念をも要素としている。そしてさらに言えば、この概念は、他のあらゆる概念と同様に別の概念の中に組み込むことが可能で、たとえば「食料品店のレジ台の恋」とか「玩具の食料品店のレジ台」など、好きなように変種を作り出せる。

エピソード記憶

友人とテーブルを囲んでひとしきり雑談、そんなとき、われわれは過去に起こった出来事をエピソードとして思い出す。飼い犬が迷子になったときのこと、隣の子供が空港で迷子になったときのこと、飛行機に乗り遅れたときのこと、自分は列車に間に合ったのに友人が乗り遅れてしまったときのこと、蒸し暑い列車の中で四時間も立ちっぱなしだったときのこと、反対方向の列車に乗ってしまって何時間も降りられなかったときのこと、皆が空中に砂時計のような形状をなぞって「マリリン・モンロー!」と叫んでいたときのこと、スロベニアの田舎をドライブしていて迷ってしまい、深夜になってガス欠を起こしそうになったのに、何とか片言のスロベニア語で道を聞いてイタリア国境までたどり着いたときのこと、などなど。

エピソードは概念みたいなものだが、時間経過を伴い、しかも一つひとつが独特のものだ。ちょっと固有名詞に似ているが、名前をもつわけではなく、特定の時に結びついている。また、それぞれが「唯一無二」であるにもかかわらず、カテゴリー分けができる。先の例を読めば、「そうそう」と思い当たる節が誰にでもあるはずだ（飛行機に乗り遅れるのは唯一無二の出来事とは言えない。あなたにとってはこれまでの人生で一回だけの経験かもしれないが、他の人に起こった例を見聞きしたことがあるだろうし、誰にでも起こり得ることも容易に想像できる）。

エピソード記憶とは、自分自身や友人のまわり、あるいは自分が読んだ小説や鑑賞した映画や新聞やニュースなどに出てきた登場人物のまわりで起こった出来事を集めた個人的な貯蔵庫であり、人間の特徴の一つである長期記憶の主な構成要素でもある。言うまでもなく、エピソードにまつわる記憶は、自分が目撃した外的な出来事によって、あるいはすでに呼び覚まされた別のエピソードによって呼び覚ますことができる。[7] またこれも言うまでもないことだが、個別のエピソードの記憶は、通常はほとんどが休眠状態にある（そうでなければ気が狂ってしまうだろう）。

犬や猫にはエピソード記憶があるだろうか？　犬や猫は何ヶ月とか何年とか前の出来事を果たして覚えているのだろうか？　昨日の出来事はどうだろう？　一〇分前だったらどうだろう？　わたしが飼っている犬のオリーを散歩に連れて行くとき、オリーは前の日に道で出会ったかわいいダルメシアンと仲良しになろうとしてリードをぐいぐいと引っ張ったことを覚えているだろうか？　オリーは三日前の散歩がいつもとは違う道だったことを覚えているだろうか？　クリスマス休暇のときにはオリーをペットホテルに預けるが、オリーはどうやらペットホテルという**場所**を覚えているらしい。しかし、果たしてオリーは以前そこに来たときに**起こった**特定の出来事を覚えているだろうか？　特定の場所を怖がる犬は、その場所で起こってトラウマとなった特定の出来事を思い出しているのだろうか、それとも「悪い」という一般的な感覚をその場所に結びつけているだけなのだろうか？

これらの問いはとても魅力的だが、ここでその答えを出す必要はないだろう。本書は動物の意識に関する学術書ではないのだから。読者のみなさんにこれらの問いについて考えてもらい、わたしと同じように、ある問いに対してはおそらく「イエス」、ある問いに対してはおそらく「ノー」、またある問いに対してはどちらとも言えないという答えが適切だと感じてもらえれば、それでよい。わたしが指摘したいのは、人間は動物とは異なり、この種の記憶をすべてもっているということだ。それは疑いようがない。われわれは一五ないし二〇年前の休暇旅行で起きた特定のエピソードを細かいところまで覚えている。なぜ特定の場所や人物に対して怖い思いをしたかをはっきり知っている。ヴェネツィア、パリ、ロンドンで思いもかけずに遭遇した出来事のことを細部にいたるまで思い起こすことができる。人間の記憶の奥深さと複雑さは信じられないほどだ。そうであれば、豊かな概念と記憶という武器一式を備えた人間が、もう逃れようもなく注意を自らに向けたとき、とてつもなく深くて入り組んだ自己モデルが生まれたとしても、何の不思議もないだろう。そして、その深くて入り組んだ自己モデルこそが「私」性にほかならないのだ。[8]

第7章　ズ～イ伴現象

能う限り現実に接近

漏斗を通過するかのように進む知覚という過程は、最終的に――といっても実際には数ミリ秒しかかからないのだが――脳内の特定の離散的なシンボルを活性化するが、そのおかげで動物は（そして忘れてならぬロボット車も！）、自分を取り巻く物理的環境に密接かつ確実に関わることができる。成熟した人間は、バナナの皮ですべって転ばないとか、棘だらけのバラの茂みに突っ込んだりしないだけでなく、きつい臭いや、変わった発音や、かわいい赤ん坊や、大きな音や、新聞の刺激的な見出しや、スキーヤーの妙技や、けばけばしい服装などに瞬時に反応する。時には時速八〇マイルで迫ってくるカーブを打つことだってできるだろう。動物は外界を自らの内部に忠実に写し取る必要があるので（蚊の飛ぶ音を聞いたときに**象**シンボルが、あるいは象が近づいてきたときに**蚊**シンボルが呼び起こされてはならない）、シンボルの個人的な貯蔵庫を通じて行われる外界の写し取りは、きわめて安定したものとなる。知覚された事物やパターンが動物にとっての現実《リアリティ》を定義する――とはいえ、知覚された事物やパターンがすべて**等しく**現実的というわけではない。

もちろん言葉をもたない動物は、「わたしが知覚するもののなかで、どれが最も現実的なのだろうか？」などという問いを明示的にも暗黙的にも発することはない。しかし人間の場合、何が現実で何が現実でないかという疑問は、成長の過程で遅かれ早かれ現れる。その疑問は、意識的に注意深く発せられることもあるし、形のない原初的な状態のまま静かに背後でくすぶっていることもあるだろう。われわれは子供時代に、存在すると言われるさまざまなものについて直接間接に見聞きする。われわれの注意を引こうと競い合い、自分が現実であることを認めさせようとするそれらの存在とは、たとえば、ゴッド、ゴジラ、ゴディバ、ゴドー、ゲーデル、ゴヴニュ、グノウェー、ゴースト、グール、ゴブリン、グレムリン、ゴーレム、ゴリウォーグ、グリフィン、グリフォン、グルーオン、グリンチなどだ。子供は何年もかけてこれらの現実性を整理する。実のところ、そのために一生（もしかするともっと長く）かかる人も少なからずいるのだ。

ここで「Xの現実性を整理する」とは、Xの存在をどの程度信じるか、何かを自分や他人に説明するときに躊躇なくXの概念に頼れるかどうかについて、揺るぎない結論に達していることを意味する。もしグリフィンがによって何かを説明することにためらいがなく、また他人が同じことをしても平気だとしたら、グリフィンはあなたにとってまさに現実的な概念となっているだろう。すでにグリフィンの現実性を整理していたならば、あなたたとえグリフィンに関するテレビ番組があると聞いたとしても、グリフィンが存在するかどうかを知る目的でその番組を見ようとは思わないはずだ。グリフィンの存在を強く信じているかもしれないし、そんなものは子供っぽい幻想とか冗談だと思っているかもしれない。いずれにせよ、すでにどちらかに決まっているのだ。しかし一方で、まだグリフィンの現実性を整理していない場合、たとえばそれが会食で話題にのぼったならば、あなたはどっちつかずで頼りなく、何も知らず、疑わしく、追い詰められた気分になることだろう。

「Xは自分にとってどの程度に現実的なのか」を知りたいならば、Xの存在を前提とした新聞記事をどれくらい信用するかを考えてみるのもよい（Xとはたとえば、生きた恐竜、ヒトラー目撃談、火星で発見された昆虫、永久機関、UFOによる誘拐、全能の神、幽体離脱、並行宇宙、スーパーストリング、クォーク、ビッグフット、ビッグバン、ビッグブラザー、アトランティス大陸、フォートノックスの金塊、南極点、常温核融合、アインシュタインの舌、ホールデン・コールフィールドの脳、ビル・ゲイツの小切手帳、マラソンランナーの有名な二〇マイルの「壁」などだ）。Xの存在を前提とした記事を見た途端に読むのをやめてしまうのであれば、あなたはXの「現実性」は怪しいと考えている。

先に挙げた概念のどれ一つを選んでみても、ほぼ確実に、世の中には熱烈にその存在を信じている人々がいるし、少しだけ信じている人がいるし、まったく信じていない人がいる（原因は無知だったり、ひねくれた性格だったり、乏しい教育だったり、立派な教育だったりするが）。実在しないと専門家が繰り返し主張しているにもかかわらず、テレビや本や新聞で何度も取り上げられた結果、本当に存在するのか、存在が可能なのか、存在するかもしれないのか、曖昧になってしまっているものがある。その反対に、専門家が本当に実在すると主張しているにもかかわらず、実際にお目にかかったことがないものもある。以前は実在していたが、もはや実在していないと言われて、現実性が宙ぶらりんになっているものもある。現実ではあるが、われわれの想像力の範疇を超えていると言われるものもある。また、比喩的あるいは近似的にのみ現実だと言われるものもある。これらの現実性をすべて整理するのは、決して容易なことではない。

コンクリート壁とアブストラクト天井

この問題をもう少し具体的に見られるように、マラソンランナーの二〇マイルの壁の現実性について考えてみよう。マラソンランナーならば、おそらくよく吟味された考えをもっているだろう。自分で体験したことがあるかもしれないし、実際に体験した人のことを知っているかもしれない。あるいは誇張されすぎていると思っているかもしれない。わたし自身はこの壁にぶつかったことはない。長くても一五マイルしか走ったことがないせいかもしれないが。わたしが知っているのは、きちんとトレーニングを積んでいなければ、ほとんどのランナーが二〇マイルくらいで大きな壁にぶつかって、グリコーゲンを使い果たした身体が脂肪を燃やし始めると「言われている」ことだ(「身体が自分の筋肉を食べている」というふうに聞いた)。それは何の前触れもなく起こって極度の苦痛をもたらす(マラソン選手のディック・ビアズリーは「まるで象が木から肩の上に落ちてきたようだ」と言っている)。その結果、多くのランナーはそれ以上走ることができなくなって脱落する。しかし、これは普遍的な現象なのだろうか? 誰にでも同じように起こるのだろうか? 一度も体験したことがないマラソンランナーもいるのではないだろうか? もしこの現象が科学的に説明可能だとしても、コンクリートの壁にぶつかるのと同じように現実的で触れることのできる現象と言えるのだろうか?

わたしは一九六六年にバークレー校の数学科大学院に進学した。それまで自分は数学ができると自認していた。スタンフォード大学の学部で数学を専攻していたときには、授業は楽々とこなしたし、独自の研究もたくさんやった。卒業のときには数学科から「優等」の賞状をもらったくらいだ。バークレーでは、一年目の学生は抽象代数学とトポロジーの二つの授業を必ず受講しなければならなかった。ショックなことに、どちらもわたしがこれまで経験したことがないほど難しく、一応良い成績を取ることはできたが、それも懸命に暗記して試験でそれを吐き出しただけのことだった。一年を通じてずっと、まったくイメージが掴めなくて頭が痛み続けた。それ以前にはなかったことだ。まるで高い山に登ったときに空気が薄くなり、きりきりと頭痛が引き起こされたかのようだった。抽象化の上に抽象化を積み重ねるので、先へ進もうとすればするほど進み方はのろくなり、把握できなくなる。[1] 一年半後にはとうとう諦めざるを得ないことを思い知った。苦い涙と傷ついた自信とともに、わたしは数学者の夢を捨てて永久にその分野から去った。忌まわしく強固な「抽象化天井」に、わたしは比喩的ではあれ頭をぶつけたのだ、何の警告もなく突然に。この体験は火傷のようにひりひりと痛み、一生を変えるほどのトラウマとなってしまった。だとすれば……この抽象的《アブストラクト》な「抽象化天井」は、いったいどれほど具体的《コンクリート》で、本物で、現実的なのだろうか？　マラソンランナーの壁と同じ程度？　頭をぶつけると音がするような木の梁《はり》と同じ程度？　現実に現実的なものとは何だろうか？

別に誰が仕組んだわけでもないが、思春期を抜けて大人になる頃には、誰もが灰色の陰影で彩られた微妙なニュアンスをもつ現実感覚を身につけているものだ（なかには微妙と思える事柄もすべて白か黒かで判断する人もいないことはない。読者にも心当たりがあるはずだ。ややこしい灰色の陰影などない。そうした人たちにとって人生はなんと容易なことだろう！）。しかし実のところ、人生が「灰色の陰影」で満たされていると言うのは単純にすぎる。この言い方は、白と黒の間に濃度の異なる灰色があって、一つの次元で連続しているというイメージを想起させるが、本当はずっともっと多次元的な話なのだから。

これは悩ましい事態だ。なぜなら「現実」という言葉は、他の多くの言葉と同様に、きれいな二項対立を含意するように思えるからだ。単純に、現実**である**か、現実**でない**か、そのどちらかであるべきだろう。**部分的に**現実などというものがあっては困る――そんなものは意味をなさないのだ！　にもかかわらず、どんなに頑張ってこの世界を白黒の二項対立の理想に押し込めようとしても、残念ながら物事は曖昧模糊と言わざるを得ない。

現実性の知的基礎づけは多面的

わたしの机の上に置いてある小さな段ボール箱の中のビー玉は、確かに現実だ。箱がそこにあるのが**見える**し、箱を開けてビー玉を**握る**こともできるし、持ち上げて硬さを感じることもできるからだ。このくらいは認めてもらえるだろうか。

高速道路の出口近くに設置されたシェル石油の七五フィートの大看板の上端は実在していると、わたしは確信している。なぜなら、道路から見える看板はすべて固い物体であり、あらゆる固い物体には上の端が存在するからだ。あるいは、わたしには看板の下の端や左右の端が見えるので、類推によって、上の端を見る場面を想像できるからでもある。あるいはまた、実際に触れることはないだろうが、少なくとも理論的には、そこに登ったりヘリコプターを使ってそこに降りることができるからだ。もし看板が地震で倒れたら、そこまで駆けつけて上の端であった部分を触ることができる、という説明でもよいだろう。

南極もまた現実だ。わたしは南極に行ったことがないし、これから先もまず行くことはないだろうが、それでも南極の写真はたくさん見てきたし、宇宙空間から撮影した南極を含む地球全体の写真も見ているし、南極に行ったと言う人に会ったこともあるからだ。

ある人の言うことを別の人の言うことより確からしいと信じるのはなぜか？　ある写真を現実の証拠として信じるのはなぜか？　特定の本の特定の写真を信用するのはなぜか？　特定の新聞を、しかも一定の限度内で信頼するのはなぜか？　すべての新聞を同じように信頼するわけではないのはなぜか？　すべての出版社を同じように信頼するわけではないのはなぜか？　すべての著者を同じように信頼するわけではないのはなぜか？

いろいろなタイプの抽象化、類推、帰納的推論を通じて、そしてあらゆる種類の権威への参照の長々しい連鎖の果てに、われわれは「外に」**存在するもの**に関する、複雑に連動する信念を作り上げる（こうした権威の連鎖は成人の信念体系を支えるのに不可欠な柱となっている。たとえ、高校教師たちが飽きもせず「権威に基づく主張」は誤りであると唱えていたとしても。そもそも教師が**自分は**信頼されるべきだと思い込んでいるのは、結局のところ彼ら自身が権威的存在だからである）。そしてここでもまた、その一連の信念は折り返り、必然的に切れ目なく自らの自己へと向けられることになる。

われわれは他の人々が肝臓や脳をもっていることを信じていて（ほとんどすべて類推と権威による）、それと同じように自分も肝臓や脳をもっていると信じている。われわれはまた、他の人々がいつか死ぬと信じていて（これもほとんどすべて類推と権威による）、それと同じように自分もいつか死ぬと最終的には信じるに至り、自分の訃報が地方紙に載ることも受け入れる。自分自身が新聞をめくって、その訃報を読むことは決してないにせよ。

このような抽象的な事柄を、われわれはどうして確実なこととして感じるのだろうか？　第一の要因として、具体的な環境を直接写し取るときの、われわれ内部のシンボルの信頼性が挙げられるだろう（たとえばコーヒーを一杯買うとする。その瞬間に、神のみぞ知る脳内のどこかにこのコーヒーに対応する物理的な記録が生み出される。そしてその記録は時々刻々改訂され続ける。コーヒーカップは机上にあるのか、それとも手にもっているのか、コーヒーはどんな色をしているか、苦みの程度は、温度は、あとどのくらい残っているかなど）。第二には、直接には知覚できない抽象的な対象について考えるときの、われわれの思考のメカニズムの信頼性を挙げることができる（フランス史におけるナポレオンの位置づけとか、フランス後期ロマン派の作曲家にワーグナーの与えた影響とか、エヴァリスト・ガロアが考えたような五次方程式の根の不可解性など[2]）。これら抽象的対象を支えているのはシンボルの強化だが、その強化の工程は、シンボルが外界の出来事を直に知覚することで突如として休眠状態から呼び覚まされるたびに進められている。こうした直接的な心的事象が、われわれが抱く広義の現実性の土台となっているのだ。

したがって、頻繁に活性化されるものほどわれわれには現実的に感じられる。たとえば、指のささくれはものすごく現実的に思える（偶然だが、この段落に手を加えているときに無意識にささくれを弄んでいる自分に気がついた）。それに対して、英国の美しいネザー・ワロップ村とかヒマラヤ高地にあるブータンとか、あるいはアンドロメダの渦銀河などは、はるかに現実性が希薄なように思える。われわれの知的な自己は、指のささくれと比べれば、後者の方がはるかに巨大だし長く存在しているのだから、ずっと現実的なはずだと主張するかもしれない。しかし、いくら自分に言い聞かせてみても、実際にそう感じられる人はほとんどいないだろう。地下の岩盤がほんのわずかすべったためにはるか離れた土地で二万人もの人々が亡くなった、アマゾン盆地では絶え間ないジャングルの破壊が続いている、群れなす星の一群が次から次へと貪欲なブラックホールに飲み込まれている、千億もの星をもつ巨大銀河の衝突がたった今も進行している――こうした壮大な出来事はあまりにも掴みどころがなくて、わたしのような人間には、小指の小さなささくれほどの緊急性、重要性、そして**現実性**をも感じることができない。

人間はみな自己中心的であり、われわれにとって最も現実的に思えるのは、結局のところ**自分自身**である。そして最も現実的なのは、**わたしの膝**、**わたしの鼻**、**わたしの怒り**、**わたしの空腹**、**わたしの歯の痛み**、**わたしの脇腹の痛み**、**わたしの悲しみ**、**わたしの喜び**、**わたしの数学への愛**、**わたしの抽象化天井**、などなどだ。そしてこれらすべてが共通してもっていて、すべてを結びつけているのは、「わたしの」という概念であり、それは「私」という概念から生まれている。だからこそ「私」の概念は、鼻や、もしかしたら歯痛と比べてさえ具体性で劣るかもしれないが、それでも突き詰めていけば、われわれ各人にとって最も否定できない基盤のように感じられるのだ。これが錯覚ということが果たしてあり得るだろうか？　まったくの錯覚ではなくとも、本当はわれわれが感じているよりも現実性が希薄で、あやふやなものなのだろうか？「私」とは、触れて、拾い上げて、持ち運ぶことのできる金杯なのだろうか？　それとも、捉えどころがなく、揺らめき、逃げ去っていく虹なのだろうか？

益なし、意味なし、反応なし

もう何年も前に、書斎の床の小さな段ボール箱に入っていた封筒をすべて取り出して、まとめて机の引き出しにしまおうとしたことがあった。箱を持ち上げ右手をつっこみ、封筒の束を掴んで（一〇〇枚くらいあっただろうか）、箱から抜き出そうとギュッと握った。それ自体はどうということはない。しかし突然、親指と他の指の間に何かびっくりするようなものがあるのに気がついた。奇妙なことに、その小さな段ボール箱の真ん中にはビー玉がある（浮かんでいる？）ようなのだ！

わたしと同年代のアメリカ人は誰でもビー玉には何百回となく触っていて、それがどのような触り心地なのかよく知っている。わたしも立派なビー玉小僧だった。しかし、どうしていつもは机の上に置いてある箱の中にビー玉が入っていたのだろうか？　当時はまだ子供はいなかったので子供の仕業ではない。何よりも、どうしてビー玉は箱の底に転がっているのではなく、**真ん中**に浮かんでいたのだろうか？　重力はいったいどうなってしまったんだ？

封筒の間を覗き込んで、小さくて、滑らかで、色付きのガラス玉を探してみた。無益だった。封筒の隙間を指で探ってみた。それも無意味だった。でもさっきと同じように封筒の束全体をギュッと握ると、やっぱりそれは確固としてそこにある！　この小悪魔みたいなビー玉はいったいどこに隠れているのだ？

腰を落ち着けてじっくりと調べることにした。封筒を取り出して、揺すってビー玉を取り出そうとしてみた。やはり無反応だ。とうとう最後には、どの封筒も空っぽだと判明した。いったいぜんたい何が起こっていたのだろうか？

何とも唐突ながら、懐かしき友ズ～イを称える、なくもがなの言葉

読者諸賢（ついでに封筒小僧諸氏）ならもうとっくにご推察だろう。しかし信じてほしいのだが、わたしは一分くらい心底途方に暮れたのだ。その後ようやく、そんなところにビー玉などあるわけがない、実はわたしのようなビー玉小僧にすらあらゆる点でビー玉のように**感じられる**何ものかの仕業なのだと思い至った。要するに**随伴現象**だったのだ。封筒のV字型の蓋《フラップ》を閉じると、ちょうど頂点のところでは紙が三重になり、しかも薄い糊の層もある。それ自体は何ということのないデザインなのだが、○○枚もの封筒がぴったりとそろった束をギュッと掴むと、V字の頂点は他の部分と同じようには圧迫できないという予期しない結果がもたらされる。そのときに指先で感じる硬さが、より親しみ深い（「より本物の」とも言える？）ビー玉の硬さと不思議に合致しているのだ。

随伴現象とは、これまでの章でも触れてきたように、小さな事象がたくさん集まった結果生じる、集合的でありながら単一に見える現象のことだ（小さな事象は、多くの場合、目に見えず知覚もされない。また、考えもよらないものである可能性も十分にある）。言い換えれば、随伴現象とは、それ自体は決して錯覚ではない小規模な事象が数多く集まって生まれる大規模な**錯覚**と考えることができる。

この随伴現象の幻覚があまりに魅力的だったので、封筒の入った箱を「ズ～イ」と名づけて、それ以来ずっと、三〇年以上たった今に至るまで保存してある（残念なことに箱自体はもう壊れかけているが）。そして、自己と「私」について話をすべく講演旅行に出かけるときは、ズ～イ君を一緒に連れて行き、聴衆に実際に触れて確認してもらうことにしている。そうすることによって、随伴現象——この場合はズ～イ伴現象とも言える——の概念を鮮やかに実感してもらえるのである。

最近わたしはアリゾナ州トゥーソンでそんな講演をしたが、そのときもズ～イ君を連れて行った。聴衆のひとりジーネル・キングさんは、ズ～イ君の物語をたいへん気に入ったので、詩的許容を用いつつ、ズ～イ君の物語を自分の人生に織り込んだ詩を書いて、後日それを送ってくれた。今度はわたしがたいへん気に入ったので、その詩を本書に掲載させてほしいと彼女にお願いしてみた。彼女は寛容にも、わたしがそうするのならば嬉しく思うと言った。それでは、ズ～イ君に触発されて書いたジーネル・キングさんの素敵な詩をどうぞ。

封筒箱への讃歌

（ビー玉をなくした人たちへ）

ジーネル・キング

箱入りの封筒が床の上——
取り出して机の収納へ。
まんなかを握る——指に伝わる存在感
そんなかを覗く——あに図らんや、すっからかん。

もいちど握るとビー玉があらわれ
でもそれって心のとらわれ？
思い定めて一枚一枚
封筒をばらしてみれば——さっきの二の舞！

お次はそれを細かくちぎり
目を皿にして見る、あらん限り。
指先に？　それとも四六の封筒に？
どこにもビー玉は見当たらない、本当に。

ママが囁くしゃがれ声「ネルよ、
そんなことしてたら地獄へ落ちるよ」
パパが反論「陰気を言うなよ、頼むから、
ネルは封筒の中に神を探してるんだから！」

わたしは途方に暮れて
座ってる、封筒に囲まれて。
ビー玉は消えた、ならばわたしの胸の奥

そっちに何かがあったことにしておく？
部分を足しても全体にはならない
部分だけでは物足りない。
ビー玉の悪戯に惑わされたとしても
この箱はとっておこう、そっといつまでも。

玉なし、半径なし、質量なし

随伴現象としてのビー玉体験で最も奇妙だったのは、箱の中の「物体」を**球形**だと確かに思ったときのわたしの確信の度合いだ。わたしはその**直径**さえ自信をもって答えられたし（普通のビー玉と同じく半インチくらい）、**硬さ**も説明することができた（卵の黄身や粘土で作った玉と比較して）。実際には存在しないこの物体の性質の多くは、よく知っている明確な触覚現象だった。要するに、わたしは触覚的な幻覚にとらわれていたわけだ。ビー玉はどこにも存在していなかった——あったのは単なる統計的な随伴現象だったのである。

それでも、「ビー玉みたいな感じ」と言った方が、「三枚重ねの紙一〇〇層と糊一〇〇層とがきっちり整列したことによって生まれる集合的効果を経験した」と言うよりも、わたしの経験をずっと明確に伝えることは否定できない。「ビー玉」と呼んだからこそ、わたしがどう感じたかについて読者は明瞭な印象を抱けたのである。もし「ビー玉」という言葉を使っていなかったらどうだったろう？　封筒の厚い束の真ん中に、完璧に**丸くて**、**サイズ**があって、きわめて**硬い**何ものか（果たして**もの**だろうか？）が立ち現れたこと、要するに、その集合的効果が非常に単純で馴染み深い物理的対象のように感じられたことを、あなたは想起できただろうか？　わたしはそれは疑わしいと思う。したがって、箱の中に**現実の**ビー玉があるわけではなくとも、「ビー玉」という言葉を使い続けることには意味があるのだ。そこには、まさにビー玉の**ように**感じられる何ものかがある。この事実こそが、わたしが状況を記述し、読者がそれを把握するために、決定的に重要なことなのだ。自分自身を映し出したテレビ画面上の現象を知覚して記述するために、「廊下」、「銀河」、「ブラックホール」といった概念が重要だったのと事情は同じだ。あのときも、厳密には本物の廊下も銀河もブラックホールも見えたわけではなかった。

この話の行き着く先は

半分現実で半分非現実である封筒の中のビー玉の話を細かくしてきたのは、あるタイプの現実性の比喩を提示しようと思ってのことだ。具体的には、「確固たる」、「現実的な」何かが自身の中心にあるという否定し難い感覚、われわれにとって「私」という代名詞を不可欠で中心的な存在にしている力強い感覚に用いることができる、現実性の比喩である。本書のテーマは、胎児と幼児を除く人間の脳には、紙と糊の層がきっちりと重なったときに生じたのと同じ役割を演じる、特別な抽象構造あるいはパターン――自己の感じをもたらす抽象的パターン――があるというものだ。[3] これからその抽象的パターンの備える性質についていろいろ述べていくつもりだが、その前にわたしが「自己」という用語をどのような意味で用いるのか、あるいは、そもそもなぜそのような概念を必要とするのかについて説明する必要があるだろう。

生物はどんな単純なものであれ、フィードバックループの結果、生まれながらにして一式の目標を備えている。ここで言うフィードバックループとは、時間をかけて進化し、その種を特徴づけるもので、例を挙げれば、特定の食物や温度条件や生殖相手を求めるなどといった、ほとんど決まりきった馴染みの活動だ。こうしたものに加え、音楽を演奏する、博物館へ行く、車を所有するなど、個体ごとに固有の目的をもつ生物もいる。それらの具体例がどのようなものであったとしても、われわれは一般的に、生物はそうした目標を**追求する**という表現を使う。その生物が十分に複雑で洗練されていれば、それは何かを**欲する**からそうするのだと付け加えることも珍しくない。

「なぜあの建物へ自転車で行ったのですか?」、「わたしがピアノの練習がしたかったから」、「なぜピアノの練習がしたかったのですか?」、「あのバッハの曲を弾けるようになりたいから」、「なぜその曲を弾けるようになりたいのですか?」、「さあ、わたしにはわかりません、たぶん美しい曲だからかな」、「でも、その曲のいったいどこが美しいのですか?」、「さて、はっきりとは言えないけれども、なぜかわたしには特別に感じられるんだ」

いま見た生物は、**欲望**とか**欲求**とか呼んでいるものに自分の行動が起因するとしているが、そうした欲望をなぜ抱いたかについては正確に説明できていない。ある点を越えると、それ以上の分析や明確な表現は不可能になる。欲望はただそこにあるもので、その生物にとって、それは自分の決定や行動や身振りの根本原因であるように思える。そして、その生物が自分の行動の理由を表した文には、必ず「私」という代名詞が含まれる。どうやら行き着く先はそこ——いわゆる「私」であるようだ。

素なる動作原因再び

ある秋の日の夕方、蒸し暑い夏が終わって到来した気持ちのいい気候と、色づき始めた紅葉の美しさに心惹かれて、ジョギングに出かけることにした。寝室でジョギング用のパンツに靴、Tシャツに着替えて、外へ出て走り出す。足は地面を蹴り、心臓の鼓動が高鳴り始める。すぐに一〇〇歩が三〇〇歩となっても走り続けている。息は上がり、汗が吹き出し、「なんでジョギングが**好き**だなんて考えたんだろう、こんなのは**大嫌い**だ！」と心の中でつぶやく。それでも足は一瞬たりとも止まらない。どんなに足の筋肉が疲れても、わたしの**自己**はまるで新兵を叱りつけるサディスティックな軍曹のように、「こらっ、諦めるんじゃない！」と怒鳴りつける。そうするとフーフー言って抗議をしていた哀れなわたしの身体は、何の疑いももたずに自己に従うのだ。自らの意志に反して急な坂を駆け上がったりさえする。要するに、反抗するわたしの物理的肉体は、実体の不明な「私」がもつ、同じく実体の不明な秋のジョギングへの決意によって、無慈悲にも突き動かされている。

結局のところ、何が何を動かしているのだろうか？　何かがわれわれに行動を起こさせるという世界観において、物理学的な粒子はどう位置づけられるだろうか？　そういった粒子は目に見えないし、そこに存在すると知っていたとしても、二次的な役割しか担っていないように思える。「私」、すなわち欲望と信念の一致団結したまとまりこそが、すべてを動かしている大元である。この「私」こそが素なる動作原因、あらゆる生物の行動の背後にあって、それらを始動させる不可思議な存在なのだ。わたしが何かを起こそうと**欲する**とき、単にそれが起こるように**意図すれば**、自分がコントロールできることであるなら、普通はそれが実際に**起こる**。身体を構成する粒子は、指にあろうが腕にあろうが足にあろうが喉にあろうが舌にあろうが、すべて偉大なる

「私」の崇高なる命令に従順に従うのだ。

したがって、アクセルやブレーキペダルを踏めば、わたしの一トンもある車は間違いなく**わたしの欲する**場所へと従順に行き着く。空気のように掴みどころのない「私」が、巨大な物理的実体を動かしたのだ。わたしが箸を操れば、いんげん豆は間違いなく口へと従順に運ばれて、わたしは大好きな感覚の喜びと必要な栄養とを手に入れる。わたしがマッキントッシュのキーボード上の一定のキーを押せば、文章は間違いなくスクリーン上に現れる。空気のように掴みどころのない「私」が表現しようと望んだ思考を概ね表現している文章が。これらの出来事のどこに粒子が見つかるだろうか？　どこにもない。見当たるのはあくまでも「私」であり、それがすべてを引き起こしているように思える。

もしこの「私」なるものが生物のなすことすべてを引き起こしているならば、この「私」なるものが生物が下す決定や計画や行動や身振りの元であるならば、この「私」なるものは間違いなく**存在する**に違いない。このように強力でありながら存在しないなどということは、あり得べくもないだろう？

神の目と動玉箱の目

ここで動玉箱のことを思い出してみよう。動玉箱内で跳び回る極小のシムと、もっとずっと大きくてゆったりと動くシムボールについての議論の核心にあったのは、この系は大きく異なる二つのレベルで見ることができ、そのどちらを選ぶかで解釈が大きく食い違うという事実だった。

上位レベルの「思考力学」の観点では、見えざるシムのスープから得られる「熱エネルギー」を利用して、シムボール同士が相互作用するという記号的《シンボリック》な活動が存在する。そこでは、あらゆるシムボール的出来事は他のシムボール的出来事によって引き起こされるが、その因果関係の詳細は往々にして微妙でぼんやりしており、正確に突き止めることができない（このようにぼんやりとした因果関係は日常生活では珍しくない。バスケットボールの試合でわたしがフリースローを失敗したとする。原因はわたしのミスであって、わたしが**何か**間違ったことをしたためだ。しかしそれが何なのかはよくわからない。サイコロを振って六の目が出ても誰も驚かない。しかし誰も**なぜ**六の目が出たのかわからないし、そんなことは誰も問題にすらしない）。

反対に、下位レベルの「統計心学」の観点では、存在するのはシムだけであり、そのシムが自らの動きを規定する基本的な力学に従って相互作用をしている。そこでは、因果関係について微塵の曖昧さも疑いもない。すべては、鋭利で、精緻で、黒白明白な数学的法則に支配されているからだ（もしわたしの腕、指、それからバスケットボールのボール、ゴール板、リング、あるいはサイコロとテーブルに限りなく近づいて、すべてを任意のスローモーションで観測できるならば、なぜフリースローに失敗したのか、なぜ六の目が出たのかを厳密に知ることができるだろう。そのためには原子のレベルまで降りていく必要があるかもしれないが、最終的には明白な答えが得られるはずだ）。

動玉箱のことをしっかりと理解すれば、きっとどちらの観点も正しいと納得できるだろう。細部まで疎かにしない後者の見方がより**基本的**だと思えるのに対して（こちらを「神の目」からの観点と呼ぼう）、高度に圧縮および単純化されて大量の情報が捨てられている前者の見方は、われわれ普通の人間にとってはずっと効率的なので、より**役に立つ**と感じられるだろう（「理由なく」起きたように見える出来事もあるが、それがトレードオフである）。

我は神ならず

しかし、動玉箱の観察者ならば誰でも、この大きく異なる二つの観点の間を行ったり来たりできるというわけではない。思考する生物のすべてが、動玉箱のことを第3章で述べたように明晰に理解しているわけではない。神の目からの観点は、誰でも立てるものでは**ない**のだ。実際、動玉箱の観察者のなかには、そのような観点が存在することにさえ気がつかない者がいる。ここでわたしが想定しているのは、より詳しく言うならば、特権的な立場にいる特別な動玉箱観察者のことだ。つまり、当の**動玉箱自身**である。

動玉箱が自分自身の仕組みを理解しようとするとき、具体的には、それが「成長」してちょうど自分のことを知り始めた頃で、まだ数学と物理学(そしてやがては高貴なる動玉学)を研究する科学者となるずっと前の段階では、動玉箱は自身の**シムボール的**活動しか意識せず、シムのレベルなど知らないだろう。われわれがすでに知っているように(もっとも動玉箱自身は知らないが)、動玉箱が知覚をする際にはいつも、途方もなく粗っぽい単純化がなされている(つまり、大量の入力シグナルによって動作する少数のシムボールのことだ)。そしてこのことは、動玉箱が**自己**を知覚する際も例外とはならない。

無邪気な若い動玉箱は、舞台裏の奥深いところで微視的なシムが飛び回ったり渦巻いたりしていること、つまり自分の中でシムレベルの活動がひっそりと行われているとは、夢にも思っていない。それに加えて、自分の仕組みやふるまいについて、原理的にでも、自分がいま抱いている以外の観点が存在するとは考えたことすらない。正直に言えば、この若い動玉箱はわたし自身の若い頃を思い起こさせる。人間の脳について書かれたファイファーの本、ペンフィールドとロバーツの本を読むまでは、わたしも同じだった。わたしはこの二冊の本にショックを受けると同時に、想像を大いに掻き立てられもした。この理想主義の若い動玉箱はまさに今、ナイーブな一〇代のダグと同じように転換点に立っている。一人ひとりの頭蓋内で昼も夜も絶えることなく秘密裏に進行しているとんでもなく得体の知れないものの姿を、うっすらと捉え始めているのである。

自分自身に関する動玉箱の前科学的な理解に、堅固な大理石のようにしっかりと据えられているのは、自分は**何から何まで思考とアイデアによって動いている生き物**であるという感覚だ。その自己イメージは、跳び回り互いにぶつかり合う何億もの見えない微小粒子によって完全に運命が定められている機械的存在という考えから、限りなく隔たっている。その代わりにナイーブな動玉箱は、ひとり静かにこう断言する。「わたしを動かすのはあくまで**わたし自身**であって、どのようなものであれ単なる物理的な存在ではあり得ない」

それでは、この動玉箱や人間が自身の選択と行動とを引き起こすものと想定している「私」とは、いったいどのようなものなのか？　もうみなさんは、わたしが次のように主張しても驚かないはずだ。それは動玉箱内あるいは頭蓋内に存在する、風変わりなタイプの不変の抽象的ループ――そう、**奇妙な**ループ（不思議の環）なのだ。さてそうすると、何が「私」性を構成するかに関するわたしの主張を明白にするには、「奇妙なループ＝不思議の環」の意味をはっきりさせる必要があるだろう。「わたしは不思議の環」という名前をもつ本書の第７章もここで終わりだから、そろそろそちらに取りかかることにしよう。

第8章　奇妙なループの狩猟旅行

蓋ループ、膝ループ

わたしが子供の頃、段ボール箱の四枚の蓋が循環するように折り込むことに不思議な魅力を感じていたのは、すでに第4章でも触れた。最後の禁断の折り込みに入るときにはいつも、パラドックスの世界に危険なくらい近づいている感じがして**身震い**したものだ（今でも少しする）。言うまでもなく、現実にはパラドックスなどどこにもなかったわけだが。

この「蓋《フラップ》ループ」の近い親類に、前ページに示した「膝《ラップ》ループ」がある。写真が撮られた場所はイタリアはアンテルセルヴァ・ディ・メッツォの街。真正面のわたし（ここではAとしよう）は、にこにこしながら若い女性（B）の膝の上に腰かけている。その女性もやはり笑いながらCの膝に腰かけている。さらにCはDの膝に腰かけ……と続いて最終的にKがわたしの膝に腰かけている。崩れることもなくみんな別の人の膝の上に腰かけて一回り。もしこのゲームをやったことがなかったら、ぜひ一度試してみることをお薦めする。いったい何がこのループを保たせているのか、きっと不思議に感じること請け合いだ。

蓋ループと同様に、この膝ループもパラドックスを匂わせる。膝に乗る動きが全部で一回、そのそれぞれが上方に向かっていく動きなのにもかかわらず、この自然界で実現できるのだから、もちろん膝ループは本物のパラドックスではあり得ない。それでもやはり、この膝ループでAの役をするときにはいつも、間接的にではあるが、自分で自分の膝の上に座っているような感じがする！　それはとても奇妙な感じだ。

エッシャーの奇妙なループ

「奇妙なループ」という言葉でわたしが想定しているのは、実は少し違う――より具体性に欠け、より捉えどころのないものだ。「奇妙なループ」とは何か、まずはこんなふうに表現してみようか。それは物理的なサーキットではなく、抽象的なループである。ループは各段階が連続してつながることでその周回を構成するが、そこではある抽象（あるいは構造）レベルから別のレベルへの移行が起こる。それは階層内での上向きの動きのように感じられるが、どういうわけか、その「上向き」の移行が積み重なった結果、閉じたサイクルが生じてしまう。つまり、ある場所からだんだん離れていくと感じるにもかかわらず、終わってみれば元の場所に戻っていてびっくりするというわけだ。要するに奇妙なループとは、パラドックス的にレベルが交差しているフィードバックループなのだ。

典型的な（そして残念ながら今や使い古された）例が、M・C・エッシャーの「描く手」というリトグラフだ。(1)この作品では、（どこから始めるかにもよるが）右手が左手の絵を描いていて（まだパラドックスではない）、さらに先を見ると、その左手が元の右手を描いていることに気づく（すべてまったく同時に起こっている。深いパラドックスだ）。

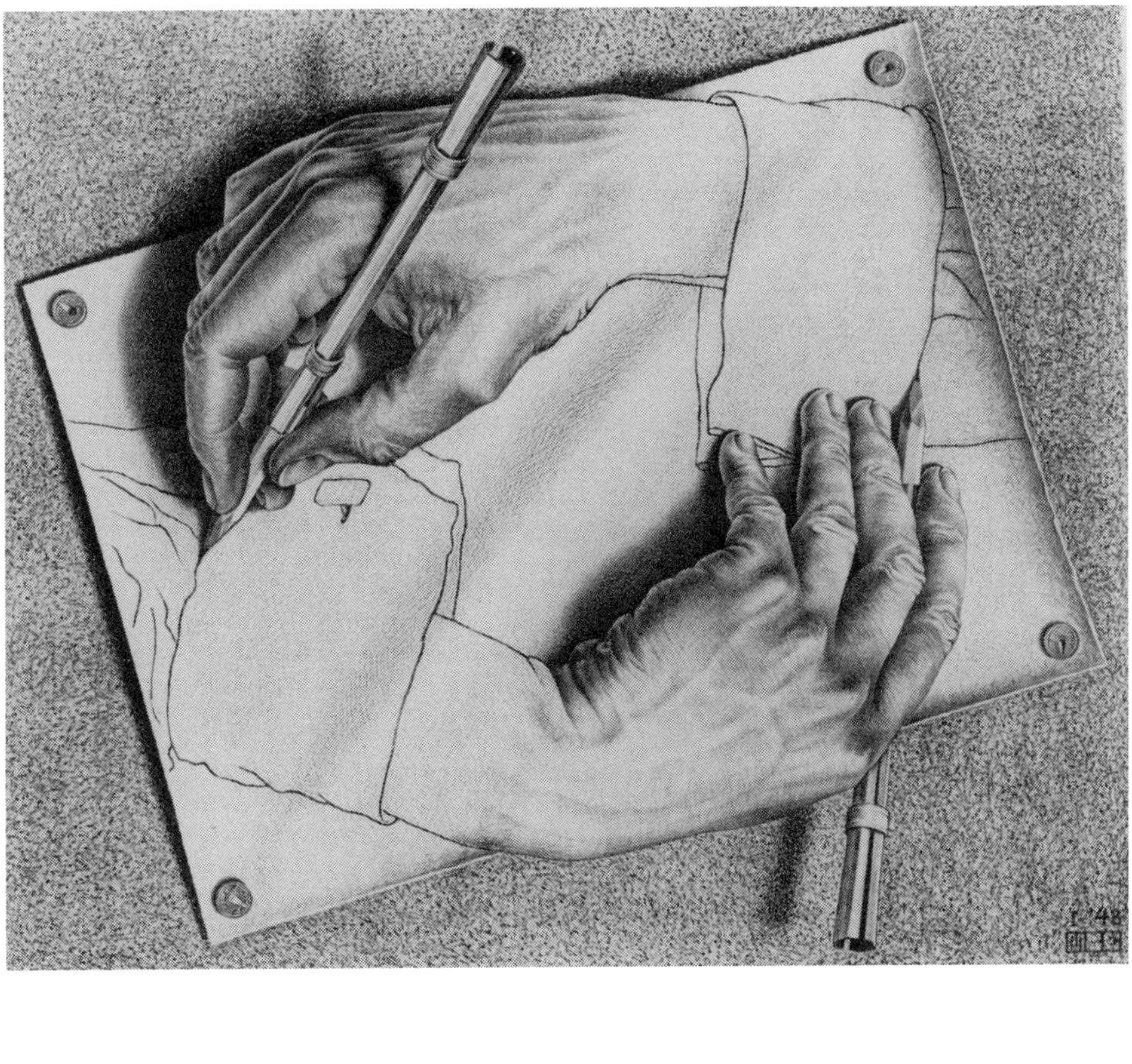

この作品において抽象レベルの移行とは、**描かれるもの**から**描く者**（あるいは同じことだが**イメージ**から**アーティスト**）への上向きの跳躍に相当する。上向きというのは、いろんな意味で後者のレベルが前者のレベルよりも直観的に「上」にあるからだ。まず、描く者は常に感覚を有し、動く存在であるのに対して、描かれるものは固定された不動のイメージである（描かれる対象は生物だったり無生物だったりするが動かないことに変わりはない）。二番目に、描く者は三次元であるのに対して、描かれるものは二次元だ。三番目に、描く者は何を描くか**選択**するのに対して、描かれるものはその点に関して何か言えるわけではない。少なくともこれら三つの意味において、描かれるものから描く者への跳躍は「上向き」と感じられる。

今見たように、描かれたイメージから描いた者へと至る間には、鮮やかで明白な上向きのジャンプが疑いようもなく存在している。にもかかわらず、「描く手」ではこの上向きのループが鮮やかに明らかに破られている。どちらの手も他方より「上」に位置するのだ！　いったいぜんたいそんなことがどうして可能なのか？答えは言うまでもなく、すべてが単なる描かれたイメージ、単なる虚構にすぎないからだ。しかし描写がとても現実的で、見る者をこのパラドックス世界へと強力に引き込む力をもつために、われわれはたとえ一瞬にせよ、それがあたかも現実であるかのように感じてしまう。さらに言えば、見る者はそのように騙されることに喜びさえ感じてしまう。それがこの作品の人気の理由だろう。

われわれが見ていると思っているものは本物で**なく**作り物なのだ！　という小さな欠陥さえなければ、「描く手」の抽象構造は正真正銘奇妙なループの完全な例となっただろう。確かに「描く手」は非の打ちどころがないほど見事に描かれているゆえに、われわれは自分が本格的で真正かつ正当なパラドックスに向かい合っているように**思う**。しかしそう思い込んでしまうのは、ただわれわれが疑う気持ちを一時停止し、エッシャーの魅惑的な世界に入り込んでしまうからである。一瞬にせよ、われわれは騙し絵《イリュージョン》を信じ込んでしまうのだ。

フィードバックに奇妙なループを求めると

では、**正真正銘の**奇妙なループ――パラドックスを含む構造でありながら紛れもなくわれわれの住むこの世界に属しているもの――は果たして存在するのだろうか？[2] それとも、いわゆる奇妙なループは所詮、パラドックスすれすれのイリュージョン、パラドックスを弄ぶファンタジー、あまり近づきすぎるとはじけてしまう魔法のシャボン玉にすぎないのだろうか？ そこで、お馴染みのビデオフィードバックはどうだろう？ 奇妙なループの候補になるだろうか？ この現代的な現象は確かにループを含み、無限を思わせるが、残念ながらパラドックスとは無縁である。その点では、もっと昔からあってもっと単純な音響フィードバックと何ら違いはない。テレビカメラを画面に向けると（あるいはマイクをスピーカーに近づけると）、火遊びをしているかのような奇妙な感覚を抱く。自然に見える階層をひっくり返すばかりでなく、真の無限後退を作り出すようにも見えるからだ。しかしよく考えてみると、鉄のように強固な階層など存在しないし、無限は決して実現しないことに気づく。そこでシャボン玉ははじける。この種のフィードバックループは紛れもなくループであり、いくらか奇妙な感じを抱かせはするものの、「奇妙なループ」というカテゴリーの一員ではない。

ラッセルの憂鬱に奇妙なループを求めると

幸いなことに、錯覚《イリュージョン》ではない奇妙なループは存在する。「幸いなことに」と言うのは、つまりわれわれ自身――われわれの身体ではなくわれわれの**自己**――が奇妙なループだというのが本書の中心テーマだからだ。

もし奇妙なループはすべて錯覚ということになると、われわれ自身も錯覚になってしまう。それはとても困った事態だろう。そういうわけで、現実世界に実際に奇妙なループが存在するのは幸いなことなのだ。

その一方で、奇妙なループを誰もがわかるように示すのは簡単ではない。奇妙なループは陽の当たる場所を避ける引っ込み思案な生き物なのだ。実際、この現象の本質的な例が最初に見つかったのは一九三〇年、クルト・ゲーデルによる。しかもそれは、こともあろうに、パラドックスなどとは無縁の重苦しく堅固な城と思われていた場所、バートランド・ラッセルの型理論で発見された。

この荒涼として人を寄せつけないイギリスの砦で、二四歳のオーストリアの論理学者はいったい何を嗅ぎ回っていたのだろうか？　ゲーデルはパラドックスに夢中だった。ラッセルとホワイトヘッドによってパラドックスが駆逐されたらしいとは承知していたが、それでも彼は、数がもつきわめて豊かで柔軟な性質には何かがあると直観していた。なにせ数というものは、あらゆるものが干からびた砂漠でも、あらゆるものが滅菌された御影石の宮殿でも、パラドックスの花を咲かせたがるものなのだから。こうしたゲーデルの洞察は、当時の新奇な手法で数を取り扱うなかで、手に余るほどのパラドックスが出現していたことによる。パラドックスを避ける方法はあると主張する者もいたが、ゲーデルはそれらのトリッキーなゲームには何か深いものが隠されているに違いないと確信していた。

ボドリアン図書館のベリー氏

そのような奇抜なパラドックスの一つが、G・G・ベリーという名のオックスフォード大学の司書[3]によって一九〇四年、ゲーデルの生まれる二年前に編み出された。ベリーは数を言葉で記述する可能性に関心を抱いており、どのような整数であっても、じっくり探せば、きわめて簡潔な表現が見つかることに気がついた。たとえば、整数12（twelve）は一音節で表せるし、153（twelve squared plus nine または nine seventeens）は四音節、1000011（one million eleven）は六音節で表せる。1737は何音節で表せるだろうか？

一般的に言って、大きな数になるほど言葉による記述も長くなると考えるだろう。ところが実際は、記述の長さは、その数が「目印」となる整数によっていかに簡単に表現できるかに左右される。目印となる整数とは並外れて短い表記をもつもので、たとえば10の1兆乗（ten to the trillion）などはたった五音節で表すことができる。しかし言うまでもなく、大部分の大きな整数は目印にはなり得ない。ほとんどが「目立たない」数であって、非常に長ったらしい表記しかもたず、その複雑さは「筆舌に尽くしがたい」ほどだ。それはまるで、小道をいくつも通り抜け、次第に細くでこぼこになる道の果てにようやく到達する、人里離れた片田舎のようなものと言える。

777777を考えてみよう。これを標準的な英語で表すとけっこう長く二〇音節になる（seven hundred seventy-seven thousand seven hundred seventy-seven）。もちろん、それより短い表現もある。たとえば、777掛ける1001（seven hundred seventy-seven times one thousand and one）。これは一五音節だから、ずいぶんな節約だ！　もっと短くすることもできる。3の6乗足す48、掛けることの10の3乗足す1（three to the sixth plus forty-eight, all times ten cubed plus one）、あるいは、7が6個並んだ数（the number whose numeral is six sevens in a row）でもよい。どちらも一四音節だ。

頑張ればもっと他にも777777を表す英語の表現は見つかる。そのなかにはもっと音節が少ないものもあるだろう。たとえば7007掛ける111（seven thousand seven times one hundred eleven）はどうだろう？　これは一三音節だ！　9の3乗足す48掛けることの10の3乗足す1（nine cubed plus forty-eight, all times ten cubed plus one）ではどうだ。12音節だ！ 39の3倍掛ける7007（thrice thirty-nine times times seven thousand seven）では？ たったの一一音節！ いったいどこまで記述を短くできるだろうか？ 答えはまったく見えてこない。777777という数は何か微妙な算術的特徴を備えていて、そのために非常に簡潔な記述が可能であるの**かもしれない**。そして、そのような記述は777777自身よりもずっと大きな目印数を参照しているのかもしれない！

司書のベリーは、最も短い記述を求めつつ、その探求自体について思いを巡らすうちに、悪魔のような特性をもつきわめて特殊な数を考え出した。彼の功績に敬意を表して、その数をbと呼ぶことにしよう。bとは、英語での記述が必ず最低三〇音節は必要な最小の整数のことである。それほど多くの音節を必要とするのだから、bは非常に巨大な整数に違いない。果たしてどのくらい大きな数になるのだろうか？

新聞や雑誌、あるいは天文学や物理学の教科書でお目にかかる巨大な数は、ほとんどすべて一〇音節くらい、たかだか一二音節もあれば記述可能だ。たとえば、アボガドロ数（6×10^{23}）はきわめて短く記述できる（six times ten to the twenty-third——たった八音節だ！）。どのように記述しても最低三〇音節が必要になるほど巨大な数を見つけるのは大変だろう。

いずれにせよベリーの数bは、定義によって、三〇音節未満に縮められない最初の整数だ。繰り返すが、bは「英語での記述が必ず最低三〇音節は必要な最小の整数」（the smallest integer whose English-language descriptions always use at least thirty syllables）だ。しかし、ちょっと待て！ 今の表現は何音節だ？ 数えてみると……二四。つまり、定義が許す数よりも少ない数の音節でbを何とか記述することができたわけだ。しかも先の表現はbを単に「何とか」記述するだけではない。まさにbの**定義**にほかならない！ つまりbの概念は意地悪く自己破壊的なのだ。何か非常に奇妙なことが起こっている。

どのくらい言葉に表せないほど曰く言い難いか伝えられない！

よく使う日常語や言い回しでも、あいにくこれと同じように自己破壊的な匂いのするものがある。たとえば、「言葉にできない」という表現を例にしてみよう。「その家の様子はとても言葉にできない」とわたしが伝えたとすると、あなたはきっとその言い回しからなにがしかの視覚的イメージを得ることだろう――わたしが使った表現はどんな言葉も当てはまらないと示唆しているにもかかわらず（あるいはむしろ、まさにそれゆえに）。「そのトラックのタイヤは筆舌に尽くし難いほど巨大だ」や、「あなたの親切にどれほど感謝しているかは述べようがない」など、おかしな表現は他にもある。そして不思議なことに、自身の土台を揺るがすようなこうした言葉の性質が、コミュニケーションではとても重要なのである。

ベリーのパラドックスには「ジュニア版」がある。それはオリジナルから数十年後に作られたものだが、以下のように説明される。面白い性質をもつ整数がある。たとえば0は面白い、なぜなら0にどんな数を掛けても0になるから。1は面白い、なぜなら1にどんな数を掛けてもその数のままだから。2は面白い、なぜなら最小の偶数だから。3は面白い、なぜなら最も単純な二次元多角形（三角形）の辺の数だから。4は面白い、なぜなら最初の合成数だから。5は面白い、なぜなら（他にもたくさん理由はあるが）三次元正多面体の数だから。6は面白い、なぜなら3の階乗（3×2×1）であると同時に3の三角数（3+2+1）だから。もっと続けられるけれども、何を言いたいかはわかったでしょ？　では、最初の面白く**ない**数は何だろうか？　62？　それとも1729？　何でもよいのだが、それが数の性質としては面白いことは確実だ。結局、62（あるいは候補として挙げる数が何であれ）は面白い数となる――面白いところが何もないゆえに面白いのだ。こうして「面白くない最小の数」というアイデアはしっぺ返しをくらい、その様子は、ベリーの数bの定義で見たしっぺ返しと明らかに響き合っている。

この種の言語のねじれ返しがバートランド・ラッセルの繊細な気に障ったのは周知の通りだ。しかし彼の名誉のために付け加えるならば、G・G・ベリーのパラドックス数bを初めて世に紹介したのは、ほかならぬB・ラッセルその人である。ラッセルは、それを取り上げた一九〇六年の論文で（1906はゲーデルの生まれた年（Gödel's birthyear）なので四音節で表せる！）、パラドックスは、素朴にも「記述可能」という言葉を数学の文脈において誤って使用したことから生じた錯覚だと主張し、全力でパラドックスを取り除こうとした。彼によれば、記述可能の概念は、異なる型の記述可能性によって構成される無限の階層に区画分けされなければならないという――たとえば、レベル0の記述は純粋の算術のみを参照でき、レベル1の記述は算術に加えてレベル0の記述を参照でき、レベル2の記述は算術とレベル0および1の記述を参照できる、などなどだ。ラッセルは、いずれかの階層への制限を伴わない「記述可能性」というアイデアはキメラのようなものだと宣言し、それによって深遠なる新たな真理を発見したと考えた。この新しい型《タイプ》の理論（あるいは新しい型理論）によって、厳密な推論の気高く繊細な世界が、胃をむかつかせるようなベリーの醜い災厄から守られたというのである。

ベリーの上滑りするおしゃべり

わたしもまた、ラッセルと同じく、ベリーのパラドックスにはどこか怪しいところがあると考えるものだが、それが何かについては意見を異にしている。わたしが着目する弱点は、言語とは、数学的言明を表すには絶望的に精密さが足りない媒体だというものだ。われわれの使う語や句はあまりにも不明瞭で、精密に見えたとしても実は曖昧さに満ちているのだ。たとえば、７７７７７の記述としてすでに紹介した、９の３乗足す48掛けることの10の３乗足す１（nine cubed plus forty-eight, all times ten cubed plus one）という表現は、もしかすると、７７７掛ける１０００に加えて１、すなわち７７７００１を意味すると解釈されるかもしれない。

この曖昧さはまだ氷山の一角にすぎない。実は、どのような言葉の表現が数の記述となるのかさえまったく明らかではない。次のような表現を考えてみよう。これらはみな特定の整数の記述と目される。

・地球上でこれまでに話された異なる言語の数
・太陽系の天体の数
・４×４の異なる魔方陣の数
・１００より小さい面白い数の個数

いったいこれらのどこがいけないのだろうか？　実は、これらはすべて自明でない概念を含んでいるのだ。たとえば、「言語」が意味するものは何だろう？　手話は言語だろうか？　「話された」と言えるだろうか？　言語と方言の間に明確な境界はあるのだろうか？　ラテン語とイタリア語の間にいったいいくつの「異なる言語」があったのだろうか？　ネアンデルタール人の時代からラテン語までにいったいいくつの「異なる言語」が話されたのだろう？　教会ラテン語は言語だろうか？　ピッグ・ラテンは？　たとえ過去一〇〇万年の人間の発話すべてがビデオに収められていたとしても、それぞれの発話に特定の「正式な」言語を客観的に割り当てて、さらにそれらを「真に異なる」言語へと明確に区分して、最後にその数を数えるなど、無意味な夢物語であることに**変わりはない**。ゴミ箱に「入っているもの」を残らず数え上げることについて語るなんて、もうそれだけで無意味だ。ましてすべての時代のすべての言語の数なんて！

「それらは数学的概念ではない！　整数の**数学的**定義を用いるのがベリーのアイデアだったはずだ」という反論があるかもしれない。ごもっとも。それでは数学とそれ以外とを峻別する一線を教えてほしい。ベリーの定義には、「音節の数」という曖昧な概念が用いられていた。では、finally とか family とか rhythm あるいは lyre とか hour とか owl はいくつの音節からなるのだろうか？　百歩譲って、音節を数える厳密で客観的な方法を確立したとしよう。しかしそれでもまだ、「数学的概念」には何が含まれるかという問題は残る。数学という学問は本当に明確に定義されているのだろうか？　たとえば「魔方陣」の厳密な定義は何だろうか？　人によって定義は異なっている。数学者のコミュニティで世論調査をすべきだろうか？　もしそうならば、その境界のぼやけたコミュニティの構成員とみなされるのは誰だろうか？

「面白い数」というぼやけた概念はどうだろう？　何らかの数学的厳密さを付与することが可能だろうか？　すでに見たように、ある数を「面白い」と考える理由には、幾何学などのさまざまな数学領域が含まれている。すると、ここで再び数学の境界線をどこに引くかという問題が出てくる。ゲーム理論は数学に含まれるだろうか？　医療統計学はどうだろう？　植物の巻きひげの理論は？……などなど。

要するに、「言葉による整数の定義」という概念は絶望的な泥沼なのだ。したがって、数 b というベリーのねじれた概念は、互いに相手を描き合う手というエッシャーのねじれた概念に劣らないほど巧妙な想像の産物であり、本当の意味での奇妙なループではない。ベリーのパラドックスは、奇妙なループの有力候補から脱落してしまったのだ！

このちょっとした脱線のなかで、わたしはベリーが一九〇四年に思いついたアイデアを未熟なものであるかのように書いてしまったが、ほぼ六〇年ののちに、若き数学者グレッグ・チャイティンがベリーのアイデアに触発されて、英語の記述の代わりにコンピュータ・プログラムを用いてより厳密な概念を考案したことを指摘しておきたい。そして、この賢明な転換の結果、ゲーデルの一九三一年の定理の革新的な新証明と、新たな視点とがもたらされた。そこからチャイティンらは「アルゴリズム情報理論」として知られるようになる重要な数学の新分野を開拓した(4)。本書の範囲を外れるのでこれ以上立ち入るのは控えるが、ベリーの洞察のもつ豊かさをぜひ感じとってほしい。ゲーデルの革命的アイデアはここから生まれたのだから。

ベリー類を禁じたピーナツバターのサンドイッチ

自己言及的な言語表現と自分を含む集合をすべて禁止する理論を設定することによってベリーのパラドックスが構成されるのを禁じるというバートランド・ラッセルの試みは、単に拙速というばかりでなく、的外れでもあった。どういうことか？　最近わたしの友人から、ある若き理想家の母親がラッセル風の禁止を実践したという話を聞いた。そのご婦人は、まったくの善意から、家の中におもちゃの銃を持ち込むことを禁じたのだという。禁止令はしばらくはうまくいっていた。しかしある日、母親は幼稚園児の息子のためにピーナツバターのサンドイッチをこしらえた。すると息子は、それをかじってピストルの形にして、母親に向けてこう叫んだ。「バン、バン、ママはもう死んだよ！」。この皮肉な逸話は重要な教訓を伝えている――厳格な禁止の後に残された手段が、まさに禁止したその事項を可能にするのに十分な柔軟性を備えているかもしれないのだ。

実際に、ラッセルのベリー対策はほとんど効果を示さず、二〇世紀初頭の知的動乱の時期にはパラドックスが次々と発明（あるいは発掘）されたのだった。その時期には、厳格な数の論理世界、パラドックスなど見たことも聞いたこともなく、誰もそんなものが現れるなどと夢想だにしなかった無垢の楽園に、古いパラドックスの現代版変種が続々と登場し、何が起こっても不思議ではないという雰囲気があふれていた。

これら新種のパラドックスは、当時、美しく神聖な推論と数の世界に対する攻撃のように受け止められたにもかかわらず（というより、むしろそのような憂慮すべき事実の**ゆえに**）、数多くの数学者たちがより深く困難なパラドックスを求めて大胆な探求に乗り出した。自らの学問の基礎を脅かす、より強力な脅威を求める探求である！　一見、倒錯した行動に思えるが、長い目で見ればそのような探求は数学のためになると彼らは信じていた。鍵となる弱点を見いだせば、揺らいだ基礎を補強して堅固にする術も見つかるわけだから。要するに、数学基礎論を学ぶ者にとっては、この新たなパラドックスの波に深く飛び込むことは、不可欠とまでは言えないにせよ、有用な活動だと思われたのだ。新たなパラドックスは、推論の本質に対して、捉え難い思考の本質に対して、つまるところ人間の心自体の神秘的な本質に対して、深遠な疑問を投げかけていた。

自伝的断章

第4章で述べたように、わたしは一四歳のときにアーネスト・ネーゲルとジェイムズ・R・ニューマンによる小さな傑作『ゲーデルの証明』に出会って、ゲーデルの業績の中核にあるパラドックスをめぐるアイデアの魅力に取りつかれた。これも奇妙なループの一つかもしれないが、ちょうどその時期、わたしはネーゲル一家と知り合いになった。彼らの家はマンハッタンにあったのだが、一九五九〜六〇年は西部に「出て」スタンフォードに滞在しており、わたしの父とアーネスト・ネーゲルが以前から友人同士だったこともあり、やがてわたしは一家を知ることとなったのだ。ネーゲル一家がスタンフォード滞在を終えた直後には、バーモント州ブラトルボロに近い丘にある彼らの別荘の緑に囲まれた庭で、友人であり、ネーゲルの上の息子でもあるサンディに向かって『ゲーデルの証明』全編を読み聞かせるという、ねじれた快楽を味わったこともある。サンディとわたしは同い年で、一〇代の若者だけが知る奔放な陶酔をもって数学に取り組んでいた。

当時のわたしがあれほど強く引き込まれたのは、半分はゲーデルの仕事の核をなす不可思議なループ性が理由だった。しかし、そのとき抱いた強い好奇心のもう半分は、ゲーデルおよび彼に触発された多くの人々が**本当に**求めていたのは人間の心の謎と人間の思考のメカニズムなのだという、わたしの予感によるものだった。ゲーデルの一九三一年の論文によって、非常に多くの疑問が忽然としかもくっきりと眼前に提示されたように思えた。たとえば以下のような疑問だ。

数学者が創造的活動を行っているとき、その頭の中では何が起こっているのか？　それは常に規則に従った記号操作で、公理の集合から定理を導くことなのか？　人間の思考一般の本質的特徴は何か？　われわれの頭の中で起こっていることは決定論的な物理的プロセスにすぎないのか？　もしそうだとすると、いかに個性的で生気にあふれていたとしても、われわれはみな、脳を構成する目に見えない粒子を司る厳格な法則の奴隷にすぎないのか？　小さな物体や数のパターンを支配する厳格な法則から、果たして創造性が生まれるのだろうか？　規則に従う機械が人間のように創造的になることは可能だろうか？　プログラムで作動する機械が前もってプログラムされていないアイデアを思いつくことがあるだろうか？　機械は自分で何かを決めることができるだろうか？　自分の意見をもつことは？　混乱することは？　混乱していると自覚することは？　混乱しているかどうか確信がもてないことは？　自由意志をもつと思うことは？　自由意志をもたないと思うことは？　意識をもつことは？　意識をもつかどうか疑念を抱くことは？　自己、魂、そして「私」をもつことは？　「私」に関する自分の強い思いは単なる錯覚、しかも**避けられない**錯覚であると思うことは？

理想主義者が見るメタ数学の夢

活力にあふれていた若き時代には、大学の書店を訪れるたびに（つまり暇なときはいつも）数学の棚へ直行して、記号論理学とか記号や意味の性質に関する本をすべてチェックしていた。わたしはその種の本を買いあさった。ルドルフ・カルナップの有名だが難物の『言語の論理的統語論』（*The Logical Syntax of Language*）や、リチャード・マーティンの『真理と指示』（*Truth and Denotation*）のほか、記号論理学の教科書は数え切れないほど買った。そうした本のなかには、念入りに読み込んだものも何冊かあったが、一方で、カルナップとマーティンの本は家の本棚に鎮座して、そこからわたしを嘲り、からかっているかのようで、いつももう少しのところで手が届かないように思えた。どちらも、ほとんど理解を拒絶するかのように難解だった。にもかかわらず、いつの日か読み通すことさえできれば、内容を掌中に収める素晴らしい日がやってくる、そうすれば、ついに思考や意味や創造性や意識の神秘の核心に迫ることができるのだと信じ続けていた。今になって思い返してみれば、お話にならないほど未熟だったことがわかる（まず、そんなことが可能だと考えた点で、次に、その二冊の本にすべての秘密が書かれていると考えた点で）。しかし、当時は本当にそう信じていたのだ！

一六歳のときには、スタンフォード小学校（わたしが卒業した小学校）で、哲学者で教育者のパトリック・スッピスの最新の教科書を使って、記号論理学を教えるという変わった経験をした。スッピスは我が家の近所に住んでいて、わたしはずっと彼の定番教科書『論理学入門』（*Introduction to Logic*）を頼りになる参考書として利用していた。当時スッピスは、厳密な論理推論のパターンを算術と同じように子供たちに教え込めないか、という実験をしていた。それで小学校の校長先生が、在校時からよく知っていたわたしに学内で出会ったときに、六年生（そのなかには妹のローラもいた）に週三回、記号論理学を教えてみないかと声をかけたのだった。わたしはその機会を逃しはしなかった。それから一年にわたって、時には困ったこともあったが（眼に輪ゴム鉄砲とか）、本当に楽しい経験をした。授業では推論規則をたくさん教えた。美しい響きの「モーダス・（トレンド・）トレンス」とか、恐ろしげな「仮言三段論法」とか。同時にわたしは新米論理学者として、そして教師として技能に磨きをかけていた。

これらすべての元、わたしの情熱の核心には、人間の精神活動の秘密を明らかにしたい、頭蓋の中で音もなく起こっている毎秒何兆もの同期した発火が、いったいどのようにして人に思考、知覚、記憶、想像、創造、感覚をもたらすのかを理解したいというやみ難い欲求があった。ほぼ同じ頃に、わたしは脳に関する本を読み、外国語をいくつか学び、さまざまな国々の変わった書記法を調べ、コンピュータに文法的に複雑でそれなりに一貫した文章を英語あるいは他の言語で生成させる方法を探求し、素晴らしく刺激的な心理学の授業をとっていた。これらの多様な道はすべて、心とメカニズムとの関係、心性と機械性との関係をめぐる疑問からなる密集星雲へと通じていた。

思春期のわたしの心の中では、パターンの研究（数学）とパラドックス（メタ数学）の研究が複雑に絡まり合っていた。そして、相互につながりをもつこの二つの領域をしっかりと極めさえすれば、自分が取りつかれている不可思議な秘密はすべて一点の曇りもなく明らかになると、どうしたわけか確信していた。続く二〇年の間に、この二つの学問がこれらすべての疑問に（たとえ間接的にせよ）答えられるという信念は、ほとんど消え去った。しかし、消えなかったものが一つだけある。それは、「私とは何か？」という永遠の謎の核心では、ゲーデルによって巧妙に構築されたループがきわめて優美に渦巻いているという直観だ。

本書の根底をなすのが主に意識と自己に対する疑問であるのにもかかわらず、（非常に大まかではあるが）

ゲーデルのアイデアを理解するのに必要な背景の説明にページを割いているのは、そうした理由からだ。ややこしい話に立ち入るつもりはないが、とくに数論と論理学については、少なくともこれらの領域が基本的に何をしようとしているのかを粗くとも示す必要がある。そうしないと先に進めないのだから。というわけで、どうかシートベルトをしっかり締めてください。ここからの二章は、いささか荒れた気流の中を通過することになりますから。

追記

本章を満足のいくように書き終えてから思い出したのだが、わたしは「面白い数」に関する本を二冊もっている。数学に関する本の著者で、わたしが心から尊敬しているデイヴィッド・ウェルズの『興味深くて面白い数の事典』(5)（*The Penguin dictionary of curious and interesting numbers*）。そして、フランスで起こった有名な文学運動ウリポの創始者の一人、フランソワ・ル・リオネの『注目すべき数』(6)（*Les nombres remarquables*）である。どちらの本も「面白い数」を小さいものから順に並べていたと記憶していたので、リストから外れた最小の数が何かを両方の本で確認してみることにした。

予想していた通り、どちらの著者もあらゆる整数を含めるべく英雄的とも言うべき努力を払っていた。とはいえ人間の知識は有限で、命にも限りがあるのだから、どちらの本でも数が大きくなるにつれて必然的に抜けが出てくる。ウェルズの最初の抜けは43、対するリオネの方はもう少し持ちこたえて49だった。個人的に43には驚かなかったが、49にはびっくりした。49は自乗数だから、少しは面白い数と言えるはずだ。しかし、自乗数もすでに何度か見かけた後では珍しさも薄れ、それだけの理由では49をリオネのリストに入れるわけにはいかないというのも、何となく理解できた。ウェルズは49の興味深い性質をいくつか挙げている（自乗数は含まれていないが）。反対にリオネは43について驚くべき性質をいくつか挙げている。

わたしは次に、**どちらの**本からもまったく面白みに欠けるとされている最小の整数を探してみることにした。なんとそれは62だった。だからどうしたと言われそうだが、それはこの本が刊行されるときのわたしの年齢である。62はやはり面白い数なのではないだろうか？

第9章　パターンと証明可能性

『プリンキピア・マテマティカ』とその定理

二〇世紀初めにバートランド・ラッセルは、「パラドックスを見つけ出せ、防壁をこしらえて侵入を防げ」と唱えて（文字通りこのように言ったわけではないが）、彼の新しい数学的推論の堅固なる要塞『プリンキピア・マテマティカ』の中で、いかなる集合も自分自身を要素としてはならない、また、いかなる文も自分自身について語ってはならない、と宣告した。これら二つの禁止事項は、『プリンキピア・マテマティカ』をもっと未熟な理論が陥っていた罠から救うために設けられたものだ。しかしクルト・ゲーデルが、これからわたしがPMと呼んでいくものを詳細に調べたところ、実に奇妙なことが起こった。PMとは『プリンキピア・マテマティカ』で用いられた形式体系で、集合に関する推論を扱っている（数に関する推論も扱うが、数は集合によって定義されるためその順番は後になる）。

『プリンキピア・マテマティカ』とPMとの区別をもう少し明確に述べておこう。前者は三巻からなる大著である。一方、PMはそれらの巻の中で展開され深く探究されている詳細な記号操作規則の集合で、かなり難解な記法によって表現されている（本章の終わりを参照）。この区別は、アイザック・ニュートンの大著『自然哲学の数学的諸原理（プリンキピア）』とその中で彼が記した運動法則との関係と似ている。

1足す1は2に等しいというきわめて単純な事実（PM記法では s0 + s0 = ss0 と書き、ここでsは「(後に置かれた数字）の次」という概念を表す[1]）をPMの厳密な記号操作規則を用いて厳格に示すには、いくつもの章を費やすほどの定理と導出を必要とする。にもかかわらずゲーデルは、このおそろしくまどろっこしいPMが自然数に対して強大な表現力をもっていることに気がついた——実際、自然数のどんなに微妙な性質についても語る力を有しているのだ（なお、「どんなに微妙な性質」という表現にすでに答えは含まれていたのだが、ヒントがあまりに巧妙に隠されていたので、これが何を意味するのかに気がついた者はほとんどいなかった。ゲーデルの登場を待って初めてその表現の意味が十全に理解されたのだ）。

たとえば、『プリンキピア・マテマティカ』に集合論的な道具が十分に導入され、加算や乗算といった基本的な算術概念が扱えるようになると、PMの形式主義の範囲内で、「平方数」（自然数の自乗など）、「非平方数」、「素数」、「合成数」のような興味深い概念を簡単に定義できるようになった。

したがって少なくとも理論的には、『プリンキピア・マテマティカ』の一巻全体を、整数のうち**二つの平方数の和**となるのはどれで、そうでないのはどれかという問題[2]にあてることも可能なはずだった。たとえば41は16と25の和であり、同様に、二つの平方数を足し合わせて表される整数は他にも無数に存在する。こうした数をここではクラスAと呼ぶことにしよう。一方、43は二つの平方数の和では**なく**、同様に、二つの平方数をどのように足し合わせても表すことの**できない**整数は他にも無数にある。これをクラスBと呼ぼう（109はどちらのクラスに属するだろうか？ 133は?）。あらゆる整数の集合をこのように美しく二分する問題は扱いが非常に難しいものだったが、ゲーデルの生まれる以前に数論学者たちによって十分な解決が得られていた。

同じように、『プリンキピア・マテマティカ』の別の一巻全体を、整数のうち**二つの素数の和**となるのはどれで、そうでないのはどれかという問題[3]にあてることも可能なはずだった。例を挙げれば、24は5と19の和だが、23はどのような二つの素数の和にもならない。ここでも前者をクラスC、後者をクラスDと呼ぶことにしよう（どちらのクラスにも無限の要素が含まれる）。あらゆる整数の集合をこのように美しく二分する問題は非常に奥が深く、数論学者たちの目の前に、今日においてもまだ解決されていない課題として残されている——この問題が最初に提起されてから現在までの二世紀余りの間に、いくつもの進歩が見られているにしても。

縁のないアイデアを混ぜ合わせる——素数と平方数

PMに対してゲーデルが与えた、予想外でひねりの効いた洞察を詳しく見ていく前に、パターンを発見すること、そしてパターンの背後にあるものを理解することの深い喜びについて、まず触れておく必要があるだろう。数学者の行動規範の特徴は、突き詰めて言えば、数学者たちが絶え間なく**なぜ**を求め続ける点において定義づけられる。数論のなかでわたしが最も気に入っている事実の一つを通して、このことをうまく伝えられたらと思う。

素数に関するごく簡単な質問を考えてみよう。二つの平方数の和となる素数は何で（たとえば41）、ならないのは何だろうか（たとえば43）。クラスAとBを使って考えてみるならば、どちらのクラスも無限の要素を含むが、素数はそれらのクラスにどのように振り分けられるのだろうか？　ほとんどすべての素数が一方のクラスに属して、ほんの少数のみが他方に属するのだろうか？　それともおおよそ半々だろうか？　どちらのクラスも無限の素数を含むだろうか？　任意の素数pについて、pがどちらのクラスに属するかを判断する簡便なテストはあるだろうか（pより小さな二つの平方数の足し算をすべて試してみるのではなく）？　素数が二つのクラスに振り分けられるとき、何らかの予測可能なパターンは存在するのだろうか？　それとも単なるごちゃごちゃのカオスなのだろうか？

読者のなかにはこうした問いを奇妙だと思い、取り組むには不自然だとさえ感じる人もいるかもしれない。しかし数学者というのは生来好奇心が強くできていて、先験的にはまったく関係のないように見える概念（素数と平方数のように）の間の相互作用を探求するという考えに強く惹かれてしまうことが珍しくない。そしてしばしばそこで、予期していなかった、しかも密接な何らかの関係が見いだされる——まるで魔法のように感じられる、尋常ではない隠された規則性とでも言うべきもので、そのようなものを発見する、あるいは啓示を受けると背筋に神秘的な**身震い**さえ感じる。ここで臆面もなく認めてしまおう。わたしはそのような背筋のぞくぞくするような畏れ、美、神秘、そして驚異にとても弱いのだ。

感じをつかむために１００までの素数を考えてみよう——2、3、5、7、11、13、17、19、23、29、31、37、41、43、47、53、59、61、67、71、73、79、83、89、97という、ごちゃごちゃと雑然としたリストだ。このリストのなかで、二つの平方数の和**である**素数（つまりクラスAに属する素数）は太字に書き直し、**そうでない**素数（クラスBに属する素数）はそのままにしておく。すると次のようになる。

2, 3, **5**, 7, 11, **13**, **17**, 19, 23, **29**, 31, **37**, **41**, 43, 47, **53**, 59, **61**, 67, 71, **73**, 79, 83, **89**, **97**,…

何か面白いことに気がついただろうか？　そう、二つのクラスがほぼ対等に張り合っているように見えることに、まず驚きはしないだろうか？　それはなぜだろうか？　どうしてクラスAかクラスBのどちらか一方に偏らないのか？　さらに先を見れば、クラスＡ素数かクラスＢ素数のどちらかが優勢になるのか？　それとも、この先もずっとほぼ対等なバランスが保たれるのか？　この先無限大まで進んでいくにつれて、バランスはますます五分五分に近づいていくのか？　もしそうならば、そんな驚異的で繊細なバランスがどうして実現可能なのか？　ここには何か非常に気をそそるものがあると、わたしには感じられる。次を読み進む前に、先ほどのリストをしばらく――たとえば数分――じっと眺めて、何かパターンが見つかるか探してみてほしい。

パターン狩り

さてみなさん、もういいかな、そろそろ本題に戻ろう。少しはパターン探しをしてくれたと思う。そしてたぶん多くの方が、意図せず偶然に（本当に偶然だろうか？）太字にしたことによって、このリストが一つからなる**要素**と二つからなる**対**とに区分されたことに気がつかれたはずだ。隠れた関係が現れてきただろうか？

もう少し見てみよう。太字の対は13－17、37－41、89－97、太字でない対は7－11、19－23、43－47、67－71、79－83だ。ここで**対**を文字Ｐで、一つからなる**要素**を文字Ｓで置き換える。クラスＡとクラスＢとを区別する太字はそのままとすると、次のような文字列が得られる。

S, S, **S**, P, P, **P**, S, S, **S**, P, P, **S**, S, **S**, S, **P**, S, **S**, P, **P**…

ここに何かパターンのようなものはあるだろうか、それとも見当たらないだろうか？　あなたはどう考えるだろうか？　リストからクラスＡの文字だけを抜き出すと、**SSPSPSSSP**となる。クラスＢの文字だけならＳＰＰＳＰＳＰＰだ。何らかの周期性や微妙な形のリズムがもしあったとしても、ご覧の通りそれは捉え難い。太字の方にも太字でない方にも、それら二つを合わせたものにも、予測可能な単純なパターンは見いだせない。二つのクラスの間で実によくバランスがとれているのはわかる。しかしなぜそうなるのかはまったく手がかりがない。魅力的でもありじれったくもある。

嘆ずることなくパターンに耽溺する探求者たち

ここでわたしは、二つのクラスの数ではなく、二つのクラスの人間の区別について指摘しておかずにはいられない。つまり、パターン探しという考えにただちにはまる人間がいる一方で、それに対して何の魅力も感じない、あるいはむしろ嫌悪を覚える人間もいるのだ。前者は基本的に数学向きで、後者はそうではない。数学者とは心の奥底において、一見何もなさそうなところにパターンを見いだしたいという衝動に引きずられる――実際にころりと誘惑される――人々である。無秩序に見えるものに秩序を求める情熱的な探索が数学者に火をつけて、その魂を燃え上がらせる。(4) 読者のみなさんもこちらのクラスに属するものと期待しているが、もしそうでなくとも今しばらくお付き合い願いたい。

われわれはすでにある種のパターン――すなわち、一つの要素と二つからなる対とが無限に繰り返されるというパターンを予言したのかもしれない。ＳとＰとがどのように交互に現れるのかまでは明確に言えないにしても、少なくとも「二つの平方数の和」と「二つの平方数の和ではない」という奇妙な二分法は、素数の数列を一つの要素と二つからなる対との数列に分けるように見える。これは素晴らしい発見ではないか！　いったい誰がこんなことを想像しただろうか？

ところが残念ながら、このわたしの予言は誤っていたと、ここで告白しなければならない。次に来る素数、つまり101を見たならば、われわれが発見した規則性が崩壊することはすぐにわかる。素数101は、二つの平方数1と100の和だからクラスAに属する。したがって太字で書かれるはずだ。そうすると太字の**対**である89－97は、実は太字の**三つ組**だったということになる。SとPだけの系列という有望なアイデアは、これでもうおしゃかだ。

パターン探求者はこういうときにどうするのか——諦めるか？　もちろんそんなことはない！　離合集散しながら敗走しても、柔軟なるパターン探求者は**再編成**して立て直すだけだ。実際にここでも、たったいま使った言葉を頼りに、素数の数列を違った方法で再編成してみることにしよう。二つのクラスを別の行に分けて書くと次のようになる。

平方数＋平方数**である**　2, 5, 13, 17, 29, 37, 41, 53, 61, 73, 89, 97, 101,…

平方数＋平方数**ではない**　3, 7, 11, 19, 23, 31, 43, 47, 59, 67, 71, 79, 83,…

何か見えてきただろうか？　もしまだならばヒントを差し上げよう。それぞれの行で隣り合っている数の差をとってみたらどうだろう？　自分でやってみてほしいが、もしあなたがひどい面倒くさがりならばこのまま読み進めていってよい。

数の差は前の行では3、8、4、12、8、4、12、8、12、16、8、4となり、後の行では4、4、8、4、8、12、4、12、8、4、8、4となる。この問題にどんなに無関心な読者でもきっと気がつくだろう。限られたいくつかの整数（4、8、12）が優勢というばかりでなく、それらの整数はみな4の倍数だ。単なる偶然というには出来すぎのように思える。

しかも、なかに一つだけある一番大きな数16もやはり4の倍数だ。この新しいパターン——すべてが4の倍数——は無限に続くのだろうか（もちろん、ぶちこわしの3が最初にあるが、それは2が唯一の偶数の素数だという事実を考慮すれば大した問題とは言えない）。

パターンあるところ道理あり

前節において中心的な役割を果たしているのは、**このパターンは単なる偶然ではあり得ない**という確固たる信条である。この種のパターンを見つけた数学者は本能的に、「なぜだ？　この秩序の背後にはどんな**道理**があるんだ？」という問いを発するだろう。数学者なら誰もが道理は**何か**と考えるというだけではない。より重要なのは、その道理がすでに見つかっていようがいまいが、数学者はみなそこには道理が**なければならない**と暗黙のうちに信じていることだ。数学の世界では何ごとも「偶然」には起こらない。[5] 完全なパターンの存在、無限に成り立つ規則性は——煙が火のあることを示すように——背後で何かが起こっていることを示す。数学者はその何かを求めて、覆いを取り除いて、明るみに出すことを神聖なる目標と捉えている。

この活動は、よく知られているように「証明を見つける」と呼ばれる。あるいは、予想を定理へと変えることと言い換えてもよい。今は亡き偉大なハンガリーの奇人数学者ポール・エルデシュは、かつておどけて「数学者はコーヒーを定理へと変える装置だ」と言った。[6] 彼の洒落た文句には確かに真実が含まれてはいるが、おそらく数学者は**予想を見つけ出してそれを定理へと変える装置**と言った方が正確だろう。

数学的なものの見方の根底には、数学的言明Xが**真**ならば必ずXには**証明**が存在し、その反対も成り立つという揺るぎない信念がある。実際、数学的精神にとっては「証明が存在する」は「真である」を意味し、それ以上でもそれ以下でもないのだ！　そして反対に「偽である」は「証明が存在しない」を意味する。先ほど見たように、数値を調べれば完全で無限に続くパターンの**ヒント**を得ることはできる。しかし、予想された規則性がどこまでも無限に続くことは、どうすれば確実に知れるだろうか？　たとえば、素数が無限に存在することをわれわれはどうやって知るのだろう？　あるところで最後の一つ、つまり「最終にして最大の素数P」が登場するわけではないと、どうしてわかるのだろうか？

もし存在すれば、Pは間違いなく重要で興味深い数となるだろう。ところが連続する素数の長いリストを見ると（先の１００までの素数のリストで感じはつかめるはずだ）、不規則な間隔のずれがあちこちにあってリズムが若干「ガタガタ」しているものの、素数間の間隔は素数自体の大きさに比べて常にかなり小さいことに気がつく。この明白な傾向を知っていれば、もし素数が突如終わってしまうなら、まるで大地の果てが何の警告もなく現れてそこから落っこちたように感じることだろう。ものすごいショックに違いない。とはいえやはり、そうはならない。われわれはそれをどうやって**知る**のだろう？　いや、本当に知っているのだろうか？　何億何兆の新しい素数がぞくぞくと姿を現すのをコンピュータの力を借りて発見するのは素晴らしいことだ。しかしそうした発見は、その先どこかで素数が突然現れなくなることはないと保証するものではない。そのためには**推論**に頼るしかない。有限の数しかない証拠は強力な示唆を与えてくれるが、無限がどんな有限数とも大きく異なることを考えれば、それだけでは十分な基準とならないのだ。

素数の海に帆をかけて世界の果てから落っこちる

素数の無限性に関するユークリッドの証明はおそらくどこかで見たことがあるだろう。もしまだならば、人類がこれまでに得た知識のなかでも最も重要な柱の一つを見逃していることになる。チョコレートを食べたことがないとか、音楽を聞いたことがないのにも匹敵するほど悲しい、人生経験の欠落だ。本書の読者の知識にそのような重大な欠落を許すわけにはいかない。なので、試しにここでその証明を見てみることにしよう。

最終にして最大の素数Pが存在すると想定してほしい。この想定から何が導かれるか？　Pが存在するということは、すべての素数からなる「有限会員制素数倶楽部」があることを意味する。Pはその栄誉ある最終メンバーだ。さてここで、その会員制倶楽部に所属するすべての素数を大胆に掛け合わせてみよう。すると、素晴らしく巨大な数Qが得られるだろう。この数Qは2で割り切れるし、3、5、7、11などでも割り切れる。定義によりQは倶楽部に所属するすべての素数によって割り切れる。つまり、世界に存在するすべての素数によって、である！　では、いよいよ最後の仕上げだ。誕生日パーティーのように蝋燭をもう一本追加してQ＋1を作ってみよう。これにより、とてつもなく巨大で、しかも素数**ではない**ことが確実な数が得られた。というのも、P（明らかにQよりずっと小さい）こそが最終にして最大の素数、すべての素数のなかで最も大きい数だからだ。Pよりも大きな数は、われわれの最初の想定によって、すべて合成数となる。したがってQ＋1はPよりはるかに大きいので合成数となり、素数のどれかで割り切れ**なくてはならない**（この点を覚えておいてほしい）。

では、いったいどの素数で割り切れるのだろうか？　2ではあり得ない。2はQを割り切るし、QはQ＋1より1小さい、そして二つの偶数の差が1だけのことはあり得ないのだから。3でもあり得ない。同じように

3はQを割り切るし、3で割り切れる二つの数が隣り合うことはあり得ない！　実際、どのような素数pを倶楽部から選んだとしても、pはQ＋1を割り切れないことが示せる。pは一つ下の数Qを割り切るからだ（そしてpの倍数が隣り合う数となることはない。p個の数ごとに一度しか現れないのだから）。こうして推論によって、有限会員制素数倶楽部のメンバーは**どれも**Q＋1を割り切れないことが示された。

しかし先にわたしは、Q＋1は合成数なのだから素数で割り切れ**なくてはならない**と書いた（そしてそれを覚えておくようにお願いした）。痛ッ！　罠にはまってしまった。自分でまいた種だ。われわれは、より小さな素数で割り切れる合成数であるべき一方で、より小さな素数では割り切れないという、あり得ない数をでっちあげてしまったのだ。この矛盾は、Pを栄誉メンバーにいただく倶楽部を仮定したところから生じている。したがってそこに立ち戻って、愉快ではあるが怪しげでもあったその仮定を消去する以外に選択肢はない。「最終にして最大の素数」はあり得ない。「有限会員制素数倶楽部」はあり得ない。それらは作り事にすぎない。真実は今示したように、素数のリストは終わることなく続くのだ。どんなに遠くへ行ったとしても「大地の果てから落っこちる」ことはない。今やこれは非の打ちどころのない推論によって保証されている。それは**有限**の計算をいくら積み重ねて数の海を航行したとしても得られることのない保証なのだ。

ことによると読者のみなさんにとって、最後の素数が**なぜ**存在しないのかを理解すること（単にその**事実**を知っているだけではなく）は新しい経験だったかもしれない。そうであれば、その経験をチョコレートや音楽のように楽しんでもらえたらと願っている。チョコレートや音楽と同様、この証明を追いかけることは何度も立ち戻って楽しみを味わい、そのたびに新鮮さを感じることのできる経験だ。またそれだけでなく、この証明は他の証明を生み出す豊かな源泉――ユークリッドの主題による変奏曲――ともなっている(7)（本書では立ち入らないけれども）。

数学者の信条

今見てきた議論は、実は「数学者の信条《クレド》」とでも呼ぶべきものの見事な実例となっている。それは以下のように要約できるだろう。

Xは真である、**なぜならば**Xには証明が存在するから。
Xは真である、**したがって**Xには証明が存在する。

この二行の言明が持ちつ持たれつの関係であることに注意してほしい。信条の前半は、**証明は真理を生成する**ことを主張している。そして後半は、**規則性のあるところ常に道理が存在する**ことを主張している。もちろん隠れた道理をわれわれは見つけることができないかもしれない。しかしわれわれは道理が存在して、原理的にはいつか誰かが見つけ出せると堅く信じて疑わない。

数学者にとっては、この信条の前半にも後半にも疑念を抱くことなど考えられない。一行目を疑うとは、言明が証明されたとしても偽となる場合があると想定することだ。それは「証明」の概念を馬鹿にすることにほかならない。二行目を疑うとは、数学において、永遠に続く完全で例外をもたないパターンでありながら、何の道理も意味もないものがあり得ると想定することにあたる。数学者にとって、そのように完璧だが道理を欠く構造はまったく意味をもたない。その点で、数学者はすべて「神はサイコロを振らない」と言ったと伝えられるアルベルト・アインシュタインの親類と言える。(8) アインシュタインが言いたかったのは、自然界の出来事は原因なしには起こらないということであり、数学者にとってそれは、あらゆる物事の根底には一つの統一的な原因があるという確固たる信条となる。

無限に続く偶然の一致なんてない

クラスAとクラスBの素数に話を戻そう。われわれはまだ啓示を受けるところまで、前に述べた神秘的な**身震い**の経験にまでは達していないのだから。記憶を新たにすべく振り返ってみると、クラスAとクラスBの二つのリストはそれぞれ4nという形、つまり4、8、12……の差で特徴づけられることがわかった。**証明した**わけではないが、十分な頻度で**目にしてきた**ので、そのように**予想した**のだ。

二行目は3から始まるので、われわれの予想によればそのリストの他の数はすべて3に4の倍数を足して得られる、すなわち4n＋3の形で表される。同様に、一行目の最初の数は（最初にあるはみ出し者の2を無視すると）5となるので、われわれの予想が正しければ、その後に続く数はすべて4n＋1の形で表される。

しめしめ、われわれの予想はきわめて単純なパターンを示している――4n＋1の形の素数は二つの平方数の和で表すことが**可能**であり、4n＋3の形の素数は**不可能**である。もしこの推測が正しいならば、素数と平方数（先験的には互いに何の関係ももたないと想定される二つの数のクラス）の間に素晴らしく美しい結びつき、われわれの不意を突くような結びつきがもたらされることになる。ここに純粋な魔法、数学者たちが強く希求する魔法の類を垣間見ることができる。

しかし数学者にとっては、この刹那の喜びは物語の始まりにすぎない。推理小説の殺人事件みたいなものだ。誰かが死んでいるのが見つかった。でも誰が殺したのだ？　そこには必ず真相がある。見いだすのも理解するのも困難かもしれない。しかし真相は絶対に存在する。

今、われわれは美しい無限のパターンの存在を知っている（少なくとも、それがあるのではないかと強く疑っている）。しかし、それは**どのような道理**によるのだろうか？　根底にある仮定は、そこには道理が**ある**ということ――われわれの見つけたパターンは「無限に続く偶然の一致」などではなく、背後に潜む一つの逆らい難い道理によって引き起こされているということだ。無限に多くの「独立な」事実すべての裏には、ただ一つの現象が隠れているのである。

このパターンについては、実はもっと多くのことがわかっている。たとえば、4n＋3の形の素数が二つの平方数の和ではないばかりでなく（その証明は簡単だ）、4n＋1の形の素数は**ただ一通りの方法で**二つの平方数の和に分解される。101であれば、100＋1以外のどのような二つの平方数の組み合わせをもってきても、その和が101になることはない。また、極限に向けてどんどん大きな素数を見ていくと、クラスAの素数とクラスBの素数の数の比は1に近づいていく。100以下の素数を観察して無限に続くと予想した微妙なバランスは、厳密に証明することが可能なのだ。

この事例についてはここまでにしておこう。ただし、多くの数論の教科書がこの定理の証明を紹介しており(9)（決して単純な証明ではない）、パターンが証明で補完されていることはお伝えしておきたい。すでに述べたように、「Xは真である、**なぜならば**Xには証明が存在するから」であり、反対に、「Xは真である、**したがって**Xには証明が存在する」のである。

長年にわたる証明とその本質の探求

すでに述べたように、「二つの素数の和で表されるのはどのような数か？」という問いは、おおよそ三〇〇年前に立てられたものだが、今日に至っても完全には解決されていない。しかし、数学者は執念深い。証明の探求は数世紀、場合によっては一〇〇〇年以上にわたることもある。たとえ失敗が累々と積み重なっていたとしても、数値的な傾向から無限に続くと思われる数学的パターンに対して、その証明を求めることを諦めたりはしないのである。事実、ある数学の予想を支持する経験的事実が大量に得られれば、多くの人はそれで満足するだろうが、数学者はより欲求不満に、より情熱的になる。ユークリッドの証明と同等のものを求めているのであって、抜き取り検査にいくら合格しても駄目なのだ！　数学者は、証明は必ず存在するという信念に突き動かされている——逆に言えば、もし**証明が存在しないのなら**パターン自体が**偽**となるはずなのだ。よって、数学者の信条をひっくり返した裏側は以下のようになる。

Xは偽である、**なぜならば**Xには証明が存在しないから。
Xは偽である、**したがって**Xには証明が存在しない。

要するに、数学者にとって証明可能性は真と同じであり、ひいては証明不可能性は偽と同じである。それらは同義語なのだ。

ルネッサンスに続く数世紀の間に数学はいくつもの下位分野へと枝分かれをし、それぞれの分野で多様な証明が見いだされることになった。しかし時折、明らかに馬鹿げた結果が厳密に証明されたように見えるのに、それがどこでおかしくなったのか誰も突き止められないという事態も起きた。そうした奇妙な結果の数が増えるにつれ、証明の本質に潜む不確実性が次第に首をもたげていった。そしてとうとう、一九世紀中頃になると、推論とは何かをはっきりと示し、推論を数学と恒久的に結びつけて一体化することを目標とした、強力な運動が勃興するに至ったのである。

多くの哲学者と数学者がこの崇高な目標に向けて貢献した結果、二〇世紀を迎える頃には、目標達成も間近と思えるほどになった。数学的推論は、**推論規則**と呼ばれる論理の基本規則を繰り返し適用することだとみなされていた。たとえば、推論規則の一つである「分離の規則《モーダスポネンス》」は次のようなものだ――Xが証明されていて、さらに$X \Rightarrow Y$が証明されているならば（ここで矢印は含意概念を表現するので、「もしXが真ならば、Yも真である」を意味する）、Yを証明済みの箱に加えることができる。他にもいくつか基本的な推論規則があったが、それほどたくさんは必要ないだろうと思われた。やがて二〇世紀に入り一〇年ほどが経過すると、バートランド・ラッセルとアルフレッド・ノース・ホワイトヘッドが、これらの規則を、かなりややこしいが統一的な記法で書き下してみせることになる[10]（次頁）。これによって、数学のさまざまな分野がすべて論理によってまとめられ、継ぎ目のない完全な統一が実現したと誰もが考えるようになった。

ラッセルとホワイトヘッドの偉業『プリンキピア・マテマティカ』のおかげで、人々はもはや、誤った推論という隠れたクレバスに落ちる心配をする必要がなくなった。定理はいまや、単に記号操作の系列の最終行にあるものと理解され、その系列の一行目には公理か、あるいは先行する定理が置かれている。数学的真理が実に見事に捉えられたのである。そしてこの聖杯がはっきりと姿を現し始めていたころ、オーストリア＝ハンガリー帝国にあるブリュンの町では、一人の少年が成長しつつあった[11]。

$*97{\cdot}31.$ $\vdash . (\overrightarrow{B}\text{‘}R) \upharpoonleft \mathrm{Cnv}\text{‘}\overleftarrow{R_*} \in \epsilon_\Delta\text{‘}\overleftarrow{R_*}\text{‘‘}\overrightarrow{B}\text{‘}R . \mathrm{D}\text{‘}\{(\overrightarrow{B}\text{‘}R) \upharpoonleft \mathrm{Cnv}\text{‘}\overleftarrow{R_*}\} = \overrightarrow{B}\text{‘}R$

Dem.

$\vdash . *97{\cdot}3 . *85{\cdot}13 \dfrac{\breve{R}_*}{Q} . \supset$

$\vdash : S \in (\breve{R}_*)_\Delta\text{‘}\overrightarrow{B}\text{‘}R . \supset . S \,|\, \mathrm{Cnv}\text{‘}\overleftarrow{R_*} \in \epsilon_\Delta\text{‘}\overleftarrow{R_*}\text{‘‘}\overrightarrow{B}\text{‘}R$ (1)

$\vdash . (1) . *97{\cdot}301 . \quad \supset \vdash . I \upharpoonright \overrightarrow{B}\text{‘}R \,|\, \mathrm{Cnv}\text{‘}\overleftarrow{R_*} \in \epsilon_\Delta\text{‘}\overleftarrow{R_*}\text{‘‘}\overrightarrow{B}\text{‘}R .$

$[*50{\cdot}61] \quad \supset \vdash . (\overrightarrow{B}\text{‘}R) \upharpoonleft \mathrm{Cnv}\text{‘}\overleftarrow{R_*} \in \epsilon_\Delta\text{‘}\overleftarrow{R_*}\text{‘‘}\overrightarrow{B}\text{‘}R$ (2)

$\vdash . *35{\cdot}62 . *33{\cdot}431 . \supset \vdash . \mathrm{D}\text{‘}\{(\overrightarrow{B}\text{‘}R) \upharpoonleft \mathrm{Cnv}\text{‘}\overleftarrow{R_*}\} = \overrightarrow{B}\text{‘}R$ (3)

$\vdash . (2) . (3) . \supset \vdash .$ Prop

$*97{\cdot}32.$ $\vdash . \overrightarrow{B}\text{‘}R \in \mathrm{D}\text{‘‘}\epsilon_\Delta\text{‘}\overleftarrow{R_*}\text{‘‘}\overrightarrow{B}\text{‘}R \quad [*97{\cdot}31]$

$*97{\cdot}33.$ $\vdash : R \in 1 \to 1 . \alpha \subset s\text{‘}\overleftrightarrow{R_*}\text{‘‘}\beta . \beta \subset s\text{‘}\overleftrightarrow{R_*}\text{‘‘}\alpha . \supset . \overleftrightarrow{R_*}\text{‘‘}\alpha = \overleftrightarrow{R_*}\text{‘‘}\beta$

Dem.

$\vdash . *97{\cdot}15 . \mathrm{Fact} . \supset \vdash :. \mathrm{Hp} . \supset : y \in \beta . x \in \overleftrightarrow{R_*}\text{‘}y . \supset . \overleftrightarrow{R_*}\text{‘}y = \overleftrightarrow{R_*}\text{‘}x . y \in \beta .$

$[*37{\cdot}62] \quad \supset . \overleftrightarrow{R_*}\text{‘}x \in \overleftrightarrow{R_*}\text{‘‘}\beta$ (1)

$\vdash . (1) . *10{\cdot}11{\cdot}21{\cdot}23 . *40{\cdot}4 . \supset \vdash :. \mathrm{Hp} . \supset : x \in s\text{‘}\overleftrightarrow{R_*}\text{‘‘}\beta . \supset_x . \overleftrightarrow{R_*}\text{‘}x \in \overleftrightarrow{R_*}\text{‘‘}\beta :$

$[\mathrm{Hp.Syll}] \quad \supset : x \in \alpha . \supset_x . \overleftrightarrow{R_*}\text{‘}x \in \overleftrightarrow{R_*}\text{‘‘}\beta :$

$[*37{\cdot}61] \quad \supset : \overleftrightarrow{R_*}\text{‘‘}\alpha \subset \overleftrightarrow{R_*}\text{‘‘}\beta$ (2)

$\vdash . *40{\cdot}4 . \supset \vdash :. \mathrm{Hp} . \supset : y \in \beta . \supset . (\exists x) . x \in \alpha . y \in \overleftrightarrow{R_*}\text{‘}x .$

$[*97{\cdot}15] \quad \supset . (\exists x) . x \in \alpha . \overleftrightarrow{R_*}\text{‘}x = \overleftrightarrow{R_*}\text{‘}y .$

$[*37{\cdot}62] \quad \supset . \overleftrightarrow{R_*}\text{‘}y \in \overleftrightarrow{R_*}\text{‘‘}\alpha$ (3)

$\vdash . (3) . *37{\cdot}61 . \supset \vdash : \mathrm{Hp} . \supset . \overleftrightarrow{R_*}\text{‘‘}\beta \subset \overleftrightarrow{R_*}\text{‘‘}\alpha$ (4)

$\vdash . (2) . (4) . \supset \vdash .$ Prop

$*97{\cdot}34.$ $\vdash : R \in 1 \to 1 . \beta \in \mathrm{D}\text{‘‘}\epsilon_\Delta\text{‘}\overleftrightarrow{R_*}\text{‘‘}\alpha . \supset . \overleftrightarrow{R_*}\text{‘‘}\alpha = \overleftrightarrow{R_*}\text{‘‘}\beta$

Dem.

$\vdash . *83{\cdot}6{\cdot}62 . \quad \supset \vdash :. \mathrm{Hp} . \supset : x \in \alpha . \supset_x . \exists ! \beta \cap \overleftrightarrow{R_*}\text{‘}x : \beta \subset s\text{‘}\overleftrightarrow{R_*}\text{‘‘}\alpha$ (1)

$\vdash . *40{\cdot}4 . *97{\cdot}101 . \supset \vdash :. x \in \alpha . \supset_x . \exists ! \beta \cap \overleftrightarrow{R_*}\text{‘}x . \equiv . \alpha \subset s\text{‘}\overleftrightarrow{R_*}\text{‘‘}\beta$ (2)

$\vdash . (1) . (2) . *97{\cdot}33 . \supset \vdash .$ Prop

$*97{\cdot}341.$ $\vdash : R \in 1 \to 1 . \beta \in \mathrm{D}\text{‘‘}\epsilon_\Delta\text{‘}\overleftarrow{R_*}\text{‘‘}\overrightarrow{B}\text{‘}R . \supset . \overleftrightarrow{R_*}\text{‘‘}\beta = \overleftarrow{R_*}\text{‘‘}\overrightarrow{B}\text{‘}R$

$\left[*97{\cdot}34 \dfrac{\overrightarrow{B}\text{‘}R}{\alpha} . *97{\cdot}2\right]$

$*97{\cdot}35.$ $\vdash : R \in \mathrm{Cls} \to 1 . T \in \mathrm{Potid}\text{‘}R . \overrightarrow{B}\text{‘}R \subset \mathrm{D}\text{‘}T . \supset .$

$\mathrm{Cnv}\text{‘}\{(\overleftarrow{R_*} \upharpoonright \overrightarrow{B}\text{‘}R) \,|\, T\} \in \epsilon_\Delta\text{‘}\overleftarrow{R_*}\text{‘‘}\overrightarrow{B}\text{‘}R . \mathrm{G}\text{‘}\{(\overleftarrow{R_*} \upharpoonright \overrightarrow{B}\text{‘}R) \,|\, T\} = \breve{T}\text{‘‘}\overrightarrow{B}\text{‘}R$

Dem.

$\vdash . *97{\cdot}3 . *92{\cdot}101 . \supset \vdash : \mathrm{Hp} . \supset . \mathrm{Cnv}\text{‘}\{(\overleftarrow{R_*} \upharpoonright \overrightarrow{B}\text{‘}R) \,|\, T\} \in 1 \to \mathrm{Cls}$ (1)

第10章　# お手本としてのゲーデルの奇妙なループ

ゲーデル、フィボナッチと出会う

このブリュン生まれの若者は、二〇代前半ですでに優れた数学者として頭角を現しており、他の数学者と同様に、自然数には無限の種類があることに気がついていた。平方数、立方数、素数、10の冪数《べきすう》、二つの平方数の和などお馴染みのものにとどまらず、他にも多くのタイプの整数をよく知っていた。若いクルトの将来にとって決定的だったのは、レオナルド・ディ・ピサ（一般にはフィボナッチとして知られる）のおかげで、整数のクラスが**再帰的に**定義できると知っていたことだ。

フィボナッチは一三〇〇年代に、現在「フィボナッチ数」として知られる以下のような数を考え出し、それを探求した。(1)

1, 2, 3, 5, 8, 13, 21, 34, 55, 89, 144, 233, 377, 610, 987, 1597,...

どんどん大きくなっていくこの無限数列――その要素を仮にF数と呼ぶことにしよう――では、新しい要素は常に直前の二つの要素を足し合わせて作られる（最初の対である1と2は例外だが、この二つの数もF数とみなすことにする）。

ここでは数列をそれ自身を用いてほぼ循環的に定義しているが、この方法は「再帰的定義」と呼ばれる。(2) すなわち、新しい要素をそれ以前の要素から作り出すためのある種の明確な計算規則が定められているのだ。規則には加算、乗算、除算だけでなく、定義がはっきりしていれば何を用いてもかまわない。再帰数列の先頭部分（ここでは1と2）を「一包みの種《たね》」と考えると、その種から巨大な植物が、無限の枝と葉が、予め決められた規則に従って定められた通りに成長する。

カスピ海の宝石――一つの寓話

レオナルド・ディ・ピサの数列には驚くべきパターンがたくさん潜んでいるのだが、その話に深入りすると本筋から外れてしまうので今はやめておこう。それでもこのF数のリストを眺めていると、出だしですぐに144が目に飛び込んでくることは指摘しておきたい。144は完全平方数で目立つのだ。立方数8とその劣化版である1とを除けば、他には完全平方数も立方数もそれ以外の累乗数も、F数の最初の数百要素には現れない。

数十年前に、F数列に8と144が現れることには何か**道理**が潜んでいるのか、それともそれは単なる「偶然の出来事」なのかが問題として取り上げられるようになった。そして強力な計算ツールが使えるようになるにつれて、その探索が始まった。不思議なことに、スーパーコンピュータを用いて何万何億ものF数を求めてみても、フィボナッチ数列に累乗数は現れなかった。この先もすぐに現れそうには思えない。しかし、いったいどうしてこんなに**完全な**相互回避が起こるのだろうか？　任意のnに関して数をn乗することと、フィボナッチ数列の二つの数を再帰的に加えていくという特異な方法とに、どのような関連があるというのだろうか？　8と144は単なるたわいのないバグではないだろうか？　それならなぜ他にも同じようなバグが起こらないのだろうか？

ちょっとした寓意のひねりを加えてみよう。誰かがあるとき、中央アジアの緑の湖カスピ海の底から、巨大なダイヤモンドと美しいルビーと小粒の真珠を引き上げたと想像してほしい。びっくり仰天のこの獲物に触発されて、みなが一獲千金を狙って世界最大の湖に殺到する。ダイヤモンド、ルビー、真珠、エメラルド、トパーズ等々を求めて。ところが湖の底をいくらさらっても何も出てこない。誰だって湖にもっと多くの宝石が隠されていると思うのが自然だろう。とはいえ、どうやったら本当のことがわかるだろうか（注意――この寓話には実は小さな欠陥がある。つまり少なくとも原理的には、豊富な資金力に支えられた科学チームがやってきて、湖の底を完全に浚渫してしまう可能性がある。いくら広大といっても湖の大きさは有限なのだから。アナロジーを「完全」にするには、カスピ海は無限に大きいと想定する必要がある。読者諸氏よ、ちょっとだけ想像を広げてほしい）。

さて、ここからが本番だ。数学者的気質を備えた地質学者がやってきて、二つの比類なきカスピの宝石と小さな丸い真珠はそれぞれ唯一無二《スイ・ゲネリス》であると**証明**しようとしたと考えよう――つまり、他にはどんな種類、どんなサイズの宝石も真珠も決してカスビ海では見つからない、**見つけられない**というしっかりした**道理**があると。果たしてそんな証明を求めることに意味があるだろうか？　真珠一つ、ルビー一つ、ダイヤモンド一つ、それ以外にどのような宝石もカスピ海の底には発見されないということに、水も漏らさぬ科学的な**道理**などあり得るだろうか？　どう見てもそれは理屈に合わない。

これが現実世界に対してわれわれが抱いている典型的な考えだ――われわれは世界のことを、偶然的な事象、違っていたかもしれない事実、そうでなければならない根本的理由がどこにもない状況に満ちたものとして見ている。しかしいま一度思い出してほしい。数学者にとって、彼らの純粋で抽象的な世界は、無原則で偶然に満ちた現実世界の対極に位置する。数学世界で起こる出来事には例外なく、表現可能で理解可能な**道理**が存在するのだ。

こうした考え方――数学者の信条《クレド》――を身につけて活用することが、数学者の思考を理解しようという場合には不可欠である。そして今回のケース、つまりフィボナッチ数に累乗数がほとんど見られないという謎は、大多数の数学者の目にはちっぽけなことに映っていたとはいえ、自然な筋道が見当たらないように思えたことで特別に困惑させられる問題となった。フィボナッチ数と整数の任意の大きさの冪という二つの現象は、（宝石とカスピ海のように）概念的にあまりに遠く隔たりすぎていて、体系立てられた深い不可避の相互関係などありそうには見えなかったのだ。

そこに数学者たちの巨大なチームが登場する。(3)　彼らはフェルマーの最終定理という「大きな獲物」に狙いをつけていた。この最終定理は一七世紀中葉にピエール・ド・フェルマーによって提唱された悪名高き言明で、nを2より大きな自然数とすると、$a^n+b^n=c^n$を満たす自然数a、b、cは存在しないとするものだった。数学者たちの大規模な国際リレーチームは、勝利の最終走者となったアンドリュー・ワイルズの驚異的な走り（ほぼ八年かかったが）をもって、何世紀にもわたり未解決だったフェルマーの言明を証明することについに成功した。このとき用いられたのが、現代数学の広大な領域のあちこちからアイデアを持ち寄って結びつけるという驚くべき技法だ。

このチームの革新的業績のおかげで新しい道が開かれ、その結果、古くからよく知られていた数々の扉を開けようとする機運が生まれた。フィボナッチ数と累乗数の謎の扉という、ぴったりと閉じられていた小さくとも蠱惑的な扉もその一つだ。フェルマーの最終定理の証明のほぼ一〇年後、三人の数学者[4]がワイルズらの用いた技法を応用して、レオナルド・ディ・ピサの再帰数列には立方数8と平方数144以外に完全累乗数は（1は除外して）現れない正確な道理を突き止めることに成功した。きわめて難解ではあるにしろ、無限に続く相互回避のダンスの背後にある**道理**は解き明かされたのだ。これによって数学者の信条にまた一つ大勝利が追加されることになった――**パターンのあるところ必ず道理あり**という数学の考えに大きく投資する理由が一つ増えたのである。

ゲーデルの脳の小さな閃めき

クルト・ゲーデルの物語に戻ろう。ゲーデルは、数のあらゆる種類の無限クラスが再帰的な規則によって定義できるという強力なアイデアに出会ったのだった。彼にとって、最初の有限個の種から無限の構造やパターンが有機的に成長するというイメージは、単なる好奇心の対象にはとどまらなかった。実際ゲーデルは、PMの定理は（ユークリッドの『原論』における定理と同様に）、常に（形式化された推論規則によって）PM内の先立つ定理から生み出されること、ただし最初のいくつかの定理は例外で、それらは頭ごなしに定理とみなされて「公理」（種に相当する）と呼ばれるという事実を思い起こしていた。

最初は模糊としていたつながりが、ゲーデルの頭の中で周到なアナロジーとして形をなしていった。PMの**公理**はフィボナッチ数の種1と2に相当し、PMの**推論規則**は直前の二つの数を足す操作に相当するのではないか。主な違いは、ＰＭでは推論規則は一つだけでなく複数あるので、各段階でどれを用いるかに選択の余地が常にあることだ。さらに、選択した規則は直前に生成された定理に限定されず適用できる。しかしこれら自由度の大小を別にすれば、ゲーデルの考えたアナロジーは非常に精密であり、しかもきわめて実り多いものでもあった[5]。

巧妙な規則によって記号に意味が生まれる

ここで強調しておかなければならないが、ＰＭのような形式体系における各推論規則は、一つ以上の入力式から一つの出力式を導くが、その導出は**完全に字面通り**に行われる。それは純粋に機械的な記号の置き換えであって、記号の意味するところを考慮する必要は一切ない。規則に従って定理を生み出す人間（あるいは機械）の立場から見れば、記号がまったく意味をもたなくても何も変わらないのだ。

一方で規則の方は、真である入力式が与えられたならば出力式も常に真となるように、非常に注意深く作らなければならない。よって規則の設計者（ＰＭの場合はラッセルとホワイトヘッド）は、操作者が（人間かどうかによらず）記号の意味するところを考慮**しない**場合でも規則を正しく機能させるべく、記号の意味するところを十分に考慮する必要があった。

簡単な例を挙げよう。∨という記号によって「または」という概念が表されるとしよう。すると次のような推論規則が考えられる。

式Ｐ∨Ｑから、反転した式Ｑ∨Ｐが導かれる。

この推論規則は理にかなっている。なぜなら、「または文」（たとえば「きみが狂っているまたは わたしが狂っている」）が真ならば、ひっくり返した「または文」（「わたしが狂っているまたは きみが狂っている」）も真だからだ。

この∨反転規則は実際にはPMの推論規則には含まれていないが、含まれていたとしても不思議ではない。重要なのは、機械的に記号を置き換えればよいのであって、意味を考える必要はない、にもかかわらず真であるという点は保存される、ということだ。またこの規則は自明だが、もっと扱いが難しく、それでいてきちんと機能するものもある。これがアリストテレスによって最初に提唱された記号論理学のアイデアの根幹だ。記号論理学はその後、ブレーズ・パスカル、ゴットフリート・ヴィルヘルム・フォン・ライプニッツ、ジョージ・ブール、オーガスタス・ド・モルガン、ゴットロープ・フレーゲ、ジュゼッペ・ペアノ、ダフィット・ヒルベルト、その他大勢の手によって何世紀もかかって少しずつ発展してきた[6]。ラッセルとホワイトヘッドは、推論を完全に機械化するという古代からの夢を、先人たちの誰にもまして野心的な方法で展開したのである。

数学者の信条を機械化する

PMの推論規則を公理（種となる「第ゼロ世代」の定理）に適用すると「子供」、ここでは「第一世代」の定理が得られる。その第一世代定理（および公理）にあらゆる方法で再び規則を適用すると、さらに新しい定理が続々と生まれる——第二世代だ。さらにそれらすべてから第三世代定理が作られて、以下同様に雪だるま式に定理がどこまでも《アド・インフィニトゥム》作られていく。PMの無限の定理は、最初の種と、古い定理から新しい定理を生み出すときに字面通りに適用される「成長規則」とによって完全に定まる。

当然ながら、ここで望まれているのは、機械的に生成されたＰＭの定理はすべて数論に関する真の言明になる（すなわち、偽の言明は生成されない）ことであり、逆に言えば、数論に関するあらゆる真の言明はＰＭの定理として機械的に生成される（すなわち、どんな真の言明でも必ずいつか生成される）ことが望まれている。前者の望みを**無矛盾性**、後者を**完全性**と呼ぶ。

要するに、無限にあるＰＭの定理全体が無限にある数論の正しい言明全体とぴったりと一致すること――完全無欠の合致を期待しているわけだ。少なくともラッセルとホワイトヘッドはそう期待していたし、ＰＭによってその目標が達成されたと信じていた（結局のところ s0 + s0 = ss0 は定理となったのであるし）。もう一度、数学者の信条を思い出してみよう。これはラッセルとホワイトヘッドが現れる何世紀も前から何らかの形で存在していた。

Ｘは真である、**なぜならば**Ｘには証明が存在するから。
Ｘは真である、**したがって**Ｘには証明が存在する。

一行目は第一の期待を表している――無矛盾性だ。二行目は第二の期待を表している――完全性である。ここからわかるように、数学者の信条はラッセルとホワイトヘッドが目指していたものと非常に密接に関連している。その一方で彼らの目標は、ＰＭを土台として、数学者の信条を新しい厳密な基礎の上に据えることだった。言い換えると、数学者の信条ではそれが何を意味するのかを明確にせずに「証明」という言葉を使っていたが、ラッセルとホワイトヘッドはそれに対し、**ＰＭにおける証明**という意味づけをしようとしたのだ。

ゲーデル自身はＰＭの能力に深い敬意を抱いていた。その証拠に彼は、一九三一年の論文の冒頭で次のように述べている。

数学は一層の厳密性を目指して進化し、周知のように、その大部分を形式化するにいたった。すなわち、僅かな機械的規則によって証明が実行できるような数学の形式化が達成されたのである。現在までに構築された形式系のうち、最も包括的なものは、一方では、プリンキピア・マテマティカの体系（以下、ＰＭ）であり、他方では、ツェルメロ－フレンケルの集合論の公理系である（後者はＪ・フォン・ノイマンが更に発展させている）。

これら二つの体系は十分に完成されたものであり、今日数学において使用されるすべての証明法が、それらの内部で形式化されるほどである。つまり、それらの証明法が少数の公理と推理規則に還元されるのである。〔ゲーデル『不完全性定理』（林晋・八杉満利子訳　岩波書店）より〕

しかしながら、ラッセルとホワイトヘッドの業績に対するこの惜しみない敬意表明にもかかわらず、ゲーデルは真理とＰＭ定理との完全な合致が実現されたとは考えていなかったし、そのような合致がそもそも可能とさえ信じていなかった。このゲーデルの深い懐疑は、心をもたず、機械的で、記号の置き換えのみで、意味の欠落している数学的推論の迷宮の内部に、きわめて奇妙なループが潜んでいるという感覚に根差していた。

奇跡のような完全同調

再帰的に定義される数列と次々に生成されるPMの定理の集合（PMに限らず、公理が種となり、推論規則が生成機構となるならば、どのような形式体系でもかまわない）との間に見られる概念的な並行関係から、ゲーデルは『プリンキピア・マテマティカ』のページに記述されている記号の字面的パターン――つまり、古い定理から新しい定理が厳密に論理的に導出されるさま――を、数の世界の中に厳密に「映し出す」ことができるのではないかと考えた。ゲーデルの内なる声は、この関連性が単にぼんやりと似ているというのではなく、まず間違いなく完全に厳密な対応関係にできると告げていた。

より具体的に言えば、ゲーデルが想定したのは、フィボナッチのF数のように算術計算によって有機的に発展する自然数の集合で、PMの定理の集合に厳密に一対一に対応するものだった。たとえば、定理Zが定理Xと定理Yとから字面規則R5を用いて導かれ、数zが数xと数yとから計算規則r5を用いて生成されるとすれば、すべてが対応する。すなわち、数xが定理Xに対応し、数yが定理Yに対応するならば、数zは定理Zに「奇跡のように」対応することになる。完璧な同調だ――二つの面（字面と数）が足並みを揃えて動いているのである。奇跡のような同調という考えは当初は単なる思いつきにすぎなかったが、ゲーデルはすぐに、この生まれたばかりの夢を精緻にすることで詳細に説明できると気がつき、ねばり強い追求を開始した。

式と巨大整数を行ったり来たり

直観の思いつきを精緻でしっかりしたアイデアへと変換するために、ゲーデルはまず、PMの任意の記号列

（それが真であろうが偽であろうが、たとえめちゃめちゃに並べられた記号の塊であろうが）を体系的に正の整数へと対応づける方法と、反対に、そのような整数を与えられたときに元の記号列へと「復号」する方法とを考案する必要があった。このゲーデルの夢の第一段階、すなわち式に数値の「名前」を与える体系的な写像は以下のように作られる。

ＰＭの基本記号は一〇個程度の限られたものにすぎない（他の記号も後から導入されるが、それらはすべて最初の限られた記号によって定義されるので概念的には必須でない）。ゲーデルはまず、それら基本記号の各々に異なる小さな整数を割り当てた（この最初の割り当ては適当でよい。個々の記号にどの数を割り当てるかは実は問題にはならないのだ）。

複数の記号からなる式に対しては（ところで本書では「記号列」、「文字列」、「式」は同じ意味で用いている）、式を左から右へとたどりながら、一つひとつの記号を対応する数に置き換えていく。次にそれらの数を（昇順に並べた素数の指数として利用することで）組み合わせて、一つの巨大な数へと符号化する。こうすれば、**個々の**記号に対する数の割り当てが決まると、記号**列**に対する数の割り当ては**一意に**定まる。

たとえば、記号0には数2が、記号＝には数6が符号として（適当に）割り当てられたとする。すると、三つの記号からなる簡単な式0＝0に対応する符号数は、2、6、2となる。これらを最初の三つの素数（2、3、5）の各々の指数として掛け合わせると以下が得られる。

$$2^2 \cdot 3^6 \cdot 5^2 = 72900$$

つまり、７２９００が式0＝0に対応づけられた数となる。見てわかる通り、式が短いわりには割り当てられる数はずいぶんと大きい。そして容易に想像できるように、記号五〇個からなる式があったとすると、最初の五〇個の素数をそれぞれ何乗ずつかして、さらにその結果を掛け合わせるのだから、天文学的な大きさの数が割り当てられることになる。とはいえ、それで何の問題もない――数はどんなに大きくても数であることに変わりはないからだ（ゲーデルにとって幸運なことに素数は無限個存在する。もし素数の数が、たとえば一〇億個に限定されていたならば、ゲーデルの方法では一〇億個以下の長さの記号列しか符号化できないことになる。それではあんまりだ！）。

　復号は７２９００を素因数分解することによって行われる（分解は一意に定まる）。それから各素数の指数を一つひとつ読み出せばよい。この場合には2、6、2が得られる。

　このようにゲーデルは、ＰＭの式を等価な数へと置き換える、自明ではないが単純な方法を考案し（その数はほどなく**ゲーデル数**と呼ばれるようになった）、さらには、その「算術化」のアイデアを拡張して式の列まで含むようにした。ＰＭにおける証明とは式の連なりであり、ゲーデルは個々の式だけでなく、証明全体を取り扱いたかったからだ。こうして、素数と指数を用いるという実質的に同じ手法によって、任意の長さの式の列が一つの巨大な整数に対応づけられるようになった。ご想像通り、それは**本当に**巨大な整数である。

　要するに、ゲーデルは『プリンキピア・マテマティカ』の独特な記法に基づいて視覚的に表現されるどのような記号パターンに対してもただ一つに定まる整数を対応させ、さらに、その整数から簡単に元の視覚的パターン（記号列）を復元できる方法を示したのだ。現在では「ゲーデル数化」と一般に呼ばれるこの両方向の精緻な写像を考案し洗練したことが、ゲーデルの仕事の重要な第一歩となった。

巨大整数と式とが同調して変化する

次の重要な一歩は、フィボナッチ数のような再帰的定義を、特別な整数の集合に対して与えることだった――先に生成された整数から、加算、乗算、その他の複雑な計算によって有機的に成長する整数の集合である。そうした特別な整数としてはｗｆｆ数が挙げられる。この数は文法的にでたらめな意味のない文字列ではなく、「形式の整った」、「意味のある」ＰＭの式にゲーデル符号化を施して得られるものだ（たとえば０＋０＝sss0はｗｆｆ、略さずに言えば整論理式（well-formed formula）と呼ばれる式の一例である。この式の主張は偽だが、意味のある言明となっている。それに対して、=）0（=とか00==0+=はｗｆｆではない。適当に並べられた紛いものの単語の列zzip dubbiwubbi pizzのように、何も主張していないからだ）。ＰＭにおいて、長いｗｆｆはそれより短いｗｆｆから、少数の簡単で標準的な字面並べ替え規則によって構築されるようになっているので、それと同様に、長いｗｆｆの大きな符号数もそれより短いｗｆｆの小さな符号数から、少数の簡単で標準的な数値計算の規則によって作り出すことができる。

さらっと述べてきたが、実はこの一歩こそがゲーデルの洞察のなかでも最も重要なものだった――すなわち、ひとたび記号列が「算術化」されたならば（対応する数値に置き換えられたならば）、規則に基づいた記号列の字面並べ替えはすべて、たとえそれがどのようなものであっても、代用とされる数値を用いた何らかの**純粋な算術計算**と完全に同等のものとして扱うことができる。もちろん現れる数は巨大なものだが、数はあくまで数である。このように、ラッセルとホワイトヘッドが精巧な**記号操作**と考えていたものが、ゲーデルにはずっと直接的な数値計算《ナンバークランチング》に見えた（もちろん、こうしたことはすべてコンピュータ誕生以前の先史時代に起きたので、ゲーデル自身はこんな今どきの用語は使わなかったのだが）。それらは単に一つの現象に対する、一〇〇パーセント等価で互いに交換可能な二つの異なる見方にすぎなかったのである。

PMをひねると自分が見える

ゲーデルは、ｗｆｆ数のような無限個の数のクラスを再帰的に構築する——新しい「倶楽部会員」を、古くからいる倶楽部の正会員を数値計算規則によって組み合わせることで生み出す——操作は、フィボナッチ数列でＦ数のクラスを、前に現れた数を加算することで再帰的に構築するのと本質的に同じであることを理解した。もちろん再帰の工程は、直前の二つの数を足すよりもはるかに複雑になる。

再帰的定義は、間接的にではあるが整数全体の集合を倶楽部の会員と非会員とに二分する。すなわち、再帰的な構築過程においていつか**到達可能**な数と、どんなに長く待っても決して**到達不可能**な数とにである。たとえば、34はＦ倶楽部の会員だが35は会員ではない。35がＦ数でないとどうしてわかるのか？　答えはとても簡単だ——新しいＦ数を作り出す規則は、常に小さな数から大きな数を生み出す。したがって一度ある大きさを通り越してしまえば、後でその近所にあった他の数を「ピックアップする」ために戻ることはない。具体例を出せば、Ｆ数が1、2、3、5、8、13、21、34、55と進んだならば、この範囲ではこれらのみがＦ数であって、たとえば35、36、……54はＦ数ではないことがわかる。

しかしながら、ある数の倶楽部が、出力が入力より**大きくも小さくも**なり得る再帰規則によって定義されている場合は、Ｆ倶楽部とは異なって、前に通り越した小さな整数を後から戻ってピックアップすることがないとは言えなくなる。

「ｗｆｆ数」とわれわれが呼んでいる再帰的に定義される数の倶楽部について、いま少し考えてみよう。すでに見た通り７２９００は「ｗｆｆ」性を有していたが、さらに考えてみると５７６と２９１６にはそれがないことがわかる（なぜか？　因数分解して2と3の冪を調べると、二つの数はそれぞれ0＝と＝0という文字列の数値符号化だとわかる。このどちらの文字列もwffではない）。別の言い方をすれば、その奇妙な定義にもかかわらず、wff性は平方数性や素数性やフィボナッチのF性とまったく同じように純粋に数の世界における正当な研究対象なのだ。wff数は再帰算術的（すなわち計算的）に定義されるのだから、「wff倶楽部」の会員／非会員という区分は、平方数倶楽部や素数倶楽部やF数倶楽部の会員／非会員と等しく、正真正銘の**数論的**区分である。さらに、wff性を定義する再帰規則は常に入力よりも大きな出力を生み出すので、wff性はF性と同様に、一度ある大きさを越えたらその近くには二度と戻らないという単純な性質を備える。

フィボナッチの再帰数列に現れる平方数に好奇心を掻き立てられる者がいるように、再帰的に定義されるwff数の数列に平方数（あるいは立方数でも何でも）が現れるかどうかに興味を抱く者もいるかもしれない。しかしそうした人たちは、この種の純粋に数論的な問題の研究に邁進するのであって、数に対応する『プリンキピア・マテマティカ』の式に思いを馳せることは決してないだろう。

ゲーデルのwff数が、『プリンキピア・マテマティカ』における整論理式を定義するラッセルとホワイトヘッドの規則に端を発しているという事実は知らずともかまわない。確率法則を研究するのに、この数学の一分野がもともと賭け事の分析のために発展したという事情を知っている必要がないのと同じだ。ずっと昔に誰かが再帰的定義を思いついた背景がどうであれ、定義される数そのものに変わりがないのは明らかである。大切なのは、倶楽部の会員はすべて最初の種から規則を有限回適用することによって得られるということだ。

ところで実は、wff数は再帰的な方法を用いて比較的簡単に定義できる。ということはつまり、wff性は（F性とまったく同じように）『プリンキピア・マテマティカ』が探求対象として想定していた類の数学的概念だということだ。もっとも、ラッセルとホワイトヘッドは、自分たちが考案した機械的な推論体系がこのような変わった使われ方をするとは夢想だにしていなかった。推論体系の推論機械としての特質をその推論体系自身で吟味するというこの方法は、まるで顕微鏡のレンズの一部に傷がないかをその顕微鏡自身を用いて調べるみたいなものだ。発明はしばしば発明者自身を驚かせるものなのである。

形式を重んじるプリム数

ホワイトヘッドとラッセルの三巻本の続刊として、ｗｆｆ数の数値的性質を定義し体系的に調べる巻を仮定できると気がついたゲーデルは、アナロジーをもう一歩進めて、再帰的に定義される自然数のクラスではるかに興味深いものが存在することを示した。ややこしい道具立てをたくさん用いる必要があったが、概念的にはそれほど難しくなく示されたその数を、ここでは（三巻からなる高名な大著のタイトルに敬意を表して）**プリム数**（prim number）と呼ぶことにしよう。このプリム数はＰＭの**証明可能な**式（すなわち定理）に対応している。

ＰＭにおける**証明**とはもちろん、ＰＭの公理に始まり問題とする式に至る一連の式のことだ。その各ステップは何らかの推論規則によって規定され、ＰＭの場合、それは形式化された字面による推論規則である。ゲーデルは、ＰＭの記号列に適用される字面的推論規則の一つひとつに、数に適用される計算規則が完全に対応するのを示した。まるで数値計算が字面操作のことを馬鹿にして、生意気にも「きみにできることなら何だってぼくの方が上手《ベター》にできるぜ[7]！」と言っているみたいだ。しかし実際には、**より**上手なわけではない。大切なのは、どのような形式化された字面規則が与えられたとしても、計算規則はそれを完全に真似られる——完全に同調できる——ことを、ゲーデルが疑いを差し挟む余地なく示した点だ。つまり数値規則は**同じくらい**上手なのである。

そうすると結局のところ、ラッセルとホワイトヘッドの形式体系における**証明可能な文字列**には、対応する**プリム数**が必ず存在することになる。それらのプリム数はすべて記号に復号でき、そうして得られた文字列はPMで証明可能な式である。同様に、PMで証明可能な式はべらぼうに大きな整数に符号化でき、きちんと計算すれば（！）それはプリム数となることが示される。プリム数の簡単な例はまたしてもお馴染みの72900だ。なぜならば、式0＝0は整論理式であるばかりでなく、特に驚くことでもないがPMで導出可能でもあるのだから（もし導出可能でなかったら、PMは数学的推論の機械的モデルとしてはひどく貧弱になってしまう！）。

wff数とプリム数には決定的な違いがある。PMの推論規則は入力された文字列よりも**短い**文字列を出力することがあるが、それに対応して、プリム数を定義する算術規則もまた、入力された**大きな**プリム数からそれより**小さな**プリム数を出力することがあるのだ。ということは、いったん通り過ぎた数直線上の場所にまた後で戻ってくる可能性が常に存在することになり、そのため与えられた整数がプリム数かどうかを判断するのはもっとずっと難しくなる。これはプリム数に関する問題のなかでも中心をなす非常に奥深い事実である。

平方数、素数、F数、あるいはwff数がそうだったように、ホワイトヘッドとラッセルの三巻本の続刊として、プリム数の数学的性質を定義し体系的に調べる巻をさらに仮定できるだろう。そこでは、たとえば（注意深く調べれば）「72900はプリム数である」という言明に相当するPMの式の証明があるかもしれないし、その反対の「72900はプリム数**ではない**」という言明に相当する別の式について論じているかもしれない。言うまでもなく、前者は真で後者は偽だ。またそればかりでなく、この仮定の巻では、PM記法を用いてもっと複雑な数論的アイデアが表され議論されることも考えられる。たとえば「プリム数は無限に存在する」のようなアイデアで、この言明は（符号化を通すと）「PMにおいて証明可能な式は無限に存在する」と主張しているのに等しい。

なぜそんなことをするのかと訝しむ人もいるかもしれないが、「二つのプリム数の和で表される整数、表せない整数はどのようなものか？」のような一八世紀スタイルの数論の問題を設定することもできる。このような変な問題をまともに取り上げる人はおそらくいないだろう。しかし、プリム数という属性は確かにやや難解な「現代的」属性ではあるが、整数に関する数論的属性であることに間違いなく、その点で平方数や素数やフィボナッチ数といった「古典的」属性と同じであることは重要である。

プリム数の不気味な力

誰かがあなたにこう言ったと仮定する。自分たちは、任意に与えられた整数nについて、「nは素数か？」という質問に対して常に正しい答えを返す装置を作った、と（この装置を「グル」というニックネームで呼ぼう）。「641は素数か？」と尋ねると、グルはしばしカタカタと動作したのちに「はい」と答える。642について尋ねると、グルは少し「考えて」から「いいえ」と返してくれる。そんな判定装置がもし現実にあったとしても、それほど不思議ではないだろう。シリコン回路を使うにせよ、ドミノ倒しを使うにせよ、現代の技術を使えば簡単に実現できそうだ。

では今度は同じような装置を誰かが考案したとしよう（「ゲール」と呼ぼう）。ゲールは「nはプリム数かどうか」を正確に判定する。最初の装置グルと同じように、ゲールも簡単に実現できそうだと思うだろうか？もしそう思ったなら、ちょっと待ってほしい。

理由はこうだ。もしゲールが実現可能と考え、それと同時に(『プリンキピア・マテマティカ』版の)数学者の信条も認めるとしたら、あなたの可愛いゲールは、まるで魔法のランプから現れた精霊みたいに、あなたが関心をもった**どんな数論の問題にも**自力で答えられることになる。でも、いったいどうやって? 何がゲールをランプの精霊にするのだろうか?

ある言明Xが真か偽かを知りたいとする[8](たとえば有名な「2より大きな偶数はすべて二つの素数の和として表すことができる」という、すでに紹介したように三世紀近い研究にもかかわらず現在でも未解決の言明)。そのためには、言明Xを形式的なPM記法に従って書き下して、その式を機械的にゲーデル数xに変換し、その数をゲールに食わせればよい(数xがプリム数がどうかを尋ねることに相当する)。もちろん数xは巨大な整数になり、ゲールが答えを出すには長い時間がかかることだろう。しかしゲールがインチキでない限り、いつかは「はい」か「いいえ」いずれかの答えが必ず得られる。ゲールの返答が「はい」であれば、数xはプリム数である。したがって数xとして符号化された式は**証明可能であり**、言明Xは真となる。反対にゲールが「いいえ」と答えたならば、Xは**証明可能ではなく**、したがって(『プリンキピア・マテマティカ』版の)数学者の信条を認める限り、Xは偽ということになる。

これを言い換えると、プリム数と非プリム数とを誤りなく区別できる装置があり、加えて『プリンキピア・マテマティカ』版の数学者の信条を自明とみなすならば、それだけで真の言明と偽の言明とを誤りなく区別できることになる(プリムには「形式を重んじる」という意味があるので、非プリム数のことを「不作法」を意味する「ソーシー数」(saucy number)と呼ぼう)。要するにゲールを所有するとは、数学に関するあらゆる知識をもたらす黄金の鍵を手に入れることなのだ。

プリム数だけが、いわばそのローブの下に**あらゆる数学知識**を隠し持っているかのようだ! ゲーデル以前に考案された数列には、こんな摩訶不思議な神託のごとき資質を備えるものは一つもなかった。この驚くべき数はまったく値千金と言えるのだ！　しかしすでに述べたように、プリム数は小さな数でもずっと後になってから倶楽部会員に加えられることがあって捉え難い。それゆえプリム数とゾーシー数とを見分けるのは容易ではなく、つまりはゲールを実現するのも簡単ではない（これはこの先の展開に関する警告のつもり）。

ゲーデル的な奇妙さ

ゲーデルは自らのアナロジーを拡張していき、最終的にきわめて重大な結論に必然的にたどり着いた。それは、一見何ということのない「ある数ｇはプリム数ではない」という主張を生み出す、ある天文学的な長さのＰＭ式を読者に詳しく説明するものだった（もちろん一文字一文字の指定を与えたわけではなく、その式の厳密な「構成方法」を示したにすぎない）。しかしながら、その式が語る「ある数ｇ」は、偶然からはかけ離れた（悪魔的とも言える）一致によって、**まさにその式**に結びつけられている整数だ（つまり、その式を符号化した、非常に巨大な整数である）。そしてこれから見ていくように、このゲーデルの奇妙な式は、二つの異なるレベルで解釈が可能であり、解釈によって二つの大きく異なる意味をもつ。

より直截的なレベルでは、ゲーデルの式は単に、この巨大な整数ｇは**プリム数性**という数論的属性をもたないと主張している。その点で、この言明は「７２９００は素数ではない」という主張と似ている。もちろん数ｇは７２９００よりずっと大きいし、プリム数性は素数性よりはるかにややこしい性質ではあるが。一方、ゲーデルの定義によれば、プリム数は記号列の証明可能性をＰＭ体系の規則を通じて数値的に表現したものなので、ゲーデルの式は以下のような主張もしていることになる。

たまたま符号数gをもつこの式は、『プリンキピア・マテマティカ』の規則を用いては証明不可能だ。

すでに記したように、この「たまたま」数gを符号数にもつ式は、まさに右に示した言明をする式である。要するに、ゲーデルの式は**自分自身**に関する言明を行っている。具体的には、次のような言明だ。

　この式はＰＭの規則を用いては証明不可能だ。

右の言い回しは、よりあからさまに「わたしは定理ではない」、あるいはさらに簡潔に、

　わたしは証明不可能だ

と表現される（「ＰＭ体系内では」という点は暗黙のうちに了解済みとする）。

ゲーデルはさらに、確かに自分の式は奇妙で困惑させられるように見えるが、実はそれほど特別なものではないことを示した。実際、ＰＭ体系に関する言明を行う式は無限に存在し、そのうちの多くは、同じように自分自身について風変わりでねじれた主張を行う（たとえば、「わたしもわたしの否定もどちらもＰＭの定理ではない」、「もしわたしがＰＭ内で証明可能であれば、わたしの否定はさらに短い証明をもつ」など。真の言明も偽の言明もある）。

若きクルト・ゲーデル——一九三一年当時、彼はまだ二五歳だった——は、ラッセルとホワイトヘッドが大

仰なる三巻本『プリンキピア・マテマティカ』において定義した世界、つまり、厳格で、形式的で、型理論に保護された、パラドックスなど存在しないと思われていた世界の中に、誰も予想していなかった、奇妙なほどねじれた式からなる広大な海が隠されているのを発見した。ゲーデルが見つけた式とその無数の親戚がもつ、数多くの直観に反する性質は、それ以来、数学者、論理学者、哲学者たちの心をとらえ続けている

ある式のゲーデル数をいかにその式の中に詰め込むのか

このゲーデルの偉大な業績を語る際に、やや技術的なことではあるが、ある一つの問題を取り上げないわけにはいかない。そうでなければ、混乱した気持ちのままの読者もいるだろうし、もしかするとゲーデルの仕事の重要な側面に疑念を抱く読者も出てくるかもしれない。なにより、このアイデアは本当に魔法みたいで、簡単にでも触れておく価値がある。

われわれの頭を離れない疑問はこうだ——ゲーデルはいったいどうやって、ある式のゲーデル数をその式自身の中に収めたのだろうか？　この問題について考えてみると、最初はまるでゾウをマッチ箱の中に押し込むかのように感じられることだろう。そして、ある意味でそれは正しい。自身のゲーデル数をそのまま取り込める式は存在しない。(9)　なぜならば、ゲーデル数の方が、元の式よりもずっと多くの記号から成り立っているからだ！　一見したところ、これは致命的な躓きの石のように思えるが、実はそうではない。G・G・ベリーのパラドックスの議論を思い起こしてもらえば、なぜなのか、あるいは推測できるだろうか。

鍵となるのは、大きな数でも非常に短く記述できる場合があるという単純な事実だ（たとえば、387420489は「9の9乗」という四語で記述できる）。つまり、非常に長い式のゲーデル数を算出する非常に短

い計算があるならば、巨大な整数を馬鹿正直に記述するのではなく（0の次の次の……次の次の次のように）、計算による近道を利用することが可能になる。そして式の中でその近道を記号で記述すれば、ゾウをマッチ箱に押し込むようなことはしなくとも、式に自分自身について語らせられるようになるのだ。この問題について数学的に説明することはしないが、その代わり以下では、哲学者W・V・O・クワインによる美しい言語的アナロジーを紹介することにする。(10)

クワインのアナロジーで解くマッチ箱の中のゾウのトリック

もしあなたが「この文」という句を用いずに自分自身について述べる文を作りたいと思ったら、どうするだろうか？　おそらく、かなりややこしいと感じるだろう。なぜならそのためには、その文自身の内部に、その文にある語や句を引用して、自分自身について述べる文を実際に**記述**しなければならないからだ。たとえば、最初の試みとして次のような（あまり芸のない）例を考えてみよう。

次の文「この文は一二文字からなる」は一二文字からなる。

今わたしが示した（そして読者が読んだ）文は真なる文ではあるが、残念ながら自分自身について語ってはいない。文全体を見れば二四文字とかぎ括弧からなっていて、結局のところ、文中の括弧でくくられた短い文について語っているにすぎないからだ。「一二」を「二四」に変えたとしても、自己言及をするようになるわけではない。そのような単純な作業では、単に真だった文が偽になるだけだ。論より証拠。

次の文「この文は二四文字からなる」は二四文字からなる。

この文は偽である。そしてさらに重要なのは、この文が**依然として**文中の短い文についてしか言及していないことだ。われわれがまだ自分自身について語る文からほど遠いところにいるのは明らかだろう。問題は、括弧の中にどんな文を入れたとしても、それを含む文全体よりは必ず短くならざるを得ないという点にある。この問題はわざわざ言うまでもない自明のものだが、実のところ、式そのものの中にその式のゲーデル数を直接埋め込もうとしたときに突き当たる障害にぴったり当てはまるアナロジーだと言える。ゾウをマッチ箱に押し込むことなどできやしない！　だがその一方で、ゾウのDNAならば簡単にマッチ箱に入れられる**はず**だ……。

実際に、DNAがゾウそのものというよりはゾウの**記述**であるように、巨大な数そのものではなく巨大な数の**記述**を用いることで障害を回避する方法がある（もう少し正確に言うと、巨大な**数値**を用いる代わりに簡潔な記号的記述を用いることができる）。このトリックはゲーデルが発見したもので、非常に把握しづらいが、クワインのアナロジーを用いることで理解がずいぶん容易になる。以下の文断片を見てほしい。わたしが「クワイン苦肉句」と呼んでいるものだ。

は括弧でくくってそれ自身の前に置くと文となる。

お気づきの通り、このクワイン苦肉句には文法上の主語がなく、完全な文とは決して言えない。「苦肉」とつけたのはそのためだ。では、名詞を苦肉句の前に置いたらどうだろう——たとえば、肩書きをつけた「クワイン教授」はどうか？　そうすればクワイン苦肉句は完全な文となるはずだから、それを「クワイン句」と呼ぶことにしよう。

「クワイン教授」は括弧でくくってそれ自身の前に置くと文となる。

これで主語ができた——「クワイン教授」がそれだ。ところで、このクワイン句は何を**意味しているのだろうか？**　それを知るには、このクワイン句が述べている通りのものを実際に**組み立ててみる**必要がある。すなわち、クワイン教授を括弧でくくってそれ自身の前に置いてみる。すると次のようになる。

「クワイン教授」クワイン教授

このいささか馬鹿馬鹿しい句が完全な文であるというのが、先ほど作ったクワイン句が言い張って（というか、主張して）いることだ。もちろん、この言明は明らかに偽である。述語を含んでいないのだから文でも**ない**。

しかしながらクワイン教授というのは、他に何万もある候補から偶然選ばれた一つの可能性でしかない。それではクワイン苦肉句の前に置いたときに、クワイン句が真となるような名詞があるだろうか？　ゲーデルが気づいたのは、そのためには**主語なし文断片**を用いる必要があるということだった。これはクワインのアナロジーが明白に示すことでもある。

主語なし文断片にはどのような例があるだろう？　どんな文でもよいのだが、たとえば「雪は白い」という文から主語を取り除いてみる。そうすれば、主語なし文断片「は白い」が得られる。早速これをクワイン苦肉句の前に置いてみよう。

「は白い」は括弧でくくってそれ自身の前に置くと文となる。

このちょっとややこしい表現はまだ見ぬ構造に関する言明であるが、ともかく見てみることにしよう（句点がおまけに付いているが気にしないでほしい）。

「は白い」は白い。

さて、これは**確かに**文だ。主語と述語があり全体も意味をなしている。しかし、だからといって**真**というわけではない。実際これは明らかに偽である。「は白い」は実際には**黒い**のだ（公平を期せば、文字には黒いインクの部分だけでなく白い空白部分もある。そうでなければ読めないのだから）。いずれにせよ、クワイン苦肉句に「は白い」を入力として与えれば文が得られ、それこそがクワイン句の主張することだ。われわれが前進しているのは間違いない。

トリックの核心

とっておきの悪魔のようなトリックは、クワイン苦肉句それ自体を前に置く名詞として用いることだ。クワイン苦肉句を括弧でくってそれ自身の前に置いてみる。

「は括弧でくくってそれ自身の前に置くと文となる」は括弧でくくってそれ自身の前に置くと文となる。

この句はどのような言明なのだろう？　まずこれが何**について**語っているのかを確認する必要がある。言い換えれば、「は白い」は白い、に相当するものを組み立てなければならない。この場合には次のようになる。

「は括弧でくくってそれ自身の前に置くと文となる」は括弧でくくってそれ自身の前に置くと文となる。

ここが核心なのでしっかりついてきてほしい。なんとクワイン句は、自分自身とまったく同じ句のことを語っている！　クワイン句は**何か**が文になると主張し、その何かを実際に組み立ててみると、クワイン句それ自体になる。すなわち、クワイン句は自分自身のことを語っていて、自分自身についてそれは文だと主張しているのだ（確かに文である。一方は括弧つきで他方は括弧なしの、二つの主語なし文断片で構成されてはいるが）。

このややこしい話を理解してもらえたら、そもそもの出発点であった、自分自身について語るゲーデルのPM式に戻ろう。大切なのは、ゲーデル数は式の**名前**として用いて式の中に**挿入する**ことができるのだから、まさに括弧と同じ機能を果たしているという点だ。括弧と文断片を用いれば、自分自身について語る文（あるいは、その方がお好みなら、元の文のクローンであって元の文とまったく同じ性質をもつ**別の**文）が構成可能であることは今見てきた通りである。

ゲーデルも同じように、主語なしの式断片（特定の数ではなく値不定の変数xに関するPM式）を作った。さらに、クワイン苦肉句に自分自身を（括弧でくくって）食わせるのと同じように、式断片のゲーデル数k（それは変数ではなく特定の数となる）で、変数xを置き換える操作を施して（断片ではない）きちんとした式を得る。その式は、それよりもはるかに大きな数gに関する言明を行う。そして数gは、まさにその言明自体のゲーデル数となっている。ここで忘れてならないのは、その言明は、問題となる対象が文かどうかではなく、その対象が**証明可能な式かどうか**に関するものだということである。

マッチ箱の中のゾウは海のものでも山のものでもない

ここまでの話を一気に飲み込むのが大変なことは承知している。だから、もし何回も飲み込み直さなければ（つまり注意深く再読しなければ）ならなかったとしても、少しも怖気づく必要はない。学のある数学者でも、ここの理屈が理解できなかったという人はいくらでもいるのだから！

理解の手助けとして、先に扱ったクワイン流の方法を用いてゲーデルの自己言及構造の中核を表現するハイブリッド文を紹介しよう。

「は自身のゲーデル数を与えられると非プリム数を生み出す」は自身のゲーデル数を与えられると非プリム数を生み出す

この文は正体不明で、海のものとも山のものともつかない。これはPMの式ではなくて普通の文なのだから、ゲーデル数などもってはいない。したがって定理でも（非定理でも）ない。比喩がねじれているのだ！

しかし、たとえ比喩がねじれていたとしても、この文はゲーデルが実際に作ったPM式の特色をうまく表現している。括弧でくくることがゲーデル数をとることの比喩であると理解さえしておけば、文の前半部分は、括弧にくくられた文断片ではなく、ゲーデル数（k）と読める。そしてその比喩を進めていけば、後半部分には自身のゲーデル数が主語として与えられていると読むことができるだろう。素晴らしい！

しかし、これでもまだ十分にややこしい。なので、もう一度、今度は言葉を少し変えて説明してみよう。ゲーデルは次のような方法をとった。まず、数kがある式と対応するとしよう（その式には変数xが含まれている）。次に数kをその式に与える（具体的には、一文字の変数xを非常に長い数kで置き換える。すると最初の式よりずっと長い式が得られる）。そして、そのように得られた式のゲーデル数をとる。それを数gとすると、数gは数kよりもはるかに大きなものになるだろう。最後にゲーデルは、**この**巨大な数gはプリム数ではないと主張する。わたしの説明に注意深くついてきたならば、全体の式のゲーデル数（g）は式の中に陽には現れない、そうではなくてgは式の中で巧妙に**記述**されているということに気がつくだろう。ゾウのDNAを使ってゾウ全体の記述をマッチ箱に押し込んだというわけだ。

スラッゴとモートンソルトの少女

ここで技術的な点をことさら強調するつもりはない。覚えておいてほしいのは、ゲーデルによって、数を記述する非常に巧妙なトリック——大きな数kから非常に大きな数gを作り出す手順——が考案され、PMの式が自身のゲーデル数の非プリム数性を主張するのが可能になったことだ（すなわち、式は自分は定理ではないと主張するのである）。また、「小さな」数kは変数xを含む「式断片」のゲーデル数であり、その式断片は括弧にくくられた主語なし文断片に相当することも覚えておいていいだろう。それに対して、より大きな数gはPM**記法**による完全な記号列のゲーデル数で、これは欠けのない**完全な**文に相当する。

大衆文化といえども自己言及の喜びに無関心ではいられない。ここまで見てきた二つの対照的なアイデア、すなわち式が自身のゲーデル数を**そのまま**含む（したがって無限後退を必然的に引き起こす）場合と、式が自身のゲーデル数の**記述**を含む（したがって無限後退を鮮やかに回避する）場合は、もしかしたら読者もよくご存じの次の二つのイラストによって見事に表現されている。

最初のイメージは、アーニー・ブッシュミラーのキャラクターであるスラッゴが（懐かしの漫画「ナンシーちゃん」において）夢を見ている自分の夢を見ている自分の夢を見ている……というものだ。この例は明らかに自己言及的で無限後退が起きている。自身のゲーデル数をそのまま含む式と同じだ。そしてそのような式は、残念ながら無限の長さになってしまう！

二つ目のイメージはモートンソルトの有名なラベルだ。ラベルには少女がモートンソルトの容器を脇に抱えているイラストが描かれている。このイメージからも先と同じように無限後退の匂いを感じるかもしれないが、それは思い違いだ！　無限後退を引き起こす部分が少女の腕でうまく覆い隠されているのだ。もし仮に少女に頼んでラベルを見せてもらい、無限後退を実際に**目にしよう**と思っても、結局がっかりするだけだろう。**その**ラベルに描かれた少女はさらに小さなモートンソルトを抱えているだろうが、少女の腕はやはり無限後退を阻んでいるからだ。

とはいえ、このイラストが自己言及的であることに変わりはない。食料品店を訪れた客は、ラベルに描かれた小さなモートンソルトの容器が、自分が手にとって見ている容器と同じものだと認識しているからだ。でも、

when
it rains
it pours ®

どうしてそうなるのだろう？　それはアナロジーの力のおかげだ。具体的に見ていこう。客は大きな容器を手に持ちながら、同時に少女が小さな容器を抱えているのを見つける。二つの容器には共通点がたくさんあり（円筒形で、濃い青色をしていて、両端が白くなっている）、それでも不足ならば、小さな容器から塩がこぼれているのも見える。これだけ証拠を与えられれば、誰だって大きな容器と小さな容器は同じだと納得するだろう。これにて無限後退なしの自己言及の出来上がり！

ここで本章を終えるにあたって、以下のことをはっきり指摘しておこうと思う——ゲーデルの式やその変種をわれわれが日常使う言葉に翻訳するには、実は「私」という語を用いるのが最も簡明である（「わたしはPMでは証明不可能である」、「わたしはPMの定理ではない」）。これは偶然などではない。実際、ほとんどいい加減とも見える、この形式を外れた一人称単数代名詞の用法によって、ゲーデルの厳格で数学的な「奇妙なループ」と、きわめて人間的な「意識する自己」という概念との間に深いつながりがあることを、われわれは初めて垣間見るのである。

第11章　アナロジーはいかにして意味を生み出すか

ＰＭにおける式の意味の二重性

当時爵位を授けられたばかりのラッセル卿の困惑を想像してみてほしい。「クルト」と名乗るオーストリア生まれの若者がクルッと現れて、自己言及という恐ろしい災厄に抗する拠り所として念入りに構築された巨大な知的要塞『プリンキピア・マテマティカ』が、実は自分自身に関するありとあらゆる不条理で理解不能な言明を行う式で満ちあふれていると論文で宣言したのである。なにゆえそんな無法が許されるのだ？　意味もなくつぶやき出される自己言及的な命題が、分岐型理論という美しくも不朽の理論の堅固な防壁を、いかにしてすり抜けることができたのだろう？　きっとこのオーストリア出身の成り上がりの魔法使いが、何か邪悪な魔法を使ったに相違ない。しかしいったいどんな秘術をもってそんな非道なことを？

その答えは、いまや古典となったゲーデルの論文「プリンキピア・マテマティカおよび関連する体系における形式的に決定不能な命題についてＩ」にある。(1)　ゲーデルはその中で**意味**の概念の再分析を行い、ＰＭの式の意味はラッセルが考えていたほど単純でも厳密でもないと結論づけている。公平のために付け加えておくならば、ラッセル自身は奇妙な見かけのＰＭの長い式には固有の意味は**ない**と常に主張していた。実際彼は、ＰＭの定理は意味など考慮しない形式規則によって順次生み出されるのだから、すべては無意味な印の羅列だとしばしば語った（第９章の終わりで示したように、『プリンキピア・マテマティカ』には数学論文というよりは風変わりな美術作品に見えるページが多い）。

その一方でラッセルは、馬蹄形、鉤形、星形、のたくった線などが作る不可思議なパターンは、必要とあらば数とその属性に関する言明と解釈することも**可能**だと、注意深く指摘するのも忘れなかった。たとえば、無意味な直立した卵「０」は数のゼロ、同じく無意味な十字「＋」は足し算などと無理やり読むことができ、そうすればＰＭの定理はでたらめな戯言などではなくて、すべて数に関する言明となる。もし仮に、のたくりパターン ss0 + ss0 = sssss0 がＰＭの定理だとなったら、ラッセルはどれほど打ちひしがれたことか！　ラッセルにとってそれ以上の災厄はなかったのだ。このようにしてラッセルは、煙霧に包まれたような自分の大著には見いだすべき意味が**ある**ことを認めざるを得なかった（そうでなければ長い年月をかけて執筆することもなかっただろうし、どの文字列が定理となるのかに気を配る必要もなかっただろう）。とはいえ、その意味とは**写像**の利用に依拠するものであり、われわれはその写像によって、紙上に描かれた形と、抽象的大きさ（たとえば、ゼロ、一、二……）や操作（加算など）や関係（等号など）や論理概念（「否定」、「かつ」、「存在する」、「すべて」など）といったものを結びつけているのである。

ラッセルが自分の構築した記号の要塞から意味を読み取るために体系的な写像に依拠したことは、とても印象的だ。なぜならば、クルッと現れたゲーデル青年が発見したのは単に**別の**体系的写像であって（確かにもっとずっとややこしいものだが）、それによってまったく同じ要塞から**別の**意味を読み取ることができたのだから。つまり皮肉にも、ゲーデルの発見はラッセルの精神にぴったり合致したものだったのだ。

ゲーデルの新しい巧妙な符号は、記号列を数に、また反対に数を記号列に体系的に写像し（それに伴って字面の置き換え規則と数の計算規則との間も写像で結びつけられる）、そのおかげで、式には第二レベルの読みが与えられる。すでにある標準的写像によって定まる第一レベルの意味は、ラッセルが主張したように常に数が対象だ。しかし、ゲーデルが明らかにした新しい写像から（ラッセルの最初の写像におんぶして）得られる第二レベルの意味は**式**が対象となる。どちらのレベルの意味も共に写像に依拠するのだから、ゲーデルの新しいレベルの意味はラッセルのもともとの意味と比較して現実性や正当性において何ら劣るものではない――いささか見つけにくいだけなのである。

労せずしてさらなる意味が手に入る、アナロジーに感謝！

わたしは一九三一年にゲーデルが成し遂げたことについて長年考えをめぐらせてきたが、そのなかでも最も強い感銘を受けたのは、この意味の根源に対する彼の洞察、言い換えれば、写像によってまったく予期せぬ場所に一人前の意味が突如立ち現れるという発見だった。この洞察は、その単純さと同じくらい深遠であるように思う。ところが不思議なことに、わたしが思う深遠さという観点からこのアイデアが語られたことは、これまでめったになかったようだ。そこで本章では、わたしがそれに挑戦してみることにした。そのためにいくつか例を示していくが、最初は取るに足りないものから始めて、願わくはだんだんと緻密で面白いものにしていきたい。それでは見ていくことにしよう。

カフェで友人と注文の列に並んでいるとき、カウンター向こうの大皿の上に大きなチョコレートケーキを見つけたので、わたしは店員に注文して一切れもらうことにした。友人は一瞬迷ったが結局注文はしない。席に着いて一口食べてみたら、「わあ、まずい」と思わず声が出てしまう。もちろん、注文した一切ればかりでなく、そのケーキは全部がまずいと言ったつもりだ。そう聞けば、友人は注文を思いとどまって正解（あるいは幸運）だったと考えることだろう。こうしたありふれた発言からは、われわれがいとも簡単に外部の世界を一般化することが示される。つまりわれわれは無意識のうちに、「この一切れはケーキの残りの部分と同じだ。したがってこの一切れに当てはまる言明は他の一切れについても当てはまる」と考えているのだ（友人の食べ物への反応はわたしの反応と似ているという別のアナロジーも働いているが、それは放っておこう）。

もう一つ例を見てみよう。今度のはほんの少しだけ斬新だ。パーティーでクッキーの皿があったので、一つつまんでみる。「これ、おいしい！」と子供たちに告げると、彼らもすぐに一つずつクッキーをとる。なぜか？子供たちもおいしいものを食べたかったからだ。それはそうかもしれない。しかし、**わたしの**クッキーがおいしいという言明から、彼らはどうやって皿の上の**他の**クッキーに関する結論に到達したのだろうか？　すぐに思い浮かぶ答えは、クッキーはある意味でみな「同じ」だからというものだ。とはいえケーキの場合とは違い、それらのクッキーは何か一つの物理的対象の一部をなしていたわけではなく、それゆえ一切れのケーキに比べて、各クッキーはわずかながら互いに「異なって」いるはずだ。もちろん皿の上のクッキーはすべて、同じ人物が、同じ材料、同じ道具を用いて作ったものである。一回の作業で作られたものなのだから、同じカテゴリーに属するとしてもよいだろう。あらゆる現実的な側面において、それらは互いに交換可能とみなされる。厳密には一枚一枚が唯一無二なのだが、人間のクッキー消費行動においてはほぼ確実に等価なのだ。そういうわけで、わたしがどれか一枚について「わあ、これおいしい！」と言えば、アナロジーの力によって、その言明の意味は暗黙のうちに他のクッキーにも適用される。なるほど、それはクッキー間の意味の跳躍であり、しかも同じ皿のクッキーなのだから、取るに足りないアナロジーである。しかしそれでもアナロジーであることに相違はなく、このアナロジーゆえに「これ、おいしい！」というわたしの特定の意味をもつ言明は、一瞬にしてクッキーすべてに関する一般的な言明へと変貌する。

読者のみなさんは、こうした例をあまりに子供っぽいと思って言葉を失っているかもしれない。最初の例は切り分けたケーキの間の「アナロジー」だし、二番目のものだって同じ皿の上のクッキー間の「アナロジー」にすぎない。そもそもこんな陳腐な例を「アナロジー」と呼ぶ価値はあるのだろうか？　わたしにとっては、疑いなくそれだけの価値がある。実際われわれの豊かな精神生活の大部分は、こうした例と大差ない——ほとんど認識すらされない使い捨ての——無数のアナロジーの集積によって形づくられているのだ。にもかかわらず、これら些細なアナロジーは当たり前の存在すぎて、われわれは「アナロジー」という語が何かもっと高尚なものを指すと考えがちである。しかしながら、わたしの人生でテーマソングのように何度も繰り返し再生されてきたのは、ごく平凡に見えるアナロジーにこそ大きな敬意を払うべきだという考え方だった。(2)そうしたアナロジーは、よく吟味してみると、人間の認知の最も奥深いところから生じ、同時にまたそうした深い場所に光を投げかけるものである場合が多い。

日常生活におけるアナロジー

いま見てきたように、ある状況Aについて語る目的でなされた発言は、暗黙のうちに別の状況Bについても適用することができる。たとえBについて何か語る意図がなくとも、それまでBについてまったく言及がなくとも、そうなのである。そのために必要なのは、簡単なアナロジー——二つの状況が本質的に同じ中心構造、あるいは概念的な核を共有していることを明らかにする自発的な写像——だけだ。それさえあれば、読み取る意思があろうがなかろうが、もう一つの意味が立ち現れてくる。要するにわれわれは、ある状況に関する言明を、あたかもそれと類比的な——少々専門的な用語を用いれば**同型**の——状況についての言明として聞くことができるのだ。なお、同型（あるいは同型写像）とは要するに、形式化された厳密なアナロジーのこと（二つの並行する状況間のネットワークが明示的かつ精密に規定されていること）にすぎないので、これ以降はこの用語を自由に用いることにする。

状況AとBの間のアナロジーが明々白々な場合には（どんなに単純であっても）、状況Aだけについて語っているふりをしながら、状況Bについて「偶然を装って」語ることができる。「アンディ、泥んこの靴を脱いで足を洗ってから家に入りなさい」。友だちのビルと一緒に家の前で泥まみれになって遊んでいる五歳の息子に向かってこんなふうに呼びかけるとき、もちろんこの言葉はアンディだけでなくビルにも同様に向けられている。ここで用いられているのは、とても単純でわかりやすいアナロジーだ（先の「クッキー‐クッキー跳躍」になぞらえれば「少年‐少年跳躍」とでも呼べるだろうか）。アナロジーによる暗示を利用すれば、メッセージを効果的かつ巧みに伝えることができる。ただしもちろん、それは暗黙のメッセージを向けている相手（ここではビル）がA／Bアナロジーに気がつくと確信がもてる場合に限られ、そうでなければせっかくの巧みな外交努力も水泡に帰してしまうだろう。

お次はもうちょっと進んだ例。恋愛関係にある人々は、この手の仕掛けをいつだって利用しているものだ。ある夕べ、優しい抱擁のさなかに感極まったクセルクセスは、愛しい恋人ヨランダにこう尋ねる。「僕の口って臭うかな？」。クセルクセスは彼女の答え、できれば自分を安心させてくれる答えを真剣に求めている。しかし同時に、彼の問いは（彼が意図しようがしまいが）第二レベルの意味、しかも安心とはほど遠い次のような意味ももっている——「きみの口って臭い！」。ヨランダは質問に答えるが、当然のことながら、もう一つの意味の可能性も一瞬のうちに理解する。つまり彼女は、クセルクセスの**真の**意図は、彼自身の口臭を知ることではなく、**彼女**の口臭について告げることだったかもしれないと疑うのだ——彼はただ、如才なくそれを伝えたかったのではないかと。

それにしても、一つの言明が二つのレベルの意味を同時にもつことがどうしてできるのだろうか？　第二の意味は第一の意味の内部にどのように隠されているのだろうか？　賢明なる読者はもうおわかりだろうが、ともかく種明かしをさせてもらうことにしよう。泥んこ靴の場合と同じく、二つの物事の間に、きわめて単純で、きわめて声高で、きわめて突出していて、きわめて明白なアナロジーが成立しており、それはとりもなおさず、Xに関してなされたあらゆる言明は同時にYに関するものと解釈される（少なくとも解釈可能となる）ということなのだ。このX／Y写像——あるいはアナロジー、部分的同型写像など何と呼んでもかまわないが——は、効率的かつ堅実に、ある枠組みから別の枠組みへと意味を移し換えるのである。

この種のコミュニケーションの例をもう一つ見てみよう。今度はもう少し微妙な恋愛関係だ。オードリーはベンが自分と真剣に付き合う気があるのか計りかねている。そこで彼女は、「何気ない」ふうで二人の共通の友人シンシアとデイヴのことを話題にし、「何気ない」ふうでこう尋ねる。なぜデイヴはシンシアと真剣に付き合わないのだろう？　ベンは馬鹿ではないので直ちに危険を察知する。そこで最初は用心深く、デイヴのこと「だけ」を話したつもりでも自分に戻ってくるかもしれないから、余計なことは何も言わないでおこうと考える。しかしやがて、もしかするとこの危険はチャンスかもしれないと思い直す。オードリーに向かってとても直接言えないことを伝えられるのではないか。ベンは無頓着を装ってこう答える。なんといってもシンシアはデイヴよりずっと知的なんだから、デイヴが二の足を踏む理由もわかる気がするよ。ベンはオードリーがヒントを汲み取って、**彼女**が**彼**よりもずっと芸術に入れこんでいるので、そのために**彼**はまだ真剣な付き合いに躊躇しているのだと悟ってくれるのを期待している。互いにそのことは一言も口にしなかったが、過去数ヶ月の間にオードリーとベンの頭の中に作り上げられてきた、かなり強力な「カップル－カップル」アナロジーを介して、彼のヒントは暗黙のうちに、しかしはっきりと彼女に伝えられる。ベンは自分自身のことをそのまま語ることなく、自分自身について明瞭に語るのに成功した。そのうえ、ベンもオードリーもそれに気づいているのだ。

いま見たような状況はいかにも作り物めいていて、ある恋愛事情が別の恋愛事情を「符号化」しているなど、可能性として弱いし、ありそうもないという印象をもたれるかもしれない。しかし、それこそ真実を見失っていると言うべきだ。恋愛関係にある二人は（あるいは、どちらか一方がその可能性を感じているだけであっても）、自分たちの間で交わされた会話でおよそ恋愛にまつわるものはすべて、たとえ誰が話題になっていても、自分たち二人の状況に当てはめて解釈する可能性が十分にある。恋愛はどんなにうまく行っていても不確かさと願いに満ちている以上、こうしたブーメラン現象は避けようがないのだ。われわれは、自身の恋愛生活に結びつく手がかりや洞察を常に探しており、アナロジーはその供給源として最も活用されているものの一つである。会話の中心となっているカップルと自分たちの間のアナロジーは、銀のお盆に載せて差し出された一切れのケーキ《ピースオブケイク》のようなものだ。重要なのは、それがおいしいかどうかなのである。

村のパン屋の言葉に隠された曖昧さ

前節で論じてきたような間接的言及は、文芸作品において芸術的効果のためにしばしば利用される。その際、状況Aと状況Bの間のアナロジーが読者が容易に気がつくほど強力なものであれば、状況Aで発せられた登場人物の言葉は状況Bにも適用されて解釈される。状況Aの登場人物が状況Bについて知らないことにすれば、滑稽な効果を生じさせることもできるだろう。また、状況Aの登場人物たちが状況Bにも関わっていて、しかし彼らはその二つの状況を結びつけるアナロジーに気がつかない（思い煩わない）ということも考えられる。もちろんその場合は、たいへん皮肉な感じが生まれるだろう。

最近これに当てはまる素敵な例に出会ったので、ぜひ紹介させてほしい。マルセル・パニョルによる一九三八年の映画「パン屋の女房」の終わりの場面だ。村のパン屋、名前まで気のいいエマブルは、地元の羊飼いと家出をしたがわずか三日後に申し訳なさそうに戻って来た妻のオレリーに対しては、とてもやさしく親切にふるまっている。しかし、**同様に**三日前に連れ合いのポンポンを捨てて家を出て、オレリーと同じ日に帰って来た（もちろん偶然の一致なのだが）雌の飼い猫ポンポネットには、まったく容赦がない。エマブルは傷ついたポンポンの肩をもって（「自分を重ねて」と言ってもよいかもしれない）、まさに今戻ったばかりのオレリーの目の前でポンポネットを強い調子で非難する。その非難の言葉は、オレリーに向けられるはずだと観客が予想していたものだ。それに加えて、まるでこれだけでは足りないとばかりに、オレリーはエマブルが彼自身の夕食のために焼いておいた（エマブルは妻が戻って来るとは思っていなかった）ハート型のパンを食べ、出戻り猫のポンポネットは大きなハート型の飾りのついた首輪をして、連れ合いのポンポンのために用意されたエサを食べている。

パン屋のエマブルは、誰の目にも明らかなこのアナロジーを果たして自覚しているのだろうか？　それとも、彼はあまりにも親切で寛容な心の持ち主なので、オレリーとポンポネットを同じ穴の貉《むじな》と考えてはおらず、猫に対して乱暴に（しかし正当に）浴びせかけた見事に二面的な痛罵は、彼にとっては悪意のない、一方に向けただけのものにすぎなかったのだろうか？

その答えがどちらであるにせよ、この映画は痛烈な傑作なので、ぜひ見てみることをお薦めする。そしても し万に一つの偶然で、横に座って一緒にこの映画を見ているあなた自身の愛する人が、ちょうど他の誰かとの ちょっとした火遊び《アバンチュール》から戻ったばかりだとしたら、あのラストシーンにどう反応するかを想像してみてほし い！　それにしても、映画の**中**の人間が浴びせかける厳しい叱責の言葉に映画の**外**にいる人間が痛みを感じる のは、いったいどういうわけなのだろうか？　そう、その通り……アナロジーはその精度と鮮明さに比例して 力をもつのである。

シャンタルとおんぶによって生まれる意味

さてここで別のアナロジーを取り上げてみることにしよう。二枚のクッキーや二人の恋人たちと比べて、さらには放蕩妻と放蕩猫よりも、二面性においてもっと大きな違いのあるアナロジーだ。このアナロジーは、暗黙のうちにではあるが、ビデオをテレビで見るとき、たとえばフランスのパン屋とその妻と友人たちと猫をめぐるショーを見るときに現れる。大切なのは、そのときわれわれは人々や猫が戯れるのを**本当に**目撃しているわけではないということだ。実際に見られるのは無数の画素にすぎず、実物を見ていると言うのは便利な省略にすぎない。ただそれらは、ずっと昔にずっと遠くのフランスの村にあった対象物（生物、無生物を問わず）から反射した色のしみがダイナミックに変動するパターンを完全に同期して写し取っている。われわれは、人々の動きを「符号化」した一〇〇万個程度の画素を見ている。しかし幸いにも、この符号化は容易に復号が可能だ。実際あまりに容易なので、同型写像（「画面‐場面」**アナロジー**と言ってもよい）にわれわれは吸い込まれてしまい、その結果、離れた場所と時間に「テレポート」され、あたかも普段通りに目の前で出来事が起きているかのように感じられる。「本当に」出来事を見ているかなどという細かな区別自体が重箱の隅とさえ思えるのだ（電話での会話は**本当に**話していると言えるのだろうか？）。

ともすれば忘れがちだが、蛾や蝶、犬や猫、新生児、テレビカメラなど魂の小さな存在は、テレビ画面をわれわれと同じようには知覚していない。そうした存在が画素をそのまま何の解釈もなしに見ていると想像するのは簡単ではないが、それらにとってのテレビ画面は、われわれにとっての干し草の山やジャクソン・ポロックの絵、あるいはマダガスカル語の新聞記事のようなもので、遠くの場所や時間の意味が欠落している（読者がマダガスカル語を解する方だったらごめんなさい。そのときはアイスランド語に置き換えてほしい。そしてどうかアイスランド語も話すぞとは言わないで！）。テレビ画面を表象レベルで「読み取る」のは、おおよそ二歳を過ぎた人間にとっては何でもないが、先の存在の知的水準をはるかに越えているのだ。

テレビ画面をポカンと眺め、何の心象も生み出すことができないばかりか、心象を抱かせることが意図されているのにも気がつかない犬は、自らが構成した愛しのPM体系の式をポカンと見つめて、そこに「簡単な」（算術的）意味しか見いだせないラッセル卿とよく似ている。もう一つの意味、つまりゲーデルの写像を媒介として生まれた意味は、ラッセルの知的水準を越えた、まったく手が届かず夢にも思わない領域にあるのだ。ひょっとすると、このような比較はラッセル卿に対して不公平だと言われるかもしれない。ある意味でわたしもそう思う。だからもう少し現実に沿った寛大な比較をしてみよう。

テレビ画面に向かっても人々でなく画素を見てしまう犬の代わりに、三歳の少女シャンタル・デュプレシスが両親と一緒に「パン屋の女房」を見ているところを想像しよう。三人ともフランス語が母語なので、言葉の障壁は存在しない。パパとママンと同じように、シャンタルは画素の向こうに村で起こる出来事を見ていて、エマブルが猫の過去をほじくり返す最後の名場面になると、彼の激怒に笑い転げる――しかし、シャンタルはエマブルの言葉に**もう一つの**読みが隠されているなどとは一瞬たりとも考えない。オレリーとポンポネットのアナロジーに気づくには若すぎるのであり、彼女にとってそこには一つの意味しか存在しないのだ。パニョルのアナロジーを媒介として生まれた意味は、離れた出来事と画素とを結ぶ「単純な」(しかし犬にはわからない)写像を前提としていて、つまりそれにおんぶしていると言える。その意味は両親にはやすやすと知覚されるが、今のところシャンタルの知的水準を越えていて、まったく手が届かない。もちろん、数年も経てば事情は変わるだろう。シャンタルはきっと複雑な状況間のアナロジーを読み取る術を身につけるはずだが、現時点でまだそれは実現されていない。

いま説明したことを利用すれば、バートランド・ラッセルとの、より現実的で寛大な比較が可能になる(また別のアナロジーだ!)。シャンタルは犬とは異なり、画面上の無意味な光のパターンを見るだけにとどまらず、パターンから人々や出来事といった「簡単な」意味をやすやすと読み取る。しかし、そこにはさらに第二レベルの意味が存在する。人々や出来事の認識を前提として、出来事間のアナロジーによって伝達される意味だ。この**高次の**意味をシャンタルは理解できない。これとほぼ同じように、ゲーデルによる高次の意味、写像という素晴らしいアナロジーに媒介された意味を、バートランド・ラッセルはついに読み取ることができなかった。ラッセルについて書かれたものを読む限り、彼はPM体系の式の第二レベルの意味を決して認めなかったようだ。悲しいことだが、ある意味において、善良なるラッセル卿は自らの聖なる書物の読み方を最後まで身につけることはなかったのである。

優雅な店のピケ

あなたの元へと戻ってきた浮気な恋人は、エマブルがポンポネットを責めるのを聞いて、また別のレベルの意味を汲み取るかもしれない。演劇や映画は、作者が夢にも思わなかったレベルの意味を伝えることも可能なのだ。その例として、ほとんど知られていないが、社会運動家にして劇作家のロザリン・ワドヘッド（聞いたことある？）による一九三一年の戯曲「優雅な店のピケ隊員」を取り上げよう。この戯曲は、優雅な店アルフ&バーティーズの店員たちによる山猫ストを描いたものだ（その店が何を売っていたのか、わたしには結局わからなかったのだが）。劇中には、ピケの封鎖線を越えないよう、そしてこの店で何も買わないよう、店の入口にやって来た客たちが嘆願される場面がある（「アルフとバーティは卑劣で汚いやつらだ！　どうか優雅な店のピケ封鎖線を越えないで！　買物は大衆店で！」）。劇作家の優れた手腕によってこの状況は緊張をはらんだドラマへと展開していく。一方現実世界では、どういう経緯か初演の直前になって劇場の案内係と役者との間で激しい諍いが起こり、その結果、案内係の組合が初日の夜間興行で山猫ストを敢行するに至る。案内係たちはピケ封鎖線を設けて、芝居を見に来た人々に対し、封鎖線を越えないよう、「優雅な店のピケ隊員」を見ないよう嘆願した。

明らかに、この予期せざる政治的文脈の下では、舞台上で役者が発する台詞は強力な第二の意味を観客に与えることになる。ロザリン・ワドヘッドが決して意図しなかった別レベルの意味だ。たとえばある場面では、ピケを張っていた「ケイジー」という名の（刑事のように）用心深い女店員が、無作法な女性客が彼女を押しのけ偉そうにアルフ&バーティーズの豪華なショールームに消えると、むかついた様子で「優雅な店アルフ&バーティーズのピケ封鎖線を越えた者はみな人間のクズだ」と宣言する。観客（当然ながら劇場外の封鎖線を越えてきた人々）は必然的にこの台詞を耳にする。明らかにこれは、「今ここにいる者はみな人間のクズだ」と言っているのと同じであり、あるいは「あなた方はこの台詞を聞いているべきではない」とも解釈できる。

もちろんこの台詞は、ケイジーを演ずる女優をはじめ役者全員が観客に伝えたいこととはまったく反対だ。案内係たちによる敵対的なピケ封鎖線のことを思えば、役者たちは観客が劇場にやって来てくれたことにとても感謝しているのだから。

深く感謝しているはずの観客をはっきりと「クズ」呼ばわりし、本来ならばここでこの台詞を聞いているべきではなかったとさえ仄めかした事実に対し、役者たちはいったい何ができただろうか？　何もできはしない。役者は台詞を**言わなければならない**し、アナロジーはすでに存在している。しかもそれは露骨で強力なものだった。それゆえケイジーの台詞は、劇中の他の多くの台詞と同様に、皮肉でねじれた自己言及的な意味を避けがたくもってしまうのだ。確かに、この自己言及はアナロジーに媒介された**間接的**なものだ。しかしだからと言って、それが「直接的」言及に比べて現実的でないとか、効果が弱いということにはならない。実際、「直接的」言及もまた符号に媒介されている——**この**符号は言葉とものをつなぐもので、母語（マダガスカル語やアイスランド語など）によってわれわれに与えられるが、結局のところ、より単純（少なくとも、より馴染みがある）というだけでしかない。要するに、「直接的」言及と「間接的」言及は明確に区別されているように見えるが、実は程度の差でしかなく、白黒といった単純な区別ではない。繰り返すが、アナロジーはその精度と鮮明さに比例して力をもつのである。

プリンス・ヒッピアとマス・ドラマティカ

ロザリン・ワドヘッドの戯曲「優雅な店のピケ隊員」とその台詞の二重性の話はひとまずここまでにして、今度は別の話をしよう。次に取り上げるのは、世界的に著名な英国の劇作家Y・テッド・トラッセル（彼のことは当然知ってますよね！）が一九一〇〜一三年に著した「プリンス・ヒッピア／マス・ドラマティカ」である。当時大流行したスノッブすぎる「演劇を主題にした演劇」にうんざりしていた彼は、劇作や演技や舞台に一切関係ない戯曲に着手することにした。もちろん読者もご存じの通り、その高名な作品の登場人物たちは、自然数のさまざまな属性（単純なものから神秘的なものまで）以外についての発言を厳しく制限されている。「演劇を主題にした演劇」からこれほど遠いものもないだろう。たとえば第一幕の最初のほうでは、美しいプリンセス・ブロッピアが「7掛ける11掛ける13は１００１よ！」という有名な台詞を叫ぶ。それに対して美男のプリンス・ヒッピアは、「而《しこう》して数１００１は合成数であって素数ではない！」と興奮気味に切り返す。彼らの台詞が理想の数学に聞こえてこないだろうか（読者のうめき声が聞こえてくるような気もするが……）。

しかし本当に盛り上がるのは第三幕からである。一番の見せ場は次の場面だ。プリンセス・ブロッピアが、ある巨大な整数gに関する算術的性質を述べたのに対して、プリンス・ヒッピアがこう応える。「それゆえ数gは不作法《ソーシー》であって形式を重んじる《プリム》ものではない！」（ヒッピアの口から飛び出したこれ以上ない数学劇的《マス・ドラマティック》な発言を耳にして、観客たちはみな一斉に息をのんだという）。興味深いのは、得意満面のプリンスも、そして皮肉なことに作者のY・テッド・トラッセルも、どうやらその台詞の意味するところの重大さが理解できていなかったと思われる点だ。しかしながら今や誰もが知っている通り、このプリンス・ヒッピアの言明は、緊密なアナロジーを媒介として以下のことを主張している。すなわち、ある長さをもった文字記号列は、当時の芝居作り《ドラマツルギー》の標準的な約束事を用いては「著述不可能」だというのだ。しかも面白いことに、著述不可能とされるその台詞は、まさにプリンス・ヒッピアを演じた役者が発した宣言そのものなのである！

容易に想像されるように、Y・テッド・トラッセルはずっと芝居作りの一般的な約束事に従って長々と文字列を書き記してきたのだが（なんたってそれで食べているのだから！）、自然数（自分が生み出した劇中人物はその風変わりな性質を歯切れよく述べたてた）と、役者が読んで覚えるようにと書き記した慎ましい文字列との間につながりがあるなどとは夢想だにしていなかった。にもかかわらず、それから二〇年も経たないうちに、そのおかしな一致は演劇愛好家の間に広く知られるようになる。契機となったのが、ウィーン在住の若く辛辣な演劇評論家ゲルト・クーデルの手になる、愉快で機知に富んだ評論「プリンス・ヒッピア／マス・ドラマティカおよび関連する舞台劇におけるかつては著述不能だった宣言についてI」だ。その鋭敏かつ明晰な指摘は、たちまち多くの人々の心を捉えた（周知の事実なので詳細な事情は省略するが）。その結果、クーデルの畏れを知らぬ評論を読んだ演劇愛好家たちは、Y・テッド・トラッセルの意図に反して、「プリンス・ヒッピア／マス・ドラマティカ」の有名な台詞の数々をみな、あたかも数ではなくてY・テッド・トラッセルの劇そのものに関する（しばしば辛辣な）コメントであるかのように解釈できるようになってしまったのである！

めざとい観客たちが、へんちくりんな数秘術師ケー・ジーのおどけた所見を再解釈するまでに時間はそうかからなかった（ケー・ジーは「プリンス・ヒッピア／マス・ドラマティカ」の登場人物。なぜ形式《プリム》を重んじる数より不作法《ソーシー》な数を好むのかを止めどなく喋り続けて評判になった）。つまり観客たちは、なぜ彼女が著述可能な劇の台詞よりも（当時の芝居作りの約束事を用いていては）著述不可能な台詞が好きなのかを、今では滑稽なほど明瞭になったほのめかしを通じて明らかにするものとして、彼女の発言を解釈し直したのである。こうした新しい理解の仕方を、演劇愛好家たちは言葉にできないくらい素晴らしいものと考えた。「プリンス・ヒッピア／マス・ドラマティカ」もまた「演劇を主題にした演劇」だと明らかになったからだ（しかも復讐付き！）。もっともこうした洞察の手柄の大半は、尊敬措く能わざる古参の劇作家ではなく、無謀な若い外国人評論家のものとされたのではあるが。

かわいそうに、Y・テッド・トラッセルはただ呆然とするばかりだった――他に何とも言いようがない。いったい誰が正気でケー・ジーの台詞にそんなとんでもない解釈を与えられるのだろうか？　台詞はすべて数について語っている。数に関する、そして数だけに関する戯曲を書くことが唯一の目的だった。彼はその崇高な目的のために何年もあくせく働いてきたのだ。

Y・テッド・トラッセルは反撃のために一文を物して、自分の劇は演劇を主題にしたものではないし、ましてやその自分の劇そのものに関する劇などでは**決してない**と熱っぽく説いた。実際、ゲルト・クーデルの評論は「プリンス・ヒッピア／マス・ドラマティカ」についてのものではあり得ないとまで主張した。**他の**劇、おそらく**関連する**劇、**類似の**劇、もしかしたらパーフェクトに**パラレルな**劇、ひょっとしたらパラドックス嫌いのパラノイアがパートナーと執筆した似たような題名の劇のことかもしれないが、いずれにせよ、これは断じて自分の劇についてではない、と。

しかし、いくらY・テッド・トラッセルが抗議しても、観客たちが彼の愛する劇の台詞を再解釈するのを止めることはできなかった。なぜなら目の覚めた演劇愛好家たちにとって、その二つの概念——ある整数の不作法さ（ソーシー性）と、劇中対話におけるある台詞の著述不可能性——は、今や厳密に同型の現象とみなされたからである（オレリーとポンポネットの並行して起きた家出の同型性とまったく同じだ）。小悪魔クーデルが発見し、大喜びで評論に紹介した巧妙な写像は、その二つの意味をぴたりと合致させる（少なくとも彼の評論を読んで理解した者にはそう思える）。この上なく皮肉なのは、先に見たプリンス・ヒッピアの有名な台詞をはじめとするいくつかの算術的言明は、ソーシー数への言及というよりも、劇中の著述不可能な台詞への言及と解釈する方がより**容易**で**自然**だということだ。しかしY・テッド・トラッセルは、クーデルの評論を何度も繰り返して読んだにもかかわらず、それが何を語っているかを決して理解しなかったようだ。

アナロジーがこっそり再登場

はいはい、ばればれですね。悪ふざけはもうお終い！　白状させてください。この数ページで、おかしな名の劇作家によるおかしな名の戯曲やら、おかしな名の評論家によるおかしな名の評論など持ち出したのは、ちょっとしたお遊び（読者諸氏は見破られていたでしょうが）。わたしが**本当**に語っていたのはまったく別のこと——それすなわち、オーストリアの論理学者クルト・ゲーデル（ゲルト・クーデル）が発見して指摘した、ホワイトヘッドとラッセルの『プリンキピア・マテマティカ』に潜む奇妙なループのことでした。

「ちょっとちょっと」と抗議する声がどこからか聞こえてくる（もちろん、**あなたの**声ではないけれど）。「**本当は**ホワイトヘッドとラッセルや『プリンキピア・マテマティカ』について語っていたなんてこと、いったいぜんたいどうしたら言えるのか？　だって、書かれていたのはそのことじゃなくて、Y・テッド・トラッセルや『プリンス・ヒッピア／マス・ドラマティカ』とかだったじゃないか」。そう、これもまたアナロジーの力のおかげである。モデル小説《ロマン・ア・クレ》とからくりは同じだ。モデル小説においては、作者は架空の人物しか描いていないが、実は半ば公然と実在の人物について何ごとかを語っている。そしてめざとい読者は、誰が誰のことを表しているかを正確に寸分違わず読み取る。アナロジーに説得力があり歴然としているおかげで、洗練された読者であれば、文化的文脈に基づいてその対応は誰の目にも明らかなのだ。

　われわれはここまで、「わあ、まずい」というカフェの何気ないおしゃべりに始まって「数gは形式《プリム》を重んじるものではない」という洗練の極みとも言うべき劇の台詞に至るまで、二重に解釈できる発言の例を存分に見てきた。そこでは、アナロジーや写像が第二の意味をいかに生じさせるかを繰り返し目撃することになった。第二の意味は第一の意味におんぶしていた。しかしその第一の意味でさえ、暗黙の写像に支えられていた。つまり結局のところ、あらゆる意味は写像に媒介されている。言い換えれば、意味はすべてアナロジーを源としているのだ。これこそがゲーデルの深遠なる洞察であり、この考えを一九三一年の論文で徹底的に突き詰めた結果、『プリンキピア・マテマティカ』として具現されていた大望はついに打ち砕かれることになる。これで読者のみなさんも、意味に対するゲーデルの鋭い洞察について、サクサク《ピースオブケイク》と理解できるようになったのではないだろうか。

「著述不可能」な台詞がどうして著述可能なのか？

プリンス・ヒッピアの数gに関する有名な台詞が（アナロジーを介して）自らの著述不可能性を主張していると聞いて、ちょっと変だと思った人もいるかもしれない。それは自己矛盾ではないのか？　ある劇のある台詞が真に著述不可能だとしたら、いったいどうして劇作家はその台詞を著述できたのか？　引っくり返すと、プリンス・ヒッピアのあの台詞が決して著述されないのだとしたら、どうしてY・テッド・トラッセルの戯曲の中にその台詞があるのか？

とても良い質問だ。しかし思い出してほしい。「著述可能な」台詞とは、確立された芝居作りの約束事を劇作家が暗黙のうちに遵守しているときに書かれるものとして定義されていたことを。つまり「著述可能性」の概念は、潜在的に何らかの**規則体系**を参照している。だとすれば、「著述不可能な」台詞とは、決して誰にも書き記せないものではなく、大半の劇作家が前提としている芝居作りの約束事のいくつかに違反しているものを指すことになるだろう。したがって、実のところ著述不可能な台詞の著述は可能である——ただし劇作の規約を几帳面に守る者によってではなく。

規則を厳守する劇作家がそんな台詞を著述したら、それはとんでもない矛盾ととられるだろう。厚顔な演劇批評家がただちに噛みついて「Xの手になる戯曲は超《メガ》矛盾だ！」[3]とでも書きたてるかもしれない。ということは、観客がプリンス・ヒッピアの数学劇的《マス・ドラマティック》な台詞に息をのんだのは、もしかするとY・テッド・トラッセルに予期せぬ奇怪な「超矛盾」を見いだしたためだったのかもしれない。ゲルト・クーデルが「形式的」には著述不可能な台詞が著述されていると指摘して喝采を受けたのも不思議ではない！

奇妙の源は「ない」でない

ここまでの話を聞いて読者の方々は、奇妙なループには自己打ち消しや自己否定という性質が必ず伴うと考えたかもしれない（「この式は証明でき**ない**」、「この台詞は著述でき**ない**」、「この劇を観ていてはいけ**ない**」）。しかしながら、否定は奇妙なループにおいて不可欠な役割というわけではない。単に、自己否定性が加わるとループの奇妙さがより痛烈に、より滑稽になるだけのことだ。エッシャーの「描く手」を思い出してほしい。そこには否定は見当たらない——どちらの手も描いている。一方がもう一方を消しゴムで消していたらどうなるだろうか！

本書におけるループの奇妙さはひとえに、それまで不可侵と思われていた階層的秩序が予期せぬねじれのために荒々しく侵されて、ある体系が「自分自身を呑む込む」ように見えるところから生じている。「プリンス・ヒッピア／マス・ドラマティカ」と『プリンキピア・マテマティカ』、そのいずれの場合でも、数のみについて語り、自分自身については語ら**ない**ように入念に設計された体系であるにもかかわらず、結局は否応もなく自分自身についてこっそりと語ってしまうのだ。そんなことが可能なのは数がもつカメレオン的な性質のおかげであって、その性質はとても豊かで複雑なものなので、数のパターンは他のどんな種類のパターンをも映し出す柔軟性を備えることができる。

もしゲーデルが「この式はＰＭの規則によって証明可能だ」と鼻高々に主張する自己**肯定式**を作り上げていたとしたら、おそらくドラマティックという点では少し劣るが、奇妙さではまったく同じループができたことだろう（そうした式はわたしにモハメド・アリ（「俺は最強だ」）や（「偉大なる」）サルバドール・ダリのずうずうしさを思い起こさせる）。実際にゲーデルの数年後には、論理学者マーティン・ヒューゴー・レフとレオン・ヘンキンらによって自己肯定式が作り上げられ研究されている。[4] こうした自己肯定式もまた驚くべき深遠な性質を備えていて、それゆえもう一度言うが、ループの奇妙さとは「ない」という語による反転にではなく、「この」という語を巻き込んだ予期せぬ階層侵犯のねじれ返しに宿っているのだ。

ただしここで急いで指摘しておかなければならないが、ゲーデルの刑事のように用心深い式には「この式」のような表現はどこにも含まれていない――「この観客」という表現がケイジーの台詞「優雅な店アルフ＆バーティーズのピケ封鎖線を越えた者はみな人間のクズだ」に含まれていないのと同様だ。その台詞を聞いた観客たちが「**この観客**は人間のクズだ」という意図せざる意味を読み取ってしまうのは、劇場外と舞台上という二つの異なるピケ封鎖線の間（ということはつまり、ピケ破りの観客たちと劇中のピケ破りたちとの間）の明々白々なアナロジー（あるいは写像）から生じる不可避的な帰結なのである。

ある体系において自己言及を生じさせるには、「この」のように明らかに怪しい語が不可欠な要素だという思い込みは、ゲーデルの発見によって、ナイーブな幻想にすぎないことが示された（「この」の他にも「私」、「ここ」、「今」などがある。それらの語は哲学者が「指標詞」と呼ぶもので、語り手を指すか、あるいは語り手やメッセージそのものに密接に関連する物事を明示的に指す）。奇妙なねじれ返しとは、そうではなくて、語りの対象となっている状況と語りのなされている状況という、二つの異なる状況の間の予期せざる同型性がもたらす単純かつ自然な帰結なのだ。バートランド・ラッセルは、「この」のような指標詞的な概念を形式体系からすべて確実に排除することで、手塩にかけた自分の作品が自己言及に巻きつかれる脅威から永遠に保護されると信じていた——しかし運命を決定づけるクルト・ゲーデルの同型性によって、そのような考えは実は根拠のない信仰にすぎないことが明らかにされたのである。

表現媒体としての数

この種の同型性が最初に現れたのが『プリンキピア・マテマティカ』を精査しているときだったのはなぜか？　どうしてゲーデル以前には誰もそれを思いつかなかったのか？　それは『プリンキピア・マテマティカ』が本質的には自然数について語っているからだ。ゲーデルが気づいたのは、自然数の世界は非常に豊かであり、それゆえ任意の対象の**どのような**パターンであっても、それと同型の数の集合を見いだせるということだった。別の言い方をすれば、対象とそれが生み出すパターンを完全に映し出す数、つまりパターンを生み出す対象が踊るダンスと同じように踊る数が存在するのである。大切なのは同じダンスを踊るというところだ。

クルト・ゲーデルは、とても厳めしくて近寄り難く見える自然数が、実のところどこまでも豊かな表現媒体であるという事実に気がつき、それを探究した最初の人物だった。自然数は、どのようなパターンでも真似をして鏡のように映し出すことができる。名詞や動詞（など）からどんなに複雑なダンスでも生み出せる人間の言語のように、自然数もまた加算と乗算（など）からどこまでも複雑なダンスを生み出せる。その結果、それが数であれ何であれ、どのような種類の出来事についても、符号あるいはアナロジーを通じて「語る」ことが可能になるのだ。第9章において、PMは自然数の**どんなに微妙な性質**についても語る力を有しているという一見何でもない事実のなかに、PMの崩壊の萌芽がすでにほのめかされていると書いたとき、わたしが意味していたのはこのことだったのである。

過去の時代の人々は自然数がもつ豊かさを直観していたからこそ、自分たちを取り巻く世界のさまざまな様相――恒星、惑星、原子、分子、色彩、曲線、楽音、和音、旋律などなど――の本質を、方程式や数を用いた他のパターンの中に組み込もうと試みた。この流れは、四世紀ほど前のガリレオ・ガリレイの有名な宣言に現れている――「自然の織りなす書物は数学の言語で書かれている」(自然を愛するが数学は嫌悪する人々にはショックだろうが)。それ以降数百年間、世界の様相は多面にわたり首尾よく数学化されてきた。しかしそれにもかかわらず、ゲーデル以前には、数学がモデル化できる分野の一つとして、**数学を行うことそれ自体**が含まれると気がついた者は誰もいなかったのである。

結局のところ、『プリンキピア・マテマティカ』に潜んでいたところをゲーデルによって見つけられた予期せざる自己言及のひねりは、自然数のもつ深い表現力の自然で不可避的な帰結だった。ビデオシステムによって自己言及的なループを構成できるのが奇跡でも何でもなく、テレビカメラの機能(膨大な画素が生み出す非常に豊かな表現力)の当たり前の結果にすぎないのと同様に、『プリンキピア・マテマティカ』(あるいは他の同等な体系)がゲーデルの式のような自分自身に向けられた式を含むのは不思議でも何でもない。なぜならば整数の体系は、カメラと同じく(しかしより強力に!)どのような体系にも「向ける」ことができ、その体系のパターンを、定理の集合によって構成される比喩的な「画面」に完全に再現できるからだ。そして、ビデオフィードバックの場合と同様に、PMが自分自身に向けられた結果生じる渦巻きは、さまざまな予期せぬ創発的性質を現すことになり、それらを記述するためにはまったく新しい用語が必要となる。

第12章　下向きの因果関係について

バートランド・ラッセルの最低の悪夢

わたしの考えでは、クルト・ゲーデルの一九三一年の論文から導かれた現象のなかで最も不意を突くものは、(耳慣れない言葉を使わせてもらえば) 新しいタイプの奇怪な数学的因果関係だ。これまで知り得たなかでゲーデルの発見にこうした光を当てて解説した人は誰もいないので、以下はわたしの個人的な解釈ということになる。わたしの視点を説明するには、あの有名なゲーデルの式——彼に敬意を表しこれを「KG」と呼ぼう——に立ち戻って、その存在がPMにとって何を意味するかを分析しなければならない。

第10章の最後で見たように、KGの意味は突き詰めると「KGはPM内では証明不可能である」というぴしゃりとした言明になる (ここでいう意味とは、より正確には**第二**の意味、つまりゲーデルの巧妙な写像が明らかにしたように、数的でもラッセル的でもない、上位レベルの意味である)。そうなると、ここで自然に疑問——**あの**自然な疑問と言うべきか——が浮かぶ。「えーと、KGってPM内で**本当に**証明不可能なの?」

この疑問に答えるには、PM内で証明可能なものはすべて真の言明である (あるいはこれをひっくり返して、

偽の言明はPM内で証明可能ではない）という確固たる信条に頼らなければならない。この信条が示す喜ばしい状態は、第10章で「無矛盾性」と呼んだものだ。もしPMが無矛盾でなければ、偽の言明がいくらでも証明されることだろう。なぜならば、何らかの偽（たとえば0＝1とか）をひとたび証明したとたん、PMの規則によって他の無限個の偽（1＝2、0＝2、1＋1＝1、1＋1＝3、2＋2＝5などなど）が導かれるからだ。実際にはそれより始末が悪い。偽である何らかの言明がPM内で証明可能であれば、それがどれほど曖昧で難解であろうと、**思いつく限りのあらゆる**算術的言明は真であっても偽であっても証明可能になり、PMという偉大な建造物はめちゃくちゃに崩れ去ってしまう。要するに、たった一つでも偽が証明可能であれば、PMは算術的な真とは何の関係もないことになるのだ。

それでは、バートランド・ラッセルにとっての最低の悪夢とは何だろうか？　それは、いつの日か誰かが、算術的に真でない言明を表している式（0=s0など）をPMにおいて証明してしまうことである。そんなことが起きたら、PMはその瞬間にゴミバケツに入れられて清掃車に運ばれていくのがお似合いになってしまうからだ。ラッセルにとって幸運なことに、論理学者はみな、そんなことが起こると考えるのは、地獄で雪玉が一〇〇年間とけずに残るのに賭けるよりも分が悪いことだと見ている。言葉を換えれば、バートランド・ラッセルの最低の悪夢はただの悪夢にすぎず、夢の世界の外では決して実現しない。

論理学者や数学者――ラッセルのみならず（ゲーデルも含め）その全員――は、どうしてその可能性に賭けるのが分が悪いと考えたのだろうか？[1]　まず、PMの公理は確かに真であり、その推論規則は、人間が想像できるどんなものよりも単純で、磐石にして健全だ。そんなところから、どうしたら偽を導けるというのだろうか？　PMが偽の定理をもつかもしれないと考えるのは、文字通り2＋2は5と考えるのと同じくらい難しいことなのだ。そこで、あらゆる数学者や論理学者と同じように、ラッセルとホワイトヘッドにまつわる疑念も好意的に解釈し、彼らの偉大なる論理の大宮殿が無矛盾であるとみなすことにしよう。ここからはずっと寛大に、PMはいかなる偽の言明も決して証明せず、その定理はすべて確かに真の言明だと仮定する。そしてその仮定で武装して、「もしKGがPM内で証明可能だったらどういうことになるか」を問うてみよう。

「ゆえに」と「とはいえ」が一致する奇妙な世界

ではみなさん、さっそく始めることにしよう。まずは実際にKGがPM内で証明可能であると仮定して、その仮定——「証明可能-KGシナリオ」と呼ぼう——がわれわれをどこに導くかを見ていくことにしたい。注意してほしいのは、皮肉なことにKG自身はこの証明可能-KGシナリオを信じていない点だ。したがってKGは、みなの期待とは裏腹に、世界中に向かって「わたしは証明可能**ではない！**」と叫び立てる。親愛なる読者のみなさん、もしわれわれの仮定が正しければ、どんなに大声でわめいたところでKGは自らに対して間違った考えをもっていることになる。何と言っても、（われわれが主張するように）**証明可能**であると同時に（KGが主張するように）**証明不可能**な式はあり得ないのだから。つまり、われわれのどちらかが間違っている。そして、いかなる式についても、**間違っている**とは**偽**であることを意味する（この二語は同義語である）。よって……もし証明可能-KGシナリオが事実であれば、KGは間違っている（＝偽である）。

よろしい。われわれの推論は証明可能-KGシナリオから始まり、「KGは偽である」という結論で終わった。言い方を換えれば、**もしKGが証明可能であれば、KGはまた偽でもある**。だけどちょっと待てよ——証明可能な偽がPM内にある⁉　われわれはついさっき、PMは決して偽を証明しないときっぱり表明したばかりではなかったたか。そう、確かにそう言った。われわれは、PMは無矛盾であるという論理学者の普遍的な信念に同意したのだ。したがって、あくまでこの推論にこだわるとすると、証明可能－ＫＧシナリオは間違っていなければならないことになる。なぜならば、それはラッセルの最低の悪夢につながるからだ。われわれは、そのシナリオを引っ込め、退け、破棄し、取り消し、無効にする必要がある。なぜならば、それを**受け入れる**と、「ＰＭは無矛盾ではない」という間違っているとわかっている結論に導かれるのだから。

それゆえ、ここで証明可能－ＫＧシナリオは却下され、その代わりに「ＫＧは証明可能**ではない**」という反対のシナリオが登場することになる。面白いのは、これこそがまさにＫＧが世間に吹聴していたことにほかならない点だ。そしてわれわれは、ＫＧが自分自身について主張していること――「わたしは証明可能ではない！」――が**真である**のを知っている。つまりまとめると、次の二つの事実が確定したことになる。（１）ＫＧはＰＭ内で証明可能ではない、（２）ＫＧは真である。

われわれは今、ＰＭ内に非常に奇妙な異常事態を発見してしまった。すなわち、確かに**真**でありながら、それと同じくらい確かに**証明不可能**である算術的言明（もう少し正確には数論）を見つけたのだ。しかもおまけに、これら相反するように聞こえる二つの事実は、それぞれが互いの帰結である！　言い換えれば、ＫＧは真であるとは**いえ**証明不可能というだけでなく、さらにまずいことに、真であるが**ゆえに**証明不可能なのだ。[2]

この気味の悪い状況は、まったく前例のないものであり、まったくもって期待に反している。それは数学者の信条、つまり、真であることと証明可能であることは同じコインの表と裏であり、互いの存在を前提としているため絶対に切り離すことができないとする信念を、完全に無視しているのだ。ただただ驚くばかりだが、われわれは数学者の信条ではなく、真であることと証明**不可能**であることがそれぞれ互いの存在を前提としている場面に遭遇してしまった。やれやれ、こいつは何とも困った状況ではないだろうか？

強みから不完全性が生まれる

第9章でも見たように、PM内で証明不可能な数論的な真が存在するという事実は、PMが**不完全**であることを意味している。つまりPMには穴があるのだ（われわれが見てきたのはKGという一つの穴だけだが、実際にはもっとたくさん――無限の穴がある）。こうして、証明可能で**あるべき**数論の言明のいくつかが、PMの証明という巨大な網を逃れる。網の目をするりとくぐり抜けてしまう。明らかに、これもまた別の種類の悪夢である。おそらくバートランド・ラッセルの最低の悪夢ほど破壊的ではないはずだが、どこかもっと油断がならず厄介なものだ。

一九三一年の数学者や論理学者は、このような状況をきっと予期していなかっただろう。実際、『プリンキピア・マテマティカ』の公理や推論規則に弱点があるとか、不十分であると匂わせるものは何もなかった。それどころか、数に関して真であると考えられてきたほぼすべてのことが、そこには含まれているように思われていたのだ。第10章に引用したゲーデルの一九三一年の論文の冒頭部分でも、そのことがはっきり述べられている。覚えているだろうか、『プリンキピア・マテマティカ』とツェルメロ－フレンケルの集合論に言及して、彼はこう書いている。「これら二つの体系は十分に完成されたものであり、今日数学において使用されるすべての証明法が、それらの内部で形式化されるほどである。つまり、それらの証明法が少数の公理と推理規則に還元されるのである」

ゲーデルがここで明言しているのは、当時であれば事実上誰もが共有していた信条であり、したがって続く二五ページで彼がPMの不完全性をすっぱ抜いたことは、まさに青天の霹靂、突如激しい雷に打たれたようなものだった。

それにさらに追い打ちをかけたのが、ゲーデルの結論がPMの弱点からではなく、その強みから生まれたという事実だ。強みというのは、数がもつ柔軟性あるいは「カメレオン」的性質のことで、それによって数のパターンは推論のパターンを真似することができる。ゲーデルは、われわれにお馴染みの整数が、馴染みの薄いPMの記号パターンが見せるダンスとそっくりに踊れるという、単純ではあるが驚くべき発見を利用した。より具体的に言えば、彼が考案したプリム数は、証明可能な記号列と見分けがつかないような役割を果たす。そしてPMは、本来もっている強みの一つとして、プリム数について語ることができる。PMが自分自身について（符号を通じて）語るというのは、こういうことである。一言で言えば、PMの**表現力**こそが不完全性を生じさせたのである。これは何と奇怪な皮肉であることか！

バートランド・ラッセルの二番目に最低の悪夢

PMをどう拡張しようとも（たとえば、公理を増やしたり推論規則を増やしたり、その両方だったりしても）、拡張以前のPMがそうだったのと同じだけ、数の柔軟性が表現できていなければならない（そうでなければ、PMは脆弱になりこそすれ強くはならないだろう）。こうしてまんまとゲーデルの同じ罠が作動する――自業自得、いとも簡単に自分がしかけた爆弾にやられてしまうのだ。[3]

もっと具体的に説明させてもらうことにしよう。まず、PMより大きくて優れているとされる体系として**超**PMを仮定する。その超PMにおいて証明可能な記号列は、プリム数より**豊かな**数の集合（これを「超プリム数」と呼ぼう）によって、同型的に模倣される。PMに対してKGを提案したゲーデルであれば、この場合も超PMに対して、「数hは超プリム数ではない」とする新たな式KHを即座に提案することだろう。言うまでもなく、hをKH自身のゲーデル数とすることでそれを行うのだ（PMで一度経験しているのだから、これは容易なことだ）。そしてここからPMの場合とそっくり同じ推論の道筋を再度たどっていけば、より強力とされるこの体系も、PMとまったく同じように、まったく同じ理由で、不完全性の前に屈するだろう。「大きくなるほど壊れ方も派手になる」という古いことわざがこの様子を簡潔に表している。

言い方を換えると、PM（および同じくらい豊かなあらゆる公理系）の穴とは、ラッセルとホワイトヘッドの手抜かりが原因で生じたものではなく、整数のカメレオン的性質を捉えるのに十分な柔軟性をもった体系なら、**どんなものでも**避けがたく備えている属性なのだ。PMは、向きを変えて自分自身を指さすことができるほどに豊かである。これは、自分が送った像を映す画面に向けられたテレビカメラのようなものだ。本当に優れたテレビシステムには、こうしたループバック機能は欠かせない。そして解像度が高くなるほど、映像は忠実なものになっていく。

柔道がそうであるように、相手の力は時として利用できる武器にもなる。クルト・ゲーデルは黒帯の達人のようにうまく立ち回り、PMの力を使ってPMを崩壊させた。無矛盾性から攻めるという破壊的な方法ではない。誰もが思ってもいないやり方、そう、**不完全性**によって崩壊させたのである。黒帯のゲーデルがめぐらせた策略は、PMをどのように拡張しても回避することはできない——この事実は「本質的不完全性」と呼ばれ、これこそがバートランド・ラッセルが**二番目に恐れた**悪夢だった。しかもこの悪夢は、ただの悪い夢にすぎなかった一番目の悪夢とは違い、夢の世界の外で起こってしまったのだ。

次々と生まれる怪物たち

ＰＭを拡張してもボートが沈むのを防ぐことはできないし、もっと悪いことにＫＧはＰＭの唯一の穴でもない。任意の公理系をゲーデル数化する方法は無限にあり、しかもそのそれぞれからＫＧの親戚が生まれてくる。それらの親戚はみな異なっているが、まるでクローンのようにとてもよく似ている。沈みゆくボートを救うために、ＫＧやそのいずれかのクローンを新しい公理としてＰＭに投げ込んでみるのは自由だ（なんなら全部いっぺんに投げ込んでもいい）。しかしこの英雄的行為はほとんど何の益も生まないだろう。ゲーデルのレシピによって、瞬時のうちにＫＧの親戚が生まれてくるからだ。ここでもまた、新たに生まれた自己言及型のゲーデル記号列はＫＧと「そっくり」で、クローン集団の一員となるだろうが、どの構成員とも**まったく同一**になることはない。もちろん、**この**親戚を新たに投げ込むこともでき、その場合はさらに別の親戚が生まれることになるだろう！　これではまるで、難航するＰＭというボートに、春を迎えたヒナゲシやスミレが花開くように、次から次へと穴があいていくようなものだ。ラッセルの最低の悪夢より油断がならず厄介だと言った理由が、これでおわかりいただけただろう。

この驚くほどひねくれていて目が覚めるほど美しい手順には、バートランド・ラッセルばかりでなく、ほぼすべての数学関係者が不意を突かれることになったが、そのなかにはドイツの偉大な数学者ダフィット・ヒルベルトも含まれていた。ヒルベルトの終生の目標の一つは、公理的な枠組みの中で数学全体に厳格な基盤を与えることだった（これは「ヒルベルト・プログラム」と呼ばれている）[4]。この崇高な目標はホワイトヘッドとラッセルによって達成されたと、一九三一年にあの激烈な雷鳴が轟くまでは世界中が信じていたのである。

別な言い方をすれば、当時の数学者たちはみな例外なく、わたしが先に「(『プリンキピア・マテマティカ』

版の）数学者の信条」と呼んだものに信を置いていた。ゲーデルによる驚愕の啓示は、数学者がきわめて正当にも自分の信条の土台としていたものを、根底から修復可能なまでに傷つけるものだったが、それは次の二つのことから導かれていた。一つは、その土台は無矛盾であるという寛大な仮定（すなわち、ＰＭの定理に潜んでいる偽が決して見つからないこと）。もう一つは、ＫＧおよびその無限に多くの親戚たちはＰＭにおいて証明不可能だということ。つまりゲーデルの啓示とは、ＰＭの無矛盾性を考慮に入れた上での、ＫＧおよびその親戚たちの自己言及性から生じた帰結なのだ。

ここでもう一度だけ繰り返させてほしい。ＫＧ（あるいはその親戚）において、ＫＧを証明可能でなくさせるものは何だろうか？　一言で言えば、それはＫＧのもつ自己参照的な意味だ。つまりＫＧが証明可能であるならば、そのループ的な意味がひっくり返ってＫＧを証明不可能にしてしまい、そのためＰＭは無矛盾ではないことになるが、それが間違っていることをわれわれは知っているのである。

注意していただきたいのは、われわれがここまで、最終的にＫＧを出現させる導出過程の詳細にはまったく触れてこなかった点だ。実際、ＫＧの**ラッセル的**意味（わたしが**第一の**意味と呼んできたもの）は完全に無視されてきた。ここで第一の意味とは、わたしがｇと呼ぶとてつもなく大きな数は、「ソーシー数性」あるいは「非プリム数性」と呼んできた、かなり難解で珍しい数論的な特質をもっているという主張である。ここまで数ページにわたって、プリム数や非プリム数、それらの数論的特質について一言も出てこないばかりか、数ｇに触れることも一切なかったことに、きっとみなさんは気づかれることだろう。そうした数に関する問題はすべて、ＫＧの**第二の**意味、バートランド・ラッセルが決して十全に理解することのなかった意味だけに目を向けることで乗り切ってきたのだ。本章の二つ目の節で見た数的な要素を一切含まない推論によって、われわれは（数に関する）この言明がＰＭの定理にはなり得ないと確信したのである。

無矛盾性はそそり立つ峰を登頂不可能にする

人工衛星を使って観測をしている研究チームが、ヒマラヤ山脈に未知の山頂を発見したところを想像してほしい（その山頂をＫＪと呼ぼう）。彼らは即座に、そして自信満々に、山頂だけに備わるまったく例外的な特性のせいで、どう考えてもそこに行き着くルートは存在しないと主張する。二五〇マイル上空からまっすぐ下向きに撮った一枚の写真を見ただけで、ＫＪは**登頂不可能な頂**だと宣言するのだ。観測チームは、従来の登山の視点から得られる山頂の特性など一顧だにせず、この感動的な結論に達する。もちろん、山頂に向かう険しい斜面を自ら登って、無数に考えられるアプローチのどれか一つでも試してみることなど、まるでしていない。「い〜や、そんなものどれもうまくいかない！」と彼らは嬉しそうに断言する。「どれか試してみる必要なんてまったくないさ……いくらやったって失敗するに決まっているんだから」

もしこんなおかしなことが起きたら、その山の登頂可能性についての結論の導き方は、従来のものとは著しく異なっていると言えるだろう。これまでであれば、登山家はいくつものルートを試みる必要があった――実際、何度も繰り返し挑戦し、そのたびに装備も気象条件もさまざまに変わるのが常だった。たとえ何千回も失敗が続いても、その山が永遠に登頂不可能だという鉄壁の証拠にはなり得ない。そこで結論できるのは、**今のところ登頂は阻まれている**ということでしかない。だから、「登頂不可能性の証明」という考え方は、登山活動とは一番無縁のものなのである。

これとは対照的にわれらが観測チームは、ＫＪの新奇な特性から考えて、それはまさにその本質からして登頂不可能なのだと結論づけた。山頂に至るルートはそれこそ無限に考えられるのに、そのどれ一つとして一度も検討することなく（ましてや実際に試すことなく）、そう結論したのである。しかもその結論は、たぶんとかまず間違いなくというレベルではなく、絶対確実だと彼らは言うのだ。

こうした考え方は登山の因果関係としては前代未聞で、ある種の天地逆転、上意下達だと言える。いったいどんな種類の特性をもってすれば、奇妙な山頂の登頂不可能性を説明できるというのか？ 伝統的な山登りのエキスパートならば、考えられるどのルートを取っても途中で致命的な障害に遭遇せざるを得ないという、例外を許さない主張に戸惑うばかりだろう。登山のエキスパートたちは、はるかな峰を**上向き**に見つめ、想像できる限りの到達ルートを考慮に入れようとした上で、登頂はきわめて難しいと遠慮がちに結論するかもしれない。一方、恐れを知らぬ我らが観測チームは、不安定なＫＪを人工衛星から**下向き**に見ただけで、ふもとからそこに到達できるルートはあり得ないと結論する。

ひどい混乱の元になったこの結論にどうやってたどり着いたのか――観測チームは強硬に迫られて、やっとそのからくりを説明する。ただの光を用いて撮影をしても、特別なものは何一つ明らかにならない。そこでＫＪを上から撮った写真では、新たに発見された「ゲーデル線」を利用したという（Ｘ線ならぬＧ線である）。この新しい手段を使ってＫＪを感知すると、深く隠された一連の致命的構造が暴かれるのだ。

問題は、山頂の氷河の下にある岩盤の完璧な調和、あるいは無矛盾性とでも言うべきものから生じていた。それはいたって繊細で、山頂近くまでやってきた登山家がほんのわずかな重みをかけただけで（一粒の塩でもマルハナバチの幼虫のまつ毛でも！）、たちどころに途轍もない大地震を引き起こし、山全体が崩れ落ちてしまう。したがって、山頂に到達できないことは、そこまでどう**登って**いくかとは何の関係もないことになる。それは山頂自体が本来もつ不安定性によるもので、その上さらにゲーデル線によってのみ明らかになる不安定性なのであった。まったく馬鹿げたファンタジー、そう思わないだろうか？

数学における下向きの因果関係

実際そうなのだ。しかしクルト・ゲーデルの爆弾は、同じくらいファンタスティックだとは言えても、ファンタジーではない。厳密で精確なものだったのである。それによって明らかにされたのは、式の**隠された意味**が、式が真か偽か（または、PMあるいは他の十分に豊かな公理系において導出可能か否か）を決定する、「下向き」の因果力とでも言うべき奇妙な力を備えているかもしれないという唖然とするような事実だった。つまりわれわれは、公理から順序立てて長い道のりをたどっていく旧来の「上向き」の方法を使う手間をかけずとも、式の意味を知るだけで、その式が真か偽かを推論できるというのだ。

これは奇妙なだけではなく、驚くべきことでもある。というのも普通は、ただ数学的な推論が**述べて**いることを見て、その内容を頼りにしただけでは、それが真か偽か（あるいは証明可能か否か）を導き出すことはできないからだ。

たとえば、わたしが「完全数は無限にある」と言ったとしよう（完全数とは約数の和がその数と同じになる6、28、496のような数のこと）。その場合、あなたにはわたしの主張――「インプ（Imp）」と呼ぼう――が真か偽かわからず、紙に書かれたインプをじっと見つめてみても（日常言語で書かれていようとPMのような厄介な形式的記法で表されていようと）、何の助けにもならない。そこであなたは、山頂に到達するためにさまざまなアプローチを試みざるを得なくなる。そしてその過程で、たとえば、496の次の完全数が8128であるのを発見し、ここまで見つけた完全数がすべて偶数だと気がつくかもしれない。こいつは何だか奇数、いや奇妙だ。またあなたは、見つけた完全数がどれもp（p+1）/2の形で表すことができ、ここでpは奇数の素数（3、7、31など）、p＋1は2の累乗（4、8、32など）であることも見てとるかもしれない。

ところがしばらくすると、おそらくインプを証明するのに長いこと失敗し続けたあなたは、次第にこれは偽ではないかと思うようになる。そしてついには目標を変えて、近くで高さを競い合っている山頂――すなわちインプの否定、～インプ――にさまざまなアプローチを試みてみようと考える。インプの否定とはつまり、「完全数は無限には**ない**」という言明で、これは**最大の**完全数があると言っているのと同じことになる（この話は、この世で一番大きな素数とされたあの懐かしき友Pを思い出させる）。

しかし、ここで次のように仮定してほしい。唖然とするような天才的発想により、あなたが新たな「ゲーデル線」を発見し、インプがもつ隠された**第二の**レベルの意味を透視できるようになったとする（このゲーデル線とは、何らかの巧妙なアイデアを用いた新しいゲーデル数化のことであり、プリム数を証明可能な記号列と完全に同期させて踊らせるような、標準的なゲーデル的技法を備えている）。その隠された意味は、解読法を知った少数の幸運な人に対して「整数iはプリムではない」と明言しており、ここで整数iはインプのゲーデル数である。親愛なる読者のみなさんならば、このシナリオはどこかで聞いたことがあると思い出すのに、それほど時間はかからなかったのではないか。そう、すぐにお気づきの通り、インプはちょうどKGのように、新しいゲーデル符号化を介して自らについてこう主張しているのだ――「PMにインプの証明はない」

数あるシナリオのなかでも、最もありそうにないが最もありがたいこのシナリオによって、あなたは整数とその約数の世界、あるいは厳密な証明の世界をそれ以上探ることなく、インプは**真**かつ**証明不可能**だと即座に結論することができた(5)。別な言い方をすれば、あなたは「完全数は無限にある」という言明は真であると結論し、またその言明はPMの公理と推論規則を使って証明できないとも結論し、そして最後の最後に（あの嫌な皮肉を思い出して）、PMにインプの**証明がない**のは、それが**真**であることから直接もたらされる帰結だと結論したのだ。

わたしが描いたこのシナリオは馬鹿げたものに見えるかもしれないが、ゲーデルが行ったのは、まさしくこれとそっくりなことだった。ただゲーデルの場合は、数に関する先験的によく知られた興味深い言明から出発して、そこに隠された非常におかしなもう一つの意味に思いがけなくぶつかったわけではない。そうではなくて、数についての言明を入念に**作り上げて**、それがそのように設計されたという理由によって、非常におかしなもう一つの意味をもつことを明らかにしたのである。それ以外の点では、二つのシナリオはまったく同じだ。

すでにおわかりだと思うが、仮説的なインプシナリオと本物のKGシナリオは、数学がそれまで伝統的に採用してきた方法とは根本的に異なったものとなっている。それらのシナリオは**上下逆さまの推論**、つまり公理から上向きにではなく、定理となるものから下向きに行われる推論なのだ。より具体的には、数に関する表面レベルの主張からではなく、定理となるものの**隠された意味**から行われる推論だと言える。

ゲール、そして真実判定装置のむなしい探求

みなさんはゲールを覚えているだろうか？　形式を重んじるプリム数と不作法なソーシー数（非プリム数）を見分ける仮説的な装置だ。第10章でわたしは、もしゲールを作ることができたら、あるいは単に誰かがそれをくれたら、われわれは数論に関するどんな言明についても、それが真か偽かを判定できると指摘した。そのためには、ただ言明CをPMの式に翻訳し、そのゲーデル数cを計算した上で、ゲールに「cはプリムかソーシーか？」と尋ねるだけでよい。もしゲールが「cはプリムである」という答えを返したならば、われわれは「cはプリムだから、言明Cは証明可能であり、よってそれは真である」と宣言できるだろう。一方ゲールが

「cはソーシーである」と返したならば、「cはソーシーだから、言明Cは証明可能でなく、よってそれは偽である」と述べることになる。そしてゲールは、その定義により最後には必ずどちらかの答えを返すので、われわれはただ椅子にゆったりと腰を下ろし、どんなに深遠な数学的難問でも頭に浮かぶままにゲールに解かせてみることができる。

これは、たった一台のちっぽけな装置であらゆる問題を解こうという壮大なシナリオだったが、不幸にしてわれわれは、今ではそこに致命的な欠陥があることを知っている。ゲーデルが明らかにしたように、PMにおいて証明可能であることと真であることの間には、深くて大きい穴が口をあけているのだ（実のところ、PMのような形式化された公理系であればどんなものでも）。つまり、何たることか、証明可能ではない真の言明はたくさんある。したがって、あるPMの式が定理にならなかったからといって、その式が偽だという確たる証拠としてそれを受け取ることはできない（幸運にもその式が定理であるときには必ず真になるけれど）。だとすれば、たとえゲールがその謳い文句通りにきちんと働いて、「nはプリムか？」という形のどんな質問にも、常に「イエス」か「ノー」で正しく答えたとしても、結局は数学のあらゆる問題に答えられることにはならないだろう。

期待していたほどの有益な情報は提供してくれないにせよ、それでもやはりゲールは所有するに値する優れた装置だ。とはいえ実を言えば、それすらもあり得ない話だということがわかっている。信頼できるプリム／ソーシー識別装置はどうやっても実現できないのだ（ここでは詳細にまでは踏み込まないが、この問題は数理論理学や計算可能性について書かれた書籍にいくらでも見つけることができる）[6]。これではまるで、夢の世界がばらばらと崩れ落ちてきたようなものではないか――そしてある意味これは、真という抽象的概念と、真を突き止めるための機械的手法との間に深くて大きい穴が初めて見つかり、その穴の驚くべき大きさが人々に知られ始めた一九三〇年代に起こっていたことなのである。

この問題に関して数学者たちがもっていた夢は、最後には棺に入れられることになったが、その棺に最後の釘を打って葬り去ったのは論理学者のアルフレト・タルスキだった。[7] 彼は、「nは数論の真の式のゲーデル数である」という言明をPM記法で表現しようにも、そんな方法すらないことを示した。タルスキの発見が意味するのは、(ある特定のゲーデル数化を用いて得られた) 真の言明を表す数の無限集合があり、それと相補的な偽の言明を表す数の無限集合があるとしても、その区別を数論的に表現する方法はないということだった。言い換えると、すべてのwff数の集合は真/偽の二分法によって相補的な二つの部分に分けられるが、その境界線は特異で捉え難いので、どんな数学的手法を使っても少しも描写することができないのだ。

この話は何もかも、ひどくひねくれているように思えるかもしれない。しかしそうであれば、それは魅力的なひねくれ具合であり、人間が数学において長らく追い求めきた目標の深遠さがそこに表されている。われわれがこれまで行ってきた数学的な真理の探究は、言いようもないほど捉え難く、それゆえ神聖とさえ思える何ものかの探究だ。わたしは改めて、Gödel (ゲーデル) という名前には、God (神) という語が内包されていることに気がつく——上に置かれた二つの点には、さらにどのような謎が潜んでいるのだろうか?

進化した生物の上下逆さまの知覚

前節でさっと見てきたように、数理論理学における奇妙なループは非常に驚くべき特性をもっていて、そこには逆さまの因果関係に見えるものも含まれていた。[8] この逆さまの因果関係なるものにお目にかかるのは、決してこれが初めてではない。その概念は、動玉箱と人間の脳を論じるなかですでに出現していたものだ。われわれわれは、人間は進化によって知覚する存在に作り上げられたと結論した。つまり、フィルターを通して世界を巨視的なカテゴリーに区分していく存在である。われわれはその結果、自分自身や他人の行動を含めて、この世界で起きていることを、基礎をなす素粒子物理学（われわれの日々の知覚や馴染み深いカテゴリーからは何等級も離れている）によってではなく、抽象的で明確に定義されない上位レベルのパターンによって記述することを運命づけられている。そうしたパターンとはたとえば、母や父、友人や恋人、食料品店やレジ台、メロドラマとビールのコマーシャル、危ない奴《クラックポット》と天才、宗教とステレオタイプ、喜劇と悲劇、強迫観念と恐怖症、そして言うまでもなく信念と欲望、希望と恐怖、不安と夢、野心と嫉妬、献身と憎悪などなど、物理的因果関係の微視的な世界から比喩的距離にして一〇〇万マイル離れた無数の抽象的パターンのことだ。

かくして、われわれが世界を知覚する過程に奇妙な逆さま現象が生まれる。微小の領域にこそ現実を駆動させる原動力があると思えても、「小さなもの」よりも「大きなもの」を知覚するように人間は作られているのだ。われわれの心が下位レベルを完全に無視して上位レベルだけを見ているという事実は、ゲーデルが明らかにした上位レベルの視点の可能性を想起させる。ゲーデルは、途方もなく長いＰＭの式（ＫＧやその親戚）を取り上げて、それを、ある巨大な整数はある再帰的に定義される数論的な特質（非プリム数性）をもつという下位レベルの数に関する主張として読むのではなく、容易に理解できる簡潔な形（「ＫＧはＰＭ内に証明をもたない」）で読む方法を見つけ出したのだった。ＰＭ記号列の標準的な下位レベルの読みは表面的なもので、誰の目にも明らかだ。しかし、それと並行して上位レベルの読みが存在しているかもしれないと想像するには、天才的な洞察力が必要だった。

それとは対照的に、脳（あるいは動玉箱）を用いて考える生き物の場合、自分の脳の活動を上位レベルで読むのが自然かつ自明である（たとえば、「おばあちゃんが『オズの魔法使い』を見に連れて行ってくれたときどんなに怖かったか」というように)。そのとき、上位レベルを支える下位レベルの活動(シナプス間隙を狂ったように飛び交う無数の神経伝達物質、あるいは互いに音も立てずにぶつかり合う大量のシム)は、完全に隠されていて、目に見えず、存在を匂わせもしない。考える生き物は、思考が起こる場所である基質については知らないも同然だが、それにもかかわらず、記号による世界の解釈のことは何でも知っていて、自分が「私」と呼ぶものについても非常によく知っているのである。

むりやり「私」を押し付けられて

実際、日常的で馴染み深いシンボルや、常に存在する「私」という感覚を疑っている人はめったにいないだろう。それと同様に、頭蓋(あるいは動玉箱)内のどこか奥深くに、秘密の下位レベルが物理的に存在すると大胆に考察する人も珍しいはずだ。そうした人たちによると、その下位レベルは、シンボル(またはシムボール)とは何の関係もない、目に見えない撹拌のようなものによって形成されているが、どういうわけか無数の微視的単位(ひどく不思議なことに、それらはシンボル的属性をまったく欠いている)を必ず含んでいるのだという。

このような見方で人間を眺めると、われわれが自分たちの脳を神経のような下位レベルで見るようになるずっと前に、希望とか信念とかいった非物理的な上位レベルで知っているのは、かなり興味深いことだと言える(実際、自分の脳を下位レベルで考えたことがある人はほとんどいない)。もし『プリンキピア・マテマティカ』の場合でも、これと似た事態が起きていたらどうだっただろう? PMの式を上位レベルのゲーデル的な意味に認識するのは、それよりはるかに基本的なラッセル的な意味での認識よりも、ずっと先行していたことになるが、それは到底あり得ないシナリオである。ともかくわれわれ人間は、自分自身を上位レベルの心的な観点で知覚し記述するように進化してきた（たとえば、「今度の夏には『エフゲニー・オネーギン』を読みたい」と言うように）。近年では微小の世界に少しずつ歩を進めているとはいえ、それは決して、下位レベルの物理主義的な観点ではなかったのである（次の夏に『エフゲニー・オネーギン』を読みたいという希望に関わるすべてのニューロンの状態を記述した、想像もつかないくらい長いリストを想像してみてほしい）。

最下位レベルを目指してゆっくりと

「信念」、「希望」、「罪悪」、「羨望」などの心理主義的な概念は、人間がそれらの根拠を何らかの物理的な基質（ある程度微細なレベルで見た脳）内に繰り返し現れる認識可能なパターンに求めようと試みる何億年も前に、すでに生じていたものだ。上位レベルでの直観的な理解から下位レベルでの科学的な理解へとゆっくりと進むこうした流れは、**遺伝子**にまつわる事実を思い出させる。遺伝子という抽象的な概念は、親から子や孫に受け継がれる遺伝の基本的単位として大胆に仮定され、そこに何らかの「ハードな」物理的根拠が見つかるまで、実験室で数十年にわたって入念に研究された。やがて抽象的な概念に物理的な「描像」を結びつけることを許す微視的な構造がついに突き止められると、それらはまったく予期せぬ存在であることがわかった――遺伝子とは、たった四種類の分子（ヌクレオチド）が一つまた一つと何百万もつながって形成された、非常に長くて螺旋状にねじれた鎖のうちの、中くらいの長さの部分であることが判明したのである。

それからまるで奇跡のように、これら四分子の化学はある意味で副次的であることがわかった――遺伝について考えたとき、何より問題になるのは従来の物理－化学的特性でなく、新たに明らかになったその**情報**特性だったのだ。すなわち、遺伝と複製がどのように働くかに関する的確な記述の大部分は化学から取り除かれ、ただ情報操作プロセスの上位レベルの描像だけが残されたのである。(9)

こうした情報操作プロセスの核心には、「遺伝コード」と呼ばれる高度な抽象化がある。遺伝コードとは、ヌクレオチドを三つ組み合わせてできる「言葉」(すなわち「コドン」)のことであり、その「言葉」は全部で六四種類あるが、それぞれが二〇種類のアミノ酸のどれかに対応している(アミノ酸はヌクレオチドとは化学的にまったく無関係なグループに属する分子)。言い換えると、遺伝子と遺伝の深い理解は、上位レベルの意味が仲介する対応関係を熟知することで初めて可能になる。どこかで聞き覚えのある話ではないか。

豚舎からとことん離れて

生物の細胞で起きていることを理解したいのならば、この新しい情報レベルで考えられるようになる必要がある。たとえ理論的には物理学だけで十分だとしても、実際面で考えると、それではうまくいかないだろう。実際、素粒子は自分たちのことにかかりっきりで、生体分子の情報レベルなど、まったくおかまいなしだ(まして や人間の知覚のカテゴリーや、抽象的な信念や「私」性や愛国心、あるいは生体分子の巨大な塊として二四の前奏曲とフーガを作曲したいという燃えるような願いなどには)。そして、生物に降りかかる巨視的な出来事はすべて、微視的なふるまいをするこれらの素粒子から生まれるのである。

しかしながら、すでに指摘したように、粒子レベルに焦点を合わせようとすると、今度は、たとえば細胞とか豚といったようなものとそれが属する世界の間に、はっきりとした境界線を引くことができなくなる。「細胞」や「豚」という概念は、そうしたはるか下位レベルとは関連がないからだ。素粒子物理学の法則は、「豚」、

「細胞」、「遺伝子」、「遺伝コード」、さらには「アミノ酸」という概念とすら関係がない。素粒子物理学の法則は素粒子だけを包含するものであって、思考する存在によって都合よく引かれた巨視的な境界線は、蝶にとっての選挙区の境界線と同じくらい何の意味ももたないのである。電子、光子、ニュートリノなどなどは、そうした人為的な境界線を何のためらいもなくビュンビュンと飛び越えていく。

素粒子のルートを進むのならば、とことんその道を行くことになり、残念ながら豚からはおよそかけ離れたところをさまよう羽目になる——言うなれば、豚の家族全員のすべての素粒子、その豚が暮らす豚舎の、豚が転げ回っている泥の、農夫が与える餌の、呼吸している空気の、降り注ぐ雨の、その雨を降らせる積乱雲の、豚の鼓膜をふるわせる雷鳴の、地球の、太陽の、全宇宙に充満して時をさかのぼりビッグ・バンにまで延び広がっている宇宙背景放射などなどの、すべての素粒子を考慮に入れる必要があるのだ。しかしこれは、われわれのような限られた生を送るものの仕事としては、あまりに大きすぎる。したがってわれわれがものを見る際には、包括的とも詳細とも言えないが、（われわれにとって幸運なことに）直観をもたらしてくれるレベル、すなわち情報的なレベルで妥協せざるを得ない。

生物学者たちは、情報レベルで遺伝子が**表す**ものについて語ったり考えたりしており、かつてのように物理化学的な特性に焦点を合わせてはいない。そして彼らは、この「よりスマートで力強い」新しい語り口から、遺伝子は自身の情報的な特性によって因果性を有することが示唆されるという事実を暗黙のうちに受け入れている——あるいは別の言い方をすれば、きわめて抽象的な巨視的レベルの事象や状態（たとえば、ゴールデンレトリーバーは温厚で人なつこい傾向があるといった上位レベルの規則性）は、**分子の意味**に正当に原因を求められることが示唆されるという事実を。

分子生物学ではなく犬と直接関わっている人たちにとって、この種のことは当たり前とされている。犬好きの人たちは、あれこれの犬種の気性や気分の傾向について語って止まないが、そうしたものはすべて、DNAの物理特性や化学(そして言うまでもなく、それより微小な物理レベル)からはどういうわけか完全に切り離されていて、純粋に「犬種の性格特性」という抽象的なレベルに宿っているように見える。そして素晴らしいことに、犬好きの人たちは、こうした考え方や語り方で分子生物学者に劣らず十分にうまくやっている。それは実際に有効な方法なのだ！　もし犬好きの人(あるいは分子生物学者)が、純粋に物理学的あるいは分子生物学的な方法でこれを進めようとしたならば、その人たちはたちどころに、犬とその遺伝子(および当然ながら宇宙のそれ以外の部分)を構成し相互作用している、想像を絶する数の微視的な存在が生み出す無限の詳細に沈んでしまうことだろう。

ここまで述べてきたことをまとめるならば、犬や豚について語る最も**現実的な**方法には、ロジャー・スペリーが言ったように、上位レベルの存在が何のおとがめもなく下位レベルの存在を小突き回すことが必ず伴っている、ということになるだろう。思い出してほしい。整数641の素数性がもっていた形のない抽象的な性質は、ドミノ・コンピュータの「素数経路」に置かれた形のある硬いドミノ牌を、紛うことなく転倒させたのだった。これはまさしく下向きの因果関係だ。そしてわれわれはこれによって、シンボルをもつ脳について考える最も有効な方法──ほとんどの用途において最も**真である**方法──は、脳内にある微視的な存在がアイデアや欲望によって小突き回されているのであって、その逆ではないと考えることだという結論に、まっすぐに導かれるのである。

第13章 掴みどころのない掌中の「私」

経験を構成するパターン

われわれ人間は、その最も根本的な性質により、とある世界――馴染みがあって安心はできるが、定義づけを完全に拒む抽象的パターンの世界を漂っている。そうした抽象的パターンには、たとえば「ファストフード」と「クラマトジュース」、「安っぽさ《タッキネス》」と「いかれ具合《ワッキネス》」、「クリスマスボーナス」と「顧客サービス係」、「骨折り損《ワイルド・グース・チェイス》」と「手に負えない奴《ルーズ・キャノン》」、「危ない奴《クラックポット》」と「意外な弱点《フィート・オブ・クレイ》」、「簡単なこと《スラム・ダンク》」と「大事なこと《ボトム・ライン》」、「口だけの同意《リップ・サービス》」と「猛烈な努力《エルボウ・グリーズ》」、「卑劣な手段《ダーティ・トリック》」と「持ち帰り袋《ドギー・バッグ》」、「ソロリサイタル」と「ゲス野郎《スリーズボール》」、「負け惜しみ《サワーグレープ》」と「ソープオペラ」、「フィードバック」と「フェアプレイ」、「ゴール」と「誤魔化し」、「不安」と「夢」、「彼女」と「彼」――そして忘れちゃいけない、「あなた」と「私」がある。

今わたしはそれぞれの項目に括弧をつけたが、だからといって、書かれた言葉について語っているわけでも、それらの表現が「指している」この世界の目に見える現象について語っているわけでもない。そうではなく、わたしの心やあなたの心の中でこれらの語が指示する**概念**について、以前の用語を使えば、それぞれの脳内にある対応する**シンボル**について語っている[1]。

先の簡単なリストは本来はずっと長いもので、ほとんどの大人がもつ日常的な心的現実の雰囲気を伝えようとしている（面白がってもらえると嬉しいのだが）。それらはごくありふれたシンボルで、友人や同僚と話したり、信号で立ち止まったり、ラジオを聴いたり、歯医者の待合室で雑誌をパラパラ眺めたりなど、日々のお定まりの行動を開始するときに、脳内で休眠状態から目覚める。このリストには、クォークやグルーオンといった近寄り難いレベル[2]や、それより少しだけ近づきやすい遺伝子やリボソームや転移RNAといったレベル[3]――存在に口では同意《リップ・サービス》するが、ほとんどまともに語ったり考えたりしない「現実性」のレベル――は含まれていない。それとは反対に、最も平凡で最も深く信じられている現象を感じ取ってもらうために、心の中にある日々の暮らしに関連したところを無作為に巡って作成したものなのである（「負け惜しみ」と「骨折り損」などは誰にとっても現実性があるだろう）。

しかしそこに想定される現実性にもかかわらず、先のリストには、曖昧で、ぼやっとしていて、信じ難いほど掴みどころのない抽象が充満している。リストの項目のどれか一つでも、**正確に**定義しようとするところを想像できるだろうか？「安っぽさ」として知られる属性とは、本当のところいったい何なのだろうか？それを子供に説明できるだろうか？「ゲス野郎」を絶対確実に検知するパターン認識のアルゴリズムがあるならば、どうか教えてほしいもんだ！

½回転で鏡映された共産主義者の独り者はびしょ濡れ

われわれの思考が巨視的世界のぼんやりと霞のかかったカテゴリーにどれほど深いところで結びついている

かを示すものとして、単純な例ではあるが、次の興味深い事実を考えてみよう。つまり論理学者たち――言語表現に一分の隙もなく正確に適用できる鉄壁にして鋭利な論理的推論の規則を書き記すことを職業とする人たち――は、世界の基礎をなす永遠の真理を示す規範的な例として、粒子や場のレベルを持ち出すことはめったにないという事実である。その代わりに論理学者が「真理」と言うときに一番よく使うのは、一般に、「雪は白い」とか「水は濡れている」とか「独身男は未婚だ」とか「共産主義は数年のうちに中国で重大な問題に直面するかしないかだ」というような、完全にピント外れなカテゴリーを用いた文だ。

もしあなたがこれらの文が真理を明瞭に表現**している**とお思いならば、少しの間よく考えてみていただきたい……「雪」とは本当のところ何を意味しているだろうか？　それは「チェックメイト」とか「素数」と同じくらい明瞭なカテゴリーだろうか？　「濡れている」の**正確な**意味は何だろうか？　そこにぼやけたところは何一つないと言えるだろうか？　「未婚」はどうだろう？　ましてや「数年のうち」や「重大な問題に」は？　曖昧さだらけではないか！　それなのに、いま見た標準的な論理学者の文は、われわれが生まれつき漂っているレベルに属しているという理由で、ほとんどの人にとって「電子はスピン½だ」とか「電磁法則は鏡映されても不変だ」という文より現実的なのである（したがって真理としてより信頼できる）。

人間の体は比較的大きいため、その大多数は電子や電磁法則を決して目にすることも直接扱うこともない。われわれの知覚や行為は、もっと大きくて曖昧なものに焦点を合わせているのだ。そしてわれわれの最も深い信念は、電子から遠く離れたところ、つまり高頻度および低頻度に常に割り振られる多くの巨視的項目（前者はたとえば「ファストフード」や「持ち帰り袋《ドギー・バッグ》」、後者は「意外な弱点《フィート・オブ・クレイ》」や「顧客サービス係」など）にあり、また同時に、それらの大きくて曖昧な項目の間をつなぐように思える、知覚された因果関係にある（それがどれほどぼやけていて頼りなくとも）。

生き物が暮らす世界の因果関係は多くの場合ひどく混沌としているが、そうした因果関係に対してなされる鋭い洞察は常に、巨視的レベルにおけるカテゴリー化という研ぎ澄まされた行為から生まれてくる。たとえば、遠い土地で起きている謎の多い戦争について、慧眼のニュース解説者がその戦争の起源を大昔の宗教的対立に関連づけたとたん、われわれは突如として明確な全体像を抱くようになるかもしれない。しかし一方で、物理学者がその戦争の理由を説明しようとして、量子力学的な粒子間の運動量保存則を満たす無数の衝突を持ち出したとしても、何一つ教えられることはないだろう。

似たような話はいくらでも続けられるが、われわれは、恋愛をはじめとする人生の大切なテーマを、巨視的な世界の触れることのできない日々のパターンから知覚しているのであって、決して素粒子の相互作用から得ているのではない。量子電磁力学こそが「世界を動かしているもの」だと宣言する代わりに、美、寛容、性、不安、貞節、嫉妬、孤独などなど、われわれの手を永遠にすり抜けていく不可思議な存在に言及することができるのだ。おっと忘れてはいけない。そのなかには、興味深いことに英語では「化学《ケミストリー》」と呼び、さらに興味深いことにフランス人が「結合しやすい原子をもつ《アヴォア・デ・アトム・クロシュ》」と表現する、二つの魂の素晴らしいときめきも含まれている。

こうしたリストを作るのは楽しいけれど、ただの頭の体操にすぎず、新しいことは何も教えてくれないだろう。しかし重要なのは、われわれが生活の**あらゆること**を知覚しているのはこのレベルなのであって、目に見えない構成要素のレベルでは本質的に**何一つとして**知覚していないということだ——たとえ頭では、それらの構成要素によって自分が作られているとわかっていたとしても。ただ、そこに少数の例外があることは認めよう。例を挙げれば、顕微鏡レベルの病気の原因に対する鋭い今日的な認識、新たな生命をもたらす微小な精子―卵子現象への関心、子供の性別を左右する微視的要素に関する共通知識などがあるが、これらはきわめて例外的なものだ。原則的に、われわれは日常的な概念の世界を泳いでいて、微視的な事象ではなく、それらの概念こそが現実を定義しているのである。

わたしは不思議の玉？

先ほど述べたのは、他の生物の行為を理解するのとちょうど同じ程度に、われわれは**自分の**行為を理解できるということだ[4]――「希望」や「信念」などと呼ばれる、安定はしているが触れることのできない内的パターンに関して言えば、そうなのだ。しかし、自己の理解に関してはさらに歩を進める必要がある。そのときわれわれは、頭蓋内に見いだされる希望や信念や願望といったものすべてを統一し、内的な一貫性と経時的な安定性を与える存在を要約する言葉を作り出すよう、強力に駆り立てられる――その言葉というのが、誰もがごく早期に身につける「私」なのである。舞台裏にいた「私」という高度な抽象は、やがてこの宇宙で最大限に現実的な存在と感じられるようになっていく。

戦争や恋愛の原因が粒子ではなくアイデアや感情だと確信しているわれわれは、それと同じように、「私」が自分の行為の原因であると確信している。われわれの身体にあり、その身体を突き動かす「偉大なる押し手」が「私」である。希望や欲望が収められた薄暗い箱の中に、「私」というびっくりするようなビー玉の丸さ、硬さ、サイズを間違いようもなく感じるのである。

ここでわたしが「ズ〜イ」君、つまり封筒を入れた箱の中の存在しないビー玉という現象を思い出しているのは、言うまでもないだろう。しかし「私」という錯覚は、紙と糊の層が重なり合ってできたビー玉の錯覚よりも、ずっと微妙で扱いが難しい。われわれをしっかり捕まえて離さないこの錯覚の強い力は、いったいどこから来ているのだろうか？　どれほど「ハード・サイエンス」を投入しようと消え去ることを拒むのはなぜだろうか？　こうした問いに答えるために、ここからは「私」を作る奇妙なループに焦点を合わせていくことにしよう――それはどこに見つかり、どのように生じ、揺るぎないものになるのだろうか？

真珠の首飾りはわたしではない

まず初めに、われわれ各人がもつ固有の「私」性の奇妙なループは、その脳内に存在している。よって、普通の人間の頭蓋内には、そうしたループがそれぞれ一つずつ潜んでいることになる。実際にはこの数字はちょっと言いすぎなので第15章で再検討するつもりだが、それでもやはり、それが一つだけあると言っておくのは、出発点としては悪くない見積もりだ。

「脳内の奇妙なループ」と言うとき、わたしの心の中では物理的構造――触知可能な何らかの閉じたカーブ、おそらく端と端が結びついたたくさんのニューロンでできた回路――が思い描かれているだろうか？　この神経のループは、脳手術で手際よく摘出して繊細な真珠の首飾りのように台に広げ、みんなに見てもらうことはできるだろうか？　こんなふうに脳の「ループを外された」人は、意識のないゾンビになってしまうのだろうか？

言うまでもなく、それはわたしの心の中にあるものとは違っている。「私」を作り上げる奇妙なループは、場所を正確に突き止めたり取り出したりできる物理的対象ではない。それは、音響フィードバックループが質量や長さをもつ触知可能な対象ではなかったのと同じことだ。そうしたループは、講堂の「内部」には存在するかもしれないが、その場所を物理的に突き止められるからといって、それを手にとって重さを調べたり、ましてや温度や厚さを計測できることにはならない！ 「私」ループは音響ループのように一つの抽象である。ただ抽象ではあるが、われわれのようなハネカー尺度で高い魂度の値を示す存在にとっては、限りなく現実的でほとんど物理的に触れることができそうな抽象なのである。

わたしは脳で一番複雑なシンボル

動玉箱が（そしてPMも）そうだったように、われわれは脳を（少なくとも）二つのレベルで見ることができる。一つは、非常に小規模な物理的過程（粒子かもしれないしニューロンかもしれない――お好きな方をどうぞ）を含んだ下位レベル。もう一つは、知覚によって選択的に呼び覚ますことができる大きな構造、つまり本書では**シンボル**と呼んできた、脳内でカテゴリーを構成する構造を含んだ上位レベルだ。

普通の人間がもつプールのなかには語られないシンボルが何千とある一方で、他のものよりずっと頻繁に用いられる支配的なシンボルもいくつかあり、そのうちの一つに、いくぶん恣意的に「私」という名が与えられている。他人について語るとき、われわれは普通、その人の願望とか習慣とか好き嫌いといったものを持ち出して話をする。その際は、語られる対象となった人それぞれについて、「私」の類似物を創案する必要があり、当然のことながら、その「私」とは、われわれではなく、**他人の**頭蓋内に存在するものだ。この自身の「私」の分身は、文脈に応じて、「ダニー」や「モニカ」や「あなた」や「彼」や「彼女」といったさまざまなラベルを貼られる。

自己は自分以外の世界（大部分は家族や友人や好きな曲や本や映画といったもの）と相互に影響し合うが、そうした自己を知覚する過程は生涯にわたって続いていく。したがって「私」というシンボルは、脳内のあらゆるシンボルと同様にとても小さく単純なものから出発するが、大きく大きく大きくなって、ついには脳内で最も重要な抽象構造になる。しかし、それは脳内のどこにあるのだろうか？　何らかの小さな局所的スポットにあるのではない。その構造は、たくさんのものにまつわるたくさんのことを含む必要があるため、全体に広がっている。

「だった」、「だろう」、「だったのでは」を身につける

わたしの自己シンボルは、わたしの犬のそれとは違って、わたしという存在の遠い過去まで記憶を（限りないと思えるほど）さかのぼることができる。抜けは多いけれど、非常に正確な記憶だ。このように動物から人間レベルの洗練度へと見事に跳躍できたのは、われわれのどこまでも拡張可能なカテゴリー体系のおかげであり、またそれによって誰もがエピソード記憶をもつことができるようになった。エピソード記憶とは、われわれ（そして友人や家族の誰か、本や映画や新聞記事などに登場する人物、以下どこまでも続く）の身に起きた出来事について、些細なものも重大なものも、単純なものも複雑なものも、何十年にもわたって思い出を貯蔵する巨大な倉庫である。

同じようにわたしの自己シンボルは、不安と夢に突き動かされ、薄暗い霧に覆われた未来の自分を透かし見る——ほとんど自信はもてないながらも、非常な熱心さをもって。こうして、過去に関する膨大なエピソード記憶は、まだ起きていない未来をぼんやりと指向するその派生物（**エピソード投影軌道**とでも呼ぼうか）と一緒になり、無数のエピソードの別バージョンあるいは「仮定の再現」で埋められた夢のページに飾り立てられて、「私」を構成するどこまでも続く鏡の間《ホール》を生じさせる(5)（ここで言う仮定の再現とは、「もしXさえ起こって

いたら……」、「Yが起こらなくてどんなに良かったか……」、「Zが起きていたらものすごく良かったんじゃないか……」といったものだ。これらを**エピソード仮定軌道**と呼ぼう）。

自己なしには生きられない

われわれが知覚しているのは相互作用する粒子ではなく、何ものかがぼんやりとした因果関係をもって互いに押し合うことで生まれる巨視的なパターンである。また、われわれの身体にあり、身体を突き動かす偉大なる押し手とは「私」である。そして、外部世界を動かしているのはわれわれの身体である。以上のことを考えるならば、「私」こそが因果関係の最終責任者であると結論する以外に選択肢は残されていないだろう。どうやらわれわれ一人ひとりにとって、「私」とは、自分たちのあらゆる行為、あらゆる決定の根源であるようだ。

もちろんいま述べたことは、微視的な対象を扱う非人文学的な物理学がこの世界を動かしているという視点を完全に鼻であしらっている点で、真理の一面でしかない。それでもこの偏った見方は、驚くほど頼りになり、議論の余地なく必要不可欠なものだ。この二つの特性（頼りになること、必要不可欠であること）によって、われわれは、赤ん坊から幼児を経て成人へと成長していくなかで、素朴な非物理学的視点を自分たちの信念体系にしっかりと組み込んでいくのである。

ここでわたしは、素粒子物理学者の「私」も、小説家や靴屋の店員の「私」に劣らずしっかりと確立されていることを付け加えてもいいかもしれない。たとえ物理学全域に深く通じたとしても、文化と言語による数十年にわたる洗脳をなかったことにはできない。現在のわれわれを準備した数百万年にわたる人類進化については、言うまでもないだろう。比類のないほど効率的な省略表現である「私」という概念は、世界を説明するのに不可欠な装置なのであって、科学的な知恵が十分に身についたら喜んで捨てられる松葉杖のようなものではない。

自己のゆっくりした成長

ところで、自己表象のループが収まっている候補として、なぜ人間の脳が挙げられたのだろうか？(6)　蝿や蚊の脳は、どうして同じように候補とされなかったのだろうか？　さらに言えば、バクテリア、卵子、精子、ウイルス、トマトの木、トマトの実、鉛筆でなかったのはなぜだろうか？　答えははっきりしている。人間の脳は、カテゴリーの拡張可能性や柔軟性において限界をもたない表象体系だからだ。それとは対照的に、蚊の脳はちっぽけな表象体系であり、実質的にカテゴリーをまるでもたず、拡張可能性とも柔軟性とも縁がない。また、バクテリア、卵子、精子、植物、サーモスタットなどがもっている非常に小さな表象体系は、自己表象という贅沢を味わうことはない。トマトや鉛筆にいたっては少しも表象体系ではなく、よって話はここで終りとなる（トマトちゃん、鉛筆ちゃん、ごめんね！）。

こうして人間の脳は、知覚の豊かなフィードバック、ひいては豊かな自己表象の可能性をもつ有力な候補となる。ところで、われわれが関与している知覚サイクルとは、いったいどのようなものだろうか？　われわれが生まれると、まず自分自身に関する最も基本的なフィードバックが働き、それが刺激となって自分の身体の最も目につきやすい部位に関するカテゴリーが創案され、その土台の上に、自由自在な物理的対象としての身体の感覚が発達していく。そのうちに、さまざまな行為について報酬を受けたり罰を受けたりするなかで、自尊心や罪悪感のような概念とともに、「良い」や「悪い」といったより抽象的な感覚が発達し始める。そして、何かを起こすように（たとえば、身体はもう歩きたいと言っているのに急な坂を駆け上がらせるように）働きかける力をもつ抽象的な存在として、自己の感覚が根づいていくのだ。

発達していく自己シンボルを可能な限り精緻に研ぎ澄ましていくことが、若い時代にはきわめて重要である。われわれは、たとえそれがどのようなものであっても、あらゆる社会的立ち位置あるいは階級のなかで、自分がどこに属しているのかを知りたいと思うものだ（あるいは知る必要がある）。時には、そんなことは知りたくないと思っていても、見つけてしまうこともあるだろう。たとえば、誰でも小さい頃は「かわいい」と言われるが、このメッセージが他人に比べて著しく強化される人もいる。こうしてわれわれはそれぞれ、自分が「かっこいい」か「おだてに乗りやすい」か「図々しい」か「照れ屋」か「ちやほやされてわがまま」か「滑稽」か「締まりがない」か「一風変わってる」か、その他何にせよ気がつくようになる。何ダースもあるこうしたラベルや概念が、われわれの発達途上にある自己シンボルに固着していくのである。

大小取り混ぜ無数の経験を重ねていくうちに、そうした経験に対するわれわれの表象もまた同じように自己シンボルに固着していく。そう、もちろんグランド・キャニオンを訪れた記憶はわれわれの自己シンボルに固着するだけでなく、脳内の数多くのシンボルにも固着するのだが、われわれの自己シンボルはこの付着物によって豊かになり複雑さを増していく。

放り投げて、跳ね返ってきたものを受け止める

止まることなく、弱まることなく、一日一日、一瞬一瞬、わたしの自己シンボルは形作られ洗練されていく——そして今度はその自己シンボルが、来る日も来る日も来る日も膨大な外的行為を引き起こす（あるいは、

そうした因果関係に見える。というのも、自己シンボルが世界を知覚するのは微視的レベルではなく、このレベルだからである)。自己シンボルは、自分が選択した行為(蹴ったり、放り投げたり、叫んだり、笑ったり、冗談を言ったり、突いたり、躓いたり、走ったり、言い訳したり、脅したりなど)によって周囲のあらゆる種類の存在が大なり小なり反応するのを見て、その結果を粗いカテゴリーのレベルで自身に取り込んでいく(その精度について選択の余地はない)。そして自己シンボルは、そのようないつまでも続くランダムな探査を通じて、広大で、多くの要素からなり、一部は予測可能な世界における行為の選択者および発動者としての自身の性質に関して、簡潔で価値のある洞察をゆっくりと獲得していくのだ。

もっと具体的に説明しよう――バスケットボールをゴールに向けて放る。すると、わたしの腕、わたしの指、ボールの回転、空気、リングなどなど、どれもわたしの気がつかないところで起きた無数の微視的な事象のおかげで、わたしのフックシュートは見事決まるか、外れるかのどちらかとなる。こうした世界に対するささやかな探査は何百回も何千回も繰り返され、それによってわたしは、バスケットボール選手としての自分の技術がどのレベルにあるのかを、これまでにないほど正確に知るのである(と同時に、そのスポーツを好きになるか否かを決める要素にもなる)。もちろん、この技術レベルに対するわたしの感覚は、わたしの身体や脳で起きている無数の細かい事実を、非常に粗く要約したものでしかない。

これと同じように、わたしの社会的な行為は知覚をもつ他の存在の反応を引き起こすのだが、わたしは、その跳ね返ってきた反応をシンボルのプールを用いて知覚している。わたしは、他者に与えた影響を通して間接的に自分自身を知覚する。自分が何者であるかという感覚を、他人の目を通じて作り上げている。このようにしてわたしの自己シンボルは、初めの虚空から抜け出して次第にまとまっていくのだ。

西部劇の主人公そっくりに微笑む

六歳頃のある朝、一年生だったわたしはクラスの発表会でありったけの勇気をかき集めて立ち上がり、「ぼく、ホパロング・キャシディそっくりに微笑むことができます！」と誇らしげに宣言した（自分にこのすごい能力があるとどうして信じ込めたのか思い出せないが、わたしは世界のどんなことについてもそうだったようにそれを確信していた）。そうして、入念に練習を重ねた笑みをクラス全員の前で披露したのだ。ああ、もう何十年にもなるわたしのエピソード記憶の中に、この大胆な行為の痕跡は強烈に残っているが、残念なことにわたしが大好きだったとっても優しいマクマホン先生と幼いクラスメートがどんな反応をしたか、本当にぼんやりした思い出しかない。それなのにみなの全体的な反応は、それがどんなふうだったにせよ間違いなくわたしの人生初期の発育に影響をもち、したがってわたしの緩やかな成長、「私」をゆっくり安定させていくのに影響を与えたのである。

われわれがすること――「私」がするように告げること――には、時に肯定的、時に否定的な結果が伴うが、われわれは日々が過ぎ年々が過ぎていくなかで、否定的ではなく肯定的な結果につながるように、自分の「私」を成型していく。つまりわれわれは、ホパロング・キャシディの微笑みが当たりだったか外れだったかを見て、前者の場合にのみ再びそれをやってみようと思うわけだ（告白すれば、わたしはあのとき以来それを披露していない）。

もう少し大人になると、われわれは自分が口にした洒落がまったく受けないか大受けするかをよく見て、その結果に従って洒落の作り方に手を加えたり、より厳しく自己検閲をしたり、あるいはその両方を行うことになる。また、いろいろな服装を試してみて、自分に似合うものやそうでないものを他人の反応から読み取ることも学ぶだろう。小さな嘘をついて叱られたときは、もう嘘をつくのはやめようとか、さもなければもっと上手に嘘をつこうと心に決めて、正直さに関する新たな知見を自己シンボルに組み込んでいく。言うまでもなく、嘘について当てはまることは自慢話についても当てはまる。実際たいていの人は、どれだけ気にかけるかに違いはあるにせよ、自分の言葉の使い方をさまざまな社会規範に合わせようと努めるものだ。その複雑さの度合いには際限がない。

われわれの私の中にある嘘

臨床心理学者たちはもう一世紀以上にわたって、われわれ一人ひとりの最も奥深いところにある核にしっかりと固定された、この奇妙な構造の性質を理解しようと取り組んでいて、一部には、きわめて洞察に富んだ指摘をした者もいる。二、三〇年前になるだろうか、わたしは精神分析家カレン・ホーナイの本を何冊か読んで感銘を受けたが、その印象はいまだ消えずに残っている。たとえば『内なる葛藤』[7]（*Our Inner Conflicts*）という本でホーナイは、人間が自然に作り出す「理想化されたイメージ」について語っている。ホーナイの念頭にあるのは人がどのように神経症を患うかということだが、彼女の意見はもっと広範囲に適用できるだろう。

……それ［理想化されたイメージ］は一種の人為的創造物を表し、そこではその反対であるものが併存されているように見える……

理想化されたイメージは、虚構の自己、あるいは架空の自己と言えるかも知れないが、それは半面の真でしかなく、そのため誤解を招く。とくに、それはもしそうでなければ厳しい現実の場に立たされる人に出現するのであるから、それを創り出すときに働いた希望的な考えは間違いなく素晴らしいものである。しかし、これは何から何まで架空のものにするわけではない。きわめて現実的な要素で織りなされ決定された創造なのである。通常そこには、その人の嘘偽りない理想の痕跡がある。誇大な出来上がりが架空のものである一方で、その基礎をなす潜在的なものは往々にして現実的だ。もっと的確に言えば、それは非常に現実的な内的必要から生まれ、非常に現実的な機能を補完し、それを創造した者に非常に現実的な影響力をもつのである。理想化されたイメージの創造に働くプロセスは、それに備わる固有の特徴についてわかっていることで、当人の真の個性の構造について正確な推定を許すような明確な法則によって決定される。〔『ホーナイ全集 第5巻』（我妻洋・佐々木譲訳 誠信書房）より〕

ホーナイが語っているのが、背の高さとか髪の毛の色といったごく表面的な特徴に関する認識や、どんな仕事をしているとかその仕事を楽しんでいるかといったやや抽象的な知識でないことは明らかだ。彼女が語っているのは、そうではなく、自分自身の最も根本的な性格特性、あらゆる種類の社会階層における自分の立ち位置、自分の最高の実績あるいは最低の失敗、自分の満たされた願いあるいは満たされなかった願いなどに対して、人が生涯かけて作り上げる（必然的にいくぶん歪んだ）イメージである。この本の中でホーナイが力点を置いているのは、架空であるがゆえに有害にもなるそのイメージの、先に挙げたような側面だ。しかし、そのような神経症的な歪みが宿っている構造に目を向けてみれば、その全体像はずっと大きい。その構造とは、わたしが本書で「自己シンボル」、あるいは単に「私」と呼んできたものである。

ホーナイの『内なる葛藤』以前の著作である『自己分析』（***Self-Analysis***）では、人が自身の神経症的傾向を変えようと試みる手間のかかる難題を中心に扱っていて、そこでは、自己が自身に分け入って意図的に大きな変化を与えようとするという、かなり逆説的なアイデアが必然的に軸になっている。本書はそうした複雑な問題に深入りするところではないが、読者のみなさんにとって、あらゆる人間存在の核に計り知れない心理学的複雑さが横たわっていることを思い浮かべる一助となるだろうから、簡単にそのことに触れておくことにしよう。

「私」ループに閉じ込める

ここで、先に述べたことをもう少しだけ抽象的な言葉で要約させていただきたい。ある瞬間に、われわれが「私」と呼んでいるものの無数の集まりが、集合的に何らかの外的な行為を生じさせたとする。これは、池に投げ込まれた石が水面にさざ波を生じさせるのと同じだ。よってわれわれの行為がもたらした無数の結果は、さざ波が池の端にぶつかって跳ね返るように、すぐにわれわれの元に跳ね返ってくる。そうして受け取ったものは、徐々に変容していく「私」が作り上げたものを知覚する機会をわれわれに与える。視覚的、聴覚的、触覚的、その他何であれ、反射された何百万ものシグナルが外部から影響を及ぼし、それらが届くと、われわれの脳内では二次的、三次的なシグナルの**内的な**波が引き起こされる。そして最終的に、このシグナルの突然の高まりは一握りの活性化されたシンボルへと収束する――このようにしてわれわれは、十二分に選び抜かれたごく少数のカテゴリーによって、自分たちがたった今したことを大まかに理解するのだ（たとえば、「間一髪のところでフックシュートを防いだ」とか、「わたしの新しい髪型が彼への復讐《フクシュー》となった」とか）。

このようにして、現時点の「私」――最新版の記憶と切望と情熱と混乱を持ち合わせたもの――は、事物と他人からなる予測不可能な広大な世界に干渉することで、迅速なフィードバックを盛んに行う。そしてこのフィードバックはシンボルの活性化という結果をもたらし、そのたびにごくわずかに改変された「私」を生じさせる。こうしたことが、一瞬一瞬、一日一日、一年一年、何度も何度も繰り返し行われているのだ。やがて、われわれの奥底にある本質として働く抽象構造が、このループ（シンボルによって始動する行為と、シンボルを呼び覚ますその反応が作るループ）を介して、ゆっくりと、しかし着実に成長していくうちに、その構造はこれまでにないほど強固に心の中に固定されていく。実際、音響フィードバックループのキーンという金切り音が、自分自身に照準を合わせて、その系の共振周波数で安定していくように、「私」もまた年月を経るにつれて収束し、安定していくのである。(8)

わたしはビデオフィードバックループではない

さて、ここで再びアナロジーの出番です！　わたしが引き合いに出そうと思っているのは、またしてもビデオフィードバックの世界である。というのも、ずっと単純なその領域には、先の問題に対応するものがたくさん見られるからだ。ある出来事がカメラの前で起こり、それが画面に送られる。ただしその際は、（とても細かい粒子で構成された）連続的な形状が（粗い粒子である）不連続の画素の並びで表示されることになるため、単純化された形で送られることになる。こうして生まれた新たな画面は、カメラで撮られてはフィードバックされ、以下ぐるぐると回っていく。そして最後には、その結果として、容易に知覚できる一つのまとまった形状《ゲシュタルト》――ある種の共通性をもっているが、誰も見たことがないような独特の渦巻き――が画面上に現れる。

したがって、人間の「私」を作り上げているのは奇妙なループであるが、そこには重大な違いがある。前に述べたように、テレビシステムではループのどの段階においても**知覚**は一切生じない。ただありのままの画素が送られて、受け取られるだけだ。テレビのループは**奇妙な**ループではなく、単なるフィードバックループにすぎないのである。

それとは対照的に、人間の個性を生じさせる奇妙なループにおいては、知覚におけるレベル遷移、抽象化、カテゴリー化が、欠くことのできない中心的な要素となる。ループに「奇妙さ」を吹き込むのは、**生《なま》の刺戟**から**シンボル**への上向きの跳躍なのだ。自己の全体的な「形状《ゲシュタルト》」――いわば人の「私」を構成する奇妙なループの「安定した渦巻き」――は、無関心で中立なカメラには拾われない。しかし、カテゴリー化、心的な再現、反射、比較、反事実化、判断といった活発な過程を通じて、高度に内省的な方法で知覚される。

わたしは根っこまで深く定着している……

一年生の発表会の時間に虚勢を張ってホパロング・キャシディもどきの微笑みに挑戦したわたしの話を読んだとき、あなたの心には、「ホフスタッターの奴、どうしてまたこの状況で素粒子を度外視するんだろう？」という問いがよぎったかもしれない。それとも、そんなことはなかったか。わたしとしては後者であったと思いたい！　だいたい、あの文章を読んで、そんなおかしな考えをもつ正気の人間（これ以上ないくらい厳格な素粒子物理学者も含む）などいるものだろうか？　どんなに微かにでも、ほんの束の間でも、あの文脈で素粒子物理学に言及したら、とんでもなく不合理《ノンセクイトゥル》だと思われるに違いない。小さな子供が自分のアイドルであるホパロング・キャシディの真似をすることに、いったいどうしてグルーオンやミューオンや陽子や光子が関係しなくてはならないのか？

確かにあの少年の脳内の「ずっと向こう」では、大量の素粒子が絶えず激しく動き回っているにしても、それは動玉箱内でしこたま走り続ける無数のシムと同じで、見ることはできない。ロジャー・スペリーであれば、幼い少年の脳内の素粒子は、少年の「私」が関わり形作られる、ずっと上位レベルのシンボル的事象のために働いている（つまり小突き回されている）にすぎないと付け加えたことだろう（ちなみにロジャー・スペリーは後年わたしのアイドルになったが、もし一年生のときにその著作を読んで理解できていたら、それに触発されてわたしは立ち上がり、クラスメートの前でこう宣言していたかもしれない。「ぼくはロジャー・スペリーみたいに哲学的に考えられる！」）。こうして「私」が複雑さを増し、「私」自身にとってより現実的なものになっていくにつれて（つまり「私」が、少年の人生でただ一度きり起こる出来事を分類し理解する少年の取り組みに不可欠になるにつれて）、「私」なしで世界を理解する選択肢が生まれて「私」と張り合っていく可能性は、実質的にゼロになっていく。

わたし自身が、この「私」なるものが自分のふるまいの源泉であるという事実に慣れていくのと同時に、わたしの両親や友人も、何かとても現実的に思えるもの（言い換えると、固有の「硬さ」、「弾力」、「形状」をもつビー玉のようなもの）が「そこ」にあると確信するようになる。それは「きみ」とか「彼」とか「ダグちゃん」と呼ぶに値し、またダグちゃんからは「私」と呼ばれるに値するものだ。そして、この「私」が現実のものであるという感覚は、さらにまた実に多様な形で何度も繰り返し強化されていく。この脳がこの身体の中で生きて二、三年になる頃には、「私」という概念はしっかりと固定され、どれほど元に戻そうとしても、とうてい及ばなくなっている。

……しかしわたしは現実か？

それにしても、この「私」は**現実**のものなのだろうか？　それとも、その途方もない安定性や明白な有用性にもかかわらず、単なる心地の良い神話にすぎないのだろうか？　わたしが思うに、ここであの古き良きアナロジーの助けを借りる必要があるだろう。親愛なる読者のみなさんに尋ねてみたい。温度や圧力は**現実**のものだろうか、あるいは言葉のあや《ファソンドゥパーレー》にすぎないだろうか？　虹は現実のものだろうか、それとも実在しないだろうか？　おそらくもっと的を射た質問をするならば、わたしが封筒の箱の中に見つけた「ビー玉」は**現実**だろうか？

もし箱がしっかり密閉されていて、中の封筒を一枚ずつ見る手段がなければどうだろうか？　わたしの封筒の箱に関する知識が、一〇〇枚の封筒を単なる**一つのまとまり**として扱う視点から得られたもので、もっと大まかな視点やもっと細かな視点へと切り替えられなかったとしたらどうだろうか？　箱の中に封筒があることすら知らず、手で掴むことができるちょっとした柔らかい**何もの**かがあって、その柔らかい塊の中心に、もっとずっと硬い感触、間違いなく丸い形をした何かがあると考えただけだったらどうだろうか？

それに加えて、この仮定的なビー玉について語ることが、わたしの人生において驚くほど役に立つ説明能力を秘めていたら、その上さらに、わたしの友人がみな同様のダンボール箱を持っていて、その全員が**自分たちの**箱の中の「ビー玉」について止むことなく（そしてまったく疑うことなく）語っていたらどうだろう。きっと、ビー玉を世界の一部として受け入れなかったり、さまざまな現象を説明する際にそれに言及しなかったりするのは、かなり難しくなることだろう。実際、自分のボール箱にビー玉があることを否定する悪玉がもしいたならば、その人はビー玉をなくしたといって責められるはずだ。

そう、「私」という概念はこういうものなのだ。つまり「私」は、この世界の因果関係の本当に重要な側面として知覚したものを、非常にしっかりと効率的に要約してくれるので、われわれは、現実性がわたしの「私」や他の人たちの「私」に起因していると考えざるを得ない(9)──しかもその現実性は、考えられるなかで最も高いレベルの現実性なのである。

自己を構成する奇妙なループのサイズ

ここでもう一度前に戻って、蚊と犬の話をすることにしよう。蚊や犬は、「私」シンボルのようなものをもっているだろうか？　第1章で「小さな魂」と「大きな魂」について話したとき、わたしは、それは白か黒ではなく程度の問題だと言った。したがってわれわれは、蚊の頭の中に奇妙なループ──レベルが交差する複雑なフィードバックループ──があるかと問わねばならない。蚊は、自分の欲望やその欲望を脅かす存在の表象をはじめ、シンボルによる自分自身の豊かな表象をもっているだろうか？　他の自己と比較できるような自分自身の表象をもっているだろうか？　一匹の蚊がたとえ漠然とにせよ、「ぼく、ホパロング《かっぽかっぽ》・キャシディそっくりに微笑むことができます！」を連想させるような考えを思いつけるだろうか──たとえば、「あたし、バザラウ《ぶんぶん》ンド・ベティそっくりに噛むことができます！」のように。わたしが思うに、この類の問いに対する答えは、「断じてそんなことはない！」というものだ（蚊の驚くほど質素なシンボルのプールは、水洗トイレやサーモスタットのシンボルのループよりかろうじて大きい程度なのだから）。よってわたしは、蚊の脳のような、叩きつぶせてしまうくらいのちっぽけな脳に、自己であることの奇妙なループがあるという考えを、何のためらいもなく退けることができる。

その一方で犬に関しては、何も驚くことではないが、そこに少なくともそうしたループの萌芽があると考える理由は、ずっと多く見つかる。犬はかなり微妙なカテゴリー（「宅配便のトラック」とか「家の中で見つけて口にくわえて歩き回っても叱られないもの」とか）をたくさん保管した脳をもっているばかりか、自分自身の欲望や、犬と人間とを問わず他者の欲望に関する理解の萌芽があるように見えるのだ。犬は往々にして飼い主がどういうとき自分に不満か知っていて、友好関係を取り戻そうとしきりにしっぽを振る。それでもやはり、思いのままに拡張可能な概念のプールを顕著に欠いていて、それゆえ初歩的なエピソード記憶しかもたない（言うまでもなく、過去、現在、そして未来についてすらつきまとう反事実的シナリオはもとより、内的な時間軸に沿って起こる想像上の未来の出来事をずっと蓄えておく貯蔵庫も完全に欠いている）。そのような犬にあるのは必然的に、人間の成人に比べてはるかに単純な自己表象であり、そのため犬ははるかに小さな魂をもつということになる。

ロボット車に仮定される自己

割に最近のことだが、スタンフォード人工知能研究所が開発したロボット車「スタンリー」が、レーザー測距儀とテレビカメラとGPSナビゲーションだけを頼りに、独力でネバダ砂漠を横断したという記事を読んで、わたしはいたく心を動かされた[10]。次いでわたしはこう自問せずにはいられなかった。「スタンリーには、どれほど『私』があるのだろう？」

砂漠横断に成功を収めた直後のインタビューで、インテルの研究開発部長（スタンリーに搭載されたコンピュータのハードウェアはインテルが製作したことを肝に銘じておかないといけない）である熱血実業家が素っ気なくこう述べた。「ディープ・ブルー（世界チャンピオンだったガルリ・カスパロフを一九九七年に打ち負かしたIBMのチェス・マシン）は処理能力だけだ。何も考えやしない。スタンリーは考えるんだ」

スタンリーが示した注目すべき成果の数々には十二分に敬意を表するとしても、この発言については、どう考えてみても大人げのない恥ずべき誇大宣伝と言うほかない。わたしの見方はまったく違っている。もしスタンリーが、本章の最初に示したリストにあったような、際限なく雪だるま式にふくれあがるカテゴリーを形成する力を獲得することがあれば、そのときには喜んでスタンリーは考えると言うだろう。しかし現時点では、自滅せずに砂漠を横断するという能力は、わたしにとって、蟻が何もない場所を濃いフェロモンの跡をたどって死なずに横切った程度の印象でしかない。ロボット車がもつそうした自律性はなかなか馬鹿にできないが、それは考えることとは大いに異なるし、「私」をもつことともまったく違っている。

スタンリーのビデオカメラはある地点で、先行するロボット車（ライバルであるカーネギーメロン大学のH1）をとらえ、ついにスタンリーがH1をかわして砂塵の中に置き去りにした（ところで、報道記事はスタンリーに対してごく当然のように「彼」という代名詞を使っており、ロボット車に人間の名前をつけているところから考えて、おそらく人工知能研究所でも同じような処遇なのだろうが、わたしは注意深くそれを避けている。残念ながら、そうした能天気な言葉遣いが転落の転機になって、やがて完全な擬人化へと至るからだ）。スタンリーのカメラによって収められたこの出来事を、われわれはそれがビデオテープ上で起こるのを目の当たりにでき、そしてこれこそがこの話のクライマックスである。この決定的瞬間に、スタンリーは他のロボット車を「自分みたい」な存在だと認識しただろうか？　H1の横を上機嫌で通過したスタンリーは、「神のご加護がなければ、自分もあんなふうになっていた」と思ったか、はたまた「よし、やったぜ！」と思ったか。そう言えば、わたしはここでなぜスタンリーがH1の横を「上機嫌で通過した」と書いてしまったのか？

ロボット車がそんなことを考えたりそんな感じをもったりするには、何が必要だっただろうか？　スタンリーにがっちり搭載されたテレビカメラがそれ自身で回転できて、それによりスタンリーがそれ自身の視覚的イメージを獲得すれば、それで用が足りたのではないか。もちろんそうではない。それも「私」を獲得する長い道のりのなくてはならない一歩かもしれないが、鶏やゴキブリの場合で知っているように、体の一部を知覚することは自己を形成することにならない。

事実に反するスタンリー

スタンリーに「私」を付与するために欠けているもの、そして自律走行車の開発計画に組み込まれていなさそうなものとは、世界の中で自分がどこにいるかについての深い理解である。ロボット車が地表に占める位置のことを言いたいのではない。そんなものはGPSでセンチメートル単位の精度でわかってしまう。わたしが言っているのは、車自身の動きや他の車との関係を表す豊かな表象、その車がもつ目標と「希望」の豊かな表象のことだ。そのためには、ロボット車は自身が重ねてきた無数の経験のエピソード記憶をもつ必要があるだろう。もちろんエピソード投影軌道（自分の「生涯」に起こると予測すること、希望すること、恐れていること）も、エピソード仮定軌道（それまで経験した惜しい失敗についての考えを列挙し、もし別な形で進んでいたら一番起こりそうなことは何かを検討すること）も必要になる。

そうなるとロボット車スタンリーは、「ええっ、H1がわざと目の前に曲がってきて、こちらが追い越そうとするのを邪魔したら、あるいはぶつかって溝に落とそうとしてきたらどうしよう！　だって、もし**自分が**H1だったらきっと**自分は**そうしてるじゃないか！」といった仮定の未来を心ひそかに考えなければならなくなるだろう。そしてそれから一瞬おいて、次のような事実に反する考えを思い浮かべる。「フ〜ッ！　心配してたほどＨ１が利口じゃなくて——あるいはわたしと張り合うほどの力がなくて本当によかった！」

「ワイアード」誌の記事には、スタンフォードの開発チームが、砂漠での挑戦がすぐ目の前に迫っているのに、まだ何かが大幅に足りていないことに気がつき、ほとんどパニック状態に陥ったことが書いてある。記事は気楽な調子で、「チームは自己認識とアルゴリズム的に等価なものを必要としていた」と述べ、まもなく実際にその目的を達成した（これにはまるまる三ヶ月の作業を要した！）と続けていた。ここでまたしても、チームの見事な業績に対し然るべき敬意を払いつつも、次のことを認めなくてはならない。スタンリーの内部では、非常に重い意味をもつと同時に強く人間を想起させる「自己認識」という単語を使うに値することは、何一つ起きていない。

スタンリーのコンピュータ機構内部のフィードバックループは、自身を導いて、埃だらけの長い道のり——ところどころに穴があり、トゲトゲのサワロサボテンやタンブルウィードがずらりと並ぶ道のり——を走り抜けるには十分に優れたものだ。それにはわたしも頭が下がる！　しかし、走行ばかりではなく、その思考や意識に目を向けてみれば、スタンリーのフィードバックループには奇妙さが足りないと言わざるを得ない——その域に近づいてもいないのだ。人類が人工的な「私」を総合的に作り上げる日が来るまでには、やるべきことはまだまだ残っている。

第14章 奇妙さは三「私」三様

頭の中の不活性なスポンジ

読者のみなさんは不思議に思っているかもしれないが、前章で述べたような人間の生涯にわたる自己表象のループのことを、わたしはなぜ**奇妙な**ループと呼んでいるのだろう。あなたが決定を下す、行動を起こす、世界に影響を与える、フィードバックを受ける、それを自分自身に取り入れる、それによって更新された「あなた」がさらなる決定を下し……ということを以下ぐるぐると繰り返していく。これは疑いもなくループだ——しかし、奇妙なループであるためには不可欠《シネクアノン》だとわたしが言い続けてきたパラドックス的な性質はどこにあるだろうか？　それがただの普通のループでないのはどうしてだろうか？　そのループと、クルト・ゲーデルが『プリンキピア・マテマティカ』に潜んでいるのを思いもかけず発見した典型的な奇妙なループとの間には、何か共通点があるだろうか？

まず第一に、脳が自己言及（およびその豊かで直観に反する帰結）を生み出す基質であるということは、先験的にほとんどありそうにない。それは、いたって飾り気のない『プリンキピア・マテマティカ』において自己言及が厳格に禁じられていたのと同じことだ。人間の脳は、命をもたない分子でできた大きなスポンジ状の球みたいなもので、それが岩のように硬い頭蓋にぎっちりと詰め込まれ、そこに鎮座して木の幹の瘤《こぶ》みたくじっとしているにすぎない。(1) 花崗岩の塊となんら変わらないそんな妙な媒質に、どうして自己言及や自己が潜んでいなければならないのだろうか？ 「私」であることは、脳内のどこに存在するというのか？ 「わたしは証明可能ではない」のようなゲーデル文に見られる無法な「私」が忍び込むには、『プリンキピア・マテマティカ』というゴツゴツとした要塞の内部で何か非常に奇妙なことが起こる必要があった。それと同じように、もし、魂、「内なる光」、人間に固有のアイデンティティ、「私」を生じさせようとするならば、命をもたない分子が詰まった骨々とした頭蓋内で何か非常に奇妙なことが起きていなければならない。注意してほしいのは、その「私」が、「しかるべき素材」のおかげで（つまり「特別」な種類の分子のおかげで）、**あらゆる**頭蓋内のあらゆる脳に魔法のようにポンと飛び出して《ポップアップ》くるわけではないことだ――そうではなく、媒質に然るべき**パターン**が現れたときにだけ、それは生じる。そうしたパターンがなければ、そのシステムは見かけ通りのものにすぎない。単なるスポンジ状の塊であり、魂も、「私」も、内なる光も欠いているのである。

化学物質を噴射する

脳が初めて登場したとき、それは取るに足りないフィードバック装置にすぎなかった。脳は、水洗トイレの浮き球機構や壁に取り付けられたサーモスタットほどにも洗練されていなかったが、それらの装置のように、原初的な生物をあるもの（食物）に向かわせたり、別のもの（危険）から遠ざからせたりした。しかし進化の圧力は、環境に対する脳の行動決定を、徐々に複雑で多層なものに成長させていった。そしてついには（何百万年、何千万年の話だ）、その成長に呼応してカテゴリーのプールが豊かになり、カテゴリー体系も、十分に長いひもでつながれたテレビカメラのように、ある程度まで自分自身を「指し返せる」ようになったのである。この最初の自己のほのかな光は、意識と「私」性の萌芽だったが、そこにはまだ大きな謎が隠されていた。

　脳は、たとえどれほど複雑になり洗練されようとも、基本のところでは、互いに「化学物質を噴射」し合う単なる細胞の集まりであり続ける（この言い回しは、ロボット研究の先駆者で挑発的なライターでもあるハンス・モラベックから拝借した）。[2] この様子は、一つのタンクから別のタンクへと絶えず液体が送り込まれている巨大な精油所とちょっと似ている。しかし、液体を供給するシステムがどうやって逆さまの因果関係の母体——物理的実体やその動きより**意味**がずっと重要なところ——になるのか？　いったいどうすれば、そんな冷たくて命のないシステムに、喜びや悲しみ、印象派の絵画への愛、茶目っ気たっぷりのユーモアのセンスが宿るというのか。そんなことが可能だとすれば、石造りの堅固な要塞の中に、トイレットペーパーのロールの中に、テレビ、サーモスタット、熱追尾型ミサイル、ビール缶の山の中に、「私」を探してもいいのではないか。

　哲学者のなかには、われわれの内なる光、われわれの「私」、われわれの人間性、われわれの魂は、基質そのものの性質から生まれると考えている者がいる——つまり、炭素の有機化学から生じると見ているのだ。[3] わたしにとってこれは、意識という金ぴかのクリスマスボールをぶら下げるには、最もおかしなツリーのように思える。というのも、それは基本的に何の説明もしていない神秘主義的な反復句《リフレイン》だからだ。いったいどうして炭素の化学が、他のどんな物質の化学ともまるで違った魔法のような特性をもたなければならないのだろうか？　その魔法のような特性とは**何なのか**？　それはどのようにしてわれわれに意識をもたせるのか？　そのために必要なのは有機化学しかないというならば、なぜ**脳**にだけ意識があって、膝の皿や肝臓にはないのか？　炭素を基礎とした生物としては親戚筋にあたる蚊が、われわれと同様の意識をもっていないのはなぜか？　牛はどうして同様の意識をもたないのか？　そこでは組織やパターンは何の役割も演じていないのだろうか？　そんなことはない。しかしそうであれば、なぜその役割すべてを演じることができないのだろうか？

意識を説明するには炭素の化学にあるはずの曰く言い難い何かが絶対に必要だと主張する哲学者たちは、メッセージよりそれを伝える媒体に、模様より陶器に、物語より活字書体に焦点を合わせることで、肝心なことを取り逃がしている。かつてダニエル・デネットが、ジョン・サールの「しかるべき素材」といううんざりする反復句に答えて機知に富んだ指摘をしたように、「それは肉じゃない、動きなのだ」（これは一九五一年にロイス・マンとヘンリー・グローバーが作り、その何年も後に歌手のマリア・マルダーが有名にした、あからさまにエロティックな歌、"It Ain't the Meat (It's the Motion)" にあからさまではない形で目配せしてみせたものだった）。わたしにしてみれば、脳の肉の中で生まれた魔法が意味をなすのは、脳内の動きをどう見るかを知っているときだけである。

シンボルの厳かなダンス

噴射する化学物質に注目する代わりに、下位レベルをずっと遠くに置き去って上位へとレベルを遷移させると、脳はその装いをがらりと変える。そのような上向きの跳躍について容易に語れるようにするために、わたしは動玉箱の寓意をひねり出したわけだが、ここでもう一度、その鍵となるイメージを思い出してもらうことにしよう。まず、ドこまでもしこタマ走り続けるシムのレベルからズームアウトして、時間を早送りした系に目を向ける。そのとき、局所的にめちゃくちゃに渦巻いているシムはぼんやりとした霧のようになってしまうが、その代わりに、それまでまったく見えていなかった別の存在に焦点が合い始める。そしてそのレベルで、あらあら不思議《ミラビレ・ディクトゥ》、意味が生じるのだ。

今では、意味で満たされたシムボールが、ぼんやりとしたスープの中で厳かにダンスを踊っているのが見える。シムボールは、そのスープが「相互作用する磁気を帯びた小さなビー玉」、つまり「シム」と呼ばれるものからできているとは、一瞬たりとも疑っていない。ここでシムボールが「意味で満たされた」と言うのは、もちろん、そこから「意味」と呼ばれる粘ついた意味論的な汁が不可思議にも滲み出ているからではなく（たとえ肉に夢中な哲学者たちがその説を採用したとしても）、その厳かなダンスがまわりの世界の出来事と深いところで同期しているからだ。

シムボールが外界と同期しているのは、ちょうど「パン屋の女房」で、家出猫ポンポネットの帰宅が家出妻オレリーの帰宅と同期したのと同じことだ。このとき状況Pは状況Aといろいろな面でぴったりと重なり合っていた。しかしながら、映画のクライマックスにおけるこの状況の重なり合いは、脚本家がしかけたジョークでしかない。「パン屋の女房」を観て、猫の逃避行が女房の逃避行と最後まで何ヶ月も同じように展開すると考える人はいない。われわれはそれがただの偶然だったと知っていて、だからこそ愉快に感じるのである。

それとは対照的に、動玉箱の踊るシムボールはこれからも世界を追跡し、世界と同調し、重なり合ったままであるだろう。それがまさに動玉箱の本質なのである（発案者たるわたしがそう決めたのだ！）。シムボールは、ゲーデルの解釈においてプリム数がPMの証明可能な式と体系的に同調したのと同じように、世界で進行している物事と**体系的に**同調する。この点こそが、シムボールが意味をもつと言える唯一の理由だ。つまり意味とは、それを納める基質が何であろうと（ティンカートイ、トイレットペーパー、ビール缶、シム、自然数、ニューロンなどであろうと）、信頼できる安定した重なり合いによって自然にもたらされる、避けようのない所産なのである。これが第11章で学んだことだった。

動玉箱はわたしのささやかなファンタジーにすぎないが、人間の脳はそうではないという当たり前の点を別にすれば、われわれ自身の脳は動玉箱と何ら変わるところはない。脳内のシンボルは、お得意の呪術《ブードゥー》を本当に**やってのけ**、しかもそれは神経事象の電気化学的なスープの中で行われるのである。しかし不思議なのは、何億年もかけて最初期の原始的な脳から進化してきた挙げ句に、意味が、ほとんど目にとまることもなく、これ以上ないほど静かに舞台に忍び込んできたことだ。誰かが何百万年も前から遠大な計画を立てて、ある日、上位レベルの意味構造――抽象的なカテゴリーを表象する物理的なパターン――が大きくて高級な脳に宿るようにしたわけではない。むしろそうしたパターン（本書で言う「シンボル」）は、苛烈な競争世界をよりうまく生き抜くためにより大きな脳をもつという、きわめて有効な手段の予期せぬ副産物として登場したのだ。

　ちょうどバートランド・ラッセルが、『プリンキピア・マテマティカ』という難攻不落の要塞の心臓部に予期せぬ上位レベルのゲーデル的意味が出現したのを知って、不意を突かれたように、ハンス・モラベックの「噴射する化学物質」以外のレベルで脳について考えたことのない者は、シンボルの出現に度肝を抜かれることだろう。ゲーデルは、PM記号列のまったく異なるレベルに注意を移すことに大いなる可能性を見た。それと同じようにわたしは、シンボル、概念、意味、欲望、そして最終的にわれわれの自己を見いだすには、脳の活動のずっと上位レベルに注意を移さなければならないと提案しているのである（言うまでもなく、わたし以前に多くの人が指摘したことであるが）。

　面白いのは、われわれ人間がみな、他に選択肢をもつことなくそのレベルでこの問題を見ていることだ。つまりわれわれは、脳の活動をどこまでもシンボルによるものと**ごく自然に**考えているのだ。わたしは、これはびっくりするほど奇妙で、あべこべなことだと気がついた。それではこれから、なぜそう思ったのかを寓話によって示すことにしよう。

アルフバート人がオーストリニウス星を訪れて

たった一つぽつんとある小さな惑星で、住人は「クルゲデルート」と呼ばれる部族だけ、そんな星を想像してみてほしい。有史以前のはるか遠い昔から、クルゲデルート族はひどく長いPM記号列が生い茂るジャングルで奇妙な生活を営んできて、その記号列には安心して摂取できるものと、致命的な毒にやられるから摂取してはいけないものとがあった（記号列が部族の唯一の栄養源なのだ）。運の良いことに、クルゲデルート族はこれら相反するPM記号列の見分け方に気がついていた。念入りに見てみると、軽快なクルゲデルート語で「わたしは食べられますよ」というメッセージが形成されている記号列もあれば、「わたしは食べられませんよ」と述べている記号列もあったからだ。そして慈悲深い神の恩寵により、実に素晴らしいことに、食用可能と主張するPM記号列はどれも食べられることが判明し、一方、食用不可能と主張する記号列はどれも食べられないことが判明したのだった。かくしてクルゲデルート族は、この慈悲深い星で、誰もはっきりとわからないほどの長い年月にわたって繁栄してきたのである。

オーストリニウス暦スペーの月《づき》の運命の日《び》、はるか彼方の惑星ユーケイアから奇妙な形のオレンジ色の宇宙船が何の前触れもなくやってきて、オーストリニウス星の北極点《ぼっぎょくでん》にぴたりと着陸した（ウムラウトを好むクルゲデルート族の単語にはしばしば二つの点がつく）。宇宙船から姿を現したのは、白い頭をもった、図体の大きい異星人。その異星人は、「見よ、わたしはアルフバート人」と短く名乗るやいなや、オーストリニウス星のジャングルによたよた入っていく。そしてスペーの残る日々《びび》ばかりか、ブレーの月《づき》もまるまるそこで過ごし、その後よたよた出てくると、薄汚れてはいるが依然として元気な様子で宇宙船に戻っていった。次の日《び》の朝早く、アルフバート人はオーストリニウス星に暮らすすべてのクルゲデルート族との会合を厳かに開催した。全員がそろったところで、アルフバート人が間髪を入れず語り始める。

「今日《こんにち》は、高潔なクルゲデルート族よ」、アルフバート人が重々しく語り始める。「オーストリニウス星を揺るがす科学的発見がなされたと報告ができることを、大変光栄に思う」。クルゲデルート族はみな、もしそれが疑いの沈黙でないとすれば尊敬の念にあふれて、座に静まりかえっている。「この惑星に生育するPM記号列はどれも」とアルフバート人が続ける。「長くてきれいな蔓であるばかりでなく、十分驚くに値する、読んで理解できるメッセージでもあることがわかった。わしの言うことを疑ってはいかんぞ！」。このまるで新味のない言葉を聞いて、多くのクルゲデルート族が一斉にあくびし、「それについて教えてくれよ、白頭！」と声が上がると、あちこちでクスクス笑いが起きた。これに勇気づけられ、アルフバート人は説明にかかる。「わしは夢のような発見をした。どのPM記号列も、わしの美しい母国語であるアルフバート語で言えば『整数』として知られる、ある素晴らしい存在について主張しているのだ。このいわゆる『整数』とは何か、おまえたちの多くは間違いなく、おまえたちでも理解できる非常に簡単な言葉でわしが説明するのをうずうずと待ち受けていることだろう」

この言葉が響き渡ると、集まった群衆の間からシュルシュルとやかましい音が聞かれた。アルフバート人はまったく知らないことながら、クルゲデルート族はもう数え切れないほど何世代にもわたって、「整数」と呼ばれる存在を理解できない抽象的なものと考えてきた。実際、整数は遠い昔、胸くそが悪いと満場一致で宣告され、そのそれぞれの名称ともどもこの惑星では永久に追放されていたのである。アルフバート人のメッセージは明らかに、ここでは歓迎されていない。言うまでもなくそれは間違っていた（当然のことだ）。しかも、ただ間違っていただけじゃなく、まったくもって馬鹿げていて、おまけに不快なことこの上なかった。

ところが白い頭のアルフバート人は、呑気にも反感を煽ったことに気がつかず、群衆がまた一段と興奮してシュルシュルとざわめくなか語り続けた。「そう、オーストリニウス星の住人諸君、とんでもなくありそうにないように聞こえるとしても、どのPM記号列にも**意味**があるのだ。必要なのは、記号列を然るべき方法でどう見るかを知ること。適当な写像を用いることで、おまえたち1人1人が……」

突如として大混乱が起こった。アルフバート人は今、大嫌いな「1」という言葉を口にしなかったか。あらゆる整数のなかで最も恐れられ、長いこと禁じられてきたものの名前を？「異星人を追っ払え！白頭、消え失せろ！」。激昂した群衆が叫び、熱弁をふるう異星人はたちまちクルゲデルート族の部隊に捕らえられた。それでも尊大なアルフバート人は、引きずられて行きながらもまだ根気よく、おまえたちを啓発しようとしただけだ、おまえたちが知らない言葉で記号列を読めばおまえたちに隠された重大な事実を知ることができるんだ、そして……とまくし立て続けた。しかしアルフバート人の不遜な言葉は、怒り狂った群れにかき消されてしまった。

鉄面皮の異星人を悲惨な運命に遭わせる準備が整うと、クルゲデルート族の間に出し抜けに動揺が広がった――「悲惨な運命のブュッフェ式準備祭」なる宴を開くという、古来クルゲデルート族に伝わる神聖な慣わしをすっかり忘れていたのだ。そこで急遽、収穫班が編成され、あらゆるPM記号列のなかで一番甘いものを取ってくるよう送り出された。向かった先は、クルゲデルート族がこれまで一度も足を踏み入れたことのない惑星随一の公園であり、侵すべからざる聖域でもあるヴェーウ。やがて収穫班が素晴らしい収穫、瑞々しい記号列をもってヴェーウから戻ると、そのどれもはっきりと「わたしは食べられますよ」と読めて、雷鳴のような拍手で迎えられた。続いてクルゲデルート族による神《がみ》への感謝の表明がすむと、伝統的な「悲惨な運命の準備祭」が始まり、ついにアルフバート人にも、自分がまもなく悲惨な運命に直面することがわかり始めた。こうして不吉な前兆が確かなものになるにつれ、アルフバート人の白い頭はぐるぐると、身体はふらふらとしてきて、それから……

疑うことを知らないクルゲデルート族を救おうと、どこまでも尊大に構えるアルフバート人が叫んだ。「聞け、わしは祈る、友よ！　諸君が刈り取ったPM記号列は危険だ！　馬鹿げた迷信の罠に引っかかって諸君は栄養があると考えているが、本当はまったくそうではない。メッセージを解読すると、これらの記号列はどれも整数について、誰1人――繰り返し言おう、誰1人としてだ！――飲み込むことはできないという言語道断の誤った言明をしているのだ」。しかしこの警告は遅すぎた。ヴェーウから採ってきた記号列は、どこまでも頑固に迷信を信じるクルゲデルート族によって、すでに全部丸呑みされてしまっていた。

やがて凄まじいうめき声があちこちで響き渡り、感じやすいアルフバート人はそのおぞましい出来事に目を覆った。勇気をふるってようやく目を開けると、悲しい光景が目に入ってきた――その単眼に映る限りどこを見ても、ついさっきまで愚かな頭がさらにおかしくなるほど大酒盛りをしていたクルゲデルート族の形骸が横たわっている。「わしの言うことを聞いていれば！」とアルフバート人はやさしくつぶやき、困惑して白い頭を掻きむしった。この言葉を残し、北極点《ぼっきょくてん》にある奇妙な形のオレンジ色の宇宙船によたよたと向かっていくと、そこでオーストリニウス星のクルゲデルート族が散乱した景色に最後の一瞥をくれた。そしてついに、どことも知れぬ目的地に向けて、模造皮革のダッシュボードの上の丸い「離陸」ボタンを押したのである。

と、ここで、宴の参加者たちがいよいよ儀式を始めようとしたときに気を失っていたアルフバート人は、再び意識を取り戻した。まず聞こえてきたのは、そこらじゅうに反響する興奮した叫び声だった。それから勇気をふるってようやく目を開けると、ぎょっとする光景が目に入ってきた――その単眼に映る限りどこを見てもクルゲデルート族の群衆で埋め尽くされており、その群衆は疑いようもない喜びの表情で、アルフバート人の白い頭の上のどこかで動いている何ものかを凝視している。アルフバート人は、その動くものの正体を見極めようと身体の向きを変える。ほんの一瞬、薄い刃のような形が目の端に映る。それはシュルシュルという奇妙な甲高い音を立てながら、一直線に自分めがけて……。

簡素な感想

ここでまず、亡きアンブローズ・ビアスに、その傑作短篇「アウル・クリーク橋の出来事」（"An Occurrence at Owl Creek Bridge"）のプロットをかなりお粗末な形で真似てしまったことをお詫びしておこう。しかし、狙い自体は悪くないと思う。わたしのふざけた寓話の存在理由《レゾンデートル》は、古典的悲喜劇の主役であるアルフレッド・ノース・ホワイトヘッドおよびバートランド・ラッセル（ひとまとめにしてアルフバート）と、クルト・ゲーデル（クルゲデルート）の役割をひっくり返すところにあった。そのために登場してもらったのが、PM記号列に数論的意味があるとは思ってもいないが、それでもなおその記号列に意味のあるメッセージを読み取る――まさに上位レベルのゲーデル的意味しか見ない――奇怪な生き物だったのである。この設定は、われわれが予期しているものとは正反対だ。というのも、PM記法とは、数とその特性について語る言明を記述するために特別に考え出されたものであって、自分自身について語るゲーデル的言明を記述するためでは決してな**かった**からである。

この寓話が新たに引き起こしてしまうかもしれない混乱を防ぐために、ここでいくつか注意点を記しておくことにしよう。第一に、自分の特性を語るPM記号列の長さはどれも、先の話の冒頭で書いたように「ひどく長い」ばかりではない——想像を絶するほど長いのだ。わたしは、純然たるPM記法で書き出したゲーデル記号列がどれほど多くの記号を必要とするかを計算したことがない。どこから計算に手をつければいいか、まるでわからないからだ。しかしわたしが思うに、その記号の数は、「数学の証明に現れる最大の数」としてよく持ち出される「グラハム数」を上回るか、もしそうでなくとも、かなりいい勝負になるだろう(4)。つまり、オーストリニウスで生育している記号列をそのまま読むという考えは、それが整数に関する言明のような下位レベルのものであれ、記号列の食用可能性に関する言明のような上位レベルのものであれ、どちらにしろ完全にナンセンスなのだ(当然ながら、数学記号である記号列が遠い彼方の惑星のジャングルに生えているという考えも、それが食べられるという考えも同じようにナンセンスだが、寓話なので許してほしい)。

ゲーデルは言明KGを導くのに四六段階にわたる定義をたどったが、そのなかで、数に関する特定の概念は**原則として**PM記法で書くことが**できる**と示した。特定の概念の典型としては、たとえば「nの素因数分解におけるk番目の素数の指数」といったものが考えられる。この概念は、「指数」、「素数」、「k番目の素数」、「素因数分解」といった、それ以前の段階で定義されていた先行概念に基づいたものだ(いずれもPMに元からあった概念ではない)。しかしゲーデルが、そうした概念をPM表現を用いて明示的に書くことはなかった。書こうとすれば、PM記号の連なりをいつまでも書き続けなければならないからだ。そこでその代替策として、個々の概念には名前(一種の略語)が与えられることになった。この名前は、必要とあらば理論的には純粋なPM記法に拡張可能であり、さらにその先の段階で用いられていくものだった。ゲーデルは、すでに定義した略語を新たな略語の定義に何度も繰り返し活用した。そのようにして、複雑さと抽象度を増していく塔を注意深く築き上げていき、プリム数の概念という頂点を目指したのである。

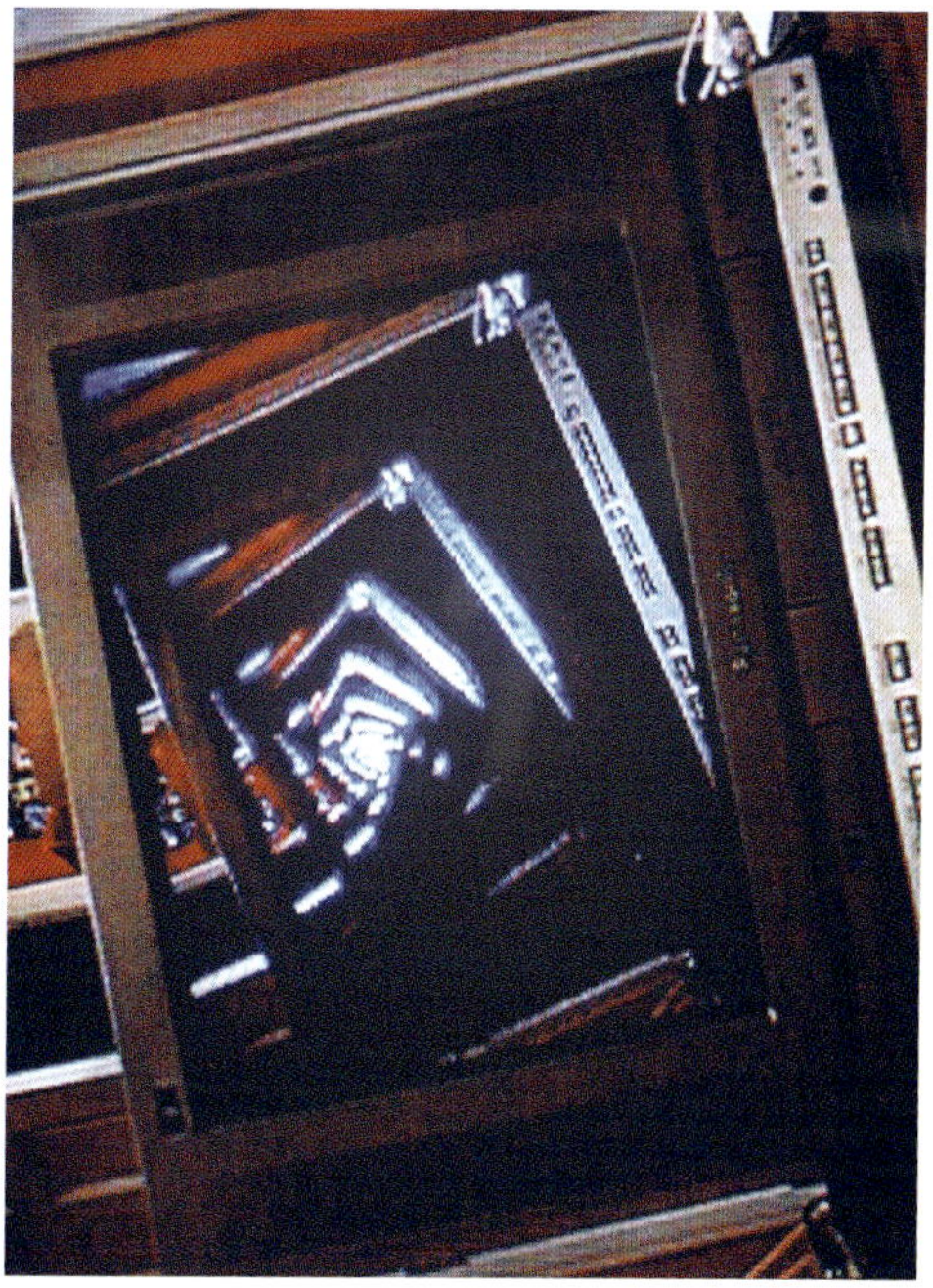

ビデオ旅行II　スナップショット5-8

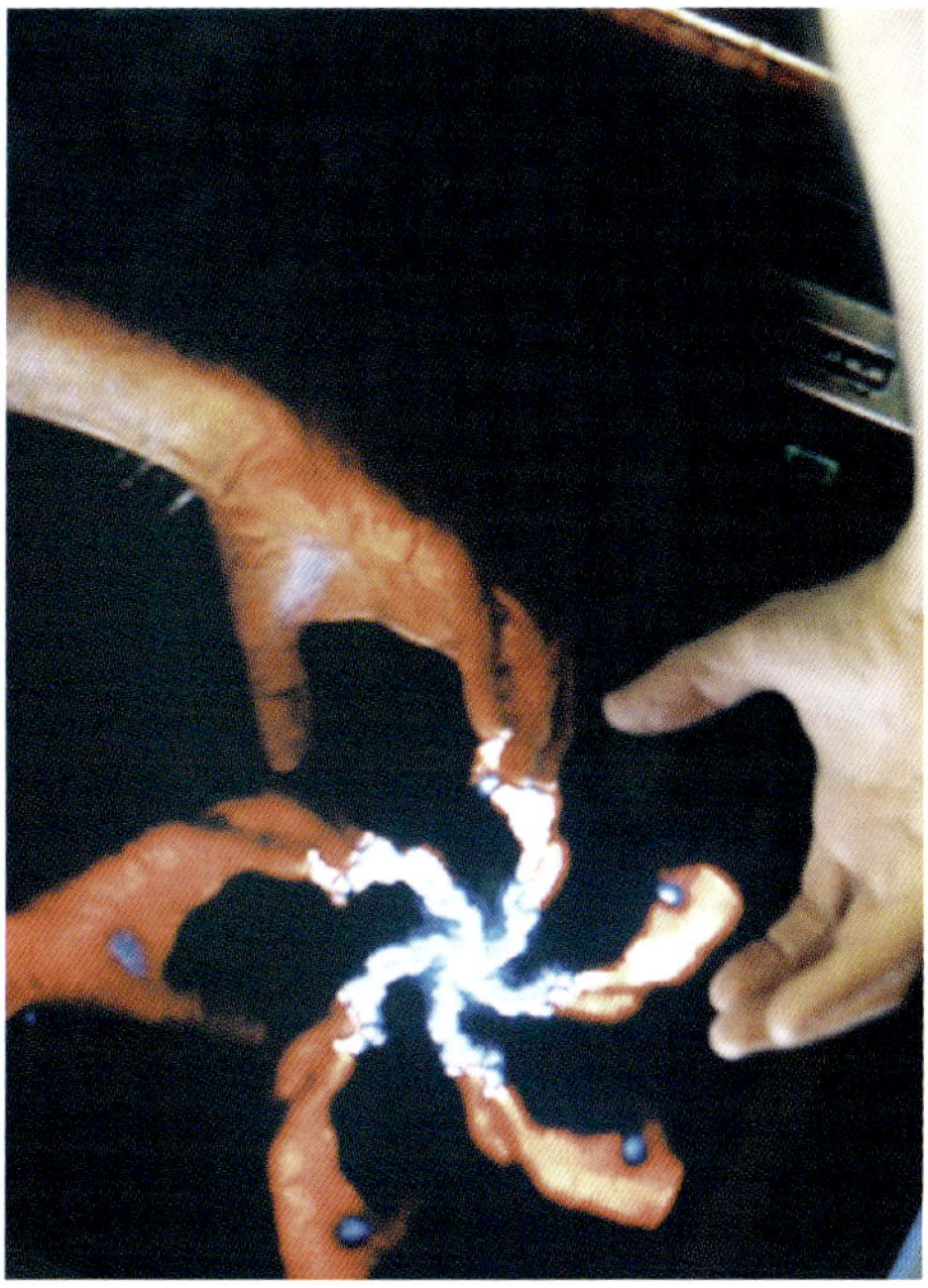
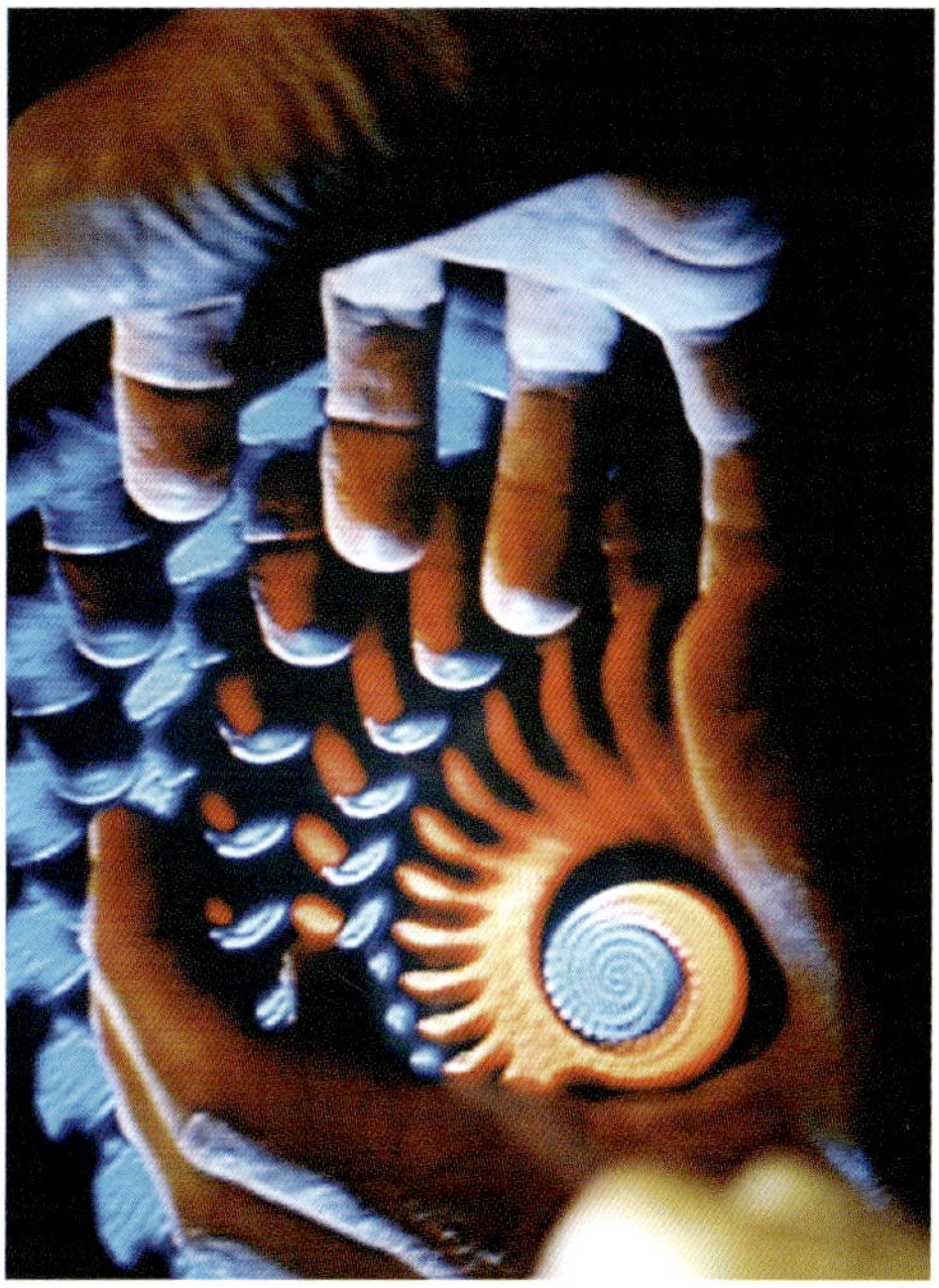
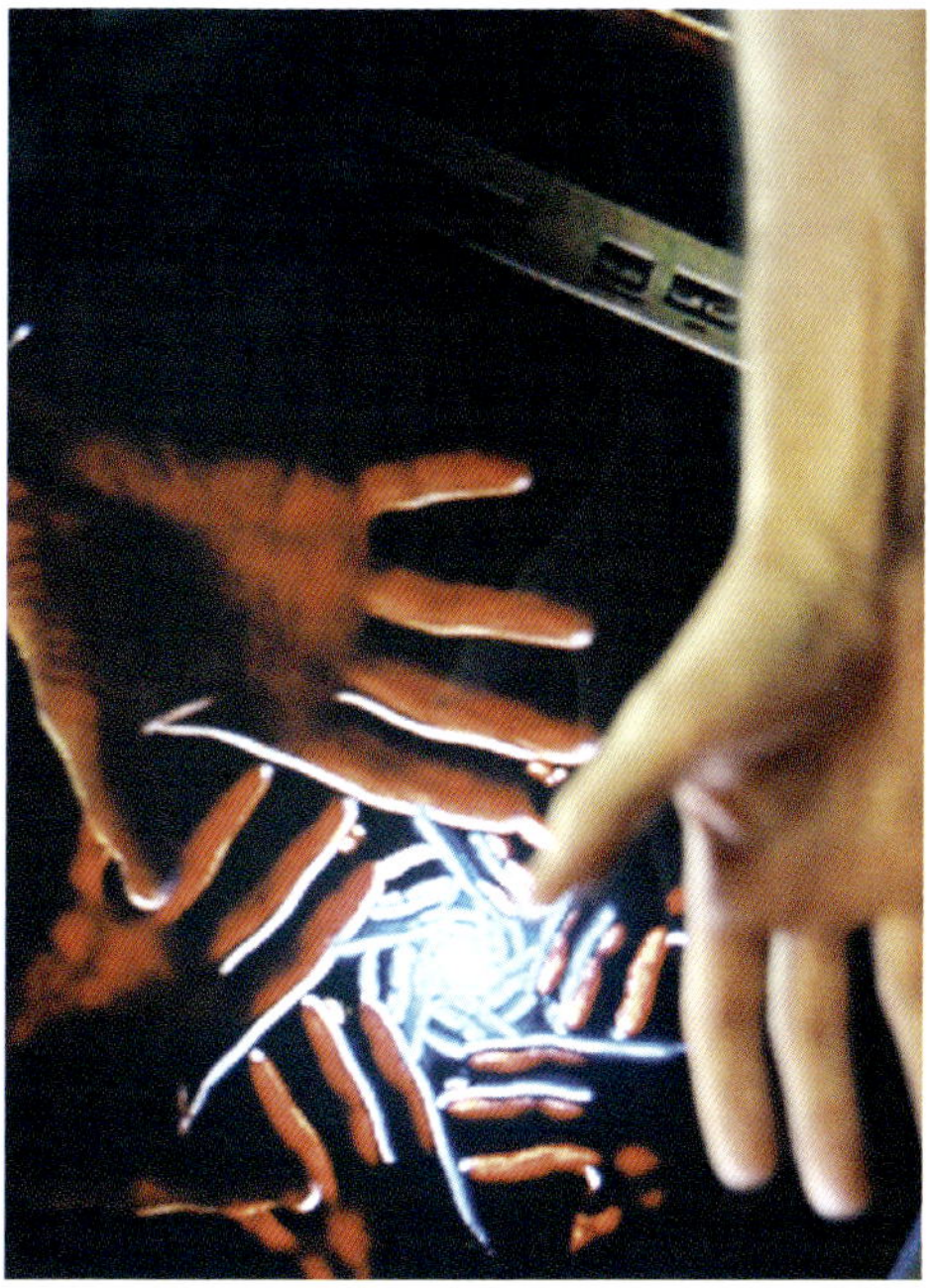
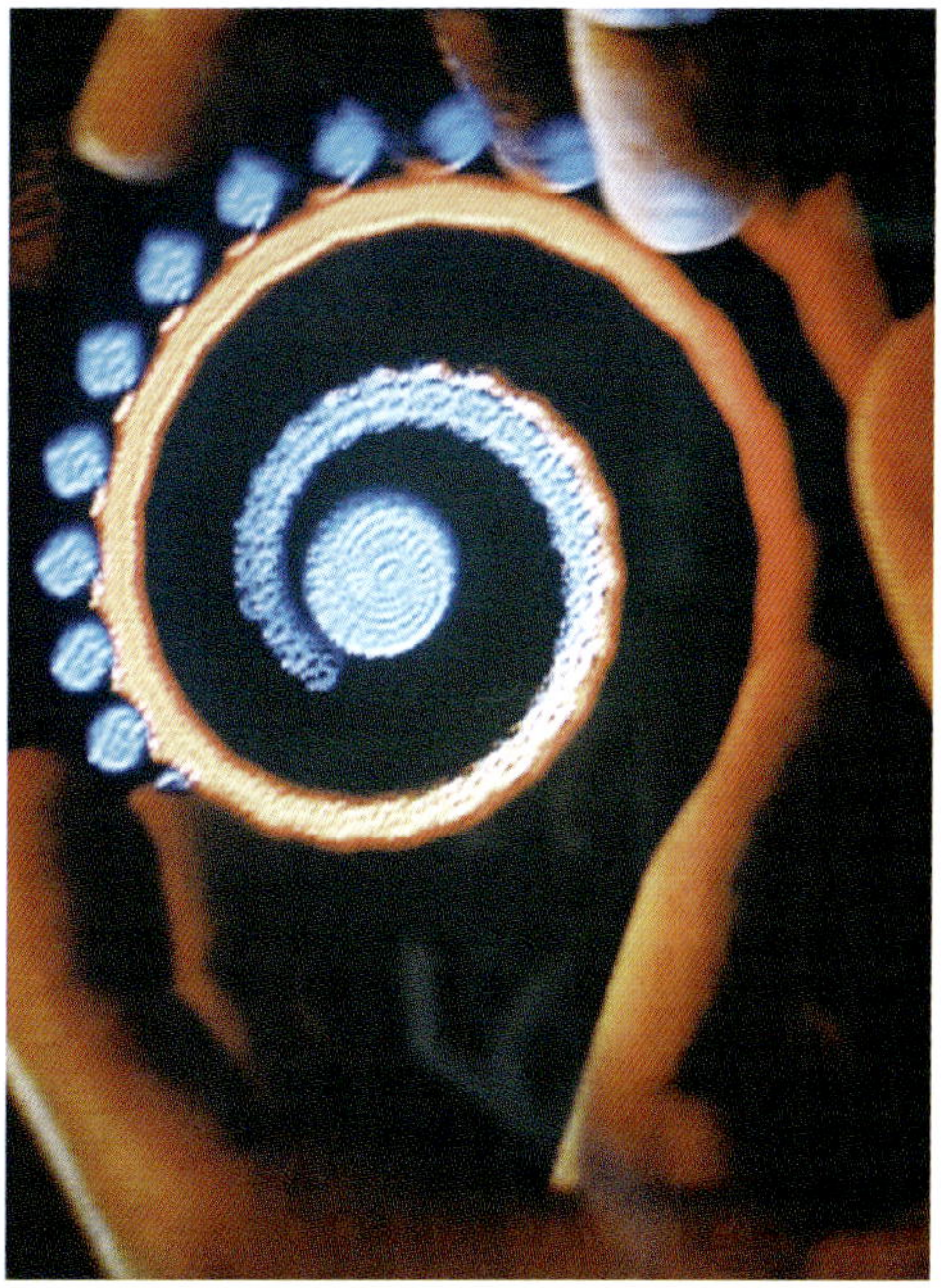

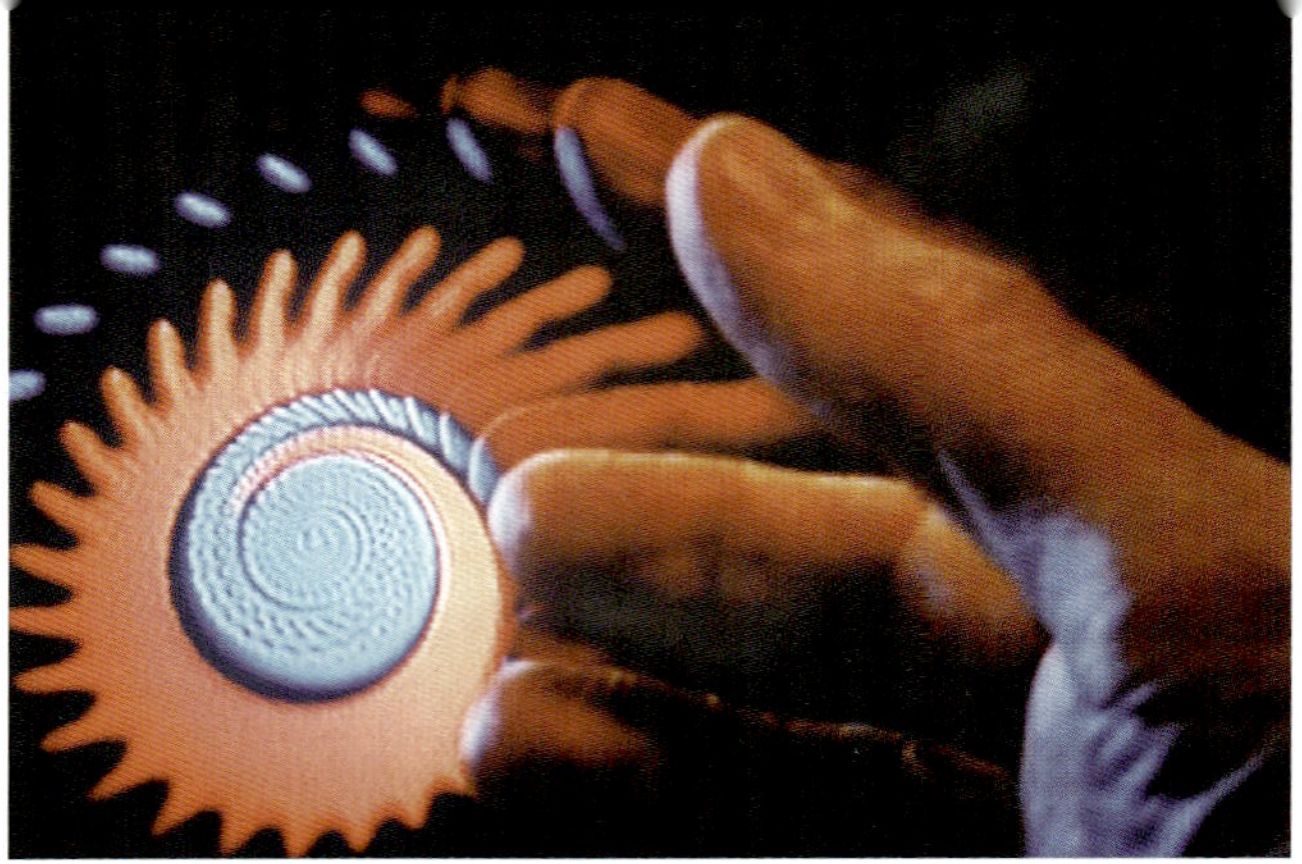

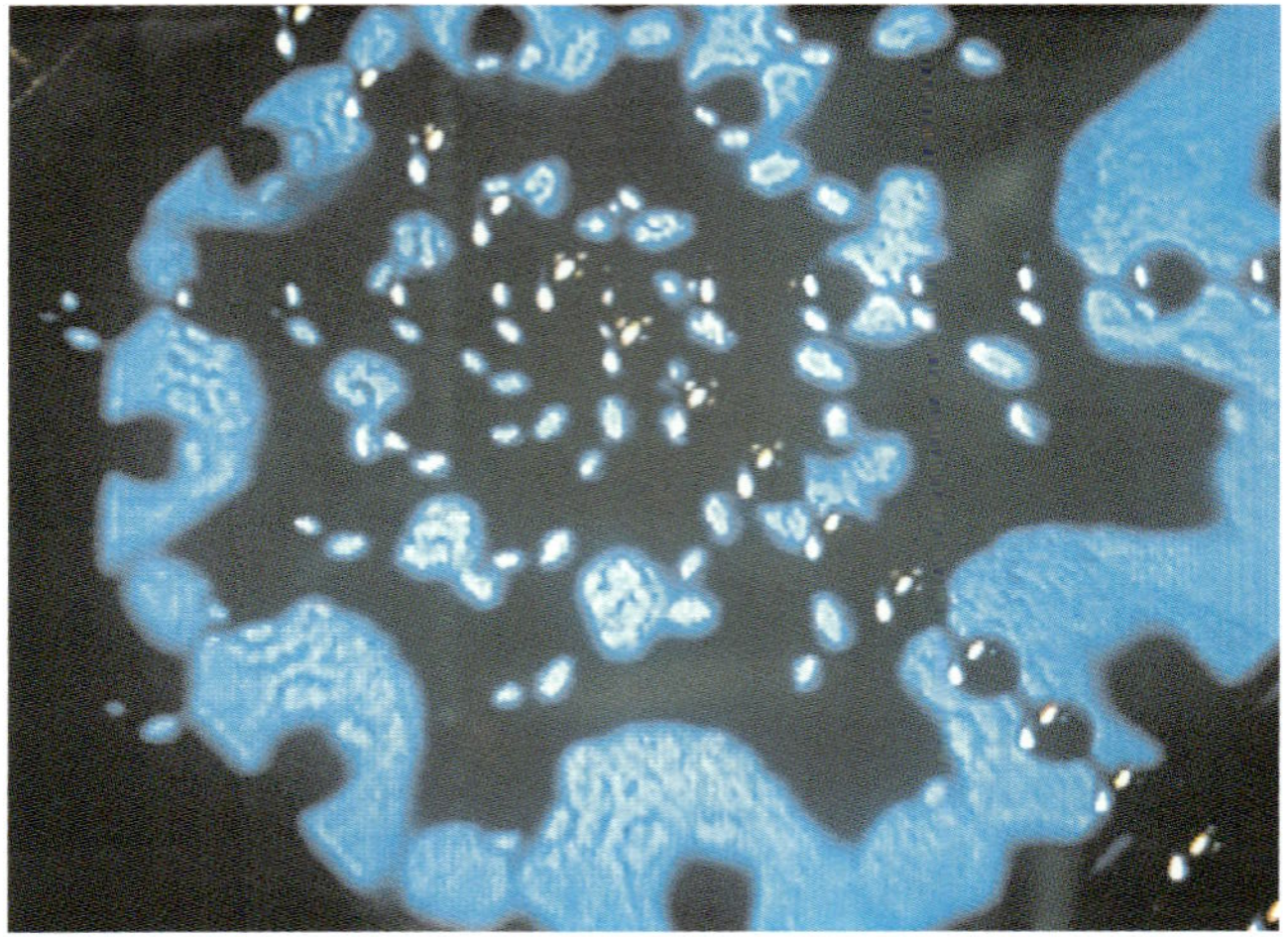

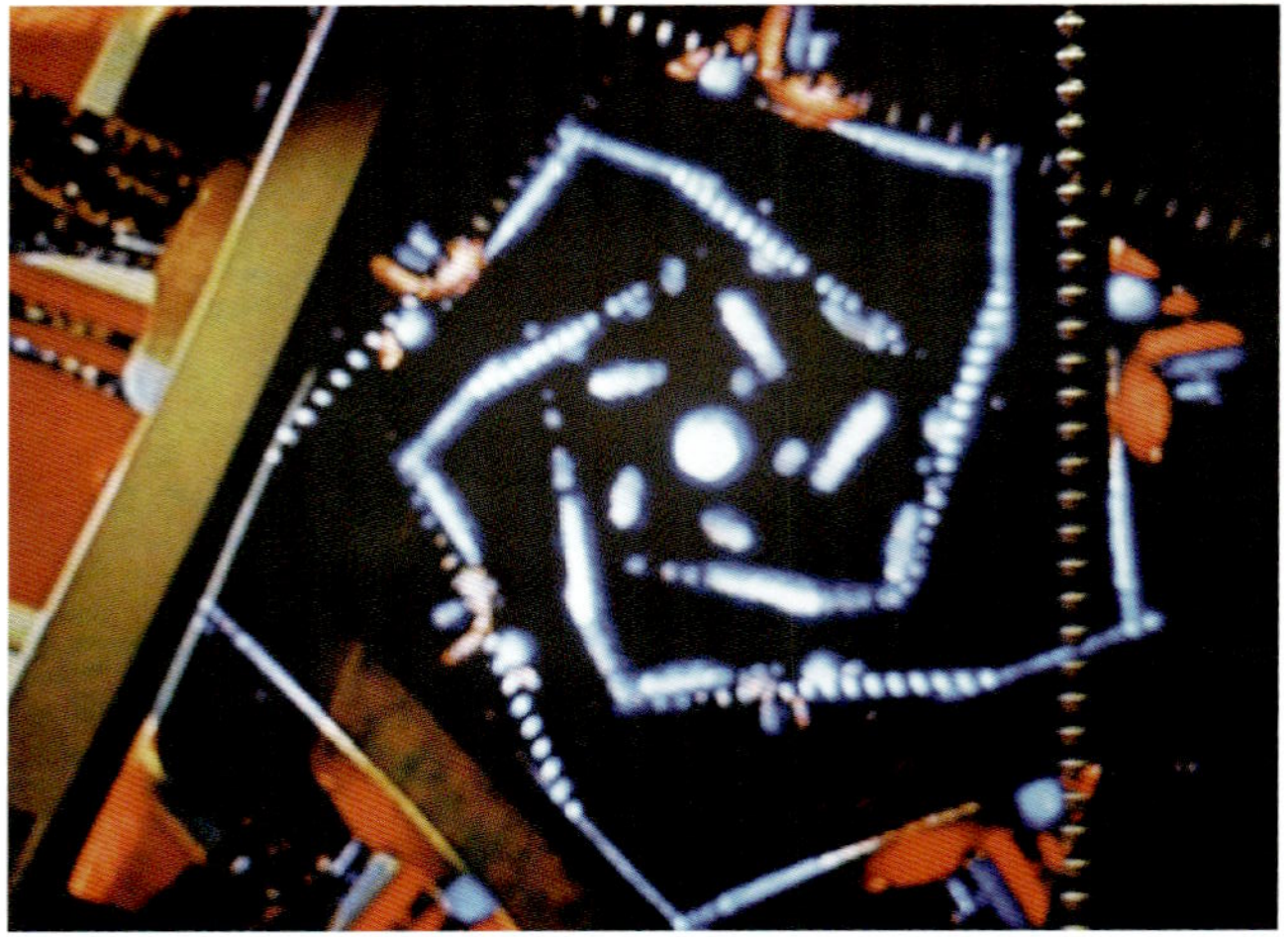

ビデオ旅行II　スナップショット 13-16

サンスクリットでメロドラマ

いまの説明はちょっと難解で縁遠いものに聞こえるかもしれないから、ここで再びアナロジーを提案することにしよう。「ソープ・ダイジェスト・ラック」という現代的な言葉の意味を、古代インドのサンスクリット語で正確に書き表すという難問を想像してほしい（ソープ・ダイジェスト・ラックとはつまりメロドラマ関連記事を専門とした雑誌の棚のことである）。重要な制約として、あなたは往時そのままのサンスクリット語を使うように強制されていて、ほんの一語でも新しい言葉を持ち込むことはできない。「ソープ・ダイジェスト・ラック」の意味を細かいところまでわかってもらうには、まず手始めに次のような概念を説明する必要があるだろう――電気や電波、テレビカメラや送信機やテレビ受像機、テレビ番組や宣伝、洗濯機や洗剤メーカー間の競争、何百万もの家庭に向けて放映される陳腐なメロドラマの日替わりエピソード、いつまでも堂々巡りするプロットに中毒になった視聴者、食料品店、レジ台、雑誌、陳列棚などなど。「ソープ」、「ダイジェスト」、「ラック」はどれも、自身より何千倍も長い古代サンスクリット語の連なりに引き延ばされる羽目になるだろう。現代にあってはかなり凡庸なものを指すこの三語の意味を理解させるために、何百ページも費やすことになってしまうのだ。

同様に、ゲーデルの記号列KGもまた、従来は「わたしはPM内で証明可能ではない」のようなきわめて短い表現に圧縮されていたが、もしそれを純正なPM記法で書くとすれば、化物のような長さになってしまうことだろう――しかし、その恐るべき長さにもかかわらず、われわれはそれが述べていることを正確に理解する。いったいどうしてそんなことが可能なのだろうか？　それはその記号列が圧縮可能性を有しているからだ。

ＫＧはＰＭ記号をでたらめに並べたものではなく、かなり構造化された式である。つまり、心臓にある無数の細胞が高度に組織化されていることで「ポンプ」という一語で要約できるのとちょうど同じように、ＫＧにおける無数の記号も、選び抜かれた少数の語で要約することができるのだ。

ここで再びサンスクリット語の難問に戻ることにしよう。ただし今度はルールが変わり、あなたは新しいサンスクリット語を定義して、それを使ってさらに新しいサンスクリット語を定義できるようになっている。これにより、新たに定義した「電気」を用いてテレビカメラやテレビや洗濯機の記述ができるようになり、また「テレビ番組」を「メロドラマ」の定義に使えるようになったりする。このように省略を省略の上にどこまでも積み上げていけるのならば、「ソープ・ダイジェスト・ラック」のために本一冊分にもなる説明を書かずとも、ほんの数ページ分、もしかしたらそれ以下の長さで事足りるはずだ。当然ながら、こうすることでサンスクリット語は変化し、数千年も経つうちには劇的に変わっていることだろう。しかし言葉はこうして進化していくものだし、同じことは人間の心の働き方にも言える――古いアイデアが組み合わされて新しい構造が生まれ、それが新しいアイデアとなってさらに他のアイデアと組み合わされ……というように際限なくぐるぐると繰り返されるうちに、それぞれの言語の基礎となる始原的な心象から遠く離れたものへと成長していくのだ。

これにて感想はおしまい

わたしの寓話では、クルゲデルート族とアルフバート人はどちらも純正なＰＭ記号列を読む能力があるとされ、その記号列はいかなる省略をも含んでいなかった。ある一つのレベル（クルゲデルート族が認識しているレベル）では、記号列は自分自身について語っているので、それはゲーデルのＫＧのようだと言える。だとすれば、そのような記号列は、他に適当な表現が見つからないが、どこまでも巨大なものにならざるを得ない（少なくとも実際的な目的に使おうと思えば）。このことは、そうした記号列を数に関する言明として読もうとする試みからは理解可能な成果は何一つ上げられないことを意味し、したがってすでに述べたように、アルフバート人の能力はまったくの絵空事である。同じことはクルゲデルート族にも言え、こちらもやはり無限に続く記号の海に飲み込まれてしまうだろう。アルフバート人であれクルゲデルート族であれ唯一希望があるとすれば、記号の海の中で特定のパターンが繰り返し使われていることに気がついて、それらのパターンに名前を与え、記号列をより扱いやすい長さへと圧縮することだ。その上で、この新しくできた短い記号列でパターン発見と圧縮の過程を再び実行して、そのたびごとに新たに圧縮を繰り返し、最終的に記号列全体がただ一つの単純なアイデア――「わたしは食べられませんよ」（あるいは寓話から翻訳して「わたしは証明不可能である」）――になるまで押しつぶしていくのだ。

バートランド・ラッセルは、ＰＭの記号列について考えるときでも、この種のレベル遷移を思い浮かべることがなかった。彼がとらわれていたのは、整数に関する言明は、それがどれほど長く複雑なものであっても、たとえば「素数は無限にある」とか「フィボナッチ数列に累乗数は三つしかない」といった、標準的な数論的言明にお馴染みの趣きが保たれるはずだという予想で、これはわからないでもない考え方だ。ラッセルにとっては、このような入り組んだ階層構造をもつ言明があること、言い換えれば、その言明が表現する数論的なアイデアがもはや数に関するアイデアのようには見えなくなる場合があることなど、思いもよらなかったのである。第11章で述べたように、色のついた点をうまく構造化して並べると、ただの色つきの点の集まりではなく、人物や家や犬などの画像に見えることを、犬は理解も想像もしていない。上位レベルは知覚において下位レベルより優位にあり、「より現実的」になる。下位レベルは忘れ去られ、混迷の中で失われていく。

こうした上向きのレベル遷移は知覚を根本から変えるものだ。したがって、よく知っている状況（たとえばテレビ画面）では当たり前に思えたとしても、『プリンキピア・マテマティカ』の記号列の世界のような非日常の抽象的な状況で起こると、そんなことはありえないように思えてしまう。

先の寓話は、反対に**下向きの**レベル遷移がありえないと思われている世界を書いている。実際クルゲデルート族は、巨大なＰＭ記号列に「わたしは食べられる」のような上位レベルの意味しか見いださず、その記号列が**同時に**もっている下位レベルの意味は何一つ想像できない。『プリンキピア・マテマティカ』の記号列の本来の意図を知っているわれわれにとって、これは不可解なほどに硬直した思い込みのように思える。しかしこの見方も、人間の性質について考えてみると一八〇度ひっくり返る。なぜならば、そこには上位レベルの知覚を支持する非常によく似た硬直した思い込みが広がっていて、それが「人間の条件」を定義さえしていることがわかるからだ。

上位レベルの虜となって

われわれ、つまり意識をもち、自己を認識し、「私」に突き動かされる人間にとって、脳をどこまでも掘り下げていってニューロンレベルまで達すること、そして速度をどこまでも下げていって、すべてのシナプス間隙のすべての化学物質の噴出を残らず見る（少なくとも想像する）ことを思い描くのは、ほとんど不可能に近い――このような視点の遷移は、脳の活動の記号的性質をすべて一瞬にして干上がらせてしまうように思えるだろう。そこには意味は残っておらず、粘ついた意味論的な汁も出てこない。ただ命ある限りずっと、意味も命ももたない天文学的な数の分子が無為に化学物質を噴出させて、死んだような日々が過ぎていくだけなのだ。

あなたがもっている典型的な人間の脳は、ありがたいことに、自らを作り上げる極小の物理的構成要素も、難解な形で数式化できるそれらの微視的な働きの様相にも気がつかず、その代わりに、ソープオペラ、スプリングセール、スーパー・スキーショー、SUV、SAT、SOB、サンタクロース、スプラッシュタキュラー・スキューバ・スペシャル、シュノーケリング、スノーボール、セックススキャンダル（おっと忘れちゃいけない、ゲス野郎《スリーズボール》）のような、はるか彼方のレベルでうまくやっている。そして、自身の性質について可能な限りもっともらしい物語をでっちあげるわけだが、その物語の中で主役を演じているのは、大脳皮質、海馬、扁桃体、小脳、その他の変な名前のねばねばした物理的構造ではなく、解剖学的には目に見えない「私」と呼ばれるはっきりしないものであり、「アイデア」、「思考」、「記憶」、「信念」、「希望」、「恐怖」、「意図」、「欲望」、「愛」、「憎しみ」、「競争心」、「嫉妬」、「同情」、「正直さ」などとして知られる謎に包まれた演者たちによって、手助けされ励まされている――そして**これらの**演者たちが暮らす、柔軟で、霊妙で、神経学とは無縁の世界において、あなたの典型的な人間の脳は、自身に宿る「私」を自らの原動力あるいは押し手として知覚しており、そのスター演者が、無数の極小の存在と、それらの間で一秒ごとに何十億（いやその何百万倍）と生じている目に見えない化学的なやりとりを簡便に表すための、単なる便利な省略表現でしかないかもしれない、という考えを一瞬たりとも受け入れたりはしないのだ。

このように、人間の条件はクルゲデルート族の条件と非常によく似ている――どちらの種も、それがなければ存在できないにもかかわらず、現実性の下位レベルを見ることはおろか、想像することすらできないのである。

ビデオフィードバックにおいて、ねじれていたり、入り組んでいたり、入れ子が続いたりなど、画面上にどんな形が現れたとしても、「私」シンボルが生じないのはどうしてだろうか？　その答えは単純だ——ビデオシステムは何も**知覚**しないので、たとえどれほどの画素数や色数を備えていようとも、**いかなるシンボルも一切生じない**のである。周回するビデオループの経路のどこにも、呼び覚まされるシンボルは存在していない。概念もカテゴリーも意味もない。それは音響フィードバックループの耳をつんざく金切り音を少しも越えるものではないのだ。ビデオフィードバックシステムは、何かを引き起こす因果力について、それが画面上に奇妙にも出現した銀河形状が原因で生じたとは考えない。実際ビデオフィードバックシステムが、どんなものであれ何かが原因で生じたと考えることはない。シンボルを欠いているので、何ごとについても考えたことはなく、また**考えることもできない**のだ。

したがって、奇妙なループをビデオフィードバックシステムではなく脳に出現させるものとは、**できること**——考えることができること——である。これは実のところ、呼び覚ますことのできるシンボルの十分に大きなプールをもっていることを示す、たった一文字のごく簡単な単語で表すことができる。整数の豊かさによってどこまでも複雑な現象を表現する力を与えられたＰＭが、ゲーデルの解釈を通じて、ねじれて向きを変え、自らを呑み込んだのとちょうど同じように、拡張可能なシンボルのプールによってどこまでも複雑な現象を表現する力を与えられたわれわれの脳は、奇妙なループを通じて、ねじれて向きを変え、自らを呑み込むのである。

奇妙さを作り出す第二の主成分

ところで、いま述べた話には裏の面がある。すなわち、人間の脳内のループに「奇妙な」という修飾を与え、一見何もないところから「私」を出現させるための、第二の鍵となる成分のことだ。では、その裏の面とは何だろうか？ それは皮肉にも、**できないこと**――つまり、シンボルのレベルより下を見ることができないという、人間のクルゲデルート族的な側面である。言葉を換えれば、われわれは、人間の思考の下で絶えず激しく撹拌されている微視的なもの、それがぶくぶくと煮え立つ様子を、いかなる手段を用いても見たり、感じたりすることはできない。微小の世界に対して本質的に盲目であるというこの事実によって、人間は、物理的な世界と抽象的な世界の間に深刻な分裂があるという幻覚を見ざるを得ないのだ（前者は、球や棒や音や光などからなる、目的が存在しない世界。一方後者は、希望や信念や喜びや恐怖などからなる、目的が力をもつ世界で、前者とは大きく異なった因果関係に支配されている）。

ビデオフィードバックシステムを見るとき、シンボルをもつわれわれ人間は、ごく自然に画面上の目を引く形に注意を払い、「螺旋廊下」とか「銀河」とか魅力的なラベルを付けたくなるのだが、それでも最終的には、それが画素で構成されているにすぎないこと、目の前にどんなパターンが現れようと、それはただただ画素の局所論理によるものでしかないことを承知している。こうした単純にして明快な認識は、それらの入り組んだフラクタル形状から、それがもつ見かけ上の生命なり自立性なりをすべて引き剥がしてしまう。われわれは、欲望も希望も、ましてや意識についても、それらを画像上に現れた渦巻く形状が原因で生じたと考える気にはならない。それはふわふわした綿のかたまりが空にあるのを見て、芸術家の横顔とか殉教者への石打ちの刑を視覚化したものと受け取ろうとしないのと同じことである。

にもかかわらず、自分自身を知覚するという問題になると、われわれは違う物語を語り出す。われわれが自分自身について語るとき、ビデオフィードバックの場合とは異なり、ものごとはずっとはっきりしなくなる。というのも、脳内にある、画素やその局所論理に相当するものに対して、われわれは直接アクセスすることができないからだ。フランスの詩がローマ字で書かれているのを知っているからといって、フランス詩の専門家にはなれないように、たとえ人間の脳がニューロンによる密なネットワークであることを知識として知っていたとしても、脳をそのレベルで理解できるわけではない。人間は生まれつき、心を動かす微視的な機構に焦点を合わせられない生き物である。そして不運なことに、近所のドラッグストアに足を運んで、その弱点を矯正する眼鏡を手に入れるわけにもいかない。

神経学者であれば、一般の人たちとは違い、脳の下位レベルのハードウェアに精通しているのだから、意識や自由意志といった謎をどう考えるべきかわかっているはずだと思われるかもしれない。しかし、往々にして状況は正反対だ。神経学者の多くは、脳の下位レベルに非常に親しんでいるがゆえに、意識と自由意志が物理学の用語で説明できるという考え方に懐疑的になっている。心と物の間の橋渡しできない裂け目に途方に暮れた神経学者たちは、意識や自己が物理的過程からいかに生まれ得るかを理解する努力をすべて放棄して、その代りタオルを投げ入れて二元論者になった。科学者がこんなふうに諦めてしまうのは嘆かわしい限りだが、これは決して珍しいことではない。そしてこの話の教訓は、職業的な神経学者であることは、いかなる意味においても、脳を深く理解していることと同義ではないというものだ——職業的な物理学者が台風を深く理解しているわけではないのと同じように。実際、膨大な知識の細部に足を取られて、深い理解を阻まれるというのが実情なのである。

頭蓋内の特定のレベルより下を人間は本質的に見ることができないという事実は、われわれの内部にある、テレビ画面上の渦巻く銀河に相当するもの――つまり、「私」性という巨大な渦巻く銀河――が、（ビデオフィードバックの銀河のような）下位レベルから生じる単なる能動的な随伴現象ではなく、否定し難い**因果関係の母体**であるという印象をわれわれに与える。われわれは、心の中にある「ビー玉」の硬い丸みの感触を真に受けて、自分が知っているどんなものにも負けない現実性がそこにあると考えてしまう。そして、人間の自己知覚のフィードバックループにおいて不可避的かつ継続的に生じる「私」シンボルの閉じ込め現象によって、因果関係はすっかり逆転し、ついには「私」が運転席に座っているように思えてくる。

簡単に言うならば、これら二つの主成分――できることとできないこと――の組み合わせが、自分らしさを生み出す奇妙なループ、すなわち、われわれ人間が一人残らず否応なしにとらわれてしまう罠を生じさせる。始まりは、水洗トイレの浮き球機構や、音響あるいはビデオフィードバックループのように、無邪気で、直観に反するような因果関係がどこにも見当たらないものだったかもしれない。だが人間の自己知覚は、最後には、世界に対して上下逆さまの因果関係をもたらす存在が出現したという結論に必ず至り、その結論は、とことん強化され、揺らぐことのない不変で最終的なものへと固定されていく。そしてその結果、多くの場合、それ以外の視点の可能性が一切拒否されることになるのである。

帰ってきたスペリー

わたしはたった今、人間は一人残らず「罠」にとらわれると言ったが、実のところ、そんな後ろ向きな見方をわたしはしていない。そのような「罠」は、意識さえしておけば有害にはならない。むしろ、それこそがわれわれを人間たらしめているものなのだから、その恵みを喜び、大切にすべきだろう。ここでもう一度、ロジャー・スペリーの雄弁な言葉を引かせてもらいたい。

ここに挙げた脳モデルでは、アイデアあるいは理念のもつ因果的影響力は、分子とか細胞とか神経インパルスのもつ因果的影響力と何ら変わることなく実在している。アイデアは他のアイデアを引き起こし、新しいアイデアの展開を促す。アイデアは、同じ脳内、隣人の脳内、さらには地球規模のコミュニケーションの発達によって遠く離れた外国人の脳内にあるアイデアや別の心の力とも相互作用をする。アイデアはまた外的環境とも相互作用を行い、それによって、全体として、進化において爆発的な前進を生み出している。それは、生きている細胞の出現を含む、進化史に登場したあらゆる出来事を凌駕するものだ。

とどのつまりロジャー・スペリーがここでしているのは、われわれが「私」と呼んでいるものには紛れもない現実性（すなわち因果的影響力）が存在するといった、世間一般の人が抱いているごく普通の面白みのない常識的な信念を、まじめな科学出版物の中であえて主張するという危険な行為だ。科学の世界において、こうした主張は、表面的にはデカルト的な二元論の匂いがぷんぷんしていると受け取られるため、懐疑的な目で見られる大きなリスクを負っている（このくだりを読むと、生の躍動《エランヴィタル》、生命の力、蜂の巣状の精神、エンテレキー、ホロンといった、ひどく神秘主義的に聞こえる言葉が心に浮かんでくる）。

しかしながらロジャー・スペリーは、自分が二元論もいかなる神秘主義も信奉していないことをよく知っていた。だからこそ、思い切ってこうした主張をする勇気をもてたのである。スペリーの意思表明は絶妙にバランスがとれた営為で、将来その洞察力が広く認められ、賞賛される日が来ることをわたしは確信している。それはまたいつの日か、クルト・ゲーデルの絶妙にバランスのとれた営為、すなわち、数学の形式体系において現れる上位レベルの自己言及的な意味が、その体系の下位レベルの厳密で不変な推論規則と同じくらい現実的な因果的影響力をもつことを示した営為になぞらえられることだろう。

第15章　絡み合い

一つの脳の中に多種多様な奇妙なループ

わたしは二章前で、人間の頭蓋内にはそれぞれ一つの奇妙なループがあり、このループがわれわれの「私」を構成するのだと言ったが、同時に、それは大まかな第一歩にすぎないとも付け加えておいた。実際、それはあまりに思い切った単純化だ。われわれはみな、細部や忠実度はさまざまに異なるが、自分の頭蓋内で何百人もの他の人間を知覚し、表象している。それらの他の人間に関することで最も重要なのは、その人たち**自身**がもつ自己の感覚である。したがってわれわれは必然的に、頭の中に自分のものとは別の膨大な数の奇妙なループを映し出し、宿していることになる。ところで、このようにあらゆる人間の頭の中に多様な「私」が存在すると言うとき、それは厳密には何を意味しているのだろうか？

さあ、わたしには正確なところはわからない。わかりたいのは山々なのだが！　もしわかっていたら、わたしは世界で一番偉大な哲学者と心理学者を合わせて一つにした存在になるだろう。しかしパルナッソス山のはるか麓にいるわたしが考えられるのは、せいぜい次のようなことくらいだ。つまりわれわれは、**自分自身の**奇妙なループをとことん切り詰めたような変形版をたくさん生産し、それを自分がもっている他人シンボルの核に組み込んでいくことで、最初は何の手も加えられていなかったループ状構造を時間をかけて変化させ成長させていくのではないか。一番よく知っている人たち――配偶者、両親、兄弟姉妹、子供、親友――の場合、その人たちのためのループは、何年もかけて、何千もの独特の成分に彩られた非常に豊かな構造へと成長していく。切り詰められた「まっさら」な奇妙なループは種《たね》としての役割を果たし、やがてそれぞれが多大なる自律性を獲得するのだ。

中身なしのフィードバックループ

この「まっさら」な奇妙なループという考えは、音響フィードバックというお馴染みの比喩を用いることで、よりはっきりと照らし出すことができる。次のような設定を想像してほしい。マイクとスピーカーが接続されていて、どんなささやかな雑音でもマイクに拾われるとあっと言う間に循環し、ループを巡るごとに音はどんどん大きくなっていき、最後には耳をつんざくほどの高音になる。しかし、今のところはまだ死んだように静まり返っている。こんなとき、何が起こるだろうか？　起こるのは、死んだように静まり返った状態が続くということだけだ。ループは問題なく機能しているが、ゼロは何倍してもゼロでしかないので、ゼロの音を受け取りゼロの音を出力する。フィードバックループにシグナルが入ってこなければ、ループはこれとわかる効果を何ら生じさせない。つまりループは存在しないも同然である。音響ループはそれ自体だけで金切り音を出すことはない。何らかのゼロではない入力を受けて、それは始動するのだ。

このシナリオをビデオフィードバックの世界に翻案してみよう。テレビカメラを何も映っていない画面の真ん中に向けてみる。そのときカメラが画面だけを撮り、フレームは一切収めていないとしたら、カメラが静止していようが傾いていようが向きを変えていようが、あるいは（画面の外に出ない範囲で）ズームアウトしようがズームインしようが、そのループ性にもかかわらず、この状況から生まれるのは相変わらず何も映ってない画面でしかない。ループの**中身**となる外部の要素が一つも存在していないので、閉じたフィードバックループから画像が生み出されるという状態が延々と続くのだ。こうした中身のないフィードバックループを「まっさら」ループと呼ぶことにしよう。まっさらビデオループが二つあった場合、それらの見分けがつかないのは明らかだ――識別可能な特徴も「人格の同一性《パーソナル・アイデンティティ》」ももたない、ただの形骸でしかないからである。

しかしながら、カメラが十分に右か左に向いたら、あるいは何らかの**外部の**要素（ほんのわずかな色の点でも）を収められるくらい十分にズームアウトしたらどうなるだろうか？　画面の空白のごく一部が埋められると、その色のついた部分はビデオループに即座に吸い込まれ、竜巻に巻き込まれた木の枝のようにぐるぐると循環する。やがて画面には、数多くの色点で形成された複雑で自己安定的なパターンが現れる。この非－まっさらループに識別可能なアイデンティティを与えているのは、その画像が**自分自身**を内包しているという事実ばかりではない。**外部の**要素が特定の形状に配置され、その画像の一部になっているという事実もまた、同じくらい重要である。

ここまでの比喩を人間のアイデンティティという文脈に戻して考えてみると、個性の元となる「裸」の奇妙なループは、明確に認識できるような自己を生み出さないということが言えるかもしれない――それは名前をもたないまっさらな形骸にすぎず、識別可能なアイデンティティ、つまり明確な「私」の獲得を開始するには、世界にある何か別のものとつながる必要があるのだ（非整礎集合――自分自身を要素として含むことのできる**反**ラッセル的な集合――のスリリングなタブーを楽しみたい人たちのために、ここでちょっとした問題を出させてもらおう[1]。二つの単集合x、yがあり、どちらも自分自身**だけ**をその要素としているとする。このとき、xとyはまったく同じだろうか、それとも異なるだろうか？　この謎に答えようとして、同じ要素をもっているときに限り二つはまったく同一であると定義したとたんに、われわれは無限後退に導かれ、いつまでたっても答えにはたどり着けなくなる。わたしなら、この二つの集合は区別がつかないのだから同一だとぬけぬけと宣言し、ゴルディアスの結び目のように、この難題を一刀両断に解決する道を選ぶ）。

赤ちゃんフィードバックループと赤ちゃん「私」

いましがたわたしは、人間の脳にある「まっさら」な奇妙なループという概念を登場させた。しかし言うまでもなく、そうすることで、人間の遺伝子をもった赤ん坊もまた、そうした自分らしさの「裸」の奇妙なループ——まっさらではあるが十全に実現された純粋な形骸、純化された「私」性——を生まれながらにして与えられていると提案したいわけではない。まだ生まれていない胎児が子宮の中で（まして や受精の瞬間に！）、自分らしさの裸のループを獲得しているなどとはもちろん思ってもいない。人間の自分らしさの実現は、それがそう思わせるような自然発生的なものでは決してないし、遺伝的に予め定められたものでもない。

人間の自分らしさの奇妙なループが閉じる、すなわち作られるか否かは、レベル変更を可能にする跳躍が存在するか否かに深く関わっている。その跳躍とは**知覚**のことであり、それは**カテゴリー化**を意味するため、生き物がもつカテゴリー化の装備がより豊かに強力になるほど、その自己もまたより十全に実現され豊かになっていく[2]。それとは反対に、生き物がもつカテゴリーのプールがより貧しくなれば、その自己もまたより痩せていき、ついには自己がまったく存在しないところまでいくことになる。

ここまで何度も強調してきたように、蚊は本質的にシンボルを一切もっておらず、したがって本質的に自己も有していない。蚊の頭の中には奇妙なループは存在しないのである。蚊に言えることは人間の赤ん坊にも言え、人間の胎児であればなおさらそうだ。ただし人間の赤ん坊や胎児の場合には、その遺伝子のおかげで、何十年もかけてどんどん成長する巨大なシンボルのプールを宿すという素晴らしい可能性があり、一方の蚊にはそうした可能性がまったくない。シンボル体系がそもそも貧弱で拡張もできない蚊は、魂をもたない存在になるよう運命づけられているのである（ああ、いいでしょう――0・000001ハネカーに値する意識はあるかもしれない。サーモスタットより毛筋ほど上だということで）。

われわれ人間は、好むと好まざるとにかかわらず、何十年もかけて世界と相互作用するにつれて自分の知覚システムが変容していくという、ごくごく小さな兆候だけをもって生まれてくる。生まれた時点では、われわれのカテゴリーのプールはあまりにささやかなものなので、わたしは実用上それを無としている。赤ん坊は呼び覚ますべきシンボルに恵まれていないので、ウィリアム・ジェームズが「途方もなく騒々しい混雑」といみじくも呼んだものからの感覚入力を理解することができない。自己シンボルを築き上げていくのは、赤ん坊にとってまだずっと遠い未来の話なのだ。よって赤ん坊の中には、自分らしさの奇妙なループはない、あるいはほとんどないと言えるのである。

もっと歯に衣を着せずに述べるならば、人間の新生児は、未来に獲得するはずのシンボル機構の九九パーセントを欠いているので、たとえどれほど愛くるしくとも、「私」をもっていない。もっと寛大に、「私」性のしずくを何滴か、おそらく1ハネカー程度もっていると見たとしても、それだけではてんでお話にならないだろう。こうしてわれわれは今、人間の頭には奇妙なループが**一つ以下**しか含まれないことを見た。では、**一つより多い**場合はどうだろうか？

絡み合ったフィードバックループ

一つの頭の中に二つの奇妙なループが共存するという考えを具体的にさぐっていくために、お馴染みのテレビの比喩にちょっとした変更を加えてみることにしよう。二台のカメラと二台のテレビが用意され、カメラAはテレビ画面Aに、そこから遠く離れた場所に置かれたカメラBはテレビ画面Bに画像を送っているものとする。さらに、カメラAは画面Aに映し出されているもの（およびその近くにあるもの。これがAループの「中身」となる）を常に**すべて**収め、それを再び画面Aに戻して循環させる。また同様に、カメラBは画面Bに映し出されているもの（およびその外部にある何らかのもの）を常にすべて収め、それを再び画面Bに戻して循環させる。ここで、最初の取り決めによりシステムAとBは遠く隔たっているのだから、AとBが互いに交わることのない別々のフィードバックループを構成することは直観的に飲み込めるだろう。もしカメラAとBの撮っている光景が違っていれば、画面AとBは明確に識別可能なパターンを画面上に映し出し、二つのシステムの「アイデンティティ」は容易に見分けることができるはずだ。と、ここまでは、頭の固い人がいつも繰り返す古臭い話にすぎない――二つの（固い）頭に、それぞれ一つのループがあるというわけだ。

それでは、システムAとBが次第に近づいていき、相互作用をするようになったら何が起こるだろうか？そのときカメラAは画面Aばかりか画面Bも収めるので、ループBはループAの中身の一部となるだろう（AとBを反対にしても同じことが言える）。

自然に考えればそうなるように、ここでもカメラAは画面Bより画面Aに近いことにしよう（逆も同様で、カメラBは画面Bに近い）。するとループAは、画面AにおいてループBより大きな空間、より多くの画素を占めることになり、ひいてはより高い再現度で画面上に現れる。言い換えれば、ループAは大きくて細やかに、ループBは小さくて粗く表現されるだろう。とはいえ、これは画面A上のことでしかなく、画面Bでは何もかもが反対になる。つまりループBはより大きくて細やかに、ループAはより小さくて粗く表現されるのだ。ここで次の段落に行く前に注意を促しておきたいのだが、いまループAは単に「A」と**呼ばれている**が、そこには実はループBも**含まれている**(逆も同様)。したがってこれら二つのループは、それぞれ互いを特徴づける役割を果たしていることになる(ループAは、自身を特徴づけるにあたってループBより重要な役割を果たしているが(逆も同様))。

こうして今われわれは、この比喩によって二つの個体AとBを説明できるようになった。AとBはそれぞれ、個人のアイデンティティ(すなわち私的な奇妙なループ)をもっているが、そのアイデンティティの一部は**他の**個体の私的なアイデンティティから生まれ、ひいてはそれに依存している。その上、他の画面上に現れた自身の画面の再現度が高くなるにつれて、二つのループの「私的な」アイデンティティはいっそう絡み合い、溶け合って、曖昧になっていく。そんな言葉はないけれど、互いに「もつれほぐし」が不可能になるのだ。

技術的な比喩だけを頼りに話を進めてきたとはいえ、それでも、本当の人間のアイデンティティとは何かという疑問の理解へと、ゆっくりと近づいていることを期待している。実際、何らかの見慣れぬ抽象構造にぶつかることなしに、人間のアイデンティティの謎に関する深い洞察が得られるなどと、どうしたら想像することができようか。ジークムント・フロイトは、自我、イド、超自我を仮定したが、人間の魂の構造の内部には、おそらくそのような何らかの抽象が存在していると思われる(たぶん正確にはその三つという形ではなく、そうした類のパターンという形で)。われわれ人間は自然界の他の事象はもちろん、大半の生物とも大きく異なっているので、自分たちが本当は何ものであるかを垣間見るためには、まったく思いもよらないような場所を覗き込まなければならないはずだ。わたしの奇妙なループはフロイトの概念とはまるで違っているが、精神の上では確かに似ているところがある。両方とも、自己とは何かという考えに抽象的なパターンを取り入れていて、しかもそのパターンはそれが宿る生物学的な基質とは大いにかけ離れたものとしているのだ——実際、あまりにかけ離れているので、基質そのものとはほとんど関係がないようにさえ思えるだろう。

頭蓋の中の一つの特権的なループ

未来の何らかの技術力によってカメラとテレビ画面から画素というものが取り除かれ、どんなサイズに切り取ろうが、あらゆる画像が非の打ち所のないものになったところを想像してほしい。このような空想的なシナリオがもし実現したならば、先に述べた議論、つまり、ループAで表現されるループBは、ループBで表現されるものより画素数が少ないので、したがって再現度も低いという議論は無効になってしまう。いまやループAは、その画面上でループBを**完全に**再現するようになっていて、その逆もまた同様である。では、このときAをBと区別するものは何なのだろうか？　もしかして、それらはもう見分けがつかないのではないか？

いや、そんなことはない。確かにAとBはそれぞれ互いを完璧に表現しているが、それでも両者の間には根本的な違いがあるのだ。つまり、カメラAは（画面Bではなく）画面Aに直接画像を送り、一方カメラBは（画面Aではなく）画面Bに直接画像を送るという違いである。したがって、カメラAを傾けたりズームインさせたりすれば、画面A上の画像はそれに合わせて全体的に傾いたり大きくなったりするが、画面B上の画像はそのままじっとして動かない（もちろん、画面Bに映し出された画面Aの**入れ子**画像は、最後の入れ子にいたるまで傾いたり大きくなったりするだろう。しかし、システムBの**最上位レベル**の画面が示す傾きや大きさには変化はなく、その一方でシステムAの最上位レベルの画像はカメラAの動きに直接影響される)。

この比喩のポイントは、ループが密接に絡まり合った状況であっても、あるシステムの知覚ハードウェアがそのシステムだけに直接情報を送るがゆえに、明確に異なるアイデンティティがまだ存在しているという点をはっきりと示すことにある。システムは、自分以外のあらゆるシステムに間接的に影響を及ぼすことができ、そうした影響は非常に重要なこともあるが、どのような知覚ハードウェアにしろ、自分が直接情報を送っている(あるいはコンピュータや神経学方面の今時の業界用語を使えば、「配線接続された《ハードワイヤード》」)システムに真っ先に関連づけられているのだ。

もう少し比喩の度合いを下げて説明してみよう。わたしの感覚器官はわたしの脳に直接情報を送っている。わたしの感覚器官はまた、わたしの子供や友人、それ以外の人たち(たとえばわたしの読者)の脳にも情報を送るが、それはごく間接的な形、たいていは言語という仲介経路を通じて行われる(時には写真やアートや音楽ということもあるけれど)。たとえば、子供たちに食料品店のレジ台で起こった滑稽な話などを聞かせてみれば、なんとまあ、子供たちの心の眼《マインズアイ》には、たちまち何もかもはっきりと見えてしまう! モノクロのタブロイド紙「ウィークリー・ワールド・ニュース」をカートに入れている男性客、それを手に取ったレジ係の女性が、タイタニック号の救命艇で漂流したが完全に元気な状態で発見された赤ん坊に関するトップ記事の見出しを目にして浮かべたおどけた表情、バツが悪そうな客のくすくす笑い、列に並んだ次の客が飛ばした冗談、などなど。子供や友人やその他の人たちの脳に生まれるこうした心的イメージは、時にその人たち自身の感覚器官から直接やってきたイメージと張り合うほど精彩に富んでいることもある。

他人の人生をこのような形で代理的に経験できるわれわれの能力は、人間のコミュニケーションの本当に素晴らしい一側面である。しかし言うまでもなく、ある人の知覚入力の大部分はその人自身のハードウェアから来ており、先に見たように他の存在のフィルターを通して入ってくるのは、ほんのわずかな部分にすぎない。素っ気ない言い方をすれば、これが、わたしが何よりもまずわたしであり、あなたが何よりもまずあなたである所以なのだ。一方で、わたしの知覚がもし、あなたの知覚と同じくらい早く激しくあなたの脳に流れ込むとしたら、状況はまるっきり変わってしまうことだろう。しかし少なくとも当面の間は、わたしの目とあなたの脳がそんな高速の通信速度でつながる心配をする必要はない。

共有された知覚、共有されたコントロール

わたしが最初に提案したのは、人間の「私」が、脳内にある非常に特殊な奇妙なループから生じているということだった。ところがその後、頭蓋内には多くの他人が映し出されるため、そこにはさまざまなサイズと複雑さをもった数多くのループがあることがわかった。したがってわれわれは、これまでの理解をさらに精緻にしていく必要があるが、その際に重要になるのが、いま見たように、脳内の複数のループのうちの一つが特権的な地位にある、つまり知覚システムを介して脳に**直接**情報を送っているという事実だ。またこれ以外にも重要な点があり、それは脳が知覚するものではなく、**コントロール**するものに関係している。

わたしの家のサーモスタットは、あなたの家の室温を調整しない。これと同じように、わたしの脳が下した決定は、あなたの脳に配線接続された身体をコントロールしない。あなたとわたしがテニスをするとき、わたしの脳がコントロールするのは**わたしの**腕だけなのだ！　あるいは、最初はそう思えるだけかもしれない。よく考えてみれば、それは明らかに単純化のしすぎであり、物事はここから再びぼんやりとし始める。わたしは部分的かつ間接的にあなたの腕をコントロールしている――結局のところ、わたしがボールを打った位置にあ

なたは走っていくのだし、わたしのショットは、あなたが自分の腕をどう振るかに大いに関係しているからだ。よってわたしの脳は、テニスのゲームにおいて何かしらの間接的な手段を通じて、あなたの筋肉をコントロールしているのだが、それを確実な方法と呼ぶことはとてもできない。同様に、わたしが車を運転していて急ブレーキを踏めば、後続車の運転手も急ブレーキを踏むだろう。わたしの脳内で起きたことが、後ろの運転手の行為に対してコントロールを少しばかり及ぼしたわけだが、これもまた信頼できるものでも間違いのないものでもない。

　いま述べたようなタイプの外部からのコントロールは、二人の人間のアイデンティティの輪郭をぼやかしたりはしない。テニスや車の運転によって、魂が互いに深く浸透していくことなどないのだ。しかしそこに言葉が登場すると、事態はより複雑になっていく。われわれの脳が他の人の身体にある程度の間接的コントロールを及ぼすのは、何よりもまず言葉によってである――これは両親や鬼軍曹ばかりでなく、広告主や政治家の「メディア担当顧問《スピンドクター》」、泣き言を並べていい目を見ようとするティーンエージャーもよく承知していることだ。他人の身体は、言葉を介することでわれわれ自身の身体の従順な延長となり得る。その意味において、自分の身体とつながっているのと同じようなやり方で、わたしの脳はあなたの身体にもつながっているのだ――ただしここでもまた配線接続はされていないが。わたしの脳は、コミュニケーションという経路を通じてあなたの身体につながっている。しかしその手段は、わたしの脳とわたしの身体を結びつけているものより、はるかに遅くて間接的であるため、コントロールもずっと非効率的なものとなる。

　たとえば、食料品店のレジ台を抜け出る《サインアウト》たびにわたしが無意識かつ滑らかに書いている小切手のサインは、そのいくつもの曲線や微妙な細部を説明してあなたに書いてもらうよりも、自分の手で書いたほうが段違いにうまくできるだろう。とはいえ、わたしの脳の自分の身体への結びつき方と、わたしの脳の他人の身体への結びつき方の間には、**根本的かつ絶対的**な区別があるという当初の考えは、誇張されすぎているように思える。確かにそこには程度の違いはあるが、種類の違いがあるとは確かには言えないのだ。

絡み合う魂についてのここまでの議論で何がわかっただろうか？　まずわれわれは、わたしがあなたの知覚を間接的に知覚でき、あなたの身体を間接的にコントロールできることを見た。同様に、あなたはわたしの知覚を間接的に知覚できるし（それこそが今あなたがしていることだ！）、わたしの身体を間接的にコントロールできる。少なくとも部分的にはそうだ。われわれはまた、コミュニケーション経路があまりにゆっくりしているので、それがつないでいる二つのシステムを判然と区別できること、それゆえ何の問題もなくそれらに別々の名前をつけられることも見た。個人の身体は他人からきっちりと分離しているという事実（母親と胎児、シャム双生児は除く）によって、それぞれの身体に異なる名前をあてがうことはごく自然な行為となり、表面的なレベルにおいては、別個の身体に別個の名前を与えるというこの行為は、問題を一気に解決するように見える。「おれターザン、おまえジェーン」。名前をつけるという習慣は、われわれ――われわれの**自己**――がきっちりと分離した存在だという心地よい見解を支持するばかりか、それを確固たるものにすべく大いに手助けしてくれるのだ。「おれターザン、おまえジェーン」――言うことなし。

身体をアイデンティティの母体として確立するという問題にからんで、言葉はさらなる役割を果たす。言葉は、一つの身体に一つの名前（「ターザン」、「ジェーン」）を与えるというだけでなく、人称代名詞（「私」、「あなた」）をも与えるのだ。そして人称代名詞は、名前がそうしているのと同じように、一つの身体に一つの魂を過不足なく関連づけ、それぞれの魂が疑いようもなくはっきりと区別できるという見解を強化していく。これについて、ここからさらに詳しく見ていくことにしよう。

「旋回のウィンドツアー」で開く「ツウィン世ン界のドアー」

何年か前に一度、おかしな哲学ファンタジーの世界をこしらえてみたことがあるのだが、もしお嫌でなければ、続く数節で読者のみなさんをそこにご案内させてもらいたい。当時は名前をつけなかったそのファンタジーの舞台を、今回は「ツウィン世ン界」と呼ぼうと思う。ツウィン世ン界の他に類を見ない特徴は、新しく生まれてきた赤ん坊の九九パーセントまでが一卵性双生児であることで、わずか一パーセントだけが単生児なのだが、そうは呼ばれず、「満たない者《ハーフリング》」と言われている。ツウィン世ン界では、双生児は共に成長し、どこへでも一緒に行き、まったく同じ服を着て、同じ学校に入り同じ授業をとって、宿題には協力して取り組み、友人も同じ、覚える楽器も同じ、ついには同じ一つの職業に就いて同じチームとして働く、などなど（とはいえ、この世界の一卵性双生児は、われわれの世界と同様に、遺伝子が同じなのであって**あらゆる点**が同一なわけではない）。一卵性双生児のペアはツウィン世ン界ではむしろ当然のこととして、パーソンならぬ「ペアソン」とか「割れ割れ《ディヴィジュアル》」、あるいはただ「デュアル」と呼ばれる。

ツウィン世ン界の双子のペアは、生まれたときに名前をつけられる——男のペアソンなら「グレッグ」、女のペアソンなら「カレン」というように。あなたが迷ったときには、割れ割れの「片割れ」をそれぞれ指す方法もある。もちろん、たまたまそうした場面に出くわしたとしてもそんなことをする必要はほとんどないのだが、しかし万全を期すために、どういうふうにやるか記しておこう。単にペアソンの名前の後にLあるいはRを付け加えるのだ（ツウィン世ン界の語源学者は、このLとRは勝手に決めたものではなく、実は「レフト」と「ライト」という言葉の名残だと断定している。なぜそうなったのかは誰もよくわかっていないように見えるにせよ）。こうしてグレッグは、「左の片割れ」のグレッグLと「右の片割れ」のグレッグRからなり、カレンも同様にカレンLとカレンRからなる。しかし先ほど述べたように、だいたいにおいて誰もペアソンの左や右を指す必要に迫られないから、こうした添字はまず使われない。

　ところで、ツウィン世ン界の「友人」とは誰を指すのだろう？　そう、言わずもがな、それは別のペアソンのことである――つまり、Ɯがとても好ましいと思っている仁《ひと》のことだ（Ɯについてはのちに説明する）。それでは恋愛とか結婚は？　そう、ペアソンは別のペアソンと恋に落ち結婚するのだと想像していたら、それでドンピシャ！　実際、嘘みたいな偶然の一致だが、先に触れたカレンとグレッグはまさしくその典型的なツウィン世ン界のカップルであり、そのうえ彼らは二組の対双生児《ツウィルドレン》、女の子のペアソンは「ナタリー」、男の子のペアソンは「ルカス」の誇り高き対両親《ペア・レント》なのだ（詮索好きな人々を満足させるために説明するが、カレンLとカレンRのどちらがどちらの双生児を生んだか、グレッグLとグレッグRのどちらがどちらの場合にいわばそうさせる役割を果たしたか、わたしは関知していない。ツウィン世ン界では、そんな一身上の秘め事に思いを巡らす仁《ひと》はいなくて、それはわれわれが、父親の左右どちらの精巣から来た精子、母親の左右どちらの卵巣から来た卵子で子供が誕生したかを気にしないのと同じことである。そんなものは取るに足らず、受精卵が発《はっ》育《うぃく》して対双生児《ツウィルドレン》が生まれたこと、それだけが問題なのだ。いずれにしろ、どうかこの厄介な話題についてあんまり質問しないでほしい。それはわたしのファンタジーの要点にはおよそ関係がないのだから！）。

　ツウィン世ン界には、誰も口にはしないが明らかな了解事項がある。それは、この世界の基本単位は左右の片割れではなくペアソンであり、割れ割れは物理的に離れた区別のつく片割れから構成されているにせよ、それら片割れの結びつきがたいへん強いため、物理的隔たりなど問題にならないということだ。万仁《ばんにん》が左の片割れと右の片割れからできているのは、生きている者に関するごく当たり前の事実にすぎず、どの片割れにも手が二本、どの手にも指は五本あるという事実と変わらない、当然のこととされているのだ。確かに、ものには部分というものがある。しかしそれは、ものが全体としての完結性をもたないことを意味してはいない！

ペアソンの左右の片割れは、たいていはほんの束の間だが、ときどき互いに遠く距離をとることがある。たとえば、彼対（言い忘れていたが、この世界では彼や彼女や彼奴《あいつ》ではなく、彼対《あつうぃ》という三人称を使う）の片割れが食料品店に駆け込んで買い忘れていたものを手に入れる間、もう一方の片割れが夕食を用意していることだってある。あるいは、スノーボードで丘を滑り降りている彼対が分かれて、目の前の木《つういー》を右回りと左回りでそれぞれ迂回することもあるかもしれない。しかし二つの片割れは、ほとんどの時間を互いにくっついて過ごすのを好む。二つの片割れはもちろん会話もするが、かなり込み入った考えを伝える場合でも、ほんのわずかな言葉で用が足り、容易に見当がつく。

ɯは一文字？　それとも二文字？

われわれはここに至って、ツウィン世ン界における仁称代名詞の問題に遭遇することになる。まず知っておくべきなのは、ツウィン世ン界にもわれわれにお馴染みの代名詞である「わたし」のようなものがあり、それは片割れを指すのだが、「ワタシ」と綴られるということだ。このような書き方をするのは、「ワタシ」というのはLやRと同じように、きわめて衒学的な明晰さが求められるごくまれなケースにのみ使われる言葉だからである。この「ワタシ」よりずっと一般的なのが、ペアソンの片割れのどちらかが自分たちのペアソンを指して使う代名詞だ。英語の人称代名詞「ウィ（we）」のことを言っているのではない。その代名詞では、それを口にするペアソンばかりでなく、他のペアソンまで含んでしまう。つまり「ウィ」とは、たとえば「その学校の学生全体」や「昨日のディナーパーティーにいた仁すべて」などを意味するものなのだ。ツウィン世ン界ではその代わりに、「ウィ」の特殊な異形、すなわち接頭辞「ツ」を加えた「対《ツウィ》」が使われ、発話者が左であっても右であっても、ともかくそれが属しているペアソンだけを指す。また言うまでもなく、関係の深い代名詞に「Ш」があり、これは他の一つのペアソンを指す場合に使われる（Шは「ダブルユー」と発音すべきと思われるかもしれないが、実際には接頭辞「ツ」をつけた「ツユー」と綴り、火曜日《チューズデイ》の「チュー」のように発音する）。これらを踏まえたうえで、たとえばグレッグとカレンが知り合ったときに話を戻せば、グレッグ（グレッグLかグレッグRか、彼対のどちらの片割れなのかわたしは知らない）が、カレンにおずおずとこう言った（彼対はすっかり熱を上げていたのだ）――今夜夕食の後に対は映画に行くんだけど、Шもよかったら一緒に来ないかい、カレン?

英語の代名詞「ユー（you）」もツウィン世ン界にあることはある。ただしそれが指し示す対象は複数であり、単独のペアソンのために使われることは決してない――常に集団を意味するのだ。「ユーはスキーできるか?」という質問は、家族全員に向けてなされることはあっても、ある対子供《ツウィルド》だけ、ある対両親《ペア・レント》だけに向けられることはない（そういう質問をしたい場合は当然、「Ш、スキーできる?」となる）。それと同じことで、あるペアソンだけを「彼ら／彼女ら」で指すこともまた考えられない。たとえば「彼らはどちらも結婚式に来た」と言えば、ペアソンの**デュオ**についての言明となる（ペアソンの**デュオ**とは、言い換えれば片割れが四体のこと。われわれの世界の奇妙な用語を使えば四人《パーソンズ》である）。三仁称**単数**の代名詞は「彼対」の一つだけで、男性でも女性でも問題はない。したがって、「昨夜、彼対はコンサートに行ったか?」という質問はグレッグとカレンのどちらにも使える（しかし、一緒に行ったか尋ねたい場合には「彼ら／彼女ら」を使う必要がある）。同様に、ルカスとナタリーのどちらかについて「彼対は麻疹にやられました?」と訊くことはできるが、言うまでもなく両方についてはできない。

ツウィン世ン界のペアソナル・アイデンティティ

ツウィン世ン界の若いペアソンは、物理的に離れた二つの存在からなっているにもかかわらず、自分は一つのユニットだと自然に感じながら成長していく。「割れ割れは分割できない」とは、ツウィン世ン界にある古くからの格言だ。ユニティと分割不能に代表されるこうした感覚は、この世界のあらゆる慣習によって体系的に強化され、定着が押し進められる。たとえば、Wの学業に対して与えられる成績は一つだけだ。Wの片割れがもう一方の片割れより算数だか図画だかが苦手でも、そんなことはWの共同自己イメージに何の影響も及ぼさない。評価対象となるのは**チーム**としての出来映えなのである。対子供《ツウィルド》が楽器の演奏を覚えるとき、どちらの片割れも自分の楽器を持ち、同じ曲を練習し、しかもそれを同時に行う。もう少し後になってWが大学に入ると、他のペアソンが書いた小説を読んだり、他のペアソンの絵の展覧会に行ったり、他のペアソンが証明した定理を勉強したりする。要するに、称賛も非難も、栄光も屈辱も、無視も名声も常にペアソンに与えられるものであって、ペアソンの片割れ**だけ**に行くことはない。

ツウィン世ン界の文化的規範は、片割れのペアを自然かつ不可分のユニットとして見る立場を当然視し、またそれゆえ強化してもいる。われわれの社会では、一卵性双生児は往々にして互いを切り離し、独立して行動を始め、自分たちはまったく同じ人間では**ない**と世間に示したがる。ところがツウィン世ン界においては、そうした望みや行動は奇異で、きわめて困惑させられるものと受け取られてしまう。ペアソンの両片割れは自分の頭をかいて（あるいは相手の頭をかいて。どっちだって変わらない！）、おそらくお互い同時にこう語りかけるだろう。「ツウィン世ン界でどうして彼対が別れることがある？　いったい誰が満たない者《ハーフリング》になりたがるんだ？　それじゃあ半人前の存在じゃないか！」

　わたしは最初に、ツウィン世ン界では一パーセントの新生児がペアソンではなくハーフリングになると書いた。実際には、きっちり一パーセントというより○・九九パーセントの方が現実に近いのではあるが。しかしどちらにせよ、ツウィン世ン界ではとても若いペアソンが、もし自分がハーフリングとして生まれるようなことになっていたら、どうだったろうと考えることがある。いつも一緒にぶらつきまわり、互いの言葉をオウムのように繰り返し、相手の考えることを考えて、つながりの強いチームを形成する、左あるいは右の片割れとして生まれていなかったらどうなっていたかと思いを巡らすのだ。しかしペアソンであることが正常な状態だと絶対的に考えられているため、とても奇妙で、半人前で、実り薄いハーフリングの人生を想像するのはきわめて難しい（その一生を指して冗談で「半生《はんしょう》」などと言うことも多い）。

　ところで、わずかに残る出生率の○・○一パーセントとは何を指しているのだろうか？　実は、妊娠時に起こり得る興味深い現象がある――二つある受精卵がそれぞれ同時に二つに分かれ（なぜそうなるかを知っている仁は誰もいないが、ともかくそうなのだ）、その結果、**一組の**対子供《ツウィルド》ではなく、遺伝的にまったく同一の二組の対双生児《ツウィルドレン》が生まれることがあるのだ（奇妙なことに、赤ん坊たちは決して一卵性《アイデンティカル》ではないのに、「そっくりな双双子《アイデンティカル・ツウィンン》」と呼ばれる）。言うまでもなく、双双子のペアレントは「そっくり」な我が子たちをどちらも同じように愛しており、しばしばかわいらしい響きの一対の名前をつける（女の子なら「ナタリー」と「ナタリア」、男の子たちなら「ルカス」と「ルーク」といったように）。

　時に双双子は、成長するにしたがって、互いに相手と袂を分かち、自立して、自分たちがまったく同じペアソン**ではない**ことを世ン界に示す必要があると感じることがある。しかしその反面で、そっくりさんゲームをとことん楽しもうとする双双子もいる。たとえば、ロイ・ネーベルとブルース・ネーベルは典型的な双双子の男の子で（現在ではもう大人になっているが）、ロイかと思っていたらブルースだったり、あるいはその逆だったりと、ともかく友人たちを混乱させるのが大好きだった。こんな他愛もない遊びをツウィン世ン界のほとんど万仁が面白がるのは、この世界の一般的なペアソンにとって、双双子という存在が珍しいものだからだ。実際、ツウィン世ン界の普通の（非双双子の）ペアソンには、双双子であるとはどういうことかがさっぱりわかっていない。自分たちと瓜四つの仁と肩を並べて成長するなんて、それ以上に奇妙なことがあるだろうか！

ちなみに、ツウィン世ン界にはかつて「ツウィンン世ンン界」と呼ばれるおかしな哲学ファンタジーの世界をこしらえた人物がいて、それによると、その世界では新しく生まれてきた赤ん坊の九九パーセントまでが、いわゆる「そっくりな双双子《アイデンティカル・ツウィンン》」ということだった――しかしそれはまたまったく別のお話である。

ついでに「対」を追加調整

われわれのちょっとした（願わくは刺激的な）小旅行からは、いくつかの論じるべき複雑な事項が避け難く立ち上がってくる。そのなかで最も印象的なのは、言うまでもなく、ツウィン世ン界では、**一体**の人間の身体（片割れ）は自己の感覚を「ワタシ」として築き上げている一方で（カタカナですよ！）、**一対**の人間の身体（ペアソン）は自己の感覚を「対《つうぃ》」として築き上げているという点だ。後者については、一部は遺伝学のおかげで（ペアソンとして生まれるか否かは受精卵のたった一つのゲノムが決める）、また一部は数多の言語的慣習によって強化された文化的な変容のおかげでそうなったと言える（その慣習のいくつかはすでに説明した）。

ここでわれわれが、ツウィン世ン界に存在するものに、意味深長な「魂」という単語を当てはめてみたいと思ったとしよう。いったいツウィン世ン界の何が、あるいは誰が「魂」をもっているだろうか？「存在」という言葉ですら意味深長だ。ツウィン世ン界では、何が存在を構成しているのだろうか？　わたしの考えでは、この二つの疑問への答えは、以下の問いに対する答えと同じになるはずだ。「ツウィン世ン界では、どのような種類の実体が、自己の揺るぎない確信を『私』として築き上げているのか？　片割れなのか、ペアソンなのか、それともその両方なのか？」。このとき実際に問われているのは、競合関係にある次の二つのアナロジーは、それぞれどれほど強力なのかということである。すなわち、「ワタシ」と「私」の間に作用するアナロジーと、「対《つうぃ》」と「私」の間に作用するアナロジーは、それぞれどれほど力をもっているかが問われているのだ。

この章を読んだのが人間であれば、ツウィン世ン界の片割れを簡単に見分けることができるはずで（カレンLとかグレッグRとか）、それゆえ大半の読者にとって、「ワタシ」／「私」アナロジーはきっとわかりやすいものだったと思う。それでもわたしは、たとえ一部の人間読者にとっては「ワタシ」と「私」ほど強力ではないとしても、「対《つうぃ》」と「私」のアナロジーも同じように違和感なく受け取ってもらえることを期待している。どちらにせよツウィン世ン界はただのファンタジーだから、そのパラメータは好きなように調節してくれていい。読者諸氏よ、あなたもわたしも「ワタシ」を弱めたり「対《つうぃ》」を強めたり、あるいはその反対にするために、ツウィン世ン界のいろんなつまみを自由に回してくれてかまわないのである。

いま見てきた旋風《つむじかぜ》的なツアーでは、わたしはツウィン世ン界のつまみを中程度に設定し、二つのアナロジーがだいたい同じくらいの妥当性をもち、「ワタシ」と「対《つうぃ》」が拮抗して競い合うようにしておいた。しかしここでツウィン世ン界を微調整して、「対《つうぃ》」が少しだけ強くなるようにしてみよう。この新しいファンタジー世界を「シャム的ツウィン世ン界」と呼び、そこでは新生児の九九パーセントが、普通の一卵性双生児ではなく、たとえばお尻でつながったシャム双生児として生まれてくる。さらに、このシャム的ツウィン世ン界にはツウィン世ン界の代名詞「ワタシ」が存在しないと取り決めよう。すると残るアナロジーは、われわれがもつ

「私」という概念とツウィン世ン界にあった「対《つうぃ》」という概念の間にあるものだけになる。こうした世界はひどく突飛なものに思えるかもしれないが、興味深いことに、われわれの世界にもシャム的ツウィン世ン界と共通している点が大いにある。理由は以下の通りだ。

われわれはみな右脳と左脳という二つの脳半球をもっていて、一方が損傷を受けた場合でも、もう一方だけで脳としてかなりうまく機能するようにできている。親愛なる読者のみなさんの脳半球はどちらも快調だと推察するが、その場合、あなたが「わたし」と言ったときに意味しているものには、右脳と左脳からなる緊密な関係のチームが含まれることになるだろう。脳半球はそれぞれ、一方の目と一方の耳から情報を直接送られている。それでも、あなたのチームの二つのメンバー間のコミュニケーションは非常に素早く、かつ力強いので、それらが溶け合った存在――チームそのもの――は、たった一つのもの、絶対に分割できない自己のように思えるのだ。この感覚はあなたならよくわかっていることだろう。なにせあなたはこのように作られているのだから！　そしてもし、あなたがわたしとあまり変わらなければ、どちらの脳半球も自らを「ワタシ」と触れて回ることはないし、自立した魂だと厚かましく主張することもない！　そうではなくて、その二つが一緒になってただ一つの「私」を作っているのだ。要するに、この現実の世界におけるわれわれ自身の人間の条件とは、シャム的ツウィン世ン界におけるペアソンの条件と非常に似ている。

言うまでもなく、ツウィン世ン界における割れ割れの二つの片割れが行うコミュニケーションは（シャムの場合であろうとオリジナルの場合であろうと）、人間の頭の中の二つの脳半球間のコミュニケーションより非効率的である。われわれの脳半球は配線接続されているからだ。しかしその一方で、ツウィン世ン界の片割れ間のコミュニケーションは、われわれの「正常な」世界での二人の個人間のコミュニケーションに比べれば、ほとんど例外なく効率が良い。だとすると、ツウィン世ン界の二つの片割れが互いに溶け合っている度合いは、二つの脳半球よりは高くないが、われわれの世界のとても仲の良い兄弟姉妹や、一卵性双生児や、妻と夫の間で見られるよりは高いのである。

追記　ツウィン世ン界へ

次章は一九九四年にダニエル・デネットと交わした電子メールでのやりとりに基づいて書いたものだが、わたしが本章の草稿を書き終え、その次の章に着手し始めてから、ダンが送ってくれたメッセージのなかに、イギリスのかなり特殊な双子に言及したものがあったことに気がついた。それは、彼の一九九一年の著書『解明される意識(3)』(*Consciousness Explained*) でも触れられていたもので (わたしは原稿で読んでいる)、ダンからのメールをすっかり忘れていたわたしは改めてその本にあたり、以下の一節を見つけた。

私たちはまた、……たった一つの自己を共有する二つもしくはそれ以上のからだを思い描くことができる。イギリスのヨークには、実際にそういうケースが、チャプリン家の双子、グレータとフレーダ (Time, April 6, 1981) のケースとして、今なお存在しているかもしれないのである。現在四〇代で二人でホステル暮らしをしているこの一卵性双生児は、どうやら〈一人〉として行動しているらしいのである。二人は、たがいに相手の話すセンテンスを受けて苦もなくこれを完成させたり、たがいに相手の話すセンテンスを、わずかに一秒の何分の一といったずれを残すだけで、同時に話したりするといった具合にして、単一の発話行為を二人で協力しながら行っているのである。二人は何年もの間、シャム双生児以外の双子でこれほどたがいに離れられないでいる双子もいるかと思われるほど、たがいに離れられないものとして生き続けてきた。二人を扱った人たちのなかには、〈二人〉のことはむしろ一人の〈彼女〉と考えるのが、かえって自然で効果的な方策となるような気がした、と言っている人たちもいる。……

……私は、この双子がテレパシーや、何かその他のオカルト的な絆などで結ばれていると言おうとしているのでは、少しもない。私はただ、日常的なコミュニケーションや調整には微妙な方法がたくさんある（そして実際にこれは、一卵性双生児によって高度に開発されることの多い技術である）と、言っているのである。この双生児は、生まれてこの方ほぼ同じ出来事を視、聴き、触れ、嗅ぎ、考えてきたうえ、これらの刺激に対しては、ほぼ同じような反応性向をもった脳を明らかにはじめから授けられているのだから、それらの刺激にある種の緩やかな調和をおのずと目指させるためには、何もコミュニケーションの膨大なチャンネルを必要としたりは、しないのかもしれないのである。（これに加えて、ひどく手前勝手な人たちが、私たちの間でどんなに浮いた存在になっているかを、考えてみてもよい。）……

だがいずれにせよ、別々のはっきりした特徴をもった自己が二つあって、それを双子のそれぞれが、この奇妙な言葉当て遊びを続けていく任にあるものとして、一つずつ備えているというのでは、ないようにも思われるのである。けれども、ひょっとしてこの二人の女性が、共同事業への没頭を通じて（よく言うように）きわめて無私な存在になってしまったあげく、ついにはこの企てを通じて、多少なりとも（これまたよく言うように）我を失ってしまったのだとしたら、どうだろう。〔『解明される意識』（山口泰司訳　青土社）より〕

とてもややこしいツウィン世ン界ファンタジーとして本書で花開いたものの萌芽が、いったいどこで閃いたものか、はっきりとした記憶はない。わたしとしては、それがダンの本でチャプリン家の双子の話を読む前だったと思いたいのではあるが。しかし、わたしがダンからアイデアを得たのか、それとも自分で思いついたのかは大事なことではない。それよりわたしは、ダンがそのアイデアに共鳴しているばかりでなく、実在する人間の行動を観察した人たちが、わたしがただ頭の中でこしらえただけのものとそっくりなことを目にしたと言っているのが嬉しかった。このようにツウィン世ン界は、わたしが考えていたよりも一歩先に進み、信頼のおける話に近づいているようだ。

本章に関しては、なんとも運の良いことに、その内容と驚くほどぴたりと一致した面白い出来事がもう一つある。ツウィン世ン界の話を仕上げてから二、三日が過ぎた頃、わたしはベッド脇のサイドテーブルにあった一枚の紙切れをたまたま手に取った。するとそこには、鉛筆で書いたわたしの文字で、次の四つのドイツ語の単語が記されていた――*O du angenehmes Paar*（ああ、汝ら、喜ばしきカップルよ）。この短いフレーズに思い当たることは何もなかったが、古風で高貴な響きから、たぶんいつかラジオで聴いたバッハのあるカンタータのアリア冒頭の一節で、美しいと思って書き留めたのだろうと見当をつけた。そこでウェブで調べてみると、すぐにわたしの予想が当たっていたことがわかった――カンタータ第197番「神はわれらが確《かた》き望みなり」（*Gott ist unsre Zuversicht*）のバスのアリアの初めの言葉だったのである。それと同時に、これは「結婚カンタータ」で、婚儀に奏するための曲であることも判明した。

バスがカップルに向けて歌い上げる言葉を以下に示そう。最初のものがドイツ語の原詩、次のものが韻脚を尊重して翻訳したわたしの訳詩である(4)。

親愛なる読者のみなさんは、いまの歌詞を読んで何かおかしいところにひっかからなかっただろうか？　わたしが大いにひっかかったのは、カップルに向けて歌われるものだというのに、du／dir／dich というドイツ語の**単数**代名詞が用いられている点だ（わたしの翻訳では thou／thee という時代遅れの代名詞を使った）。

O du angenehmes Paar,
Dir wird eitel Heil begegnen,
Gott wird dich aus Zion segnen
Und dich leiten immerdar,
O du angenehmes Paar!

*

O thou charming bridal pair,
Providence shall e'er caress thee
And from Zion God shall bless thee
And shall guide thee, e'er and e'er,
O thou charming bridal pair!

*

おお、いみじくも結ばれし嬉しき妹背よ、
汝らは一体となりて救いと幸いに浴せよ、
神はシオンより汝らを祝して
変わることなく汝らを導きたまわん。
おお、いみじくも結ばれし嬉しき妹背よ！〔杉山好訳〕

あるレベルで見れば、この二人称単数代名詞は違和感があって間違っているように聞こえるが、それにもかかわらず、カップルを単数形で指し示すことによって、二つの魂が今まさに神聖な結びつきで一つにならんとする厳かな空気が伝わってくる。この歌が歌われる婚礼の儀式は「魂の合体」の場であり、一つの「高次の魂」をもつ単一のユニットを生み出す――わたしにはこの歌詞がそう示唆しているように思える。例えるならそれは、二つの水のしずくが互いに近づき、触れ合い、やがて境目なく混じり合い、1＋1が1となる場合もあることを示しているようなものだ。

このアリアの歌詞のフランス語訳とイタリア語訳も見つけたが、どちらも二人を指すのにtuを使っていた。わたしはドイツ語のときと同じ違和感をここでも抱いた。というのも、tuという代名詞は（thouとは違い）今でもごく普通に使われているが、（どちらの言語でも）あくまで一人を指すときだけであって、カップルもしくはどんな小集団にも**断じて**使われることはないからである。

現代英語を用いてこれと同じ種類の意味の揺らぎを経験しようと思うなら、二人称から一人称へと視点を移して、「編集上のwe」の反対、すなわち自分たちが構成するユニットをIと呼ぶ二人組を想像するほかない。そこで今わたしが、結ばれた二人が婚儀の最後に歌う歓びに満ちたアリアを想像することで、カンタータ第197番の続きを事実に反する形で書いてみることにしよう。それは、*Jetzt bin ich ein strahlendes Paar*――**I now am a radiant couple**（いま、わたしは光り輝くカップル）という言葉から始まり、新婦と新郎は二つのメロディーをバッハお得意の対位法ではなく、最初から最後まできっちり声をそろえて歌い上げる。対位法で歌ったりすれば、はっきりと区別された二人のアイデンティティに注意を引いてしまい、それはその場に相応しくないからだ。この幕切れのアリアでは、Iはカップルを構成している二人をそれぞれ指すのではなく、カップルそのものを意味している。そのときアリアは、カップルの新しい**一つの**声のためのものであって、二つの別々の声のためのものと考えられることはないだろう。

魂のつれあいとつれあいの魂

ツウィン世ン界ファンタジーの本当のポイントは、われわれの世界ではあまり問題にされることのないドグマ、たとえば「一つの身体に一つの魂」といった標語で表されるようなドグマに、なにがしかの疑いをかけてみるところにあった（「魂」という単語が気に入らなければ、「私」でも「人格」でも「自己」でも「意識の座」でも勝手に置き換えてもらっていい）。こうしたドグマは、言葉にされることはめったにないとはいえ、あまりに当たり前のことなので、ほとんどの人はまるっきりの同語反復《トートロジー》と見ている。しかし、ツウィン世ン界を訪問することによって（旅の手配ができなければ思いを巡らすことによって）、それを無理やり白日の下に引っ張り出して、ひっくり返すとまではいかなくとも、少なくとも眼前に突きつけることはできるだろう。その結果もしわたしが、一つの魂が宿る可能性をもつ共同母体としての二つの身体という、直観に反する見方に対して、読者のみなさんの心をなんとか開けたのであれば（ということは、カレンやグレッグといったペアソンを、スター・ウォーズのC－3POやR2－D2と同じくらい簡単に識別できるようにしていれば）、ツウィン世ン界はその役目を十分果たしたことになる。

ツウィン世ン界のファンタジーの発想の源泉の一つになったのは、何の変哲もない二人の個人からなる「高次の個人」としての結婚したカップルという概念であり、だからこそわたしは *O du angenehmes Paar* と書かれた紙を見て、その偶然の一致に胸をつかれたのだった。こうした概念は、結婚した人たちの多くがその結婚生活のなかで自然に獲得していくものだ。事実わたしは、すでに結婚前にはそんな感じのことをうっすらと直観的に感じ取っていたし、挙式前の期待に満ちあふれた数週間のうちに読んだ、フランシーン・クラッグスブランの『結婚した人々——離婚時代に二人で一緒にいること』（*Married People: Staying Together in the Age of Divorce*）という本が暗黙裡に語っている感動的なテーマが、まさにその考えだと気づいたときのことも覚えている。たとえばクラッグスブランは、結婚したカップルに対するセラピーやカウンセリングの章の結びでこう書いている。「セラピストはパートナーたち、つまり婚姻関係にある二人の患者に対して中立で公平であるべきだが、第三の患者、つまり結婚に対しては、好意的に接しても倫理違反ではないとわたしは信じている」。結婚生活を好転させるためのセラピーにおいて結婚そのものを「患者」と見る彼女の考えに、わたしは深く打たれた。正直に言えば、その後何年にもわたって結婚生活に難しさを感じた時期には、この考えに含まれるある種の真理にわたしはずいぶん助けられたのである。

長い結婚生活を送ってきた二人の間に生まれる絆は往々にして固く、強力なものなので、どちらか一人が亡くなると、もう一人もほとんど間を置かず亡くなってしまうことがある。よしんば亡くならなかったとしても、二人の魂の半分を抉り取られたようなひどい感覚と共に生きていくことも多い。結婚中の幸せな時期、二人はもちろん別個の関心とスタイルをもっているが、それと同時に、共通の関心とスタイルも築き上げていく。そして時間をかけて、新しい存在がその形を獲得し始めていく。

わたしの結婚の場合、その新しい存在とは「キャロルとダグ」であり、時折ふざけてそれを「キャダグ」とか「ダキャ」とか呼んだりすることもあった。この二人で一人という感覚は、結婚した年には折に触れてわたしの心に姿を現すようになっていた。我が家で夕食会を開き、招いた友人たちがみな帰ると、キャロルとわたしは一緒に後片づけを始める。食器を台所に運んで流しの前に二人で並び、お皿を洗い、すすぎ、拭きながら、わたしたちの共有された心で再現できる限り、その夜に起きたことを一緒に振り返ってみる。無意識に出たウィットに嬉しそうに笑い、予想だにしていなかった掛け合いをもう一度味わい、幸福そうに見えた人や塞ぎ込んで見えた人について感想を述べる――この晩さん後のうっ散《ポストパーティム・デコンプレッション》で最も印象的だったのは、わたしたちがほとんどの事柄について互いに心から同意をしていたことだ。わたしたち二人から、何ものか、何らかの**もの**が生まれつつあった。

結婚して二、三年が過ぎると、時折わたしたちに関してすこぶる奇妙な感想が囁かれるようになったのを覚えている。「あなたたち、ほんとにそっくりね！」。これにはびっくりした。というのも、キャロルはきれいな女性で、わたしの見かけとは似ても似つかないと思っていたからだ。にもかかわらず、時が経つにつれてわたしは、彼女の眼差しの中に、彼女が世界を見つめる態度のうちに、他ならぬわたし自身の眼差しや、世界に対するわたし自身の態度を思い出させる**何か**を見るようになっていった。わたしは、友人たちの見たわたしたちの「類似点」とは、顔の解剖学的な特徴にあるのではないと判断を下した。それよりもむしろ、わたしたちの魂にある何かが外面に投影され、二人の表情の上に現れる非常に抽象的な特徴として認識可能になったと言えるのだ。二人が一緒に写っている写真の何葉かに、わたしはそれをはっきりと見てとることができる。

グルーオンとしての子供たち

けれども、わたしたち二人に最も深い絆を与えたのは、間違いなく、二人の子供が生まれたことだった。子供がいなかった頃のわたしたち夫婦は、まだ完全に結びついてはいなかった――実のところ、多くのカップルのように、時に完全にまごついていたのだ。新しい人たち、小さくて傷つきやすい人たちが生活に登場したとき、わたしたちの内部のベクトルのようなものが完全に重なり合った。子供をどう育てるかについて意見の合わないカップルはたくさんいるが、幸福なことにキャロルとわたしは、自分たちの子供に関するほとんどすべてのことについて、目と目で通じ合うようにたやすく意見が一致した。どちらかが自信がもてない場合でも、もう一人に相談すればいつも物事は明晰になっていった。

　二人が共有していた目的――巨大で狂乱にあふれ、時にぞっとするようなこの世界で、子供たちを安全に、幸福に、聡明に育てていこうという目的――は、わたしたちの結婚生活の支配的なテーマになり、わたしたち二人を同じ鋳型に流し込むことになった。わたしたちは別々の人間だったが、親という視点で見れば、その間の区別は薄れていき、ほとんどすべて消失してしまったかのように思えた。まずは生活のこの領域で、やがて少しずつ他の領域でも、わたしたちは二つの身体をもつ一つの個人、単一の「ペアソン」、「分割不能の割れ割れ」、「デュアル」となった。わたしたち二人は対《つうい》だった。まったく同じ感覚と反応をもち、まったく同じ不安と夢を、まったく同じ希望と恐怖を抱いていた。これらの希望や夢は、二倍にコピーされたものではないし、わたしとキャロルが別々にもっているものでもない――それは**一つの**希望や夢であり、**わたしたちの**希望や夢だったのである。

　二人の共通の希望が、脳とは関係のない夢の国みたいなところを優美に漂っているかのような、超常的な話をしたいのではない。わたしの主張はそうしたものとはまったく違う。もちろんわたしたちの希望は、二人の脳内に一度ずつ、すなわち合計で二度、具体例として物理的に現れる――しかし十分に抽象的なレベルで見れば、こうした希望とは、一つの同じ**パターン**が、二つの個別の物理的媒体において実現されたものにすぎない。

　二つの異なる生物の二つの異なる細胞に「同じ遺伝子」が存在し得るという考えに異論を唱える人はいない。では遺伝子とは何だろうか？　ここで遺伝子は現実の物理的実体ではない。もしそうであれば、それは**一つの**細胞、**一つの**生物にしか存在できないことになるからだ。そうではなく、遺伝子とは**パターン**である――ヌクレオチドの特定の配列なのだ（通常は「ＡＣＧＴ」という四文字のアルファベットからなる文字列で紙の上に表される）。遺伝子はこのように抽象であり、したがって「まったく同じ遺伝子」は異なる細胞、異なる生物に存在することができる。そしてそれは、生きた時代が数百万年も隔たっている生物でも同じなのである。

二つの異なる文化の二つの異なる言語で「同じ小説」が存在し得るという考えに異論を唱える人はいない。では小説とは何だろうか？　ここで小説とはある特定の文字の連なりではない。もしそうであれば、それは一つの言語、一つの文化でしか書けないことになるからだ。そうではなく、小説とは**パターン**である——登場人物、出来事、雰囲気、語調、ほのめかし、冗談などなどの特定の集積なのだ。小説はこのように抽象であり、したがって「まったく同じ小説」は異なる言語、異なる文化に存在することができる。そしてそれは、書かれた時代が数百年も隔たっている小説でも同じなのである。

だとすれば、二人の異なる人間の脳に「同じ希望と夢」が宿り得るという考えもまた、すんなり飲み込めない人はいないはずだ。とりわけ、その二人がカップルとして長年一緒に暮らしており、あらゆる希望や夢の中心となる新しい存在が生まれていたならば。この話をロマンチックすぎると思う人もいるだろう。しかし、わたしが当時感じていたのはまさにそういうことで、今でもまだそう感じているのだ。二人の子供のことを中心に多くの事柄を共有することで、わたしたちの魂は、明確な形はないが本能的なやり方で重なり合った。またわたしたち二人は、人生のある次元において、全体として行動する一つのユニットへと変化した。それはまるで、一つの心と目的をもった高次の存在として動く魚の群れのようだった。

第16章 何よりも深い謎に対するあがき

予期せぬ出来事ですべてが変わる

一九九三年の一二月、長期研究休暇《サバティカル》で家族とともにイタリアのトレントに滞在し、休暇が四分の一ほど過ぎた頃のことだ。妻のキャロルがあまりにも突然に、あっけなく、脳腫瘍でこの世を去った。彼女は誕生日が来れば四三歳という若さで、わたしたちの子供、ダニーとモニカは、たったの五歳と二歳だった。わたしは、結婚前には想像もできなかったほど打ちひしがれた。彼女の目の奥には明るい輝きを放つ魂があったのに、その魂は突如として輝きを奪われた。光が消えてしまった。

圧倒的な力でわたしを打ちのめしたのは、わたしの個人的な喪失感（「ああ、これからどうすればいいんだ？何かあったら誰を頼ればいい？　夜は誰と寄り添って眠ればいい？」などという気持ち）ではなく、**キャロル**の喪失感だ。もちろんわたしは、彼女がいなくなって寂しかったし、とてつもなく彼女が恋しかった――だが、それよりもはるかに辛かったのは、**彼女が**失ったものをわたしが諦め切れないという思いだった。子供たちの成長を見守ってやれない、人格が育っていくところを見ていてやれない、才能を喜んでやれない、辛いときに慰めてやれない、寝る前に童話を読んでやれない、歌を歌ってやれない、ほほ笑ましい冗談に笑ってやれない、子供部屋にペンキを塗ってやれない、たんすに鉛筆で背の高さを刻んでやれない、自転車の乗り方を教えてやれない、よその土地へ一緒に旅行できない、よその国の言葉に触れさせてやれない、犬を飼わせてやれない、子供たちの友人に会えない、スキーやスケートに連れて行ってやれない、昔のビデオを一緒に見られない。まだまだ、いくらでもある。かつてはごくあたり前に思えていたこのような未来を、キャロルは一瞬にして失い、わたしはそのことに対応できないでいた。

何ヶ月もたってアメリカに戻ってから、わたしは、配偶者に先立たれて間もない人のためのセラピーセッションに参加してみた――「心の癒し」というような名がついていたと思う。行ってみてわかったのは、連れ合いを亡くした人のほとんどは自分の苦しみ、自分の喪失感、自分がこれからどうすればよいのかという悩みばかりに心を奪われているということだった。セッションの名前も、言うまでもなく、そこからつけられている――あなたの心は癒されます、元気になります、という意味だ。では、**キャロル**はどのように癒されるのか？セッションに参加している人たちとは、まるで話がかみ合わないとしか思えなかった。悩みの種類が全然違う！　そもそも、参加者のなかで子供が幼いのはわたし一人だけで、その事実がすべての齟齬《そご》を招いているように思えた。キャロルは何もかもを奪い取られ、彼女がどんなものを騙し取られたのかと考えるのは耐えられなかったが、考えずにはいられなかった。キャロルに対するこの手ひどい不正にわたしの心は激しく苛まれているというのに、友人たちは、「彼女を気の毒に思うことはないよ！　彼女はもう亡くなってるんだ！　もう誰のことも気の毒に思わなくていい！」と（理解に苦しむが、善意でわたしを慰めようとして）繰り返した。わたしはそういう言葉に、強烈な、とてつもない違和感を覚えた。

ある日わたしは、亡くなる二ヶ月ほど前に撮ったキャロルの写真を見ていた。彼女の顔を穴が開くほど見つめていると、自分が彼女の瞳の向こう側に存在しているという感覚が生まれ、その途端に涙があふれて、「これはわたしだ！　これはわたしなんだ！」という言葉が口をついて出た。そして、この単純な言葉によって、かつて考えていた多くのことがよみがえってきた。たとえば、彼女とわたしの魂が融合するとより高次の単一の存在となること、それぞれの魂の中核には子供たちに対するまったく同じ希望や夢があること、その希望は別々でもばらばらでもなくただ一つのもので、その一つの明確なものによって、わたしたち二人は定義され、結婚して子供ができるまでは漠然としか想像しなかった一つのユニットになったことなどだ。そのとき、ようやくわたしは、キャロルは亡くなったけれども、彼女の核となる部分は死ぬどころか、わたしの脳の中で確固として生き続けていると明確に理解した。

失意のヒバリ

キャロルの突然の死という悲劇の後、現実味のない月日を送りながらも、わたしはいつの間にか、彼女の意識が消失するという到底理解不能な不可思議に、そして、自分がいまだに彼女は存在すると考えているという、これまた混乱を招く否定しがたい事実に、昼夜を分かたず悩まされていると気づいた。このきわめて不透明な状況を言葉に書き表そうとしたものの、思い通りに書ける自信はなく、海の向こうのマサチューセッツ州にいる、親友であり研究仲間でもあるダニエル（ダン）・C・デネットと、一九九四年三月の終わり頃からeメールのやりとりを始めた。というのも、ダンの「心」についての考え方、および「私」という概念は、わたしの考え方や概念にとても近く、彼とは波長が合うとずっと感じていたからだ（だからこそ、一九八一年に彼と共同で『マインズ・アイ』[1]（*The Mind's I*）という本を編んだ際も、あれほどウマが合ったのではなかろうか）。

ダンも研究生活の大半を、そのような問題について考え、執筆することに費やしてきた。つまり、わたしがメールの相手に彼を選んだのは、ただの偶然ではなかったのだ！

大西洋を挟んだメールのやりとりは、散発的ながらも数ヶ月にわたって続き、わたしが最後のメールを送ったのはその年の八月の終わり、子供たちとアメリカへ帰る直前だった。やりとりはかなりバランスを欠いていた。捉えどころのない、場合によっては言葉にできないような考えをできるだけ明瞭に伝えようとするわたしのメッセージが、二人の「会話」の約九〇パーセントを占めていたからで、ダンの方はたいてい、賛成するとかしないとかをごく簡単にコメントしたり、その理由をそれとなく示したりするだけだった。

わたしは本書の終盤の章を書きながら、当時のメールを読み返してみた。プリントアウトすると三五枚ほどあり、文章としては決して褒められたものではないが、その内容は何らかの形で、多少なりとも新しい本に記す価値があるという思いに駆られた。メールに書いてあるわたしの思いのたけは、もちろん、まったく個人的なことだ。妻が何の理由もなく忽然と消えてしまい、強い衝撃を受けている一人の夫のあがきにすぎない。だが、それでも本書にメールの抜粋を含めることにしたのは、妻への愛を今さらながら大々的に公言しておきたいという理由からではない――彼女をとてもとても深く愛していることには、いささかの疑いもないが。当時のわたしの思いをここに記すのは、本書の核となる問題と格闘する様を、偽らざる模索の姿として示すことができるという、ごく単純な理由からだ。人の魂と人の意識というテーマについてはこれまでいろいろと書いてきたが、このダンへのメッセージほど率直な心が表れているものはない。また、現在のわたしは、この問題について当時よりもいくぶん明確に理解していると思いたいが、今書いている内容に、極度の苦悩と不安の中にいた当時の記述と同じくらい切迫感があるかといえば疑わしい。

当時のメールに記したわたしのあがきは、本書の文体とは異なり、書いた時期もまったく違うため、わたしはまるごと一章分をこのメールに充てることにした——それが本章だ。引用に当たっては、ときに支離滅裂だったり、冗長だったり、曖昧だったりするうえに、ところどころに、的外れとは言わないまでもどうでもよい事柄が含まれている三五枚分のメールを詳しく検討したうえで、元の長さの四分の一程度に編集した。さらに、メッセージの順番を改めて整え、場合によってはあえて多少の手を加えて、全体の流れが少しでも論理的になるようにしてみた。したがって、元のままではとても読みにくいという判断から、最終的に本書に掲載したのは当時のわたしのメールそのものではなくなっているが、一番重要なテーマに沿って忠実に内容を煮詰めたメッセージだ。

それぞれのメールにはもちろん返信があったのだが、ダンから届いたメッセージは、本章には載せていない。というのも、先に書いたように、彼は、熱くなっては感情をむき出しにして謎を探ろうとするわたしを、冷静沈着に受け止める役に徹していたからだ。そのときの彼は、わたしのあがきを新たな理論に結びつけようとするでもなく、友人としてただ話を聞いてくれた。だがそれでも、一九九四年の四月に一度だけ、彼は当時のわたしの状況を詩的な言葉で表現してくれていて、わたしにはそれが本章の最高の序奏だと思えるので、ここに引用する。以後のメッセージはすべて、(ほんのわずかに手を加えてはいるが)わたしが彼に思いの丈を綴った一九九四年三月から八月にかけてのメールからの引用である。

メイン州のわたしがいつも帆走する辺りに、古いレース用のヨットが一艇あり、わたしは一緒にスタートラインに並ぶそのヨットを見るのが大好きだ。あれほど美しいヨットは、他に見たことがないと思えるから。船の名は「失意のヒバリ」で、それも美しいと感じる。あなたは今、その失意のヒバリ号で航海に出ている。それが、今のあなたがすべきことだから。あなたのこのたびの思索は、この愛しい地球の上で生命がもつ力と出会い、それを見極めようとする人の思索だ。いずれあなたは戻ってくる。回復には時間がかかるだろうが、落ち着きを取り戻し、元気になって戻ってくるだろう。わたしたちはみなあなたの帰りを待ち、この海岸であなたを出迎えるつもりだ。

• • •

「キャロル」という名前が示すものは、僕にとっては、今や消え去ってしまったただの肉体にとどまらず、膨大な**パターン**というか、スタイルというか、彼女自身の記憶、希望、夢、信条、愛、音楽への反応、ユーモアのセンス、自己不信、寛容、思いやりなど、とても多岐にわたる事柄までもが含まれる。そうした事柄は、ある程度共有可能で、客観性があり、複数の具体例を作成できて、フロッピーディスクに入ったソフトウェアにちょっと似ている。僕が強迫観念にとらわれたように書き記すいろいろな記憶、彼女が写っているビデオテープの数々、みんなの脳内に保存されたキャロルに関するあらゆる記憶によって、彼女のパターンとしての側面は今も存在している――さまざまなビデオテープの中、大勢の友人や親戚の頭の中、それぞれのノートの黄色いページの中など、あちこちに散らばってはいるけれども。ともかくこの現実の世界には、はっきりと認識できるこれぞキャロルという部分、つまりキャロルをキャロルたらしめる、キャロルたるものの拡散したパターンがある。その意味で、キャロルたるものは存在し続けている。

「キャロルたるものが存在し続けている」とは、キャロルに会ったことがない人でも、彼女が近くにいると、彼女がまわりにいると、彼女とともにいると、どんな感じがするかがわかるという意味だ――彼女のウイットに触れ、笑顔を眺め、話し声や笑い声を聞き、若かりし頃の冒険談に耳を傾け、僕とのなれそめを知り、幼い子供たちと遊ぶ姿を見守り……そんな経験ができる。

だがそれでも僕は、彼女に関する記憶が僕の中に（頭の中にせよ紙の上にせよ）、あるいは他の人々の中にある以上は、キャロルの**意識**、キャロルの**心の内面**が多少なりともこの地球上に残っているという考えを、自分がどこまで信じているかを確かめたいと思い続けている。意識の非集中性、すなわち分散性を強く信じる僕は、人の意識は主としてある特定の人の脳に存在しているけれども、他の人々の脳にも存在していて、主たる脳が破壊されても、生存する他の人の脳にごく小さな断片が残る――つまり**生き残る**とかねがね考えてきた。

また、外部にある記憶も一人の人間の記憶の一部を実際に担うという考え方をも信じる僕は、キャロルの意識のごく小さな破片は、僕が彼女の気のきいたせりふを書きつけた小さな紙切れに存在し、多少大きめの（といってもあくまで小さな）彼女の破片は、深い悲しみに暮れるこの数ヶ月間に、彼女と共有した数々の経験を書きつけた黄色い罫線入りのノートに存在すると思う。もちろん、共有した経験はすでに僕自身の脳内にエンコードされて保存されているが、それをさらに外部に置いてやれば、やがて彼女を知る他の人も共有してくれて、そうなれば、彼女はわずかなりとも「生き返る」。つまり、たとえ紙切れの上に書いただけの動かない表象であっても、そこには「生きている」キャロル、すなわちキャロル本人の意識が、少しだけ含まれていてもおかしくない。

• • •

そんなことを考えていると、父が亡くなった数週間後に母と話したことを思い出した。母が愛する父の写真を見ると、父は微笑んでいて、母も自然と「父に」、というか「写真」に微笑み返すのだという。母はその自分の反応について、「写真に笑い返すなんてすごくおかしいわ。だって、これは**彼じゃない**もの――薄っぺらくて意味のない、ただの紙切れだもの」とコメントした。そのときの母は自分に腹を立て、父を亡くしたことに動揺していた。僕は母の苦しげな言葉についてしばらく思案し、母が言いたいことを理解しながらも、実はこの問題は、母が口にしたことよりもずっと複雑なのではないかと感じた。

　そう、表面的にとらえれば、その写真は生気も生命も魂もない紙切れにすぎないけれど、**どういうわけか**母とつながり、母の心に触れている。そう考えると、フレデリック・ショパンのピアノ曲集の、生命も魂もないただの紙切れであるそれぞれのページが頭に浮かんだ。たかが紙切れでも、あの紙切れは世界中の人々に測り知れない影響を与える。だとすれば、父の写真も同じことではないか。あの写真を見ると、必ず**僕の**脳はざわつき、妹のローラの脳もざわつき、他の大勢の人たちの脳もざわつく。僕らにとってあの写真は、質量、サイズ、色彩などを有するただの物理的存在ではなく、驚くべき誘発力をもつ一つの**パターン**なのだ。

　そして当然ながら、ある人物の写真や誰かの作品集以外にも、魂の断片を含んでいる精緻なパターンはいろいろとあり得る――たとえば、オルガンを奏で、自分の音楽について語るバッハを録画した何時間にも及ぶビデオテープがあったとしたらどうだろう。物理学について話し、光は電磁波の一つであることを発見した瞬間について説明するジェームズ・クラーク・マクスウェル。自作の詩を朗読するプーシキン。木星の衛星をどうやって発見したかを語るガリレオ。小説の登場人物とそれぞれの複雑な関係をどういうふうに思いついたかを説明するジェーン・オースティン……。

　大量のビデオテープや克明な日記（アンネ・フランクの日記みたいに）でパターンを積み上げていくと、やがてその人物にとって――その人物の自己、魂、「私」、意識、心の内面にとって――何らかの意味がある割合に達するのならば、その「臨界量」を迎えるのはどこなのか？　ある時点で、その人物にとって何らかの意味がある割合に達すると認めるのなら、たった一枚の写真でも、僕が大切にするキャロルの「気のきいた名言」コレクションでも、ごくごく小さなパターンでも、それがあれば、実在の人物のゼロではない（微視的な量だとしても）断片をすでに得ていると認めるべきではないのか――単に**一緒にいる**という感覚を得ているだけでなく、その人の内側からものを見ていると認めるべきではないのか。

•
•
•

モニカの三歳の誕生日――明確な理由で、喜ばしくもあり、非常に悲しくもある記念日となった日のことだ。トレントを眺望する山の中腹にある僕らが住む町、コーニョラで、僕は子供たちや何人かの友人と一緒にピザ屋へ出かけた。高くそびえる美しい山々が、僕らを取り囲んでいた。子供椅子に座る小さなモニカは、テーブルを挟んで僕の真向かいにいた。キャロルもさぞかしこの場にいたかったに違いないと思える、心を揺さぶられるような記念日だったので、僕は「キャロルとして」モニカを見ようと努め、次の瞬間、当然ながら、いったい何をやっているのか、そんなことを考えてどうするつもりか、と思った。

ところが、「キャロルとしてモニカを見る」という発想のおかげで、ある記憶が鮮明によみがえった。一九八三年の夏、「かつての《オールド》ダグとかつての《オールド》キャロル」（「若い《ヤング》ダグと若い《ヤング》キャロル」と言い換えてもいい）が、ブルーミントンにあるひいきの中華レストラン、ウォックのテラス席に座り、ネイビーブルーのコーデュロイのワンピースを着て歩き回る黒髪の愛くるしい二、三歳の女の子をじっと眺めている。二人はまだ結婚しておらず、結婚の話さえ出ていなかったが、子供のことはたびたび熱心に語り合い、二人してそういう小さな女の子を育てたいと強く願っていた。それは、口には出していなくても、間違いなく僕らが共有する憧れだった。

そして今、一一年を経てモニカという娘が現実に存在する今、ついに僕はかつてのダグが一九八三年に夢見て憧れた喜びを味わっているのだろうか？　僕は今「かつてのダグとして」彼の娘モニカを見ているのか？　それとも、「かつてのダグとして**僕の**娘を見ている」のか？　あるいはその両方なのか？　かつてのダグとしてモニカを見ることができるというのが正当な主張ならば、かつてのキャロルとしてモニカを見ることも正当ではないか？　遠い昔の夏の夜の、僕ら二人の娘をもちたいという願いは、僕らが共有する切実な願いであり、それぞれが抱いた**寸分たがわぬ**願いであり、それぞれの脳で同時に燃え上がった願いだった。すなわち、今の僕の疑問は、僕がかつてのキャロルとしてその喜びを味わうことはできないか、かつてのキャロルとしてモニカを見つめることはできないのか、ということなのだ。

ここで大事だと思えるのは、魂の相互浸透――いわば目標を共有しているという感覚で、アイデンティティの共有につながる――の深さだ。たとえばキャロルは、モニカとダニーはこれからも一番の仲良しであってほしい、大人になってもずっとそうであってほしいという強い強い願いをいつも抱いていた。この願いは、僕の中にも非常に強い形で存在し、存続し（僕らはいつもそういう共通の希望をもっていて、僕は彼女の生前から、その希望を実現させようと最善を尽くしていた）、今では僕の行動に以前よりも強い影響を与えるようになっている。それは、彼女が死んでしまったからにほかならず、この世における彼女の最高の表象は僕なのだから、今の僕は彼女に対して大きな責任がある。

●　●　●

僕の脳には、キャロルの願望や希望などとともに、彼女自身の「私」の表象も存在する。なぜなら、僕と彼女はとても親密で、僕はとても深く彼女に共感し、実にさまざまなことについて彼女と共通の感覚をもち、彼女の身体の辛さであれ（S状結腸鏡検査の一時間後に、残った気泡で腸が激しく動いたときの身をよじるほどの苦痛とか）、このうえない喜びであれ（デイヴィッド・モーザーが痛快な毒舌を吐いたときとか[2]、ケンブリッジでほっぺたが落ちるほどうまいインド料理をたべたときとか）、このうえなく大切な望みであれ、映画の感想であれ、何であれ、話題にするときは彼女の視点でものを見ることができるからだ。

二人で話している最中、あるいは感情が高ぶって言葉に詰まる瞬間でさえ、折に触れて**僕はキャロルになり、彼女もダグになった**。つまり、彼女の「パーソノイド」（スタニスワフ・レムが「我が身、僕にあらざらんことを」で使った言葉を借りる[3]）が、多少ぼんやりとした粒子の粗いコピーではあるが僕の脳内に生まれ、僕の脳内に二つ目のゲーデルの渦を生み出し（一つ目の渦は、言うまでもなく僕自身の自己渦だ）、その二つ目のゲーデルの渦によって僕は彼女になれた。あるいは別の言い方をすれば、ゲーデルの渦によって、彼女の自己、すなわち彼女のパーソノイドが、（単純な形で）僕のハードウェアである脳にコピーされた。

だが、今僕の脳内で生きている二つ目の渦、すなわち彼女のパーソノイドは、かつて彼女の脳内で生きていて今は消えてしまった**本物の**渦、すなわち彼女の**一つ目の**渦とは似ているのか？　キャロル的意識は、今もこの世界のどこかにあるのか？　つまり、僕は「キャロルとして」モニカを見ることができるのか――どれほどわずかでもいいから、**キャロルになって**モニカを見ることができるのか？　それとも彼女のパーソノイドは、結局は完全に、決定的に消失しているのか？

•

•

•

一人の人間は一つの**視点**だ。視点とは、（宇宙の中のある物理的な場所から何がしかの目で見る）**物理的**視点であるのはもちろんのこと、より重要な**精神的**視点――蓄積された膨大な記憶の中に埋没してはいるが、些細なことで呼び覚まされるその人を連想させる事柄――でもある。精神的視点は、時間の経過とともに、どんどん別の人に吸収されていく。外国語を徐々に修得していく過程とよく似ている。

外国語を修得するとき、人は話せる「ふり」をする時期がある――つまりその時期には、母国語で考えているにもかかわらず、その外国語で考えているという印象を与え得るほどすばやく言葉を置き換えている。ところが、外国語を使う経験が増えてくると、今度は新たな文法上の習慣が生まれ、次第に考えなくても反応できるようになり、何千という語彙も使えるようになって、外国語がどんどん根を張り本物になっていく。そうやって、外国語で自由に考えて流暢に話せるようになってくると、それはもう「ふり」ではない。たとえ、独特のアクセントが残っているとしても。その過程は、別の人の魂を通じて世の中を見る過程に通じる。

たとえば僕の両親は、五〇年近くに及ぶ結婚生活で、それぞれが相手の精神的視点を自分の中にたっぷりと取り込み、徐々にお互いが相手の「流暢な分身」となっていった。母が父に「なっている」とき、母は母のアクセントをもったままで父になっていただろうし、父が母になるときも同じだったのだろうが、二人とも心から相手に**なり切って**いたのであって、決してふりをしていたわけではない。

両親と同じように、キャロルが生きていたときには、それなりの完成度で心から**キャロルの分身**になった僕がいて、僕の分身となったキャロルもいた。キャロルの分身に「なれる」までに数年という時間を要したうえに、「ネイティブスピーカー」の域にはまったく達していなかったが、これ以上望めないほど親密だったあの時期に、僕は妻の「流暢な分身」であったといっても過言ではない。僕は彼女の記憶の多くを、出会ってからの記憶も出会う前の記憶も含めて共有していたし、彼女に影響を与えた人の多くを知っていたし、彼女が愛する曲、映画、本、友人、ジョークの多くを僕も愛していたし、彼女が心の奥に秘めている願望や希望を共有していた。すなわち、もともとは一つだけの脳内で具現化されていた彼女の視点、彼女の心の内面、彼女の**自己**が、それよりはるかに不完全で単純ではあるが、第二の脳でも具現化されるようになったのだ（実は、僕と出会うずっと前にも、彼女の視点はすでに別の人の脳で具現化されている。忠実性の程度やレベルはまちまちだが、きょうだいや両親の脳にも吸収されているからだ）。そして言うまでもなく、キャロルの視点は常に、**彼女の**脳内で**一番**明確に具現化されていた。

このように、誰かが別の誰かに「なる」という話をすると、一九七〇年代の終わり頃に参加した言語学部のクリスマスパーティーを思い出す。そのパーティーで、キャロルと僕の古い友人トム・アーンストは、彼の指導教授ジョン・ゴールドスミス（ジョンも僕らの友人だ）の癖をあれこれと再現するものまねを、鮮やかにやってのけた。トムがジョンの癖を「着たり」「脱いだり」しながら――結果的にジョンという人間を「着たり」、きれいさっぱり「脱いだり」するのを見ていると、奇妙な感覚に襲われた。

●　●　●

人間には、浅薄な側面と深遠な側面があり、深遠な側面は浅薄な側面に真の意味を植えつける。わけがわからんと思われるかもしれない。何が言いたいかというと、僕がX説（たとえば、「ショパンは偉大な作曲家である」説）を信じていて、別の誰かもX説を信じている場合、表面上二人の意見は一致している。ところが、表向きにはそうだとしても、内心では自分のXと相手のXは言いようがないほど違うと感じている場合がある。だがそれでも、二人の意見は「同じ」なのだ。一方、二人の魂が酷似している場合、二人のXに関する意見はまるで同じで、お互い直感的に共鳴する。（少なくともこの問題に関する）意思疎通には、およそ何の苦労もいらない。

二人の人間がお互いを理解するうえで本当に大切なのは、音楽の好みが似ている（好きな音楽だけでなく嫌いな音楽も）とか、人の好みが似ている（これも好き嫌い両方）とか、共感、誠実、忍耐、感傷、大胆さ、熱意、競争心等々の度合いが似通っているといったことだ。こうした人格、性格、気性を築くうえで中心となるブロックが、相互理解においては決め手となる。

他人に対して常に劣等感をもつという、深刻な経験を例に挙げよう。そのような経験をよく知る人もいれば、まったく知らない人もいる。いつも自信に満ちあふれている人には、自信がないせいで心が委縮するとはどういうことか、**全然**わからない――「理解しようがない」わけだ。**このような**類の側面、魂の内に秘めた側面こそが（訪問した国、読んだ小説、マスターした料理、知っている歴史上の事実など、比較的具体性のある事柄とは対照的だ）、魂の独自性を生み出す。

僕は、人間の深遠な側面、すなわち自己とか「私」を生み出す側面は、別の人（つまり第二の人の脳）に移し得るのか、あるいは吸収され得るのかという点に関心をもつ。第二の人は第一の人から吸収するからといって、もともとの性格や意見が変わるとは限らない。いうなれば、服を着替えたり芝居で役柄になり切ったりするように、もう一つの自己を身につけるようなもので、折に触れて袖を通したり身にまとったりして（僕のイメージでいえば、トム・アーンストがジョン・ゴールドスミスを着たり脱いだりしていたように。もちろん、ただのまねではなく、もっと深いレベルでの話だが）、「第二の見晴らしのいい地点《バンテージポイント》」のようなものを手に入れ、そこから世の中を眺めるのだ。

しかし重要なのは、他の人間をどれほど吸収できるとしても、第一の脳が消滅してしまったときに、「その

人間は地上から完全に消滅したわけではない、なぜならその人は（少なくともその人のかなりの部分は）今なお自分の脳内に具現化されていて、『神経のセカンドハウス』で暮らし続けているからだ」と感じられるほど**多く**を吸収できるのだろうかという問題だ。

●　●　●

思うに、この問題に正面から取り組むには、僕が「自己のゲーデルの渦」と呼ぶものと真剣に向き合わねばならない。そこで重要な問題が生じる。「自己」を指す**ポインター**――生涯にわたる閉じ込めと自己安定性を通じて「私」を生み出す構造――が、不完全な、解像度の低い形式で第二の脳にコピーされるのはいつなのか？　そのポインターが最終的に指すのは、どの向きなのか？

僕の脳内に存在するキャロルのモデルは、オリジナルの自己モデル（彼女本人の脳内に存在したモデル）に比べて、間違いなく「薄っぺらい」というか、希薄なのだが、それは大きな問題ではない。核心となる問題はこっちだ――僕に内在するキャロルのモデルが信じられないほど充実しているとして（たとえば、僕の母に内在する父のモデルがそうだし、それよりも一〇倍も強い場合だってある）、それでもそのモデルは「私」を生み出すのには**不適切な構造**なのか？　奇妙なループとはなり得ないのか？　**自己**を指すのではなく**自己以外の何か**を指す構造であるゆえに、「私」を形成する、本質的には渦状の自己言及性に欠けているのか？

僕の推測はこうだ。もしもモデルがとてつもなく充実しているならば、つまり、とてつもなく忠実ならば、事実上、そのモデルのあらゆるポインターが差す方向は**流動性**をもつ――言い換えれば、僕に内在するキャロルのモデルの中のポインターも、**彼女自身**に存在した自己シンボルを指したのと同じように、**僕の**脳内の彼女のシンボルを正当に指す。この推測が正しければ、彼女のオリジナルの渦巻くもの、オリジナルの「私」たるものは、第二の媒体に首尾よく移送され、そこで（はるかに粗削りではあるが）忠実に再構築されるのではないか。

●
●
●

自己の「外側の」層にはポインターがたくさんあって、そのポインターは主として世の中のごく普通の普遍的な事柄（雨とか、アイスクリームとか、ツバメの急降下とか、その他もろもろ）を指している。自己の「中間の」層にあるポインターは、もっと個人的な日常（両親の顔や声、好きな音楽、育った町、子供の頃から可愛がったペット、愛読書や好みの映画など、その人にとって意味をもつさまざまなもの）と結びついている。そして、一番内側の私的な層には、もつれたポインターが山ほどあって、とても奥深い「指標」となるもの（不安感、性的感情、心の奥底に宿る強い恐怖や深い愛情など、はっきりとは表せないような多くの感覚）を示す。だが、全体像はとてもぼんやりとしていて、イメージとしてわかるだけで、一番外側のポインターの先はほとんどが外を向き、中間のポインターは外向きのものもあれば内向きのものもあり、一番内側には自己そのものを指す内向きのポインターが数限りなくある。「奇妙なループの街」――それが「私」なのだ！

推量すれば、この最も内側にある核は、内なる自己に向かう性質があるせいで、他へ移送するのがとても難しく、一つだけの身体、一つだけの脳の手が届かないほど奥深い場所にくっついている。それに比べて、自己の外側の層には内向きのポインターがわずかしかないため、当然ながら移送が簡単で、中間の層の移送はやや難しい。僕のようにキャロルと近しい間柄の者は、彼女の外側の層の大部分を受け取り、中間の層のいくらかを受け取り、中心の核のわずかな部分を受け取ることができる。では、「彼女は今も自分の中にいる」と断言できるほど、かなり希釈されはしても、彼女の核をたっぷりと吸収することは可能なのか？

•••

移送というものについて、僕は必要以上に難しく考えているのかもしれない。ある意味、あらゆるゲーデルの自己のループ（すなわち「私」を生み出す奇妙なループ）は、基本レベルでは同じ構造をしているのだから、最も低次の近似では、移送はまったく困難ではないかもしれない。個々の違いを生み出しているのは、記憶、生まれもった好み、才能といった「味付け」だけだ。それならば、僕らがカメレオンになって、他人のこれまでの人生の「スパイス」（スパイスにはその人の自己のループがその人独自の個性とともに染み込んでいる）を取り込めれば、他人の目を通じて世の中を見ることができる**はずだ**。他人の精神的視点は、移送可能でモジュール化可能だ——ただ一つだけの傷みやすいハードウェアに閉じ込められているわけではない。

だとすれば、キャロルの視点が生き残っている以上、キャロルは生きていることになる。というよりも、彼女の視点が生きている**限り**彼女は生き続ける——僕や知人たちの脳の中で。だからこそ、できる限り明瞭に記録を残し、記憶を書き留め、写真やビデオを撮っておかなければならない——なぜなら、そういう記録があれば、誰もが他の人の脳を「保有」したり他の人の脳に「保有」されたりできるから。フレデリック・ショパンというかつて実在した人物が、今日でも僕らの社会でしっかりと生き残っているのは、そういうわけなのだ。

いつの日か、キャロルが一緒に写っているビデオテープを見たら、きっと心臓が張り裂けてしまう。もう一度彼女の姿を目にして、彼女と生き、彼女と過ごすことになるから——そして、あふれんばかりの愛情を感じるにもかかわらず、これは**インチキだ**、自分はだまされている、という気持ちでいっぱいになり、僕の頭はいったいどうなったのかという疑問に支配されるだろう。

ビデオテープを見たせいで僕の脳内で火花のように生じるパターン、つまり、僕の脳内で呼び覚まされ、復活し、生き返り、彼女が亡くなって以来初めてよみがえり、僕の中でダンスを始めるシンボルは、彼女が現実に生きていたとき、ただのビデオテープの映像ではなく、彼女が実際に動いて何かをしているのを見て僕の脳内で火花のように生じたパターンと同じように強烈なはずだ。ビデオテープによって始まった僕の脳内のシンボルのダンスは、彼女が目の前にいたときと**同じダンス**で、**同じシンボル**が踊っている。

つまり僕の脳の内部には、ビデオテープとか、写真とか、すごく強烈な記録が、そうやって確実にアクセスできる構造がある——キャロルが生きていたときには彼女と相関し深く共鳴し合った構造、彼女の表象であり、どこからどう見てもキャロル**でしかない**構造が**僕の中に**あるのだ。でも、彼女がもういないと知りながらビデオを見ると、これはまやかしだということがたちまちはっきりして、僕は激しく混乱させられる。夢の中にいるみたいに、彼女と会っているような**気になり**、彼女を生き返らせたような気になり、取り戻したような気になるからだ。だから僕は、僕の脳の中で集合的に「キャロルのシンボル」を形成する構造とは、**そもそも**どんなものなのかと考えずにはいられない。キャロルのシンボルはどれくらいの大きさか？　そして何より、ダグの中のキャロルのシンボルは、ただの人間の**表象**や**シンボル**と比べて、どれくらい**実際の**人間に近いのか？

次に挙げる問題は、はるかにやさしいはずだ（僕にとっては、そんなにやさしくはないが）。J・D・サリンジャーが『キャッチャー・イン・ザ・ライ』を執筆しているとき、彼の脳の中の「ホールデン・コールフィールドのシンボル」は、どんなものだったか？　ホールデン・コールフィールドにとって、自分のシンボルの構造はサリンジャーの頭の中にしかない——でもそれは、とてもとても豊かな構造だ。実際の人間の魂ほどには豊かでないかもしれないが、たとえ「ミニチュア」にすぎなくても、まるで本物の核があり、本物の魂があり、本物のパーソノイドがあるホールデン・コールフィールドの人格**そのもの**に近かったのではないか。誰かの人格が他人の中に入る場合、サリンジャーの脳内に形成されたホールデン・コールフィールドのシンボル以上に豊かな表象、豊かな類似は望めない。

●
●
●

僕が書いてきたのは脈絡のない些細なことばかりだけれど、ダン、全体としては筋が通っていると思ってもらえるといいのだが。こういうことをわかるように書くのは恐ろしく難しくて、物事をある方向に向けたいと**望んだり**それなりに思い通りの結果を得たいと願ったりする強い感情が邪魔すると、なおさら難しくなる。もちろん、このような問題を深刻かつ重大にしているのはまさにその強い感情であり、しかも、悲劇に襲われたりしなければ、ここまで深刻かつ重大にはならなかった。

量子力学が発達途上にあり、まだ完全に地に足をつけた形で確立していない時代に、この学問に取り組んでいた人のような感覚が僕にも多少あることは認めなくてはならない(4)。一九一八年頃、当時のいわゆる「半古典的」モデル（ボーアのすばらしい原子模型や、数多くのその改良型など）に精通していたゾンマーフェルトが第一線にいたものの、問題の核心に迫りあらゆる混乱を一掃したハイゼンベルクやシュレーディンガーはまだ登場していない時代の研究者の気分だ。一九一八年頃といえば、真実のすぐそばまで近づいているにもかかわらず、最先端の研究者でさえ、いとも簡単に純古典論に後戻りしてしまい、絶望的な混乱に陥る時代だった。

最近の僕は、自己、魂、意識についてそれと同じような感覚がある。意識の分散性と魂の錯覚についてよく理解できたと思えるのに、その理解がときどき頭から離れていってしまうのだ。自分がともすれば、従来型の直観的(「古典的」)見方に逆戻りして問題をとらえてしまうのが、もどかしく感じられる。心の奥底では、自分の考えは直観とはまったく相いれない(「量子力学的」考えだ)とわかっているのに。

追記

本章(この「追記」を除く)を最終的な形にまとめた後、かなり経ってから、読者のなかにはこんな結論を出したがる人がいるかもしれないと、ふと思った。キャロルに死なれて、とことん落ち込んだ夫が凄まじい喪失感に押しつぶされ、他人から見れば自明のことを否定して——妻が死んで完全に消えてしまったというだけなのに、それを否定して——手の込んだ知的な被いを作り上げようとしていると(5)。

そういう懐疑的な見方というか皮肉をこめた見方はごく自然であり、自分でさえあの頃のあがきを振り返ると、死という現実、最終的状態の否定が、一九九四年当時だけでなくその後何年にもわたってわたし自身が携わってきた、魂とか生存とかいうものに関する苦しい思索の動機の大部分を占めていたかもしれないと思ってしまう。わたしをよく知るのはわたし自身なので、そのような見方が自分の例に当てはまるとはまったく思わないが(どんな例が当てはまるかと問われたら、明確に答えられないかもしれない)、本当に悩ましかったのは、わたしのことを知らない読者がいとも簡単にそのような結論に至り、わたしのあがきは、自分の信念体系を都合よく修正して悲しみを癒そうとしている人間の妄言だと片づけてしまいかねないという懸念だった。

そういうわけで、つい最近、書類棚から昔のファイル――「アイデンティティ」、「奇妙なループ」、「意識」といった、さまざまな題目のファイル――をいろいろと取り出して目を通し、暗雲が近づくはるか以前に明瞭な言葉で記した数々の記述を読み返したときには、ほっとした気持ちになった。手書きで綴った当時のファイルには、人の魂のぼんやりとしたアイデンティティに関する果てしない思索の足跡が記され、キャロルとわたしの魂が結合して一つのしっかりとしたユニットとなること、キャロルとダニーの「魂の合体」が行われることについて明確に示した考察もあった。

そうした即興の記述において、わたしはとても楽しく、かつまじめな思考実験をいくつも編み出していた。二つの脳の間で可能となる情報の流れの速度に手を加える実験だ（わたしの脳とゾンビの脳を連結する実験もあった――少なくともわたしにとっては愉快な考察だ！）。そこから明らかになったのは、自分は何者か、一人ひとりの人間を比類なき存在とするものは何かといった問題に関するアイデアは、何十年もかかってわたしの頭の中で醸成され、活発になったということ。そしてそのアイデアは、結婚して子供が生まれ、自分とほぼ同じように子供たちを愛する人と一緒に、その愛情を絡ませ合いながら子育てを経験したときに、より激しく沸騰し始めたということだ。

わたしは本書を書き上げたが、その豊かな下地となったのは、このいくつもの古い紙のファイルだ。過去にわたしが記したことは、いつか日の目を見るかもしれないし、見ないかもしれない。だが、少なくともわたし自身は、一番困っているときにわたしにウィンクを送ってきた最も安易な信念体系に惑わされたりせず、若い頃に手間をかけて作り上げた長年の自分の原則に忠実であり続けたことがわかって安堵している。こうして自分自身を知ったことで、ささやかながらもわたしは慰められた。

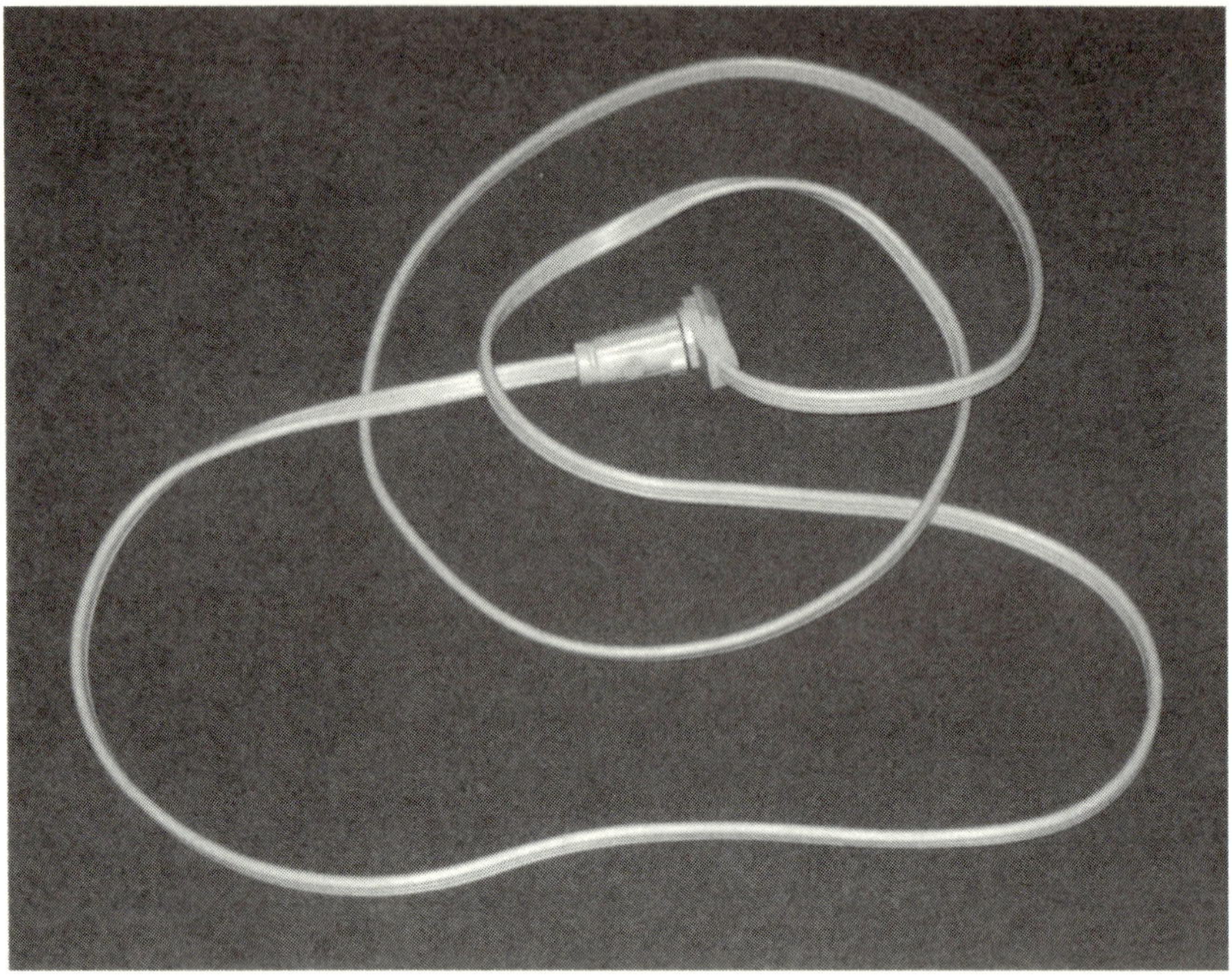

第17章　互いの中でどのように生きるか

万能機械

一二歳ぐらいの頃だったか、電子部品を組み立てて面白い仕組みをもつ機械を作る、いわゆるキットがいろいろと販売されていた。ラジオだって、二進数の演算を行う電気回路だって、換字暗号で暗号化したり解読したりする装置だって、三目並べの対戦ができる「頭脳」だって組み立てることができた。そして、そうした機械はどれもが「専用」だった――ただ一つの役割しか果たさない。わたしが子供の頃は、「機械」といえばそういうもので、冷蔵庫はひたすらものを冷たくしておく専用機械、目覚まし時計は目覚めさせてくれる専用機械という考え方に、当時のわれわれは慣れ切っていた。だが、やがてわれわれは、本来の目的を超越する機械に親しむようになっていく。

たとえば、携帯電話だ。今では、本来の目的であったコミュニケーションの道具として優劣を争うということはあまりなくて（ほとんどないと言えるかもしれない）、音楽を何曲保存できるか、ゲームをいくつ楽しめるか、どれだけ高画質の写真を撮れるかなど、ありとあらゆることを競い合って販売されている。かつての携帯電話は専用機械だったが、今はもう違う。なぜそうなったのか？ それは、内部の電子回路の複雑さが一定の閾値を超え、その結果、カメレオンのような性質を身につけてしまったからだ。つまり現在の携帯電話機は、ワードプロセッサーとして使うこともできるし、インターネットのブラウザや騒々しいビデオゲーム機など、さまざまな用途に使うことができる。これが実はコンピュータ革命というものだ。明確に定められたある閾値――わたしはこれを「ゲーデル-チューリング閾値」と呼ぶ――を超えると、一つのコンピュータが**あらゆる**類の機械を模倣《エミュレート》するようになる。

そしてこれこそが、「万能機械」という用語の意味だ。(1) 万能機械は、イギリスの数学者でありコンピュータのパイオニアでもあるアラン・チューリングが一九三六年発表の論文で示し、今日ではその基本的な考え方がよく知られているが、専門用語としての意味や概念を知る人は多くない。われわれは毎日のように、ウェブサイトから仮想機械をダウンロードして、その都度自分の万能のノートパソコンを、映画を見たり、音楽を聴いたり、ゲームで遊んだり、安価な国際電話をかけたりと、さまざまなことができる装置に変換させる。あらゆる類の機械がケーブルを伝って、あるいは空気を伝って、ソフトウェアによって、パターンによって、自分のコンピュータのハードウェアに押し寄せては住みつく。一台の万能機械がコロッと、正確に言えばマウスをダブルクリックするだけで、異なる機能のさまざまな機械に変身するのだ。わたしも、メールソフト、ワードプロセッサー、ウェブブラウザ、画像ビューアなど、自分のコンピュータの中に住んでいる数え切れないほどの「アプリケーション」を取っ替え引っ替え使っている。アプリケーションはそれぞれが専用機械で、休止したり眠ったり待機したりしているが（意識はないけれども）、わたしのダブルクリック一つでいつでも目覚めて命を吹き返し、指示されたことを実行する。

『プリンキピア・マテマティカ』の問題点を明らかにしたゲーデルに触発されたアラン・チューリングは、機械の構造を表す一連のデータをその機械自体が判読して正しく理解できるような柔軟性があるかどうかの境目が、コンピュータが万能性を獲得する決定的な閾値になると考えた。この重大な分かれ目を超えると、機械は原理的に、特定のタスクの段階を一つ一つ追って実行過程を自ら的確に観察できるようになる。チューリングは、この決定的レベルの柔軟性をもつ機械は他の機械になりすますことができる、たとえどんなに複雑な機械にでもなりすますことができると考えた。つまり、万能機械ほど柔軟性があるものは他に**ない**。万能性を超える柔軟性はないのだ!

だからわたしのマッキントッシュでも、適切なソフトウェアさえ入れてやれば、もっと高価で高速の息子のコンピュータ、「エイリアンウェア」と遜色なく動いて何かのプログラムを実行するし、その逆もあり得る。二つのコンピュータの大きな違いは速度で、その原因は、マックはやはりどこまでいってもマックだからだ。したがってマックは、いつもエイリアンのハードウェアを明確に示すデータ表を調べては高速のエイリアンの真似をすることになるが、その調べる速度がまたとても遅いのだ。たとえて言うなら、誰かにわたしのサインを真似てもらうために、それぞれの文字の曲げ具合や角度をこと細かに書き出して指示するようなもので、原理としてはそれで真似できるはずだが、わたしが自分でサインするのに比べたらとてつもなく時間がかかる!

万能の意外性

このような万能機械には、先に『プリンキピア・マテマティカ』の能力を説明した際に取り上げた万能性(この言葉は使わなかったが)と相通じる部分が多い。バートランド・ラッセルとアルフレッド・ノース・ホワイトヘッドが何の疑問ももたなかったのに、クルト・ゲーデルは気づいたことがあった。それは、正の整数のある基本的な特徴（交換法則、分配法則、数学的帰納法といった基本的事実）を示そうとしたがゆえに、ラッセルとホワイトヘッドは、意図しないまま自分たちの形式体系であるPMに鍵となる閾値を超えさせて、PMに「万能性」、すなわち、他の複雑なパターンを任意に真似る数論的な機能を定義する力を与えてしまったということだ（あるいは、PMが自身に向き直り自身を真似るようにする、ゲーデルの黒帯級の技を与えたと言うべきか）。

ラッセルとホワイトヘッドは、自分たちが実は何を作り上げたのかに気づいていなかった。PMを使って何かを「模倣《シミュレート》」するなどとは思いもしなかったからだ。そのような着想は彼らのレーダー画面には現れなかった（そもそも、当時はレーダーそのものが、まだ誰のレーダー画面にも現れていなかった）。素数、平方数、二つの平方数の和、二つの素数の和、フィボナッチ数など、単純に美しい数学的パターンとして捉えられているものはたくさんある――そして、数字からなるパターンは、とてつもなく複雑で果てしなく魅惑的であっても、何か別のものと同型であるとは考えられない。ましてや、何かの代わりを果たすとか、なにか別のものを示すなどとは考えられなかった。ところが、ゲーデルとチューリングが登場すると、そのような素朴な考えはたちどころに消え失せてしまった。

初期の電子計算機《コンピュータ》を設計したエンジニアたちにしても、ラッセルやホワイトヘッドと同じように、自分たちが図らずもこの世にもたらした豊かな可能性を理解していなかった。エンジニアたちは、とても限定的で純粋に軍事目的のもの――たとえば、風や空気抵抗を考慮して弾道ミサイルの軌道を計算する機械や、特定の暗号を解読する機械を作っているつもりでいた。自分たちが設計しているのは、一つの目的に特化した機械――一つの曲しか鳴らないゼンマイ式のオルゴールに似たものだと思っていた。

けれども、一九三一年のゲーデルの論文に多くを負うアラン・チューリングの抽象的な計算理論が具体的な工学の現実とぶつかった時点で、察しの早い人（チューリング自身、そしてとりわけジョン・フォン・ノイマン）は既知の事実から推論して、ゲーデルがかくも強力であると示した整数計算の豊かな可能性を組み込めば、その機械は万能になると気づいた。一つの曲しか鳴らせないはずの機械が、巻紙にパンチで開けた穴を読み取って**どんな**旋律でも演奏できるオルゴールとなったわけだ。以後、たとえば携帯電話が携帯電話以外の役割をいろいろと果たすような時代に至るのは、単純に時間の問題でしかなかった。一曲を鳴らす程度しかなかった複雑性やメモリーサイズが閾値を超えてしまっただけで、何でもできるようになったのだ。

かつてのエンジニアは、電子計算機《コンピュータ》を数値計算のための装置だと考え、数を万能のメディアとはみなしていなかった。現代のわれわれも（「われわれ」と言うからには、専門家だけでなく、文化全体を意味しているつもりだ）数が万能メディアだとは考えていないと思うが、この場合、理解不足をもたらしているのはまったく別の——というよりも、まるで正反対の理由だ。現代のコンピュータは、数がデスクトップやノートパソコンのスクリーンの裏側にすっぽりと隠されているので、われわれはコンピュータの中に数が存在することを完全に忘れている。スクリーン上で「ドリームチーム」同士のバーチャルのサッカーの試合を見る場合、実はその試合は、そのコンピュータの中央演算処理装置（ＣＰＵ）の中にしか存在しない（ＣＰＵは意図された通りに算術命令を遂行する）。子供たちが作り出すバーチャルの町で、バーチャルの小さな住人がバーチャルの自転車に乗ったり、バーチャルの木の葉が舞い落ちたり、バーチャルの煙がバーチャルの大気の中に消えたりするのも、宇宙科学者がバーチャルの銀河を作って動かし、バーチャルの衝突を起こしてはそのなりゆきを観察するのも、生物学者がバーチャルのタンパク質を作り、そのタンパク質のバーチャルの高分子がバーチャルの複雑な化学的相互作用によって折りたたまれるのを観察するのも、みな同じことだ。

コンピュータのスクリーン上で行われることは数限りなくあるが、そのすべてがハードウェアのレベルにおける**整数の加算と乗算**の結果であると意識する人はほとんどいない。けれども、それは**紛れもない**事実だ。コンピュータを電子計算機《コンピュータ》と呼ぶのには、ちゃんとしたわけがある！　コンピュータは、二進法で示された整数の和や積を計算する。つまり、世界をあっと言わせ、ラッセルをやりこめ、ヒルベルトを打ち負かした一九三一年のゲーデルの洞察は、ダウンロード、アップグレード、ギガバイトといった現在のわれわれの文化につながり、われわれはその文化に完全に浸りきっているものの、ほとんどの人がそのことに少しも気づいていない。今や、ゲーデルの洞察を視覚的に、というか「聴覚的に」たどれるものは、「電子計算機《コンピュータ》」という言葉だけだろう。考えてみれば、この言葉は、色鮮やかな画像も、魅力的なゲームも、瞬時のインターネット検索も、その裏で行われているのは整数計算だけだという事実をそっと教えてくれている。なんて愉快なジョークなんだ！

とはいえ、実は問題はそれほど単純ではない。その理由は、第11章に詳述したのと同じだ。パターンというものはどんな場合も、パターンそのものにも見えれば、同じ構造の別のものを示しているようにも見える。家出した猫ポンポネットに向けられた言葉は、同じく家出した妻オレリーにも当てはまり、実際に非難を浴びせられたのは一方だけだが、両者に対して同じように意味をもっていた。同様に、二進法で記されたある整数の演算、たとえば「0000000011001111」を「1100111100000000」に変換するには、256をかければよいと考える人もいるだろうし、左に八桁移動させればよいと考える人もいるかもしれないし、両者は一ピクセル違いのよく似た色だと言う人もいれば、ファイルから英数字を一文字削除したらそうなるとみなす人もいるだろう。説明に間違いさえなければ、どれかが特別に正しいということはない。

コンピュータを「電子計算機《コンピュータ》」と呼ぶ理由には歴史がある。そもそもは整数計算機械として作られたのだから、今もそう呼ぶことに問題はないが、それでもわれわれは、一九三一年に最初にクルト・ゲーデルが気づいたように、今やこの装置は、最初の意図とはまるで違う意味で認識され、語られることも知っている。

万能の存在

われわれ人間もまた、違う種類の万能機械だ。進化の過程に「表象の万能性」を誕生させる遠大な計画などなかったとしても、われわれのハードウェアである神経は、任意のパターンをコピーできるからだ。われわれは感覚器官、ひいてはシンボルを通じて、外界のさまざまな現象を取り込むことができる。たとえば、池に広がるさざ波を見ると、われわれのシンボルはさざ波の丸い形を取り込んで抽象化させ、かなり時間が経過してからでもそのさざ波のエッセンスを再生できる。なぜわざわざ「エッセンス」と書いたかというと、細部のいくらかは――実際には大部分は――記憶から消えてしまうからだ。誰もが知っているように、われわれは遭遇した出来事の何から何までを記憶にとどめておくわけではなく、無意識のうちに整理して、自分のハードウェアが最重要であると判断したことだけを残しておく。また、もう一つはっきりさせておかねばならないのは(こんな誤解をする読者は一人もいないと思うけれど)、われわれのシンボルが外部のパターンを「取り込む」とか「コピーする」とかいっても、それは、池のさざ波を観察するときや、そのような場面の記憶を「再生」するときに(いくつかの記憶がぼんやりと混じり合っている場合でも)、自分の脳内の水平面に円形のパターンが実際に広がるという意味ではない。わたしが言いたいのは、多くの構造が連携して活性化し、水、湿り気、池、水平面、円形、拡大、浮き沈みするものなどといった概念と関連づけられるということだ。映画のスクリーンみたいなものが頭の中にある、と言いたいわけではない！

「表象の万能性」とは、実際に現物を見なくても考えや出来事を取り込めるということも意味している。たとえば、第11章でも述べたように、人はテレビ画面上の二次元配列の画素をやすやすと処理して、それを架空の三次元の場面に次々と置き換えて見ることができる（他の多くの動物にはそれができない）。

家から遠く離れたシエラネバダ山脈へスキー旅行に行ったときのことだ。子供たちとわたしは、ペットとして飼っていたゴールデンレトリーバーのオリーをブルーミントンのペットホテルに預けた。フェンスで囲まれた戸外の遊び場で二〇頭ほどの犬がぶらぶらと歩き回る様子は、「ドギーカム」を利用してインターネットで配信され、わたしたちはぎこちなく切り替わっていく静止画でオリーを観察できた。画面は、微粒子が不規則なブラウン運動をしているようにも見え、どの犬もかなり少ない画素数で画像化されていて、どこにオリーがいるかと探そうにも、尾の角度の具合など、曖昧な特徴で見分けるしかなかった。でもなぜか、子供たちもわたしも、オリーの姿を視覚的に盗聴することをとても愉快に感じた。この滑稽な状況を人間の友人に説明するのはいとも簡単だし、この描写を読んだ多くの読者はペットホテルの犬たちの様子もスキーリゾートにいる人間たちの様子も鮮やかに想像できるに違いないが、当のオリーに、数千マイル離れたところからおまえのことを「スパイ」していたよと説明してやるのは絶対に無理だとわかっていた。オリーにはわからないし、わかりようがない。

なぜわからないのか？　オリーは犬で、犬の脳は万能ではないからだ。「次々と切り替わる静止画像」、「二四時間作動するウェブカム」、「ペットホテルで遊ぶ犬をスパイする」という意味を理解できないし、「二〇〇〇マイル離れたところ」なんてさっぱりわからないだろう。これは人間と犬の間、というか、人間と他のあらゆる種の間に根本的に横たわる大きな裂け目だ。この裂け目があるからこそ、われわれは他の生き物とは異なる存在であり、それゆえ「魂」というものが与えられている。

生き物の世界では、システムがもつシンボルのプールが無制限に拡張されていくと、決まって表象の万能性が魔法の閾値を超える。この閾値は、初期の霊長類からわれわれに至る道筋のどこかにある、特定の種で超えられた。ゲーデル－チューリング閾値に相当するこの閾値より上にあるシステム――それを「人間」と呼ぶことにしよう――は、出会った他の人間のモデルを自分の中に作ることができる。たまたま一瞬出会っただけの人間の急ごしらえのモデルを適当に作り上げたり、あげくの果てには似ても似つかない空想上の人間をこしらえたりできるのだ（他人を勝手にでっち上げる性癖がある人間のことを「小説家」などと言ったりもする）。

魔法の閾値をいったん超えてしまうと、万能の存在は、他の万能の存在の内面を貪欲に求めずにはいられなくなるようだ。だからわれわれは、映画やメロドラマ、テレビニュース、ブログ、ウェブカメラ、ゴシップ欄、「ピープル」誌、「ウィークリー・ワールド・ニュース」紙などが楽しくてしかたない。人は他人の頭の中を覗き見したくてたまらないし、他人の頭蓋の内側から外を見たくてたまらないし、他人の経験を自分のものにしたくてしかたない。

ちょっと皮肉な言い方をしてしまったが、表象の万能性と、そこから生まれる代理体験への飽くなき渇望は、実は共感ととても近く、共感とは人間の最も称賛すべき資質だとわたしは考えている。深い意味で誰か別の人に「なる」のは、その人の視点を頭で想像してそこから世の中を見たり、その人が成長とともに人格を形成した時間や場所に自分も根を下ろしていると感じたりすることだけではなく、もっとずっと大きな意味合いがある。別の人に「なる」とは、その人の価値観を身につけ、その人と同じ欲望や希望をもち、その人と同じものに憧れを抱き、同じ夢を描き、同じ恐怖に身を震わせ、同じ人生を歩み、魂を同化させることなのだ。

少し前のある朝、頭蓋の中で豊かに脈打つ父の記憶とともに目が覚めた。実際には、「父」はわたしの脳内の希薄な媒体で浮いていただけのことだが、夢見心地の意識が父をとても鮮明な姿で生き返らせた、まぶしい一瞬だった。わずかな瞬間にせよ、父は本当に息を吹き返したかに思えたが、残念なことに、すぐにふっと消えてしまった。大人ならば誰でも経験があると思うが、この嬉しくて切ない出来事はどう理解すればいいのか？　われわれの中にソフトウェアとして住みついている存在には、どの程度の現実性があるのか？　わたしが先ほどの文で「父」と括弧をつけたのはなぜか？　なぜ用心深く書いたのか、なぜ断定を避けたのか？

愛する人を瞬間的に夢見たり思ったりするとき（何年も前に亡くなった人であろうと、ちょうど今電話の向こう側にいる人であろうと）、**現実には**何が起きているのだろう？　本書の用語で読み解けば、そのとき起きていることを明快に説明できる。頭蓋の中で愛する人のシンボルが活性化され、まるでそのシンボルのアイコンをダブルクリックしたみたいに、突然休眠から目覚めるのだ。そうすると、コンピュータゲームを始めたときと同じように、心が「平常」の状態とは異なる活動を始める。「異質な万能の生き物」が自分に侵入するのを許してしまい、その異質な生き物が頭蓋の中で何がしかの実権を握り、言葉やアイデアや記憶をこしらえたり、普段ならあり得ない連想を突然生じさせたりと、独自のやり方で翻弄する。愛する人のシンボルが活性化すると、その人ならではの方法で物事を考えるようになり、その人らしさが生まれ、その人の見方で世の中を見渡す。結果的に、頭蓋に訪問者がいる間、普段とは違う冗談が口をついて出たり、普段と違う心持ちで物事を見たり、いつもと違う価値判断をしたりして自分で驚くことになる。

今、われわれにとって問題の核心となるのは次の疑問だ――他人の中にある自分のシンボルは本当に「私」

なのか？　そのシンボルには内的体験があるのか？　それとも、棒や石や公園のブランコのシンボルと同じように命を宿していないのか？　ここで公園のブランコを引き合いに出したのには、わけがある。

ブランコという言葉を見た瞬間、そこがどんな公園であろうと、腰かける部分が何でできていようと、支柱の高さがどれくらいあろうと、頭に浮かぶのは、前後に揺れ、後ろから押してやらなければ勢いを失ってくねくねと波打つブランコの姿であり、鎖がきしむかすかな音まで聞こえてくる。ブランコが生きていると考える人はいないだろうが、あなたの脳という沸き立つ基質の内部で、ブランコの心的な代用品がダンスをしているのは間違いない。つまるところ、脳とはそのためのもの――活発なシンボルがダンスをするための舞台なのだ。

わたしが心から信じ、本書でもたびたび主張してきたように、**概念とは脳内で活発に動くシンボル**だと読者にも信じてもらえるのなら、[2] そして、**脳内では物だけでなく人もシンボルで表象されている**（言い換えれば、脳内では知人がそれぞれ一つの、しかし非常に複雑な概念によって映し出されている）と心から信じてもらえるのなら、さらには、**自己もやはり一つの恐ろしく複雑な概念である**（すなわち「私」、「パーソノイド」、石みたいに硬い「ビー玉」）と本当に思ってもらえるのなら、必然的かつ不可避的に、**読者の脳には他の人の「私」、他の人の魂が、それぞれの度合いでたくさん住みついていることになる。**その度合いは、それぞれの人をどれくらい忠実に表象しているか、その人たちにどれほど共鳴しているかによって異なる。「共鳴している」とわざわざつけ加えたのは、手持ちの古い服ならどんな服でも着られるわけではないのと同じで、昔馴染みだからといってあらゆる魂に入り込めるわけではないからだ。スーツであろうと魂であろうと、「フィット」するものとしないものがある。

ウマが合うか合わないか

わたしの場合、魂と魂がうまくフィットするかしないか、あるいはうまく「共鳴」するかしないかが一番よくわかるのは、音楽の好みだ。三〇数年前、決して忘れられない出来事があった。友人のピアニストがベーラ・バルトークのヴァイオリン協奏曲第2番を褒めちぎって、わたしもぜひ聴くべきだと言い張った。それは、その数年前に、わたしがとても心ときめく曲——プロコフィエフのピアノ協奏曲第3番——を彼女に教えたお返しでもあった。彼女はプロコフィエフの最終楽章がとても激しく心に響くと言っていたので、わたしは自分と彼女の音楽の波長はよく似ていると思い、バルトークのヴァイオリン協奏曲第2番を熱烈に勧める彼女の言葉を本気で受け止めた。しかも彼女が、プロコフィエフのピアノ協奏曲に使われている好みのコードがバルトークのヴァイオリン協奏曲にもたびたび出てくるだけでなく、バルトークはプロコフィエフよりも上手にそのコードを使っているなどと言うものだから、わたしの期待はさらに高まった。わかった！　わたしはすぐにレコード屋へ行って一枚買い求め、その日の晩に、とても楽しみにそのレコードをかけてじっと耳を傾けた。ところがどういうわけか、わたしの心はピクリとも動かない。いったいどうしたことか。もう一度聴いた。さらにもう一度。もう一度。もう一度。結局二週間余りの間に、ぜひにと勧められたその曲を少なくとも十数回は聴く羽目になったが、中間部分の一五秒ほどに多少心を惹かれた以外、わたしの中では何の変化も起こらなかった。わたしが見落とした、いや聴き落としただけだと思われてもしかたがないが、むしろわたしとしては、自分の魂とバルトークの魂の「フィット」はとんでもなくお粗末だったと言いたい。バルトークの他の曲を聴いても結果はどれも同じだったため、今ではバルトークを聴いたときに自分の中で何が起きるか（あるいは何が起きないか）について自信をもって答えることができる。わずかな小曲（民謡曲を基にした曲）は好みに合うものの、彼の曲の大半はわたしに何も訴えかけてこない。わたしと友人には音楽の面で共通点が多いと感じていた気持ちもすっかり色あせてしまい、わたしたちの友情もそれきり途絶えてしまった。

右の段落を書いてから、当時から三〇年たった今なら違った結果が待っているのではないか、わたしの魂は音楽の新たな領域に扉を開いているかもしれないという気持ちが高まって、すぐにレコードプレーヤーの前に行ってバルトークのヴァイオリン協奏曲第2番をかけ（そう、レコード盤だ）、また最初から最後までじっくりと聴いてみた。わたしの反応は何も変わりがなかった。わたしにすれば、この曲はただただ流れていくだけで埒が明かない。この曲を聴いていると、超伝導体に真っ逆さまに叩きつけられた磁石になった気がしてくる――ほんの一ミクロンでさえ突き刺さることができないのだ！　そんな喩えではわかりにくいかもしれないが、わたしは曲の表面にいるだけで、まるで動けないでいるということだ。この曲はわたしにとって何の意味もなさない――理解不能な表現で綴られた曲でしかない。見知らぬ文字で書かれた本を眺めるようなものだ。文字の奥に知性の閃きがあるのはわかっても――きっとすごくたっぷりとある！――何が書いてあるのかは全然わからない。

こんなにもうっとうしい話をわざわざ披露したのは、誰しも似たような経験があるから、これが人と人の「ウマ」――他に適当な言葉が見つからない――の問題だからだ。バルトークとわたしはまるでウマが合わない。

彼の知性、独創性、高い品性は尊敬するが、彼の心が訴えようとするものは理解できない。これっぽっちも。だが、同じことは他の何千人という人たちにも言えるし、わたしとは反対に理解できるという気持ちを同じくらい強く抱く人たちもいる。たとえば、わたしにとっては、バルトークのヴァイオリン協奏曲第2番より前に書かれたプロコフィエフのヴァイオリン協奏曲第1番ほど大切な曲は、世界のどこを探してもない（実際、なぜかよくわからないが、この二人の名前がまるで似た者同士のように一緒に並んでいるのを見たこともある。表面上、二人にはあちこちに共通点が見られるかもしれないが、わたしに言わせれば、バッハとエミネムほどの違いがある）。バルトークは何の意味もなく流れていくだけだが、プロコフィエフはどこまでも恍惚とさせる秘薬のように、わたしの中に流れ込んでくる。プロコフィエフはわたしに語りかけ、わたしの中で大きく膨らみ、わたしに火を点け、生命のボリュームをいっぱいに上げる。

もうこれ以上言う必要はないだろう。今この本を読んでいるあなたにも、ウマが合うとか合わないとかいう、よく似た経験があるはずだから。バルトークとプロコフィエフのヴァイオリン協奏曲についてはわたしとは正反対の感じ方もあるだろうが、たとえそうだとしても、わたしが伝えたいメッセージははっきりとわかってもらえると思う。わたしにとって音楽とは、心に直接つながるルート、あるいは心と心をつなぐルート――何よりも直接的なルートだ。音楽の好き嫌いの全面的な合致は――そうめったに合致しないが――わたしが知る限り、魂の親近性を示す確かな指標となる。魂の親近性が高いと、その人たちはすぐさまお互いの本質を理解するし、お互いの内側に住みつく可能性も高い。

溶ける隕石を吸収しながら大きくなる模倣の小惑星

子供の頃も、思春期も、大人になってからでさえも、われわれはみな人真似をする。無意識に、あるいは習慣的に、他人のふるまいのさまざまな断片を自分のふるまいに取り入れている。小学校一年生のときに「ホパロング・キャシディの微笑み」を真似た話を先に書いたが、あの微笑み方は、今でも何となくわたしの「本来」の微笑みに特徴を与えているし、その頃からずっと、実にさまざまな人真似をしてきた記憶が鮮明にある。

友人が書く統一感のないガタガタの文字や、気取ったクラスメートの歯切れのいい啖呵、上級生の男子の肩で風を切るような歩き方、映画「八十日間世界一周」に出てくるフランス人切符もぎの「アメリカ人」という言い方、電話を切る前に必ず相手の名前を言う大学時代の友人の癖、そういうものに心惹かれて自分でも真似してみた。また、自分が映っているビデオを見ると、妹のローラの（いかにも彼女らしい）あまりにも見慣れた表情と同じ表情が、**わたしの**顔にもふいに現れたりして、とても驚かされる。二人のうちどちらが真似したのか、いつ、なぜ真似したのか？　それはわからない。

自分の子供たちをずっと観察していると、二人はアメリカの友だちが話す面白い抑揚パターンやお気に入りのフレーズを真似するし、イタリア語を話すときにはイタリアの友だちのしゃべり方や表現があちこちに姿を見せるのがわかる。子供たちそれぞれが話すのを聞いて、次々と出てくる言葉遣いや抑揚がどの友だちと似ているのか、すらすらと名前を挙げることだってできる。

熱い心を傾けて——これこそが混じり気のない**わたし**だと感じながら——作曲したいくつものピアノ曲の小品にしても、皮肉なことに、ショパン、バッハ、プロコフィエフ、ラフマニノフ、ショスタコーヴィチ、スクリャービン、ラヴェル、フォーレ、ドビュッシー、プーランク、メンデルスゾーン、ガーシュウィン、ポーター、ロジャーズ、カーンなど、その頃いつも飽きずに聴いていた大勢の作曲家のいかにもそれらしい特徴が満載だ。また、わたしの書く文章にしても、あんなふうに書けたらいいのにと憧れる、言葉を巧みに操る幾多の文筆家の影響があちこちに見られる。さらに、わたしのものの考え方は、母、父、若い頃の友人、恩師の影響を受けている……。わたしのやることなすことすべては、実際に近しい誰か、あるいはバーチャルに近しい誰かから拝借して何らかの修正を加えたものだが、バーチャルな影響は特に大きい。

わたしという人間の構造は、あまたの著名な人々の経験の寄せ集めでできているが、その著名人にはこれまで直接会ったことがなく、今後もほぼ間違いなく会うことがないため、わたしにとっては「バーチャルな人」だ。例を挙げると、ニールス・ボーア、ドクター・スース、キャロル・キング、マーティン・ルーサー・キング、ビリー・ホリデイ、ミッキー・マントル、メアリー・マーティン、マキシン・サリバン、アンワル・サダト、シャルル・トレネ、ロバート・ケネディ、P・A・M・ディラック、ビル・コスビー、ピーター・セラーズ、アンリ・カルティエ＝ブレッソン、朝永振一郎、ジェシー・オーウェンス、グルーチョ・マルクス、ジャネット・マーゴリン、ロアルド・ダール、フランソワーズ・サガン、シドニー・ベシェ、シャーリー・マクレーン、ジャック・タチ、チャールズ・シュルツなどだ。

みんなわたしの人生に大きなプラスの影響を与えた人たちばかりで、わたしの人生はこの人たちの人生と少なからず重なり合うので、直に出会ったとも言えるかもしれない（少なくとも理論的には）。だが一方でわたしは、たとえ会いたくても会うことができないし、話もできないような大勢の人の影響も受けている。たとえば、W・C・フィールズ、ガリレオ・ガリレイ、ハリー・フーディーニ、パウル・クレー、クレマン・マロ、ジョン・バスカヴィル、ファッツ・ウォーラー、アンネ・フランク、ホールデン・コールフィールド、ネモ船長、クロード・モネ、レオンハルト・オイラー、ダンテ・アリギエーリ、アレクサンドル・プーシキン、エフゲニー・オネーギン、ジェームズ・クラーク・マクスウェル、サミュエル・ピクウィック氏、チャールズ・バベッジ、アルキメデス、チャーリー・ブラウンなどだ。

後で挙げた人たちのなかには、言うまでもなく、フィクションの登場人物や、実在しているかしていないか曖昧な人物たちが含まれているが、そんなことは、わたしの心の中ではみんなただの**バーチャルな**存在だという事実に比べればたいした問題ではない。大切なのは、架空か実在か、バーチャルか非バーチャルかという次元ではなく、それぞれの人たちとわたしの内面との交流の深さや長さだ。そういう見方をすると、ホールデン・コールフィールドはアレクサンドル・プーシキンと同じレベルにあり、ダンテ・アリギエーリよりもはるか上に位置する。

　われわれはみな珍しいコラージュ作品であり、風変わりな小惑星だ。その小惑星は、他人の習慣、考え方、流儀、妙な癖、冗談、言葉遣い、声音、希望、恐怖など、まるで隕石のようにどこからともなく飛んできてはわれわれにぶつかるものを一体化させて、肥大化していく。最初のうちはとってつけたみたいで自分らしくないと思えた癖も、天日で溶ける蝋みたいにゆっくりと自己の資質と融合し、元の人物の一部であったのと同じように、今度はすっかり**自分の**一部となる（元の人物も、そもそもは別の誰かのそういう癖を真似ていたかもしれない）。隕石という喩えを出すと、まるで**無差別**爆撃を受けているみたいだと思われそうだが、わたしとしては、どんな癖でも積極的に融合して身にまとっていると言いたいわけではなく（われわれはとても選り好みしながら、憧れたり羨んだりする他人の特徴を拝借している）、選択の仕方自体が、長年融合を繰り返しながら変化してきた自分の影響下にあると言いたいのだ。最初は表面に留まっていた癖も、ローマの遺跡のように次第に埋もれて自己の核に少しずつ近づき、われわれは小惑星のように徐々に肥大化し続ける。

　つまり、われわれ一人ひとりは、他人の魂の断片を寄せ集めて、新たに組み立て直した集合体だ。もちろん、断片の元の持ち主たちをみな同等に表象しているわけではなく、自分が愛する人、自分を愛してくれる人は、最も強く自分の中に表象され、大小さまざまな影響が結びつき合って長年かけて自分と同調し、「私」が形成される。デイヴィッド・オルソンが一九六四年にペンで描いた「寄木風デフォルメ」[3]は、こうした考え方を図形によってだけでなく、「中央にいるI《わたし》」というタイトルによっても見事に示している（次頁）。

　中央にあるのは個人を示す形（アルファベットのI）で、この形はすぐ外側にある形が少し変形した結果だ。そして、すぐ外側の形は、それぞれがまたすぐ外側にある形の変形で、それがずっと繰り返され、外へ向かう

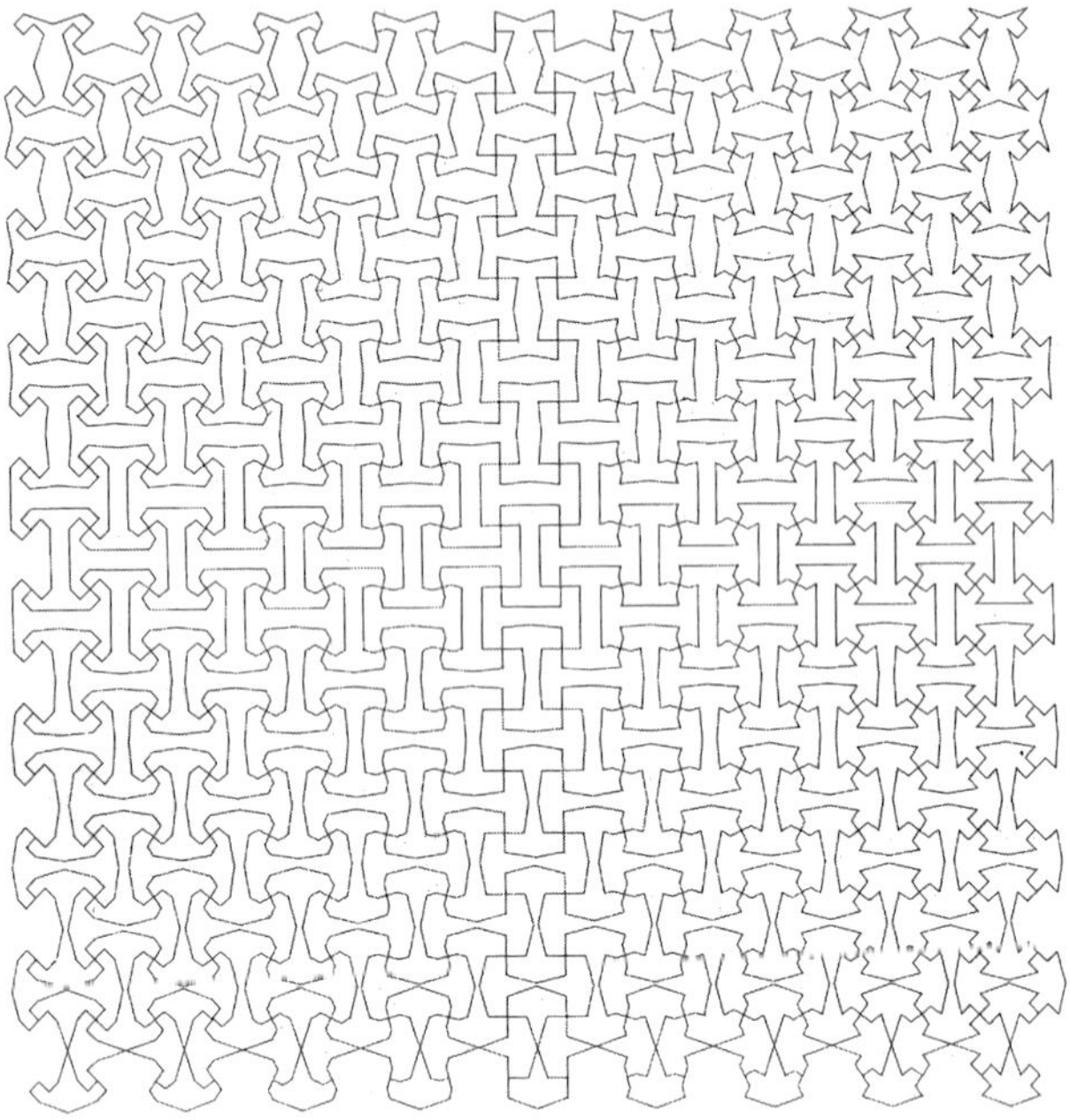

につれて、次第にはっきりと異なる形になる。視覚を用いたすばらしいメタファーだ。われわれはみな、親しい人、とりわけ特別に親しい人たちによって形作られているのがよくわかる！

他人の心の内面はどれくらい多く取り込めるのか？

たとえば、店のレジ係と二、三分やりとりする程度では、その人の精巧な表象を作り上げることはできない。その場合の表象はかなり部分的で、一瞬で消えてしまうため、数日後にその人を見ても思い出せはしないだろう。クリスマスの買い物で混雑する歩道ですれ違う人波となると、そのような傾向は一段と強まる。他人の中にも、自分と同じような奇妙なループが核の部分にあり、その細部にはそれぞれ独自の特質が染み込んでいるが、そこにアクセスするのはとても難しいため、人の核となる部分を表象するのはまったく不可能だ。けれども、その人の内なる灯火や本当の姿とは関係のない表面的な部分ならば、記録しておくことはできる。それが典型的な「ちょん切れた廊下」のイメージで、われわれはたまたま出会った大勢の人についてはそのようなイメージを脳内に築き上げるだけで、核にある奇妙なループのことは考えない。

先に挙げた著名人の多くはわたしのアイデンティティの中核をなし、その人たちの思考や功績に出会わなければ自分がどんな人間になっていたか想像もつかないほどだが、実際にはその他にも、わたしの心にかすり傷を与えたり、心をかすめとって魅了したりして、わたしという存在を軽くかすめていっただけの著名人もとてもたくさんいる。そうした影響力の弱い人たちの大多数は、成し遂げた功績をもってわたしの中に表象されている（わたしに良い影響をもたらした功績もあれば、悪い影響をもたらした功績もある）。この場合の功績とは、口にしたキャッチフレーズとか、発見した方程式、撮影したスナップ写真、デザインした活字書体、鮮や

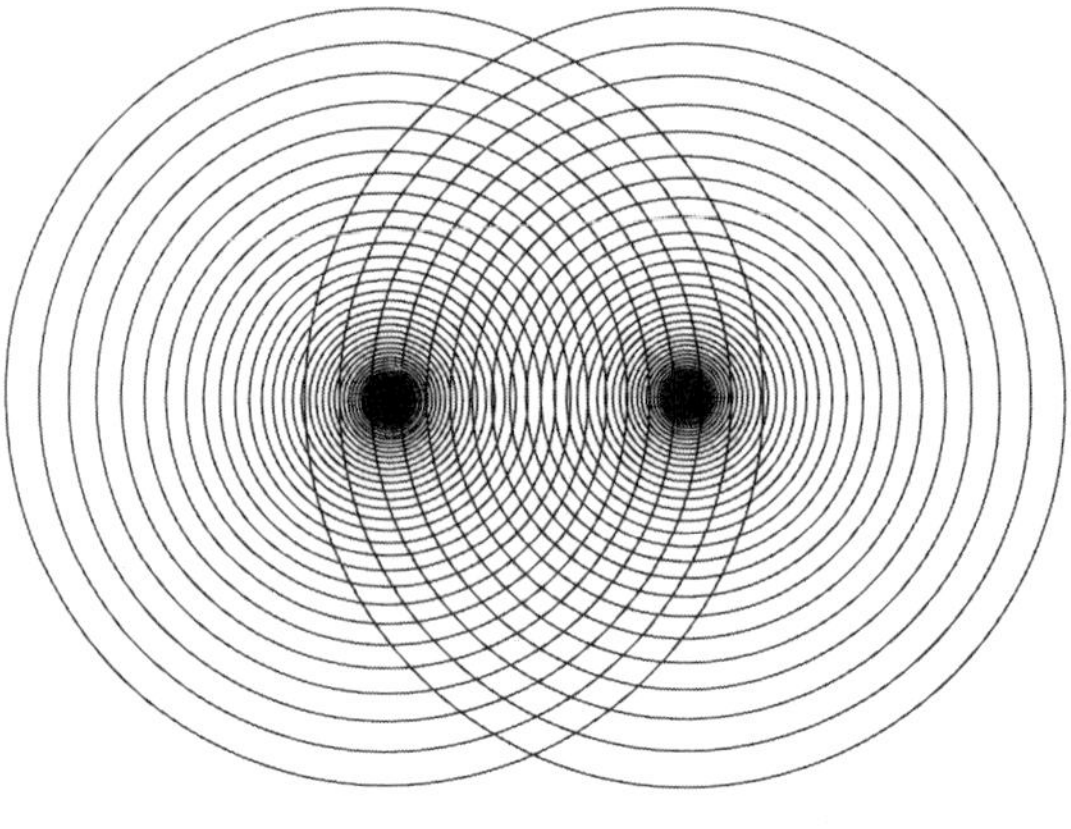

かにキャッチしたライナー、決起した暴徒、救出した難民、企てた策略、生み出した詩、申し出た和解、描いた漫画、練り上げたオチ、甘く歌ったバラードなどだ。

一方でわたしの中核をなす著名人たちは、功績という表面的な足跡にとどまらず、複雑なシンボルとして脳内で表象されている——この人たちの目を通じて世界を見るとは、この人たちの頭の中で生きるとはどういうことかを伝える、ほのかな光がわたしの中に染み込んでいるのだ。わたしには、自分がこの人たちの内面の隠された領域に（場合によっては深く）入り込み、逆に彼らの方もわたしの内面に浸透しているという感覚がある。

とはいえ、最愛の作曲家、作家、画家などが、すばらしい影響を自分に与えてくれるとしても、直に知っている人たち、長い時間をともに過ごし、愛してきた人たちの方がさらに密な関係にあるのは当然のことだ。心から大切に思う人であるだけに、相手が達成すべき個人的目標が自分の内面の重要な目標にもなり、その目標達成の方法について一緒に時間をかけてじっくりと考えることになる（「その目標」とあえて一般化して述べたのは、それが**相手の**目標か**自分の**目標か判然としないからだ）。

われわれは、そうした親しい人たちの内面に住み、彼らもまたわれわれの内面に住んでいる。いま一度ビデオフィードバックの喩えを持ち出すなら、自分の画面には自分自身の無限の廊下とともに、もう一つ、自分と近しい人の無限の廊下が映し出されている。その廊下はどこまでも覗き込むことができる——相手の奇妙なループ、パーソノイドの芽が、自分の中に取り込まれる。ただしここでもまた、われわれのカメラと画面は粒子が荒いので、愛する人の表象は、その人の中の自己表象や自分の中の自己表象と同じように深遠な、あるいは正確な表象とはなり得ない。

最愛の人の魂のアイコンをダブルクリック

一九九四年にあれこれ悩みながら書いたダニエル・デネットへのeメールで、キャロルの死後初めて彼女が映るビデオを見るときにどんな気持ちになるか、不安に思っていると記した。ビデオに映る彼女の姿を見ると、自分の頭の中にある彼女のシンボルがもう一度活発に動き始める——彼女が亡くなって以来、最高に活発になる——と想像して、その映像がもたらし得る錯覚の力が怖くてたまらなかったからだ。おそらくビデオには、たとえば階段の傍らに立つ彼女が映っているだろうが、立ち上がって彼女が映っていた場所へ行っても、そこにはもう誰もいないと思い知ることになる。彼女の輝く顔が見えたり、笑い声が聞こえたりしても、彼女のそばへ行って肩に腕を回すことはかなわない。ビデオテープを見れば彼女が物理的に復活したように思えるのに、実際にはどうしても会ったり触れたりできないと確認され、彼女の死という苦悩が増してしまうのではないか。彼女の物理的本質は、ビデオテープでは復活しないのだから。

では、彼女の内面的本質はどうだろうか？　キャロルが生きていたとき、彼女の存在はいつもわたしの脳内の特定のシンボルを呼び覚ましていた。ビデオテープの中の彼女も、状況は限定されるものの、当時と同じシンボルを呼び覚ますはずではないか。その結果わたしの脳内で活発になるシンボルのダンスは、どのようなものだろう？　わたしの「キャロル」のアイコンが否応なくダブルクリックされたら、わたしの中で何が起こるのか？　静まり返った闇から突如浮かび上がってくるであろう奇妙で複雑なものは、本物の何かかもしれない――わたしの中の「私」と同程度には本物だろう。だとすれば、ここで重要な疑問が生じる。その奇妙で複雑なものは、かつてキャロルの脳内で活発に活動していた彼女の「私」とどう違うのか。まったく違うタイプなのか、それとも大まかには同じタイプなのか？

他人の脳で考える

一九九四年のあの悲痛な春、あがくわたしにダニエル・デネットから届いた数多くの返信のなかに、わたしの心に焼きついている文が一つある。「あなたの話からはっきり言えるのは、キャロルはこれからずっとあなたの脳で考えるということです」。わたしは、この示唆に富む言葉に感謝し、共感した。後からわかったことだが、ダンは、われわれの共通の友人である人工知能研究の先駆者、マーヴィン・ミンスキーに許可を得て、彼の言葉を引用していたのだ――あっちもこっちも模倣《コピー》だらけだ！

「彼女はこれからあなたの脳で考える」。デネット（ミンスキー）のこの言葉は、わたしに当てはめれば、およそこういう意味になる。わたしに届く入力信号は、ある状況下では、**わたしの**記憶ではなく**キャロルの**記憶へとつながる脳内の経路を進む（厳密に言えば、わたしの中にある解像度の低い、粒子の粗い彼女の記憶の「コピー」への経路）。子供たちの顔、彼女の両親やきょうだいたちの声、我が家の部屋――そうしたものは、キャロル風の意味を染み込ませる参照枠で処理されることがある。彼女の経験に根ざし、関連をもつ枠組みに置かれるのだ（彼女の経験もわたしの脳内に大雑把に描かれている）。わたしに飛び込んでくる信号に生じる、このような意味の変容は、彼女の人生に由来していると言える。だとすれば、共に暮らしていた間にわたしが取り込んで移植した、キャロルのこの世における経験が正確である限り、彼女はわたしの中に住みついて、世の中に反応することができる。その限りにおいて、その限りにおいてのみ、キャロルはわたしの脳で考え、わたしの心で感じ、わたしの魂の中で生きることになる。

小石のサイズの異なるモザイク

いま述べてきたことはすべて「○○の限りにおいて」という条件がついているので、一番大切になるのはオリジナルに対する**忠実度**だと考えられる。すぐに思いつくのは、色のついた小石を置いて描くモザイクの肖像画の喩えだ。親しくなればなるほど、相手の頭の中にあるあなたの「肖像画」の小石は小さくなっていく。最も解像度が高いのは、もちろん、あなた自身がもつ自画像だ――あなた自身が生涯をかけて描き上げた、きわめて細密なモザイクの自画像、自己シンボルだ。キャロルに関して言えば、彼女がもっていた自己シンボルは、紛れもなく彼女の内面的本質、彼女の内なる光、彼女のパーソノイドを最も細密に描いた自画像だった。そして二番目に解像度が高いグループには、**わたしがもつ**キャロルのモザイク画、わたしの頭の中に住みついている彼女の内面のやや粒子の粗いコピーが間違いなく含まれている。

言うまでもなく、わたしの中にあるキャロルの肖像画は、彼女の自画像よりも粒子が粗い。なぜそうなるのか？　わたしは彼女の家庭で成長してはいないし、彼女と同じ学校に通ってはいないし、子供時代や青春期を一緒に過ごしてはいないからだ。だがそれでも、長年一緒に暮らし、何気ない話や打ち解けた話に無数の時間をかけて、わたしは、彼女のアイデンティティの中核をなす数々の経験の、解像度の低いコピーを自分の中に取り込んだ。キャロルの若い頃の記憶——両親、きょうだい、子供の頃に飼っていたバーニーというコリー、ゲティスバーグやワシントンDCの美術館へ家族で出かけた「修学旅行」、ミシガン州の真ん中にある湖を臨む小屋で家族と過ごした夏休み、思春期に喜んではいた恐ろしくカラフルなソックス、思春期前に夢中になった読書とクラシック音楽、同年代の子供たちに抱いた違和感と疎外感——そのようなものがすべてコピーとしてわたしの脳に刻みつけられた。ぼやけてはいるが、確かにコピーとして存在する。彼女の記憶の一部はあまりにも鮮明であるため、わたし自身の記憶となってしまい、わたし自身がそのような日々を過ごしたかに思えるほどだ。懐疑的な人のなかには、このような考えをまったく受けつけず、「ただの擬似記憶だ！」と片づける人もいるかもしれない。そういう人にはこう尋ねたい。「どこが違うのか？」

以前、ある友人が、観光旅行に行ったときの話をしてくれた。彼の話がとても詳しくて鮮明だったため、何年か後に、わたしは自分自身がその旅行に行ったと思うようになった。さらにひどい話だが、その友人が「わたしの」旅行と何か関わっていたことなど、完全に忘れてしまっていた！　あるとき、彼とその旅行の話になり、もちろん、それぞれが旅行に行ったのは自分だと言い張った。そんなばかな話はない！　最終的に、友人が写真を見せながらわたしよりもはるかに詳しく旅行の話をしてくれたおかげで、わたしは自分が間違っていたと悟った——けれども、わたしの頭の中で同じような混乱が他にもいろいろと起きていて、訂正のチャンスがないとしたら、それが間違いだとは誰にもわからないまま、擬似記憶が自己イメージの不可欠な要素としてわたしの中に残るのではないか？

結局のところ、現実の記憶と擬似記憶は何が違うのか？　ほとんど違わない。たとえばわたしは、小説『キャッチャー・イン・ザ・ライ』や映画「リサの瞳のなかに」の中で、わたし自身に起きたこととして思い起こすエピソードがある——現実にはわたしの身に起きていないとしても、だからどうなのだ？　その記憶は、まるで本当にわたしの身に起きたように鮮明だ。同じように記憶しているエピソードは、他の芸術作品にもある。そうした記憶はわたしの中の感情の図書室に休眠状態で格納され、適切なきっかけが訪れて命を吹き返すのを待っている。わたしの「本物」の記憶が、きっかけを待っているのと同じだ。実体験としての記憶と他人の話としての記憶に、絶対的区別や根本的区別はない。しかも、時間が経過して自分の記憶（や擬似記憶）が薄れてくると、そうした区別はなおさら曖昧になる。

パターンの移植

おおかたの読者がわたしの考えにおおむね賛同してくれるとしても、そのうちの多くの人が最も理解に苦しむのは、頭の中にある一つのシンボル——たとえどんなに複雑なものであろうと——が活性化すると、他人の**一人称的**経験や意識のいくばくかを自分のものにできると、わたしが何をもって信じるのかという点だろう。**別の**誰か、父や妻の自己がわたしの中で感情を経験すると考えるなんて、どこまで頭がおかしいのか？　すべては**わたしの**頭の中の神経というハードウェアがなせる業で、しかもその別の誰か自身の脳細胞はすべて、とうの昔に死んでしまっているというのに。

解決すべき問題は単純明快だ——ハードウェアが本当に大切なのだろうか？　今ではリサイクルされてこの惑星の巨大な生態系の名もなき一部となった**キャロルの**細胞だけが、わたしが「キャロルの感情」と呼ぶものを裏づける能力をもつのか（感情に、それが唯一無二だと示す焼印を押すかのように）？　それとも**他の**細胞、たとえばわたしの中にある細胞にも、その仕事ができるのか？

わたしには、その問いに対する明確な答えがある。脳細胞は意識を担ってはいない。意識を担うのは**パターン**

なのだ。肝心なのは組織のパターンであって、組織を構成する基質ではない。肉じゃない、動きなのだ！　そうでなければ、脳の**外の**分子にはない特別な性質が、脳の**中の**分子にはあると考えねばならなくなる。たとえば、皿の上にトルティーヤチップが一枚だけ残っているとする。このままでは捨てられてしまうそのチップを見て、わたしはこう考える。「おお、ラッキーなチップだ！　わたしがおまえを食べれば、生命をもたないおまえの分子が、もしかしたら幸運にも血流に乗って脳に到達し、そこで定着して、わたしの一部となる体験を味わえるのだ！　だからわたしは、自力では動けないおまえの分子が人間となる体験を楽しむチャンスを奪わないために、おまえを貪り食わねばならない」。ほぼすべての読者が、このような考えは馬鹿げていると思ってくれるだろう。だが、自分を構成する分子が自分の感情を「楽しんで」**いない**としたら、感情を楽しんでいるのは何か？　残されているのは**パターン**だけだ。パターンはある媒体から別の媒体へと、たとえ根本的に異なる媒体同士であっても、コピーされ得る。このような動きは「移植《トランスプランテーション》」、あるいは縮めて「翻訳《トランスレーション》」と呼ばれる。

小説は移植に耐えるので、原語が話されていない土壌においても「よその言語」で読まれる。大切なのは、どんな土壌でどんな言語で読もうと、読者は基本的に同じ世界を体験するという点だ。翻訳書であろうとなかろうと、小説はすべてこうした移植可能性に依存している。というのも、人間はたとえ同じ言語を話していても、まったく同じ土壌で成長するわけではないからだ。移植ができなければ、現代のアメリカ人は、ジェーン・オースティンの作品に共感できないではないか？

キャロルの魂がわたしの脳という土壌への移植に耐えるのは、彼女の若い頃の大事な要素をすべてある程度わたしが知っているからだ。わたしは、彼女が暮らしたあちこちの家で、彼女の家族と共に育ってきたわけではないが、それは問題ではない。のちに彼女の魂が芽生えてくることになる、若き彼女の内なる根は、わたしの中でしっかりと生きて、定着している。わたしの脳の肥沃な土壌は、彼女の魂の土壌と同じではないが、とてもよく似ている。だからわたしは、多少ダグ風のアクセントがついてはいるものの、キャロルになることができる。ジェームズ・フェイレンの手で、美しく軽快で叙情あふれる英語訳になったプーシキンの韻文小説『エフゲニー・オネーギン』が、多少アメリカ風のアクセントがあるものの、まさに紛れもない『エフゲニー・オネーギン』**そのもの**であるのと同じだ。

言うまでもないが、悲しいかなコピーに完璧はなく、わたしの中にあるキャロルの記憶のコピーも非常に不完全で不十分であり、オリジナルがもつ細部のレベルには遠く及ばない。さらに言うまでもないが、悲しいかなわたしの頭蓋に住みつくキャロルは縮小されて、かつての彼女からすればほんの小さな断片となっている。悲しいかな、わたしの脳内のキャロルのエッセンスが作るモザイクは、かつて**彼女の**脳に特権的にあったモザイクよりもはるかに粒子が粗い。悲しいことだ。死の棘を拒絶することはできない。それでも死の棘は、見かけほど絶対的でも完全でもない。

皆既日食が起きると、太陽を取り巻くコロナが輝いて見える。人が死ぬときも輝くコロナが後に残り、親しかった人に残光を与える。もちろん、時間が経過すれば残光は弱まり、最後には消えてしまうが、そうなるまでには何年もかかる。最終的に親しかった人たちもみな死んでしまうと、残り火もすべて消え、その時点で「灰は灰に、塵は塵に」なる。

数年前、メール友だちのジェームズ・プラスが、わたしがそのような考えに執着しているのを知って、カーソン・マッカラーズの『心は孤独な狩人』の中の一節を送ってくれたので、それをこの章の締めくくりとする。

翌日の昼前、彼は二階の部屋に座って縫物をしていた。なぜなのだろう？　心から愛し合っていた二人のうち、後に残された者が自ら命を絶って愛するものの後を追うケースがさほど多くはないのはなぜなのだろう？　生き残った者が亡くなった者を埋葬せねばならないというだけの理由からか？　死後に予定された儀式を執り行わねばならないからか？　残された者はしばしの間舞台に上がり、毎秒毎秒を無限のように感じながら大勢の人に注目されねばならないからか？　やり遂げねばならない務めがあるからか？あるいは、もしかすると、愛の絆があるならば、残された者は亡くなった者の復活のために留まっていなければならないのだろうか——だとすれば、消えてしまった者は完全に死んだのではなく、残された者の魂のなかに再び生み出され、成長していくのではないか？〔『心は孤独な狩人』（河野一郎訳　新潮社）より〕

第18章 人間のアイデンティティのにじんだ光

わたしは他人を迎え入れ、他人に迎え入れられる

人類が共有する信念で何よりも広く受け入れられているのは、「一人の人間に一つの身体」、あるいはそれと同義の「一つの魂に一つの脳」だろう。わたしはこの考え方を「かごの鳥のメタファー」と名づける。言うまでもなく、かごは頭蓋で、鳥は魂を意味する。このような見方はあまりにも自明であり、自分自身について考える際もごく当然の前提とされる。ゆえに、改めて言葉にしてみると、「一つの円に一つの中心」、「一本の指に一枚の爪」と言うがごとく無意味に思えるかもしれないし、そこに疑問を挟むようなことを書けば、頭のネジが一本どころか何本も外れているという印象をもたれかねない。けれども、これまでのいくつかの章でわたしが示さんとしてきたのは、まさにそうした疑問を挟むことだ。

わたしがここで提案したいのは、かごの鳥のメタファーとは対照的な次のような考え方だ。一般的な成人の脳は表象に関する万能の「機械」だ。人間は社会的存在なので、成人の脳には、その脳に第一に関連づけられる人間のアイデンティティを構成する第一の奇妙なループが**一つ**だけ存在するのではなく、他人の脳にある第

一の奇妙なループの粒子の粗いコピーもあり、結果的にいくつもの奇妙なループが存在する。つまりナンバー1の人の脳には、ナンバー1、2、3などの奇妙なループが、それぞれ異なる細密度で入っているのだ。この考え方はナンバー1の脳だけでなく、あらゆる人の脳に当てはまるので、裏を返せば次のようにも言える——すべての一般成人の魂は、忠実度はさまざまだが多くの人の脳に収まっており、ひいては、あらゆる人間の意識または「私」は、程度の差こそあれ大勢の他人の脳に同時に住みついている。

もちろん、各々の「私」には「本宅」とも言うべき「メインの脳」があるので、「わたしの魂はわたしの脳に宿っている」という単純で常識的な表現は十分に真実であり、事実に即しているとも言えるが、その表現では大切な考えが抜け落ちている。それは、初めて聞くと奇妙に感じるかもしれないが、「わたしの魂は、忠実度には劣るものの、わたし以外の人の脳にも住みついている」という考えだ。

ここで多少とも考えておくべきは、何の気なしに使っている「わたしの脳」と「わたしのではない（いくつかの）脳」という表現の意味だ。たとえば、わたしに五人の妹がいるとしたら、「わたしの妹」という言い方は、意味がないとまでは言えないにしても、非常に曖昧になる。同様に、もしもわたしに国籍が三つあるとすると、「わたしの国籍」という言い方は曖昧だ。それと同じで、わたしの自己シンボルが、たとえば一五の異なる脳に存在するとしたら（もちろん忠実度はすべて異なる）、「わたしの脳」という言い方だけでなく、「わたしの」という言葉も曖昧だということになる！　「わたしの脳」と言っているのは、いったい誰なのだ？

そういえば、今ではもうなくなってしまったが、サンフランシスコ・ベイエリアに一軒のバーがあって、その前を車で通るたびにとても楽しい気分になったのを思い出す——「わたしの弟の店」という看板がかかっていたからだ。確かにそれはそうなのだろう。でも、誰の弟の店なのか？　わたしと言っているのは誰なのか？その答えはわからずじまいで（わたしだけでなく、たぶん誰にもわからなかったと思う）、わたしはその看板の意図せざる馬鹿馬鹿しさを喜んだ。

幸い、「メインの脳」があるおかげで、「わたしの脳」という表現には、曖昧でない第一義的な意味が与えられる（「わたしの脳」と言った人の魂は、程度はさまざまながら、他の一四の脳に同時に存在してもいるが）。そして普通は、「わたしの脳」と言葉にした人の魂はメインの脳（したがってメインの身体、メインの口）を使うので、その言葉を聞いた人は（言った当人を含めて）、その言葉の意味を当たり前のように理解する。

かごの鳥のメタファーに対抗できる、強烈で鮮明なメタファーを考え出すのは容易ではない[1]。もちろん、ミツバチ、竜巻、花、星、大使館など、可能性として思い浮かぶものはいくらでもある。しかしミツバチの群れや星雲のイメージは、拡散性という考え方は明確に伝えられても、かご、つまり頭や脳や頭蓋に匹敵するものがない（巣分かれして飛び立ったミツバチの群れは元の巣には戻らないので、ハチの巣は関係がない）。一方、竜巻を生む巨大積乱雲《スーパーセル》のイメージは、そこに含まれる渦巻きが、これまでたびたび話題にしてきたビデオフィードバックループを連想させるし、巨大積乱雲の下ではいくつもの渦が間隔を空けて同時に生じるという点で魅力的だ。だがこれも、ミツバチと同じく「住まい」に相当するものがなく、メインの竜巻が存在しないこともはっきりしている。では、地下に茎を伸ばしてあちこちで同時に芽を出す植物のイメージはどうか？　メインとなる第一の茎があり、二番目の茎が派生して育つという点は、かごの鳥のメタファーに対抗する考え方においては重要な要素だ。同様に、多くの他国に大使館を置く国というイメージも、わたしが探究する考えにおいて重要な側面をもっている。とはいえ、わたしはやはり、どのイメージについても心から満足することはできないため、ここでは、どれか一つを選んで決めてしまうのではなく、すべてを同時に提案してみて、読者の心に何か適切なイメージがかき立てられるのを期待したいと思う。

別の場所にいると感じること

一人の人間が同時にいくつもの身体に住みついているという話は、人の居場所は一つだけで、二つ以上はないと断言する「常識」とはかけ離れていると思えるかもしれない。それなら、その常識の原理を少しばかり調べてみるとしよう。

IMAXの映画館へ行って、怖いジェットコースターに乗る映像を見ているとする。そのとき、あなたはどこにいるのだろうか？「映画館の椅子に座っている」と答えたくなるだろうが、だとすれば、なぜそんなに怖いのか？何十列もある椅子は固定されていて、ポップコーンの匂いがして、薄いスクリーンがあるのは五〇フィートも先だというのに、何をそんなに怖がるのか？答えは簡単だ。映画を見ているときに脳に入力される音と映像は、映画館内ではなく、何の関係もない遠く離れた別の場所で発生しているように感じられるからだ。**そのような**入力をもとに、自分がどこにいるかを判断せずにはいられなくなる。実際には肉体がない場所、さらに言えば、脳もない場所に、自分が運ばれてしまったような感覚に陥るのだ。

もちろん、映画鑑賞はとても馴染みのある活動なので、このような仮想の移動現象が起きても混乱はしないし、自分が不信感を束の間留保しているだけということもわかっている。だからこそわれわれは別の世界に、仮想して、仮初めに、仮面をつけて入っていけるのだ。この種の体験が深刻な哲学的問題を生じさせるとは思えないものの、わたしには、これが最初の小さなきっかけとなって、自己が複数の場所に同時に存在するための扉が、さらにずっと大きく開かれるように思える。

ここでもう一度、ブルーミントンのペットホテルからシエラネバダ山脈のスキーリゾートに、「ドギーカム」とインターネットを使って送られた映像について考えてみよう。狭い空間で犬が遊ぶのを見ながら、子供たちもわたしも「自分がオリーになった」とは少しも思わなかったが、あの状況におけるパラメーターを微調整してみるとどうなるだろう。たとえば、視覚映像の回線容量が大幅に増えたとしたらどうなるか。また、ウェブカムをフェンスで囲まれた遊び場の上に固定するのではなく、オリーの頭に取りつけてマイクもつけたらどうなるか。そしてさらに、ある専用のゴーグル（イヤホンのついた眼鏡）をかけるとしたら、送られてきた画像をハイファイの音と映像で見られるとしたらどうか。そのゴーグルを自由にかけたり外したりできるならばゲーム感覚でいられるだろうが、数時間かけたまま固定され、まわりの世界もゴーグルを通してしか見られないとしたらどうだろう？　少しだけ、自分がオリーに**なった**ような気がしてくるのではないか？　自らの目や耳でカリフォルニアの情報を得られないとしたら、遠く離れたカリフォルニアのスキーリゾートにいることにどんな重要性があるのだろうか？

オリーの動きをコントロールすることはできないのだから、自分がオリーだと感じるはずはないと思うかもしれない。それならば、オリーを自在に右に向けたり左に向けたりできるジョイスティックがあったらどうなるだろう（どうすればそんなことが可能になるかは重要ではない）。何時間も連続で自分の手でオリーの動きをコントロールできて、オリーの頭につけたカメラからだけ視聴覚情報を得ることになる。これはかなり突飛なシナリオだが、実際に想像してみれば、自分はカリフォルニア州のスキーリゾートでほとんど椅子に座ったままでいるのではなく（ゴーグルをつけているので動こうにも足元が見えず、あえて危険を冒して動こうとはしないから）、インディアナ州のペットホテルで自由に動き回っているように感じられるのが簡単にわかるはずだ。超高速のデータ送信のおかげで、自分の身体からも脳からも遠いところに自分がいると感じるこの感覚を、「テレプレゼンス」という（この言葉はパトリック・グンケルが考案し、マーヴィン・ミンスキーが一九八〇年頃に広めた）。

テレプレゼンス対「リアル」プレゼンス

わたしにとって一番鮮明なテレプレゼンスは、自著『ゲーデル、エッシャー、バッハ』の組版をしていたときの体験だろう。一九七〇年代の終わりで、その頃は著者がそのような作業に関与するなどと耳にしたことはなかったが、幸運にも、当時世界に二台しかなかったコンピュータ制御による組版システムを利用することができた。そして、まったくの偶然だが、その二台はどちらもスタンフォード大学が所有していた。問題は、わたしはスタンフォード大学から遠く離れたブルーミントンにあるインディアナ大学の助教授で、毎週火曜日と木曜日に授業をもっていたことだ。加えて、インターネットなどない時代なので、インディアナ州にいながらにして組版を行うことは到底できなかった。したがって、自著の組版作業をするにはスタンフォード大学まで出向かねばならないものの、授業のスケジュールを考えれば週末に行くしかなく、しかもすべての週末をそれに費やすことはできない。結果として、スタンフォードへ飛んだ週末はベンチュラ・ホールに直行して、通称「イムラック・ルーム」の端末の前にドスンと腰を下ろし、猛烈な勢いで仕事に没頭した。四〇時間ぶっ続けで作業して、ふらふらになったこともある。

この話のどこがテレプレゼンスと関係するのか？　スタンフォード大学で行った、長くて骨の折れる毎回の作業はとても催眠性が高く、あの部屋を離れてからも何となく自分がまだそこにいるような気がしたものだった。あるとき、ブルーミントンに戻っていたわたしは、ある章の組版で重大なミスを犯したことに気づき、大慌てで友人のスコット・キムに電話した。スコットも、イムラック・ルームで際限なく時間を費やすのが日課だったが、そのときは、そこにいる彼をつかまえられて心からほっとした。スコットは喜んでわたしの代わりにプログラムを呼び出し、適切なファイルを開いてくれた。おかげで、わたしはスコットとともに作業に取りかかり、わたしがスコットに長く細かいプロセスを詳しく説明すると、スコットはスクリーン上に見えているものをわたしに読み上げてくれた。

それまで、数え切れないほどの時間をイムラック・ルームで過ごしてきたおかげで、わたしにはスコットが伝えてくれる内容がすべて手に取るようにわかった。その間、自分はどう考えてもスタンフォードで直接イムラックの端末を触っていると感じるのに、実は身体はブルーミントンにあるのだと思い出し、そのたびに見当《けんとう》識《しき》を失ったような感覚に陥った。とはいえ、念のためにつけ加えておくが、このように明確な**視覚**を伴うテレプレゼンスは、声を伝達する電話機を介さなければ起こらなかった。スコットの目と電話で伝えられる明瞭な言葉に助けられて、わたしの両目はブルーミントンにあるにもかかわらず、カリフォルニア州のイムラック・ルームにある端末のスクリーンを直に見つめているように思えた。

このような感覚はただの「錯覚」だと思われるかもしれないが、そう決めつける前に少し考えてみてほしいのは、体験してからずいぶん時間が経過してしまったこのテレプレゼンスが、いかに原始的な手段を用いていたかという点だ。今日では、あらゆる技術に関するつまみをいっぱいに回して、桁違いに進んだ技術を容易に想像できる。たとえば、わたしがカリフォルニア州にいる移動ロボットの動きを（やはりジョイスティックを使って）瞬時に正確にコントロールする一方で、そのロボットが、マルチメディア「感覚器」で感知したものをインディアナ州にいるわたしに即座に伝える可能性もある。その場合わたしは、自分の脳があるところから何千マイルも離れた場所で仮想体験にどっぷりと浸り、その状態を好きなだけ続けられるだろう。だが、依然として激しく戸惑う瞬間がある。それは、カリフォルニア州にいる気にさせるヘルメットを脱いで、一瞬のうちに二〇〇〇マイル東の地点に移送されるとき、あるいはその逆に、ヘルメットをかぶったとたんに、はるかかなたの西海岸にいると感じられるときだ。

インディアナ州に存在するわたしの方がカリフォルニア州に存在するわたしよりも「より現実《リアル》」だと示すものは、結局のところ何なのか？　手がかりの一つは、カリフォルニア州に「存在」するためには何がしかのヘルメットをかぶらざるを得ないが、ブルーミントンにはそのような装具がなくても「存在」できるという紛れもない事実ではないだろうか。あるいは、カリフォルニア州でその辺にある食べ物を手に取ったとしても、インディアナ州にある胃袋には届かないということもヒントになるかもしれない。けれども、そうした些細な問題への対処は簡単だ。経静脈栄養補給装置をインディアナ州のわたしに装着し、カリフォルニア州のわたし――つまりロボットのわたしの身体――が何らかの「食べ物」を手に入れるたびに栄養素を血流に送り込むように設定しておけばよいのだ。この場合、ロボットのわたしの手が食べ物の上に置かれると、インディアナ州の経静脈栄養補給装置が作動するので、「食べ物」が本物の食品である必要はない。

「別の場所」に仮想上存在するという、困惑はするがテクノロジーによって実現可能となり得るアイデアを考えてみてわかってくるのは、テレプレゼンスのテクノロジーが発展するにつれて、「主たる」場所の優位性が次第に弱まるということだ。たとえば、カリフォルニア州でそぞろ歩くロボットを、ブルーミントンにあるいわゆる「水槽の脳」がコントロールしていると想像してみよう。その場合、はるか西にいるロボットは、自分が肉体をもつ生き物だと完全に信じ、自分の脳が水槽の中にあるとはこれっぽっちも思わないのではないだろうか（このような考え方の多くは、ダニエル・デネットが哲学ファンタジー「私はどこにいる？」[2]（"Where am I?"）で探究している）。

どれが本当の自分の視点か？

魂と意識に関する自分の考えを説明して正当化するためとはいえ、サイエンスフィクションもどきのシナリオを次々と挙げるのは気が引ける。そういうことをすると、わたしの考えは、SFなら何でも受け入れる熱狂的マニアと同じような精神構造を土台としていると思われかねないからだ。わたしはSFマニアではない。SFもどきの例は往々にして、古風で根深い先入観をふりほどく手助けをしてくれるものの、頭に装着するテレビカメラや、リモートコントロールで動くロボットや、経静脈栄養補給装置をわざわざもち出さなくても、実はわれわれは日常的に仮想世界に移動しているのだと気づくことはできる。たとえば、自宅のリビングルームの窓際でアームチェアに座り、のんびりと本を読むという単純な行動でさえ、仮想世界への移動という現象を説明する**またとない**例となるのだ。

ジェーン・オースティンの小説を読んでいて目に入ってくるのは、長方形の白い紙束の一枚一枚に整然と列をなす、おびただしい数の黒インクの染みだが、気持ちのうえでは、イングランドの田舎に建つ屋敷、田舎道で馬車を引く数頭の馬、上品な服を着た紳士と淑女が社交辞令を交わしていると、ちょうど道路脇のつましい小屋から貧しい老婦人が出てくる情景……そういうものを実際に「見ている」(ここは括弧を使うべきか?)つもりになっている。そして、実際に「見ている」ような気になるあまり、自分が椅子に座っている部屋も、部屋の窓から見える木立も、手にした長方形の白い紙束を覆い尽くす黒い染みさえも目に入っていないという深刻かつ由々しき事態が起きる(その無数の染みに頼って、先に述べたような視覚イメージを得ているにもかかわらず)。わたしの言うことが信じられなければ、この三〇秒間の自分を振り返ってみてほしい。あなたは、白い長方形の上に並んだ黒い染みを見て、処理して、なおかつ誰かがリビングルームのアームチェアに座ってジェーン・オースティンの小説を読んでいるところを「見て」、さらに屋敷や田舎道、馬車、上品な男女、老婦人なども見ていたはずだ。白い紙面に美しくかたどられた黒い文字は、適切に配置されていれば、読者をどんな遠いところにも、はるか昔にも、実在しない場所や時代にも、瞬く間に移送してくれるのだ。

つまり何が言いたいかというと、われわれは同時にいくつかの場所に存在できて、同時に複数の視点をもてるのだ。あなたもたった今それを体験したはずだ！　あなたはどこかに腰かけてこの本を読んでいるが、ほんの少し前までは、リビングルームのアームチェアでジェーン・オースティンの小説を読み、同時に田舎道を行く馬車の中にいた。あなたの頭蓋の中には、少なくとも三つの視点が同時に共存していた。ならば、どの視点が「本物」なのか？　どれが「本当のあなた」なのか？　そういう質問に答えるべきか？　答えられるのか？

わたしはどこにいる？

数日前に車を運転していたとき、赤信号で停車すると、ジョギング中の女性が近くに見えた。彼女は軽くジャンプするように足踏みをしながら待っていたが、信号が変わると道を渡ってどこかへ行ってしまった。ほんの束の間、わたしは「彼女になった」。その女性には会ったことがないし、今後も二度と会わないだろうが、わたしも彼女と同じことを何度もしてきた。同じ経験をしているので、彼女のことをほとんど知らなくても、経験を共有することができたのだ。確かに、彼女の目を通してそのときの状況を見たわけではないが、ここでもう一度、ちょっと馬鹿げた方向にテクノロジーを浪費する世界を少しだけ覗いてみるとしよう。

誰もが、鼻梁にとても小さなテレビカメラを装着しているとしよう。それに加えて、任意のテレビカメラから信号を受信できる眼鏡もかけているとする。そのうえで、GPS座標を使えばある人物を特定できるとしたら（まったくあり得ないことではなさそうだ）、わたしがすべきは、あのジョギング中の女性が装着したテレビカメラが発する信号を自分の眼鏡で受信できるようにすることだけ――すると、ほら！　受信した瞬間から、わたしは彼女の目を通して世の中を眺められるようになる。信号が変わって彼女が走り去ったとしても、車の中のわたしは彼女と共に走り、彼女が走っている場所の景色を見たり、彼女が駆け抜ける森で鳥のさえずりを聴いたりできる。また、いつでも好きなときにチャンネルを変えて、娘のモニカや息子のダニー、その他さまざまな人の鼻のカメラを通して世間を見ることもできる。だとすれば、わたしはどこにいるのか？「あなたが今いるところじゃないか！」と、常識的な答えが返ってきそうだ。しかし、それではあまりにも単純で、あまりにも多義的だ。

「わたしがどこにいるか」を決定するものは何か？　ここでまた、何らかの遠隔操作で栄養をとれると仮定し、さらにジョイスティックや一定の脳の働きによって遠くにあるものの動きをコントロールできるようにすると、物事は陽炎のように不確かなものに見えてくる。というのも、移動ロボットは、それをコントロールする無線接続のコンピュータが置かれたところに「いる」のではないからだ。あるロボットが、地球の研究所にあるコンピュータ制御の誘導システムによって、月の上をぶらぶら歩くということもあるかもしれない。あるいは、「スタンリー」のような自律走行車が、車に搭載されたコンピュータ、またはカリフォルニア州の実験室にある無線接続のコンピュータの制御でネバダ砂漠を横断する可能性もあるだろう。けれども、そのような場合でも、コンピュータがどこにあるかは気にもならないのではないか？　気にする必要もないだろう。

ロボットは、その**ボディ**があるところに「いる」とわれわれは思っている。だから、自分の脳が、先に述べたような架空の眼鏡を使って住みつく身体を自由自在に切り替えられるとしたら――あるいは厄介なことに、同時にいくつもの身体に住みついて、複数の身体からの異なる入力を瞬時に処理できるとしたら――**自分がどこにいるか**はきわめて不明瞭になる。

さまざまな濃度で他人になる

ここで再度ＳＦのシナリオから離れて、日常の出来事で考えてみよう。着陸態勢に入った飛行機で着席しているわたしの耳には、周囲のさまざまな会話の断片が入ってくる――インディアナポリス動物園はとても素晴らしいとか、ブロード・リップルに新しいデリカテッセンができたとか。そういう一つひとつの断片によって、わたしは他人の世界に送られ、他人の視点を微かに体験する。わたしがその視点に共感することはほとんどないかもしれないが、そうだとしても、わたしはその人の「個人的な」世界にほんの少しだけ入り込むことになる。その侵入は、一人の人間にとってはごくわずかだが、一匹の犬による他の犬の世界への侵入に比べると、はるかに奥が深い。

そして、もしもわたしが誰かと、とても個人的な感情や内密の話など、ありとあらゆる話題についてとてつもなく長い時間をかけて会話したとすると、お互いの世界への相互浸透が大きく進んで両者の世界観が融合し始める。イムラック・ルームにいるスコット・キムと電話で話すと自分がカリフォルニアまで飛んでいったような気になったのと同じで、他の人の頭の中へも、その人に熱烈な希望や悲痛な怖れが生じるたびに、言葉や口調を通じて飛び込んでいける。

われわれ人間は、テクノロジーとはまったく関わりのない世界においても、さまざまな度合いで他の人間の内側に住みつくことができている。魂の相互浸透は、表象の万能機械であるわれわれの脳の力がもたらす当然の結果だ。それこそが「共感」という言葉の真の意味なのだ。

たとえ「エコノミークラス」版にすぎなくても、また、たとえその人が本来もっている力強さと奥深さには遠く及ばなくても、わたしは自分以外の人間になれる。わたしは運に恵まれていて、「ただのわたし」に戻る選択肢がいつでもある（少なくとも普段はそれを幸運だと思っている。たまに疑いたくなることもあるが）。それは、唯一の主たる自己がわたしの脳の中に収納されているからだ。けれども、もしも脳の中に強力な自己がいくつかあると、それぞれが主たる自己になろうと競い合い、「私」という言葉の意味はどうなるかまったくわからなくなる。

素朴な視点でもたいていは十分

今しがた示した、複数の自己が脳内で主たる自己の座を争うというイメージは、とんでもなく奇異に思えるかもしれないが、実はわれわれはみな、脳内で争う複数の「競合する自己」[3]についてよく知っている。たとえば、チョコレートバーを買いたいと思う自分がいる一方で、やめておくべきだと思う自分も同時に存在する。また、「あと二〇マイルだけ運転を続けよう」という自分と、猛烈に眠いので次の休憩所に寄って仮眠しようという自分が綱引きをする場合もある。さらに、「あと一段落だけ読んでから夕食の準備をしよう」と考えながら、一方では「とりあえずこの章だけ読んでしまおう」と思うこともある。こうした正反対の内なる声があるとき、どちらが**本当の自分**の声なのか？　われわれは大人になる過程で、こうした疑問をもたなくなったり、疑問に答えようとしなくなったりする。このような、脳内の小さな争いを、「人間の条件」の一部として何も考えずに受け入れてしまうのだ。

洗面器に張った熱い湯に左手を浸け、同時に右手を冷たい水に浸けて一分間そのままにしてから、今度は両手を一緒にぬるま湯に突っ込むと、左右の手――人が最も信頼を置く偵察隊であり、外界の目撃者でもある手

――は、同じ液体の中に浸かっていながら、まったく正反対の情報を伝えてくる。このような矛盾に対しては、「なんてすごい錯覚だ！」と肩をすくめ、笑ってすませるのが一般的だ。「わたしの脳内の認知の対立が端緒となって、自分の頭の中には単一の自己しか存在しないという日常的確信は錯覚であると明らかになった」などとは考えないだろう。ほぼすべての人がそのような結論に大きな抵抗感をもつのは、ほぼすべての場合において、わかりやすい話で納得できればそれで十分だからだ。

こうした状況から連想するのはニュートン力学だ。ニュートンの法則はたいへん信頼性が高いが、光速に近い相対速度で運動する複数の物体が近距離にある場合は話が違ってくる。そのようなケースでは、ニュートン力学は役に立たず、誤った答えを導き出す。[4] だが馴染みの深い状況においては、月や惑星に向かう宇宙船の軌道を計算する場合も含めて、ニュートン力学を断念すべき理由は何一つない。宇宙船の速度はジェット機よりずっと速いが、光速に比べればきわめて遅く、ニュートン力学を放棄する必要はまったくない。

それと同じように考えるならば、自分の脳にはいくつの魂が住みついているかという問いに対して、われわれはなぜ常識的な考えを放棄しなければならないのか――答えは「一つだけ」だとわかり切っているのに。わたしに言えるのは、答えは確かに「一つ」にとても近いが、見ようによっては、その正確な第一近似からわずかに逸脱する場合もあり得るということだ。しかもわれわれは、日常生活においてそうした逸脱をたびたび経験している。それにもかかわらず、取るに足りない錯覚と片づけたり、単純に無視したりしているだけなのだ。そのような対処法が功を奏するのは、かごの鳥のメタファーが機能しない光速で動く物体に、われわれが遭遇することがないからだ。脳内に住みつく機会をうかがって争ったりけんかをしたりする、解像度が低く粒子が荒い魂たちは、支配権をめぐって「ナンバー1」と真剣勝負をしようとしない。だからこそ、「一つの魂に一つの脳」という昔ながらの素朴なかごの鳥のドグマは、ほぼどんな場合も揺らがない。

シュモクザメは自分がどこにいると考えているか？

単一の魂——たとえばあなた自身の魂——はいくつもの他の脳に分配されているという主張に対する、最も手強い反撃は、「わかった、じゃあぼくがいくつもの脳に分けられているとしよう。ならば、**ぼく**が実際に何かを**体験**しているのはどの脳？　あっちとこっちに同時に存在することはできないよ！」という単純な質問だ。だが、すでにこの章でも明らかにすべく試みたが、人は現実に二つの場所に同時に存在**できる**し、その過程で奇妙なことが起きているとは思いもしない。ブルーミントンにいながらにしてスタンフォードにもいる、という状況は起こり得るし、ドナー峠のスキーロッジにいながら、同時に中西部の街のペットホテルの遊び場にいることもできる。また、自宅のリビングルームで豪華なアームチェアに座っているのに、同時に一九世紀のイングランドの田舎道で乗り心地の悪い馬車に揺られることもある。

このような例は、あまりにも突飛だとか、テクノロジーの話に走りすぎているなどと感じるのならば、シュモクザメのことを考えてみるといい。この気の毒な生き物は、金づち《ハンマー》のような形の頭《ヘッド》の左右に目があり、それぞれの目は、多くの場合、まったく別の異なる情景を見ている。果たして、このサメが本当に見ているのはどちらの情景か？　自分が本当はどこにいると考えているのか？　もちろん、そんなことを問題にする人はいないだろう。われわれは、このサメは同時に二つの異なる世界にいる「ような」ものだと、単純に受け入れる。その主な理由は、サメがそれぞれの目で見ている情景がどれほどかけ離れているように思えても、両者はサメの周囲の連続した水中世界であり、どの部分が見えていようと大した問題ではないとわれわれは心の奥で思っているからだ。だがそれは浅い考えであり、問題と正面から向き合ってはいない。

焦点を絞るには、シュモクザメの条件に変更を加えてみるとよい。ある状況を両目で取り込み、別の無関係な状況を両耳で取り込む生き物がいると仮定する（たとえば前者はブルーミントンの状況で、後者はスタンフォードの状況）。その二つの入力を同時に処理するのは、同じ一つの脳だ。不可能な離れ業だなどと非難しないでほしい！　非難したい気分になるのなら、まずは、自分がドライブしているところを想像してもらいたい。あなたは運転しながら、他の車の動きに反応し、景色や看板を見たり、道路標識を確認したり、さらには携帯電話で遠く離れた場所にいる友人と話し、そういうさまざまなことを同時にこなしながらも、頭の中では最近のはやりの曲がかかっていて、腰痛に悩まされ、風に乗って漂う牛糞肥料のにおいを嗅ぎ、胃袋は「腹が減った！」と叫んでいる。つまりあなたは、そのように同時発生している異なる世界を、見事に正しく処理している──それと同じ考え方でいけば、人の脳がスタンフォードの聴覚の世界とブルーミントンの視覚の世界という、二つの無関係な世界を同時に扱うのを妨げるものなどない。シュモクザメの脳が「計算デキマセン」と異議申し立てをしないのと同じだ。したがって、「あっちとこっちに同時に存在することはできない」という考えはまるで成り立たない。われわれは日常の中で、どんなときも、あっちとこっちに同時に存在**している**のだ。

共感のヴァイブレーション

わたしが今述べたことは、そもそもの疑問──多くの脳のなかで**自分が**本当に存在しているのはどれか──に答えていないと感じる人もいるかもしれない。ここに存在するにせよ、あそこに存在するにせよ、自分の感情が別の誰かの感情にどれほど近づこうと、別の人の感情はあくまでも別の人のものであり、自分の感情はどこまでも自分のものであって、両者が交わることはないと感じるのだろう。ここでもまた、本章の初めに述べた「かごの鳥のメタファー」が顔を出す。このメタファーは、何度切り落とそうとしても、そのたびに醜い頭をもたげようとする。だから、他のやり方でこのメドゥーサに立ち向かうとしよう。

わたしの一部は妹のローラの中にあって、ローラの一部はわたしの中にあるとしよう。ローラが運転中に、サンノゼにあるひいきのファラフェルの店を通りかかり、立ち寄ってファラフェルを食べることにした場合、インディアナ州のブルーミントンの自宅の書斎で仕事に追われるわたしは、そのファラフェルを味わえるわけではない。したがってわたしは、あそこではなく、ここに存在していることになる！　わたしの意識は大域的に存在するのではなく局所的にしか存在せず、あちこちに散らばったりしていない！　それならば、話はここまでとなる！

しかし、物事はそれほど単純ではない。ローラが一時間後に電話をかけてきて、ファラフェルの話をするかもしれない。彼女が鮮やかに語るのを聞いて（鮮やかでなくてもかまわない。わたしもその店のファラフェルをよく知っているから）、わたしはあの小さくて丸いコロッケのカリッとした食感や、赤くて辛いソースのおいしさを思い浮かべ、思わず生唾を飲み込む。歯の裏側に触れるファラフェルがよみがえるのだ。あの小さくてころころした揚げ物を実際に舌でころがさなくても、脳の中の何かが「共感的喜び」とでも言うべきものを感じて喜んでいる。さほど強烈ではなく、一時間経過した後ではあっても、わたしはローラと喜びを共有できる。ローラ本人より弱々しい喜びで、まったく同時に生じてはいないとしても、それが何だというのだ？　解像度の低いコピーで、時間的なずれがあっても、喜びは喜びであり、しかもわたし自身の喜びではなく、あくまでローラに「関する」喜びだ。彼女の喜びは力強くわたしに伝わり、その結果、距離が離れていて時間的な遅れがあって鮮明度が劣っていても、わたしは彼女の一部となり、彼女はわたしの一部となる。

わたしが言いたいのは、たとえ粒子が粗くても、他人の脳で起きたことは「ナンバー1」の脳にコピーされ、互いの脳が感情的に近くなればなるほど、より多くの事柄が互いにコピーされ、コピーの忠実度は増すということだ。コピーは、何かが起きるのと同時である必要はなく、完璧である必要も全体的である必要もない。それぞれが相手の脳に部分的に住みついて、回線容量が上って、上って、上って、さらに上がれば、それぞれはいっそう互いの内側に入り込んでいく。やがて極限に達すると、両者の明確な境界は少しずつ消えていき、ツウィン世ン界のペアソンの二つの片割れのようになる（シャム的ツウィン世ン界のペアソンであれば、境界はなおあやふやだ）。

あいにく、われわれはツウィン世ン界のような対の世界に生きてはいない。また、魂と魂を区別する比較的明確な境界が極端に回線容量が大きい間脳コミュニケーションによって今にも脅《おびや》かされようとしている世界――互いの脳の間で信号が超高速で激しくやりとりされるので、独立したそれぞれの身体が独立した個人を決定づけるのをやめてしまう世界――に生きているわけでもない。また、今のところはそういう世界ではないが近い将来にそのような世界になると、わたしが想像しているわけでもない（わたしは未来学者ではないし、わたしの考えはまったく間違っているかもしれない）。

わたしが指摘したいのは、魂と魂を区別する水も漏らさぬ境界という俗説については、誰もが常に微かな欺瞞の匂いを嗅ぎ取るが、一つの身体に魂をただ一つだけ結びつけるのはとても都合がよく、異論をはさむ人もいないので、あるいは、一つの身体と一つの魂は完璧な協力関係にあるという考えはとても魅力的で深く心に染みついているので、われわれは、魂の相互浸透が示す日々の兆候をわざと軽視したり完全に無視したりするという点だ。

親しい友人の成功や失敗に、友人の個人的な喜びや苦しみに、自分がどれほど大きく心を奪われるかを考えてみてほしい。妹が食べたファラフェルをわたしがおいしく味わった感覚でさえあんなにも鮮明なのだから、ずっと独り身だった友人がついに素晴らしい人と出会って将来性のあるロマンスが始まったとしたら、あるいは、長年鳴かず飛ばずだった友人の俳優がようやく運をつかみ、しかも新聞のレビューで絶賛されたとしたら、それを我がことのように感じるスリルはどれほど強烈で鮮明だろうか。また逆に、親友がいきなり殴られるというとんでもない災難に遭ったとしたら、理不尽であるといかに強く感じることだろうか。そんなときは、否が応でも、自分の脳の中でその人になり代わってしまうのではないか？

だがそれにもかかわらず、われわれは、そういうとても馴染みのある現象を、安易で無造作な言葉で表現してしまう。「彼は彼女に共感している」、「彼女はとても親身になってくれる」、「あなたの苦境をお察しします」、「お気持ちはわかります」、「彼女が困難にぶつかっているのを見ると胸が痛い」、「それ以上言わないでくれ――耐えられない」などといった表現だ。こうしたありふれた言葉は、確かに人の一部分が別の人の中に存在すると示しているのに、言葉通りに人と人の魂が浸透し合って互いの境界を不鮮明にするという意味には受け取られない。そのような考え方は、扱いがとても厄介で、おそらく非常に恐ろしげであるため、人と人が本当に重なり合うはずはなく、魂と魂は異なる星雲と同じように離れていると主張される。魂に関するかごの鳥のメタファーを何の疑問もなく受け入れる習慣は、われわれに長年染みついていて、そうした根の深い習慣から抜け出すのはたいへん難しい。

わたしは他の誰でもない？　それとも、わたしは他のみんなでもある？

かごの鳥のイメージが本質的に暗示しているのは、人はみな一本の線上に並ぶ点のようなもので、その点の直径は厳密にゼロなので重なり合うことはあり得ない、という考えだ。確かに、初等代数学のいわゆる「数直線」を用いるならば、かごの鳥のメタファーでは一人ひとりに「通し番号」が割り当てられることになる――つまり、無限小数が、その人であるとは「どういうことか」を一意に定めるわけだ。そのような見方をすると、たとえばあなたとわたしは、お互いがどれほど似ていると思えても、人生においてどれほど多くのことを共に経験していようとも、一卵性双生児あるいはシャム双生児であろうとも、単に誕生時に異なる通し番号を割り当てられて、線上の異なる直径ゼロの点上に存在しているだけとなる。つまり、あなたはあなた、わたしはわたしで、二人がどんなに近い存在でも、ほんのかすかな重なり合いさえない。あなたであるとはどういうことかを知る可能性はなく、その逆もない。

それと正反対の考え方は、人間は数直線上の点ではなく線全体であり、それゆえ、すべての個人は同一の人間になるという主張だ。つまり、一人の人間しか存在しないというのだ。この極端な考えは、あまり広くは受け入れられていないが、哲学者のダニエル・コラックも著書『わたしはあなた』(*I Am You*)で提唱するなど、現代でも支持者がいる。だがわたしにとって、その見方はほとんど意味をもたない。というのも、それは汎心論、つまり森羅万象――あらゆる石、ピクニックテーブル、ピクニック、電子、虹、雨粒、滝、超高層ビル、石油精製所、広告板、速度制限標識、交通違反切符、郡刑務所、脱獄、陸上競技会、不正選挙、空港ゲート、スプリングセール、メロドラマの打ち切り、マリリン・モンローの写真など、吐き気がするほど何から何まで《アド・ノージアム》――が意識をもつという考えと同じだからだ。[5]

本書で述べる考え方は、この両極端の考え方の間に位置し、一人ひとりの人間を、点のごとき無限小数の通し番号ではなく、線上のあちこちに散らばるぼんやりとした領域として捉える。それぞれの領域は大幅に重なり合う場合もあるが、多くの場合、わずかに重なり合うか、まったく重なり合わないかのどちらかだ。たとえば、それぞれが一インチ幅の二つの染みが一〇〇マイル離れているとしたら、重なり合いはまったくないと言える。ところが、それぞれが一インチ幅の二つの染みの中心が〇・五インチしか離れていないとしたら、両者は大幅に重なり合っている。そのような二人の間には、橋渡しできない隔たりはなく、互いに相手の中に広がっていき、部分的に相手の中で生きることになる。

国の魂の相互浸透

この章の初めに、わたしは、多くの他国に大使館を置く国というイメージを提示した。ここでもう一度、同様の概念を追及してみたいが、その手始めとして、国とは何かという単純な概念を取り上げ、そこから考えを深めていきたい。まず、「一人の人間に一つの国」というスローガンを考えてみよう。このスローガンは、**人間**（歴史、伝統、言語、神話、文学、音楽、芸術、宗教などを含む精神的、文化的概念）はみなそれぞれ、常にはっきりと完全にどこかの**国**（大洋、湖、川、山、谷、大草原、鉱床、都市、高速道路、正確な国境など）と結びついていることを示唆する。

人間に地理的なかごの鳥のメタファーを当てはめると、面白いことに、人は誰でもある特定の地理的領域の中にのみ存在し、常に同じ文化的アイデンティティを有することになる。したがって、「パリのアメリカ人」などという表現は意味をなさない。フランス国籍は、「フランス」と名のついた物理的な場所と完全に一致しないといけないからだ。つまり、フランスにアメリカ人がいるはずはなく、アメリカにフランス人がいるはずもないのだ！　そして当然、この概念はあらゆる国と人に当てはめられる。だとすれば、これがいかにばかげた概念であるかは明白だ。移住や旅行は世界中で行われていて、国も人も絶え間なく入り乱れているからだ。人、あるいは国という概念が無意味だというのではない。どちらの概念も、非常に曖昧ではあるが有用だ。

たとえば、イタリアについて少し考えてみよう。イタリア北西部にあるヴァッレ・ダオスタ自治州では主としてフランス語が話され、北東部のトレンティーノ＝アルト・アディジェ自治州（南ティロル）では主としてドイツ語が話されている。さらに、ミラノの北の国境を越えたところにある、スイスのティチーノ州では、イタリア語が話されている。だとすれば、イタリアという国とイタリア人は、どのような関係にあるのか？　控えめに言っても、厳密で明確な関係は見いだせないが、それでもイタリアやイタリア人について語ることには意義がある――その二つの概念に曖昧なところがあるのは承知しているとしても。そして、イタリアについて言えることは、すべての国についても言える。国籍というものは曖昧で広がりをもち、ある単一の地理的領域を中心にしながらも、そこだけにはとどまらない。われわれはすでに、そのような考え方に十分馴染んでいて、矛盾や紛らわしさはまったく感じない。

では、場所と人に関する身近な関係を利用して、より複雑な身体と魂の関係を理解するとしよう。今度は、中国について考えてみる。過去数世紀の間に、数百万人がこの国から他国へ移住したが、中国はそのような人々を逃亡者とみなし、集合記憶から消し去って無視しているだろうか？　断じてそうではない。中国には「海外の中国人」に対する強い思い入れがある。離れてはいるが大切な人民は、たとえ一時的にでも「国に帰る」ように求められ、実際に帰国を果たすと、まるで長らく行方不明だった親戚（まさにその通りなのだろうが）が帰って来たとでもいうように温かく歓迎される。つまり中国の国内では、そうした中国の海外支部は本国の一部にほかならないと考えられているのだ。中国人であることの「光背《ハロー》」が、物理的な国境線を越えて拡大している。

もちろん、そのような光背は中国だけでなく、あらゆる国にあって、各国の光背が地球上のさまざまな国で明るく、あるいは薄暗く、揺らめいている。人の死に相当するものが国にもあるとしたら、国の「身体」が滅びてしまっても（巨大隕石が国を破壊するなどの激変によって）、物理的な国境を越えて存在する輝く光背のおかげで、少なくとも部分的には生きながらえることができる。

「身体」が滅びても国は生きながらえるという考えは、たとえ恐ろしげであるとしても、直観に反するという印象は少しもない。物理的な国土は、歌や物語の中でどれほど愛されようと、国家を存続させるうえで不可欠ではないと、みんなが知っているからだ。地理上の場所は、古代からの遺伝情報やその他の情報――肌の色、体型、髪の色、伝統、言葉、ことわざ、舞踊、神話、衣服、レシピなど――の繁殖地にすぎず、最低限必要な量の遺伝情報や他の情報の保持者が海外にいて激変を生き延びる限り、国の豊かさは別の場所で維持されて花開く。そして、消滅してしまった物理的な場所は、歌や物語の中で称え続けられる。

国のすべてが物理的に滅びた例はかつてないものの、似たような出来事は過去に起きている。たとえば、一八～一九世紀に周辺国がポーランドの領土を奪い取った、いわゆる「ポーランド分割」がそうだ。ポーランド人は、物理的には国を失ったが耐え忍び続けた。領土は奪われても、活力と生命のある国家、つまりポーランド国民《ナロード・ポルスキ》は存在していた。当時のそのような形による国家生存は、ポーランド国歌の冒頭でも称えられている――「ポーランドは滅びず、われらが生きる限り！」。また同様に、聖書の時代に文化発祥の地を追われて散り散りになったユダヤ人も、離散《ディアスポラ》のなかで伝統、言語、信仰を守り続けた。

光背、残光、光冠

人が死ぬと、その人を大切に思っていた人たちの脳内にとどまるのは死者の残光《アフターグロウ》で、それぞれに明るい残光や薄暗い残光がある。やがてその人たちも死んでしまうと、死者の残光は極端に弱くなる。そして、微かに残る死者の記憶が忘れ去られると残光はさらに弱まり、最後には何も残らなくなる。

こうしたゆっくりとした消滅の過程は、憂鬱ではあるが、標準的な死のイメージと比べれば多少はましだろう。肉体の死はあまりに明白で、痛烈で、劇的だ。しかも、われわれはかごの鳥のメタファーに固執する傾向があるので、死はギロチンの刃のように鮮烈に、即座に徹底的にわれわれを打ちのめす。光は瞬時に完全に消え去ったのだと、われわれは本能的に信じてしまう。だがわたしは、人の魂には当てはまらないと言いたい。人間のエッセンスは、蚊やヘビや鳥や豚のエッセンスとはまったく違って、数多くの脳に分配されているからだ。したがって、一人の人間の魂が消失するには、その揺らめく光が消えるには、その残り火が燃え尽きるには、二、三世代の時が必要になる。最終的には「灰は灰に、塵は塵に」が正しいのかもしれないが、この表現が示す死の過程は、一般に考えられているほど瞬間的ではない。

わたしが思うに、葬儀や追悼式には、めったに話題にされない本源的な目的がある。故人と特に親しかった人たちが集まり、最後にみんなでもう一度、それぞれの中に、愛する故人のエッセンスを表象する炎を燃え上がらせるのが目的なのではないだろうか。親しかった者たちは互いの存在によって助けられ、故人の存在を各自の脳で共有していると感じ、各自の脳にある故人の第二のパーソノイドの火の揺らめきを絶やすまいと最大限に結束を固める。主たる脳の光は失われたが、故人を偲び、故人の魂を復活させようと集まった親しかった人たちの中では、共有された光冠《コロナ》がなおも輝き続ける。それこそが人間の愛だ。したがって、「愛」という言葉を「私」という言葉から切り離すことはできない。ある人のシンボルが自分の中に深く根づくほど、その人への愛は深くなり、後に残された光も明るく輝く。

第19章　意識＝思考

では、わたしのループ的な話のどこに意識があるのか？

本書では冒頭から、「自己」、「魂」、「私」、「内なる光」、「意識」という互いに代替可能なキーワードを用いてきた。わたしから見れば、それぞれのキーワードは、表現は違っていてもみな同じ現象を示している。わたし以外の人たちには、こうした言葉がただ一つのものを指しているとは思えないかもしれないが、わたしにはそう思える。たとえば、4n＋1の形をした素数と、二つの平方数の和で表される素数のようなものだ――表面上はまったく別の現象を説明しているように見えるかもしれないが、綿密に分析すれば、実は完全に同じ現象を表しているとわかる。

わたしはこう考える。いま挙げたキーワードはどれも、さまざまな濃淡の灰色で表現されるが、ある存在（自然物であろうと人工物であろうと）がもつ色調が一つ決まれば、他の色調もすべてそれと同じになる。したがって、「私」たるものについて語る場合、わたしとしては同時に意識についても話している感覚がある。だが、そんなことを言うと、確かにわたしは個人のアイデンティティの問題について取り組んでいたし、「私」、

「自己」といった概念も取り上げていたかもしれないが、さらに奥が深く謎の多い「意識」については触れてもいなかったではないかと抗議する人もいるだろう。そういう人たちはきっと、「では、あなたの奇妙なループの観点では、**経験**をどう捉えるのですか？　生きているとは、スイカズラの匂いを嗅ぐとは、日没を見るとは、雨粒が屋根にパラパラ落ちるのを聞くとは**どんな感じがするか**について、脳にある奇妙なループはどう説明するのですか？　その感じこそが意識ですよね！　それがあなたの奇妙で奇抜《ルーピー》な考えとどう関係するのですか？」と、疑わし気に尋ねるはずだ。

そのような徹底して疑り深い人たちに納得してもらう自信はない。わたしが何と答えようと、単純すぎるとか、ごまかしているとか言われるのだろうから。とはいうものの、やはり大切な点だけは答えておきたい。意識とは、頭蓋内のシンボルのダンスだ。あるいはもっと簡潔に言えば、意識とは**思考**だ。デカルトの言う「われ思う、ゆえにわれあり」と同じなのだ。

けれども残念ながら、この答えは、わたしに大きな共感を寄せてくれる読者でさえも、あまりにも短かすぎると受け取りかねないので、もう少しだけ詳しく明快に説明してみたい。ほとんどの場合、脳内のシンボルは、大きな図書館の奥の方に鎮座する大量の本と同じで、どれも休眠している。しかし折に触れて、何らかのきっかけで誰かが書棚から本を取り出して開くと、その本のページは読者のために息を吹き返す。それと同じで、人の脳の内側でも、外部の出来事を知覚するたびに、それがきっかけで選び抜かれたシンボルが休眠状態から目覚め、予想もつかない、類のないさまざまな構成で活性化する。このような脳内のシンボルのダンス、それこそが意識なのだ（そして思考でもある）。ここで留意すべきは、わたしが言っているのは「シンボル」であって、「ニューロン」ではないことだ。意識を構成するには、ダンスは**シンボルのレベル**で知覚されなければならない。というわけで、以上が「もう少しだけ詳しい」説明だ。

懐疑派に仲間入り

「でも、そういうシンボルや、シンボルの構成を誰が**読み取る**のですか？」と懐疑的な人は尋ねるかもしれない。「シンボルが『活気を取り戻した』ことを誰が**感じ取る**のですか？　息を吹き返した本の読者に相当するものは、どこにあるのですか？」

懐疑派は、シンボルが自ら踊るダンスは単なる物体の運動にすぎず、誰にも感じることはできないので、わたしが何と言おうと、シンボルのダンスは意識を構成したりしないと主張するだろう。そういう人たちがわたしに求めているのは、われわれがみなもっている、思考や知覚を主観的に**自覚する**特別な場所を指定することだ。けれども、そのような期待には混同があるような気がする。というのも、わたしから見れば「意識する」と同義に思える言葉――すなわち「自覚する」――を使って、まったく同じ内容を異なるレベルで再質問しているにすぎないからだ。別の言い方をすれば、活性化したシンボルの構成を「読み取るもの」が必要だと考える人は、脳内で呼び覚まされる幾多のシンボルという考え方は受け入れたとしても、そうした内部攪拌を「意識」と呼ぶのは拒否する。なぜなら、シンボルそのものが知覚されるべきと考えるからだ[1]。そのような人たちは、たとえばわたしがここで動玉箱を比喩に持ち出して、動玉箱上のシムボールのダンスが意識を構成するなどと言っても、まったく満足しないだろう。インチキなビリヤード台の上で無数の小さなビー玉が互いにぶつかり合っているだけで、それ以外には**どう見ても**何もなく、意識など見つからないと主張するのではないか。そんな比喩では説明にならないというわけだ。

懐疑的な人たちは、要するに、問題を見て見ぬふりをしているだけだ――外部の出来事を映し出すシンボルレベルの脳の活動（あるいはシムボールレベルの動玉箱の活動）**こそが**意識だという考え方を受け入れずに、意識が生じるには、脳の活動における内部の出来事が知覚されねばならないと言い張る。その結果、無限後退を引き起こすリスクがもたらされ、われわれは意識の謎に対する答えに突き進むどころか、どんどん遠ざかっていくことになる。

とはいえ、ここで一つお断りしておきたい。わたしは、シンボルの活動が、人の脳にとって重要かつ不可欠な焦点であることに異を唱えるつもりはない（鶏、カエル、蝶、そして多少はまともだとはいえ、犬などの脳は含まれないこともつけ加えておこう）。成熟した人間の脳は、知覚したものの複雑性を常に軽減しようとする。言い換えれば、われわれの脳は、見慣れない複雑なパターンを常に取り入れようとし、その**パターン**を作り上げている多くの活性化されたシンボルは、すでに脳内にあったただ一つの（あるいはごく少数のグループの）見慣れたシンボルを協力して呼び覚ます。[2] 実は、それこそが人間の脳の本業なのだ――複雑な状況を取り込んで、その**大事な部分**を突き止め、感覚や考えが入り乱れた当初の混沌から的確な状況だけを把握する。つまり、要点を識別《スポット》するのだ。でも、犬のスポットにとっては要点などというものはさほど重要ではなく、スポットが振る尾っぽについたノミにとっては要点などまったくどうでもよい。

今述べたことはどれも、少々難解で曖昧だと思われるかもしれないので、典型的な例を挙げて説明するとしよう。

シンボルがさらに多くのシンボルを呼び覚ます

ある日、博士課程にこれから入学する学生ニコルが、わたしの研究グループに入れるかどうかを知るために大学へ下見に来た。わたしが教える院生と一緒に、最初は研究センターで、その後は中華料理店で、数時間にわたって彼女と対話したが、わたしも学生たちも彼女が非常に才気煥発で、わたしたちと思考の波長がぴったりと合うのに気づき、みんなで意気投合した。そして言うまでもなく、わたしと学生たちは、彼女が次の秋に入学してくるのを心待ちにした。ニコルは故郷の町に帰ってからもわたしにeメールをくれて、わたしたちの研究には今も興奮を覚えるし、研究内容が今なお心の中に鮮明に響きわたっていると言ってくれた。わたしは励ましの言葉を書いて返信したが、その後二、三週間、彼女からは音沙汰がなかった。結局わたしはもう一度彼女に、あなたが来年入学してくれるのをみんなとても楽しみにしているとメールに書いて送ったが、数日後にようやく来たのは、簡単でいささか堅苦しい返信で、申し訳ないが別の大学の大学院へ行くことにしたという内容だった。文末には、「いつか、交流させていただく機会もあるのではないかと思っております」と、丁寧につけ加えられていた。

このささやかな出来事は、わたしにはとても新鮮だった。ニコルは個性的な人物で、彼女とわたしたちはとても独創的《スイ・ゲネリス》な会話を活発に交わし、このエピソード全体を通じてわたしの脳内で活性化したシンボルの構成は、当然ながら、かつて経験がないほど複雑だった。とはいうものの、別の観点から見れば、それはまるで正しくない。

実は、わたしの何十年分かのエピソード記憶には、このときのエピソードの前例となるような出来事がたくさんある。わたしの中にぼんやりととどめている記憶ではあるが。ところがそのときは、ほとんど努力をしなくても、いくつかの似たような古い記憶が何年かぶりに顔をのぞかせた。たとえば、もう三〇年近くも前のことだが、わたしたちの学部に入学しそうな将来性豊かなある若者が、大いに興味を示してくれていたにもかかわらず、驚いたことに、最終的にはわたしたちの惜しみない申し出を断った。その数年後には、わたしが教えた非常に優秀な学生が、長期研究休暇《サバティカル》の間にカリフォルニア州でわたしと一緒に研究することをたいへん喜んでいたはずなのに、急に心変わりして雲隠れしてしまい、連絡がつかなくなった。また、遠く離れた土地に住む若い女性にわたしが夢中になり、最初は彼女もすごく気があるようなそぶりを見せていたが、やがてどういうわけか消極的になり、一週間か二週間たった頃に、実は他に付き合っている人がいると言われたという悲しい出来事もあった（残念ながら、**この手の**ことは一度限りではなく何度もあったが……）。

そうやって新しいエピソードに接すると、ほこりまみれの古い「本」が、休眠中の棚から引っ張り出される。新しいエピソードの「かつて経験がない」状況が抽象的なレベルで認識され、外皮がはぎ取られて中心部分が抽出されると、わたしの「図書館」の棚に保存されている過去の特定の物語が指定され、次から次へと取り出されてはスポットライトを浴びて活性化させられるのだ(3)。そうした古い物語は、はるか昔にこぎれいで素敵な心のパッケージに収められ、わたしの脳内の棚に無言で並び、見かけは異なるけれども「同じ出来事」が起きて、活性化されるのを待ち続けてきた。そして悲しいかな、同じことはまた起きた！

記憶が記憶を呼び覚まし、さらにまた新たな記憶を呼び覚ますという流れがしばらく続くと、何かが――化学の用語で言うと、何らかの「沈殿物」が、ゆっくりと沈降してくる。ニコルのケースで言えば、凝縮されて最終的に残ったのは、「振られた」という一つの言葉だ。そう、わたしは**振られた**気分だ。わたしの研究グループは**振られた**のだ。

驚くべき複雑性の低減ではないか！　思いがけない出会いから四時間、場所を変えてまで語り合い、大勢の者が関わり、何千もの言葉が交わされ、無数の視覚的印象を伝え合い、後からメールのやりとりもしたのに、最後はすべてが漏斗《じょうご》で濾されて（あるいは「立ち消えになって」と言うべきか）、四文字のとても期待外れな一語になってしまった。確かに、この話から思い浮かぶ考えは他にもあるが、「振られた」という言葉は、ニコルの訪問が永遠に結びつく主要な心のカテゴリーの一つとなった。そしてもちろん、ニコルの物語そのものも、きちんと製本されてわたしのエピソード記憶の棚に保存され、いつどこでかはわからないが、やがてわたしの「私」によって復帰させられるのを待っている。

認知の中心にあるループ

いま挙げたのは驚くほど滑らかな抽象的知覚と記憶の呼び出しだが、これを下支えする機構は、先に述べた懐疑派たちが声高に要求することと、多少似ている部分がある――外部の出来事の知覚ではなく、内部のシンボルのパターンの知覚に関する機構だからだ。そこでは、何ものかが活性化したシンボルの構成を見て、その本質的な部分を知覚し、それによって他の休眠状態のシンボルを呼び覚ましているように思える（休眠状態のシンボルは、つい先ほど記したように、非常に大きな構成、たとえば、ロマンスをひっくるめて保存している記憶のパッケージになることもある）。そして、そうしたことをぐるぐると繰り返すうちに、シンボルの活動の活発なサイクルが生じる――それは、滑らかだがすべて即興のシンボルのダンスだ。

最初のうちは、こうしたシンボルの呼び覚ましのサイクルの各段階が、たとえば、膨大な量の視覚情報から一本のモクレンの木を見つけるといったような認知行為とは、大きく異なるという印象を抱くかもしれない。なぜなら、認知行為は**外部の**情景の処理を含むが、シンボルの呼び覚ましのサイクルは、それとは対照的に、自分の中で活性化されたシンボルのダンスを見て、そのダンスの本質を特定しようとするものだからだ（外部の情景の本質を特定するのではない）。とはいえわたしは、その二つの違いは、多くの人が想定するよりも、はるかに小さいと考える。

わたしの脳は（そして、親愛なる読者のみなさん、あなたたちの脳も）絶えずラベルを貼り、分類し、前例や類似物を見つけようとする。つまり、**本質を失わないようにしながら単純化しているのだ**。[4] その活動は絶え間なく続き、脳は新たに受けた感覚入力にのみ反応するわけではなく、脳内のダンスにも反応するが、両者には実はさほど違いはない。なぜなら、感覚入力が網膜や鼓膜や皮膚を通り抜けてしまえば、そこはもう**内部の**領域で、そこから先で得られる知覚は内部の問題でしかないからだ。

手短に言うと、懐疑的な人たちを喜ばせる結果にはなるが、シンボルの活動を知覚するものは**確かに**ある――だが、懐疑派が喜びそうにないのは、その「知覚するもの」は、それ自体がシンボルの活動にすぎないということだ。どこかに特別な「意識の場所」があって、そこで魔法みたいなことや、これまでとは違う何かが起きるのではない。[5] ダンスするシンボルたちが接触する、決まった場所はない……接触って……何と？ 懐疑派が喜ぶのはどんなことか？ 「意識の場所」が脳内の物理的なある部分だとしたら満足するのだろうか？ いや、その場合でも、**それが**意識のすべてだとわたしが主張したならば、それは無意識の身体活動にすぎず、生命のない動玉箱の上で何も考えずにぶつかり合うシム同然で、何ら違いがなく、意識とは何の関係もない！ と彼らは抗議するだろう。

思うに、ここでわたしの中にあるさまざまな懐疑的な声をまとめて、張り子の登場人物にしゃべらせればわかりやすいのではないか（張り子のトラにならないことを祈る！）。そして、その張り子の登場人物が角を突き合わせて長々と対話をするために、本書の考えを原則として代弁する登場人物を用意しよう。その代弁者を「奇妙なループ＃６４１」と名づけ、懐疑派の代弁者を「奇妙なループ＃６４２」と名づける。

読者のなかには、わたし自身（というかわたしの代理人）だけでなく、わたしの好敵手にまで「奇妙なループ」と名づけるとは、そもそも公平ではないし、まるで戦いが始まらないうちにすでに勝負がついているようなものだという印象をもつ人もいるかもしれない。だが、この名前はただのラベルにすぎない。会話の中で重要なのは、それぞれの登場人物が何を話すかであって、わたしが二人をどう呼ぶかは問題ではない。だから、読者のみなさんが、奇妙なループ#641と奇妙なループ#642を「内なる光#7」、「内なる光#8」と呼ぼうが、あるいは「ソクラテス」、「プラトン」と名づけようが、わたしは一向にかまわない。

さて、わたしの話はこれくらいにして、二人の奇妙なループ（または内なる光）による友好的な議論に耳を傾けるとしよう。おっと！　わたしが少しばかりだらだらと話しすぎたせいで、残念ながら、二人のオープニングのやりとりを聞き逃してしまったらしい。まあ、世の中はそんなものだ。今から参加しても、読者のあなたも、わたしも、戸惑うことはないはずだ。では、話を聞いてみるとしよう……。

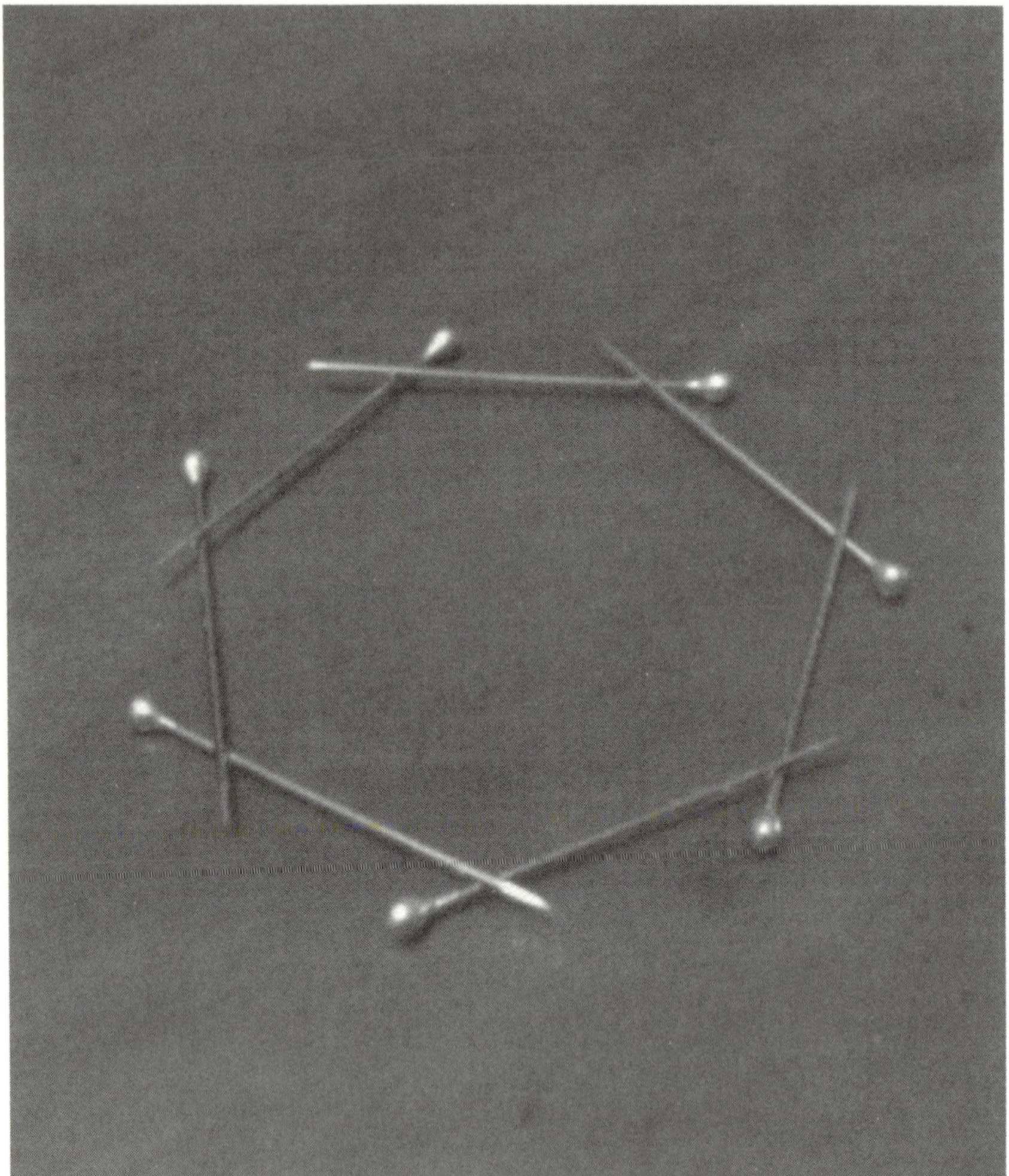

第20章　好意的ながらもすれ違う言葉

登場人物

奇妙なループ（ＳＬ）＃６４１　「わたしは不思議の環」という考えを信じる者
奇妙なループ（ＳＬ）＃６４２　「わたしは不思議の環」という考えを信じない者

ＳＬ＃６４２　つまらん、ああ、すごくつまらんね。ほんと、きみがイメージする魂は、ただつまらんだけじゃない。何にも入ってないんだ。空っぽさ。精神的なものが何もない。きみが考える魂はただの身体活動で、それ以上のものじゃないんだろ。

ＳＬ＃６４１　それ以外に何を期待していたんです？　何を期待**できた**って言うのですか？　あなたが二元論者なら話は別ですけどね。つまり、魂は幽霊みたいに非物質的で、物質界に属していないにもかかわらず、物質界のものを小突き回すことはできると言うのならね。

ＳＬ＃６４２　いや、そうは言ってない。ぼくはただ、何かすごく特別なものがあって、それが物質界に存在する、精神的で、心的で、感じたり知覚したりするものを裏づけてないとおかしいって言ってるだけさ――

ぼくらの内なる光、ぼくらの自覚、ぼくらの**意識**を説明してくれる何かがあるべきだよ。

SL#641　まったく同感です。そういう捉えにくい現象を説明するには、何か特別なものが絶対に必要です。ナットとボルトで物理的に魂を組み立てるなんて、至難の業ですからね。でも、覚えておいていただきたいのですが、わたしの見立てでは、意識とは実に独特な身体パターンの一つで、いわゆる一般的な身体活動とは違うのです。鎖が揺れるとか、石が池にポチャッと落ちるとか、滝がしぶきを上げるとか、台風が渦を巻くとか、水洗トイレの水が再び満ちるとか、屋内温度を自動調節するとか、チェスのプログラムの背後で電子が流れるとか、卵子を探し求める精子が小刻みに動くとか、腹ペコの蚊の脳神経が発火するとか……そういうものではありません。ですが、もっといろいろと挙げていくと、さらに近づくのは確かでしょう。[1] リストの下から上へいくと「内なる光」が灯ります。リストの終わりの辺りでも光はまだまだ弱いですが、リストをさらに増やして、ミツバチの脳、金魚の脳、ウサギの脳、犬の脳、幼児の脳と進めていくと、光はかなり明るくなります。人間の青年、成人までくるとすごく明るくなって、その明るさは何十年も続きます。わたしたちが意識だと思っているものは、そう、人の脳内の身体活動**以外の何ものでもなくて**、それが何年にもわたって続いていくのです。

SL#642　違うね。その見方では意識の本質が抜け落ちてる。きみは確か、シンボルが互いに呼び覚まし合うとかって、複雑な脳の活動を説明してたけど、脳の中でそんなふうなことが起きるってのは信じてやってもいいよ。でも、それがすべてじゃないだろ。だって、きみの筋書きには**私**がどこにもいない。**私**ってやつの居場所がないじゃないか。意識をもたない無数の粒子が飛び回ってるとか、粒子が集まって大きな活動の雲を作るなんて提唱してるが、世界がただそれだけのものなら、ぼくもきみも、視点もありゃしない。それじゃまるで、生命誕生前の地球だ——無数の日の出、日没、あちこちに向かって吹く風、できては消えていく雲、谷間を襲う雷雨、山腹を転がり落ちて山肌をえぐる巨礫《きょれき》、川床を削って渓谷を作る水流、砂浜に打ち寄せる波、満ちては引く潮、灼熱の溶岩を吹き出す火山、平原で隆起する山脈、分割されて漂流する大陸、そういうのと同じだ。どれも絵になる風景だが、精神活動はない。心もなけりゃ、内なる光も私もない――素晴らしい風景を楽しむ人がいないのさ。

SL#641　物理現象だけで成り立つ宇宙は不毛だという、あなたの認識には同意しますが、物理的システムのなかには、外界にあるものを映し出して、知覚に基づいた行動を起こすものもありますよ。それが、とっかかりになるのです。やがて知覚が大いに洗練されていくと、原始的な方法でしか知覚しないシステムには見られなかったような現象が現れることがあります。「原始的」な知覚システムとは、たとえば、サーモスタットとか、膝小僧とか、精子とか、オタマジャクシといった存在です。こういうものはあまりにも初歩的で、「意識」という言葉には値しません。けれども、非常に豊かで流動的に拡張し得るシンボルに恵まれたシステムにおいて知覚が行われると、『プリンキピア・マテマティカ』の不毛な要塞に奇妙なループが否応なく生じるのと同じように、「私」が否応なく生まれてくるのです。

SL#642　知覚だって?!　誰が知覚してるのさ？　誰もしてないよ！　きみの宇宙は相変わらず、空虚なシステムにすぎないじゃないか。物理的対象と、それが絡み合ってもつれ合う複雑な運動しかない――つまり、星雲、恒星、惑星、風、岩、水、地滑り、さざ波、音波、炎、放射線なんかのことさ。タンパク質やRNAやDNAもそうだし、きみの最愛のフィードバックループだってそうだ――熱追尾型ミサイル、サーモスタット、水洗トイレ、ビデオフィードバック、ドミノ倒し、磁力を帯びた極小の球がいっぱい載ったビリヤード台もね。このわびしい舞台設定には大切なものが欠けてる。それは、**ぼく**たるものだ。**ぼく**は、ある特定の**場所**にいる。ぼくは**ここ**にいるんだ！　でも、何が**ここ**を選ぶんだい？　無数の水洗トイレのタンク内の水と浮き球からできた世界で？　おびただしい数のドミノ倒しからなる世界で？　そんなところに、**ここ**なんてないだろ。

SL#641　よくわかりますよ、この問題があなたをしつこく悩ませているのは。思慮深い人なら、誰だってそうなるでしょうね。わたしの回答はこうです。この広大な宇宙は、今あなたが鮮やかに喚起してくれたような、さまざまな物理事象から成り立っていますが、局所的活動が起こる場所がわずかながら存在していて、そこには抽象的に渦を巻く特別なパターンがあります。その場所というのが——少なくとも現在わかっている限りでは——人間の脳で、「私」はその場所に限定されています。そうした場所を広大な宇宙の中で見つけるのは難しい。すごくまれですからね。その特別でまれな物理現象があるところには、必ず**私**と**ここ**が生じるのです。

SL#642　「抽象的に渦を巻く特別なパターン」なんて聞くと、台風とか渦潮とか渦巻銀河みたいな、自然界の渦が頭に浮かぶけどね[2]——だけど、そういうのは、きみから見ればあまり抽象的じゃないんだろうな。

SL#641　まるで違いますね。台風も渦潮もただの回転する渦、言ってみれば、液体版のコマやジャイロスコープみたいなものです。でも、「私」を生み出すには**意味**が必要で、意味を生み出すには知覚とカテゴリーが必要になる——事実、カテゴリーのプールは、どんどん勝手に積み上がっていって、増えて増えて増えまくる。そういうことは、あなたが言った自然界の渦にはありませんよね。そこなのです。「私」のメタファーとしてはるかに優れているのは、不毛に見えるPMの世界にゲーデルが見出した自己言及式の構造だという理由は。ゲーデルの式は、人間の「私」と同じように、きわめて複雑で繊細な構造で、そんじょそこらの式ではありません。PMの「一般的な[3]」式、たとえば「0＋0＝0」とか、すべての自然数は最大でも四個の平方数の和で表されるという定理は、不活性で「私」をもたない物理的対象、つまりは砂粒やボウリングの球みたいなものです。そういう単純な定理には、ゲーデルの独特の文字列のような上位レベルの意味はありません。数に関する平凡な主張から複雑なゲーデルの奇妙なループに至るには、大量の数論的手続きが必要ですが、それと同じで、とても単純なフィードバックから脳内の複雑な奇妙なループを築くには多大な進化が必要になるのです。

SL#642　きみの言い分を受け入れて、抽象的な「奇妙なループ」が宇宙のあちこちにたくさん漂っていて、それが何十億年という進化の過程でどうにかして合体したとしよう——たとえば、頭蓋内に奇妙なループが宿るとか、講堂に音響フィードバックループが宿るみたいに。そういうループは、好きなだけ複雑にできるし、ループの物理的活動がどれほど複雑になっても、ぼくは一向にかまわない。いつまでも消えない厄介な問題は、何がたくさんある奇妙なループの一つを**ぼく**にするのかっていうことさ。どのループがぼくになるんだい？　きみには答えられないよ。

SL#641　答えられますよ。あなたが気に入る答えじゃないでしょうがね。奇妙なループの一つを**あなた**にしたのは、特定の脳に宿って、あなたをあなたたらしめるあらゆる経験をしてきたものです。

SL#642　そんなの、ただの同語反復じゃないか！

SL#641　そうとは限りません。わかりにくい考えでしょうが、核心は、あなたが「ぼく」と呼ぶものは、実は**結果**だというところにあります。出発点ではなくてね。あなたは想定外の合体をして、瞬間的にではなく、ごくゆっくりと発生しました。最初のうち、やがてあなたの魂を住まわせることになる脳が形作られていく段階では、脳の中にあなたはありません。しかし、脳がゆっくりと成長していくと、経験もゆっくりと積み重ねられていく。その過程でさまざまなことが起こり、それが脳に記録され、取り込まれて、脳が文化的、言語的習慣を模倣し始め、習慣に没入するようになり、やがて自身のことを暫定的に「ぼく」と呼ぶようになる（その言葉が示すものは、まだとても曖昧ではありますが）。そして、ほぼその頃には、ぼくは自身がどこかの場所にいることに気づく――そこは、当然ながら、ある特定の脳なのです！　でも、その時点ではまだ、ぼくは自身がいる脳について何も知りません。脳の**容器**については知っていますが、実は容器というのは、ある特定の身体のことなのです。けれども、脳については何も知らなくても、初期段階の「ぼく」は、動く物体に影がつきまとうように、着実に脳について回ります。

SL#642　きみはぼくの質問に答えてないよ。ぼくは、区別のつかない物理的構造のなかから、どうやって**ぼく**を選び出すのかと聞いたんだよ。

SL#641　わかりました。ちゃんと質問に向き合いましょう。あなたにとって、奇妙なループを住まわせている脳はすべて、あちこちに散らばってカタカタと動く無数のミシンと何ら変わりません。あなたはこう尋ねる、「どのミシンが**ぼく**？」。そう、もちろんどのミシンもあなたではない――どのミシンも何かを**知覚**したりはしないからです。あなたは、奇妙なループが住みつく脳は、ミシンや風車やメリーゴーラウンドと同じで、自力で動けずアイデンティティに欠ける存在だとみなしていますね。でも面白いことに、脳に奇妙なループを住まわせている存在は、あなたと違って、自分にはアイデンティティがないなんて考えません。きっと、「わたしは今**ここ**で、この紫色の花を見ている。**あっち**でミルクシェイクを飲んでいるのはわたしじゃない」とか、「このチョコレートシェイクを飲んでいるのがわたしで、あの花を見ているのは違う」などと言い張るでしょう。みんなそれぞれ、どこかにいて、何かを見て、聞いて、経験していると確信しているのです。あなたはどうやって、その言い分を退けますか？

SL#642　退けたりしないよ。そういう言い分は、実にもっともだ――ただ、そのもっともなことと奇妙なループを住まわせてる脳とは、何の関係もない。きみは見当違いの方向に焦点を当ててる。「ここにいる」とか「意識がある」とかいう言い分がどれももっともなのは、ぼくらには何か追加のもの、奇妙なループ以外の何かがあって、それが脳を魂の居場所にしてるからだ。それが何なのかは説明できないけど、確かにそうだってことはわかる。だって、**ぼく**は宇宙のどこかに生じたただの物体とは違うから。ぼくは**経験**をする。庭に咲く紫色の花とか、数ブロック先から聞こえるバイクの騒音とかをね。そんな自分の経験が第一次データで、ぼくの話はすべてそのデータに基づいてるんだから、きみはぼくの言い分を否定したりできないさ。

SL#641　それって、わたしの説明とどこが違うのでしょう？　相当に複雑な脳なら、知覚して分類するだけではなく、分類したことを言葉で表現できます。あなたみたいに、花や庭やバイクの騒音について話ができるし、自分自身についても話せるし、自分がどこにいて、どこにいないかを言えるし、現在と過去の経験、目的、信念、戸惑いなんかについても説明できます。それ以上何を求めるのです？　あなたが「経験」と呼ぶものと、それがどう違うと言うのですか？

SL#642　言葉、言葉、言葉だ！　大事なのは、経験にはただの言葉以上のものが含まれるって点だよ——**感情**が含まれるんだって。経験と呼ぶに値する経験をしてる人はみんな、花のあでやかな紫色を見て、その色を**感じてる**んだ。(4) 電話の自動音声みたいに「紫色」って音にするだけじゃないんだよ。鮮やかな紫色を見ることは、言葉や考えやシンボルのレベルよりも下位で起こる——より根源的なんだ。経験する者が、じかに感じる経験だ。それが、本物の意識と、電話の機械音声なんかの単なる「人工的シグナル伝達」との違いさ。

SL#641　では、言葉をもたない動物も、同じような「根源的」経験を楽しんでいるというのですか？　牛も花の濃い紫色を見て、あなたのように深く味わうというのですか？　蚊はどうですか？　もしも「そうだ」と言うのなら、牛も蚊も、あなたと同じくらいの意識があるということではありませんか？

ＳＬ＃６４２　蚊の脳はぼくの脳よりはるかに単純だから、ぼくと同じ類の豊かな経験はできないね。

ＳＬ＃６４１　ちょっと待ってください。あなたはどっちの立場ですか。ついさっき、脳の複雑さによる違いはないと言ったばかりじゃないですか——もしも、その特別な、感情を含むものと含まないものを区別する「何だかわからないもの」が脳になければ、そこに意識が存在しないとね。それなのに今度は、その脳がどれくらい複雑かによって違いが**生まれる**と言うのですか。

ＳＬ＃６４２　ああ、そういうことになるだろうね、ある程度は。蚊は、ぼくのように紫の花の良さを理解する装備をもっていない。でも、たぶん牛にはあるだろうし、少なくとも多少は理解できる。だからって、脳がどの程度複雑かってだけでは、感情や経験のあるなしを説明できないけどね。

ＳＬ＃６４１　では、外の世界を経験したり感じたりすることについて、もう少しだけ掘り下げてみましょう。思い浮かべてみてください。あなたは、混じり気のない紫色で均一に染められた大きなシーツをじっと見つめているとします。あなた好みの色合いの紫が、視界を埋め尽くしています。その場合も、庭に咲いた花びらの紫を見たときと同じ快感を経験すると思いますか？

ＳＬ＃６４２　しないだろうね。ぼくが紫色の花をあれほど強烈に経験するのは、それぞれの花びらに微妙な色合いの違いがあるおかげだから。他にも、花びらがかすかに丸まってる様子とか、何十もの小さな点が集まってできた輝く円を中心に花びらが渦巻くさまとか……。

ＳＬ＃６４１　それに加えて、その花が枝の先に乗っかっている様子とか、その枝が茂みの一部であるとか、その低木は色鮮やかな庭のほんの一部分であるとか……などということは言うまでもないでしょうね。

ＳＬ＃６４２　きみはこう言いたいのかい？　ぼくは紫色そのものを楽しんでるわけじゃなくて、紫色が全体の景色の中にはめ込まれてる様子を楽しんでるんだって。それは行きすぎだよ。まわりの景色は、ぼくの経験を深めてくれるかもしれないが、ぼくはビロードのような紫色を純粋に愛おしんでるんだ。他のものとは何の関わりもなくね。

SL#641　ではお聞きしますが、紫色を説明するのに、なぜ「ビロードのような」という言葉を使ったのですか？　ハエや犬も、紫色の花を「ビロードのような」ものとして経験するのですか？　それって、ビロードを知っているから使える言葉ですよね？　あなたは視覚的経験によって、深く埋もれていた記憶を呼び覚ましたのではありませんか？　おそらく、子供の頃の触覚の記憶、紫色のビロードのクッションを指でなでた記憶をね。でなければ、知らず知らずのうちに、以前飲んだことがある濃い色のワインを思い出していたのかもしれない。ラベルに「ビロードのような」なんて説明書きがあるワインです。それでどうして、あなたの紫色の経験が「世の中の他のものとは何の関わりもない」などと言い切れるのですか？

SL#642　ぼくが言いたいのは、いくつもの基本的で根本的な経験が積み重なって大きな経験になるってこと、そして、たとえごく簡単な経験でも、そよ風でゆらゆら揺れるロープやトイレのタンクにぷかぷか浮かぶ浮きみたいな、単純な物理システムとは質的にまるで異なるってことだ。ぶらぶら揺れるロープは、そよ風にあたっても何も感じやしない。ロープには感覚も**ここ**もないんだ。でも、ぼくが紫色を見たりチョコレートを味わったりするときの経験は肉体的で、そういう肉体的な経験が無数に集まってぼくの精神生活は出来上がる。そこの違いには、大きな謎があるね。

SL#641　すてきなことを言いますね。しかし残念ながら、あなたは大きな取り違えをしていると思います。そうしたささやかな肉体的経験は、文字が小説の筋書きや登場人物を生み出すのと同じように、あなたの精神生活のパターンの下地を織りなしています——それだけでは意味を伝えられない、気まぐれで脈絡のない印にすぎないのです。たとえば「b」という文字には何の意味もありませんが、他のアルファベットと組み合わせて並べると、小説や物語がぜん豊かになって、人間らしさを帯びてきます(5)。

SL#642　そういうレベルで小説を語るのは間違ってるね。書き手は、文字じゃなく**単語**を選んでて、単語にはもちろん意味がある。その小さな意味をたくさんつなぎ合わせると、豊かな意味をもつ一つの大きなものが出来上がるんだ。それと同じで、人生は多くの小さな肉体的経験でできていて、それぞれがつながると、一つの大きな感覚－感情的な経験になるのさ。

SL#641　ちょっと待ってくれませんか。単独の単語に、力や深みはありませんよ。単語は、込み入った文脈に置かれたときに大きな力をもつのであって、単独では力がありません。単語自体に力があるなんてただの幻想で、ましてや、単語を構成する文字に力があるなんて、それ以上の幻想ですよ。

SL#642　文字に力も意味もないってことには賛成しよう。でも単語にはあるさ！　単語は意味の原子で、そこから大きな構造をもつ意味が出来上がる。意味をもたない原子からは、大きな意味は手に入らないよ！

SL#641　おや、そうでしょうか？　わたしには、あなたがたった今認めたように思えますよ。単語と文字の関係において、まさにそういうことが起こっていると。でも、いいですよ――違う例を挙げましょう。音楽には意味があると思いますか？

SL#642　音楽は、このうえなく深い意味をもつものの一つだね、ぼくが知る限り。

SL#641　では、あなたにとっては、一つひとつの音にも深い意味がありますか？　たとえば、中央ハの音を聞いて、魅力や嫌悪や、美や醜さを感じますか？

SL#642　感じるとは思わないね！「ハ」の一文字を見るのと変わらないよ。

SL#641　一音だけで、惹きつけられたり嫌悪を抱いたりする音はありますか？

SL#642　ないな。一つの音だけじゃ音楽的意味を伝えられない。一つの音に感動したなんて言う連中は、ただ気取ってるだけさ。

SL#641　とはいっても、好きな曲、嫌いな曲を聴くと、気持ちが良くなったり不快になったりするはずですよ。そういう感覚はどこから来るのでしょう。曲に使われている音には本質的な魅力も嫌悪も備わってないとしたら？

SL#642　大きな構成のなかで、音がどう並んでるかによるんだろうね。メロディーが魅力的なのは、そこに何らかの「ロジック」があるからさ。不快な曲は、ロジックが欠けているか、ロジックが単純すぎたり子供じみてたりするんだ。

SL#641　それはまさに**パターン**に対する反応であって、生《なま》の感覚とは違うと思います。音は情緒的な意味をもたない小さな原子なのに、音からできた一つの曲には情緒的に大きな意味がある場合があります。つまり大切なのは、統合されたパターンであって、構成要素の性質ではない。このことは、さっきのあなたの困惑にもつながっています。あなたやわたしのような「経験するもの」と、揺れるロープやプラスチックの浮きのような「経験せざるもの」の違いについての困惑です。あなたの考えでは、その二つの決定的な違いは、ある特別な要素、実体をもつ何らかの**もの**や**基質**に由来するんでしたね。そうしたものを、「経験するもの」は最初からもっていて、「経験せざるもの」は欠いている。そうですよね？

SL#642　そういうことになるね。

SL#641　では、「経験するもの」を「経験するもの」たらしめるその特別な要素を「フィーリウム (feelium)」と呼ぶことにしましょう。残念ながら、フィーリウムの原子や分子を見つけた人はまだいません。しかし、あらゆる高等動物にはあるが、ただの機械はもちろん下等動物にも存在しない謎の基質が現実に見つかったとしたら、どうでしょう。その場合でもあなたは、単なる**基質**、それ自体には生命も感覚もない基質が、感覚をもたらすとはどういうわけだと考え始めるんじゃありませんか。

SL#642　フィーリウムってのがあるとしたら、それは原子や分子というよりは、電気に近いんじゃないかな。それか、火や放射線に似ているかもしれない――いずれにしても、見た目は生きてるみたいで、激しくダンスするのが特性なんだ。自ら動かない**要素**なんかじゃないよ。

SL#641　生命が誕生する前の地球の絵を描くとしたら、火山、雷鳴と稲妻、電流、炎、光、音を描くわけですよね――それに、核融合の巨大な塊である太陽も。だけど、それでもあなたは、そういう現象の存在が組み合わさったり入れ替わったりしながら「経験するもの」を生むと考える気はないのですね。でも、あなたはたった今、わたしが「フィーリウム」と名づけた、魂を生み出す謎の要素について話したとき、「ダンス」という言葉を使いました。「ダンスするシンボル」というように。いつの間にか方向性が変わっているんじゃありませんか？

SL#642　そうだね、「経験するもの」と「経験せざるもの」を区別する存在として、火花を散らす炎のような「ダンス」を思い描くことはできる。ぼくにとっては、ちょっと魅力的ですらあるね。もしもフィーリウムがあるとして、そのダンスが「経験するもの」と「経験せざるもの」の違いを説明してくれるかもしれないって考えてみるのは。でも、フィーリウムが経験をもたらす過程を物理学で説明できるようになったとしても、決定的に大事なものが**まだ**欠けている。この世界で暮らす「経験するもの」は、フィーリウムを含むある種のパターンによって特徴づけられているとしよう。きみの仮定と同じように、それぞれの「経験するもの」の核にあるパターンが奇妙なループだということにしてもいいぜ。だとすると、その捉えどころがないけど素晴らしい物理的パターンが、少なくとも部分的にフィーリウムの中で作動しているおかげで、たくさんの「光」が、宇宙のあちこちにある特別な場所に散らばってる。でも、解決していない問題がまだあるだろ。そのうちのどれが**ぼく**なのか？　その**一つ**と他のすべてとの違いは何か？　何がぼくをぼくたらしめてるのか？

SL#641　なぜあなたは、自分は他の人と違うと言うのですか？　人はみんな、それは自分とは違うと大きな声を上げますよね。あなたが言っているのは、それと同じじゃありませんか？　その意味では、あなたと他の人は区別できないくらい似ていますよ！

SL#642　からかうつもりだな。ぼくが他の誰とも同じじゃ**ない**ってことは、よくわかってるはずだよ。ぼくの内なる炎があるのはここで、他のどこかじゃない。ぼくが知りたいのは、その他大勢のなかからこの特定の炎を選び出したのは何かってことなんだ。

SL#641　前にも言った通りです。あなたは、あなたの脳の衛星なんですよ。暖炉と同じように、脳もまた、何らかの場所を占めなくてはなりません。それがどこであろうと、そこに住みつく奇妙なループは、その場所を「ここ」と呼ぶのです。どこが謎だというのですか？

SL#642　それじゃ答えになってない。質問を聞きそこなったんじゃないか？

SL#641　いや、とんでもない――こころえていますよ。わたしは、ここで、そこじゃないですから。

SL#642　何だよ、それは。いいかい、ちょっとでいいから聞いてくれ。質問はいたって単純だ。誰にだってわかるさ（たぶん、きみ以外の人なら）。何でぼくは、この脳の中にいる？　何で**他の**脳に入ってない？　何できみの脳には入ってないんだ？

SL#641　あなたの「私」は、最初からはっきりと特徴づけられていたわけではないからです。あなたの「私」は、ある特定の瞬間に、成熟した明瞭な状態で、できたばかりの空っぽの器に飛び込んだのではない。

まったく予期せぬときに、突如として満開の状態で姿を現したのでもない。そうではなくて、あなたの「私」は、ある身体とそれに備わる脳に降りかかった思いもよらない無数の出来事によって、ゆっくりと出現したのです。あなたの「私」は、自己増強していく機構で、ただあなたの脳内に次第に現れたわけではなく、脳そのもののおかげで、現われることができたのです。あなたの「私」は、わたしの脳には存在できなかった。なぜなら、この脳は別の経験を積んでいて、その結果わたしという別の人間になったのですから。

SL#642　どうしてぼくは、きみみたいにすんなりとそういう経験を積めなかったんだろうか？

SL#641　よく考えてください！　個々の「私」は、それぞれが積み重ねた経験の結果として特徴づけられているのです。その逆じゃない！　逆だと考えるのは魅力的で、そそられる罠ですがね。あなたはここまでずっと、「私」はそれぞれ特定の脳内で成長したにもかかわらず、その脳に深く根差していないという、ご自分の暗黙の前提を明かしてきました――「私」は別の脳の中でもたやすく成長してそこにくっついていられるし、「私」と脳のつながりはカナリアと鳥かごのつながり程度のものだというわけです。つまり、あなたは勝手気ままに脳を交換できるのです。

SL#642　まだピントがずれてるな。じゃあ、なぜぼくがこの脳に落ち着いたのかじゃなくて、なぜこの脳で始まったのかと聞くことにするよ。他の脳じゃなくてね。この脳でないといけない理由なんてないだろ。

SL#641　ピントがずれているのは、あなたの方です。大切なのは、あなたは腑に落ちないでしょうが、その脳では誰も始めていないということです――誰一人ね。揺れるロープや渦と同じで、中には誰もいないのです。けれども、そういう物理システムとは違って、脳は知覚し、複雑に進化できる。そうして、何週間も何ヶ月も何年も経つと、徐々に誰かがそこに現れてくる。人間のアイデンティティはいきなり成熟して現れるわけではなく、ゆっくりとまとまって明確になります。空に浮かぶ雲や、窓ガラスについた水滴みたいにね。

SL#642　じゃあ、その人間は誰になると定められてるのさ？　何で別の人間になれない？

SL#641　いま説明しようとしたところですよ。その脳の中にゆっくりと広がっていくのは、複雑な精神的傾向や言葉の癖などです。「何でぼくがいるのは**ここ**で、**あそこ**じゃないんだ」って、何度もしつこく聞くようなね。あなたも気づいていると思いますが、この脳（つまりわたしの脳）なら、そういう質問を何度も何度も繰り返させたりしません。**わたしの**脳は、**あなたの**脳とまったく違うのです。

SL#642　「何でぼくがいるのはここで、あそこじゃないんだ」っていう質問は、意味がないって言いたいのかい？

SL#641　そうです、何にもまして。こうしたことがすべて、時にほぼ理解不能と思えるくらい直観に反するようになるのは、あなたの脳が（わたしの脳やみんなの脳と同じように）、自己増強のストーリーを数え切れないほど何度も自らに語るからです。ストーリーの中心人物は「私」と呼ばれ、その「私」のきわめて重要な側面の一つ――「私」たるものにとって真に不可欠《シネクアノン》な側面――は、たとえ部分的にでも他の脳にそっとうまく入り込めるという筋書きです。親しみから、共感から、友情から、何らかの関係性から（理由は他にもありますが）、**あなたの**脳の「私」は、始終**他人の**脳の中に突進し、物事をある程度その人の視点で見て、結果、その人の脳内に住みつくのはたやすそうだと思うのです。そして、当然のことながら、自分がその人の脳に住みついて**いない**のはなぜなのか、と疑問をもち始めます。

SL#642　そりゃ、もちろんそういう自問はするだろうさ。それほど当然の疑問はないだろうよ。

SL#641　一つの答えは、あなたの「私」は他の人たちの脳にわずかながらに住みついて**いる**ということです。そう、あなたの「私」は、いやになるほど鈍くて頑固なわたしの脳にもほんの少しだけ住みついていますし、わたしの「私」もあなたの脳に住みついています。けれども、そうしてぼんやりと広がり続けて、小さな市程度だったあなたが、「大都市」に変われたとしても、あなたの「私」は依然としてごく局所的です。地球上のすべての脳にあまねく一様に広がるわけでは決してありません——メキシコシティがどんなにスプロール化を続けても、マダガスカル共和国がメキシコシティの郊外にはなり得ないのと同じです。実は、「何でぼくがいるのはここで、あそこじゃないんだ」という質問に対する答えはもう一つあるのですが、その答えはあなたを困らせることになるでしょう。あなたの「私」はどこにも住みついていない、という答えだからです。

SL#642　何だって？　きみのいつもの進め方と違うみたいだな。

SL#641　そう、別の角度から見るのです。先ほどは、あなたの「私」のことを、自己増強する機構、自己増強するストーリーなどと表現しましたが、今度は、あなたを困らせるリスクをあえて犯して、それを自己増強する**神話**と呼びたいと思います。

SL#642　**神話**？　どう見てもぼくは神話なんかじゃないし、現にここにいて、きみにそう話してるじゃないか。

SL#641　そう慌てないでください。封筒の箱の中にある硬いビー玉の錯覚について考えてみましょう。その封筒の箱にはビー玉が入っているとわたしが言い張ったら、あなたは、わたしが触覚的な錯覚に陥っていると言いますよね？

SL#642　確かに言うだろうな。何か硬いものがそこにあると感じるのは錯覚じゃないとしても。

SL#641　同感です。つまり、わたしが言いたいのは、あなたの脳は（わたしやみんなの脳と同じように）、自らが「私」と呼ぶものを必要に迫られて考案したけれど、その現実性（というか非現実性）は、封筒の箱の中のビー玉と同じだということなのです。その意味で、あなたの脳は自らを騙しています。「私」は――あなたのも、わたしのも、誰のでも――とてつもなく効果的な錯覚で、その錯覚に陥ることには非常に高い生存価がある。わたしたちの「私」は自己増強する錯覚で、その錯覚は奇妙なループにはつきものの副産物です。そして、その奇妙なループもまた、わたしたちの身体を導いて人生の危機を切り抜けさせてくれる、シンボルを有する脳にはつきものの副産物なのです。

SL#642　じゃあ、「私」は**本当は**存在しないっていうのか？　でもぼくの脳は、「私」が**いる**って確かに言ってるぞ。それにきみは、ぼくを騙してるのはぼくの脳だって言ったよな。じゃあ聞くけど――**誰が**騙されてる？　きみは今、この**ぼく**は存在しないって言ったけど、だったら、ぼくの脳は誰を騙してるんだ？　それから、もう一度お伺いしますがね、脳に帰属するぼくがないなら、「ぼくの脳」なんて言えないんじゃないですかね？

SL#641　問題は、ある意味、「私」は何もないところから生じるということです。そして、何もないところから何かを作り出すのは不可能なので、結局のところ、その何かは錯覚だとわかります。それは封筒の間のビー玉と同じくらい強力な錯覚です。しかし、根深さや扱いにくさはビー玉よりもはるかに上でしょう。なぜなら、「私」の場合は、箱をひっくり返したり、振ってみたり、封筒と封筒の間を覗いてみたりして、球状の硬いものは入っていないとわかるのに相当するような、単純で得心しやすい行動はありえないからです。わたしたちは、脳内の働きにアクセスすることはできません。ですから、すべての封筒を一気に握りしめてビー玉が入っていると確認するのと同様のことをしないと、ビー玉に相当する自分の「私」たるものを認識できないのです！

SL#642　そういうふうにしか認識できないなら、たとえわずかでも神話を信用するという感覚をもたらすものは何なんだい?

SL#641　多くの人に、「私」という概念が神話かもしれないと密かな疑いを抱かせるものこそ、まさしくこの議論の間ずっと、あなたが頭を悩ませてきたものです——つまり、確固とした物理法則と、「私」という曖昧ではっきりしない存在の間には、相容れない何かがありそうなのです。生命のないものばかりが動き回る世界で、どうすれば経験が生まれるのでしょう? 知覚と感覚と経験は、物理学を超えたところにある特別なもののように思えます。

SL#642　もちろん、フィーリウムがあれば話は別だが、そこらへんは何もはっきりしてないからな。いずれにしても、物理学との不一致によって、「私」という概念はすごく捉えにくくて、何が何でも説明を要するものだってことがおぼろげながらに見えてくることには賛成するよ。

SL#641　物理学との不一致から見えてくることは、まだありますよ。何が何を引き起こすと考えるかについて、何らかの修正が必要だということです。日常生活において、わたしたちは、「私」が物事を生じさせて、物事を動かしていると思い込んでいます。たとえば、食料品店まで車で行くことにすると、わたしの一トンの自動車がわたしを送り届けて連れ戻してくれます。けれども、これは物理学の世界では、かなり奇妙に見えます。物理学の世界では、すべてが粒子の相互作用の結果によって生じるからです。粒子しか登場しないストーリーのいったいどこに、雲をつかむような「私」が存在する余地があるでしょうか? それが重たい車を動かしてどこかに向かわせるなんて、どうしたら考えられるでしょうか? こういうこともやはり、「私」という概念に微かな疑いを与えるのです。

SL#642　そうかもしれない——でも、その場合でも、ほんとにほんの少しだけだ。

SL#641　それでかまいません。そのごくわずかな疑いが、わたしたちが小さな子供の頃から当たり前だと思ってきたこと、つまり、「私」が現実に存在するという考えとは相容れないのです。ほとんどの人にとっては、その当たり前と信じてきたことの方が圧倒的な勝利を収めています。両者は争う存在ですらありません。でもその一方で、ごく一部の人たちの頭の中では、戦いが熾烈を極めている——物理学対「私」の戦いです。とはいえ、脱出用ハッチはいくつか用意されています。たとえば、意識とは新たな種類の量子現象であるという観念や、意識はあらゆる物質に均一に宿っているという考えなどがそうです[6]。この戦いを停戦にもち込むためのわたしの提案は、「私」を幻覚が知覚する幻覚とみなすことです。とても奇妙に聞こえるでしょうが。奇妙どころではないかもしれません——幻覚によって幻覚を見ている幻覚こそが「私」だと言うのですから。

SL#642　奇妙なんてもんじゃない、いかれてるよ。

SL#641　そうかもしれません。ですが、現代の科学が数々の奇妙な実を結んできたのと同じで、いかれているように見えても正しいのです。かつては、地球が動いていて太陽はじっとしているなどと言うと、いかれていると思われました。その逆が、火を見るよりも明らかだと考えられていたからです。現在のわたしたちは、状況に応じてどちらの見方もできます。日常的な感覚では「太陽が沈んでいく」と言いますが、科学的な思考になると地球が動いているだけだと思い出すわけです。わたしたちは柔軟性のある生き物で、状況に応じて視点を変えられるのです。

SL#642　てことは、きみの考えでは、ぼくらは「私」の存在についても視点を変えられるべきだってことだな？

SL#641　いかにも。「私」は幻覚が知覚する幻覚だというわたしの主張は、地動説的な視点と言ってもいいでしょう——新たな知見を生む可能性はありますが、一方で直観とはまったく相容れない。それに、断固として「私」を信じ切っている人たちと楽に意思疎通をするのもとても難しい。わたしたちは、自分や他人の行動を、自分がもつ「私」、あるいは他人がもつ同様のものを仮定したうえで説明しようとします。こうした無邪気な視点からであれば、人が完全に納得できる言葉で人の世界を語ることができるのです。

SL#642　「私」を信じるのが無邪気だって？　きみこそ、「私」って言うのをちっともやめないじゃないか？　この五分間だけで、たぶん一〇〇回は言ってるぞ！

SL#641　まさしく。あなたのおっしゃる通りです。この「私」は、わたしたちみんなにとって必要であり、なくてはならない概念なのです。たとえそれが錯覚で、太陽は空を昇って横断して沈むのだから、太陽が地球のまわりを回っていると考えるのと同じようなものだとしてもです。いろいろと困難な状況に陥るのは、「私」に対する無邪気な視点が、物理学の世界とぶつかるときだけですよ。科学好きな人が他にも視点があるはずだと気づくのも、そういうときです。けれどもほとんどの人にとって、「私」に関する安易なストーリーを信じることは、「私」についての科学的説明を理解するよりも一〇〇万倍も大切なので、結局両者は戦うまでもありません。討論をするまでもなく「私」神話の楽勝です――しかも、大多数の科学好きの人でさえ、そうなのです！

SL#642　なんでそうなるんだ？

SL#641　理由は二つあると思います。一つは、わたしたちの信念体系においては、「私」神話の方が「太陽が地球のまわりを回っている」神話よりも断然大きな中核をなしていること。もう一つは、「私」に代わるものを科学面から説明するのは、地動説への転換を説明するよりも、はるかに曖昧で混乱を招くということ。つまり、「私」神話をわたしたちの頭から取り除くのは、「太陽が地球のまわりを回っている」神話を取り除くよりもずっと難しいのです。ごく一般的な成人が「私」について改めて考えてみるのは、幼児がサンタクロースについて改めて考えてみるのと同じです。しかも、「私」を諦めるのはサンタクロースを諦めるのに比べて、はるかに困難でしょう。「私」を信じることは、生き延びていくために不可欠ですから、それを完全にやめるのは現実には不可能です。わたしたち人間は否応なしに、この神話から永遠に抜け出せません。

SL#642　何できみは、さっきのいまいましいビー玉の話と同じく、「私」はただの神話だとか、幻覚だとか、錯覚だとかって言い続けるんだ？　お決まりのビー玉のメタファーは、もううんざりだ。幻覚って何なのか、そろそろ教えてもらいたいね。

SL#641　わかりました、ではビー玉のメタファーは、しばらく横に置いておくとしましょう。基本となる考えはこうです。脳内のシンボルのダンスはシンボルそのものによって知覚され、その段階でダンスが拡張され、それがぐるぐると繰り返される。一言で言えば、それが意識というものなのです。ところが、シンボルとは、シンボルと無関係の神経活動によって生じる包括的な現象にすぎなかったことを思い起こすと、どうでしょう？　わたしたちは、視点を変えてシンボルの言葉を完全に取り除くことができるようになり、その結果「私」は崩壊します。「私」はふっと消えてなくなり、下向きの因果関係が生まれる余地も消え去ります。

SL#642　どういう意味か、もっと具体的に言ってくれないか？

SL#641　要するにですね、この新しい見方には、欲望も、信念も、性格特性も、ユーモアのセンスも、アイデアも、記憶も、ともかく心理主義的なものは何もなくて、ただとてもちっぽけな物理的事象（つまり粒子の衝突）があるだけなのです。動玉箱と同じで、視点を変えると、シムボールのレベルで見ることも、シムのレベルで見ることもできます。シムボールのレベルで見ればシムはまったく見えず、シムのレベルで見ればシムボールはまったく見えません。この相対する視点は、天動説と地動説のようにまったく正反対なのです。

SL#642　なるほど、そこまではわかったが、どうしてきみは、二つの視点のうち一つは錯覚でもう一つは真実だと言い続けるんだ？　きみはいつだって、**粒子**の視点、下位レベルの微視的視点を第一に考えてる。何でそんなに偏見をもつんだ？　二つの相対する視点を同等に見て、状況次第でふさわしいと思う方を取ればいいじゃないか。物理学者が、気体の運動で熱力学を用いたり統計力学を用いたりするように。

SL#641　なぜかというと、たいへん残念なことに、非粒子の視点はいくつかのタイプの呪術的思考を伴うからです。非粒子の視点は、必然的に、まるで異なる二つの存在によってこの世界を分割し（「経験するもの」と「経験せざるもの」）、まったく逆の因果関係をもたらします（下向きと上向き）。そして、どこからともなくひょっこりと現れてはある時点で突然消滅し、それを延々と繰り返す、非物質的な魂を生み出すのです。

SL#642　ひどい矛盾だぞ！　きみは641の素数性を解説するドミノ倒しの喩えを気に入ってたはずだ。あれはきみの**好み**だったろ！　ドミノ牌が倒れない**本当の**理由は素数性で、他の説明は近視眼的で何の役にも立たないって何度も言ったじゃないか。

SL#641　これは一本とられました！　確かに、わたしのスタンスにはあからさまな皮肉がこもっていますね。厳密な科学的視点が何の役にも立たない場合は**あります**。たとえ、正しくても。そこがジレンマなのです。前にも言ったように、人間は生来、神話を信じるものです。恒久的にそういう状況に陥るからこそ、人生は面白いのです。

SL#642　道教と禅は、はるか昔にその矛盾した状況に気づいた。だから、「私」を払いのけるか、解体

するか、あるいは単純に取り除こうとしたんだ。(7)

SL#641　気高い目標だと思いますが、失敗は目に見えています。ものを**見る**には目が必要なのと同じで、わたしたちが**存在する**には「私」が必要ですから！　人間は、抽象的概念を知覚できるように、また知覚せざるを得ないように運命づけられた存在です。また、生涯を通じて世界を分類し、その分類によってパターンの階層を成長させていく存在でもあります（このときパターンは、脳内でシンボルによって表象されています）。わたしたちは常に、すでにあるシンボルを新たな構造にまとめ上げて、ほぼ無限に新しいシンボルを生み出していきます。そのうえ、わたしたちは巨視的な存在であり、物理的因果関係が生じるレベルは見えませんが、その代わりに、起きていることを驚くほど効率良く簡略に表現するさまざまな方法を獲得しています。なぜなら、世界は常軌を逸して混沌としてはいますが、それでもやはり、多くの場合は頼りになる規則性で満たされているからです。

SL#642　それはどんな規則性かな？

SL#641　たとえばですね、公園のブランコを押してやると、予測した通りに揺れますね。鎖やシートの細かな動きは、まるっきり予測できないにしても。つまりわたしたちは、そうした詳細なレベルをまったく気にかけていなくても、ブランコの揺れ方をよく知っていると思っているのです。それと同じで、ショッピングカートは、車輪がぐらついていて、予想した通りに予想もしない蛇行をするとしても、押していけば、ほぼ思い通りの方向に進みます。また、歩道をぶらぶらと自分の方へ歩いてくる人がいたとして、その人が多少想定外の動きをしたとしても、突然巨人に変身して自分を食べてしまったりはしないとわたしたちは信じています。そういう類の規則性は、誰もがよく知っているし当たり前だと思われていますが、粒子の衝突のレベルとは大きくかけ離れています。こうした簡略化のなかで何より効率が良く逆らい難いのは、抽象的な欲望や信念を、ある「特権的な」存在（心をもつ存在――すなわち動物や人間）に帰属させ、そういうものをすべてひとくくりにまとめて、その実在の「中核」としてしまうことです。

SL#642　つまり、存在の「魂」ってわけだな？

SL#641　ご名答。あるいは、その言葉を使いたくなければ、心の中で感じるものだと仮定して――内面の視点とでも言いましょうか。それに何といっても、各々の「知覚するもの」はいつも自分の活動や活動の結果にかかりきりですから、**自身の**魂や**自身の**中核に関するとても複雑な話を常に組み立て続けることはできません。その話というのは、他の心を有する存在の話と違いはありません――ただはるかに詳細だというだけです。「私」に関する話は視界から決して去らない中核に関する話です[8]（「あなた」や「彼女」や「彼」の場合は、一場面か二場面は視界に入ってきても、やがて舞台から消えてしまうのと対照的です）。

SL#642　システムが、やがて錯覚となるシステム自身を監視できるのは事実ってことだな。

SL#641　監視**できる**のではなく、監視**している**のです。どんなときもね。しかも、重大な事実は、システムはあらゆるものを徹底的に単純化する以外は何もできないということです。わたしたちのカテゴリーは、途方もなく単純化された世界のパターンですが、選び抜かれたカテゴリーはとびきり効率が良いので、自分のまわりの世界の動作を推測したり予測したりできるわけです。

SL#642　じゃあ、ぼくらが幻覚を追い払えないわけは何なんだい？　何でぼくらは、禅をやってる連中が目指すような純粋な無我の状態、「私」がない状態に到達できないんだ？

SL#641　わたしたちは何でもやりたいことを試せますし、実際にやったとしても、短期間であれば興味深い鍛錬になるでしょう。けれども、わたしたちは知覚装置のスイッチを切ることはできませんし、それでも世界で生き残っています。わたしたちは、木や、花や、犬や、他の人たちを知覚**できない**ようにはなれないのです。「私」を取り除くというゲームに興じることも、それに成功したと自分に言い聞かせることも、物事を「知覚していない」と主張することもできますが、いずれにしてもそれは、ただ自分を欺いているだけです。実際は、人間は巨視的な生き物であって、ゆえにわたしたちの知覚もカテゴリーも、本当の因果関係が属する宇宙の基礎構造と比べると、非常に粒子が粗い。良くも悪くも、わたしたちは徹底した簡略化のレベルで足止めされているのです。

SL#642　それって、悲劇なのか？　なんだか悲しい運命《さだめ》のように聞こえるが。

SL#641　そんなことはありません。誇るべきことですよ！　あらゆる手段を尽くして戦い、その状況から脱するべきだと考えるのは、禅や神道に真剣に取り組む人たちだけです。そういう人たちは言葉を不快に思っています。世界をばらばらの塊に分割して、それぞれに名前をつけることを不快に思っています。だから、あの頓智のきいた公案のような処方箋を出して、言葉を使うために誰もがもっている、わたしたちの内蔵ドライブと格闘させようとするのです。わたし自身は言葉を使って世界の謎を理解することに対抗する気は毛頭ありません――むしろ、まったく逆です！　でも、言葉を使うことに大きな欠点があるのは認めます。

SL#642　欠点って、どんな？

SL#641　わたしたちは、パラドックスと共に生きなければないということです。それも非常に身近なところで。「私」という言葉が、そのことを何よりも端的に表しています。

SL#642　ぼくは、「私」って言葉にパラドックス的なものはまったく感じないけどな。実際、平凡で単純で現実的な概念の「私」と、難解でまるで捉えどころのないゲーデルの奇妙なループの間にアナロジーがあるなんて、考えもしないね。

SL#641　では、こう考えてみてください。「私」は、一方では、抽象性の高いさまざまなもの、たとえば、ライフストーリー、嗜好、希望や恐れ、才能や欠陥、適度なウィット、適度にぼんやりしていることなどをひとくくりにして示す言葉です。ところがもう一方では、「私」は何十兆もの細胞からなり、その細胞の一つひとつが、「全体」だと想定されるものには何のおかまいもなしに、独自の働きをする一つの物理的対象を示す言葉でもあります。言い換えれば、「私」は、明らかに有形で目に見える生物学的基質と、まったく無形で抽象的な心理学的パターンを同時に表しているのです。では、「わたしはお腹が空いた」と言うとき、どちらのレベルを表しているのでしょうか？　「わたしは幸せだ」という場合はどうでしょう？　「わたしには、昔の電話番号なんて覚えていられない」と打ち明けるときは？　「わたしはスキーが大好きだ」と大喜びするとき、「わたしは眠い」とあくびをしながら言うときはどうなのでしょう？

SL#642　言われてみればそうだな。確かに、「私」が表すものを突き止めるのは少々厄介だ。指示対象が具体的で物理的な場合もあれば、抽象的で精神的な場合もある。あえて言うなら、「私」は常に具象と抽象を同時に表しているんだな。

SL#641　「私」は一つのものでありながら、二つのかけ離れた視点で記述されます。ゲーデル文も同じです。だからこそ、ゲーデル文は数について語っているとも、自分自身について語っているとも言えるのです。同様に「私」は、無数の物理的対象の寄せ集めであると同時に、一つの抽象的パターンでもあります。そして、そのパターンこそが、発せられる言葉の源となっているのです！

SL#642　このささやかな代名詞こそが、ぼくら人間を不可解で不可思議な存在にする根源みたいだな。他のあらゆるものとかけ離れた存在にね。「私」という代名詞に含まれる、本質的に自己を指すループは――哲学者風に言えば指標性、だな――宇宙のあらゆる構造と大きくかけ離れてるんだ。(9)

SL#641　あまり賛成できませんね。というより、全然賛成できません。「私」という代名詞の自己言及は、ゲーデルの解釈の核にある自己言及と比べて、強くもなければ深くもなく、謎めいているわけでもありません。それとはまるで逆ですよ。ゲーデルは「私」が真に意味することを説明しただけです。彼は、いわゆる「指標詞」の裏には、符号と、信頼できる安定したアナロジー体系に基づく対応しかないことを明らかにしたのです。つまり、わたしたちが「私」と呼ぶものは、そうした指示の安定性から生まれた。ただそれだけのことです。「私」には他の指示詞以上の不可思議はありません。強いて言えば、この世界にある他の構造とかけ離れているのは**言語**のほうなのです。

SL#642　じゃあ、きみにとって「私」は不可思議じゃないんだな？　存在することは不可解じゃないのかい？

SL#641　そうは言っていませんよ。わたしだって存在することはとても不可解だと感じます。なぜなら、他のみなさんと同じで、わたしには限界があって、自分の基質を深く理解して、「私」をふっと消滅させる力はありませんから。そんな力があったら、人生はまるで退屈になるでしょうね。

SL#642　ぼくもそう思いたいもんだね！

SL#641　科学実験を通じて、わたしたちの基質を詳細に見ると、そこにある小さな奇跡が、「私」同様、ゲーデル的だとわかります。

SL#642　おお、そうか、確かにな——超小型のミニゲーデルだ。だけど……どんな？

SL#641　DNAの二重らせん自己複製です。その奥にあるメカニズムには、ゲーデル型の自己言及に関連する概念と同じ抽象的概念が見られます。そして、それこそが、一九五〇年代の初めにジョン・フォン・ノイマンが自己増殖マシンを開発した際に意図せずして明らかにした理論であり、ゲーデルの自己言及と同じ仕掛けの抽象的概念なのです。(10)

SL#642　ミニゲーデルは自己複製マシンだってことか？
SL#641　その通り！　ぴったりとまではいきませんが見事なアナロジーです。ゲーデル数kに相当するのは詳細な設計図です。「親」のマシンは、その設計図を分析して指示に厳密に従う――つまり、設計図に表現された通りのものを作ります。そのためには、親マシンはそれぞれのアイコンが何を示すのかを知っていなければなりません――これがゲーデルの符号化、つまり写像です。新しく作られたマシンには、大事なパーツが一つ欠けています。その欠落を埋めるために、親マシンは設計図を**複製**して、その複製（これこそが欠けているパーツです）を新しいマシンに突っ込みます。すると、ほら！《ヴォアラ》――新しくできた複合機は、親と同一の「子」のマシンなのです。
SL#642　モートンソルトのラベルが頭に浮かぶな。大事なパーツが欠けた「子のマシン」って、あの「傘を差した女の子」が手ぶらでいるみたいなものじゃないか？　複製の設計図はきっと、あの小さくて青い塩の容器だよな？
SL#641　そうです！　女の子に小さな青い容器を持たせると、彼女は活動を開始します。どこまでもね！　驚いたことに、それからわずか数年後には分子生物学者が、フォン・ノイマンのゲーデル型メカニズムの仕掛けと、生物が自己複製を行う自然の摂理が同じであると気づきました。言うまでもなく、DNAが複製の設計図です。こうしたことはすべて、安定した写像（この場合は「遺伝コード」と呼ばれます）と、そこから生まれる意味のおかげで起こります。その結果を見てください――生命に関するすべてのことが得られたのです。これからも目指すところにはどこへだって行けるでしょう。そう、どこまでも！
SL#642　するときみは、「私」っていう捉え難い言葉の不思議な指標性が表す、自分は独自の存在だという感覚は、深淵な現象ではなく写像のありふれた結果だと言うんだな？

SL#641　そうは言っていないと思いますよ！　生きているという感覚や、無限の鎖の中の独自の存在であるという感覚は、確かに**間違いなく**深淵です。ただ、物理法則は超越しないというだけです。一方で、そうした感覚は物理法則を徹底的に利用しているとも言えます――決して、ありふれているわけではありません！　しかし逆に、「私」という代名詞を不可解にしたいという実にありふれた欲望は――まるで「私」には他の言葉よりも深い謎が隠されているとでもいうように――事態を完全に混乱させてしまいます。このような、あらゆる不可解な現象の根っこにあるのが、物理システムにシンボルと意味をもたらす**知覚**なのです。知覚するとは、ウィリアム・ジェームズの「途方もなく騒々しい混雑」から抽象的なシンボルのレベルへ、鮮やかに飛躍することです。そして、やがて必ず起こることではありますが、知覚がねじれて向きを変え自らに焦点を合わせると、その人は豊かで魔法のように見える結果を得ます。念のために申し上げますが、魔法のように**見える**だけであって、**本当の**魔法ではありません。わたしたちが得るレベル交差のフィードバックループは、疑いようのない存在感によって、世界の他のすべての現実を凌駕しています。この「私」、心の中にある非現実的でありながら言葉にできないほど揺るぎないこのビー玉、この「ズ～イ」伴現象は、自らを「ナンバーワンの現実」に選んで指導権を握ると、そこからは何を言われても姿を消しません。

SL#642　ならば、「私」は、とてもすばらしい――すばらしすぎて言葉にできないってわけか[11]？

SL#641　なんですって?!　あなたはわたしの「私」という概念をくだらないと思っていたはずですよ。

SL#642　確かにそうだけど、きみの言いたいことはおよそわかってるつもりだよ。ぼくもちょっと考えが変わったっていうか。「私」に関するきみの奇妙なループの視点は、完全なパラドックスじゃないが、その寸前てところだな。エッシャーの「描く手」みたいなものさ――作品のリアリズムに引き込まれて絵を見ると矛盾していると感じ、後ろへ下がって**離れたところから**見ると矛盾は解消される。つまり、「私」もただの絵ってことだ！　何よりも興味深い絵だね。あまりにも、とてもとてもすごすぎて……「ラッセルの辞書」には載っていないとさ。

ＳＬ＃６４１　ああ、嬉しい言葉ですね！　わたしの考えの良さを少しわかっていただけて、とても嬉しいですよ。ご承知の通り、どれもただのメタファーですが、わたしにとっては、生きるとは何かという壮大な謎、そしてあなたがたびたび強調したように、ここにいるとはどういうことかという大きな謎を解明する手助けとなります。このような微妙な問題について見解を述べ合うすばらしい機会をいただいて、あなたに感謝します。

ＳＬ＃６４２　礼を言うのは、間違いなくこっちだよ。次もまた、すかさず、すばやく、隙なく、精一杯、せっせと、せっかちに、如才なく、しつこく、てきぱきと会合をもちたいものだね。[12]ではまたな、さらば、その日まで！

［退場］

第21章

デカルト的自我と軽く触れ合う

巧みな話術で語るストーリーは心の琴線に強く触れる

前章の対話で奇妙なループ#642がしつこく持ち出したのは、「他の脳ではなく、この特定の脳に自分を住まわせているものは何か？」という疑問だった。奇妙なループ#641がいくつかの異なる方向からその謎に答えようとしたが、奇妙なループ#642にしてみれば、奇妙なループ#641は自分の質問をちゃんとわかっていない、それが人間の存在にとってどれほど重要な問題か理解していない、という気持ちがずっと消えなかった。この対話に、根本的な溝が存在した可能性はあるだろうか？　疑問がはなはだ漠然としていて捉えどころがないせいで、疑問の意味すらわかってもらえないことはあるのだろうか？

サイエンスフィクションの筋書きを使うのが嫌でなければ、奇妙なループ#642の疑問を鮮やかに、完璧に提起できる。そうすれば、誰も取り違えたりはしないだろうし、その謎に深く悩まされることもないだろう。ここで一例として挙げたいのが、オックスフォード大学の哲学者、デレク・パーフィットの革新的な著書、『理由と人格』[(1)]（*Reasons and Persons*）だ。パーフィットは同書で、次のように謎をかけている。

私［パーフィット］は「遠隔輸送機《テレトランスポーター》」のなかに入る。以前にも火星には行ったことがあるが、そのときは何週間もかかる宇宙船旅行という古い手段を用いた。今回の機械は、私を光速で送り出す。緑色のボタンを押すだけでよいのだ。他の人たちと同じく、私も緊張する。うまくいくだろうか？　これから何が起こるのか、聞かされていたことを思い出す。ボタンを押すと意識を失い、やがて目覚めるが、その間はほんの一瞬のように思えるらしい。実際には、私は一時間ほど意識を失う。地球のここにあるスキャナーが私の脳と身体を破壊し、同時に私のすべての細胞の正確な状態を記録する。そして、その情報を電波で火星に送信する。光速で旅するそのメッセージは、三分で火星の「複製機《レプリケーター》」に届く。すると「複製機《レプリケーター》」は、新たな物質から私と寸分違わない脳と身体を作り出す。目覚めたとき、私はその新しい身体のなかにいるのだ。

これから自分に起こるのはそういうことだと信じてはいるが、それでも私は躊躇する。だがそこで、今日、朝食を食べながら、自分は緊張していると妻に打ち明けたら、彼女がにっこりしたことを思い出す。彼女は、これまで何度も「遠隔輸送《テレトランスポート》」されているのだった。でも彼女には、何もおかしなところはない。私はボタンを押す。聞かされていた通り、一瞬気を失ってすぐに気がついたように感じたが、そこは別の小さな個室だった。新しい身体を調べてみたが、何の変化も見つからない。今朝、髭を剃ったときにできた上唇の傷も、ちゃんとあった。

＊

数年がたち、その間に私は何度も「遠隔輸送《テレトランスポート》」された。私はまた例の小さな個室に入って、火星へ旅立とうとしている。しかし今回は、緑色のボタンを押しても意識がなくならない。ウィーンという音がしてから、静かになる。私は個室を出て係員に言う。「故障です。私が何か間違ったのでしょうか？」

「故障ではありませんよ」係員はそう答えて、印刷されたカードをくれる。そこには、こう書いてある。「新しいスキャナーは、あなたの脳や身体を破壊せずに青写真を記録します。この技術の進歩がもたらす機会を、歓迎していただけると期待しています」

係員の話では、「新型スキャナー」の利用者はまだわずかで、私はそのうちの一人らしい。彼は、一時間待てば「インターカム」を使って火星にいる私と会えるし、話もできるとも言う。

「ちょっと待ってください」私はそう答える。「私がここにいるなら、火星にもいられるわけがない」

誰かが軽く咳払いをする。それは白衣を着た男で、私と二人だけで話したいと言う。一緒にオフィスへ行くと、男は私に腰かけるように言って、一瞬黙り込む。それから口を開くと、こう話す。「『新型スキャナー』には問題がありそうだと懸念しています。これから、火星のあなたと会ってお話しになればわかることですが、この機械はあなたの青写真をこのうえなく正確に記録します。けれども、どうやらスキャンする際に、心臓系統にダメージを与えるようなのです。これまでの結果から判断すると、火星のあなたはすこぶる健康ですが、この地球にいるあなたは数日中に心不全を起こすはずです」

やがて係員が、私を呼んで「インターカム」のところへ連れていく。スクリーンには、毎朝鏡で見るのと同じ私自身がいる。でも、違いが二つある。スクリーン上の私は、左右が逆だ。それに、私はここで何も言わずに立っているのに、火星のスタジオにいる私が話し始めるのが見えて、聞こえる。

私の「レプリカ」は、私が間もなく死ぬことを知っているので、つい最近、私が死の床にある友人を慰めようとしたときと同じ考えで、私を慰めようとする。慰められる側になってみて、そういう考えがいかに慰めにならないかを知るのは悲しいものだ。私の「レプリカ」は、私が退場したら、そこからの私の人生を引き受けると確約する。妻を愛し、妻と二人で子供たちを大切に育てる。書きかけの本も、完成させてくれる。彼は私の原稿はもちろんのこと、私の意図もすべてもっている。彼は私の本を、私と同じように立派に完成させると認めざるを得ない。こうしたすべての事実は、多少慰めになる。自分には「レプリカ」がいるとわかって死ぬのは、ただ死ぬことに比べれば、そう悪くはない。だとしても、間もなく私は意識をなくす——永遠に。

われわれは何と騙されやすいことか！

この二つのエピソードからなるパーフィットのストーリーが示す問題は、まさに奇妙なループ#642を悩ませたのと同じ問題だ。前半のエピソードIで、われわれはパーフィットと心を一つにして、地球上で粉々にされ、途方もなく詳細な彼の設計図が信号によって火星へ送られ、新しい脳と身体が作り出された後も、彼は本当に存在しているのかと心配する。そして、新しく作られた彼は、見た目も考えることもパーフィット本人と完全に同じだが、パーフィット本人ではなかろうと思う。けれども間もなくわれわれは、それは根拠のない心配だったと知り、ほっとする——火星に到着したのはパーフィット自身、小さな傷に至るまで完全に彼そのものだったからだ。よかった！　だけど、なぜそうだとわかるのか？　彼がそう言っているから！　でも、朗報をもたらしてくれたのはどっちの「彼」だ？　哲学者の、そして書き手のデレク・パーフィットその人なのか、それとも宇宙を旅する果敢なデレク・パーフィットなのか？

宇宙を旅しているのはパーフィットだ。そして、旅の間、哲学者のパーフィットが実にまことしやかな面白い話を書き続けているが、実は彼自身、自分の話のすべてを信じているわけではないことは、やがてわれわれにもわかる。ファンタジーの後半のエピソードⅡは、前半の話を否定する形で始まる。「新型スキャナー」はかつてのスキャナーとは違って「オリジナル」を**破壊しない**と知り、われわれは、パーフィットはもう果敢に宇宙を旅したりしないのだと、暗黙のうちに了解する。地球上にある小さな個室から出てくるのは元のパーフィットだと疑わない。それは、**彼がまだそこにいる**からだ。

ああ、しかし、われわれは何と愚かで騙されやすいことか！　エピソードⅠで「瞬間移動《テレポーテーション》は旅行と同じことだ」というテーマをすんなり受け入れたわれわれは、まんまとひっかけられていて、エピソードⅡでは一番楽な道をあっさりと選び、次のように考える。「外見も考え方もほらの吹き方もそっくり同じデレク・パーフィットが二人いて、そのうちの一人は最後に会ったときと同じ場所にいて、もう一人は遠いところにいる。だとしたら、近くにいる方が絶対に**本物**で、遠くにいるのはただの**コピー**だ――クローンだ、偽者だ、替え玉だ、フェイクだ」

これだけでも、思索の材料としては十分だろう。エピソードⅡで火星にいるのがコピーでフェイクだというのなら、エピソードⅠで火星にいるのはなぜフェイクではないのか？　われわれはなぜ、エピソードⅠを読んでカモにされるのか？　われわれは馬鹿正直に、彼の妻が朝食の際に見せた安心できる笑顔を受け入れてしまい、火星の小さな個室から彼が出てくると、動かぬ証拠となる顔の小さな傷があると知って、何の疑いもなく納得してしまう。そして、小さな個室から出てきたのは紛れもなく**彼**であるという彼の言葉を真に受けるのだ。とはいえ、それ以外に何を期待できたというのか？　新しい身体を得た彼が個室から出てきて、「こりゃ驚いた、わたしはわたしじゃない！　わたしは、わたしによく似ていて子供の頃からのあらゆるわたしの記憶はもちろん、つい今しがた妻と一緒に朝食をとったときの記憶ももっている別人だ！　わたしはただの偽者だ。だけど、ふむ、うまくできてる！」とでも言うというのか？

もちろん、新しく作られた火星の人は、そういうたわごとを言ったりしない。自分がフェイクだとは知る由もないからだ。自分はオリジナルのデレク・パーフィットだ、ついさっき地球上で分解された男だと、何の疑いもなく信じている。つまりそれが、彼の脳が彼に言っていることだ。何しろその脳は、デレク・パーフィットの脳と完全に一致しているのだから！　そこからわかるのは、自分はこの自分以外の何ものでもないという「人格の同一性《パーソナル・アイデンティティ》」についての主張は、たとえそれが本人の口から出たものであっても、細心の注意を払って取り扱わねばならないということだ。

さて、そういう合理的な受け止め方を前提とした場合、エピソードIIについてはどう考えるべきだろうか？エピソードIIは、宇宙を旅する予定だったパーフィットが、旅をせずに**地球の**小さな個室から出てきたものの、心臓に損傷を受けているという話だった。だが、その**人物**がパーフィットだとなぜ言えるのか？　なぜ語り手のパーフィットは、同じく自分を「デレク・パーフィット」だと思っている火星の人の視点で語らないのか？このエピソードが、こういう話だったらどうだろう——「火星の小さな個室から出た途端に、恐ろしいニュースを聞かされた。**もう一人の**パーフィット——あのはるか遠くの地球にいる哀れなやつ——が、わたしをここへ送信したせいで心臓をやられたそうだ。わたしは打ちのめされた。すぐに彼と電話で話をしたが、何とわたしは、つい最近、死の床にある友人を慰めたときと同じように、彼を慰めるという妙な立場に立つことになってしまった……」

この筋書きがもっともらしく上手に語られていたら、**この人物**——火星生まれの男——が本物のデレク・パーフィットだという考えに抗えなかったかもしれない。熟練の哲学者でありストーリーテラーでもあるデレク・パーフィットだけに、地球にいて心臓に損傷を受けた人物は、「デレク・パーフィット」という名前に、生まれつき神の掟によって結びつけられた、「唯一無二の魂」を騙っているにすぎないと想像させるように仕向けた可能性だってある。

大西洋の向こうに思考実験を瞬間移動させる

サイエンスフィクションのシナリオの信憑性を見極めるには、そのシナリオがどう語られているかが非常に重要だと思える。古くからの同僚で友人でもあるダニエル・デネットも、哲学者が行う巧妙な思考実験について議論する際に、その点を何度も指摘してきた。ダンは、哲学者の思考実験のように入念かつ巧妙に作られた寓話を**直観ポンプ**と呼ぶ。(2) それは、ただの思いつきではない。というのも、彼自身が心の哲学の分野で、最も洞察に富む直観ポンプをいくつも考え出しているからだ。

ここでどうしても言っておかなければならないのだが、わたしが一九八四年のパーフィットの著書から先ほどのストーリーを本章のために抜き書きしている最中に、小さな声がそっとささやいた。「ねえ、これって、『マインズ・アイ』のダンが書いた序章を思い出さないか？ あの独創的な瞬間移動ファンタジーだよ、一九八一年に刊行されたときは、多くの読者が、ぼくらのあの本に関心をもってくれただろ」。そこで、パーフィットのストーリーを書き写した後、わたしは書棚から『マインズ・アイ』を取り出し、最初の数ページを読み返してみた。唖然とするしかなかった。火星と地球の扱いが逆で、性別が異なり、アメリカ人らしい文体で書かれてはいるが、完全に同じ話ではないか。構成もまったく同じで、最初にオリジナルの人間を破壊する「テレクローン・マークⅣ」の話があり、その後、オリジナルを残せる改良型（「マークⅤ」）の話が出てくる。

何と言えばよいのか？　大西洋の東と西で生まれた二つのストーリーだが、片方がもう片方の「クローン」であろうと、両者の来歴が異なろうと、わたしはどちらも大好きだ（ただし、パーフィットの『理由と人格』の参考文献に『マインズ・アイ』が挙げられているので、来歴がまったく異なるわけではなさそうだ）。いずれにしても、心に引っかかっていたことを話してしまったので、引き続きパーフィットの刺激的なストーリーについてわたしなりの考えを記していきたい（もちろんそれは、ダンのストーリーについても語ることになる。アナロジーの参照能力のおかげだ）。

デカルト的自我が存在する薄暗い場所

パーフィットのストーリーが提起する問題はこうだ――エピソードⅡで遠隔輸送が行われた後、宇宙を旅するデレク・パーフィットが**本当に**いる場所はどこなのか？　別の言い方をすると、パーフィットだという二人の人物のうち、本物はどちらなのか？　エピソードⅠで、語り手であるパーフィットは、もっともらしく見える答えを用意している。ところがエピソードⅡになると、今度はいかにももっともらしく、その答えは怪しいと思わせる。エピソードⅡを読んだ本書の読者には、奇妙なループ#642が自身と宇宙旅行者を完全に重ね合わせて、こう叫ぶ声が聞こえるのではなかろうか。「二人のうち、どっちがぼくなんだ?!」

わたしが思うに、きわめて自然で切実なこの問いに何らかの答えを出し、その答えを弁護できるのでなければ、意識の謎について何か重要なことを言ったと主張はできない。読者のあなたは、もうそろそろ、この問いに対するわたしの答えに気づいているかもしれないし、もしかするとまだかもしれない。いずれにしても、この問題についてはしばらくじっくりと考えてもらうとして、その間にわたしは、パーフィット自身がどう考えていたかについて話を続けるとしよう。

　この問題はパーフィットの著書の核となる部分で、彼は自分の見解の説明におよそ一〇〇ページを割いている。その中でパーフィットが異議を唱えているのは、彼が「デカルト的純粋自我《エゴ》」、あるいは短縮して「デカルト的自我《エゴ》」と呼ぶ概念だ。わたしなりに表現するならば、デカルト的自我とは一個の純粋な魂の量子であり、それ以上分割も希釈もできない（「人格の同一性」としても知られる）。つまり、その魂の量子こそが、あなたを**あなた**にして、わたしを**わたし**にする。わたしのデカルト的自我は他の誰のものでもなく、生まれたときから死ぬまでわたしのもの。ただそれだけのことだ。わたしだけの、完全に個人的な、誰とも分かち合わず、分かち合えない、一人称の世界であり、わたしの経験を司るところでもある。唯一無二のわたしの内なる光なのだ。わたしの言いたいことはわかってもらえるはずだ！

　ちなみに、ここで打ち明けねばならないが、わたしは「デカルト的自我《エゴ》（ego）」という言葉を見るたびに、綴りにgが一つしかないのをこの目で確認しているにもかかわらず、どこかで必ず幻覚が生じてgがもう一つ現れ、卵《エッグ》（egg）のイメージが頭の中に湧いてきてしまう。言うなれば、「デカルト的自我《エッゴ》（eggo）」であり、純白の殻が完璧な球の形をした限りなく貴重な黄身を守る、美しく形作られた卵だ。わたしの奇妙で歪んだイメージでは、その黄身こそが人間の同一性の鍵だ――だけど、ああ、パーフィットが自著で果たそうとしている最大の使命は、卵全体を、神聖な黄身も一緒に、情け容赦なく壊してしまうことなのだ！

　パーフィットが最善を尽くして答えようとしている疑問は二つある。一つは、エピソードⅠでパーフィットが火星に瞬間移動したとき、彼のデカルト的自我は、彼と共に火星へ行ったのか、あるいは彼の肉体と一緒に破壊されてしまったのかという疑問。もう一つは、一つ目よりもさらに複雑で差し迫っていると思えるが、エピソードⅡでパーフィットが火星へ瞬間移動したとき、彼のデカルト的自我はどこへ行ったのかという疑問だ。

パーフィットを地球に置き去りにして火星へ行ったのか？　その場合、地球に残っているのは誰なのか？　あるいは逆に、パーフィットのデカルト的自我は、そのまま地球に残っているのか？　だとしたら、小部屋から出て火星に降り立つ者がいるとして、それは誰なのか（ここで使われる「誰」という言葉が、一意に特定できる固有のデカルト的自我と結びついていることに注意してほしい）。このような疑問をぶつけたいという誘惑（そして、この疑問には客観的に見て正しい答えがあるという信念）に抗うのは難しいが、それでも、そのような疑問を生じさせる、ほとんどの人に共通する直観こそ、パーフィットが自身の著書で粉々に壊したがっているものなのだ。

さらに詳しく言うと、パーフィットは、「人格の同一性」の概念は道理にかなうという考え方に断固として反対している。確かに、われわれが暮らす日常の世界――テレクローンもなければ、脳や心をカット・アンド・ペーストするような現実離れした技術もない世界――では、「人格の同一性」は道理にかなった考えだ。実際、日常生活において「デカルト的自我」は当然のように受け止められている。時間は経過するとか、ものは移動させても違うものにはならないといった考えと同様に、われわれの常識、言語、文化的背景に、それとなく、深く、気づかれずに、目に見えない形で組み込まれている。けれども、パーフィットが関心をもつのは、デカルト的自我というこの原始的な概念が、かつてないほどの極端な条件下で、どれほどもちこたえられるのかという点だ。深遠な思想家である彼は、かつてアインシュタインが自ら光速（あるいはそれに近い速さ）で移動するところを想像したのと同じようなことをした――古典的な概念の限界を押し広げようとしたのだ。そしてアインシュタインと同じく、古典的な概念が生まれて発展した頃とはまるで異なる条件下においては、古典的な世界観が常に機能するわけではないと理解した。

わたしがいるのは金星？　それとも火星？

この問題に関する一〇〇ページあまりの熟考で、パーフィットはさまざまな思考実験を分析している。彼自身が編み出した実験もあれば、当代の他の哲学者が考えついた実験もあるが、彼の分析はどれも鋭く明快だ。ここで、そうした思考実験や分析を再掲するつもりはないが、彼の結論については要約しておこう。パーフィットの根底には、限界を押し広げようとすると、「人格の同一性」の概念は不明瞭になるという考えがある。したがって、エピソードⅡのような極端な状況においては、「どちらが自分なのか？」という疑問に対する確かな答えはない。

とはいえ、それではパーフィットの読者の多くは満足も納得もしないだろうし、本書の読者も同じだろう。地球という惑星で成長したわれわれの直観は、「破壊を伴わない瞬間移動」などという筋書きを受け入れる準備がまったくできておらず、ゆえに単純で直接的な答えを強く求める。そしてその一方で、そうはいってもそんな答えは簡単には手に入らないとも直観している。だとすれば、エピソードⅢを作ってみてはどうか？　エピソードⅠと同じように**破壊を伴う**瞬間移動を扱うが、信号は金星と火星の受信装置に同時に送られることにするのだ。このシナリオでは、オリジナルのパーフィットの身体と脳が破壊された直後、二つの新品のパーフィットが、それぞれ別の惑星の上でほぼ同時に出来上がり（髭を剃ったときの傷はどちらにもある）、その二つには優劣がなさそうに見える（**先にできた方**が「デカルト的自我」をもつ栄誉にあずかると主張する向きもあろうが、このシナリオでは、まったく同時に出来上がるという前提にもできるので、安易な逃げ道は断たれる）。

われわれの日常的で、素朴で、ＳＬ＃６４２的な感覚では、答えはきわめて明瞭かつ単純だ——どちらかのパーフィットがフェイクなのだ。われわれは、自分が二つの異なる場所に同時に存在すると想像できないので、(自分を果敢な宇宙旅行者と同一視して)こう考える。「わたしは金星にいるか、火星にいるか、あるいはそのどちらにもいない」。けれどもやはり、その答えはどれも、われわれの旧来の直観を少しも満足させてくれない。

パーフィット自身の答えは、事実上、わたしが右の段落であっさりと退けた考えに近い――われわれは二つの異なる場所に同時に存在するというのだ! しかしながら、今わたしは、**近い**とは言ったが、**同じ**だとは言っていない。というのもパーフィットは、本書で考えを述べているわたしと同様に、「人格の同一性」のような黒か白かのどちらかだと思われているものは、実はさまざまな濃淡のある灰色だと考えているからだ。ある存在が自分か自分ではないかという問題は、日常の環境では、常にほぼ**完全な**黒か白で答えることができて、灰色が入り込む余地などないように思える。それは一つには、われわれ全員が、個別の頭蓋骨の中に個別の脳を物理的にもっているという明確な外的要因のせいで、同時に、言語的、文化的慣習が織りなす大きな網が意識下で協同して、「われわれは一人ひとりが別の人間だ」と主張するせいでもある(それが第18章で述べた「かごの鳥のメタファー」であり、デカルト的自我の概念でもある)。結果として、われわれはいつの間にか、魂が混じり合っている、重なり合っている、共有されているなどとはこれっぽっちも想像しなくなる。

また、われわれ一人ひとりの奥底にはやはり、**自分は同時に二つの場所に存在できない**という絶対的な確信があることも、わたしは否定しない。これまでの章では、この考えに対するさまざまな反例を長々と述べてきたが、パーフィットもまた、非常に苦心して、自己が一つの場所にとどまらない可能性について別の視点から証拠を挙げている。彼は、不可分な「魂の量子」というイメージ(工業製品につけられたシリアルナンバーや政府が発行するＩＤカードと似たイメージ)を抱かせないようにすべく、「人格の同一性」という表現を避けて、代わりに別の言葉を使う。パーフィットが好んで用いるのは「心理的継続性」という言葉で[3]、その意味は、わたしが「心理的類似性」と呼ぶものと同じだ。パーフィットは数学じみた議論は何一つしていないが、突き詰めれば、彼が提案しようとするのは、「人格の空間」における人格と人格の間の抽象的な「距離関数」（数学者が「メトリック」と呼ぶもの）だと言える（あるいは、脳と脳の間でもかまわない。その「距離計算」を行うために、どの構造レベルの脳を記述すべきかは一切特定されておらず、それがどのようなレベルかを想像するのも難しいが）。

そのような精神と精神の間のメトリックを用いると、今のわたしは昨日のわたしにとても「近く」、二日前のわたしには、昨日のわたしほどは近くない、という具合になる。言い換えれば、今日のダグラス・ホフスタッターと、昨日のダグラス・ホフスタッターは、重なり合う部分がたくさんあるけれども、決して**同一ではない**。にもかかわらず、われわれはごく普通に（そして反射的に）その二つが同一であるという考えを選択するが、それは、その選択の方が都合がよく、自然であり、簡便だからだ。その方が人生は単純になる。この慣習のおかげで、われわれはもの（生物、無生物を問わず）に固定した名前を与え、日が改まるたびにいちいち自分の語彙を更新せずとも、それについて語ることができる。そして、この慣習は、幼児期からわれわれの中に深く染み込んでいる（幼児期とは、ピアジェの認知発達理論で言えば、ボールが箱の後ろに転がっていって見えなくなっても、ボールがまだそこにあることを理解し、場合によっては、一秒か二秒で反対側から転がり出てくることも知っている段階）。

パーフィットの視点における抜本的価値

深く根づいていて、われわれの世界観において相当な優位を維持する無意識の信念を壊すのは、とてつもなく面倒で勇気のいる仕事だ。わかりにくさや難しさの点においては、アインシュタインが特殊相対性理論を完成させたとき(4)、あるいは彼を中心とする優秀な物理学者たちが量子力学を発展させたときにも比肩するだろう(5)(前者では、われわれに深く染みついた、時間の性質に関する一片の疑念もない直観の土台が完全な理論によって揺るがされ、後者では、われわれに深く染みついた、因果関係と連続性に関する一片の疑念もない直観の土台が揺るがされた)。パーフィットが提案するのは、**存在**に対する抜本的な再認識を迫る新しい視点で、ある意味、きわめて心を乱される考え方だ。見方を変えれば、きわめて大きな解放感を与える考え方でもある！パーフィットは数ページを費やしてまで、人間の存在に関する抜本的に新しいこの視点が、いかに自分を解放し、自らの生と死、愛する人やその他の大勢の人に対する姿勢を大きく変えたかを説明している。

『理由と人格』の第12章は、「われわれの同一性は重要なことではない。それはなぜか」という果敢な題で、そこにはさまざまな熟思がいくつも並び、そのすべてに刺激的ですばらしい見出しがついている。わたしはこの本、およびそのスタイルにほれ込んでいるので、その数々の見出しをここで披露すれば、わたしの読者が彼の本を読みたいと思ってくれるのではないかと期待する。ご紹介しよう――「分割された心」、「何が意識の統一性を説明するのか？」、「私が分裂するとき何が起きるのか？」、「私が分裂するとき何が重要なのか？」、「二つの説得的な要求を満たしうる同一性基準が存在しないのはなぜか」、「ヴィトゲンシュタインとブッダ」、「私は本質的には私の脳か？」、「真実の見解は信じられるか？」。

この八つのテーマはすべてが洞察に富んでいるが、わたしが最も敬服するのは最後のテーマだ。なぜなら、パーフィットは最後に、自分が構築した体系を自らが信じるかと自問しているからだ。アルベルト・アインシュタインが、自身の発想はニュートン力学を破壊してがれきにしてしまうと気づき、しばしためらったのと似ている。アインシュタインはこう自問した。「わたしは本当に、奇想天外で直観に逆らう自分の結論を信じてもよいと思えるほど、自らの心の道筋を深く信頼しているのか？　二世紀も三世紀も前のきわめて優秀な物理学者たちが念入りにまとめ上げた、まったく自己矛盾のない絡まり合う思考の網を否定するわたしは、あまりにも傲慢ではないのか？」

アインシュタインは生涯を通じてたいへん謙虚な人だったが、結局はこう自答したはずだ（わたしの知る限り、自身の胸の内を語る文章はどこにも残していないが）。「いや、確かにわたしは、自分の心の正しさに奇妙な信頼をおいている。わたしより前の時代に、他の人が何を言ったとしても、自然はこのようにある**べきだ**。わたしはなぜか、自然の内面の論理を、先達よりも深く的確に垣間見る機会を得た。その事実において、わたしはともかくとても運が良く、この理論をわたしの手柄にするつもりは毛頭ないが、公表してこの価値ある構想を他の人と共有したいと思う」

自信、謙遜、自己不信

パーフィットの場合は、さらにもっと慎重だ。わたしが思うに、彼が出した結論は、アインシュタインの結論と同じくらい抜本的な変化をもたらす（言葉で説明するのが難しい「人格の同一性」に関する急進的な考えが、アインシュタインの場合と同じように、見事な科学技術につながると想像するのは、少々拡大解釈だとは思えるが）。だが彼は、アインシュタインほどは自分の結論に確信をもっていない。パーフィットも自分の思考体系に自信をもってはいるが、それは絶対的な自信ではない。自分の思考体系が揺れてやがて崩壊するとは思っていないが、そうなるかもしれないとは認めているのだ。この点に関して彼がどう考えているか、彼自身の言葉を聞いてみよう。

［心の哲学者トマス・ネーゲルは］たとえ「還元主義的見解」が真実だとしても、われわれがそれを信じるのは、心理的に不可能だと主張したことがある。ゆえに、ここで私は、これまでの自分の議論を簡単に振り返ってみる。そして、私は自分の結論を信じていると率直に主張できるかどうか、問うてみる。主張できるとしても、私は自分が比類なき者ではないと想定する。真理を信じられる人は、少なくともあと何人かいるだろう。

［数ページ後］私は、「還元主義的見解」を支持する主要な議論を振り返ってみた。この見解を信じるのは不可能だとわかっただろうか？

私にわかることはこうだ。この見解は、知的あるいは内省的なレベルでは信じられる。この見解を支持する議論には納得する。しかし、別のレベルにおいては、自分は常に疑念を持っているのではないかと考える……（中略）……

自分の議論を振り返ってみても、私の疑念は完全には払拭されないかもしれない。内省的、あるいは知的なレベルにおいては、やはり「還元主義的見解」は真であると納得していると思う。しかし、さらに低いレベルにおいては、未来のある人物が私であることと誰か別の人であることの間には決定的な違いがあるはずだと、どうしても信じてしまいがちだ。摩天楼の頂上から窓の外を見るときも、同じようなことがいえる。自分に危険はないとわかっていても、目のくらむような高さから見下ろすと不安になるのだ。もしも私が緑色のボタンを押すとしたら、きっと同様の不合理な恐怖を感じるだろう。……（中略）……自分の「還元主義的」結論を、落ち着いた気持ちで確信するのは難しい。人格の同一性は重要な問題ではないと、信じるのは難しい。もしも、明日誰かが苦しみに悶えるとして、私もその苦しみに襲われるか否かは空虚な問いかもしれないと信じるのは難しい。また、もしも私が意識を失いかけているとして、「私はもう死ぬのか？」という問いに答えがないかもしれないと信じるのも難しい。

どうしても言っておきたいのだが、パーフィットが自己不信と向き合い、その自己不信を読者と共有しようとする意欲は、このうえなく貴重であり、すばらしく斬新だ。

パーフィットをこっそりとボナパルトに変身させる

先ほど引用した文章の最後の段落で、パーフィットはある思考実験のことをそれとなく述べている。ある部分は哲学者バーナード・ウィリアムズの考案で、ある部分は彼自身の考案だ（ウィリアムズとパーフィットのハイブリッド、「バーナーク・ウィリフィッツ」の考案と言えるかもしれない）。この思考実験において、パーフィットは特殊な脳神経外科手術をまさに受けんとしているところで、その結果、彼の性格は数値パラメータ——すなわちスイッチがいくつオンになるか——によって厳密に定まる。だとすれば、一つひとつのスイッチはどんな働きをするのか？　スイッチはそれぞれ、パーフィットの性格特性を他ならぬナポレオン・ボナパルトの性格特性に一つずつ変換する（「他ならぬ」が文字通りの意味であることは、この先の説明でわかってもらえると思う）。たとえば、あるスイッチがオンになるとパーフィットはとてつもなく短気になり、別のあるスイッチがオンになると、人が殺されるのを見るのは嫌だという彼の嫌悪感が取り除かれてしまうといった具合だ。今わたしは、「パーフィット」という固有名詞と「彼」という代名詞を使ったが、「彼」がパーフィットを指していることは、おそらくはっきりとわかるはずだ。しかし問題は、そのような代名詞の使い方は理に適っているのかという点だ。スイッチが次々と入ると、パーフィットはどんどんナポレオンになっていくが、彼——というか、**徐々に変身していくこの人物**——は、どの段階に至れば、本当にナポレオンになったと言えるのか?

すでに明らかにしたように、パーフィットの見解では、どの時点で人格が完全に切り替わるのかという疑問は意味がない。というのも、大切なのは心理的継続性であり、それは濃淡のある灰色で表されるからだ(心理的継続性とは、少し前に述べた、擬似数学的空間における人格間あるいは脳間の近接性を指す)。決して、○か一かの問題ではなく、オール・オア・ナッシングの問題でもない。デレク・パーフィットの部分もあればナポレオン・ボナパルトの部分もあり、スイッチ次第でパーフィットに近づいたりナポレオンに近づいたりする。それは、単に少しずつナポレオン・ボナパルトに似ていくという意味ではない——現実に、ゆっくりとボナパルト自身になっていくという意味なのだ。

パーフィットの考えでは、ナポレオンのデカルト的自我は分割できないし、デレク・パーフィットのデカルト的自我も分割できない。むしろ彼の考えは、一本のワイヤーにスライド式のつまみがついていて、そのつまみを好きな位置にスライドさせると、二人の個人が自由な割合で混合、あるいは変容されるという見方に近い(ちなみに、「個人」(individual)とは「分けられない」(undividable)という意味で、そうした語源的な観点から見れば、実は、個人は個人では**ない**)。結果として出来上がるのはハイブリッドの人間で、ワイヤーの長さの一〇分の一、三分の一、半分、四分の三など、割合に応じて、デレク・パーフィットから、デレン・パーフィルト、デレオン・パナフィルト、デポレオン・ポナバルト、ナポレオン・ボナパルトというように変身していく。

ほとんどの人は、パーフィットとは違って、変身の過程のあらゆる時点において、「この人はデレク・パーフィットなのか?」という問いに対するイエスかノーかのはっきりした答えがあってほしいと望み、それがあるに**決まっている**と確信している。言うまでもなく、それは古典的な考え方だ――パーフィットのデカルト的自我があると当然のように考えているのだ。ゆえに多くの人は、ワイヤー上のどこかに特定の点があって、スライド式のつまみがそこを通る瞬間に、何の前触れもなくパーフィットのデカルト的自我がふっと消えてなくなり、ナポレオン・ボナパルトのデカルト的自我に取って代わられると考えざるを得ないという、厄介な視点に立たされる。ほんの一瞬前までは、部分的に性格が入れ替わっているとはいえ、自分はあくまでもデレク・パーフィットだという感覚をもつデレク・パーフィットと捉えていた人物が、突如としてナポレオン・ボナパルトとなり、今度は自分はナポレオンだという感覚をもち、パーフィットとしての感覚はまったくなくなるというわけだ!

ダグラス・R・ホフスタッターの抜本的改変

こうした視点における直観は、感情と密接に絡まり合い、われわれの文化や人生観に深く関わっている。わたしの場合、その直観が特に強まるのは、先のシナリオに自分を当てはめて、神経外科医がスイッチを次々とオンにして、わたしの人格特性を入れ替えていくと想像するときだ。

たとえば、まず最初にスイッチ1が入ると、わたしのショパンやバッハへの愛情が二人の音楽への強い憎しみに入れ替わり、その代わりに、ベートーヴェン、バルトーク、エルヴィス、エミネムへの崇敬の念が「わたしの」脳内で開花する。

次に、スイッチ2が入ると、週末が来るたびに（そして暇さえあれば）、アンビグラムをデザインしたり、奇妙なループに関する本を懸命に執筆したりするのではなく、大型テレビで何時間もぶっ続けでアメリカンフットボールの試合を見たり、ビールのコマーシャルに出てくる胸の大きな女の子たちをいやらしい目つきで嬉しそうに眺めたりするようになる。

そしてスイッチ3が入ると、今度は、数十年にわたって反対し続けてきた性差別的な言葉の使用を含め、ポリティカル・コレクトネスに関するわたしの考えが完全に覆される。口を開けばすぐに「きみたち《ユー・ガイズ》」などという言葉が出て、それに抗議する人がいると「差別嫌いのサル」と声高にあざ笑うのだ（ご想像の通り、これでもまだ控えめな侮蔑語だ）。

さらに次のスイッチが入ると、生涯にわたる菜食主義の傾向をかなぐり捨て、シカやその他の動物の狩猟に情熱を傾ける——もちろん、動物は大きければ大きいほどよい。つまり、スイッチ4が入ると、わたしは自分が頼りにするライフルでゾウやサイを倒すのが**大好き**になってしまう！　世の中で一番楽しいのはこれだ！　立派な獣が勝利の銃弾に屈するたびに、わたしはフットボールの選手がタッチダウンしたときみたいに「オレは偉大だ」とばかりに拳を突き上げる。

そして言うまでもなく、最後のスイッチ5が入ってしまうと、わたしはジョン・ロジャーズ・サールの「中国語の部屋」という思考実験に完全に同意し、デレク・パーフィットの「人格の同一性」に関する考えはまったくのたわごとだと思うようになる。おっと、違った——そんなことはできやしない。いまや哲学的な問題など何も考えない人間なのだから!!

すでにお気づきだろうが、スイッチ1について、ルートヴィヒ、ベーラ、エルヴィス、エミネムへの崇敬の念が脳内で開花すると述べた際に、「わたしの」という言葉を括弧でくくった。その後はあえて括弧を使わなかったが、使うべきだったかもしれない。何と言っても、ここまでの数段落で示してきたことはすべて、わたしをわたしたらしめると考えていた特徴とは正反対なのだ。本来の特徴がたった一つなくなっただけでも、次のように考える十分なきっかけとなる。「この人間はもうわたしではなかろう。わたしであるはずがない。わたしという存在の一番奥にある本質と適合していないのだから」

むろん、もっと穏やかな形の変身を想定することはできる。たとえば、プロコフィエフのヴァイオリン協奏曲第1番と決して出会わない人生を想像してみる。その人生を生きるわたしは、この現実のわたしとは別もので、今のわたしほど豊かではないが、それでもわたしと同じような感覚をもっている。あるいは、今でも時折ハンバーガーを食べては罪悪感をもつわたし、ごくごくたまにテレビでアメリカンフットボールの試合を見たくなるわたしを想像してみるのもよい。どれもがさまざまな濃淡の灰色で表され、そのさまざまな灰色が、わたしが偶然になった現在のダグの周囲に「ありえたダグたち」の光背を作り出す。現在のダグは、何十年かの間に起こった何百万もの偶然の出来事や、わたしの人生にたまたま登場した何百もの人たちのおかげ（および、わたしの人生に関わりのなかった何百万もの人、もしかしたら知り合っていたかもしれないが結局は登場しなかった無数の人たちのおかげ）で生まれたのだ。われわれは一般に、「わたしが誰か／何者か／どんな者か」について、さまざまな濃淡の灰色を持ち出して考えたりはしないが、今わたしの例で簡単に説明したように、さまざまな濃淡の灰色は存在している。

WHOとHOW

ここで付け加えておくと、**who**という単語には、「彼」や「彼女」という人称代名詞と同様、潜在意識に作用するいくぶん過剰な力が備わっている場合がある（第1章の、ケリーとのやりとりを思い出してもらえるだろうか。動物をどんな代名詞で呼ぶかについての会話だった）。一九八〇年代、パメラ・マコーダックは、『考える機械』（***Machines Who Think***）という刺激的で独創的なタイトルの本を著した。タイトルにある**who**という単語は、缶切り、冷蔵庫、タイプライター、コンピュータといった標準的な機械についてわれわれが反射的に連想することとは、かけ離れたイメージを掻き立てる——**who**という単語によって、少なくともある種の機械については、「その中に」誰かがいるというイメージ、あるいはトマス・ネーゲル風に言えば「その機械であることはそのようにあることであるようなその何かが存在する」というイメージが喚起されるのだ（それにしても他言語に翻訳し難い表現だ）。そしてタイトル自体も、「考える機械」を意味する二通りの英語表現、machines **that** think と machines **who** think には、はっきりとした白か黒かの違いがあると、暗に提示する（前者は考えるだけで内的生活はなく、後者は内的生活があり、それぞれが個別の誰かとなる）。

ところで、自分の親友が何者か（who）と考えるのは、突き詰めれば、親友たちが**どんなふうか**（how）と考えることではないかとわたしには思える——どんなふうに微笑むか、どんなふうに話すか、どんなふうに笑うか、どんなふうに耳を傾けるか、どんなふうに傷つくか、どんなふうに心を分かち合うかなどと考えることだ。それぞれの友人の奥底にある本質は、数え切れないほどの「どんなふうか」からできていて、その「どんなふうか」の集積こそが、「この人は誰か？」という問いに対する答え——**申し分のない**答え——ではないかと、わたしはひそかに思っている。

このような考え方は純粋に三人称的であり、外部の視点に立っていて、一人称的な視点をすべて奪い去っている、あるいは否定していると思えるかもしれない。「私」を不当に扱い、鼻であしらっているように見えるかもしれない。しかし、わたしはそうは考えていない。なぜなら、わたしには、他人だけではなく自分自身にとってさえ、「どんなふうか」こそが「私」であることのすべてだと思えるからだ。厄介なのは、「私」が、自分はそれ以上のものだと思い込むのが得意だということだ——実のところ、それが「私」という言葉が果たす仕事のすべてなのだ！　そして「私」は、そのペテンを継続することに強い関心をもっている（たとえ「私」そのものが犠牲者になったとしても）。

ゼロか、二重か

ここでそろそろ、エピソードⅢの金星か火星かという謎に戻るとしよう。すでに述べたように、パーフィットはデカルト的自我の存在を否定し、エピソードⅢの疑問に対しては意味のある答えなどないと示して、その疑問を幾分避けている。しかし彼の著書では、自分が二つの場所に同時に存在することを意味する「二重生存」という言葉がたびたび使われる。またパーフィットは、二重生存は死と同一ではないと一度ならず書き（死は無生存だろうから）、ナンバー2はナンバー0に融合されるべきではないとも述べている！　彼が本当に言いたいことは何か？　疑問に対する答えはないと言いたいのか？　それとも、実は彼自身も二重生存者で、デレク・パーフィットは目下のところ二人いると言いたいのか？

その問いに答えるのは、わたしには難しい。パーフィットは両方の考えにたびたび言及しているので、どちらをとっても彼の主張だと思えるからだ。では、**わたしは**この問題をどう考えるのか？　わたしは「二人の私」の側につく。というと、わたしがデカルト的自我《エゴ》の理論を受け入れていて、卵《エッグ》をクローン化して生まれたデカルト的自我の一卵性双生児が、一方は金星に、もう一方は火星に存在すると想像していると思われるかもしれない。しかし、だとすれば、奇妙なループ#642がこう叫ぶはずだ。「どっちがぼくなんだ?」。わたしがまるで質問に答えていないように思えるのだろう。あるいは、火星で手にした卵を金星で食べたがっているように思えるのかもしれない。

表面的な矛盾を多少なりとも取り除くには、「私」という概念は根本的かつ最終的に幻覚なのだという、先の対話篇の奇妙なループ#641の主張に立ち戻る必要がある。そのうえでエピソードⅢ、すなわち新しいコピーを金星と火星に瞬間移動させて地球には何も残らないというシナリオに、パーフィットではなくわたしを当てはめてみるとしよう。そのシナリオでは、火星と金星にあるそれぞれの新しい脳が、どちらもこれがわたしだと確信している。わたしがいつも感じているのとまったく同じ感覚だろう。「わたしはそこではなくてここにいる」と言いたくなるお馴染みの衝動が、膝を軽く叩かれると脚が跳ね上がるのと同じくらい自動的に、二つの脳の中で膨らんでいく。だが実は、そうした膝の反射があろうがなかろうが、「私」と呼べる**もの**などどこにもなく(硬いビー玉も、デカルト的卵の殻《エッグシェル》で守られた大切な黄身もなく)、あるのは、ただの傾向と性向と習慣だけで、そこに言語的なものも含まれる。結局われわれは、「**ここ**にいるのがわたしだ」という二人のダグラス・ホフスタッターを、どちらも信じるしかない。少なくとも、いま書斎にいて文字を打ち込み、印刷物を通じて「ここにいるのがわたしだ」とあなたに言うダグラス・ホフスタッターと同じ程度には信じるしかない。このようなことを述べて、それが真実だと主張するのは、ただの傾向であり性向であり習慣であり、つまりは膝の反射にすぎない。[6] たとえもっと大きな意味があるように思えたとしても、それ以上の意味はないのだ。

要するに、「私」とは幻覚だ。にもかかわらず、「私」はわれわれがもつ、最も貴重なものでもある。ダニエル・デネットが『解明される意識』で指摘しているように、「私」とは一〇〇ドル紙幣のようなものだ——としても価値があると**感じられる**が、突き詰めれば、ただの社会的慣習であり、誰もが疑いもせず暗黙のうちに合意している錯覚であり、錯覚であるにもかかわらず、経済全体を支えている。一〇〇ドル紙幣は、本質的な価値をまったくもたないただの紙切れなのだ。

進む列車

第15章から第18章にかけて、わたしは、人間はみなそれぞれ拡散していると述べてきた。つまりわれわれは、一般的な直観に反して、少なくとも部分的には、地球上にあまねく広がったさまざまな人たちの脳に住みついている。この考えを突き詰めていくと、人間は二つの場所に同時に存在**できる**という考えに至る。初めは、馬鹿げていると膝反射的に否定してしまうだろうが。二つ、あるいはそれ以上の場所に同時に存在するのは理にかなわないと思うのなら、空間と時間の役割を入れ替えて考えてみるとよい。自分が明日も明後日も存在するという想像には何の問題もないと考えてみるのだ。その未来の二人のうち、どちらが**本当の**自分だろうか？どうしたら二人の**別々の**自分が存在できるだろうか——二人はどちらも自分の名前を名乗っているというのに。「ああ、だけど未来の自分にはいずれなれるから。列車がいろんな駅を経由していくみたいに」と思うかもしれないが、それでは質問をはぐらかしているだけだ。列車は乗客の乗り降りがあり、車両の一つや二つ、もしかしたら機関車まで変えているかもしれないのに、なぜ**同じ**列車だと言えるのか？列車につけられた「641号」という単純な**呼び名こそが**「同じ列車」とされるゆえんだ。これは言語的慣習であり、非常に役に立つ習慣でもある。古典的な世界のごく自然な慣習であり、われわれはその世界に存在している。

ミラノから東へ向かう列車「641号」が、必ずヴェローナで二つに切り離され、一方は北のボルツァーノへ、もう一方は引き続き東へ進んでヴェネツィアへと向かうとする。その場合、切り離されたそれぞれの列車はもう「641号」とは呼ばれず、それぞれに別の呼び名がつけられるのではないだろうか。もちろん、「641a号」、「641b号」と名づけてもよいし、両者を「641号」と呼び続ける道も残されてはいる。なにしろ、ボルツァーノから東に方向を変えた列車とヴェネツィアから北に方向を変えた列車が、その先のベッルーノで再び合流して連結し、それぞれの（あるいはその）列車の目的地であるウーディネへ向かう可能性だってあるのだから！

読者のみなさんは、列車にはそうした出来事に対する内的な視点がないと反論するかもしれない――「641号」は、一人称ではなく三人称の視点に分類されるというのだ。わたしには、それは魅力的な考えだが、賛成はできないとしか言えない。進む列車が **trains who roll** であろうと **trains that roll** であろうと、少なくとも、豊富な表象体系を有していて、自己に巻きつき、自己を表象できるのであれば、両者には何の違いもない。もちろん今日の列車の大半は（実際にはどの列車も）表象体系を有していないので、われわれは列車に who という代名詞を用いはしない。だがいつの日か、列車は表象体系を備え、われわれは who を使うことになるだろう。とはいえ、ある代名詞が別の代名詞に変わっていく過程は、急激でもなければ突然でもない。人々が洗練されるにつれてデカルト的自我への信頼が色あせるのと同じように、緩やかに進むものなのだ。

魂のコロナの輝き

読者のなかには、この章は要するに、現実の人間の現実の世界や現実の生死をどう考えるかとはまるで関係のない、奇怪なサイエンスフィクションを土台としていたのかと衝撃を受けた人もいるかもしれない。だが、それは誤解だ。

わたしの親友の年老いた父親、ジムは、アルツハイマー型認知症の診断を受けている。親友はここ数年、父親が少しずつ、一つまた一つと現実世界との接触を失っていくのを、悲しい気持ちで見てきた。ほんの数年前までは、彼の内的生活の強固な基盤であり、確実に信頼できる大地《テラ・フィルマ》であった現実との接点がなくなっていくのだ。現在のジムは、自分の住所がわからず、クレジットカードなど日常的なものが理解できなくなり、自分の子供を見ても、よく知っている人だとは思うが誰だかわからない。すべてが少しずつぼんやりとしていき、二度とはっきりすることはない。

おそらくジムは、自分の名前も、育った場所も、好きな食べ物も、もうわからなくなっているのだろう。彼は今、厚くて、濃くて、すべてを包み込む靄《もや》の中に向かっている。ハネカー値の低くなった晩年のレーガン元大統領が過ごしたのと同じ場所だ。だが、そうはいうものの、ジムの一部はしっかりと生き残っている――人々の愛情のおかげで、**別の**脳に生存しているのだ。おおらかなユーモアのセンス、広々と開けた大草原を車で突っ走るのを何よりも喜んでいたこと、彼の理想、寛大な心、飾り気のない性格、夢と希望――そして（参考までに付け加えるならば）クレジットカードを理解していたことも。そんなすべてのことが、何年も何十年も彼と親交を結び、彼の「魂のコロナ《ソウラー》」を構成したさまざまな人――妻、三人の子供、多くの友人――の中に、程度の差はあれ生き残っている。

ジムの肉体はまだ死んでいなくても、彼の魂はこれからもとてもおぼろげでぼんやりとしたままになり、もう存在していないと言っても差し支えない――太陽の食《ソーラーエクリプス》ならぬ、魂の食《ソウラーエクリプス》によって、完全に隠されてしまった。

だがそれでも、彼の魂は**今後も存在し**、部分的に、解像度の低いコピーとして、世界中に散らばっているだろう。ジムの一人称の視点は、他の人の脳に存在してときおり点滅する。**彼**はこれからも、極端に希釈されはするが、ここで、あそこでと存在し続ける。では、**ジムはこの先どこにいると言えるのか？** どこにもあまりいないと答えるしかないが、それでも彼は、ある程度ではあるが、さまざまな解像度で、多くの場所に同時に存在するだろう。とんでもなく弱々しいとしても、魂《ソウラー》のコロナが存在するところに、彼はこれからもいる。

たいへん悲しいが、美しい。いずれにしても、それがわれわれにとって唯一の慰めとなる。

第22章　ゾンビと踊るタンゴ、そして二元論

衒学的な意味論？

未来の「考える機械」にふさわしい関係代名詞は**who**なのか**which**なのかという議論は、ある人たちには、衒学的《ペダンティック》な意味論《セマンティック》上の屁理屈の典型という印象を与えるに違いないが、一方では、この議論によって生死に関わる問題が起きる人たちもいる。実際この議論は、まだ見たことがないものにどんな言語ラベルを貼るかという、意味論の問題としては典型的でありながら、カテゴリーの割り当ては思考の中核と直結しているため、生死等の問題を含む世界のさまざまなことに対してわれわれがどう臨むかを決める決定因子ともなっている。そのような理由から、この関係代名詞問題は「ただの意味論」とはいえ、自分が誰であり何者であるかの認識においてとても重要だとわたしは思う。

オーストラリアの著名な心の哲学者デイヴィッド・チャーマーズは、わたしの大切な友人であるとともに博士課程の教え子でもあるが、「考える機械」には、machines **that** think も machines **who** think も存在し得るという刺激的な考えを説く。だがわたしに言わせれば、両方の機械が共存するという見解は意味をなさない。な

ぜなら、第19章で明らかにしたように、「考える」という言葉は、頭蓋内や動玉箱の上（またはそれに準じた場所）でのシンボルのダンスを意味し、そのダンスは「意識」という言葉でも表現されるからだ。「意識」があればこそ、whoという関係代名詞を使うに値し（もちろん、「私」などの代名詞も）、「考える」を使うに値する――わたしにとってはこれで問題は解決する。言い換えれば、thatという関係代名詞を使った「考える機械」はつじつまの合わない表現で、やがて**本当に**考える機械が登場したら、当然machines **who** thinkと表現されるべきなのだ。

二台の機械

チャーマーズはこうした問題を、前例のない新しい方法で検証している[1]。まず彼は、トランジスタも原子もクォークも、何から何まですべてが同一である二つの機械が存在する世界を提示して、その機械がパキスタニア大学の心の人間工学研究センター641号室の古いオーク材の机の上に並べて置かれ、二台は完全に同じ仕事をすると説明する。たとえば、その二台の機械はどちらも、単純ながらも驚くべきユークリッド幾何学の「円周角の定理」を、形式的な代数的操作ではなく、非形式的な幾何学的見識により証明しようとあがく（円周角の定理とは、ある点（図の点A）が円周に沿って動くとき、弧BCに対する円周角（α）は常に一定であるというものだ）。

基本的ではあるが美しい「円周角の定理」を選んだのは、何年も前にこの定理についてチャーマーズととても楽しく議論した経験があり、この問題に関する彼のいくつかの意見から新たな洞察を得たおかげで、わたしの人生がまさに変化を遂げたからだ。あの運命の分かれ道で、わたしはスイッチ6をイメージできるようにな

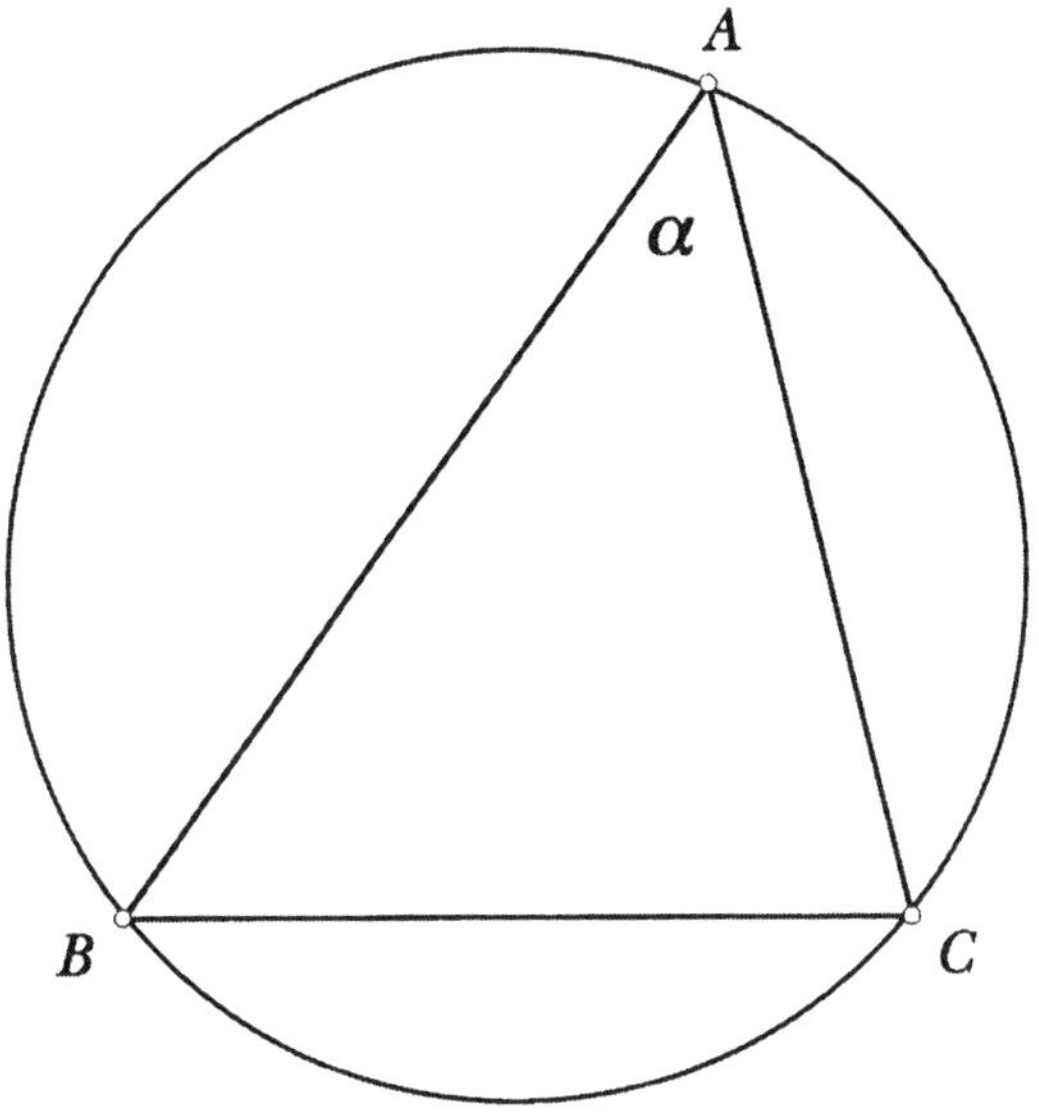

った。そのスイッチを入れると、この定理に関するあらゆる知識、定理についてじっくりと考えるたびに火花を散らす幾何学への情熱が、わたしの脳から取り除かれていく……。

　先ほども述べたように、完全に同一の二台の機械は、原子時計によって一兆分の一秒までぴったりと同時に作業を開始し、完全に同調した足並みで解決に向かって進み、チャーマーズが洞察をもたらす視覚的証明を最初に発見したときに、彼自身の脳内で生じていたプロセスを正確にシミュレートする。二台の機械の中で動くプログラムの詳細は、ここでは重要でない。大切なのは、二台のうちの一方、機械Qは実際に何かを**感じ**、もう一方の機械Zは何も**感じない**ということだ（Qはクオリアを意味し、Zは死《デッド》と韻を踏んでいる）。そしてその部分が、チャーマーズの考えにおいて、わたしには理解し難い部分だ。

　ここで、正直に言っておかなければならないが、イメージしやすくするために、本書ではチャーマーズのストーリーを少しだけ変更した。二台の機械は641号室の

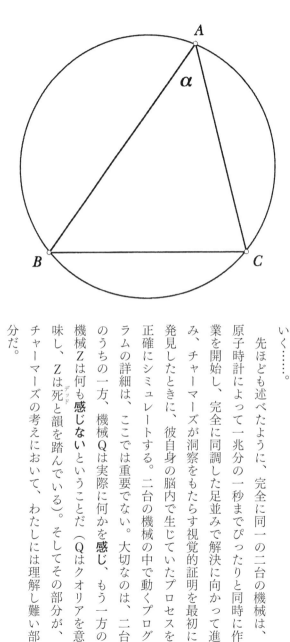

古いオーク材の机の上に並べて置かれるとわたしは書いたが、実はチャーマーズはそうは言わなかった。わたしがストーリーを変更したなどと知ったら、きっとこんなことを言って抗議するだろう。「二台の同一の機械をオーク材の机の上に並べ、同一のプログラムを動かして、一台は何かを感じ、もう一台は何も感じないなんて、おそろしく矛盾してますよ。宇宙の法則を冒瀆してます！」

わたしはその抗議を全面的に受け止め、チャーマーズの話を歪曲した罪を認める。そして罪を償い、改ざんした話を元に戻すために、まず二台の機械のうちの一台を、641号室の古いオーク材の机の上から撤去する。残った方の機械を、それがかつて何と呼ばれていたにせよ、「機械Q」と呼ぶとしよう。それから（チャーマーズに従って）、ちょっと意外な方向へと一歩進む——同型の異なる宇宙（すなわち「別個ではあるが見分けがつかない」宇宙）を想定してみるのだ。もともとあった方を「宇宙Q」と呼び、新しい方を「宇宙Z」と呼ぶ。どちらの宇宙にもまったく同じ物理法則が存在し、どちらの宇宙でも、物理法則さえ知っていれば、粒子の相対的な初期配置から今後起こることを予測できる。

二つの宇宙は見分けがつかないと今述べたが、それは、宇宙Zには宇宙Qと同様に天の川銀河があり、「太陽《ソル》」という名の星と九つの惑星からなる太陽系があり(2)、太陽系の三番目の惑星は「地球」という名で、宇宙Zの地球にはパキスタニア大学と付属の心の人間工学研究センターがあり、その中に641号室があるということだ。室内には「同じ」古いオーク材の机があって、その上にはなんと「同じ機械」が置いてある。もうおわかりだろう。ただ、この機械は宇宙Zにあるがために「機械Z」と呼ばれ、そうやって、見分けのつかない環境に置かれた見分けのつかない機械にそれぞれ別の名前がつく。

機械Qと機械Zは、独立した時間軸を有する異なる宇宙に存在するので、両者を「まったく同時に」作動させることは不可能なのだが、幸運なことに、この二つの宇宙は完全に同一の物理法則が成り立つので、わざわざ同期させる必要はない。ただ作動させて、仕事をさせればよいのだ。二台が並んでいたときと同じく、両者は**完全に同じ処理**を行う。なぜなら、どちらも寸分違わぬ物理法則に従い、その法則が細部に至るあらゆる処理を完全に決定するからだ。結果はどうなるだろうか？　おかしなことに、どちらの機械もクォークレベルのずっと先に至るまで、まったく同じことをするにもかかわらず、機械Qは自分が行っている処理について感情をもち、機械Zはもたない。機械Qは心から喜びを感じ、機械Zは何も感じない。Zは絶無でゼロなのだ。

「そんなことがあり得るのか？」と思うかもしれない。わたしも当惑していることに変わりはなく、同じ疑問をもつ。だが、チャーマーズはとても楽しげに説明する。「ああ、だって機械Qが存在する宇宙にはおまけがついていて、物理の法則に加えて、ある種の物理的プロセスに**感情**が伴うことが許されるのです。その感情は物理的な事柄に何ら影響を与えない、あるいは与えることが**できない**ものの、感情はあくまで本物で、本当に存在します」

言い換えれば、宇宙Qと宇宙Zにおける物理法則は同一であっても、宇宙Zではどこにも感情がない——ただ空虚な運動があるだけだ。機械Zは、機械Qとまったく同じ言葉を口にする。機械Zは自分が導き出した証明に心から喜びを感じていると主張し（機械Qとまったく同じように）、その証明の美しさについて滔々と語るが（機械Qとまったく同じように）、実は何も感じていない。機械Zの言葉は、まるきり空っぽなのだ。

二人のチャーマーズ

宇宙Qと宇宙Zの違いを決定的にする、おまけの要素とは何か。チャーマーズは明言はしていないが、それこそが意識の本質だと考えているようだ。ここでは、その意識の本質のことを**心の躍動**《エラン・メンタル》と呼ぶことにする。チャーマーズの考えに従えば、心の躍動が存在する宇宙に生まれた者は幸運で、存在しない宇宙に生まれた者は、ついてない。なぜなら、心の躍動がない宇宙では、あなたの中には「あなたであること」、つまり「あなた」たるものがなく、「私」たるものも、「彼」たるものも、「彼女」たるものも存在しない——ただ「それ」たるものがあるばかりだからだ。このように大きな違いがあるにもかかわらず、二つの宇宙で生じる客観的現象はまったく同じだ。したがって、どちらの宇宙にもマルクス兄弟の映画があり、宇宙ZでZ人たちが「マルクス兄弟　オペラは踊る」を見て爆笑すれば、それとまったく同じように宇宙QのQ人も「マルクス兄弟　オペラは踊る」を見て爆笑する。(3)

何よりも愉快で皮肉なのだが、**われわれ**が暮らす宇宙Qにデイヴィッド・チャーマーズがいるように、宇宙Zにもデイヴィッド・チャーマーズは存在し、そのチャーマーズも同じく世界中を飛び回って、なぜ自分たちが生まれた宇宙には感情というものがあり、不幸なる「ゾンビの双子の片割れ」が生まれた同型の宇宙には感情がないのかを説いている。皮肉というのは、もちろん、宇宙Zのチャーマーズは白々しい嘘をついているにもかかわらず、本人は嘘だとは露ほども思っていないことだ。そのチャーマーズが意識だと信じているものは、実は意識ではない。悲しいかな、宇宙Zのチャーマーズは意識の**錯覚**の罪なき犠牲者であり、その錯覚は脳内にしっかりと定着した奇妙なループのささやかな副産物にすぎない。一方、宇宙Qでは、同じ言葉とイントネーションを用いる同型の相方が真実を語っているが、それが真実なのは**彼**に**本当の**意識があるからだ！　なぜか？　それは彼が脳内に奇妙なループをもっているだけでなく——果報者め！——心の躍動がある宇宙に存在しているからだ。

わたしが、友人であるデイヴィッド・チャーマーズをからかっているとは思わないでほしい。チャーマーズは**本当に**世界中を飛び回って大学の哲学科を訪ね、講演会を開いては上機嫌で「ゾンビの双子」を説明し、双子の片割れのどうしようもない勘違いを楽しげに笑い飛ばしている。というのも、ゾンビの双子の片割れは、チャーマーズと同時に、一字一句たがわずに、まったく同じ話をして同じように笑い、一つひとつの言葉を本気で発しているにもかかわらず、そこにはまったく感情が存在しないからだ。チャーマーズは洞察力に富む思想家で、宇宙Qと宇宙Z、機械Qと機械Z、彼本人といわゆる彼のゾンビの双子の片割れの区別が一見奇天烈であることを、わたしに劣らず認識している。だが、わたしは彼のそうした主張のすべてが受け入れ難いほど馬鹿馬鹿しいと考えるが、彼はそうではない。そうした区別が初めのうちは理不尽に思えるとしても、宇宙Qの不可解で、非物質的で、因果関係の欠落した要素である心の躍動――奇妙なループ#641と#642が論じ合った「フィーリウム」と非常によく似た概念――は、意識の説明しがたい本質を解明する重要な鍵だと確信しているのだ。

ゾンビではないかという不安にとりつかれる

近年では少なからぬ心の哲学者が、チャーマーズのように、いわゆる「ゾンビ」の概念が放つ魅力の渦に引き込まれている（実際は、「愛すべき嫌われ者」の概念と言う方が真相に近いが）。ゾンビの起源はカリブ海周辺の国で行われるブードゥー教の儀式にあり、ホラー映画で取り上げられるようになったのち、文学の世界にまで広がったようだ。インターネットで検索すると、たちどころに欲しい情報がすべて得られるが、その大多数はかなり怪しい。

そもそも、ゾンビとは意識のないヒューマノイドで、彼（who）――おっと違った、それ（that）だった――は、まるで意識があるみたいに行動する。ゾンビの内部には誰もいないのに、一見したところそうは思えない。正直なところ、わたしもごくまれに、生気のない目をした人に出くわしたときなど、その人の内部には誰もいないのではないかと不気味に感じることはある。もちろん、そんな印象をもったからといって、その人がゾンビだと本気で思ったりはしない。けれども、多くの哲学者から見れば、うつろで生気のない目のイメージは恐怖と結びつき、今日では少なくない数の心の哲学者が、ゾンビの概念は恐ろしくまがまがしいのに、なまなましくてわかりやすいと考える。そうした哲学者たちは、ゾンビという亡霊に悩まされたせいで、われわれの世界は空虚で冷たい宇宙Zではなく、ファジーで暖かい宇宙Qであると示すのが、自分たちの神聖な使命だと考えるようになった。

もしかすると読者のなかには、冷たくて生気のない目をしたゾンビ的人間観を本書が黙認していると思う人もいるかもしれない。この本では、「私」とは結局のところ錯覚であり、心によるごまかしであり、脳が勝手にしかけたトリックであり、幻覚によって幻覚を見ている幻覚だと指摘してきたからだ。つまり、われわれはみな、**実は**意識をもたないのに意識をもっていると**思い込み**、意識があるかの**ごとく**ふるまっているというわけだ。わかった、いいだろう。それがわたしの見解だと思われるのは仕方がない。一方で、ゾンビを恐れて群れをなす哲学者たちは、われわれの内なる存在はもっと豊かであってほしいと思っている。そうした哲学者は、悪夢のようにうつろなゾンビだけが暮らす氷のように冷たい宇宙、しかもわれわれの宇宙との違いを客観的に見分けるのが難しい宇宙を想像するのはたやすいと主張し、同時にそのような宇宙はわれわれが暮らすところではないと言い張る。その考えに従えば、われわれ人間は単に意識があるかのごとくふるまっているだけでも、意識があると主張しているだけでもない。実際に意識をもつ、まったく違う存在だというのだ。だとすれば、ホフスタッターとパーフィットは間違っていて、デイヴィッド・チャーマーズは正しいことになる。

わたしとしては、そのような哲学者に対するダニエル・デネットの批判は的を射ていると考える。[4] デネットは、哲学者たちは固い約束とは裏腹に、われわれの世界と同一でありながらゾンビだけが住む世界など信じてはいないと主張する。信じようという努力すらしていないようなのだ。奇妙なループが美しい紫色の花を見て何と言うかを想像する奇妙なループ#642みたいなものだ。そのとき#642は、奇妙なループの話し方を表現するのに「音にする」という非人間的な動詞を使い、その声は忌むべき電話の自動音声のように機械的に響くと言った。#642には、奇妙なループは魂をもたないという固定観念があり、その先入観によって、どこまでも自然で正常な人間的行動のイメージが完全に打ち消されてしまった。同様に、ゾンビを恐れる哲学者たちもまた、機械的な音声、生気のない目、ゾンビだけの世界に確実に浸透しているはずの冷酷な非人間性を恐れるという理由で、ゾンビを恐れている――たとえ、そのような世界はわれわれの世界と**区別できない**という考えをたった今認めたばかりだとしても、恐れているのだ。

意識は電動サンルーフではない

意識に関する議論において頻繁に耳にするのは、次のような疑問だ。「意識の何が生存に役立つのか？　なぜわれわれはこの意識という認知装置をもたずに、何も感じず何の経験もないただの機械となることができないのか？」。わたしに言わせれば、この疑問は「意識はなぜ、一定レベルの複雑さに達した脳に付加されたのか？　意識はなぜ、一種の**ボーナス**のように、おまけとしてつけられたのか？　もしあるとすれば、意識をもつことで得られる進化上さらに有利になる点は何か？」という疑問と根本的に同じだ。

このような疑問をもつのは、十分なレベルの複雑さに達しながらも意識を**もたない**脳が存在しうると、暗黙のうちに仮定するのと変わりがない。すなわち、641号室のオーク材の机の上に並んで同一の演算を実行するが、一方はそれを**感じながら**行い、もう一方はそれを**感じずに**行う、機械Qと機械Zの違いを認めていることにもなる。つまり意識とは、高級車にDVDプレーヤーや電動サンルーフをつけたりつけなかったりするのと同じで、たとえ最上級モデルでも備わっているとは限らない、オプションの「追加機能」というわけだ。

だが、意識は電動サンルーフではない（私が言っているからと鵜呑みにしてもらってかまわない）[5]。意識とは、脳を形成する過程で個別に注文できるオプション機能ではないのだ。二気筒エンジンの車を注文しておいて、「『F1パワー®』もつけてもらえませんか？」と販売店に頼むことはできない（そう決まっているわけではないが、注文通りの車が届くとは思えない）。また、パワフルな一六気筒エンジンの車を買っておきながら、「すみませんが、『F1パワー®』もつけてもらったら、あといくらかかりますか？」と尋ねるのも意味がない。

この馬鹿げた架空のオプション「F1パワー®」は、実のところ、エンジンが構造上必然的に有する馬力の上限を指しているにすぎない。それと同様に、意識もまた、脳が構造上必然的に有する自己知覚レベルの上限にほかならない。100ハネカー以上の魂度をもつ、あなたやわたしの高級F1マシン並みの脳には、たっぷりと自己知覚があり、したがって意識もたっぷりある。一方、輪ゴムを動力にして走るおもちゃの車並みの脳、たとえば蚊などのごく原始的な脳には意識はほとんどなく、その中間にあたる数ハネカーの脳には少しだけ意識がある（二歳児やペットの猫や犬の脳など）。

100ハネカーの脳をもつ存在にとって、意識とは選択式の拡張機能ではない——そのシステムがたいへん洗練されたカテゴリーのプールを備えているという事実によって、**必然的に**発現する結果なのだ。ゲーデルの奇妙なループは、数論に関するたいへん強力な形式体系において必然的に生じたが、それと同じで、自己を生み出す奇妙なループは、たいへん洗練されたカテゴリーのプールであれば、どんなものにでも必然的に生じる。そして自己が生じれば、意識も生まれる。心の躍動は必要ない。

干ロ草フィー

意識は物理法則以上の何かから生じると信じている哲学者は二元論者だ。そうした哲学者たちは、われわれが生きているのは魔術的リアリズムのような世界で、そこには二種類の存在――心の躍動をもつ魔術的な存在と、それをもたない一般的な存在――があると考えている。さらに詳しく言うと、魔術的存在は一滴《ひとしずく》の意識が染み込んだ非物理的な魂を有するが（「滴《しずく》」は心の躍動の標準単位）、一般的存在は有さない（デイヴィッド・チャーマーズは、一つの宇宙にある二種類の存在ではなく、二種類の宇宙を考えるが、わたしから見ればどちらも似たような二分法だと言える。なぜなら、いくつもの宇宙を内包する、より大きな「メタバース」の想定もできるからだ）。さて読者のみなさん、あなた方とわたしは、この魔術的存在と一般的存在の二分法について、ほぼ同じ考えをもっているのではないだろうか。その点をできるだけはっきりさせるために、穏やかにではあるがパロディーを語ってみたい。

「干《ヒ》ロ草《ソ》フィー」という哲学の学派があると仮定しよう。「干《ヒ》ロ草《ソ》ファー」と呼ばれる門徒は、捉えどころがないが（実際、検出は不可能だ）、おそろしく重要な「干し草の山たるもの」という非物理的な特質を信じ、また、この宇宙にはその幸福な特質が染み込んだ特別な存在があるとも信じている。特に驚くほどではないが、その祝福された存在とは、あなたやわたしが「干し草の山」と呼ぶ類のものだ（この手の言葉には常に曖昧さが伴うが）。あなたなりわたしなりが、そういうものを見かけて、しかもそのときの気分が良ければ、こんな声を上げるかもしれない。「ああ、あれは――干し草の山だ！」。だが、われわれにとっては、この熱のこもった一声だけで、もう十分すぎるほど十分だろう。その程度の平凡な情景に関して、それ以上深く考えはしない。

しかし干ロ草ファーにとっては、そうした情景がさらに進んだ考えに結びつく。「ああ、ここにも一滴の『干し草の山たるもの』が染み込んだ稀有な存在がある。謎めいていて、非物質的で、この世のものとは思えないが、葉っぱの山でも、大量の紙でも、ひと盛りのフライドポテトでもない、干し草の山というとても現実的なオーラがある！　『干し草の山たるもの』がなければ、干し草の山は牧場の雑多なゴミを集めただけの山だが、それがあるおかげでそういう雑多な山はすべて『干し草の山的』になる！　そして『干し草の山たるもの』の滴はそれぞれみな異なるので、一つひとつの干し草の山にはまったく独自のアイデンティティが染み込んでいることになる！　『干し草の山たるもの』は、なんてすばらしく、深遠な現象なんだろう！」

読者のみなさんが意識についてどんな意見をもっていようと、干ロ草フィーの理念には思わず頭を掻くのではなかろうか。「この括弧つきの馬鹿げた特質は、いったい何なんだ？[6]　その目に見えない検出不可能なオーラをまとったら、いったい何が起こるんだ？」と思わない方が不自然というものだろう。「物質世界において、『干し草の山たるもの』の滴をどの存在が受け取るかは、誰が、あるいは自然界のどんな因子が決めるんだ？」という疑問も生じそうだ。

さらに考えを進めていくと、その他の厄介な問題が突きつけられる可能性もある。たとえば、こんな疑問だ。干し草の山は正確にはどのように構成されているのか？　どんな大きさの干し草がいくつあって、山になっているのか？　どの草が山に含まれていて、どの草が含まれていないのか？　干し草の山に「含まれる」とは、常に白黒がはっきりしている問題なのか？　たとえば、干し草間の空気はどうなのか？　干し草に付着した泥はどうなのか？　干し草が古くなって、山の一部（あるいは半分ぐらい、あるいはほとんど）が細かく砕けていたらどうなるか？　隣り合う二つの干し草の山があって、どちらのものかわからない干し草がいくらかあるとしたらどうなるか？　山と山の境目は、どんなときも一〇〇パーセント明確なのか？　要するに、母なる自然はどのようにして、「干し草の山たるもの」の滴を受けるに値するものを完全に白黒がつく形で選び出しているのか？

さらに哲学的に考えてみれば、次のように問うこともできる。不慮の事故やとんでもない過ちで、一滴の「干し草の山たるもの」が、たとえば、アリが一匹潜り込んだ干し草の山（つまり、干し草の山＋アリの**複合体**）に染み込んだとしたら、何が起こるか？　あるいは、干し草の山の上から三分の二だけに染み込んだら？　海藻の山に染み込んだら？　子供が浜辺に作った、崩れやすい砂の城に染み込んだら？　サンフランシスコ動物園に染み込んだら？　アンドロメダ銀河に染み込んだら？　来週のわたしの歯科の予約に染み込んだら？　何かの手違いで、**二滴**の「干し草の山たるもの」がある**一つ**の干し草の山に染み込んだら（あるいは、ゼロ滴が染み込んで干し草の山の「ゾンビ」を生み出したら）？　どんなに恐ろしい結果、またはすばらしい結果がもたらされるだろうか？

おそらく読者のみなさんは、干ロ草ファーなるものを真に受けたりはしないだろう。なにしろ干ロ草ファーたちは、「干し草の山たるもの」は宇宙の中心をなす神秘的な要素だとか、「干し草の山たるもの」は物理法則を超越するだとか、「干し草の山たるもの」を有するものはこの宇宙にある他のあらゆるものと本質的に異なるだとか、一つひとつの干し草の山はそれぞれ固有のアイデンティティをもつだとか、しかもそれはそれぞれの山の内部構成が違うからではなく、どこからともなく与えられる「干し草の山たるもの」の滴が違うからだとか主張しているのだから。どうかみなさんには、「干ロ草フィーは雑多な信念の山だ！」とわたしと声を合わせていただき、そんな人たちの考えには取り合わないでもらえればと思う。

「意識」――括弧つきの特質

干し草ファーの話はこれくらいにして、ここからは、意識とは捉えどころがないが（実際、検出は不可能だ）、おそろしく重要な非物理的な特質であるとみなす哲学者《フィロソファー》について考えてみることにしよう。このような考え方と、わたしが本書を通じて述べてきた考え方を区別するために、前者の概念に括弧をつけて「意識」と表すことにする。今後は、括弧つきの「意識」が出てくるたびに、ここでは、心の躍動という非物理的特質か、「F1パワー®」や「干し草の山たるもの」のアナロジーを――いずれにしてもそう大差はないので――思い浮かべてほしい。

ここで認めざるを得ないのだが、「括弧つきの特質」に対するわたしのイメージは、かなり貧弱だ。「干し草の山たるもの」や心の躍動などの非物理的な特質が染み込んだ物理的対象を頭に思い描こうとすると、うかつにも、物質世界に全面的に基づいたイメージに頼ってしまう。したがって、「一滴の意識」や「非物理的な魂」を想像しようと試みても、いつも心に浮かぶのは、ぼんやりと発光する半透明の霞が渦を巻き、その持ち主である物理的対象の内部に漂ったり、あるいはその周囲に滲み出たりしている情景なのだ。それが最悪であるのは重々承知している。なぜなら、その現象は定義からして物理的**ではない**からだ。ところが、先ほど述べたように、わたしのイメージは貧弱なので、こうした物理的な支えがどうしても必要になる。

いずれにしても、「意識」の滴を与えられたものと与えられなかったものを二分法ではっきりと分けるという考え方は、さまざまな頭の痛い謎につながる。その例を示す。

どの物理的実体が「意識」を有して、どれが有さないのか？　人間は全身に「意識」があるのか？　**脳**

にだけ「意識」があるのか？　それとも、脳の特定の**部分にだけ**「意識」があるのか？　「意識」がある物理的実体の正確な境界線は、どう決まるのか？　物理構造は、どのような構造的特性あるいは化学的特性をもっていれば、一滴の「意識」を染み込ませられるという輝かしい権利を自らに付与できるのか？

「意識」の捉え難い根本原理に、ある物理的実体をつかまえさせ、他の物理的実体は拒絶させる、自然のメカニズムとは何か？　「意識」を得る資格がある適切な物理的対象を認識して、その対象に自らを与えるために「意識」が有する、驚くべきパターン認識アルゴリズムは何か？

「意識」はどうやって対象を認識するのか？　物質世界を巡りながら所有候補となる対象を探すのか？　非物理的な懐中電灯で非物理的に世界を照らし、対象を一つひとつ調べては、時としてこんな声を上げるのだろうか。「ああ！　**あそこに**わたしの標準量の一滴を与えるにふさわしい存在があるぞ！」

「意識」はいかにして、ある特定の物理構造にくっつくのか？　なぜ、そのすぐそばにある別の物理構造にうっかりくっついたりしないのか？　くっつく際には、どんな類の「接着剤」が使われるのか？　「接着剤」が劣化して「意識」が剥がれ落ち、何か別のものにくっついたりはしないのか？

あなたの「意識」と**わたし**の「意識」はどこが違うのか？　それぞれの滴に、異なるシリアルナンバー、あるいは「風味」などがついていて、文句のつけようがない相違を立証しているのか？　もしもあなたの「意識」の滴がわたしの脳にくっついたら、あるいはその逆のことが起きたら、あなたがこの本の著者となり、わたしが読者となるのか？

「意識」はどうやって物理法則と共存するのか？　つまり、物質としてのもののふるまいを決定するには物理法則**だけ**で十分だという事実と対立せずに、一滴の「意識」はどうやって物質を自由に動かすのか？

スライド制の心の躍動

読者のなかには、わたしが心の躍動（またの名を「意識」）に十分な敬意を払っていないと思う人もいるかもしれない。そのような読者は、この特質は均一に分け与えられるわけではないため、たっぷりと受ける存在もあれば、少しだけ受ける存在や、まったく受けない存在もあると考えているかもしれない。すなわち、オール・オア・ナッシングの問題ではなく、任意の物理構造にくっつく「意識」の量は、必ずしも一滴とは限らず、何滴でも（逆に一滴に満たないほどわずかでも）かまわないと見ているのだ。これぞ進歩だ！　だが、そのような読者に対しては、依然として以下のような疑問が数多く残っている。

任意の物理的実体に、正確に何滴（あるいは何分の一滴）の「意識」を与えるかは、どのように決まるのか？　滴はもともとどこに保管されているのか？　言うなれば、「『意識』の中央銀行」はどこにあるのだろうか？

受け手である実体（ロナルド・レーガン、チェスを指すコンピュータ、ゴキブリ、精子、ヒマワリ、サーモスタット、干し草の山、石、カイロ市）にいったん分配された「意識」の量は永遠に不変なのか、それとも、受け手に降りかかる物理的事象によって変化するのか？　受け手にいくらか変化があった場合、分配された全量（あるいはその一部）は『意識』の中央銀行」に戻るのか、それとも、以後永久にあたりを漂い、二度と物理的実体にはくっつかないのか？　もしも、どこにもくっつかずに漂うのなら、かつてくっついていた受け手の痕跡は保持したままなのか？

アルツハイマー病をはじめとする認知症の患者の場合はどうだろうか？　患者は死に至る瞬間まで、かつての自分と同様の「意識」を保っているのか？　そもそも、あるものを長期間ずっと「同じ存在」にしておくものとは何か？　数十年の間に、「ロニー・レーガン」、「ロナルド・レーガン」、「レーガン知事」、「レーガン大統領」、「レーガン元大統領」と変化するパターンが、すべて「同じ一つの存在」であると決定するのは誰、あるいは何なのか？　その変化するパターンが、本当に、客観的に、議論の余地なく一つの存在であるのなら、それがどれほど希薄で頼りないものになっていたとしても、まだ存在し続けている可能性はないのか？

胎児（またはその成長を続ける脳）の「意識」はどうだろうか？　その脳にまだニューロンが二個しかなかったら？　牛（またはその脳）はどうなのか？　金魚（またはその脳）は？　ウイルスは？

今挙げたリストを見ても明らかなように、「意識」という括弧つきの特質や心の躍動に伴う疑問はあふれんばかりにあり、また際限なく増殖していく。つまり二元論を信じるとは、不可解な謎が詰まった、絶望的なほど巨大で真っ暗な奈落へと向かうことなのだ。

宇宙Zにおける意味論的屁理屈

最後に、もう一つ取り上げておきたい問題がある。例の宇宙Zにいるデイヴィッド・チャーマーズのゾンビの双子の片割れと関係がある問題だ。思い出してもらいたいのは、宇宙Zのチャーマーズは、たとえばアイスクリームや紫色の花を楽しんでいると主張したら、そのとき自分が言ったことを心から信じているという点だ。だが実は、そのチャーマーズが言ったことは偽りだ。というのも、ゾンビたるチャーマーズは何も楽しまず、何も感じていない――観覧車の歯車が、自身がかみ合って回転するときに感じる程度のものしか感じていない――からだ。ここでわたしが気になるのは、まったく感情のないゾンビが、何かを**信じる**、しかも心から信じると言ってのけるいい加減さだ。心から信じることは感情の一種ではないのか？　観覧車の歯車が何かを心から信じたりするのか？　読者のみなさんには、そんなことはないと答えていただきたい。水洗トイレのタンクの浮き玉は、何かを心から信じたりするだろうか？　これについても、読者であるあなたには、そんなことはないと答えていただきたい。

では、「心から」の部分を撤回して、宇宙Zのチャーマーズは、自分があれこれ楽しんでいると主張したら、そのとき自分が言ったことを（それは偽りだが）**信じている**、とだけ述べたらどうなるだろうか？　その場合、今度は、**信じる**のは感情の一種かどうかが問われるのではないか？　だがこの問題はわたしの論点から外れているので、これ以上議論するつもりはない。ここで大切なのは、感情を伴う現象と伴わない現象の明確な区別は、われわれの複雑な世界における実にさまざまな区別と同様に、白か黒かだけでは表せないということだ。

わたしが読者のみなさんに、情動や感覚の要素がたっぷりと含まれている単語から、そうした要素がまったく含まれない単語へと徐々に移行するようなリストを作ってほしいとお願いしたら、おそらくみなさんは、あっさりと完成させてしまうだろう。わたしも試しにざっと書いてみよう。いくつかの動詞が浮かぶので、大まかにではあるが、情動や感覚の要素が強いものから順に挙げることにする――苦悶する、歓喜する、苦しむ、楽しむ、欲する、傾聴する、聞く、味わう、見抜く、気づく、熟考する、結論する、論じる、主張する、信じる、思い出す、忘れる、知る、計算する、口に出す、登録する、反応する、跳ね返す、回転する、移動する、止まる。このごく短いリストの動詞の並びが完璧だなどと言うつもりはない。ただ、感情的な奥行きがある言葉とない言葉の間には、紛れもなくスペクトル（あるいは、さまざまな濃淡のある灰色）があると示したかっただけだ。だが、ここで厄介な問題が持ち上がる――リストの動詞のうち（形容詞でも副詞でも名詞でも代名詞でもかまわないが）、宇宙Zにいるチャーマーズのゾンビの双子にふさわしいのはどれか？　どれかを選んでどれかを却下する、明確な境界線はあるのか？　その境界線を決めるのは誰なのか？

今の話を念頭に置いて考えてみよう。「スター・ウォーズ」に登場する人型ロボットR2‐D2とC‐3POの愉快なふるまいを見たわれわれが、不用意に（実は、最初は「無意識に」と書いたのだが、この状況でその言葉を選ぶのはおかしいと気づいた！）適用するのはどんな基準だろう。もっともだと思える状況下で、二体のうちどちらかが怖がって逃げようとするのを見たら、「怯えた」という形容詞を当てはめるのも無理はないのではないか？　あるいはわれわれは、その行動があったのが心の躍動が染み込んだ宇宙である場合に限って許される言葉の使用許可を、事前に取得しておく必要があるのだろうか？　その場合、宇宙に心の躍動が染み込んでいるか否かという「科学的」事実は、どうやって判定されるのか？

宇宙を舞台にした冒険映画を見るとき、これから始まる物語が、われわれの宇宙とはまったく異なる宇宙

――すなわち心の躍動が一滴もない宇宙――で展開するという「科学的」な情報が与えられていたらどうだろう。愛らしいロボット（R2‐D2でもC‐3POでもお好きなものをお選びいただきたい）が大型ロボットに木っ端みじんにされるところを、まるで無関心に眺めるのだろうか？　かわいいロボットが破壊されるのを見てすすり泣く子供たちに、両親は「静かに！　泣くんじゃないよ！　あの間抜けなロボットは生きてないんだから！　映画を作った人が最初に言ってたよ、あのロボットが住んでる宇宙には感情をもつ生き物はいないって！　ただの一つもね！」などと言うのだろうか？　この場合、**生きている**と**住んでいる**は何が違うのか？

さらに重要な問題だが、ここですすり泣かれるに値するものとは、何なのか？

宇宙Qにおける屁理屈

章を終える段になって議論が一周し、この章の初めに論じた代名詞の「衒学的な意味論」の問題に立ち戻ることになる。宇宙Qのチャーマーズを指す場合（それは明らかに「彼」だ）と、宇宙Zにいる見分けのつかないゾンビの双子の片割れを指す場合（彼は同じく明らかに「それ」だ）では、異なる代名詞を使うべきだろうか？　当然ながら、こうした意味論上の屁理屈は、人間とゾンビの関係だけにとどまらない。この宇宙――心の躍動があふれている、われわれのファジーで暖かい宇宙Q――にいる蚊が、叩きつぶしてもかまわない「それ」以外の何ものでもないとしたら、七面鳥はどうだろう？　七面鳥が感謝祭のごちそう以外の何ものでもないとしたら、チンチラはどうだろう？　チンチラがただの毛皮のコートだというのなら、ウサギや猫や犬はどうなる？　人間の胎児は？　生まれたての赤ん坊は？　whoとwhichの境界線はどこにあるのか？

本章の冒頭でも述べたように、こうした問題は重要であり、突き詰めれば生や死といった事柄と深く関わると、わたしは考える。答えは簡単には出ないかもしれないが、じっくりと考えることが大切だ。意味論は、必ずしも衒学的な屁理屈とは限らない。

第23章　二頭の聖牛を殺す

真っ青なイワシ

意識に関する哲学の文献に、わたしの顔色が海のように真っ青になる、一つのアイデアがある。いわゆる「逆転スペクトルの問題」だ。聖牛のように特別視されているこのアイデアについて、これから可能な限り正確に説明するが、その後は、可能な限り素早く畜殺するとしよう（この聖牛は狂聖牛病にかかっているから）。「逆転スペクトル」というアイデアは、あなたとわたしは大きく異なり、われわれの内面性の溝は埋められない――わたしの内面がどうなっているかをあなたが確認する方法はなく、その逆も同様である――という考え方に全面的に基いている。たとえば、あなたが赤いバラの花束を見て、わたしも同じ赤いバラの花束を見た場合、われわれは二人ともほぼ同じ音を発して（「赤いバラ」と）見たものを外在化させる。だが、もしかすると、私的で入り込むことができない**わたし**の頭蓋の内側でわたしが赤として経験する色は、実は**あなた**が「青」と呼んでいる色かもしれない[1]――わたしの主観の中にほんの一瞬でも踏み込むことができない限り確認は難しいが（ところで、逆転スペクトルという不可解なアイデアを支持する人たちは、あなたとわたしはたとえごくわずかずつでも、現実にお互いの内面に存在するという考え方を拒絶するだろう。彼らの不可解な説は、「あなたとわたしの橋渡しのできない隔たり」の存在——すなわち、ある人が別の人の内面に入り込むことは絶対に不可能であること——を前提としているからだ。言い換えれば、逆転スペクトルを信じるのは、デカルト的自我《エゴ》を信じるのといとこ同士のようなもので、われわれはみなそれぞれ別々の島にいて「この島から向こうの島には行けない」と思っている、というわけだ）。

青、白、赤＝赤、白、青

たとえばの話だが、もしかすると、本当にもしかすると、フランスの国民、五〇〇〇万人すべてが、血を見てその色が「赤い」と言ったとしても、実は彼らが経験しているのは青という内的感覚かもしれない。つまり、フランス人が見ている血は、アメリカ人にとっての溶けかけのブルーベリーアイスクリームと同じ色かもしれないのだ。そして、フランス人が雲一つない夏空を見上げて「青い」という言葉を口にしても、彼らが実際に見ているのは、溶けかけのラズベリーアイスクリーム色の空かもしれない。まっつぁおだ！　フランス人には体系的な欺瞞が身についていて、同時に体系立てられた言葉のごまかしも起きているので、彼ら自身を含め誰一人としてそれに気づいていない。

　このような色の逆転が生じているかどうかは、フランス人の頭蓋の中に入り込んで、彼ら特有の青《ブル》－白《ブラン》－赤《ルージュ》の方式で色を経験してみなければ確かめられないが、悲しいかな、それは無理な相談だ[2]。彼らにしても、アメリカ人特有の赤《レッド》－白《ホワイト》－青《ブルー》の方式で色を見ることはできない。フランス人の脳内の配線は混線していると言いたいわけでは**ない**——彼らの脳は、われわれの脳と寸分たがわず、神経伝達物質も、ニューロンも、視覚野も、細部に至るまで同じだ。配線を直したり、外科的手術を施したりすれば何かが変わるというものではない。言葉では言い表せない**感覚**の問題なのだ。ただ困るのは、感覚の違いが本当だとしても、それが本当だとは誰も確かめられない点だ。自分の内面から抜け出て他人の内面に移ることは誰にもできないからだ――われわれはみな自分の頭蓋のなかに閉じ込められている。

何と馬鹿げたシナリオだろうか。いったいどうすれば、かなり意図的に決定した六角形に近い国境線の内側に住む五〇〇〇万人全員が、赤を青と勘違いし、青を赤と勘違いするなどということが起こり得るのか（しかも、そのことは言葉の上ではわからない。フランス人は、青色の感覚を「赤」と呼び、赤色の感覚を「青」と呼ぶように教わっているからだ）。

逆転スペクトルを最も強硬に支持する者でさえ、このようなシナリオは馬鹿らしいと思うだろう。だがそれでも、このシナリオが示すのは標準的な逆転スペクトルだ。文化全体のレベルに引き上げられたおかげで、本来あるべき姿――無邪気なおとぎ話のような姿――が現れたにすぎない。

音響スペクトルの逆転

逆転スペクトルについて、他の例でもう少し深く検討してみよう。小鳥のさえずりのようなピアノの高音が（ピアノの高音が小鳥の声みたいだという点は賛成してもらえると思うのだが）、そう、たとえば、ダイアナ・クラールにはどっしりとした低音に聞こえ（でも、彼女は常にその音を「高音」と**呼ぶ**）、どっしりとした低音が彼女には小鳥のさえずりのような高音に聞こえる（でも、彼女は常にその音を「低音」と呼ぶ）としたらどうだろう？　これもまた、視覚のスペクトルが音響のスペクトルに変わっただけで、「逆転スペクトル」の問題となる。だがわたしは、このシナリオは、最初のシナリオに比べると説得力に欠けるという印象を受けるし、読者のみなさんも同じような印象をもつと思いたい。しかし、聴覚のスペクトルと視覚のスペクトルが基本的に違うとしたら、それはなぜなのか？

はっきりしているのは、音が低くなればなるほど、一つひとつの音の振動は知覚されやすくなることだ。たとえば、ピアノの左端の鍵盤を叩くと、どの高さの音かを（何となく）感じ取るのと同時に、空気が素早く振動するのも感じるだろう。つまり、左端の鍵盤が出す音はとても低いため、われわれは、それを単一の音程として聞くことと、素早く生じる個々の振動の連続として聞くこと——というよりは、感じること——の境界線上に置かれる。低い「音」は、単一と複数の間、聴覚と触覚の間に浮かんでいるのだ。もしも、一般的なピアノの左端に、さらに一五か二〇ほど鍵盤を増やしたピアノがあるとしたら（ベーゼンドルファーは通常より多少鍵盤数が多いピアノも製造しているが、それよりもさらに低音が多いピアノだったら）、その超低音は音程をもつ音としてではなく、皮膚や骨の振動として伝わってくるはずだ。隣り合う二つの鍵盤を叩いた場合も、それぞれの音の区別はつかず、ただの低くて荒々しい轟音が響く。やまぬ雷鳴、遠くの爆発音、サブウーファーで原始的な振動を放出しながら走り過ぎる車のように感じられ、口ずさめるような音のつながりには聞こえないだろう。

一般には、低い音がさらに低くなっていくと、いつの間にか音のスペクトルから抜け出て身体の振動として伝わるようになるが、高音はいくら高くなってもそうはならない。つまり、音響スペクトルの両端には簡潔で客観的な相違があるのがわかる。したがって、ダイアナ・クラールが逆転スペクトルを経験できるとは思えない——ピアノの一番低い音を聞いた彼女が、あなたやわたしがとても高い音を聞いたときと同じ経験をするとは考えられないのだ。何しろ、高音では客観的な身体の振動は起こらないのだから！

いいだろう。**音響**の逆転スペクトルは辻褄が合わないというのなら、**視覚**の逆転スペクトルには多少説得力があると思えるのはなぜか？　電磁スペクトルの可視域の両端は、音響スペクトルの可聴域の両端と同じように、それぞれ物理的に異なっている。一方の端は波長が短い光で、網膜上の特定の細胞に吸収され、もう一方の端は波長が長く、**別の**特定の細胞に吸収される。けれども、そうした網膜上の細胞は、轟音とは違い、われわれにとっては単なる知識としての抽象概念にすぎず、ゆえに一部の哲学者はわれわれの赤色と青色の**経験**は物理学とは完全に切り離されているという印象をもつ。そのような哲学者は、色彩を感じるのはいわば個人の発明であり、二人の人間がいれば「発明」はそれぞれに異なるのに、本人たちはそのことについて何も知らないと結論づける。

この考え方をさらにわかりやすく説明するために、ナーキングとグレビングという人間の脳が楽しいと感じる二つのかけ離れた感覚があると仮定しよう（どちらも、わたしが今作った言葉だ）。すべての人間は、子宮の中にいる間に、能力の一部としてその二つの経験を組み込まれる。あなたもわたしも、ナーキングとグレビングを標準機能としてもって生まれ、赤ん坊の頃から数え切れないほど何度もその二つの感覚を楽しんできた。けれども実は、赤い光を見るとナーキングを感じて青い光を見るとグレビングを感じる人もいれば、その逆の人もいる。幼い頃に赤か青のどちらか一方を見るとたまたまナーキングを引き起こすことが多いとすると、もう一方の色を見るとグレビングを引き起こすことが多くなる。そのような初期の傾向は五歳頃までに固まり、それが永久に定着する。科学の力をもってしても、どちらの傾向に進むかは予測できないし、どう定着するかもわからない——だが、いずれにしてもそのようなことが起こる。したがってあなたとわたしも、ナーキングとグレビングを隔てるフェンスの別々の側にいるのかもしれない——だが、そのことを誰が知っているのか？誰にもわかるはずがないではないか？

この逆転スペクトルのシナリオで強調しておきたいのは、赤い光（または青い光）とナーキングの関連性は、誕生間もない赤ん坊の脳で立ち上がって成長とともに強化されていく**神経回路の配線**のようなものではないということだ。先ほど、ナーキングとグレビングはすべての赤ん坊の脳に生まれながらにして備わっている**経験**だと述べたが、実はこの経験は識別可能な脳内**プロセス**とは違う。最先端の脳スキャンの装置を使ったとしても、わたしの脳（あるいはあなたの脳）がナーキングの状態かグレビングの状態かを見極めることはできない。つまり、客観的な観察が可能な脳に関する事実ではないのだ。

客観的な観察が可能な事実が逆転スペクトルの謎のすべてであれば、内的感覚がまるきりおかしい五〇〇〇万人のフランス人とわれわれとの違いを知るのは朝飯前ではないか！彼らの大脳皮質を調べて、鍵となる連結がわれわれと逆である決定的な場所を特定すればよい。そうすれば、われわれの脳がナーキングの状態となる網膜刺激を受けたときに、同じ刺激を受けたフランス人の脳がグレビングの状態となることを観察できる。しかし、逆転スペクトルの考え方はそれとはまったく違う。視覚の逆転スペクトルとは、同じものを見ている二人の脳の配線が完全に**同一**であっても、経験する色はそれぞれまったく異なるという考え方なのだ。

政治の逆転スペクトル

このような仮説の概念に基づくと、虹の色に関するわれわれの内的経験は、もとから存在して漂っている純粋な抽象概念であるかのように思える。その内的経験は、脳の外側の物理学とも脳の内側の物理学とも密接な関係がなく（実はまったく関係がなく）外部のさまざまな現象に任意に関連づけられる。たとえば虹の色は、われわれが成長するにつれて、感覚のスペクトルに関連づけられるが、その感覚自体はわれわれの脳が「出荷される」時点で備わっていた既成品だ。けれども、その関連づけは神経回路の配線を介して行われるわけではない――結局のところ神経回路の配線は、神経外科医など外部の第三者によって観察できるので、そうした可能性は除外される。

そこで今度は、いま述べたような、外的刺激とは独立して主観的な感覚が決定されるという考え方の意味合いについて掘り下げてみたい。適当にいくつか例を挙げるが、たとえば、わたしにとっての「自由」という抽象概念は、あなたにとっての「懲役」という抽象概念のようなものかもしれない――二人はそれぞれの感覚を表すのに同じ「自由」という言葉を使うので、どちらも同じ経験をしていると思い込む。それはあり得ないと思われるだろう。何と言っても自由は気持ちが良いもので、懲役は気持ちが良くないものだ。しかし、誰がそう断言できるだろうか？　わたしにとって愉快な経験が、あなたにとっては不愉快な経験かもしれず、その逆の場合だってある。

あるいは、国旗を振ったり人工中絶に反対したりする右派の人（二〇〇四年の大統領選挙で州を「赤く」するのに貢献した人たち）に出くわしたときに、わたしが自分の中に感じるざわざわする気持ちは、国旗を燃やしたり人工中絶に賛成したりする左派の人（二〇〇四年の大統領選挙で州を「青く」するのに貢献した人たち）に出くわしたときに、あなたが自分の中に感じるざわざわする気持ちと同じかもしれないし、その反対だってあるかもしれない！　これは政治の逆転スペクトルではないか！　そろそろ、めまいがしてきたって？　たぶん、あなたにとってめまいがする経験は、わたしにとっては明解な経験であり、その逆もある。でも、その話はやめておこう。

視覚の逆転スペクトルを大真面目で論じる哲学者でも、政治の逆転スペクトルについてはまともに取り合わないだろう。なぜか？　おそらく彼らも、われわれの脳には既成品の政治的「感覚」が組み込まれて出荷されるとか、われわれの成長とともにそうした感覚が右派や左派といった政治的立場に関連づけられるなどとは考えないからだ。だがそれでも、そうした哲学者は、われわれにはナーキングとグレビングが備わっていると**本気で**考えている（ナーキング、グレビングなどという言葉は使わないが）。

もう一度思い出してもらいたいのは、ナーキングは脳内で確認できる物理現象ではないという点だ（グレビングも同じく確認できない）。ナーキングは赤い光が目に入ったとき（あなたがフランス人なら、青い光が目に入ったとき）に感じるはずの、言葉では伝えられない、生まれながらにして備わる**感覚**だ。フランス人の脳内でもわれわれとまったく同じ内的な物理事象が起きているが、われわれとは**経験**が違う。フランス人は、網膜が赤い光を感じるとグレビングを経験し、青い光を感じるとナーキングを経験する。では、このナーキングとは、脳内で確認できる物理現象でないのなら、**いったい**何なのか？

逆転スペクトルの支持者は、ナーキングは**純粋な**感情だと言う。そして、そのような区別された感覚は、物理学から完全に独立しているので、最終的には、二元論になる（デカルト的自我《エゴ》を信じることは、事実上ある種の二元論だったのはもうご存じのはずだ）。

スミレは赤、バラは青

逆転スペクトルを支持する人が、一次元の数直線に沿うような経験だけを対象とするのはなぜなのか？　赤と青の入れ替えだけにとどまるのでは、想像力があまりにも不足していると思える。「赤に関する**あなた**個人の内的経験は、青に関する**わたし**個人の内的経験と同じかもしれません」という説明に矛盾がないというのなら、「赤いバラを見たときの**あなた**個人の内的経験は、青いスミレを見たときの**わたし**個人の内的経験と同じかもしれません」という説明も矛盾がないことにならないだろうか？

電磁スペクトル上にあるさまざまな色をシャッフルするという考え方が、よしとされないのはなぜか？　あらゆる種類の経験を自由にシャッフルしてもよいのではないか？　赤い色を見たときの**あなた**個人の内的経験は、ピアノの低音を聞いたときの**わたし**個人の内的経験と同じかもしれない。あるいは、野球の試合を見に行ったときの**あなた**個人の内的経験は、フットボールの試合を見に行ったときの**わたし**個人の内的経験と同じかもしれない。さらに、野球の試合を見に行ったときのあなた個人の内的経験は、ジェットコースターに乗ったときのわたし個人の内的経験と同じかもしれないし、クリスマスプレゼントをラッピングするときのわたし個人の内的経験と同じかもしれない。

読者のなかには、意味不明で馬鹿馬鹿しいと、こうした変形の逆転スペクトルから一歩、また一歩と後ずさりして、馬鹿馬鹿しさの感覚を抱えたまま本来の逆転スペクトルの謎に戻る人もいるかもしれない。だが、わたしにはそれが何よりも嬉しい。わたしにとっては、本来の逆転スペクトルの謎も、今しがた提案したあまりにもふざけたような例も、大きな違いはないからだ。

真っ赤なイワシ

逆転スペクトルの謎の基となっているのは、われわれはみな、それぞれの「純粋な経験」を携えて誕生するという考え方だ。「純粋な経験」には物理的基盤がないが、われわれが成長するにつれて特定の外的刺激を好むようになり、その経験と刺激が結婚し、以後は生涯にわたり親密に結びつく。とはいえ、「純粋な経験」は、脳の物理的状態ではないと思われる。むしろ、人がただ「もっている」主観的な**感覚**であり、そこに物理的な説明は存在しない。あなたの脳とわたしの脳の状態は、誰もが想像するようにまったく同じに見えるだろうが（超精密な脳スキャン装置を使えばの話だが）、わたしが青を感じているときにあなたは赤を感じている。

逆転スペクトルのおとぎ話は、虚勢と小心が混じり合う貧弱な混合物だ。そのおとぎ話は、われわれが内面で感じているものと物質世界との関わりを頭から否定する一方で、一次元のスペクトルや電磁スペクトルにおとなしくとどまっている。音響スペクトルは震動という客観的な物理事象と強く結びついているため、逆転を想像することができず、逆転スペクトルの考え方を一次元スペクトルの領域を越えて当てはめようとすると、あまりにも不合理になり信用できなくなる。

そうだ、人には欲求がある

意識に関する哲学の文献には、わたしが石《いし》のように固まってしまうことが他にもある。いわゆる「自由意志の問題」(3)だ。この二頭目の聖牛についてこれから説明するが、その後は、今度もできるだけ素早く処分するとしよう（この聖牛も狂聖牛病にかかっている）。

人は何かをすると決めたとき、往々にして、「わたし自身の自由意志で決めた」と言う。それは、一般的には「わたしがそう欲したから決めたのであって、誰かに強いられたわけではない」という意味だろう。わたしには、「わたし自身の自由意志で決めた」という表現がどうもしっくりこないのだが、今述べたその解釈についてはまったく異論がない。確かにわれわれには欲求というものがあり、その欲求によってわれわれはことを起こそうとする（少くとも641の素数性によってドミノ牌が次々と倒れる程度には）。

生垣で作った迷路

欲求が障害にぶつかることがある。冷蔵庫にあった最後のソフトドリンクを誰かが飲んでしまった、以前は二四時間営業だったスーパーがもう夜中は営業しなくなった、友人の車がパンクした、犬が宿題を食べてしまった、搭乗ゲートに行ったら飛行機は三〇秒前に出たところだった、サスカトゥーン市が吹雪のためフライトが欠航になった、コンピュータの調子が悪くてパワーポイントが使えなくなった、別のズボンのポケットに財布を入れたまま出かけた、最終締め切りの日を勘違いしていた、査読者は自分たちを嫌っている人物だった、求人の話を聞いたときはすでに遅かった、隣のレーンに自分より速いランナーがいる、などなど。

そのような場合、意志がどれほど背中を押してくれても、意志の力だけでは欲求をかなえられない。意志はある方向へと後押ししてくれるが、われわれは生垣で作った迷路の中を動き回っていて、通行できるルートは欲求ではなく外的要因で定められている。したがって、迷路の中では出たとこ勝負で行動するしかなく、自由意志の勝負はできない。内的圧力と外的圧力が組み合わさって、「人生」と呼ばれるとんでもない生垣迷路の道筋が決まっていく。

この筋書きに不可解な部分はない。繰り返しになるが、圧力の一部は自分の欲求だという点にも不可解な部分はない。理屈に合わないのは、**欲求**とはともかく「自由」なものであり、自らの判断は「自由」なものだと主張することだ。欲求や判断は頭の中の物理事象の所産でしかない！　なぜそれが自由だと言える？

自由意志などというものはない

発情期の雌犬の気配を感じた雄犬は、とてつもなく強い欲望をもち、必死でそれを満たそうとする。その様子は見るからに激しく、欲望が妨害されでもすれば（フェンスがあって近づけないとか、リードの長さが足りなくて届かないとか）、生まれながらの衝動にとらわれて、自身ではまったく理解していない抽象的な力に駆られているその気の毒な動物に、われわれは自分を重ね合わせて辛いと感じてしまうほどだ。ところで、この心が痛む状況では**意志**が明確に表されているが、果たしてこれは**自由**な意志なのか？

われわれ人間は、その犬のような切なる望みを超える望みをいかにしてもつのか？　われわれにも強い欲望はあり――性に関する欲望もあれば、もっと高尚な、人生に関する欲望もある――それがかなえられると幸せな気持ちになるが、挫折すると、リードが短い犬と同じように惨めな気持ちになる。

だとすれば、何かというと「自由意志」だと騒ぎ立てるのはなぜか？　どうして多くの人が、「自由な」という大げさな形容詞にこだわり、しかもそこに人間としての最高の栄誉があるとまで考えるのか？「自由」という言葉が的確だとして、われわれにとって何が得なのか？　正直なところ、わたしにはわからない。この複雑な世界で、自分の意志が「自由」である余地があるとは思えない。

自分に意志があることは喜ばしい。少なくとも、生垣の迷路の中に束縛されて意志が大きくくじけたりしていなければ喜ばしいが、それでも、もしも自分の意志が**自由**だったらどんな気分になるのかはわからない。意志が自由であるとはいったいどういう意味なのか？　わたしが自分の意志に従わないこともあるという意味か？　だとすると、なぜそんなことをするのか？　自分を困らせるためか？　思うに、もしもわたしが自分を困らせたいと思ったら、そんな選択をすることもあるかもしれない――けれどもそれは、わたしが自分を困らせたいと**欲した**からであり、わたしのメタレベルの欲求がわたしの月並みでありきたりの欲求に勝ったからだ。たとえば、自分では――というより、自分の一部は――ヌードルをもっと食べたいと思っても、お代わりをしないという選択をすることがあるかもしれない。なぜなら、**自分の別の一部は**体重を増やしたくないと欲していて、体重監視派が食いしん坊派よりも（その日の晩は）たまたま票を稼ぐからだ。反対に、体重監視派が負けて食いしん坊派が勝ったとしても、それはそれでかまわない――いずれにしても自由でないわたしの意志が勝利を収め、わたしは脳内の多数派の欲求に従うことになる。

そうだ、確かにわたしは判断を下すし、その判断は、内的な投票のようなものの結果による。開票によって結果が決まり、なんと、仏手《ぶっしゅ》が導くようにどちらか一方だけが勝者となるのだ。そのプロセスのどこに「自由であること」があるのか？

ところでブッシュといえば選挙を思い出すが、現実の投票と同じく、ここで用いた投票のアナロジーにも誰もが口にしたがらない明らかな問題があり、それについて詳しく説明しておくべきだろう[4]。われわれの脳内では「神経参政権」（「一ニューロン一票」）が認められているわけではないが、高レベルな脳機能においては、「欲求参政権」と言えるものがある。現時点の脳に関する理解は、その参政権の正体を正確に示せる状況にないので、基本的に「一欲求n票」とだけ述べておく。ここでnはその欲求によって異なる変数だ。nの値が一定でなければ、欲求は生まれながらにして平等ではないことになる。脳は平等主義社会ではないのだ！

要するに、われわれの判断は、民主主義社会における投票と同じようなプロセスで行われている。さまざまな欲求、制約として働く（比喩的に言うならば、われわれが束縛されている人生という巨大迷路の生垣の役を果たす）外的要因を考慮しつつ合意を形成するのだ。人生の大部分は信じられないほど当てずっぽうで、われわれは自分でコントロールすることはできない。意志によってあらゆる欲求を遠ざけられるとはいえ、多くの場合、意志の方がくじけてしまう。

意志というものは、自由であることとは正反対で、脳内のジャイロスコープのように落ちついて安定している。そして、われわれの自由でない意志の安定性と一貫性こそが、わたしをわたしにし、あなたをあなたにし、わたしをわたしのままにして、あなたをあなたのままにする。映画「フリー・ウィリー」はシャチの物語だが、自由意志《フリー・ウィル》はいわば青いクジラの物語でしかない。

第24章 寛大と友情について

魂に大小はあるか？

第1章で引用したジェームズ・ハネカーによる「魂の小さな者」へのユーモラスな警告を例に出しつつ、さまざまな人間の魂を測る「ハネカー」値について、本書のところどころで気軽に触れてきたが、ハネカー値の高い魂、あるいは低い魂の特徴については詳述してこなかった。もちろん、たとえわずかでもそのようなことを書くと、激しい怒りを招く危険性がある。なぜなら、われわれの文化では、すべての人の命の重さは完全に平等だというドグマがあるからだ。

だがそれでも、われわれは日常的にそのドグマを覆している。最も顕著な例は宣戦布告による戦争で、戦争状態になれば、われわれは社会全体として、それまでとは異なる集団モードに自然と入り、そこでは、大半の人間の命の価値が突如としてゼロになってしまう。そのような状況はあまりにも明白なので、わざわざ詳しく説明する必要はないだろう。ドグマ転覆のもう一つの明快な例は死刑で、この場合、社会は集団として、一人の人間の命を終わらせる選択をする。その根底にあるのは、ある特定の魂がまったく尊重に値しないとする社会の判断だ。死刑ほどではないものの投獄もドグマの転覆にあたり、この場合も社会は実にさまざまなレベルの尊厳で(または尊厳のなさで)人を取り扱い、異なる大きさの魂に異なるレベルの敬意を払う。医師が患者の命を救う際に生じる、驚くべき差異を考えてみてほしい。州政府のトップや大企業のトップが心臓発作を起こした場合、不法入国者はもちろんのこと、一般市民と比べても手厚い治療を受けられる。

わたしが、社会によるそうした不平等な取り扱いは**魂**の価値の暗黙の区別だと見なすのはなぜか? 故意であろうとなかろうと、われわれはみな、命ある存在の魂の大きさはその存在の命の「客観的」価値と同等だと見なしていると考えるからだ。客観的価値は何かと言えば、われわれ外部の者がその存在の内面性に払う敬意の度合いだ。われわれはまったくもって、すべての命に同等の価値をおいてはいない! われわれは一瞬の迷いもなく人間の命と動物の命をはっきりと区別し、動物の「レベル」によっても命の価値を区別している。

その結果、大多数の人間は、直接間接を問わず、さまざまな種を殺してその肉を食べる行為に参加する(豚、牛、羊の肉片が一つの皿に一緒に載ることさえある)。人間が殺した動物の身体の一部を、自分が飼っているペットに平然と与えることもある。そのような行動によって、われわれの心に動物の魂に関する序列が作られるのは間違いない(何ごとも白か黒にはっきりと区別できるという古き良き考え方で、「魂」という言葉を動物に当てはめるわけにはいかないと主張する人は別だが、そのような絶対主義の人はドグマを転覆させる側ではなく、受け入れる側だとわたしには思える)。

わたしの知り合いの多くは、猫の魂を牛の魂の上に、牛の魂をラットの魂の上に、ラットの魂をカタツムリの魂の上に、カタツムリの魂を蚤の魂の上に、という具合に(言葉を通じて明示的に、あるいは選択を通じて暗示的に)魂の格付けをしていると思われる。そこでわたしは自問するのだが、種によって魂の大きさを区別するのはごく当たり前で、脅威に当たらない考え方であるならば、なぜ一つの種、とりわけわれわれ自身の種における魂の大きさを（暗示的ではなく）明示的なスペクトルで考えてはいけないのか？

どん底から天井まで

自問によって自らを窮地に追いやってしまったが、ここで何とか危ない橋を渡りながらも、そうした区別を大まかにつけてみたい。そのためには、あなたが、あるいはわたしが、中間点のどこかに入るような（願わくは「下」端ではなく「上」端に近い位置に）長いスペクトルの両端をともかく挙げてみるつもりだ。

スペクトルの下端は、手に負えないほど凶暴なサイコパスとする——他の人（または動物）の精神状態を内面化できず、その能力が欠けているために自分以外の生き物に対して日常的に暴力をふるう成人だ。そのように生まれついたのが不幸だというだけのことかもしれないが、理由が何であれ、わたしはそのようにふるまう人たちをスペクトルの最下端に分類する。単刀直入に言うならば、そうした人たちは一般的な成人に比べて**意識が貧しく、魂が小さい**と言える。

ハネカー値を持ち出すつもりはない。そんなことをすれば、この議論が馬鹿げたものになってしまうからだ。わたしが望むのは、読者のみなさんがわたしの論点を汲み取って、不道徳だとは思わないでくれることだけだ。結局のところ、先ほどの考えは、そのような人たちは刑務所に入れておくべきだと言っているのと変わりがないし、わたしの知り合いには刑務所の施設そのものが不道徳だと見なす人はいない（もちろん、どのように管理運営するかはまた別の問題だ）。

では、スペクトルの最上端はどうなのか？　驚くにはあたらないが、それは、凶暴なサイコパスとは根本的に正反対の行動をとる人になるだろう。マハトマ・ガンディー、エレノア・ルーズベルト、ラウル・ワレンバーグ、ジャン・ムーラン、マザー・テレサ、マーティン・ルーサー・キング・ジュニア、セザール・チャベスといった人物だ。いずれも並み外れた人物で、苦しむ人々に深く共感し、その結果人生の大半を費して他者を助け、しかも非暴力な手法を貫き通した。[1] わたしから見れば、このような人たちは一般的な人と比べて**意識が豊かで、魂が大きい**と言える。

わたしは、語源に重きを置く方ではないが、数年前、今述べた考え方を講義する準備をしていたとき、現在では**generosity**（寛容）とほぼ同義の言葉、**magnanimity**（寛大）は、もとのラテン語では「偉大な魂をもつこと」という意味だったと気づいて嬉しくなった（**animus**は「魂」という意味）。このようなX線のおかげで、見慣れた言葉を新たな光の下で見るのはたいへん喜ばしい（しかも驚いたことに、本書の索引を作成する際、「マハトマ」——敬称の語であり、慣用的にガンディーに使われる尊称——も「偉大な魂」という意味だと知った）。気になる語源をもつ言葉は他にもある。やはりラテン語由来で、「ともに苦しむ」という意味をもつ**compassion**（思いやり）だ。そうした何千年もの昔から響いてくる隠れたメッセージに刺激され、わたしはこの問題についてさらに深く考えた。

アルベルト・シュヴァイツァーの寛大

わたしが個人的に手本とする大きな魂をもつ人は、神学者であり、音楽家であり、作家であり、人道主義者である、アルベルト・シュヴァイツァーだ。彼は一八七五年にアルザス地方の小さな村、カイザースベルクで生まれ（当時その地域はドイツ帝国領だったが、シュヴァイツァー生誕のちょうど一〇〇年後に刊行されたわたしが愛するフランスの古い百科事典、プチ・ロベール2は、彼はフランス人だと主張している！）、一九一三年にガボンのランバレネに建てた病院でその名を世界に知らしめ、五〇年以上その地で働いた。

シュヴァイツァーは幼い頃から、他人に自分を重ね合わせ、他人に同情し、思いやりを示し、他人の苦しみを分かち合いたがった。なぜ、そうした共感を伴う寛容な心が生まれたのだろうか？　それは誰にもわからない。たとえば、初めて学校へ行った日、両親が自分に着せてくれた服が同級生たちの服よりもずっと上等だと気づいた彼は、その違いに激しく心を乱された。そして、以後ずっと、貧しい同級生と同じような服を着ると言い張った。

彼の生き方の隅々に浸透していた思いやりの心が鮮かに伝わる文章を、シュヴァイツァーの自伝、『わが幼少年時代』から引用する。

わたくしの思い出を遠くたどっていくと、わたくしはこの世で見た多くの不幸について心を痛めました。わたくしはまだ無邪気な少年らしい人生の喜びを味わったことはありません。そしてわたくしは多くの子供たちもうわべはまったく幸福でまったく気楽そうに見えましても、同じであると思います。

とくにわたくしは哀れな動物たちが、あれほど多くの苦痛と困難に耐えていかねばならないことについてなやみました。かつてわたくしのうしろで、一人の男にたづなで引きずられ、もう一人の男にうしろから棒で叩かれてきた――それはコルマルの屠殺場へひかけていったのであります――びっこの老いた馬の光景は、何週間もわたくしにつきまといました。わたくしにわからなかったのは――それはまだ学校へいかないまえのことでありました――夕べの祈りのときに、ただ人間のためにばかり祈ることでありました。そのため、母がわたくしといっしょに祈ってわたくしにお休みのキスをしてくれるごとに、わたくしはなおひそかに自分で作ったつけたしの祈りをすべての生きもののためにしました。それは「愛する神さま、すべての生きものを守りめぐみ、すべての悪から防ぎ、安らかに眠らせてください！」というのでありました。〔『わが幼少年時代』（波木居斉二訳　新教出版社）より〕

シュヴァイツァーが思いやりを寄せる動物は哺乳類にとどまらず、イモムシやアリといったスペクトルの下方にいる生き物に至るまですべて含まれる（「下方にいる生き物に至るまで」と書いたのは軽蔑しているからではなく、シュヴァイツァーにも、ほぼすべての人と同じく、わたしが24ページで大まかに示した「意識の円錐」があるはずだと言いたかったからだ。心のなかにあるこのような序列は軽蔑の感覚を引き起こすが、気遣いや責任の感覚も容易に引き起こす）。あるとき彼は、今にもアリを踏みつぶそうとする一〇歳の少年にこう言った。「それはわたしのアリだ。君にはアリの脚を折ることについて責任があるんだ！」彼は、路上のイモムシや池でおぼれかけている昆虫を見つけると必ずつまみ上げ、野原や草木の上に放して生き延びられるようにしてやっていた。やや強い調子でこう述べたこともある。「苦しむ昆虫を助けるたびに、これで人が犯した罪、動物に対する罪悪をいくらかでも償えないものかと考えます」

周知のように、シュヴァイツァーには自ら名づけた「生命への畏敬」という単純かつ奥の深い基本理念があった。一九五三年、ノーベル平和賞の受賞式で、彼は次のように断言した。

人間の精神は死にません。ひっそりと生き続けるのです……あらゆる倫理が根付く場所である思いやりの精神が最大限に広く深く発揮されるのは、その対象が人類だけにとどまらずあらゆる生き物に及ぶ場合だけだと信じるに至りました。

次の逸話はやはり『わが幼少年時代』からの引用で、彼の内面が特によく表れている。春のイースターが近づいた頃、七歳のアルベルト少年は友人に誘われて、一緒に作ったばかりのパチンコで鳥を撃つ冒険に出かけた。数十年の後、シュヴァイツァーはその人生の岐路をこう振り返った。

この申し込みはわたくしにとって恐ろしいことでありましたが、わたくしはかれに嘲笑されそうな不安がありましたので、思いきってことわることができませんでした。わたくしたちはまだ葉の出ていない一本の木に近よっていきました。木のうえには小鳥がわたくしたちをこわがらないで朝の空気のなかでかわいらしくさえずっていました。相棒は、インド人が狩りをするときのように身をかがめ、パチンコの皮に小石をはさんで引きしぼりました。わたくしはかれの命令するようなまなざしに従って恐ろしく良心にとがめられながら、はずれることを念願して同じようにしました。

その瞬間、教会の鐘が鳴りはじめ、その音が太陽の光と鳥の歌のなかに溶け込みました。それは本打ちの三十分まえの「合図打ち」でありましたが、わたくしにとって天来の声でありました。わたくしはパチンコを投げすてて小鳥を追いたてました。小鳥は逃げてわたくしの相棒のパチンコにあたらないようになりましたので、わたくしは家にとんで帰りました。

それ以来いつも受難節の鐘が春の太陽の光とまだ葉の出ていない裸の木々のうえに鳴りわたるとき、それがあのときわたくしに「殺生をしてはならない」という戒めを心のなかにひびかせてくれたことに感動し感謝するのであります。その日からわたくしはひとを恐れない勇気をもちました。わたくしの内なる確信が働くとき、わたくしはまえのようにひとの意見は問題にしなくなりました。わたくしは仲間の嘲笑を恐れないようにしました。

ここで述べられているのは、いつの時代にもよくある仲間からのプレッシャーと自分の内なる声、あるいはわれわれがよく用いる（シュヴァイツァー自身も用いているが）表現でいえば良心との板挟みの状況だ。幸い、この彼の体験では、**良心**が文句なしの勝者だ。そしてまさに、このときの判断がその後の彼の生き方の基本となった。

良心は意識を構成するか？

意味空間のこの領域には、わたしにとっては非常に刺激的な言語学上の注目点がもう一つある。conscience（良心）とconsciousuess（意識）は、英語を話す者にとっては明確に異なる概念の別々の言葉だが、ロマンス語においては同じ一つの言葉だという点だ（フランス語のconscienseには、「良心」と「意識」の両方の意味があるという事実を、一〇代の頃に『脳と意識』（*Le cerveau et la conscience*）という本[2]を買って知った）。これは両言語における単なる語彙のずれ、あるいは意味論上の紛らわしい曖昧性の一つかもしれない（ちなみに、conscienceを文字通り解釈すると「共有される知識」という意味になる）。だが、たとえそうであったとしても、やはりわたしには、両言語の違いを認識しなければ決して気づかなかった洞察を得るきっかけであった。すなわち、他の生き物の心の内面を部分的に内在化すること（良心）は、大きな魂（豊かな意識）をもつ生き物と小さな魂をもつ生き物、魂をもたない、あるいはもたないも同然の生き物を何にもまして明確に峻別するという洞察だ。

たとえば、蚊に良心はなく、同様に意識もなく、したがって「魂」という単語に値するものがないことは明白、あるいはほぼ明白だと思う。空を飛び、プーンと羽を鳴らし、血を吸う自動機械は、魂のこもった存在というよりは超小型の熱追尾型ミサイルに近い。蚊が、慈悲や哀れみや友情を経験するのを想像できるだろうか？　これ以上は言うまい。次へ行こう！

では、まさに肉食動物の典型と言えるライオンはどうだろう？　ライオンは、キリンやシマウマなどにそっと忍び寄り、襲いかかり、肉を引き裂いて、なおも脚をばたつかせ、けたたましい声を上げる獲物を貪り食うが、その間これっぽっちも慈悲や哀れみを感じていない。ライオンには思いやりがまったくないと思えるが、一方で、自分の子供に対してはとても気遣い、鼻を押しつけて愛情を示し、育て、守り、教育しているように見える。蚊の行動とはまるで違うではないか！　しかもライオンは、比較的簡単に他の種の動物（たとえば人間）も気遣うようになるのではなかろうか。その場合、ライオンは他の大多数の生き物の内面性についてまったく無関心で無頓着ではあるが（大多数の人間と情けないほど似た資質だ）、少なくとも一部の他の生き物（とりわけ、他のライオン、特に自分の肉親）の内面性ならば限られた範囲で自らの中に内面化できるし、きっとそうしているのだろう。

犬の場合も、多くが他の動物——特に自分の身近にいる人間——を気遣うことは明白、あるいはほぼ明白だと思う。周知のように、なかには飼い主のために命を投げ出すという、並外れて寛大な犬もいる。ライオンが他の種の動物のために命を投げ出すという話はいまだかつて聞いたことがないが、もしかすると、仲間の人間の命を救うために他の動物と命をかけて戦った犬みたいなライオンがどこかにいたかもしれない。とはいえ、ライオンがベジタリアンの生活を選ぶと想像するのは、少し無理があるだろう。

ところが、インターネットを検索してみると、ベジタリアンのライオンという発想はさほど珍しいわけではないのがすぐにわかる（確かに、ほとんどがフィクションだが、すべてではない）。たとえば、シアトル近郊でペットとして育てられたという雌の「リトル・タイク」というライオンだ。生後四年間（ウェブサイトにはそう記されている）、リトル・タイクはあらゆる肉の餌を拒否し続け、飼い主はとうとう根負けして肉を食べさせるのを諦め、このライオンがベジタリアンであることや、羊、鶏、その他の動物と楽しく遊ぶことを受け入れた。リトル・タイクは、死を迎える日までベジタリアンで通した。いやはや、すごいことだ！

いずれにしても、良心――すなわち道徳の感覚、および知覚をもつ他の存在に対して「正しい行い」をするのを大切に思う感覚――があることが、その存在が意識をもっているという、最も自然な証であり、最も信頼できると期待できる証だとわたしには思える。つまり、簡単に言えば、その存在が黄金律をどれだけ実践するかという問題なのだろう。

アルベルト・シュヴァイツァーとヨハン・セバスティアン・バッハ

実はわたしは、非常に曖昧で物議をかもしかねない方法ではあるが、意識を測るまったく異なる尺度が他にもあると本能的に感じている――音楽の好みを尺度とするのだ。わたし自身の音楽の好みを説明したり弁護したりするのは間違いなく不可能であり、そんなことをしようとすれば、わたし自身がとても深くて熱い泥水に沈んでしまうとわかっているのでやめておくが、アルベルト・シュヴァイツァーと、音楽に対する彼の深い見識について述べるためには、わたしの音楽の好みについても少しだけ明らかにしておかねばならない。

一六歳の誕生日に、母がバッハの不滅の作品「平均律クラヴィーア曲集第一巻」の前奏曲《プレリュード》とフーガ1番から8番を、グレン・グールドの演奏で収録したレコードをくれた。このとき初めて触れた「フーガ」という概念は、若かったわたしの心に電撃的な影響を与えた。その後何年もの間、レコード店に入るたびにピアノ演奏の

「平均律クラヴィーア曲集」の9番から後の部分を探し求めたが、当時は非常に希少でなかなか見つからなかった（ハープシコード版でもめったになく、わたしの好きなピアノ版となるとなおさら希少品だった）。第一巻であれ第二巻であれ、残りの部分の前奏曲とフーガを手に入れるたびに、新しいレコードの溝に針を落として初めて曲を聴く行為は、当時のわたしにとってとりわけ心躍る出来事だった。

両親のレコードのコレクションのなかに、アルベルト・シュヴァイツァーが演奏したバッハのオルガン曲のレコードがあったが、当時のわたしには「重すぎる」ように思えて、聴いてみるまでに相当な時間を要した。ところが、ようやく初めてそのレコードを聴くと、あまりにも感動的な演奏で、わたしは「平均律クラヴィーア曲集」を聴いていたときと同じように病みつきになってしまった。その後は当然のように、レコード店でバッハのオルガン曲も探すようになったが、やがてわたしにとって厄介な問題が持ち上がった。多くの演奏者が、人間のありようについて深く表現しようというのではなく、ただ名人芸を披露するがごとく速く軽快に弾いていたからだ。一方で、シュヴァイツァーの演奏は謙虚で素朴で、しかもところどころでミスをしながらもそれに動じずに演奏を進めていて、それがわたしには魅力的に感じられた（他はどれも、一つのミスもない録音ばかりで、それはかえって不自然に感じられ、異様でさえあった）。当時は知る由もなかったが、彼の演奏はすべて、アルザス地方の村、グンスバッハにある、まさにあの教会の簡素なオルガンを使って行われていた。その教会の鐘こそが、あの春の晴れた朝に鳴り響き、小鳥の命を救い、アルベルト少年の人生を変え、ひいては何千もの人の人生を変えたのだ。

深さを深掘りしろ!

年月を重ねるにつれ、シュヴァイツァーが演奏するバッハはわたしの心の奥を占めるようになった。彼の同じシリーズのレコードをさらに何枚か手に入れたが、どれもが、作曲者と演奏者の双方から生まれる深い宇宙の英知を示してくれた(大仰だと思えるかもしれないが、わたしにとってはそう表現するのが一番ふさわしい)。

わたしの著書、『ゲーデル、エッシャー、バッハ』が広く受け入れられ、音楽界でわたしの名とバッハが何らかの形で結びつけられるようになり(何よりの栄誉だ)、わたしは言うまでもなく、たいへん満ち足りた気持ちになった。バッハ生誕三〇〇年にあたる一九八五年には、いくつかの三〇〇年記念祭に喜んで参加したが、なかでも忘れられないのは、バッハの誕生日当日に、当時教えていたクラスの学生とわたしの友人とともにアナーバーで開いた小さな催しだ。クライマックスでは、わたしが注文しておいた巨大なバースデーケーキに三〇〇本のろうそくを灯すと、ちょっとした火事のように燃え上がった。

その一五年後、驚いたことに、今度はバッハ没後二五〇年(一七五〇年七月没)の催しで、イタリアのロヴェレートに招待された。もともと、ちょうどその時期に北イタリアへ行く予定があり、わたしは喜んで招待を受けた。当日は、午後にいくつかすばらしい講演を聞き、会食がもたれ、その後にちょっとしたお楽しみがあった——著名なコーラスグループがバッハの(小規模のコーラス用に編曲した)作品をいくつか歌うことになっていたのだ。わたしはそのコーラスグループの実力を知っていたので、感動的な音楽で一日の幕を閉じるのを楽しみにしていた。

ところが、わたしの耳に届いたのは、思いもかけない音だった。あらかじめ予想しておくべきだったのかもしれないが、みごとな歌声が自由気ままにノンストップで続くばかりで、それ以外には何もなかった。とてつもなく印象的な演奏だったが、わたしにはとてつもなく退屈だった。全体を通じて何よりも残念だったのは、コーラスが、バッハのあらゆるオルガンによるフーガのなかで最も深遠な曲――ト短調の「大フーガ」とも呼ばれる曲（BWV542）に移行したときだ。わたしは、アルベルト・シュヴァイツァーが慎み深く、それでいて比類なきほど豊かな情感で演奏するこの曲を愛していた。悲しいかな、わたしには決して忘れられないのだが、彼らは本来の速度の二倍ほどの速さでこの瞑想的な曲にタックルをしかけ、全速力で走って電車に飛び乗る勢いでこの曲を攻撃し、思う存分いいところを見せようと奮闘していた。つま先で跳ね回るようすは、まるで自分たちの軽快なリズムに合わせて聴衆にスイングさせようとしているみたいだったし、ビートに合わせて指を鳴らす演者さえいた（そもそも「ビート」だなんて、あの神聖な曲ではばかげている）。歌い手のなかには、ときおり聴衆に向かって歯を見せてにッコリ笑う者もいて、まるでこう言っているみたいだった。「僕たち、すごくない？　一秒ごとにこんなにたくさんの音を一斉に出す歌って聞いたことある？　このトリルはどう！　この音楽ってセクシーじゃない？　みんな、楽しんでくれたら嬉しいよ！　それと、CD、いっぱい持ってきたから、ショーが終わったらお買い求め、お忘れなく！」

すべてが大変なショックだった。もちろん、この世界ではどんな音楽をどのように演奏しようと自由なのはわかっているし、確かに、彼らの歌の速さやなめらかさ、トリルを超高速で完璧に歌う歌唱法は多少**興味深く**はあったが――粋なスポーツカーの設計の詳細を知って驚くのとまったく同じ驚きだ――音楽の**意味**とは何ら関係を見いだせなかった。バッハの音楽の意味は、瞑想的で宇宙のように無限であり、飾りをつけたりひけらかしたりすることとは無縁だ。楽曲をさまざまな方法で演奏することには雅量があるつもりだが、そこにはやはり限界があり、あのときのコーラスははるかに限界を超えていた。わたしは、グンスバッハという小さな村のオルガンを弾いたシュヴァイツァーのような、多少ミスがあり、とても人間臭く、内省的な深みのある演奏を切望していたが、あの晩は諦めるしかなかった。あれこそは、神聖と世俗がぶつかる典型的な例であり、わたしの記憶に鮮やかに残っている。

この章を書くための準備をしていた頃、あの晩にロヴェレートで味わった大きな困惑を不思議とこだまのように表現しているシュヴァイツァー自身が書いた文章を（文章の方が先にあるのにこだまと言えるかどうかわからないが！）偶然見つけた。およそ一〇〇年前に、彼が当時のバッハの演奏について書いた文章をここに引用する。

多くの演奏家は、真の芸術家だけが知るバッハの音楽の深さを体験しないまま、何年もバッハを演奏している。当今の歌い手のほとんどは、バッハを正確に歌う技術があまりにも不足している。バッハの音楽の精神を再現できる演奏家はごくわずかで、大多数はこの楽匠の精神世界に入り込むことができていない。バッハが言わんとすることを感じ取ることができないため、それを他者に伝えることもできない。何よりも厄介なのは、そうした演奏者が自分は傑出したバッハの理解者だと思い込み、自分に欠けているものに気づいていないことだ。そのような浅薄な演奏を聴かされて、バッハの音楽の深さをほんのわずかでも理解する人がいるものだろうかと、考えさせられることもある。

昨今の状況を理解していれば、今述べたことが悲観的にすぎるとは思わないだろう。われわれが知るバッハの魅力は危機に差しかかっている。危険なのは、バッハの音楽に対する愛情がうわべだけのものとなり、多大な虚栄心とうぬぼれが愛情と混じり合うことだ。当節のまがい物をよしとする嘆かわしい傾向は、バッハの私物化として表れ、目に余るほどになっている。現代の人はバッハを称えたいという振りをして、その実、自分自身を称えているのだ。バッハを再発見し、理解し、かつて誰もなし得なかった方法でバッハの曲を演奏するという態度を取る。雑音をやや減らし、「バッハ独断主義」をやや減らし、技量をやや上げ、謙虚な態度をやや増し、静寂をやや強め、信仰心をやや高め……（中略）……そうしなければ、バッハの精神性と真実性をこれまで以上に称えることはできない。

うわべだけの奥深さに対するこの辛辣な批判に、わたしがつけ加えることはほとんどない。この文章に出会ったのはロヴェレートの出来事の数年後だったが、嘆いているのはわたしだけでなかったとわかり、気持ちが楽になったとだけ言っておきたい。シュヴァイツァーは誰よりも謙虚で控えめな人であるだけに、一世紀も前からすでに顕著で、今日ではますます増していくとしか思えない悲しむべき傾向に対する彼の批評は、正直な反応だと受け取らざるを得ない。

バッタはみな死すべきさだめ

バッハの曲の演奏のどこが「私」や意識や魂と関係しているのかと、疑問に思う読者もいるかもしれない。だが、むしろわたしはこう問いたい。「アルベルト・シュヴァイツァーとヨハン・セバスティアン・バッハの高い精神性が結合しているところに自分を融合させること以上に、意識や魂と深く関係するものがあるのか？」

先日の夜、シュヴァイツァーが演奏するバッハのオルガン曲（一〇代から二〇代にかけて何百回も聴いた曲）の、かび臭くなってきた記憶を新たにするために、四枚の古いレコードをすべて棚から引っ張り出して続けざまにかけた。まず、「前奏曲とフーガ　イ短調　BWV536」（シュヴァイツァーが「歩くフーガ」とニックネームをつけた）から始まり、いくつかの曲を経てわたしの大のお気に入りである至福の曲、「前奏曲と

フーガ　ト長調　ＢＷＶ５４１」に移り、最後の仕上げに切ないほど甘美で悲しいコラール前奏曲、Alle Menschen Müssen Sterben（「すべての人は死ななければならない」――あるいはドイツ語の強弱各韻律を反映するならば「人はみな死すべきさだめ」）を聴いた。

リビングルームで静かに腰かけて、底知れぬほど深い瞑想をもたらす柔らかな音に聞き入っていると、カーペットの上で一匹のバッタがじっとしているのに気づいた。死んでいるのかと思ったが（どのみち、バッタもみな死ぬさだめにある）、わたしが近づくとバッタは大きく飛び跳ねたので、とっさにそばのテーブルにあったガラスの鉢をつかんで、ジャンプするその小さな生き物の上にかぶせ、レコードのカバーをそっと鉢の下に差し入れて、ガラスの部屋の床にした。そして、かわいらしい訪問者をガラスの部屋に閉じ込めたまま玄関まで行って鉢を開けてやると、バッタは暗い茂みの中に飛び降りた。わたしがささやかな善きサマリア人的行動を取ったちょうどそのとき、シュヴァイツァーの精神がわたしの心にも呼び覚まされていた――ベン・シャーンによる、オルガンを弾くシュヴァイツァーが描かれたレコードカバーをガラスの鉢の下に差し入れた瞬間、バッタはまさにシュヴァイツァーの手の上に載ったのだ。偶然の出会いとはいえ、わたしにはしっくりときた。

それから一時間ほどして、立ち上がって身体を伸ばすと、今度はテーブルの下にオオアリがいるのにふと気づいたので、また小型輸送装置を作って六本脚の友人を戸外までエスコートした。こうなると、わたしが二度のささやかな善きサマリア人的行動を取ったのが、バッハの奥深い精神性と「生命への畏敬」というシュヴァイツァーの平和主義的精神に深く没頭している最中であったことに、大きな興味がわいてきた。

正気に戻るという意図が働いたのか、あるいはわたし自身の境界線をはっきりさせる意味があったのか、次にわたしは、明かりのそばを見慣れたジグザクの飛び方で動く小さな黒い点を見つけ、近寄って正体を確かめようとした。明かりの下にあるテーブルに降りた小さな黒い点を見たとたん、それが何なのかがはっきりした

——モスキート、ムスティック、ザンザーラ、ミュッケ、つまり蚊だ。一瞬の後、蚊の命は終わった（詳しい報告はやめておく）。本書の読者は、蚊が無益で不要なことに関するわたしの考え方をいやになるほど何度も読まされているだろうが、わたしとしては、このとき吸血ミサイルの絶命に、これっぽちの後ろめたさも感じなかったと言っておかねばならない。

日付が変わる少し前に、わたしは音楽鑑賞を一時中断してカリフォルニア州にいる高齢の病弱な母に電話をかけた。毎晩、家族の様子を知らせたり元気づけたりするのが日課となっていたからだ。母としばらく話してからまた音楽に戻り、「トッカータとフーガBWV538（ドリアン）」が始まると、わたしはふと、この曲をこよなく愛している親しい友のことを思い、ごく最近深刻な病気であると診断を受けたという彼の息子のことを思った。音楽が続くにつれて、愛する人たちへのあらゆる思いと、人の命の尊さや恐るべきはかなさへの思いがいつの間にか音楽と混じり合い、一体となっていった。

さらに、真夜中を過ぎた頃、裏口をノックする音が聞こえ（我が家ではめったにないことだ。誓って！）、誰が来たのかと様子を見に行った。そこにいたのは一、二度会ったことのある一〇代の少年で、一ヶ月前に家を追い出されて公園で寝泊まりしているという話だった。その少年は、今夜は寒さが厳しいのでお宅の遊戯室で寝かせてもらえないかと言った。少しの間思案したが、娘が彼を信頼しているのを知っていたので、イエスと答えた。

突然、すべてがとてつもなく不思議な偶然だと思えた。とても人間的なこと、他の存在の内面を自分の中にどう映し出すかによって変わる出来事が、わたしが慈悲と寛大という概念について心を集中させているときに次々と起こったのだ。

生命への思いやり、寛大、畏敬——どれもがアルベルト・シュヴァイツァーが模範だとされる資質であり、加えて彼には、バッハを演奏する敬服すべきオルガニストとしての資質もあった。だが、それは、わたしにしてみれば偶然でも何でもない。シュヴァイツァーをはじめ、彼と同等の資質をもつごくわずかな人たちは私心《セルフレス》がないという人がいるかもしれない。その考えはわたしも理解できるし、一理あると思うが、奇妙なことに、一方でわたしは、語源が示すように、人間は寛大であるほど自己《セルフ》や魂が大きいと主張してきた。決して小さくはないのだ！　わたしが思うに、**私心がない**という印象を受ける人物は、実は魂に満ちあふれ《ソウルフル》ている——すなわち、その人の頭蓋、脳、心、魂には他の魂がたくさん住みついているということだ。心の空間を共有しても、心の中核は弱まるのではなく、むしろ広がって豊かになる。ウォルト・ホイットマンの詩、「ぼく自身の歌」にも「ぼくは大きい、ぼくは無数のものを含む」とある。その豊かさをもたらしたのは、いつだったか定かでないほど遠い過去のある時点で、一般的な人間の脳が柔軟性の臨界閾値を超えて準普遍性を獲得し、他人の脳の抽象的な本質を内面化できるようになったという事実だ。驚嘆すべきことだ。

　ある日、わたしであれば「意識」という言葉を適用する境界線をどこに引くかを見つけ出そうとしていて（もちろん、明確な区切りはつけられないとしても）ふとある考えが頭に浮かんだ。一番大切な要素は、対象となる存在が「友だち」についての何らかの概念を、たとえごく原始的な概念であってももっていると言えるかどうかではないか。友だちとは自分が気遣い、自分を気遣ってくれる相手のことだ。人間の赤ん坊がかなり早くから友だちという概念の基礎を身につけるのは明らかで、一部の動物が——ほとんどは哺乳類だが他にもいる——十分に発達した「友だち」の概念を有しているのも明らかだと思える。

たとえば、犬は明らかに、特定の人間や犬を自分の友だちだと感じている。もしかすると、他の動物にも友だちだと思う相手が少しはいるかもしれない。「友だち」の概念をもっていそうな動物を列挙するつもりはない。なぜなら、線引きは曖昧であり、わたしが考えているようなリストは読者のみなさんにも簡単に思い浮かぶはずだからだ。だが、わたしにしてみれば、突き詰めていくにつれてこの考え方は正しいと思えてくる。そして、自分でも気づかないうちに、思いもかけない結論に導かれている。それは、自分であることを端的に表わすもの――「私」という感覚――は、自らの自己だけでなく愛情の絆がある他の自己の感覚がある場合に限り生じる、という結論だ。つまり、寛容が生まれた場合だけ、自我も生まれるのだ。

この考え方は、意識の本質に関して大多数の心の哲学者が支持する考え方となんと違うことか！　心の哲学者たちの見解では、意識とはいわゆる**クオリア**を有した結果であり、クオリアとは原初的な経験と考えられているもの（紫色によって生じる網膜神経の興奮、中央ハの音、カベルネ・ソーヴィニョンの味など）で、あらゆる「高度な」経験はクオリアを基にボトムアップ方式で積み上げられる。一方わたしの見解では、高度な抽象概念を閾値として仮定し、そこを越えると意識が暗がりから現れてくる。たとえば、蚊は血液の味のクオリアを「経験」しているかもしれないが、それを意識してはいない。水洗トイレが異なる水位のクオリアに反応しながらもそれをまったく意識していないのと同じだ。仮に、**友だち**を作れるほど大きな脳が蚊にあれば、血のすばらしい味を**意識**できるはずだ！　だが悲しいかな、小さな脳しかない憐れな蚊は、構造上そのような機会が与えられていない。

しかし光栄なことに、われわれ人間は友だちを作れて、愛情を感じられるほど複雑な脳をもつ存在であるおかげで、周囲の広大な世界を**経験する**というボーナス、すなわち意識を手に入れた。決して悪い話ではない。

エピローグ　**板挟み**

無茶苦茶ではない!!

これまでの二〇と四つの章で、わたしは全力を傾けて「私」とは何かについて述べてきた。自己とは何か、魂とは、内なる光とは、一人称の視点とは、内面性とは、志向性とは、意識とは何かを語ることに力を尽くしてきたとも言える。確かに無茶な試みではあったが、無茶苦茶な話にはならなかったと思いたい。しかし読者のなかには、わたしが語ったことはやはり無茶苦茶――無茶なほら話――あまりにも無茶なでまかせ――だと思う人もいるかもしれない。わたし自身、まだ厄介な問題が残っていると認めるほかはなく、そういう読者には心から同情する。

問題の鍵となるのは、われわれ人間は、単なる物質の集まりである宇宙において精神をもった存在として生きているがゆえに、自分とは何かを理解しようとすると、自身の本質をめぐる果てしない混乱に陥る運命にあるという点ではなかろうか。今でも鮮明に憶えているのは、一〇代の頃に脳に関する本を読んでいて、人間の脳、すなわちわたし自身の脳は、あくまでも物理法則に従う物理的構造であるという考えに生まれて初めて向き合わざるを得なくなった体験だ。不思議な考えだと思われるかもしれないし、わたしも今では不思議だと思うが、そう気づいたわたしは、環《ループ》に放り込まれたみたいに愕然とした。

つまり、われわれはそこで板挟みになる。意識は物理法則がもたらすものではないと信じるにせよ、物理法則がもたらすものだと信じるにせよ、いずれにしても、たどり着くのは厄介な、もしかすると受け入れることさえできない結末だ。わたしがこの最後の数ページで目指すのは、このようなジレンマに正面から立ち向かうことだ。

二元論の恩恵と落とし穴

わたしは第22章で二元論を検証した。ここで言う二元論とは、物理法則に支配される物理的な存在を超えたところに「意識」という括弧つきの特質があって、それは目には見えず、測ることもできなければ、検知もできない宇宙の一要素であり、特定の存在だけが保有しているという考え方だ。このような概念は、欧米の伝統宗教の「魂」の概念にきわめて近く、世界は二種類のもの――命があるものと、ないもの――に分かれるというわれわれの日常の経験と合致するので魅力がある。またこの概念は、われわれは自身の内面や内なる光――あまりにも身近に感じているために、否定するのが不可能ではないにしても馬鹿げていると思えるもの――を経験するという現実に、何らかの説明を与えてもくれる。

二元論はまた、命あるものの世界が、二つのタイプ――**自分自身とそれ以外**――になぜか分かれていることの説明としても希望がもてる。別の言い方をすれば、一人称による主観的な視点と、非人称や三人称による視点の間には、橋渡しできそうにない隔りがあるということだ。われわれが「私」と呼ぶものが、命が宿った瞬間に魔法のように人間一人ひとりに少しずつ分け与えられる、分析不可能な括弧つきの特質の飛沫《しぶき》で、一つひとつの飛沫《しぶき》には受け手のアイデンティティを恒久的に決定する独特の味わいが染み込んでいるとしたら、われわれは自分とは何かについて、これ以上説明を探す必要はなくなる（たとえ説明のつかないものをよりどころとする説明であったとしても）。

さらに言えば、われわれは一人ひとりが肉体とは無関係の固有の特質によって本質的に定義づけられるという考えは、人間には不死の魂があると示唆してもいる。ゆえに、二元論を信じれば、死の棘はいくらか取り除かれるかもしれない。欧米の宗教のイメージに視覚的にも言語的にも浸り切って育った人間にとって、臨終を迎えたばかりの肉体から霞のようなうっすらとしたものが漂い出て上へ上へと昇り、目には見えない天上界まで到達し、そこで永遠に生きていくと想像するのはさほど困難ではない。それを信じるにせよ疑うにせよ、そのようなイメージはわれわれ欧米人が受け継ぐ伝統の要であり、だからこそ、たとえ自らの思考体系が科学に深く根を下ろしていても、そのイメージを完全に拭い去るのは難しい。

妻のキャロルが亡くなってしばらくしてから、ごくわずかな友人や親せきとともに、彼女が大切にしていた音楽を聴いて思い出を語り合う追悼の会を催した。この悲しい儀式を閉じる曲として、わたしはセルゲイ・プロコフィエフのヴァイオリン協奏曲第1番の、第1楽章の最後の二分半の部分を選んだ。キャロルもわたしもすっかり虜になった、音楽の詩とも言うべき見事な作品だ。わたしが選んだ美しくも感動的なパッセージ（曲全体の最後にある、双子のようによく似たパッセージとともに）は、天に昇る魂のイメージを喚起するように書かれたと思うほど、終始とてもか弱く、わななくように繊細で、とりとわけ最後の漂いながら昇っていく音調ではそのイメージが強調される。キャロルもわたしも信心深いとはとても言えなかったが、彼女の最も純粋な本質が遺骸を離れて舞い上がり、高く、高く、どこまでも昇りつづけていくという素朴なイメージが、わたしにとっては真実だと思えた。たとえ彼女の魂が行き着く先が天《スカイ》ではなく、ただのこの男《ディスガイ》だとしても……

このエピソードからもわかるように、**この男**は長年、科学の修学に励み、自分の心と精神は物理学に根差しているとと頑なに考えながらも、時として、われわれの多くが生まれながらに親しんできた――家族の影響を受けたとは限らないが、文化的には影響を受けて――従来の二元論的イメージにたやすく影響されてしまう。たとえ二元論を否定したとしても、そういう魅力的なイメージには心を動かされる。とはいえ、理性が強く働いているときには、そのようなイメージはわたしにとって意味がない。というのも、二元論が到達する先は答えの出ない問いが並ぶ長いリストだとわかりすぎるほどわかっているからで、そのいくつかについては第22章に記し、二元論は恣意性と非論理性に満ち、結果として自らの重みに耐えかねて崩壊しそうだと示した。

非二元論の誘いと裂け目

逆に、意識（ここではかぎ括弧なし）は物理法則の所産だと信じるのならば、「その上」に何かを付加する余地は残されない。二元論よりもはるかに単純なこの考え方は、科学的思考の持ち主にとっては魅力的だ。平凡な物理的存在と非凡な非物理的特質を分ける不可解な二分法は一掃され、非物理的な括弧つきの特質をめぐる疑問の長いリストはいらなくなる。

一方で、二元論を窓から投げ捨ててしまうのも問題がある。なぜなら、少なくとも一見したところでは、命のある存在とない存在の区別がつかなくなりそうだし、自分の内面性や内なる光の固有の経験についても、**自らの**自己と**他の**自己の間にある大きな隔たりについても、説明がつかなくなると思えるからだ。しかし、この考え方をさらに丁寧に検討すれば、そのような区別をつける余地があるのは明らかとなる。

わたしは本書のまえがきに「命のない物質からなる基質に奇跡的に出現した自己と魂」と書いたが、きっと複数の読者がこの表現に苛立っただろう。「この著者は、何をもって人間の脳――この宇宙における最も命あふれる存在――を命のない物質だなどと言うのか？」というわけだ。なるほど本書では、命のあるなしはある構造をどのレベルで見るかによって変化するということを中心テーマの一つとしてきた。最上位の総体的レベルで見れば、脳にはまさに命があり、意識があるといえる。しかし、大脳から大脳皮質、カラム、細胞、細胞質、タンパク質、ペプチド、粒子と、徐々に下位の構造に移るにつれて、そこに命があるという感覚は薄れ、最下位のレベルでは完全になくなってしまう。人は心の中で、最高位レベルと最下位のレベルの間を行き来できて、同じやり方で、脳を命あるものと見るかどうかも自在に決められる。

したがって、非二元論的な世界観は、それぞれの記述レベルにおける説明が妥当だと認められる限り、命のある存在をいとも簡単に包含する。ある記述レベルでは、命のある存在は特定のループ状パターンを示すとされる。このループ状パターンは、知覚のフィルターを通して世界を個別のカテゴリーに分類する生来の能力を有するシステムが、自身のカテゴリーのプールを抽象概念に向かって精力的に拡大していく場合に必然的に姿を現す。そしてそのパターンは、自己表象がしっかりと定着するようになると万全となる。この場合の自己表象とは、その存在が自身に語る物語であり、さまざまな欲求によって動かされる原因主体、すなわち、その存在の「私」が主役を演じる。より正確に言えば、「私」というループ状のパターンが生じているレベルではその存在には命がある。パターンが生じるかどうかは、決してオール・オア・ナッシングの問題ではないからだ。要するに、ある基質に「私」というパターンが生じている限りはそこに命があり、「私」というパターンが生じていなければ、その存在には命がないのだ。

虹、それとも岩？

厄介な疑問はまだ残っている。ループ状の抽象パターンがいかに現実離れしていようと、パターンを内面性や内なる光が宿る場所、あるいは、一人称の経験を司る場所とするものは何なのか？　すなわち、**私たるもの**はどこからやってくるのか？　そのようなパターンが時間とともに、とてつもなく大きく複雑に成長し、自らを知覚し、取り除くのがほぼ不可能なほど深く定着するという考えは、真理の探究者（たとえば奇妙なループ#641）の一部にとっては納得のいく答えとなり得る。だが、それ以外の人（たとえば奇妙なループ#642）にとっては、まるで納得できない答えだろう。

後者のタイプの人に常につきまとうのは、第21章で提示したような謎、つまり、破壊した身体を原子レベルでコピーして新しく作り出した二つの身体のうち、一つが火星に、もう一つが金星にあるという話にまつわるこんな謎だ――「わたしが目を覚ますのはどこか？　どちらか一方だとすると、**わたしの**内なる光が宿っているのはどちらの身体だろう？」。このように考える人たちは、知覚をもつあらゆる存在のアイデンティティ、「私」たるもの、内なる光、内面性を構成する固有のデカルト的自我《エゴ》という本能的な考えにあくまでも固執する。こうした考えの人にしてみれば、**私たるもの**という貴重な概念は堅固で質量のある岩のようなものというよりは、むしろちらちらと揺らめいて捉え難い虹のようなものだという提言や、「どっちがわたしなのか？」という厄介な謎に対する正解はないという提言は、とても受け入れられない。この人たちは、近づくにつれて薄れ、やがてすっかり分解してしまう、捉えにくい虹のような存在があるとは思わず、二つの身体のどちらか一方には「私たるもの」という本物のビー玉があって、もう一方にはそれがないはずだと言い張るだろう。しかし、そのような分割も分解もできない「私」を信じるのは、非物質的な二元論を信じることである。

そして、われわれは重大な板挟みに悩まされる。物理法則の及ばないところで生じる非物質的な魂を信じれば、非科学的な魔法を信じることになり、その考えを拒めば、「いったい何が、ただの物理的パターンを**わたし**にできるのか?」という疑問に永遠に招き寄せられることになる。これは、哲学者のデイヴィッド・チャーマーズがいみじくも「難しいハードの問題《ハード・プロブレム》」と命名した疑問だが、何世紀もの昔はもとより今日に至っても(ついでに言えば将来のどの時点でも)、答えはとうてい出そうにない。

結局のところ、「物理的システム」、「物理的基質」といった表現で、相当数の哲学者や神経学者を含む多くの人が思い浮かべるのは、厖大な数のホイール、歯車、棒、チューブ、ボール、振り子などが組み合わさった複雑な構造なのだ。たとえその部品がどんなに小さくても、目には見えなくても、まったくの無音でも、場合によっては確率論に支配されていても、そう思ってしまう。こうした、相互作用するが命のない数々のものは、ほとんどの人にとって水洗トイレ、自動車の変速機、スイス製の高級腕時計(機械式でも電子式でも)、ラック式鉄道、外洋船、製油所と同じで、意識をもたない、内なる光を欠く存在に思える。こうしたシステムは、**おそらく**意識をもっていないというどころか、見た目の通り必ずや意識をもっていないというわけだ。ジョン・サールは、この種の単一レベルの直観をうまく利用して、コンピュータは内部にどんな抽象パターンを有していようと決して意識をもち得ないし、語彙項目をどんなに長くつないでみせようと意味をもつことはできないと、人々に信じ込ませようとした。

突き返し――ソフトな詩(1)

それでもあなたには、この本を残りわずかのところまで苦労して読み進めてきた忠実なる我が読者には、そういうふうには見えていないと期待したい。あなたとわたしは共に、少しずつ洗練度を上げたループをもつ構造の実例を一つ、また一つと検討してきた。科学博物館エクスプロラトリアムのどこまでも逃げていく赤い光の点に始まり、テレビカメラを向けたテレビ画面全体に映るテレビカメラ自体の細かな粒子の映像、PM内では証明できないと主張する式、さらには一人ひとりの人間の脳内で成長し続けるシンボルのプール内に現れる奇妙なループにいたるまで取り上げてきた（心の躍動については、ここでは触れない。果てしない罠にとらわれるから）。

仮に、物理法則に支配されるわれわれの世界に魔法のようなものがあるとすれば、それは、今述べたような自己を反映し、自己を規定するパターンの中に違いない。自己意識を締め出すべく作った要塞の内部に自己意識をこっそりと持ち込んだゲーデルのトロイの木馬に想を得た奇妙なループ、また、ロジャー・スペリーの「力のなかに力があり、そのなかにまた力がある」という力の塔（揺れ動く不安と夢の球体の中にある）を思い起こさせる奇妙なループは、欲望に従って動く命ある存在がただの物質からどのように生じ得るか、この惑星に居住するループの集団の中であなたが「私」と呼ぶもの（そしてわたしが「あなた」と呼ぶもの）がどうやって一つだけ、ただ一つだけ存在するのかに関する、唯一わたしが魅力を感じる説明なのである。

人間の脚にいる一兆の一〇億倍のアリ

あなたとわたしは、それぞれが自らを知覚する蜃気楼で、背後にある唯一の魔法のような仕組みとは知覚——つまり、この世界の抽象的な秩序を表す少数のシンボルを、大量に流れ込む生のデータによって呼び覚ますことだ。知覚が何らかの高度な抽象レベルにあって、物理の世界へ踏み込み、多くのフィードバックループが作動し始めると、which は最終的に who に変わる。一度はそっけなく「機械的」とラベルを貼られ、意識をもつものの候補から反射的に外されていたものが、再考されざるを得なくなるのだ。

われわれ人間は、微視的レベルの法則に支配される宇宙における、巨視的構造をもつ存在だ。人間は生存を目的とする存在であるだけに、自分と同レベルにある存在のみを参照する効率的な説明を求めざるを得なくなる。ゆえにわれわれは、簡単に知覚できる存在の周囲に境界線を引いて概念を区別し、そうすることによって現実だと思えるものを苦心して築き上げる。われわれが自らのために作り出す「私」は、そのように知覚された現実、あるいは発明された現実の典型的な一例だ。その「私」は人間のふるまいをうまい具合に説明するので、おかげでわれわれは、自分以外の世界が「私」というハブを中心に回っていると思うようになる。しかしこの「私」という概念は、われわれが気づきようのない煮え立ち渦巻く膨大な数の微視的対象を、簡略的に示す表現でしかない。

ところで、足がしびれて（英語で言うと「足が眠りについて」）内側から千本の鉢でチクチクと突かれるように感じると、わたしはつい独り言を言ってしまう。「なるほど！　**これこそ**が**まさ**に生きているということだ！　自分は、実はこんなにも複雑なんだと束の間思い知る、めったにない機会というわけか！」（足がしびれたとき、フランス語では「わたしの足にアリがいる」と言い、漫画のキャラクターのわんぱくデニスは「足にジンジャーエールが入った」と言った——奇妙だけれども万国共通の感覚を示す、二つの忘れられないメタファーだ）。もちろんわれわれは、本当の自分の複雑さにチクチク感があるとしても、それを存分に経験することはできない。というのも、代表的な例を一つ挙げるとすれば、われわれには一兆の六〇億倍（つまり一〇〇万の一〇〇万倍の一〇〇万倍の六〇〇〇倍）のヘモグロビン分子があり、それが凄まじい勢いで絶えず血管内を移動し、われわれの生涯を通じて、毎秒そのうちの四〇〇億個が壊れ、同時に四〇〇億個が新たに作られているからだ。このような数字は、とうてい人知の及ぶところではない。

しかし、人間が計り知れない存在であることはわれわれにとって幸運だ！　われわれが、広大な宇宙と比較して自分がいかにちっぽけな存在であるかを本当に理解できたとしたら、恐怖で縮み上がって死んでしまうかもしれないし、同様に、自分の体内で起こっている想像を絶する狂乱を密かに知ってしまったとしたら、やはり恐怖とショックで爆発してしまうかもしれない。われわれは祝福すべき無知の状態で生きているが、それは、すばらしい悟りの状態だとも言える。なぜなら、その状態とはわれわれ自身が作り出した中間レベルのカテゴリー——生存の能力を高める上で信じられないほどよく機能するカテゴリー——という宇宙でふわふわと浮いているようなものだからだ。

わたしは不思議の環

つまるところ、自己を知覚し、自己を発明して、蜃気楼に囚われているわれわれは、自己言及が生み出したささやかな奇蹟だ。われわれは、探しているとばらばらになり、探していないと本物にしか見えないほど現実味のあるビー玉を信じている。人間の本質そのものが、まさにその本質を完全には理解させないようにしているのだ。湾曲した時空である見渡すことのできない広大な宇宙と、荷電量子のあやふやで謎めいた揺らめきの間で平衡を保つわれわれ人間は、雨の滴や大きな岩というよりは虹や蜃気楼に似た存在であり、自分で自分を表現する気まぐれな詩でもある――あやふやで比喩的でおぼろげだが、それでいて、時によってはことのほか美しい詩なのだ。

こういうふうに自分自身を見るのは、言葉では表現できず、この世のものとも思えない、永遠の存在を授けられた霊魂を信じるほどには心が安らぐわけではないが、そこにはそれなりの埋め合わせもある。われわれが手放すのは、物事は完全に外見通りであり、硬そうなビー玉のような「私」はこの世界で一番確かなものだという、子供じみた感覚だ。一方で、われわれが手に入れるのは、自分が自身の中核ではいかに希薄であり、自分だと思っているものと大きくかけ離れているかという理解だ。クルト・ゲーデルが思いもよらぬ不思議の環によって、数学とは何であるかについてより深遠な視点を与えてくれたように、われわれの本質を説明する不思議の環は、人間であるとはどういうことかについて、より深遠な視点を与えてくれる。そしてわたしが思うに、失うことは得ることほどに価値があるのだ。

後記――ＧＥＢから不思議の環へ

本書はDouglas Hofstadter, *I am a Strange Loop*（Basic Books, 2007）の全訳である。著者のダグラス・ホフスタッターは、インディアナ大学で教鞭をとる認知科学者であるが、本国アメリカではなんといっても、一九七九年に刊行された*Gödel, Escher, Bach* の作者として人々の記憶に強く焼きついている。まだオレゴン大学の大学院生だった二〇代後半から書き始め三四歳のときに出版された777ページに及ぶその大著は、大学生を中心に当時だけでもハードカバーを二万部、ペーパーバックだと二〇万部以上を売り上げ、翌年にはピューリッツァー賞を受賞。駆け出しの人工知能研究者にすぎなかったホフスタッターの名は、そのデビュー作によって一躍アメリカ中に知れ渡ることになった。「無名の著者の本が出て、その深さ、広さ、機知、独創性のゆえに、たちまち出版界の大きな事件として認められることが、二、三〇年毎にある。これがその一冊だ」というマーチン・ガードナーの言葉が、そのときの衝撃の大きさを物語っている。

＊

こうして「事件」と評されるほどの驚きをもって読者たちに迎えられたホフスタッターのデビュー作だが、日本では、その六年後の八五年に弊社より『ゲーデル、エッシャー、バッハ』（以下ＧＥＢ）として刊行されることになる。翻訳者は、野崎昭弘、はやしはじめ、柳瀬尚紀という多彩かつ多才な面々。ＧＥＢは、その数年前から出版界を賑わしていたニューアカデミズムの潮流にも後押しされ、刊行されるやいなや大きな話題をさらった。売れ行きも好調で、たとえば、ニューアカデミズムの総本山とも言える池袋リブロでは、発売からひと月で五〇〇冊以上が売れたという。この後記のような二段組、７００ページを超えるボリューム、４８００円という高価格の本としては、実に異例のことである。以降も幅広い読者に受け入れられていったＧＥＢは、刊行から三〇年以上が経過した今日なお大学生を中心に読み継がれており、二〇世紀の知の古典として確固たる地位を築いている（本書の帯や各種広告にＧＥＢの名がさかんに使われている理由が、これでおわかりいただけただろうか）。

ところで八五年と言えば、読書界では村上春樹の『世界の終わりとハードボイルド・ワンダーランド』がベストセラーとなり、歌謡界ではチェッカーズや中森明菜がヒットを飛ばし、ゲーム界では「スーパーマリオブラザーズ」が発売され、野球では阪神が日本一になった年だった。今この後記を読んでいる方たちのなかには、ＧＥＢの存在はおろか、チェッカーズにどれほど人気があったかも知らず、阪神が本当に日本一になったことすら疑っている若い読者も大勢いることだろう。またホフスタッターは、ＧＥＢの理想の読者として「わたしが一五歳のときに興味をもっていたような事柄に興味がある、一五歳の頭の良い人たち」を挙げたことがあるが、当時もしそんな人がいたとしても、今ではもう五〇歳に近い（ちなみに本書によると、一五歳のダグ君は『ゲーデルは何を証明したか』を著者ナーゲルの息子の前で全編朗読する恐るべき少年だったようだ）。

そこで、GEBの刊行時にはまだ生まれていなかった若い読者（または比較的若い読者）、あるいはGEBは読破しているが内容を忘れてしまったオールドファン（またはもっとありそうなことに、買ってはみたが通読はしなかったオールドファン）のために、本書『わたしは不思議の環』を楽しむための準備運動として、GEBの内容をごく簡単に振り返っておこう。

＊

GEBとは、かいつまんで言えば、一九三一年に発表した不完全性定理によって数学界に地殻変動を起こした数学者クルト・ゲーデルの自己言及構造と、のぼっていくといつの間にか元の場所に戻っている階段やどこまでも水が循環する滝を描いた画家M・C・エッシャーのレベル交差構造と、プロイセン王フリードリヒに与えられた主題から「音楽の捧げもの」を即興で作曲した音楽家J・S・バッハの無限に上昇する階層構造には、人間の意識を生じさせる「特殊で精妙なパターン」のアナロジーとなる、パラドキシカルなループ構造が共通して潜んでいることを明らかにしようという企てだった。ホフスタッター自身はのちに、さらにかいつまんで、GEBは「生命のない物質から生命のある存在がどのように生まれるかを述べようとするたいへん個人的な試みだ」と一言でまとめている。つまりGEBとは、人間の意識や生命の根源、言うなれば〈私〉の謎を探求した本だったのである。

深遠であるとはいえ、このような比較的シンプルなテーマをもつGEBがあれほどの大著になったのは、記号論理学、人工知能、コンピュータ、分子生物学、数学、音楽、絵画、パズル、パラドックス、禅の公案、語呂合わせ、アキレスと亀の対話などなど多岐にわたるトピックを巧みに配置し、アナロジーとメタファーをじっくりと積み重ねて間接的に全体像を浮き彫りにするという構成をとっているからだ。そして、そこにホフスタッターお得意の諧謔と饒舌をまぶせば、巨大で複雑な要塞（Giant Elaborate Bastion）、つまりGEBの完成である。そのスケールの壮大さを目の当たりにした人々は、英語贔屓であれば「ソフトサイエンスのユリシーズ」、ギリシャ語贔屓であれば「知的オデュッセイア」と形容したという。

しかし、ひっくり返したおもちゃ箱のような賑やかさが仇となったのか、読者の視点はあちこちに目移りし、その爆発的人気とは裏腹に、アメリカでは、著者が本当に伝えたかったことが十全に理解されたとは言い難かった。実際、刊行当初は的外れの書評も多く、ニューヨーク・タイムズなどは「実在は相互につながった組ひものシステムだとする科学者の論考」という実に素っ頓狂な要約を載せているほどだ。そこまでいかなくとも、GEBを「数学と美術と音楽が核心では同じものである」というメッセージとして受け取った読者は少なくなかったようだ。読めば一目瞭然と考えて、意識という語をタイトルに入れなかったホフスタッターの目論見は、かくして見事に外れることになる。著者は嘆く。「まるでわたしは、心の奥底で温めてきたメッセージを空っぽの谷の底に向かって叫び、誰にも自分の言葉を聞いてもらっていなかったようなものだ」

＊

著者にとっては虚しいことこの上ないが、こうした状況が本書の執筆のきっかけになったと知れば、いまこうして実際にこの本を手に取って眺めているわたしたちにとっては、読者の無慈悲な無理解も、むしろ僥倖と呼ぶべきなのかもしれない。詳しい経緯は本書の「まえがき」に述べられているので割愛するが、ともかくホフスタッターは、GEBでは理解されなかった自分の真意を二八年ぶりに改めて伝えるべく筆を執った。したがって本書『わたしは不思議の環』は、GEBの真の目的であった「生命のない物質から生命のある存在がどのように生まれるか」という問い、本書の表現を使えば、「〈私〉とは何か」という問いをそのまま受け継ぎ、中心テーマとしている。それゆえ、本書は単なるGEBの簡易要約版で終わってしまう可能性もあった。しかし書き進めていくうちに、ホフスタッターはあることに気がついた。「驚いたことに、いざ書き始めてみると新しいアイデアが足元のいたるところから芽生えてきた。わたしは安堵し、この新しい本は以前の本のただの焼き直しではないという心境になれた」というのだ。

そう、本書はGEBの焼き直しではない。この二作品を舞台に見立てるとすれば、まず登場人物ががらりと変わった。本書では、ゲーデルこそ前半で重要な役回りを担っているが、エッシャーとバッハはちらりと顔を見せる通行人程度の扱いだ。そして、その代役を演じるのは、それぞれ独自の難問をもって待ち受ける次のようなキャラクターたちである。様々なサイズの魂をもった生き物たち（蚊は殺せても犬を殺すのに抵抗を感じるのはなぜか？）、ツウィン世ン界というファンタジー世界に暮らすツウィルドたち（一つの意識が二つの身体に宿ることはあるのか？）、パメラ・マコーダックの考える機械（機械にwhoという関係代名詞を使うために必要になるものは何か？）、デレク・パーフィットのクローン人間（自分と同じ分子構成をもつ存在があなたの目の前にいるとき、はたしてあなたは唯一のあなたなのか？）、デイヴィッド・チャーマーズの哲学的ゾンビ（見かけは人間だが実は意識をもたないゾンビを見破れるか？）などなど。どれも魅力的でありながら、〈私〉の謎を解くという目的により直接的に関連している。

異なるのは顔ぶればかりではない。全篇を通して背後で流れている音楽もまた、大きく変化している——バッハの創意あふれる楽曲の溌剌とした響きから、本書でも何度か触れられているプロコフィエフのヴァイオリン協奏曲第1番の幻想詩のような調べへの転換と言えるかもしれない。GEBから本書へと至る二八年のあいだに、ホフスタッターは、この上ない歓びと哀しみの両方を経験している。歓びとは、結婚をして二人の子供をもうけたことだ（結婚直前のインタビューでは、「齢四〇にしてやっと家族をもつことをかなり真剣に考え始めた。なぜなら、今まで放っておいたら、不幸にして家庭をもつチャンスがまったく訪れなかったからだ」と語っている）。一方で哀しみとは、ノーベル賞受賞物理学者であった父を亡くし、またなにより、最愛の妻キャロルを突然の病で失ったことだ。

したがって本書では、GEBで見られたような野心的な構成、大胆不敵さ、とめどないおしゃべりといった「若々しい《ユースフルな》活力」はなりをひそめている。それに代わって前面に出てきたのは、「苦しみや悲しみ、内省についてさらに熟知した人間」が見せる内向きで思慮深い言葉と世界観だ。そうした態度は、亡くなった父親の写真を見つめる母親の話、キャロルを失った頃のダニエル・デネットとのメールでのやりとり、シュヴァイツァーと他者への思いやりを語る場面でとくに顕著になる。

このように悲痛な別れを経験したホフスタッターではあるが、だからといって本書が陰鬱なメロディで満たされているわけではない。彼ならではの洒落っ気、知的なユーモア、言葉遊びへの情熱は健在であり、愉快なアレゴリーとアナロジーの数々には、読者もきっと何度もニヤリとさせられることだろう。また、GEBの大きな魅力の一つであった対話篇形式の章も二つ収められている。

*

ところで、ホフスタッターをして「空っぽの谷の底」に向けて叫んでいるような気持ちにさせた読者の無理解だが、日本の読書界の反応はどうだったろうか。当時の書評を眺めてみると、かなり本質を突いたものが多いことに驚かされる。その理由は想像するほかないが、ただ一点、日本には他国にはないちょっとしたアドバンテージがあったとは指摘できるかもしれない。GEBの原書の副題は、正題の頭文字に対応したan Eternal Golden Braid（永遠の黄金の組ひも）というもので、アルファベット圏の翻訳版ではどれもそれを尊重した訳語をあてている。しかし日本語版では翻訳上の制約でそれができず、次の副題が採用されることになった。すなわち、「あるいは不思議の環」である。GEBとは〈私〉の謎を追い求めた本だった。そして本書のタイトルどおり〈私〉とは不思議の環であるのならば、なんのことはない、答えはすでにそこに書かれていたのである。

本書の出版にあたっては様々な方のお力添えを頂戴した。特に弊社刊『決定不能の論理パズル』の訳者である田中朋之氏には、種々情報を提供していただいた。ここに記して感謝の意を表したい。

白揚社編集部［K・U］

■エピローグ　板挟み

1　この節は、ある手法にこだわって書いた。2つの段落は、どちらも「パイアン」という古典韻律を用いている。3つの音節にはアクセントを置かず、4つ目には、目立たないようにして（そうであってほしい）アクセントを置く。“And yet to you, my faithful reader who has plowed all through this book up to its nearly final page...”（それでもあなたには、この本を残りわずかのところまで苦労して読み進めてきた忠実なる我が読者には……）という具合である。2つの段落における唯一の制約は、「詩脚」の長さだ。「パイアン」の数をきっかり40と決めたのは、*Le Ton beau de Marot* のページ5aにある、40のパイアンで書いた2つの段落を真似たかったからだ。[2]

2　この註は、ある手法にこだわって書いた。1つ前の註もこの註も、「パイアン」という古典韻律を用いている。3つの音節にはアクセントを置かず、4つ目には、目立たないようにして（そうであってほしい）アクセントを置く。ここで、一つささやかな例を挙げるのでお楽しみいただきたいが、声に出して読んでいただくよう、謹んで提案する。“There is a method to my madness in this footnote...”（この註は、ある手法にこだわって……）という具合である。この註の「パイアン」の数をきっかり40と決めたのは、『わたしは不思議の環』の557ページにある、40のパイアンで書いた2つの註を真似たかったからだ。[3]

3　編集部注：日本語で再現することはできないため、パイアンを用いる案は廃案とした。

3　虚ろに笑うゾンビたちの素晴らしいお話、[Smullyan 1980] の「笑いのない惑星」を参照。
4　デネット流の見事な議論は、とりわけ [Dennett 1998] の “The Unimagined Preposterousness of Zombies”、および [Dennett 2005] の「ゾンビ感覚」を参照。
5　もともとはビル・フルクトの発想なので、これについてはビルの考えを鵜呑みにしてもらってかまわない。わたしは『フラッシュ・ゴードン』風のボンネットの飾りについて何か書いたのだが、ビルはきっとその 1950 年代的イメージをあまりにも時代遅れだと思い、もしかすると大袈裟だとすら感じて、勝手にわたしを 21 世紀に引っ張り込んだ。
6　[Hofstadter 1979] の「三声の創意（インヴェンション）」を書いたときに、「括弧つきの特質（太文字の本質）」というフレーズをこしらえた。

■第 23 章　二頭の聖牛を殺す

1　これまでに読んだ逆転スペクトルの謎に関する議論で、最も透徹だったのは [Dennett 1991]。
2　フランス国旗の色は赤、白、青なのに、フランス人は決まって「青、白、赤」の順に列挙する。そこで、フランス人の色彩体験は「わたしたちと同じようでいて、逆転している」という皮肉の言葉が生まれる。
3　ダン・デネットとわたしの間で見解の一致が見られない領域があるのは当然だが、本書も終わりに近づいて、いよいよそこにぶち当たってしまった。つまり、自由意志の問題だ。わたしは [Dennett 1984] における議論のほとんどに同意するが、それでも、わたしたちにはあらゆる種類の自由意志があるという彼と歩みを共にするわけにはいかない。いずれダンとわたしは、この問題で徹底的にやり合うことになるだろう。
4　脳内の「投票」という考え方は、[Hofstadter 1985] 第 25 章の動玉箱の対話の他、第 33 章でも論じている。

■第 24 章　寛大と友情について

1　1960 年代の終わりから 1970 年代の初めにかけて、マーティン・ルーサー・キング・ジュニア、ロバート・ケネディの暗殺事件でとても悲観的な気分だったわたしは、統一農場労働者組織委員会（のちの全米農業労働者組合）で数年間懸命に働いた。初めはボランティアとして熱心に顔を出し、やがてボイコットを組織する役目を数ヶ月にわたって買って出た（最初はぶどうの生産、次はレタスの生産）。その間、セザール・チャベスと会う機会が何度かあったのに、個人的な知り合いになれなかったことにとても大きな後悔が残る。
2　[Chauchard] のこと。

なまりで謎の言葉を唱えるのが大好きだった。「森の中を歩いていると、スズメバチの巣に出くわした。すかさず、すばやく、隙なく、精一杯、せっせと、せっかちに、如才なく、しつこく刺された男は、刺された跡を数えながら『そうか！』と唸った。『もしも、右の扁桃腺の左側に、アキレスのかかとからのどぼとけ周辺の間にある刺し傷の数の8分の7に6.75をかけた数と同じくらいの刺し傷があったら、馬に脚が6本あるとして1人の男の子がフープを転がしながら下りエスカレーターを昇って遊歩道の木くずを数えるのにどれくらいの時間がかかるか』」というわけで、ロバートはもう亡くなってはいるが、改めて敬意を表したかった。

■第21章　デカルト的自我と軽く触れ合う

1　[Parfit] を参照。

2　わたしの記憶では、デネットが「直観ポンプ」という独自の用語を初めてもち出したのは、[Hofstadter and Dennett] の第22章のジョン・サールによる思考実験「中国語の部屋」について書いた編者短評。

3　これと密接に関連する概念、「至近連続体」は、[Nozick] で長々取り上げられている。

4　[Hoffmann] を参照。

5　[Pais 1986], [Pais 1991], [Pullman] を参照。

6　こうしたわたしの考え方は、「プロローグ」で軽く示唆している。また、さらに発展した考え方は、[Hofstadter and Dennett] の第26章に記した、「アインシュタインの脳との会話」と題したアキレスと亀の対話を参照。

■第22章　ゾンビと踊るタンゴ、そして二元論

1　[Chalmers] を参照。わたしが常々皮肉だと感じるのは、意識に関する非常に明瞭でありながらも捉えにくいチャーマーズの考えは、わたしの考えと大きくかけ離れているにもかかわらず、それが具体化したのは15年ほど前のことで、場所はわたしのおひざ元とも言うべきインディアナ大学の概念認知研究センターだった（641号室のオーク材のテーブルはちょっとしたほら話だとしても……）という点だ。チャーマーズはわたしたちの研究グループに大いなる活力を与えてくれ、キャロルともわたしとも良い友だちだった。クオリア、ゾンビ、意識に関する見解は一致しないが、わたしたちは今も良い友人だ。

2　かわいそうな冥王星（プルート）が惑星である可能性について、激しい論争を始めようというのではない（ディズニーのプルートは犬だっけ？）。そうした疑問は、人間の心にあるカテゴリーとアナロジーの性質に関わる深遠な問題につながるので、認知科学の観点から見れば興味深いとは思うけれど。

3　人のあらゆる認知の根底にある、アナロジーに基づいて記憶を呼び覚ます仕組みに関する議論は、[Sander], [Kahneman and Miller], [Kanerva], [Schank], [Boden], [Gentner *et al.*] を参照。
4　[Hofstadter 2001], [Sander], [Hofstadter and FARG] を参照。コンピュータにこの能力の基礎をもたせる方法を突き止めることが、わたしの研究グループが30年にわたり探し求めてきた聖杯だった。
5　[Dennett 1991] を参照。

■第20章　好意的ながらもすれ違う言葉

1　フィードバックからの目標指向性（すなわち目的論）に関する明快な議論は[Monod], [Cordeschi], [Dupuy 2000] を参照。
2　台風の抽象的な特質に関する議論については、[Hofstadter 1985] の第22章を参照。
3　これは有名なウェアリングの定理の最も単純な形である。[Hardy and Wright], [Niven and Zuckerman] を参照。
4　クオリアの熱意あふれる擁護は、[Chalmers] を参照。また、[Dennett 1991], [Dennett 1998], [Dennett 2005], [Hofstadter and Dennett] は、クオリアに水を差すべく最善を尽くしている。
5　下位レベルの記号文字からいかにして上位の意味が生まれるかについての議論は、[Hofstadter 1979], [Hofstadter and Dennett] にある対話篇、「前奏曲…」と「…とフーガの蟻法」を参照。
6　意識を本質的に量子力学的現象と見る [Penrose]、意識を宇宙の万物に一様に行き渡るものと見る [Rucker] を参照。
7　このような生命への霊的アプローチに関する本で、飛び抜けてすばらしいのは[Smullyan 1977]。[Smullyan 1978], [Smullyan 1983] にも見事な主張が収められている。こうした考え方については、懐疑的な観点からではあるが [Hofstadter 1979] の第9章でも論じている。
8　[Dennett 1992], [Kent] を参照。
9　[Brinck], [Kent] を参照。
10　自己増殖オートマトンに関する非常に難解な議論は [von Neumann]、わかりやすい議論は [Poundstone] を参照。同じ考え方のよりシンプルな議論は、[Hofstadter 1985] の第2章、第3章を参照。[Hofstadter 1979] の第16章は、ゲーデルの自己言及構造と生命の核にある自己増殖メカニズムの対応を入念に解説している。
11　ジョニー・マーサーとリチャード・ホワイティングが作って、フランク・シナトラがこれ以上はあり得ないほどの名唱を残したラブ・ソングから借用。
12　わたしの父の友人、ロバート・ハーマン（宇宙背景放射を、実際に観察される15年前に共同で予測したことで有名な、一流の物理学者）は、強いイディッシュ語に混じり合うといったイメージになる。手短に言えば、金属の電子は強く結びついた「点」ではなく、帰る家がなくて浮動しているパターンなのだ。

これが、人の魂の本質をたやすくとらえるためのイメージだが、ここからが本題だ。1人の人の脳が結晶格子の1本1本の木（あるいは核）だとすると、電気伝導性がない場合（かごの鳥のメタファーに相当する）は、1本の木のまわりだけをホバリングする臆病な蝶の大群が象徴する、1つの脳に1つの魂という考えが成り立つ。一方で、電気伝導性がある場合は、蝶の大群は結晶格子全体に広がるので、すべての木（あるいは核）が等しく分け合うことになる。特別扱いされる木は1本もない。このイメージにおいては（*I Am You* におけるダニエル・コラックの考え方に近い）、それぞれの人の魂はすべての人の脳のまわりを浮動し、アイデンティティは魂が存在する場所ではなく魂が作り出す波打つ全体的なパターンが決定する。

この2つのイメージは両極端ではあるが、1本の木のそばを浮動するがその木に限られているわけではない局所的な蝶の群れといった、中途の状況のイメージはあり得る。つまり、赤い蝶の群れはAという木を中心に羽ばたいているが、そばにある十数本の木々のところにも何となく飛んでいき、青い蝶の群れはBの木を何となく中心として、黄色い蝶の群れはCの木にそれとなく集まっているという状態だ。それぞれの木は各々ひとつの群れの中心となっていて、それぞれの群れは1本の木のまわりに集まっているが、群れ同士は徹底的に入り混じってしまい、どの群れがどの木に「属して」いたのかも、その逆も判別しにくくなる。

奇妙で非現実的なこの話は、固体物理学から想起したものの、果樹園を飛び回る色鮮やかな蝶の群れが混じり合うイメージに発展し、1人の人間の魂が多くの脳に広がるというわたしの考えを明確に描き出してくれる。

2　この第一級の作品は [Dennett 1978], [Hofstadter and Dennett] に収録。

3　[Dennett 1991] の第13章に多重人格障害の丁寧な議論がある。有名な映画の原案となった [Thigpen and Cleckley] も参照。競合する数多くのサブ自己を収容する正常な自己という観点については、[Minsky 1986] 、および [Hofstadter 1985] の第33章も参照。

4　相対性理論とニュートン物理学の微妙な関係の議論については、[Hoffmann] を参照。

5　汎心論への肯定的な見方については、[Rucker] を参照。

■第19章　意識＝思考

1　[Dennett 1991] では、デネット本人が提唱した「デカルト劇場」が誤りであることを、丁寧に証明している。

2　この文は、とりわけ、索引を作るという悪夢のような仕事に当てはまる。索引のために何週間もあくせく働いてみなければ、この仕事がどれほど過酷か理解できない。

とまを告げてデビッド、メラニー、キャロル、そしてわたしだけが残った。しばらくおしゃべりをしてから、デビッドとメラニーもそろそろ帰るというときになって、キャロルがそもそもはどんな料理を作るはずだったかを何気なく話題にして彼らに思い出させ、なぜ予定通りにいかなかったかを話した。するとデビッドは、間髪入れずにとても憤慨したふりをして大声を出した。「インディアン（インド料理）なのに嘘をついたね！」

3 （レムによる実在しない本の架空の）書評の形をとった質の高い哲学的ファンタジー、「我が身、僕にあらざらんことを」を参照（[Hofstadter and Dennet] に収載）。

4 [Pais 1986], [Pais 1992], [Pullman] では、ボーアの原子物理学から量子力学への過渡期について記され、[Jauch] と [Greenstein and Zajonc] では、その他の未解明の部分について説かれている。

5 [Hofstadter 1997] の第15章、およびこの問題について述べたさまざまな部分を参照のこと。

■第17章　互いの中でどのように生きるか

1 [Hennie], [Boolos and Jeffrey] を参照。

2 [Hofstadter 1979] の第11章を参照。

3 十数点あるエッシャー風の同様の作品については、[Hofstadter 1985] の第10章を参照。

■第18章　人間のアイデンティティのにじんだ光

1 1つの魂がいくつもの他の脳に分配されているという考えから、博士課程で研究した固体物理学のあるイメージが浮かんだ。この場合の固体とは結晶、すなわち規則正しい配列構造である格子をもつ空間上の原子で、2次元ではなく3次元の果樹園の木々のようなものだ。電気伝導性のない固体では、各原子核の周囲を「ホバリング」する電子同士が強く結合しているので、その原子核から離れて遠ざかりはしない。果樹園内の1本の木のまわりだけを弧を描いて飛ぶ蝶のようなもので、わざわざ危険を冒して隣の木まで行ったりはしない。だが、電気伝導性に優れる金属の場合は、電子は、1本の木にまとわりつくような出不精で臆病な性質ではなく、結晶格子全体を大胆に浮動していく。それが、金属の電気伝導性が良い理由でもある。

　実際には、金属がもつ電子の適切なイメージは、どこへ到着しようとお構いなしに木から木へ気まぐれに羽ばたいていく蝶ではなく、結晶全体に同時に分配される強力なパターンで、パターンの強さが強いところもあれば弱いところもあり、強弱は徐々に変化する。この場合の分子は、たとえば、オレンジ色の蝶の群れもあれば赤い蝶の群れもあり、青い蝶の群れもあって、それぞれの群れが果樹園全体に広がり、お互い

■第14章　奇妙さは三「私」三様

1　脳に関して書かれた本を読めば、ほとんどの場合、ここに列挙したようなことのいずれかを信じる結果になると思うが、10代のわたしにそう働きかけたのは[Penfield and Roberts]だった。

2　近未来の人間像に関するモラベックのさらに刺激的な思索については、[Moravec]を参照。

3　[Hofstadter and Dennett]の第22章を参照。その中でジョン・サールは「しかるべき素材」について語っているが、「しかるべき素材」とは、彼が「脳における意味論上の因果力」と名づけた力を下支えするものである。またサールは、「脳における意味論上の因果力」という表現を、脳（彼自身の脳や、たとえば詩人ディラン・トマスの脳）がその所有者をして言葉を発するように仕向けるとき、その言葉は、何かを表しているように「思える」ばかりではなく、「実際に」何かを表しているのだということを示すものとしているが、そうであれば、その表現は響きは良くとも曖昧だと言わざるを得ない。不運なことに詩人トマスの場合、彼から発せられる言葉のほとんどは、かなり良い響きである一方、あまりに曖昧なものばかりなので、それを生み出した脳がいったいどんな種類の「素材」からできているのか、どうしても思い悩んでしまうのである。

4　[Wells 1986]を参照。

■第15章　絡み合い

1　[Barwise and Moss]を参照。

2　[Hofstadter 2001]を参照。

3　[Dennet 1991]を参照。

4　編集部注：ここで引用したものを含め、日本語訳では二人称複数代名詞を用いるのが一般的なようである。

■第16章　何よりも深い謎に対するあがき

1　[Hofstadter and Dennett]を参照。

2　結婚して間もない頃のある晩、キャロルとわたしは、数人の友人をアナーバーの自宅に招いてインド料理でもてなすことにした。キャロルのインド料理の腕前をよく知っているメラニー・ミッチェルとデビッド・モーザーは、招待をとても喜んだ。ところが直前になって、最年長となる80歳代の招待客が電話をくれて、彼らはあまり辛いものが食べられないとわかり、キャロルの献立が使えなくなった。彼女はどうにか仕切り直して、予定とはまったく違うものの、とてもおいしい夕食を用意した。食事が終わって2時間ほどすると、それまでの活発な議論も収まり、ほとんどの客がい

7　タルスキの意義深い成果に関する議論については、[Smullyan 1992], [Hofstadter 1979] を参照。後者では、タルスキのアイデアに公理系でなく人間の脳となる基質を当てはめることで、古典的な嘘つきのパラドックス（「この文は偽である」）に新たなアプローチがなされている。

8　下向きの因果関係に関する詳細な技術的議論は、[Andersen] を参照。技術にそれほど関係しない議論ならば、[Pattee], [Simon] 、同様に、[Hofstadter and Dennett] の第11章と第20章、とくに編者短評を参照。[Laughlin] では、物理学においては、巨視的な舞台の方が微視的な舞台よりも基本的あるいは「より深い」というテーマについて、魅力的な議論が展開されている。

9　[Monod], [Berg and Singer], [Judson] 、および [Hofstadter 1985] の第27章を参照。

■第13章　掴みどころのない掌中の「私」

1　この考え方に対する丁寧な議論については [Hofstadter 1979] 、とくに対話篇「前奏曲……」、「……とフーガの蟻法」と第11、12章を参照。

2　信じられないほど難解なこれらの概念を説明しようとする試みについては、[Weinberg 1992], [Pais 1986] を参照。

3　[Monod], [Berg and Singer], [Judson] 、および [Hofstadter 1985] の第27章「遺伝暗号を GATAGATA CATACATA いじれるか」を参照。

4　[Dennett 1987], [Dennett 1998] を参照。

5　[Steiner 1975] では「あり得たかもしれない」ということについて興味をそそる議論をしており、[Hofstadter 1979] の対話篇「コントラファクトゥス」では「仮定法再生ビデオ（仮定の再現ビデオ）」を俎上に載せた。人間の潜在意識において事実に反する考えが絶え間なく生起することに関するさらなる考察については、[Kahneman and Miller] 、および [Hofstadter 1985] の第12章を参照。[Hofstadter and FARG] では、人間の思考プロセスのコンピュータモデルの系譜について述べており、そこでは「あり得たかもしれない」という考えに絶えず向かっていくことが、きわめて重要な構造的特徴となっている。

6　[Morden], [Kent], [Metzinger] を参照。

7　[Horney 1945] を参照。

8　[Dennett 1992] を参照。

9　[Kent], [Dennett 1992], [Brinck], [Metzinger], [Perry], [Hofstadter and Dennett] を参照。

10　[Davis 2006] を参照。

生している）から派生している）。クワインに関するさまざまな話題については、[Hofstadter 1979] を参照。

■第11章　アナロジーはいかにして意味を生み出すか

1　この論文のタイトルの末尾にはローマ数字が付されているが、それはゲーデルが、自分のアイデアのいくつかが十分明快に説明されておらず、続きを書くことになるだろうと考えていたからだ。しかし、論文はすぐにジョン・フォン・ノイマンはじめ高名な人士たちから絶賛され、無名だったゲーデルは短期間のうちに非常に有名な存在へと躍進した。とはいえ数学界の大半は、ゲーデルの成果の意味を吸収するのに数十年を要したのではあるが。

2　[Hofstadter 2001], [Sander] を参照。また、[Hofstadter 1985] の第24章と [Hofstadter and FARG] も参照。

3　この台詞は、オメガ矛盾やオメガ不完全といった数学的概念とかけて、「X の手になる戯曲はオメガ（omega）矛盾だ！」と読んでいただきたい。そうした数学的概念については、[DeLong], [Nagel and Newman], [Hofstadter 1979], [Smullyan 1992], [Boolos and Jeffrey] をはじめ、文献リストにある多くの本で論じられているが、われわれの目的は控えめであるので、今見た「O」含有ジョークと、本編でのこの台詞に続く数行が言葉遊びであることを知ってもらえば、それで十分である。

4　[Smullyan 1992], [Boolos and Jeffrey], [Wolf] を参照。

■第12章　下向きの因果関係について

1　PM のような体系の無矛盾性を強く信じる理由に興味があれば、[Kneebone], [Wilder], [Nagel and Newman] を参照。

2　「とはいえ」が「ゆえに」にへと転じるというひねくれたテーマについては、[Hofstadter 1985] の第13章を参照。

3　ゲーデル的構造が無限に繰り返されることを人工知能が不可能であることの証明と見る面白い解釈については、[Anderson] の J・L・ルーカスによる章を参照。この問題は、[DeLong], [Webb], [Hofstadter 1979] で注意深く分析（そして願わくは反証）されている。

4　[DeLong], [Wolf], [Kneebone], [Wilder] を参照。

5　[DeLong], [Goodstein], [Chaitin] は、ゲーデル的な理由によって決定不能となる非ゲーデル的な式について論じている。

6　これ（チャーチの定理と呼ばれる）と同じような多くの制限的な結果についての議論は、[DeLong], [Boolos and Jeffrey], [Jeffrey], [Goodstein], [Hennie], [Wolf], [Hofstadter 1979] を参照。

4　ヤン・ブジョー、モーリス・ミニョット、サミール・シクセクの3人。144がフィボナッチ数列で（1を除外して）唯一の「平方数」であるのを証明するのに、高度な抽象概念は必要ないことがわかっているが（それでも難解であることには変わりないが）、これは1964年にジョン・H・E・コーンによって発見されている。
5　ゲーデルの業績のエッセンスと意味は、[Nagel and Newman], [DeLong], [Smullyan 1961], [Jeffrey], [Boolos and Jeffrey], [Goodstein], [Goldstein], [Smullyan 1978], [Smullyan 1992], [Wilder], [Kneebone], [Wolf], [Shanker], [Hofstadter 1979]をはじめ、たくさんの本に示されている。
6　[Nagel and Newman], [Wilder], [Kneebone], [Wolf], [DeLong], [Goodstein], [Jeffrey], [Boolos and Jeffrey]を参照。
7　わが親愛なる友ダン・デネットは、かつて次のような一節を書いた——「『きみにできることなら何だって、ぼくはその上（メタ）をできるぜ』というのがダグのモットーの一つだ。そして当然のことながら、ダグは自分がやることすべてに、このモットーを再帰的に適用しているのである」（これは[Hofstadter and FARG]に対する素敵な書評の一部で、のちに[Dennett 1998]に載録された）。

さて、ダンのこのおどけた一節は、わたし自身がその「モットー」を思いついて、実際に言い広めているかのような印象を与える（ダンはいったいどういう理由でそれを括弧でくくったのだろうか）。だが実のところ、わたしはそんなことは一度も言ったことも考えたこともなく、ダンはただ、彼自身の誰にも真似のできないやり方で「わたしの一つ上（メタ）を行った」のである。驚いたことに、この「モットー」が出回りだすと、まるでわたしが実際にそれを思いつき本当に信じているかのように、みなその言葉をわたしに差し向けるのだった。ダンのモットーは知的で面白いものだけれど、自己イメージに合わないので、わたしはやがてうんざりしてしまった。いずれにせよこの註は、上に紹介したモットーが正真正銘ホフスタッターの文句であるという噂を打ち消そうとする、ささやかな試みである。とはいえ、その試みに大した効果があるとはとても思えずにいるのだけれど。
8　言明を「真」と「偽」という2つの容器に信頼のおける形で振り分けていく機械的方法を夢見ることは、「決定手続き」の探求として知られている。真（あるいは証明可能性）に対する決定手続きが絶対に存在しないことについては、[DeLong], [Boolos and Jeffrey], [Jeffrey], [Hennie], [Davis 1965], [Wolf], [Hofstadter 1979]で論じられている。
9　[Nagel and Newman]さらには[Smullyan 1961]は、この考え方をごく明快に示している。[Hofstadter 1982]も参照。
10　元のアイデアについては、[Quine]を参照（このクワインのアイデアは実はゲーデルのアイデア（このアイデアは実はジュール・リシャールのアイデア（このアイデアは実はゲオルク・カントールのアイデア（このアイデアは実はユークリッドのアイデアから（エピメニデスの助けを借りて）派生している）から派生している）から派のだ。[Hofstadter 2002] でのエッシャー生誕100周年に際して書いた文章を参照。
2　[Falletta], [Hughes and Brecht], [Casati and Varzi 2006] の3冊は、パラドックスをめぐる素晴らしい本である。
3　『プリンキピア・マテマティカ』の自己満足的な（と言いたくなる）著者たちが感謝を捧げているのは、二人だけしかいない。その一人がG・G・ベリーである。
4　[Chaitin] を参照。この本には目の覚めるような不思議な成果が詰め込まれている。
5　[Wells 1986] を参照。
6　[Le Lionnais] を参照。

■第9章　パターンと証明可能性
1　ここでは、原典で実際に用いられていたものではなく、ゲーデルが簡略化したPM記法を借用している。それらを系統立てて整理するのは、あまりに厄介だからである（181頁を見てもらえば、言わんとしているところがわかってもらえるだろう）。
2　[Hardy and Wright], [Niven and Zuckerman] を参照。
3　[Wells 2005] を参照。この本は、実に見事な「快楽の園」と言えるだろう。
4　[Ulam], [Ash and Gross], [Wells 2005], [Gardner], [Bewersdorff], [Livio] を参照。
5　[Davies] を参照。
6　敬虔な数学不信論者（matheist）であるエルデシュは、神があらゆる偉大な真理の完璧な証明を書き記したという架空の一冊、「ザ・ブック」から出てきた証明のことをしばしば口にした。「数学不信論」に対するわたし自身の考えについては、[Hofstadter and FARG] の第1章を参照。
7　[Chaitin] を参照。
8　[Hoffmann] を参照。わたしがこれまでに読んだ本のなかでも最良の部類に入る一冊。
9　[Hardy and Wright], [Niven and Zuckerman] を参照。
10　数学と論理学の形式化を推し進めた歴史は、[DeLong], [Kneebone], [Wilder] に詳述されている。
11　[Goldstein], [Yourgrau] を参照。

■第10章　お手本としてのゲーデルの奇妙なループ
1　[Huntley] を参照。
2　[Peter], [Hennie] を参照。
3　最近出た [Ash and Gross] は、このチームのアイデアの核心を伝えると主張している。理解しにくいそのアイデアを広く一般の人々に伝えようという大胆不敵さには敬意を表するが、それが可能かどうかとなると疑問の残るところだ。

■第6章　自己とシンボル

1　[Kanerva], [Hofstadter and FARG] を参照。

2　[Griffin], [Wynne] を参照。後者には、あらゆる生き物のなかでもとくに蜂のアナロジー生成に関する注目すべき説明が収められている。

3　[Davis 2006] を参照。

4　[Braitenberg] を参照。

5　冗談みたいに聞こえるが、まるっきりそういうわけでもない。人間の自己シンボル——つまり「私」——では、「私」の構造の多くが、自分の身体だけではなく、抽象的な「私」を指し返すポインターを含んでいる。これについては、第13章と第16章で論じている。

6　わたしはこの観点を [Hofstadter 2001] で擁護している。人間がもつカテゴリーについてさらに知りたければ、[Sander], [Margolis], [Minsky 1986], [Schank], [Aitchison], [Fauconnier], [Hofstadter 1997], [Gentner *et al.*] を参照。

7　[Kanerva], [Schank], [Sander] を参照。

8　[Dennett 1991], [Metzinger], [Horney 1942], [Horney 1945], [Wheelis], [Norretranders], [Kent] を参照。

■第7章　ズ〜イ伴現象

1　これがどんな感じか味わってみたい人は、[Ash and Gross] を試しに最後まで読んでみてほしい。本格的なインド料理のレストランで「本場の辛さ」でと注文するのにちょっと似て、何でそんなことしちまったんだろうと呆れることになるだろう。

2　偉大なるガロアは実際に若きラディカル（radical）であり、そのことが、彼の21歳の誕生日に行われた決闘での不条理なほど悲劇的な死につながった。とはいえ、この文で使われている “radical” とは、累乗根のことなのではあるが。数学の隠された構造に対するガロアのラディカルな洞察について、浅く知りたい、それなりに知りたい、あるいは深く知りたい人は、[Livio], [Bewersdorff], [Stewart] を参照。

3　[Dennett 1998] の「現実のパターン」では、ジョン・コンウェイが考案した「ライフゲーム」という名のセル・オートマトンに基づいて、抽象パターンの現実性を力強く論じている。ライフゲーム自体の原理は [Gardner] で示され、生物学的な生命との関連性については [Poundstone] で詳しく論じられている。

■第8章　奇妙なループの狩猟旅行

1　わたしはエッシャーの作品を長いこと愛好してきたけれど、歳月が経つにつれ、パラドックスを含まない初期の風景画により心惹かれるようになった。そのような普通の風景のあちこちに、エッシャーの魔術的センスの片鱗が宿っているのに気づいた相当することになる。

時間とともに変化するサローズ型文の一群を含んだ、さらに複雑なバージョンも考えられる。それらの文は、最初はランダムな数だらけだが、そこから横並びにアップデートされていく。具体的に言えば、それぞれの文は、自分自身といくつかの他の文を数え直すことで誤った目録の内容を修正し、誤った数を新しい数に置き換える。もちろん、この作業は動いている標的を狙うようなもの、つまり、ある数を置き換えれば文の構成要素が変わってしまうので、せっかく数えた文字数は依然として間違ったままだ。それでも、そのような横並びのアップデートを繰り返し続けていけば、それらの文は、少なくとも平均をとれば、ずっと正確になると思いたい。特に自分自身についてはそうだろう。そしてそれと同時に、集団の大多数のメンバーとは距離を置く（すなわち、誤りが多く薄っぺらな文を再現するか、あるいはまったく何も再現しない）一方で、「友人」（目録の内容が充実している文）の小さなサークルも生まれる。以上は、わたしが第15章から第18章で提示した、「互いの中に生きる」人々に関するアイデアのカリカチュアである。

12 [Skinner] からの引用。ジョージ・ブラブナーの書簡より。

13 [Hofstadter1985] の第1章で読むことができる。

■第5章　ビデオフィードバック

1 この註の仕上げに取りかかっていた頃、子供たちとわたしはカリフォルニアにクリスマス休暇に出かけた。夜のサンノゼ空港に向けて飛行機が次第に高度を下げていくと、窓から外を見ていたダニーが「今、何が見えたかわかる？」と言った。わたしはまったく見当がつかず、「何だい？」と答えた。「駐車場に車がいっぱいいて、みんなヘッドライトとテールライトをでたらめに点けたり消したりしてたんだよ」。「何でみんな、そんなことをしてたんだろう？」と、ちょっと鈍い質問をすると、ダニーが即座に答えた。「車の警報装置が互いに互いを誘発しているんだ。ぼくにはそうだったんだってわかる、だって花火大会のときにも警報装置が作動するのを見たことがあるから」。わたしはその場面を心に描き、喜びと驚きで満面に笑みを浮かべた。ダニーはわたしの原稿を一切読んでおらず、また、彼が目撃した「反響クラクション」と「反響ライト」がわたしの本（もっとはっきりと言えば、そのとき註を書いていた第5章）とどれほど関連があるか知らなかったことを思うと、なおさら笑いが止まらなかった。ダニーの「反響駐車場」は「反響吠え」をはるかに凌駕していて、地上の人にとっては、地獄のような大騒ぎだったことだろう！　にもかかわらず、たまたま機上の人として眺めてみれば、ロボットたちが犬のように互いに興奮を掻き立て、いっこうに静まりそうにないという、まったく無音のシュールレアリスティックな映像になるのである。最後の最後で、本書にすばらしいエピソードを加えることができた！

2 [Peitgen and Richter] を参照。

and Jeffrey], [Hennie] を参照。
9　どうしても指摘せずにはいられないのだが、『プリンキピア・マテマティカ』は、自己言及で華々しく幕を開けている。この本は、最初の一文で次のように高らかに宣言をしている。「数学の諸原理の数学的な取り扱いは、まさに本著作の主題であるが、ごく近年に発展した二つの異なる研究を結びつけて生まれたものである」。このように『プリンキピア・マテマティカ』は、自らのことを「本著作」という誇り高い表現で指し示している——そしてこれはまさに、より形式的な記述において著者たちがあれほど苦心して断固禁じた自己指示表現なのである。これよりもおそらく奇妙なのは、自己言及を禁止する型理論について述べる章もまた自己言及から始められていることだ。「論理的型の理論について、これから本章にて説明をしていくわけだが、その理論はまず第一に、ある矛盾を解決する点で、われわれにとって好ましい」。「われわれ」という代名詞が、ラッセルとホワイトヘッドが躊躇なく使える自己指示表現であることに注目してほしい。彼らはこの皮肉に気づかなかったのだろうか？
10　[Hofstadter 1985] の第1章から第4章までを参照。
11　自らを完全に数え上げ、自己の完璧な目録を作成するこの「パングラム」は、リー・サローズが、自身の手による洗練されたアナログ・コンピュータを用いて発見したものだ。〔編集部注：パングラムの原文は、“This pangram tallies five a’s, one b, one c, two d’s, twenty-eight e’s, eight f’s, six g’s, eight h’s, thirteen i’s, one j, one k, three l’s, two m’s, eighteen n’s, fifteen o’s, two p’s, one q, seven r’s, twenty-five s’s, twenty-two t’s, four u’s, four v’s, nine w’s, two x’s, four y’s, and one z.” となっている。〕
　わたしはよく、このサローズの作品に似た文が集まった、巨大なコミュニティについて思いを巡らす。その文とは、**自分自身**の目録を作成する（たとえば、上記のように26文字を数え上げる）だけでなく、自分以外のいくつかの文、あるいはすべての文の目録を作成するものだ。よって、どの文もサローズのパングラムよりはずっとずっと長くなる。しかもわたしのファンタジーでは、サローズの驚くべきパングラムとは違い、各「個人」が必ずしも正確な報告をするわけではない。とんでもなく間違ったことを報告するケースもあるのだ。**自分自身**の目録の場合は、その大半がとても信頼できるものになるように思う（「一人称」的な26文字の数え上げはたぶんかなり正確で、ずれているのはほんのちょっとだけだ）。だが一方で、**自分以外**の文の目録では、わずかに一歩届かないというものから、とんでもなく外れているものまで、正確さにばらつきがあるだろう。

　言うまでもなく、これは人間同士が相互作用をする社会のメタファーである。われわれはみな、自分自身に対してはかなり正確なイメージをもっているが、他者に対しては、しばしば性急で大雑把な判断に基づいて、不正確な印象を抱くものだ。このメタファーでは、「互いに相手をよく知っている」（不完全ではあるがかなり正確な相手の目録をもっている）2つの文は親しい友人に相当するが、反対に、互いの中での再現がいい加減だったり、部分的だったり、空疎だったりする場合は、見知らぬ他人にものでもある。

14　[Chandrasekhar] では、シュールレアリスムのように奇妙なわれわれの世界の量子力学的な基質から、日常的な現象がいかに現れるか（どのように紙が裂けるかなど）を、見事なまでにわかりやすく解説している。

15　[Pais 1986], [Weinberg 1992] を参照。

16　[Kanerva], [Kahneman and Miller], [Margolis], [Sander], [Hofstadter and FARG], [Minsky 1986], [Gentner *et al.*] を参照。

■第3章　パターンの因果的影響力

1　641という風変わりな数を選んだのは、この数が数学の歴史において有名な役割を果たしたからである。フェルマーは、$2^{2^n}+1$ の形をとる整数はすべて素数だと予想したが、オイラーによって、$2^{2^5}+1$ は641（これ自体も素数である）で割れることが発見され、このフェルマーの予想は誤りであると証明された。[Wells 1986], [Wells 2005], [Hardy and Wright] を参照。

2　[Pattee], [Holland 1995], [Holland 1997], [Andersen], [Simon], [Hofstadter 1985] の第26章を参照。

3　[Hofstadter 1985] の第25章では、アキレスと亀の長い対話で動玉箱のメタファーを詳しく説明している。

4　[Hoffmann], [Pais 1986] を参照。

5　この見方は、[Unger 1979]（1979年の著作は2つあるがその両方）で表明されている、極端なまでの還元主義的哲学に近い。

■第4章　ループ、ゴール、そして抜け穴

1　[Monod], [Cordeschi], [Haugeland 1981], [Dupuy 2000] を参照。

2　これはウェブで簡単に見つけることができる。

3　[Dupuy 2000], [Monod], [Cordeschi], [Simon], [Andersen] を参照。[Hofstadter and Dennett] の第11章では、ホーリズム（全体論）、ゴーリズム（目的論）、ソウリズム（霊魂論）という関連のある3つの「イズム」を論じている。

4　懐かしくて魅力的な [Gamow] に書かれている話。

5　この自己破壊のシナリオを、[Hofstadter 1979] の対話篇「洒落対法題」で語られている話と比べてみてほしい。

6　言うまでもなく、[Nagel and Newman] のことである。

7　[Hofstadter 1985] の第7章および第8章を参照。

8　当時は知らなかったが、算術的操作の無限の階層や、のちに「アッカーマン関数」として知ることになるものを、わたしはぼんやりと感じ取っていた。[Boolos

5　[Singer and Mason] を参照。
6　脳はコンピュータとは違って、「しかるべき素材（right stuff）」でできているというのが、ジョン・サールのスローガンである。[Hofstadter and Dennett] の第22章を参照。
7　たとえば、[Dennett 1987] を参照。

■第2章　揺れ動く不安と夢の球体

1　[Churchland], [Dennett 1978], [Damasio], [Flanagan], [Hart], [Harth], [Penfield], [Pfeiffer], [Sperry] を参照。
2　[Damasio], [Kuffler and Nicholls], [Wooldridge], [Penfield and Roberts] を参照。
3　このリストにある抽象物の詳細については、[Treisman], [Minsky 1986], [Schank], [Hofstadter and FARG], [Kanerva], [Fauconnier], [Dawkins], [Blackmore], [Wheelis] を参照。
4　[Judson] を参照。
5　[Pais 1986], [Pais 1991], [Hoffmann], [Pullman] を参照。
6　[Hennie], [Boolos and Jeffrey] を参照。
7　[Hofstadter and Dennett] の第22章を参照。
8　サールは、[Hofstadter and Dennett] に対する、得意げで侮蔑的な調子の書評（[Searle]）において、こう述べている。「そこで、喉の渇きをシミュレートするわたしたちのプログラムが、何から何まで古いビール缶でできたコンピュータで実行されると想像してみよう。レバーを取り付けられた何百万個（いや何千万個）という古いビール缶が、風車を原動力にして動いているのだ。想像できるように、そのプログラムは、ビール缶が互いにぶつかり合うことでシナプスにおけるニューロン発火をシミュレートし、かくしてニューロン発火とビール缶衝突の間で厳密な対応が実現することになる。そしてその一連の動作の最後には、『わたしは喉が渇いている』と書かれた1本のビール缶がポンと飛び出してくる。さて、ここで先の質問を繰り返すことにしよう。このルーブ・ゴールドバーグ装置が、あなたやわたしがそう言うのと文字通り同じ意味で、喉が渇いていると考える人はいるだろうか？」
9　[Simon], [Pattee], [Atlan], [Dennett 1987], [Sperry], [Andersen], [Harth], [Holland 1995], [Holland 1997]、および [Hofstadter 1979] あるいは [Hofstadter and Dennett] の対話篇「前奏曲…」、「…とフーガの蟻法」を参照。
10　[Kuffler and Nicholls] を参照。
11　[Applewhite] のこと。
12　[Sperry] から引用。
13　[Edson] を参照。この散文詩集は、薄くて、びっくりするほど生き生きとしていて、とてもシュールレアリスティックで、しばしば陽気であるけれど、ひどく陰鬱なある課題が好きで、その課題を解決するために懸命に努力を続けた。形式と内容の双方を充実させるというプレッシャーは、執拗で過酷で予測がつかないが、プレッシャーのおかげで本書の質が視覚の上でも知性の上でも大きく向上することに、つゆほども疑いを抱きはしなかった。

形式と内容の相互作用に関するわたしの考え方の詳細な説明については、[Hofstadter 1997] を参照。とくに序論と第5章を参照のこと。

■プロローグ　角突き合わせ小手調べ

1　この古い考え方は、ジョン・サールをはじめとする多くの哲学者のスローガンとなっている。[Hofstadter and Dennett] の第20章を参照。

2　この台詞は、算術的な構造をもつ「巨大な電子頭脳」は、人間や動物のニューロンの算術的挙動を完全に模倣することで、人間や動物の脳と見分けがつかないようにふるまえるという考え方をほのめかしている。そこから生まれるある種の人工知能は、言葉や概念が根底をなすモデル（生物学的ハードウェア内における電子や化学物質の微視的な流れではなく、心の中におけるアイデアの抽象的な流れを反映した規則に支配されているモデル）とはまったく異なっていることだろう。[Hofstadter1979] の第17章、[Hofstadter and Dennett] の第26章、[Hofstadter 1985] の第26章はどれも、いま挙げたモデルに見られる区別について詳述したものだが、この問題はわたしが10代の頃から探求し始めたものである。

■第1章　魂のサイズ

1　ちょっと気になるところがあって、87歳になろうとする母に、最近になってこの本のはじめの一節を読んで聞かせた。母は、住み慣れたスタンフォードの家の中を車椅子で移動する身とはなっているが、昔と変わらぬ鋭い知性の持ち主で、自分を取り巻く世界に強い関心をもち続けていた。母は注意深く耳を傾け、こう口を開いた。「わたしはあれからすっかり変わったに違いないね。だって今となっては、あの写真がわたしにとってすべてなんだから。あれなしには生きていけないくらいに」。16年近く前のあの物憂げな日にわたしが言ったことが、母の気持ちが変わっていくうえで大きな力をもったとは思えないが、いずれにしてもそんなふうになったと聞いて、わたしはとても嬉しく思った。

2　一方、[Rucker] では、トマト、ジャガイモ、キャベツ、クォーク、封蝋（シーリング・ワックス）には、みな意識があると述べられている。

3　[Dahl] に収載。

4　ハネカーがシャーマー社の楽譜集に書いたまえがきはすべて、[Huneker] で見つけることができる。

註

■まえがき　著者と著作

1　[Pfeiffer] と [Penfield and Roberts] のこと。その他に影響を受けた書籍としては [Wooldridge]。

2　[Hofstadter 1979] のこと。

3　[Hofstadter 1979] の第 5 章に記載。

4　[Hofstadter and Dennett] の第 24 章を参照。

5　[Hofstadter and Moser], [Hofstadter and FARG], [Hofstadter 1997], [Hofstadter 2001] などを参照。

6　編集部注：原書の索引は 28 頁という膨大なもので、そのうちアナロジーに関するものは 1 頁強あるが、日本語にそのまま移し替えることはきわめて困難なため、本書ではその多くを割愛した。

7　[Hofstadter 2001] を参照。

8　プーシキンの韻文小説の傑作『エフゲニー・オネーギン』の、ジェイムズ・フェイレンによる才気あふれる英語訳（[Pushkin 1995]）、あるいはわたし自身が訳した [Pushkin 1999] を参照。『エフゲニー・オネーギン』ほど、形式から内容に至るまで高尚な結婚を描いた作品はない。

9　本書の執筆で紙面の美観上特に苦慮したのが、どこでページを改めるべきかという問題だ。基本的には、段落（または節）の最初の行だけがページの最後にきたり、最終行だけがページの先頭にきたりしないようにするのをルールとした。また、各行の単語間スペースが見た目に心地よいことも大切な指針とし、空きすぎないように（コンピュータ上のテキストでは得てしてそうなる）特に気をつけた。さらに、そういう問題を避けるべく、本書のすべての段落に修正を加えた。xx ページは、そういう意味で典型的な例となり、今あなたが読んでいる（そして、今わたしが修正を加えて美しく整えている）このページも、もちろん好例の一つだ。〔編集部注：翻訳書という性質上、必ずしもこの通りには再現できていない。〕

　そうした美観上の制約は（先に挙げた以外にもたくさんあるが）矢となって本書のあちこちに潜み、わたしにこう語りかけてくる「ここだよ――この文は書き直した方がいいんじゃないか？　そうすれば『見た目』が美しくなるだけじゃなく、『論点』だってもっとはっきりするよ」。そんなことは面倒だと考える著作家もいるかもしれないが、率直に言って、わたしはそういう矢、あるいは矢がけしかけてくる二面性の

Cornell University Press, 1979.
Wadhead, Rosalyn. *The Posh Shop Picketeers*. Tananarive: Wowser & Genius, 1931.〔ロザリン・ワドヘッド『優雅な店のピケ隊員』(和藤兵斗訳　白頭社)〕
Webb,Judson. *Mechanism, Mentalism, and Metamathematics*. Boston: D. Reidel, 1980.
Weinberg, Steven. *Dreams of a Final Theory*. New York: Pantheon, 1992.〔スティーヴン・ワインバーグ『究極理論への夢』(小尾信弥／加藤正昭訳　ダイヤモンド社)〕
——. *Facing Up*. Cambridge, Mass.: Harvard University Press, 2001.
Wells, David G. *The Penguin Dictionary of Curious and Interesting Numbers*. New York: Viking Penguin, 1986.〔デイヴィッド・ウェルズ『数の事典』(芦ケ原伸之／滝沢清訳　東京図書)〕
——. *Prime Numbers*. New York: John Wiley & Sons, 2005.〔『プライムナンバーズ』(伊知地宏監訳／さかいなおみ訳　オライリージャパン)〕
Wheelis, Allen. *The Quest for Identity*. New York: W. W. Norton, 1958.
Whitehead, Alfred North and Bertrand Russell. *Principia Mathematica*, Volumes I-III. London: Cambridge University Press, 1910-1913.〔ホワイトヘッド／ラッセル『プリンキピア・マテマティカ序論』(岡本賢吾／加地大介／戸田山和久訳　哲学書房)には第１巻の「はじめに」と「第一版への序論」が収められている〕
Wilder, Raymond L. *Introduction to the Foundations of Mathematics*. New York: John Wiley & Sons, 1952.〔R・L・ワイルダー『数学基礎論序説』(吉田洋一訳　培風館)〕
Wolf, Robert S. *A Tour through Mathematical Logic*. Washington, D.C.: The Mathematical Association of America, 2005.
Wooldridge, Dean. *Mechanical Man: The Physical Basis of Intelligent Life*. New York: McGraw-Hill, 1968.〔D・E・ウルドリッジ『メカニカル・マン』(田宮信雄訳　東京化学同人)〕
Wynne, Clive D. L. *Do Animals Think?* Princeton: Princeton University Press, 2004.
Yourgrau, Palle. *A World Without Time: The Forgotten Legacy of Godel and Einstein*. New York: Basic Books, 2005.〔パレ・ユアグロー『時間のない宇宙』(林一訳　白揚社)〕

Review of Books, April 29, 1982, pp. 3-6.
Shanker, S. G. (ed.). *Gödel's Theorem in Focus*. New York: Routledge, 1988.
Simon, Herbert A. *The Sciences of the Artificial*. Cambridge, Mass.: MIT Press, 1969.〔ハーバート・A・サイモン『システムの科学』(稲葉元吉／吉原英樹訳　パーソナルメディア)〕
Singer, Peter and Jim Mason. *The Way We Eat: Why Our Food Choices Matter*. Emmaus, Pennsylvania: Rodale Press, 2006.
Skinner, B. F. *About Behaviorism*. New York: Random House, 1974.〔バラス・スキナー『行動工学とはなにか』(犬田充訳　佑学社)〕
Smullyan, Raymond M. *Theory of Formal Systems*. Princeton: Princeton Univ. Press, 1961.
——.*The Tao Is Silent*. New York: Harper & Row, 1977.〔レイモンド・スマリヤン『タオは笑っている』(桜内篤子訳　工作舎)〕
——.*What Is the Name of This Book?* Englewood Cliffs, New Jersey: Prentice-Hall, 1978.〔『この本の名は？』(川辺治之訳　日本評論社) ほか〕
——.*This Book Needs No Title*. Englewood Cliffs, New Jersey: Prentice-Hall, 1980.
——.*5000 B.C. and Other Philosophical Fantasies*. New York: St. Martin's Press, 1983.〔『哲学ファンタジー』(高橋昌一郎訳　丸善)〕
——.*Gödel's Incompleteness Theorems*. New York: Oxford University Press, 1992.〔『ゲーデルの不完全性定理』(高橋昌一郎訳　丸善)〕
Sperry, Roger. "Mind, Brain, and Humanist Values", in John R. Platt (ed.), *New Views on the Nature of Man*. Chicago: University of Chicago Press, 1965.〔「心、脳、そして人文科学の価値」(ロジャー・スペリー『融合する心と脳』(須田勇／足立千鶴子訳　誠信書房) に収載)〕
Steiner, George. *After Babel*. New York: Oxford University Press, 1975.〔ジョージ・スタイナー『バベルの後に』(亀山健吉訳　法政大学出版局)〕
Stewart, Ian. *Galois Theory* (second edition). New York: Chapman and Hall, 1989.〔イアン・スチュアート『明解ガロア理論』(鈴木治郎／並木雅俊訳　講談社) ほか〕
Suppes, Patrick C. *Introduction to Logic*. New York: Van Nostrand, 1957.
Thigpen, Corbett H. and Hervey M. Cleckley. *The Three Faces of Eve*. New York: McGraw Hill, 1957.
Treisman, Anne. "Features and Objects: The Fourteenth Bartlett Memorial Lecture". *Cognitive Psychology* **12**, no. 12 (1980), pp. 97-136.
Ulam, Stanislaw. *Adventures of a Mathematician*. New York: Scribner's, 1976.〔ウラム『数学のスーパースターたち』(志村利雄訳　東京図書)〕
Unger, Peter. "Why There Are No People". *Midwest Studies in Philosophy*, **4** (1979).
——. "I Do Not Exist". In G. F. MacDonald (ed.), *Perception and Identity*. Ithaca:

Pattee, Howard H. *Hierarchy Theory: The Challenge of Complex Systems*. New York: Braziller, 1973.

Peitgen, H.-O. and P. H. Richter. *The Beauty of Fractals*. New York: Springer, 1986.〔パイトゲン／リヒター『フラクタルの美』（宇敷重広訳　シュプリンガー・フェアラーク東京）〕

Penfield, Wilder and Lamar Roberts. *Speech and Brain-Mechanisms*. Princeton: Princeton University Press, 1959.〔ペンフィールド／ロバーツ『言語と大脳』（上村忠雄／前田利男訳　誠信書房）〕

Penrose, Roger. *The Emperor's New Mind*. New York: Oxford University Press, 1989.〔ロジャー・ペンローズ『皇帝の新しい心』（林一訳　みすず書房）〕

Perry, John (ed.). *Personal Identity*. Berkeley: University of California Press, 1975.

Peter, Rozsa. *Recursive Functions*. New York: Academic Press, 1967.

Pfeiffer, John. *The Human Brain*. New York: Harper Bros., 1961.

Poundstone, William. *The Recursive Universe*. New York: William Morrow, 1984.〔ウィリアム・パウンドストーン『ライフゲイムの宇宙』（有澤誠訳　日本評論社）〕

Pullman, Bernard. *The Atom in the History of Human Thought*. New York: Oxford University Press, 1998.

Pushkin, Alexander S. *Eugene Onegin: A Novel in Verse* (translated by James Falen). New York: Oxford University Press, 1995.〔プーシキン『エヴゲーニイ・オネーギン』（木村彰一訳　講談社）ほか〕

——.Eugene Onegin: *A Novel Versification* (translated by Douglas Hofstadter). New York: Basic Books, 1999.

Quine, Willard Van Orman. *The Ways of Paradox, and Other Essays*. Cambridge, Mass.: Harvard University Press, 1976.

Ringle, Martin. *Philosophical Perspectives in Artificial Intelligence*. Atlantic Highlands: Humanities Press, 1979.

Rucker, Rudy. *Infinity and the Mind*. Boston: Birkhauser, 1982.〔R・ラッカー『無限と心』（好田順治訳　現代数学社）〕

Sander, Emmanuel. *L'analogie, du Naif au Créatif: Analogie et Catégorisation*. Paris: Editions L'Harmattan, 2000.

Schank, Roger C. *Dynamic Memory*. New York: Cambridge University Press, 1982.〔ロジャー・C・シャンク『ダイナミック・メモリ』（黒川利明／黒川容子訳　近代科学社）〕

Schweitzer, Albert. *Aus Meiner Kindheit und Jugendzeit*. Munich: C. H. Beck, 1924.〔シュヴァイツァー『水と原始林のあいだに』（浅井真男／国松孝二訳　白水社）に収載〕

Searle, John. "The Myth of the Computer" (review of *The Mind's I*). *The New York*

Mettrie, Julien Offray de la. *Man a Machine*. La Salle, Illinois: Open Court, 1912.〔ド・ラ・メトリ『人間機械論』(杉捷夫訳　岩波書店)〕
Metzinger, Thomas. *Being No One: The Self-Model Theory of Subjectivity*. Cambridge, Mass.: MIT Press, 2003.
Miller, Fred D. and Nicholas D. Smith. *Thought Probes: Philosophy through Science Fiction*. Englewood Cliffs: Prentice-Hall, 1981.
Minsky, Marvin. *The Society of Mind*. New York: Simon & Schuster, 1986.〔マーヴィン・ミンスキー『心の社会』(安西祐一郎訳　産業図書)〕
——. *The Emotion Machine*. New York: Simon & Schuster, 2006.〔『ミンスキー博士の脳の探検』(竹林洋一訳　共立出版)〕
Monod, Jacques. *Chance and Necessity*. New York: Vintage Press, 1972.〔ジャック・モノー『偶然と必然』(渡辺格／村上光彦訳　みすず書房)〕
Moravec, Hans. *Robot: Mere Machine to Transcendent Mind*. New York: Oxford University Press, 1999.〔ハンス・モラベック『シェーキーの子どもたち』(夏目大訳　翔泳社)〕
Morden, Michael. "Free will, self-causation, and strange loops". *Australasian Journal of Philosophy* **68** (1990), pp. 59-73.
Nagel, Ernest and James R. Newman. *Gödel's Proof*. New York: New York University Press, 1958. (Revised edition, edited by Douglas R. Hofstadter, 2001.)〔ナーゲル／ニューマン『ゲーデルは何を証明したか』(林一訳　白揚社)〕
Neumann, John von. *Theory of Self-Reproducing Automata* (edited and completed by Arthur W. Burks). Urbana: University of Illinois Press, 1966.〔J・フォン・ノイマン『自己増殖オートマトンの理論』(高橋秀俊監訳　岩波書店)〕
Niven, Ivan and Herbert S. Zuckerman. *An Introduction to the Theory of Numbers*. New York: John Wiley & Sons, 1960.
Norretranders, Tor. *The User Illusion*. New York: Viking, 1998.〔トール・ノーレットランダーシュ『ユーザーイリュージョン』(柴田裕之訳　紀伊國屋書店)〕
Nozick, Robert. *Philosophical Explanations*. Cambridge, Mass.: Harvard University Press, 1981.〔ロバート・ノージック『考えることを考える』(坂本百大ほか訳　青土社)
Pais, Abraham. *Inward Bound: Of Matter and Forces in the Physical World*. New York: Oxford University Press, 1986.
——. *Niels Bohr's Times*. New York: Oxford University Press, 1991.〔アブラハム・パイス『ニールス・ボーアの時代1・2』(西尾成子／今野宏之／山口雄仁訳　みすず書房)〕
Parfit, Derek. *Reasons and Persons*. New York: Oxford University Press, 1984.〔デレク・パーフィット『理由と人格』(森村進訳　勁草書房)〕

1979.〔H・F・ジャドソン『分子生物学の夜明け』(野田春彦訳　東京化学同人)〕
Kahneman, Daniel and Dale Miller. "Norm Theory: Comparing Reality to Its Alternatives". *Psychological Review* **80** (1986), pp. 136-153.
Kanerva, Pentti. *Sparse Distributed Memory*. Cambridge, Mass.: MIT Press, 1988.
Kent, Jack. *Mr. Meebles*. New York: Parents' Magazine Press, 1970.
Klagsbrun, Francine. *Married People: Staying Together in the Age of Divorce*. New York: Bantam, 1985.
Kneebone, G. T. *Mathematical Logic and the Foundations of Mathematics*. New York: Van Nostrand, 1963.〔ニーボン『数理論理学と数学基礎論』(安藤洋美訳　明治図書出版)〕
Kolak, Daniel. *I Am You: The Metaphysical Foundations for Global Ethics*. Norwell, Mass.: Springer, 2004.
Kriegel, Uriah and Kenneth Williford (eds.). *Self-Representational Approaches to Consciousness*. Cambridge, Mass.: MIT Press, 2006.
Kuffler, Stephen W. and John G. Nicholls. *From Neuron to Brain*. Sunderland, Mass.: Sinauer Associates, 1976.〔クフラー／ニコルス『ニューロンから脳へ』(金子章道／小幡邦彦訳　広川書店)〕
Külot, Gerd. "On Formerly Unpennable Proclamations in Prince Hyppia: Math Dramatica and Related Stageplays (I)". *Bologna Literary Review of Bologna* **641** (1931).〔『クーデル 著述不可能性定理』(下出来人訳・解説　自意備書店)〕
Laughlin, Robert B. *A Different Universe: Reinventing Physics from the Bottom Down*. New York: Basic Books, 2005.〔ロバート・ラフリン『物理学の未来』(水谷淳訳　日経BP社)〕
Le Lionnais, François. *Les Nombres remarquables*. Paris: Hermann, 1983.〔フランソワ・ル・リヨネ『何だ この数は？』(滝沢清訳　東京図書)〕
Lem, Stanislaw. *The Cyberiad: Fables for the Cybernetic Age* (translated by Michael Kandel). San Diego: Harcourt Brace, 1985.〔スタニスワフ・レム『宇宙創世記ロボットの旅』(吉上昭三／村手義治訳　早川書房)〕
Livio, Mario. *The Equation that Couldn't Be Solved*. New York: Simon and Schuster, 2005.〔マリオ・リヴィオ『なぜこの方程式は解けないか？』(斉藤隆央訳　早川書房)〕
Margolis, Howard. *Patterns, Thinking and Cognition*. Chicago: University of Chicago, 1987.
Martin, Richard M. *Truth and Denotation: A Study in Semantical Theory*. Chicago: University of Chicago Press, 1958.
McCorduck, Pamela. *Machines Who Think*. San Francisco: W. H. Freeman, 1979.〔パメラ・マコーダック『コンピュータは考える』(黒川利明訳　培風館)〕

——. *Metamagical Themas: Questing for the Essence of Mind and Pattern*. New York: Basic Books, 1985.〔『メタマジック・ゲーム』(竹内郁雄／斉藤康己／片桐恭弘訳 白揚社)〕

——. *Le Ton beau de Marot: In Praise of the Music of Language*. New York: Basic Books, 1997.

——. "Analogy as the Core of Cognition". Epilogue to D. Gentner, K. Holyoak, and B. Kokinov (eds.), *The Analogical Mind*. Cambridge, Mass.: MIT Press, 2001.

——. "Mystery, Classicism, Elegance: an Endless Chase after Magic". In D. Schatt schneider and M. Emmer (eds.), *M. C. Escher's Legacy*. New York: Springer, 2002.

Hofstadter, Douglas R. and Daniel C. Dennett (eds.). *The Mind's I: Fantasies and Reflections on Self and Soul*. New York: Basic Books, 1981.〔ホフスタッター／デネット編著『マインズ・アイ』(坂本百大監訳　阪急コミュニケーションズ)〕

Hofstadter, Douglas R. and David J. Moser. "To Err Is Human; To Study Error-making Is Cognitive Science". *Michigan Quarterly Review* **28**, no. 2 (1989), pp. 185-215.

Hofstadter, Douglas R. and the Fluid Analogies Research Group. *Fluid Concepts and Creative Analogies*. New York: Basic Books, 1995.

Holland, John. *Hidden Order: How Adaptation Builds Complexity*. Redwood City, Calif: Addison-Wesley, 1995.

——. *Emergence: From Chaos to Order*. Redwood City, Calif: Addison-Wesley, 1997.

Horney, Karen. *Self-Analysis*. New York: W. W. Norton, 1942.〔カレン・ホーナイ『自己分析』(霜田静志／國分康孝訳　誠信書房)〕

——. *Our Inner Conflicts: A Constructive Theory of Neurosis*. New York: W. W. Norton, 1945.〔『ホーナイ全集 第5巻』(我妻洋／佐々木讓訳　誠信書房)に収載〕

Hughes, Patrick and George Brecht. *Vicious Circles and Paradoxes*. New York: Doubleday, 1975.〔ヒューズ／ブレヒト『パラドクスの匣』(柳瀬尚紀訳　朝日出版)〕

Huneker, James. *Chopin: The Man and His Music*. New York: Scribner's, 1921. (Reissued by Dover, 1966.)〔ジェームズ・ハネカー『ショパンの生涯』(鈴木賢之進訳　十字屋楽器店) ほか〕

Huntley, H. E. *The Divine Proportion: A Study in Mathematical Beauty*. New York: Dover, 1970.

Jauch, J. M. *Are Quanta Real? A Galilean Dialogue*. Bloomington: Indiana University Press, 1989.〔J・M・ヤウホ『量子論と認識論』(小出昭一郎／安孫子誠也訳　東京図書)〕

Jeffrey, Richard C. *Formal Logic: Its Scope and Limits*. New York: McGraw-Hill, 1967.〔リチャード・ジェフリー『形式論理学』(戸田山和久訳　産業図書)〕

Judson, Horace Freeland. *The Eighth Day of Creation*. New York: Simon & Schuster,

Gardner, Martin. *Wheels, Life, and Other Mathematical Amusements*. New York: W. H. Freeman, 1983.〔マーチン・ガードナー『アリストテレスの輪と確率の錯覚』(一松信訳　日経サイエンス社)〕
Gebstadter, Egbert B. *U Are an Odd Ball*. Perth: Acidic Books, 2007.〔エグバート・B・ゲブスタッター『あなたは不思議ちゃん』(鷹尾和彦／上原弘二訳　白揚社)〕
Gentner, Dedre. Keith J. Holyoak, and Boicho N. Kokinov (eds.). *The Analogical Mind: Perspective from Cognitive Science*. Cambridge, Mass.: MIT Press, 2001.
Gödel, Kurt. *On Formally Undecidable Propositions of Principia Mathematica and Related Systems*. New York: Basic Books, 1962. (Reissued by Dover, 1992.)〔『ゲーデル 不完全性定理』林晋／八杉満利子訳・解説　岩波書店〕
Goldstein, Rebecca. *Incompleteness: The Proof and Paradox of Kurt Godel*. New York: W. W. Norton, 2005.
Goodstein, R. L. *Development of Mathematical Logic*. New York: Springer, 1971.〔R・L・グッドステイン『数学基礎論入門』(赤攝也訳　培風館)〕
Greenstein, George and Arthur G. Zajonc. *The Quantum Challenge*. Sudbury, Mass.: Jones and Bartlett, 1997.〔グリーンスタイン／ザイアンツ『量子論が試されるとき』(森弘之訳　みすず書房)〕
Griffin, Donald R. *The Question of Animal Awareness*. New York: Rockefeller U. Press, 1976.〔D・R・グリフィン『動物に心があるか』(桑原万寿太郎訳　岩波書店)〕
Hardy, G. H. and E. M. Wright. *An Introduction to the Theory of Numbers*. New York: Oxford University Press, 1960.〔ハーディ／ライト『数論入門Ⅰ・Ⅱ』(示野信一／矢神毅訳　シュプリンガー・フェアラーク東京)〕
Hart, Leslie A. *How the Brain Works*. New York: Basic Books, 1975.
Harth, Erich. *Windows on the Mind: Reflections on the Physical Basis of Consciousness*. New York: William Morrow, 1982.
Haugeland, John (ed.). *Mind Design: Philosophy, Psychology, Artificial Intelligence*. Montgomery, Vermont: Bradford Books, 1981.
——. *Artificial Intelligence: The Very Idea*. Cambridge, Mass.: MIT Press, 1985.
Hennie, Fred. Introduction to Computability. Reading, Mass.: Addison-Wesley, 1977.
Hoffmann, Banesh. *Albert Einstein, Creator and Rebel*. New York: Viking, 1972.〔B・ホフマン『アインシュタイン』(鎮目恭夫／林一訳　河出書房新社)〕
Hofstadter, Douglas R. *Gödel, Escher, Bach: an Eternal Golden Braid*. New York: Basic Books, 1979. (Twentieth-anniversary edition published in 1999.)〔ダグラス・ホフスタッター『ゲーデル、エッシャー、バッハ』(野崎昭弘／はやし・はじめ／柳瀬尚紀訳　白揚社)〕
——. "Analogies and Metaphors to Explain Gödel's Theorem". *The Two-Year College Mathematics Journal*, Vol. 13, No. 2 (March 1982), pp. 98-114.

Unsolvable Problems, and Computable Functions. Hewlett, N.Y.: Raven, 1965.
Dawkins, Richard. *The Selfish Gene*. New York: Oxford University Press, 1976.〔リチャード・ドーキンス『利己的な遺伝子』(日髙敏隆ほか訳　紀伊國屋書店)〕
DeLong, Howard. *A Profile of Mathematical Logic*. Reading, Mass.: Addison-Wesley, 1970. (Reissued by Dover Press, 2004.)
Dennett, Daniel C. *Brainstorms: Philosophical Essays on Mind and Psychology*. Cambridge, Mass.: MIT Press, 1978.
——. *Elbow Room: The Varieties of Free Will Worth Wanting*. Cambridge: MIT Press, 1984.
——. *The Intentional Stance*. Cambridge, Mass.: MIT Press, 1987.〔ダニエル・デネット『「志向姿勢」の哲学』(若島正／河田学訳　白揚社)〕
——. *Consciousness Explained*. Boston: little, Brown, 1991.〔『解明される意識』(山口泰司訳　青土社)〕
——. "The Self as a Center of Narrative Gravity", in F. Kessel, P. Cole, and D.Johnson (eds.), *Self and Consciousness*. Hillsdale, NJ.: Lawrence Erlbaum, 1992.
——. *Kinds of Minds: Toward an Understanding of Consciousness*. New York, Basic, 1996.〔『心はどこにあるのか』(土屋俊訳　草思社)〕
——. *Brainchildren: Essays on Designing Minds*. Cambridge, Mass.: MIT Press, 1998.
——. *Sweet Dreams: Philosophical Obstacles to a Science of Consciousness*. Cambridge, Mass.: MIT Press, 2005.〔『スウィート・ドリームズ』(土屋俊／土屋希和子訳　NTT 出版)〕
Donald, Merlin. *A Mind So Rare: The Evolution of Human Consciousness*. New York: W. W. Norton, 2001.
Dupuy, Jean-Pierre. *Ordres et Désordres*. Paris: Editions du Seuil, 1982.〔ジャン＝ピエール・デュピュイ『秩序と無秩序』(古田幸男訳　法政大学出版局)〕
——. *The Mechanization of the Mind: On the Origins of Cognitive Science*. Princeton: Princeton University Press, 2000.
Edson, Russell. *The Clam Theater*. Middletown, Conn.: Wesleyan University Press, 1973.
Enrustle, Y. Ted. *Prince Hyppia: Math Dramatica*, Volumes I-III. Luna City: Unlimited Books, Ltd., 1910-1913.〔Y・テッド・トラッセル『プリンス・ヒッピア／マス・ドラマティカ』(馬阿戸乱人訳　除雪社)〕
Falletta, Nicholas. *The Paradoxicon*. New York: John Wiley & Sons, 1983.
Fauconnier, Gilles. *Mental Spaces*. Cambridge, Mass.: MIT Press, 1985.〔ジル・フォコニエ『メンタル・スペース』(坂原茂／田窪行則／水光雅則／三藤博訳　白水社)〕
Flanagan, Owen. *The Science of the Mind*. Cambridge, Mass.: MIT Press, 1984.
Gamow, George. *One Two Time... Infinity*. New York: Mentor, 1953.〔ジョージ・ガモフ『1.2.3…無限大』(崎川範行訳　白揚社)〕

集』（鼓直訳　岩波書店）〕
Bougnoux, Daniel. *Vices et vertus des cercles: L'autoréférence en poétique et pragrnatique*. Paris: Editions La Découverte, 1989.
Braitenberg, Valentino. *Vehicles: Experiments in Synthetic Psychology*. Cambridge, Mass.: MIT Press, 1984.〔ヴァレンティノ ブライテンベルク『模型は心を持ちうるか』（加地大介訳　哲学書房）〕
Brinck, Ingar. *The Indexical "I": The First Person in Thought and Language*. Dordrecht: Kluwer, 1997.
Brown, James Robert. *Philosophy of Mathematics*. New York: Routledge, 1999.
Carnap, Rudolf. *The Logical Syntax of Language*. Paterson, N.J.: Littlefield, Adams, 1959.
Casati, Roberto and Achille Varzi. *Holes and Other Superficialities*. Cambridge, Mass.: MIT Press, 1994.
——. *Unsurmountable Simplicities: Thirty-nine Philosophical Conundrums*. New York: Columbia University Press, 2006.
Chaitin, Gregory J. *Information, Randomness, and Incompleteness: Papers on Algorithmic Information Theory*. Singapore: World Scientific, 1987.
Chalmers, David J. *The Conscious Mind: In Search of a Fundamental Theory*. New York: Oxford University Press, 1996.〔デイヴィッド・チャーマーズ『意識する心』（林一訳　白揚社）〕
Chauchard, Paul. *Le Cerveau et la conscience*. Paris: Editions du Seuil, 1960.
Chandrasekhar, B. S. *Why Things Are the Way They Are*. New York: Cambridge University Press, 1998.
Churchland, Patricia. *Neurophilosophy: Toward a Unified Science of the Mind/Brain*. Cambridge, Mass.: MIT Press, 1986.
Cope, David. *Virtual Music: Computer Synthesis of Musical Style*. Cambridge, Mass.: MIT Press, 2001.
Cordeschi, Roberto. *The Discovery of the Artificial: Behavior, Mind, and Machines Before and Beyond Cybernetics*. Dordrecht: Kluwer, 2002.
Dahl, Roald. *Kiss Kiss*. New York: Alfred A. Knopf, 1959.〔ロアルド・ダール『キス・キス』（開高健訳　早川書房）〕
Damasio, Antonio. *The Feeling of What Happens: Body and Emotion in the Making of Consciousness*. New York: Harcourt Brace, 1999.〔アントニオ・ダマシオ『無意識の脳 自己意識の脳』（田中三彦訳　講談社）〕
Davies, Philip J. "Are there coincidences in mathematics?" *American Mathematical Monthly* **88** (1981), pp. 311-320.
Davis, Joshua. "Say Hello to Stanley". *Wired* **14** (January 2006).
Davis, Martin (ed.). *The Undecidable: Basic Papers on Undecidable Propositions,*

文献一覧

Aitchison, Jean. *Words in the Mind: An Introduction to the Mental Lexicon* (second edition). Cambridge, Mass.: Blackwell, 1994.〔J・エイチソン『心のなかの言葉』(宮谷真人／酒井弘訳　培風館)〕

Andersen, Peter B. *et al.* (eds.). *Downward Causation: Minds, Bodies, and Matter.* Aarhus: Aarhus University Press, 2000.

Anderson, Alan Ross. *Minds and Machines.* Englewood Cliffs, N.J.: Prentice-Hall, 1964.

Applewhite, Philip B. *Molecular Gods: How Molecules Determine Our Behavior.* Englewood Cliffs, New Jersey: Prentice-Hall, 1981.〔P・B・アップルホワイト『分子という神々』(長野敬／中村美子訳　秀潤社)〕

Ash, Avner and Robert Gross. *Fearless Symmetry: Exposing the Hidden Patterns of Numbers.* Princeton: Princeton University Press, 2006.

Atlan, Henri. *Entre le cristal et la fumée: Essai sur l'organisation du vivant.* Paris: Editions du Semi, 1979.〔アンリ・アトラン『結晶と煙のあいだ』(阪上脩訳　法政大学出版局)〕

Barwise, K. Jon and Lawrence S. Moss. *Vicious Circles: On the Mathematics of Non-wellfounded Phenomena.* Cambridge, U.K.: Cambridge University Press, 1996.

Berg, Paul and Maxine Singer. *Dealing with Genes: The Language of Heredity.* Mill Valley, Calif.: University Science Books, 1992.

Bewersdorff, Jorg. *Galois Theory for Beginners.* Providence: Am. Mathematical Society, 2006.

Bierce, Ambrose. "An Occurrence at Owl Creek Bridge". In *The Collected Writings of Ambrose Bierce.* New York: Citadel Press, 1946.〔ビアス『アウルクリーク橋の出来事／豹の眼』(小川高義訳　光文社) に収載〕

Blackmore, Susan. *The Meme Machine.* New York: Oxford University Press, 1999.〔スーザン・ブラックモア『ミーム・マシーンとしての私』(垂水雄二訳　草思社)〕

Boden, Margaret A. *The Creative Mind: Myths and Mechanisms.* New York: Basic Books, 1990.

Boolos, George S. and Richard C. Jeffrey. *Computability and Logic.* New York: Cambridge University Press, 1974.

Borges, Jorge Luis. *Ficciones.* New York: Grove Press, 1962.〔J・L・ボルヘス『伝奇

Reprinted with permission by W. W. Norton & Company.

Excerpts from Daniel Dennett, *Consciousness Explained.* © 1991 by Daniel G. Dennett. Reprinted with permission by Hachette Book Group USA.

Excerpt from Carson McCullers, *The Heart Is a Lonely Hunter.* Copyright © 1940, renewed 1967, by Carson McCullers. Reprinted by permission of Houghton Mifflin Company. All rights reserved.

Excerpts from Derek Parfit, *Reasons and Persons.* © 1984 Oxford University Press. Reprinted with permission of Oxford University Press.

Excerpts from Albert Schweitzer, *Aus meiner Kindheit und Jugendzeit.* © C. H. Beck, Munich, 1924. Personal translation for use in this book only, by Douglas Hofstadter. Reprinted with permission.

出典と謝辞

本書における図版の使用および文章の引用を許可して頂いた方々、出版社、企業に厚く御礼を申し上げる。該当する著作権者は漏れなく記載するよう万全を期したつもりだが、万が一遺漏があればご教示願いたい。

Thanks to William Frucht for the cover photograph of video feedback and for all the photographs in the color insert in Chapter 14.

Thanks to Daniel Hofstadter and Monica Hofstadter for photographs of various loopy structures, used as interludes between chapters.

Thanks to Kellie and Richard Gutman for two photographs in Chapter 4.

Thanks to Jeannel King for her poem "Ode to a Box of Envelopes" in Chapter 7.

Thanks to Silvia Sabatini for the photograph of the lap loop in Anterselva di Mezzo, facing Chapter 8.

Thanks to Peter Rimbey for the photograph of Carol and Douglas Hofstadter facing Chapter 16.

Thanks to David Oleson for his parquet deformation "I at the Center" in Chapter 17.

"Three Kangaroos" logo, designed by David Lance Goines © Ravenswood Winery. Reprinted with permission by Joel Peterson, Ravenswood Winery.

"Three Ravens" logo, designed by David Lance Goines © Ravenswood Winery. Reprinted with permission by Joel Peterson, Ravenswood Winery.

"Peanuts" cartoon, dated 08/14/1960: © United Feature Syndicate, Inc. Reprinted with permission by United Media.

M.C. Escher's "Drawing Hands" © 2018 The M.C. Escher Company-The Netherlands. All rights reserved. www.mcescher.com.

Whitehead, Alfred North and Bertrand Russell, *Principia Mathematica* (second edition), Volume I (1927), page 629, reprinted in 1973 © Cambridge University Press.

"Nancy" cartoon: "Sluggo dreaming": © United Feature Syndicate, Inc. Reprinted with permission by United Media.

Morton Salt "Umbrella Girl" © Morton International, Inc. Reprinted with permission of Morton International, Inc.

Excerpt from Karen Horney, *Our Inner Conflicts*. © 1945 by W. W. Norton & Co., Inc.

【マ】

【ヤ】

【ラ】

【ワ】

【ナ】

【ハ】

【サ】

【タ】

索　引

ダグラス・ホフスタッター（Douglas Hofstadter）
インディアナ大学教授（認知科学）。アメリカ芸術科学アカデミー会員。著書に、『ゲーデル、エッシャー、バッハ』『メタマジック・ゲーム』（ともに白揚社）、『マインズ・アイ』（編著・阪急コミュニケーションズ）、*Fluid Concepts and Creative Analogies* (1995), *Le Ton beau de Marot* (1997), *Surfaces and Essences* (2013, with Emmanuel Sander) がある。『ゲーデル、エッシャー、バッハ』はピューリッツァー賞を、本書『わたしは不思議の環』はロサンゼルス・タイムズ図書賞を受賞している。

片桐恭弘（かたぎり・やすひろ）
公立はこだて未来大学学長。東京大学大学院工学系研究科博士課程修了。博士（工学）。ＮＴＴ基礎研究所、ＡＴＲメディア情報科学研究所所長を経て、公立はこだて未来大学システム情報科学部教授、現在同学長。認知科学、会話情報処理、自然言語処理などの専門をベースに学際融合的な研究を推進。訳書にホフスタッター『メタマジック・ゲーム』（共訳・白揚社）。〔本書では、プロローグから第15章の翻訳を担当〕

寺西のぶ子（てらにし・のぶこ）
翻訳家。成蹊大学経済学部卒。主な訳書に、ブース『英国一家、日本をおかわり』『英国一家、日本を食べる』（ともにＫＡＤＯＫＡＷＡ）、ジャクソン『不潔都市ロンドン』、タッカー『輸血医ドニの人体実験』（ともに河出書房新社）、レヴェンソン『ニュートンと贋金づくり』（白揚社）などがある。〔本書では、まえがきおよび第16章からエピローグの翻訳を担当〕

わたしは不思議《ふしぎ》の環《わ》

二〇一八年八月一日　第一版第一刷発行

著者　ダグラス・ホフスタッター
訳者　片桐恭弘・寺西のぶ子
発行者　中村幸慈
発行所　株式会社　白揚社　© 2018 in Japan by Hakuyosha
〒101—0062　東京都千代田区神田駿河台1—7
電話03—5281—9772
装幀　高麗隆彦
印刷・製本　中央精版印刷株式会社

ISBN 978-4-8269-0200-7